FALKEN BÜCHEREI

Irmgard Lindner
Bonn, 29. August 1989

B. A. Mertz

Die Familie im Horoskop

Glück und Harmonie gemeinsam erleben –
Probleme und Gegensätze verstehen und tolerieren

FALKEN VERLAG

Im gleichen Verlag ist von B. A. Mertz das »Falken-Handbuch Astrologie« erschienen.

CIP-Kurztitelaufnahme der Deutschen Bibliothek

Mertz, Bernd A.:
Die Familie im Horoskop / B. A. Mertz. – Niedernhausen/Ts.: Falken-Verlag, 1984.
(Falken-Sachbuch)
ISBN 3-8068-4161-6

ISBN 3 8068 4161 6

Titelbild: Grafik-Design-Studio
Lothar Mielau, Wiesbaden.
Satz: LibroSatz, Kriftel bei Frankfurt.
Druck: Neuwieder Verlagsgesellschaft mbH,
Neuwied

817 2635 4453 6271

Inhalt

Warum Sie dieses Buch lesen sollten!

Dies erfahren Sie auf dieser Seite.

Versuchen Sie es einmal! Fragen Sie Ihren Nachbarn, die Frau in der Eisenbahn, den Mann an der Theke, wen Sie wollen, unter welchem Sternzeichen »sie« oder »er« geboren ist (astrologisch gefragt: in welchem Tierkreiszeichen seine Sonne steht)! So gut wie immer wird die Antwort schnell und ohne Überlegen kommen: Ich bin ein Löwe, ein Steinbock, eine Waage! Und die Nennung des Sternzeichens wird sogar mit einem gewissen Stolz erfolgen. Man spürt, dieser oder jener Mensch erwartet, als »Löwe« respektvoll behandelt oder als »Fisch« beziehungsweise als »Krebs« mit Samthandschuhen angefaßt zu werden. Es wird also damit gerechnet, daß auf die Grundcharakterisierung Rücksicht genommen wird. Was aber jemand für sich in Anspruch nimmt, das muß er auch anderen gegenüber tun: nämlich Rücksicht auf das ureigene Wesen nehmen.

Und wo zeigt man sich echter, wahrer – also so, wie man sich fühlt, wie man ist – als im Kreis der Familie! Die Familie ist noch immer die Keimzelle jeder Gemeinschaft. Hier ist jeder auf den anderen angewiesen, hier erwartet aber auch jeder, mit Liebe behandelt zu werden, selbst wenn die Gegensätze aufeinanderprallen. In der Familie wird also ganz zuerst die Rücksicht aufeinander gelehrt, wird ganz zuerst zur Toleranz erzogen. Daher ist es sicher gut, wenn jemand viel vom anderen, vom Gegenüber, vom Partner, den Eltern, den Kindern weiß. Eine große Hilfe kann hier die Sonnenstandsastrologie sein, denn wenn es auch mehr als 12 Grundtypen auf unserer Erde gibt, so sagt der Sonnenstand doch viel (wenn selbstverständlich auch nicht alles) über die Grundveranlagung aus, gerade weil sich jeder zu Hause oder seinem Nächsten gegenüber so gibt, wie er eigentlich ist. Probleme tauchen oft auf, wenn ein Familienmitglied bemerkt, daß sich etwa Vater oder Mutter in der Außenwelt ganz anders benehmen als in der Familie. Das ist »astrologisch« leicht erklärlich und auch ein Thema dieses Buches. Warum nimmt sich jemand draußen zusammen, warum läßt er sich bei seinen liebsten Mitmenschen gehen?

Wer hat darüber hinaus nicht erlebt, erlebt es immer wieder, daß sich Menschen, die innig aneinander hängen – vor allem in der Beziehung zwischen einem Elternteil und einem Kind – sozusagen stets auf die Füße treten, stets Schwierigkeiten miteinander haben. Wieso versteht sich die Tochter mit der Mutter besser als mit dem Vater, wieso hat der Vater ein Kind lieber als das andere, obwohl er dies nicht gerne zugibt? Manche Antwort, wenn auch natürlich nicht jede, kann hier die Sonnenstandsastrologie geben.

So wird in diesem Buch aufgezeigt, welcher Grundcharakter durch den Sonnenstand gegeben und was dabei unveränderbar ist. Lernt einer, den anderen zu begreifen, dann wird die Harmonie in einer Familie leichter zu erreichen sein. Hierzu möchte dieses Buch etwas beitragen, wobei auch geschmunzelt werden darf.

Sicher: Die Beschreibungen ersetzen keine Grundhoroskopdeutung, aber sie weisen mit Sicherheit auf einen vorhandenen Kern hin, der für andere und sogar für die nächsten Menschen oft schwer zu erkennen ist. Insofern soll dieses Buch auch eine kleine Lebenshilfe für Familienmitglieder sein. Vorkenntnisse sind nicht erforderlich, der Einführungsteil befaßt sich mit den wenigen notwendigen Voraussetzungen, die nötig sind, um die Sonnenstandsastrologie und ihre Grundeinteilungen besser verstehen zu können.

Nur keine Angst vor dem Fach-Astrologischen!

Es ist leicht verständlich und macht Spaß, wenn man merkt, was man damit alles anfangen kann!

Die Astrologie beruht allein auf dem scheinbaren jährlichen Sonnenweg. (In Wirklichkeit bewegt sich ja die Erde in 365¼ Tagen um einen Fixstern, den wir Sonne nennen.)
Dieser scheinbare jährliche Sonnenweg bringt uns die verschiedenen Jahreszeiten. Die Drehung der Erde um sich selbst (sie dauert 24 Stunden) bewirkt dagegen den Wechsel von Tag und Nacht. In diese 2 Bewegungen der Erde sind noch die Wandlungen des Mondes und der 8 außer der Erde bisher erkannten Planeten einbezogen. Das ist im Grunde alles.
Entscheidend ist in erster Linie der Sonnenweg. Wenn nun Kritiker (meist sehr unsachlich) der Astrologie jede Existenzberechtigung absprechen, sie auch vom naturwissenschaftlichen Standpunkt aus als Unsinn bezeichnen, so ist doch unleugbar, daß es wichtig ist, wo und wann jemand geboren wurde. Daß Menschen aus dem hohen Norden sich völlig anders verhalten als Südländer, zeigen uns beispielsweise nicht nur Schweden und Italiener, denen wir auf unseren Reisen begegnen, sondern es ist für jedermann deutlich, daß bereits Friesen anders als Bayern reagieren.
Bei Ernten achten wir sehr auf das Jahr, bei Weinlesen auf den Jahrgang, warum sollen da die Menschen nicht auch einbezogen werden! Es muß ja einen großen Unterschied ausmachen (der sich durch unendliche Generationsentwicklungen bemerkbar macht), ob die Lebensbedingungen etwa rund um das Mittelmeer verhältnismäßig leicht sind oder ob der Lebenskampf sehr hart ist wie im hohen Norden. Es ist ein Unterschied, ob jemand des Nachts das (nicht vorhandene) Licht der Welt erblickt oder ob er beim Sonnenhöchststand geboren wurde.

Nun zum Sonnenjahresweg, wie er sich uns von der Erde aus betrachtet zeigt. Das Sonnenjahr ist in 12 Abschnitte oder 12 Monate eingeteilt, weil wir in der Regel während eines Erdumlaufs um die Sonne 12mal Vollmond haben. Daher hat man durch diese Himmelsbeobachtung das Sonnenjahr (unser bürgerliches Jahr) in 12 Abschnitte, die 12 Monate, gegliedert.
Das Sonnenjahr beginnt mit dem *Frühling*, wenn Tag und Nacht gleich lang sind. Astrologisch betrachtet heißt es dann: Die Sonne steht auf Null Grad (0°) Widder.
Nach dem Frühling, der 3 Monate dauert, folgt 3 Monate lang der *Sommer*, der beginnt, wenn die Sonne für den nördlichen Teil der Erde ihren Höchststand erreicht hat. Es heißt dann astrologisch: Die Sonne steht auf 0° Krebs.
Nach 3 Monaten Sommer beginnt der *Herbst*, dann, wenn wir wieder das Datum schreiben, da Tag und Nacht gleich lang sind. Astrologisch heißt dies: Die Sonne steht auf 0° Waage.
Nach 3 Monaten Herbst beginnt der *Winter*, dann nämlich, wenn die Sonne für die nördliche Halbkugel der Erde ihren tiefsten Stand erreicht hat. Astrologisch heißt dies: Die Sonne steht auf 0° Steinbock.
Nach 3 weiteren Monaten (immer abgerundet gerechnet) erreicht die Sonne astrologisch gesehen wieder 0° Widder; damit beginnt auf dem nördlichen Teil der Erde der Frühling, ein neues Sonnenjahr läuft an.
Südlich des Äquators verhält es sich genau umgekehrt, aber das braucht uns nicht zu interessieren, zumal es südlich des Äquators nie eine Astrologie gegeben hat, die uns bekannt geworden wäre.
Dieser Jahressonnenweg wird nun auf einem Horoskopformular festgehalten.

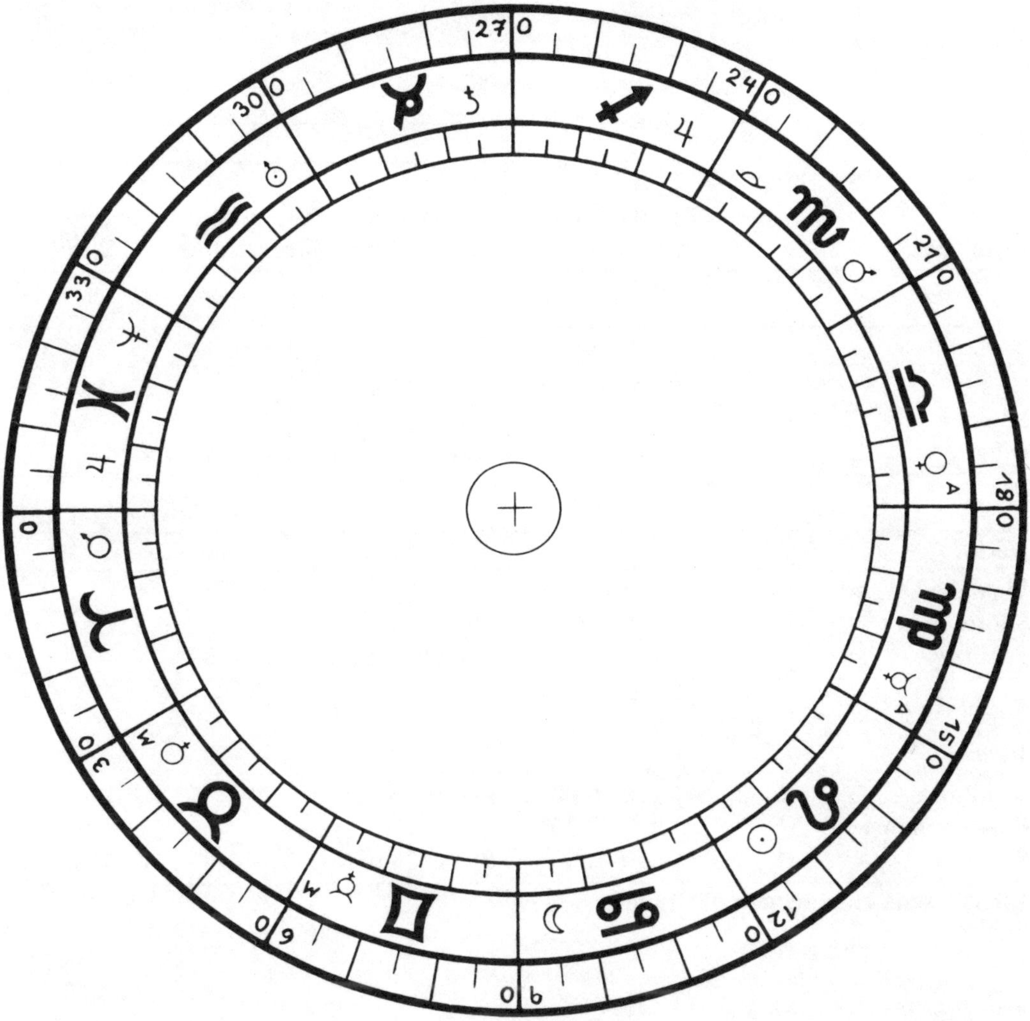

Horoskop heißt eigentlich »auf die Stunde schauen«, und der Weg der Sonne wird tatsächlich auf einem Kreis von 360° (Tag für Tag, Stunde für Stunde) festgehalten. Uns interessiert aber nur der jeweilige Tagesstand, da sich die Sonne im Durchschnitt täglich um 1 Grad (im Durchschnitt genau um 00° 59′ 20″) vorwärts bewegt.
Diesen Meßkreis nennen die Astrologen den Tierkreis (auch Ekliptik genannt). Er ist wie gesagt in 12 Abschnitte zu je 30° gegliedert (jeder Abschnitt ist ein Tierkreisabschnitt), die fortlaufend gezählt werden, aber auch jeweils einen Namen haben.

Jedem Tierkreisabschnitt wird dann noch ein Planet zugeordnet, der die Charakterisierung des Tierkreises, ausgehend von der betreffenden Jahreszeit, verstärkt. Im Horoskopformular finden wir das jeweils zutreffende grafische Zeichen für den Tierkreisabschnitt und für den dort »regierenden« Planeten. Von den 4 Jahreszeiten zu je 3 Monaten oder Tierkreisabschnitten wurde schon gesprochen, so ergibt sich folgende Gliederung:

Frühling				
Widder	♈	00 - 30°	Planet Mars	♂
Stier	♉	30 - 90°	Planet Venus-Morgenstern	♀^{M}
Zwillinge	♊	60 - 90°	Planet Merkur-Morgenstern	☿^{M}

Sommer				
Krebs	♋	90 - 120°	Planet Mond	☽
Löwe	♌	120 - 150°	Planet Sonne	☉
Jungfrau	♍	150 - 180°	Planet Merkur-Abendstern	☿^{A}

Herbst				
Waage	♎	180 - 210°	Planet Venus-Abendstern	♀^{A}
Skorpion	♏	210 - 240°	Planet Pluto	♇
Schütze	♐	240 - 270°	Planet Jupiter	♃

Winter				
Steinbock	♑	270 - 300°	Planet Saturn	♄
Wassermann	♒	300 - 330°	Planet Uranus	♅
Fische	♓	330 - 360°	Planet Neptun	♆

(360° Fische entsprechen 00° Widder)

Nun wurden schon die Abschnitte bezeichnet, mit denen eine Jahreszeit beginnt. Sie werden die *»bewegenden«* genannt, weil etwas Neues in Gang gesetzt wird.
Während der mittleren Abschnitte hat sich die entsprechende Jahreszeit fest stabilisiert; sie werden als die *»festen«* bezeichnet.
Da sich die letzten Abschnitte jeder Jahreszeit bereits der kommenden anpassen, nennt man sie die *»angleichenden«*.
Die Begriffe bewegend - fest - angleichend symbolisieren also die *Motorik* der jeweiligen Abschnitte.

Die *bewegenden* (die ersten) Abschnitte jeder Jahreszeit sind also:
Widder - Krebs - Waage - Steinbock
♈ ♋ ♎ ♑

Die *festen* (die mittleren) Abschnitte jeder Jahreszeit sind also:
Stier - Löwe - Skorpion - Wassermann
♉ ♌ ♏ ♒

Die *angleichenden* (die letzten) Abschnitte jeder Jahreszeit sind also:
Zwillinge - Jungfrau - Schütze - Fische
♊ ♍ ♐ ♓

Da es nun aber auch Tag und Nacht gibt, kennt die Astrologie diese Einteilung ebenfalls. Und da man den Tag einst als zeugend und männlich bezeichnet hat, die Nacht aber als empfangend und weiblich, so teilte man die Tierkreisabschnitte dementsprechend ein. Heute sagt man auch *ansprechend* für *männlich* und *antwortend* für *weiblich*. Einem ansprechenden Zeichen folgt immer ein antwortendes Zeichen. Das sieht dann so aus:

Männlich oder ansprechend		*Weiblich oder antwortend*	
Widder	♈	Stier	♉
Zwillinge	♊	Krebs	♋
Löwe	♌	Jungfrau	♍
Waage	♎	Skorpion	♏
Schütze	♐	Steinbock	♑
Wassermann	♒	Fische	♓

Nun folgt die letzte Einteilung der Tierkreisabschnitte, das ist die Einteilung in die Elemente: *Feuer – Erde – Luft – Wasser.*

Feuer	*Erde*	*Luft*	*Wasser*
Widder ♈	Stier ♉	Zwillinge ♊	Krebs ♋
Löwe ♌	Jungfrau ♍	Waage ♎	Skorpion ♏
Schütze ♐	Steinbock ♑	Wassermann ♒	Fische ♓

Wenn wir nun diese Einteilungen zusammenfassen, dann werden wir sehen, daß allein durch die Gliederung in männlich oder weiblich, durch die Zuordnung zu den 4 Elementen für je 3 Tierkreisabschnitte und durch die motorische Zuordnung kein Tierkreisabschnitt mehr dem anderen gleicht.

Diese Einteilungen sollte sich jeder schnell einprägen, weil allein von dort her jeder Tierkreisabschnitt gut und leicht zu verstehen ist. Diese allerdings unter Beachtung des im jeweiligen Zeichen regierenden Planeten oder, besser ausgedrückt, unter Beachtung des Planeten, der dort seine verwandte Kraft findet.

Diese Einteilung erfolgte durch Beobachtung, ausgehend von der Wirkung der Sonne auf die Natur (zur jeweiligen Jahreszeit).

Das ist die wahre Grundlage der Astrologie: Der Jahres-Sonnenweg

Jahr für Jahr verfolgen wir, wie der Frühling hereinbricht: meist stürmisch und über Nacht, wenn die Sonne im Abschnitt Widder steht (vom 20. März bis zum 20. April). Die Natur blüht auf, wenn die Sonne im Abschnitt Stier steht (vom 20. April bis zum 21. Mai). Der Frühling ebbt ab, Sommergewitter kommen, wenn die Sonne im Abschnitt Zwillinge steht (vom 21. Mai bis zum 21. Juni).
Der Sommer bricht herein, wenn die Sonne im Abschnitt Krebs steht (vom 21. Juni bis zum 23. Juli). Der Sommer regiert mit den Hundstagen, wenn die Sonne im Abschnitt Löwe steht (vom 23. Juli bis zum 23. August). Erntezeit ist es im ausgehenden Sommer, wenn die Sonne im Abschnitt Jungfrau steht (vom 23. August bis zum 23. September).
Der Herbst bricht herein, wenn die Sonne im Abschnitt Waage steht (vom 23. September bis zum 23. Oktober). Der Herbst regiert mit Nebel und Stürmen, wenn die Sonne im Abschnitt Skorpion steht (vom 23. Oktober bis zum 23. November). Der Herbst wendet sich dem Winter zu, wenn die Sonne im Abschnitt Schütze steht (vom 23. November bis zum 21. Dezember).
Der Winter bricht mit seiner Dunkelheit herein, wenn die Sonne im Abschnitt Steinbock steht (vom 21. Dezember bis zum 21. Januar). Der Winter regiert hart, wenn die Sonne im Abschnitt Wassermann steht (vom 21. Januar bis zum 19. Februar). Und der Winter ebbt ab, nimmt manchmal frühlingshafte Formen an, wenn die Sonne im Abschnitt Fische steht (vom 19. Februar bis zum 20. März).
Aufgrund dieser Beobachtungen, die Jahrtausende hindurch gemacht wurden, ordnete man den Tierkreisabschnitten die jeweiligen Einteilungen zu. Nichts wurde unlogisch oder willkürlich eingeteilt.

Halten wir die Unterschiede der Tierkreisabschnitte fest:

Widder	Frühling – männlich – Feuer – bewegend – Mars
Stier	Frühling – weiblich – Erde – fest – Venus/Morgenstern
Zwillinge	Frühling – männlich – Luft – angleichend – Merkur/Morgenstern
Krebs	Sommer – weiblich – Wasser – bewegend – Mond
Löwe	Sommer – männlich – Feuer – fest – Sonne
Jungfrau	Sommer – weiblich – Erde – angleichend – Merkur/Abendstern
Waage	Herbst – männlich – Luft – bewegend – Venus/Abendstern
Skorpion	Herbst – weiblich – Wasser – fest – Pluto
Schütze	Herbst – männlich – Feuer – angleichend – Jupiter
Steinbock	Winter – weiblich – Erde – bewegend – Saturn
Wassermann	Winter – männlich – Luft – fest – Uranus
Fische	Winter – weiblich – Wasser – angleichend – Neptun

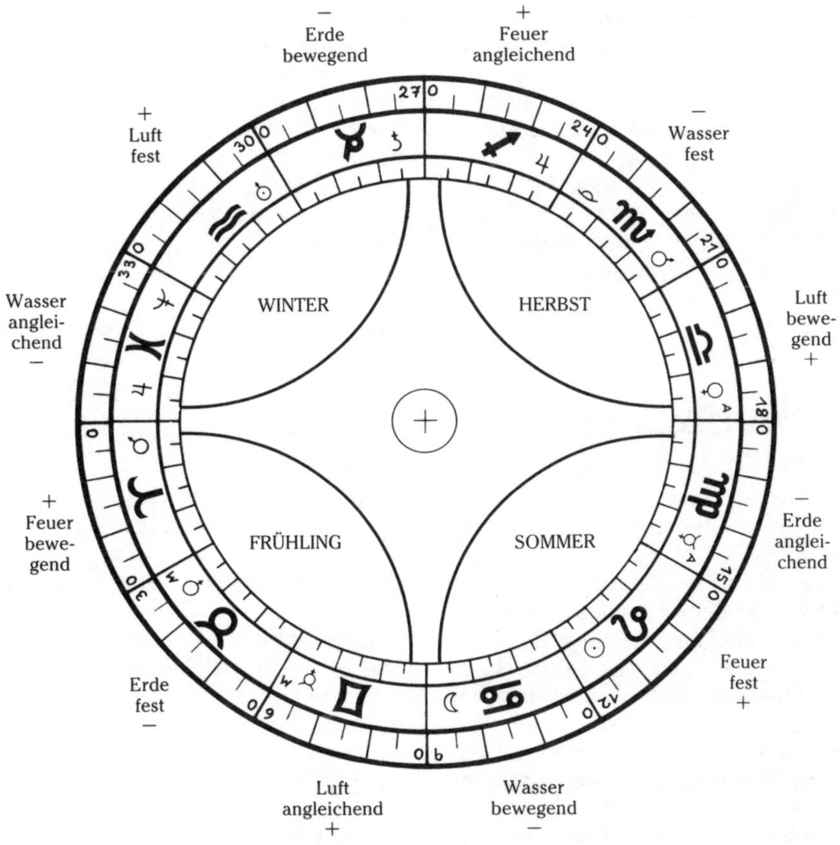

Damit ist – wie bereits gesagt – die Hauptcharakterisierung getroffen. Anhand der folgenden Sonnenstandstabelle vermag jeder, sich seinen Stand in dem leeren Horoskopformular einzuzeichnen, ebenso die Sonnenstände der Eltern, Kinder und Geschwister. Was kann daran abgelesen werden?

Zunächst, ob es sich um ein Frühlings-, Sommer-, Herbst- oder Winterkind handelt; dann, ob der Kern eher zupackend, angreifend, zeugend und aktiv (das besagen beispielsweise die sogenannten männlichen Tierkreisabschnitte) oder mehr abwartend, empfangend, antwortend und passiv ist (das besagen etwa die sogenannten weiblichen Abschnitte).

Aber ein weiblicher Abschnitt kann auch bewegend, ein männlicher fest oder angleichend sein, das sagt die Motorik aus.

Die *bewegende Motorik* besitzen Menschen, die stets etwas Neues suchen, die etwas in Gang bringen, immer etwas in Szene setzen wollen; ihnen fehlt es oft an Ausdauer, an Beständigkeit. Der Weg der kleinen Schritte ist ihnen eher zuwider.

Menschen mit *fester Sonnenmotorik* dagegen wollen etwas gründlich aufbauen, wollen bewahren, alles stabilisieren; sie wagen neue Schritte erst, wenn eine möglichst sichere Garantie für das Geplante vorhanden ist, sie brechen kaum etwas übers Knie. Das Risiko fällt manchen schwer, sie sind in sich sehr konsequent bis hin zur Sturheit.

Menschen mit *angleichender Motorik* passen sich der Umwelt, dem Leben gut an. Sie können bestens vermitteln, sie versuchen, Gegensätze zu überbrücken, wollen das Leben lebenswert gestalten; sie sind oft sprunghaft, aber liebenswert.
Es sei hier noch einmal betont, daß dies nur ein grober Raster sein kann. Wir haben außer der Erde 8 Planeten, dazu Sonne und Mond, die beide als Gestirne gelten, aber jemand kann die Sonne in einem Zeichen mit fester Motorik stehen haben, und 6 Planeten stehen in Zeichen mit bewegender Motorik, dann vermischt sich eben das Feste mit dem Bewegenden. Doch uns geht es hier bei der Sonnenstands-Astrologie ja nur um den bewußten Kern.
Anders als die Motorik sind die Elemente zu werten.

DIE ELEMENTE

Wir kennen 4 Elemente: Feuer - Erde - Luft - Wasser. Diese Elemente spiegeln das Temperament wider. Das Temperament ist *nicht* mit der Motorik zu verwechseln!
Jemand kann von der Motorik her sehr bewegend sein, vom Temperament her aber eher ruhig reagieren. Das eine schließt das andere dann nicht aus. Diese Menschen bewegen eben etwas in aller Ruhe und Gelassenheit. Dann kann es vom Temperament her sehr feurige Menschen geben, die aber von der Motorik eher als fest einzustufen sind. Die bewahren eben auf sehr feurige Art, was sie geschaffen haben, verharren sehr temperamentvoll auf den Gegebenheiten; so sind sie konservativ, wenn sie auch lebhaft und feurig reagieren.
Die Elemente hat man immer sehr dem Reaktionsvermögen zugeteilt, was nichts mit der inneren Motorik zu tun hat.
Feurige Menschen reagieren lebhaft, schnell, aufbrausend hitzig, oft etwas unbeherrscht, sie können sich schwer verstellen. Man fand hier das Wort cholerisch, was aber überpointiert erscheint.
Erdhafte Menschen reagieren real, ruhig, eher sachlich, mit Ausdauer, sich an die Gegebenheiten haltend, überlegt. Man fand hier das Wort phlegmatisch, was aber überpointiert erscheint.
Luftige Menschen reagieren schnell, geistig, mehr aus dem Verstand heraus, diplomatisch, anpassend, das Schöne im Leben sehen wollend. Man fand hier das Wort sanguinisch, was aber überpointiert erscheint.
Dem Wasserelement zugeteilte Menschen reagieren empfindsam, empfindlich, eher von der Seele, dem Unbewußten her, abwartend und einfühlsam. Man fand hier das Wort melancholisch, was aber überpointiert erscheint.
Diese Stichworte mögen genügen. Weitergehende Aussagen findet jeder dann bei den Beschreibungen der einzelnen Tierkreisabschnitte. Hier in der Einleitung geht es nur um die Grundbegriffe und die Grundrichtungen.

Auf den folgenden Seiten kann nun jedermann schnell ablesen, auf welchem Grad und in welchem Tierkreisabschnitt seine Sonne steht!

Das ist wichtig für die Aspekte (siehe Seite 21 ff.)!
Nur aufpassen, ob Sie in einem Schaltjahr geboren sind!

Der Tierkreis ist in 360° eingeteilt (so, wie es die Abbildung auf S. 9 zeigt). Die Zählung beginnt bei 00° Widder und geht bis 360° Fische (360° Fische entspricht 00° Widder)!
In den folgenden Tabellen finden Sie einmal die Gradzahl auf den Tierkreisabschnitt bezogen (also von 00° bis 30° Widder, Stier, Zwillinge usw.), dann aber auch die durchlaufende Zählung, da 00° Steinbock 270° entspricht (30° Widder entspricht 00° Stier usw.).
Da die Sonne den Tierkreis mit unterschiedlicher Geschwindigkeit durchwandert – schneller im Sommer, langsamer im Winter – sind manche Gradzahlen doppelt, manche übersprungen. Es empfiehlt sich, eine Differenz von 2–3° zu nehmen.
Schwer? Sicher nicht!

Tag	Januar		Februar		März	
1.	10° Steinbock oder	280°	12° Wassermann oder	312°	10° Fische oder	340°
2.	11° "	281°	13° "	313°	11° "	341°
3.	12° "	282°	14° "	314°	12° "	342°
4.	13° "	283°	15° "	315°	13° "	343°
5.	14° "	284°	16° "	316°	14° "	344°
6.	15° "	285°	17° "	317°	15° "	345°
7.	16° "	286°	18° "	318°	16° "	346°
8.	17° "	287°	19° "	319°	17° "	347°
9.	18° "	288°	20° "	320°	18° "	348°
10.	20° "	290°	21° "	321°	19° "	349°
11.	21° "	291°	22° "	322°	20° "	350°
12.	22° "	292°	23° "	323°	21° "	351°
13.	23° "	293°	24° "	324°	22° "	352°
14.	24° "	294°	25° "	325°	23° "	353°
15.	25° "	295°	26° "	326°	24° "	354°
16.	26° "	296°	27° "	327°	25° "	355°
17.	27° "	297°	28° "	328°	26° "	356°
18.	28° "	298°	29° "	329°	27° "	357°
19.	29° "	299°	00° Fische	330°	28° "	358°
20.	00° Wassermann	300°	01° "	331°	29° "	359°
21.	01° "	301°	02° "	332°	00° Widder	00°
22.	02° "	302°	03° "	333°	01° "	01°
23.	03° "	303°	04° "	334°	02° "	02°
24.	04° "	304°	05° "	335°	03° "	03°
25.	05° "	305°	06° "	336°	04° "	04°
26.	06° "	306°	07° "	337°	05° "	05°
27.	07° "	307°	08° "	338°	06° "	06°
28.	08° "	308°	09° "	339°	07° "	07°
29.	09° "	309°			08° "	08°
30.	10° "	310°			09° "	09°
31.	11° "	311°			10° "	10°

Tag	April		Mai		Juni	
1.	11° Widder oder	11°	10° Stier oder	40°	10° Zwillinge oder	70°
2.	12° "	12°	11° "	41°	11° "	71°
3.	13° "	13°	12° "	42°	12° "	72°
4.	14° "	14°	13° "	43°	13° "	73°
5.	15° "	15°	14° "	44°	14° "	74°
6.	16° "	16°	15° "	45°	15° "	75°
7.	17° "	17°	16° "	46°	16° "	76°
8.	18° "	18°	17° "	47°	17° "	77°
9.	19° "	19°	18° "	48°	18° "	78°
10.	20° "	20°	19° "	49°	19° "	79°
11.	21° "	21°	20° "	50°	20° "	80°
12.	22° "	22°	21° "	51°	21° "	81°
13.	23° "	23°	22° "	52°	22° "	82°
14.	24° "	24°	23° "	53°	23° "	83°
15.	25° "	25°	24° "	54°	23° "	83°
16.	26° "	26°	25° "	55°	24° "	84°
17.	27° "	27°	26° "	56°	25° "	85°
18.	28° "	28°	27° "	57°	26° "	86°
19.	29° "	29°	28° "	58°	27° "	87°
20.	00° Stier	30°	29° "	59°	28° "	88°
21.	01° "	31°	00° Zwillinge	60°	29° "	89°
22.	02° "	32°	01° "	61°	00° Krebs	90°
23.	02° "	32°	01° "	61°	01° "	91°
24.	03° "	33°	02° "	62°	02° "	92°
25.	04° "	34°	03° "	63°	03° "	93°
26.	05° "	35°	04° "	64°	04° "	94°
27.	06° "	36°	05° "	65°	05° "	95°
28.	07° "	37°	06° "	66°	06° "	96°
29.	08° "	38°	07° "	67°	07° "	97°
30.	09° "	39°	08° "	68°	08° "	98°
31.			09° "	69°		

Tag	Juli		August		September	
1.	09° Krebs oder	99°	08° Löwe oder	128°	08° Jungfrau oder	158°
2.	10° "	100°	09° "	129°	09° "	159°
3.	11° "	101°	10° "	130°	10° "	160°
4.	12° "	102°	11° "	131°	11° "	161°
5.	13° "	103°	12° "	132°	12° "	162°
6.	14° "	104°	13° "	133°	13° "	163°
7.	14° "	104°	14° "	134°	14° "	164°
8.	15° "	105°	15° "	135°	15° "	165°
9.	16° "	106°	16° "	136°	16° "	166°
10.	17° "	107°	17° "	137°	17° "	167°
11.	18° "	108°	18° "	138°	18° "	168°
12.	19° "	109°	19° "	139°	19° "	169°
13.	20° "	110°	20° "	140°	20° "	170°
14.	21° "	111°	21° "	141°	21° "	171°
15.	22° "	112°	22° "	142°	22° "	172°
16.	23° "	113°	23° "	143°	23° "	173°
17.	24° "	114°	24° "	144°	24° "	174°
18.	25° "	115°	25° "	145°	25° "	175°
19.	26° "	116°	26° "	146°	26° "	176°
20.	27° "	117°	27° "	147°	27° "	177°
21.	28° "	118°	28° "	148°	28° "	178°
22.	29° "	119°	29° "	149°	29° "	179°
23.	00° Löwe	120°	29° "	149°	00° Waage	180°
24.	01° "	121°	00° Jungfrau	150°	01° "	181°
25.	02° "	122°	01° "	151°	02° "	182°
26.	03° "	123°	02° "	152°	03° "	183°
27.	04° "	124°	03° "	153°	04° "	184°
28.	05° "	125°	04° "	154°	05° "	185°
29.	05° "	125°	05° "	155°	06° "	186°
30.	06° "	126°	06° "	156°	06° "	186°
31.	07° "	127°	07° "	157°		

Tag	Oktober		November		Dezember	
1.	07° Waage oder	187°	08° Skorpion oder	218°	09° Schütze oder	249°
2.	08° "	188°	09° "	219°	10° "	250°
3.	09° "	189°	10° "	220°	11° "	251°
4.	10° "	190°	11° "	221°	12° "	252°
5.	11° "	191°	12° "	222°	13° "	253°
6.	12° "	192°	13° "	223°	14° "	254°
7.	13° "	193°	14° "	224°	15° "	255°
8.	14° "	194°	15° "	225°	16° "	256°
9.	15° "	195°	16° "	226°	17° "	257°
10.	16° "	196°	17° "	227°	18° "	258°
11.	17° "	197°	18° "	228°	19° "	259°
12.	18° "	198°	19° "	229°	20° "	260°
13.	19° "	199°	20° "	230°	21° "	261°
14.	20° "	200°	21° "	231°	22° "	262°
15.	21° "	201°	22° "	232°	23° "	263°
16.	22° "	202°	23° "	233°	24° "	264°
17.	23° "	203°	24° "	234°	25° "	265°
18.	24° "	204°	25° "	235°	26° "	266°
19.	25° "	205°	26° "	236°	27° "	267°
20.	26° "	206°	27° "	237°	28° "	268°
21.	27° "	207°	28° "	238°	29° "	269°
22.	28° "	208°	29° "	239°	00° Steinbock	270°
23.	29° "	209°	00° Schütze	240°	01° "	271°
24.	00° Skorpion	210°	01° "	241°	02° "	272°
25.	01° "	211°	02° "	242°	03° "	273°
26.	02° "	212°	03° "	243°	04° "	274°
27.	03° "	213°	04° "	244°	05° "	275°
28.	04° "	214°	05° "	245°	06° "	276°
29.	05° "	215°	07° "	247°	07° "	277°
30.	06° "	216°	08° "	248°	08° "	278°
31.	07° "	217°			09° "	279°

Wer nun in Schaltjahren geboren ist, also in den Jahren, deren letzte beide Zahlen sich durch »4« teilen lassen, (Beispiel 1960: 60 : 4 = 15), der schaue in den folgenden Tabellen nach, um seine Geburtssonne näher bestimmen zu können.

Tag	Januar		Februar		März	
1.	10° Steinbock oder	280°	11° Wassermann oder	311°	11° Fische oder	341°
2.	11° "	281°	12° "	312°	12° "	342°
3.	12° "	282°	13° "	313°	13° "	343°
4.	13° "	283°	14° "	314°	14° "	344°
5.	14° "	284°	15° "	315°	15° "	345°
6.	15° "	285°	16° "	316°	16° "	346°
7.	16° "	286°	17° "	317°	17° "	347°
8.	17° "	287°	18° "	318°	18° "	348°
9.	18° "	288°	19° "	319°	19° "	349°
10.	19° "	289°	20° "	320°	20° "	350°
11.	20° "	290°	21° "	321°	21° "	351°
12.	21° "	291°	22° "	322°	22° "	352°
13.	22° "	292°	24° "	324°	23° "	353°
14.	23° "	293°	25° "	325°	24° "	354°
15.	24° "	294°	26° "	326°	25° "	355°
16.	25° "	295°	27° "	327°	26° "	356°
17.	26° "	296°	28° "	328°	27° "	357°
18.	27° "	297°	29° "	329°	28° "	358°
19.	28° "	298°	00° Fische	330°	29° "	359°
20.	29° "	299°	01° "	331°	00° Widder	00°
21.	00° Wassermann	300°	02° "	332°	01° "	01°
22.	01° "	301°	03° "	333°	02° "	02°
23.	02° "	302°	04° "	334°	03° "	03°
24.	03° "	303°	05° "	335°	04° "	04°
25.	04° "	304°	06° "	336°	05° "	05°
26.	05° "	305°	07° "	337°	06° "	06°
27.	06° "	306°	08° "	338°	06° "	06°
28.	07° "	307°	09° "	339°	07° "	07°
29.	08° "	308°	10° "	340°	08° "	08°
30.	09° "	309°			09° "	09°
31.	10° "	310°			10° "	10°

Tag	April		Mai		Juni	
1.	11° Widder oder	11°	11° Stier oder	41°	11° Zwillinge oder	71°
2.	12° "	12°	12° "	42°	12° "	72°
3.	13° "	13°	13° "	43°	12° "	72°
4.	14° "	14°	14° "	44°	13° "	73°
5.	15° "	15°	15° "	45°	14° "	74°
6.	16° "	16°	16° "	46°	15° "	75°
7.	17° "	17°	17° "	47°	16° "	76°
8.	18° "	18°	18° "	48°	17° "	77°
9.	19° "	19°	18° "	48°	18° "	78°
10.	20° "	20°	19° "	49°	19° "	79°
11.	21° "	21°	20° "	50°	20° "	80°
12.	22° "	22°	21° "	51°	21° "	81°
13.	23° "	23°	22° "	52°	22° "	82°
14.	24° "	24°	23° "	53°	23° "	83°
15.	25° "	25°	24° "	54°	24° "	84°
16.	26° "	26°	25° "	55°	25° "	85°
17.	27° "	27°	26° "	56°	26° "	86°
18.	28° "	28°	27° "	57°	27° "	87°
19.	29° "	29°	28° "	58°	28° "	88°
20.	00° Stier	30°	29° "	59°	29° "	89°
21.	01° "	31°	00° Zwillinge	60°	00° Krebs	90°
22.	02° "	32°	01° "	61°	01° "	91°
23.	03° "	33°	02° "	62°	02° "	92°
24.	04° "	34°	03° "	63°	03° "	93°
25.	05° "	35°	04° "	64°	04° "	94°
26.	06° "	36°	05° "	65°	04° "	94°
27.	07° "	37°	06° "	66°	05° "	95°
28.	08° "	38°	07° "	67°	06° "	96°
29.	09° "	39°	08° "	68°	07° "	97°
30.	10° "	40°	09° "	69°	08° "	98°
31.			10° "	70°		

Tag	Juli		August		September	
1.	09° Krebs oder	99°	09° Löwe oder	129°	09° Jungfrau oder	159°
2.	10° "	100°	10° "	130°	10° "	160°
3.	11° "	101°	11° "	131°	11° "	161°
4.	12° "	102°	12° "	132°	12° "	162°
5.	13° "	103°	13° "	133°	13° "	163°
6.	14° "	104°	14° "	134°	14° "	164°
7.	15° "	105°	15° "	135°	14° "	164°
8.	16° "	106°	16° "	136°	15° "	165°
9.	17° "	107°	16° "	136°	16° "	166°
10.	18° "	108°	17° "	137°	17° "	167°
11.	19° "	109°	18° "	138°	18° "	168°
12.	20° "	110°	19° "	139°	19° "	169°
13.	21° "	111°	20° "	140°	20° "	170°
14.	22° "	112°	21° "	141°	21° "	171°
15.	23° "	113°	22° "	142°	22° "	172°
16.	24° "	114°	23° "	143°	23° "	173°
17.	24° "	114°	24° "	144°	24° "	174°
18.	25° "	115°	25° "	145°	25° "	175°
19.	26° "	116°	26° "	146°	26° "	176°
20.	27° "	117°	27° "	147°	27° "	177°
21.	28° "	118°	28° "	148°	28° "	178°
22.	29° "	119°	29° "	149°	29° "	179°
23.	00° Löwe	120°	00° Jungfrau	150°	00° Waage	180°
24.	01° "	121°	01° "	151°	01° "	181°
25.	02° "	122°	02° "	152°	02° "	182°
26.	03° "	123°	03° "	153°	03° "	183°
27.	04° "	124°	04° "	154°	04° "	184°
28.	05° "	125°	05° "	155°	05° "	185°
29.	06° "	126°	06° "	156°	06° "	186°
30.	07° "	127°	07° "	157°	07° "	187°
31.	08° "	128°	08° "	158°		

Tag	Oktober		November		Dezember	
1.	08° Waage oder	188°	09° Skorpion oder	219°	09° Schütze oder	249°
2.	09° "	189°	10° "	220°	10° "	250°
3.	10° "	190°	11° "	221°	11° "	251°
4.	11° "	191°	12° "	222°	12° "	252°
5.	12° "	192°	13° "	223°	13° "	253°
6.	13° "	193°	14° "	224°	14° "	254°
7.	14° "	194°	15° "	225°	15° "	255°
8.	15° "	195°	16° "	226°	16° "	256°
9.	16° "	196°	17° "	227°	17° "	257°
10.	17° "	197°	18° "	228°	18° "	258°
11.	18° "	198°	19° "	229°	19° "	259°
12.	19° "	199°	20° "	230°	20° "	260°
13.	20° "	200°	21° "	231°	21° "	261°
14.	21° "	201°	22° "	232°	22° "	262°
15.	22° "	202°	23° "	233°	23° "	263°
16.	23° "	203°	24° "	234°	24° "	264°
17.	24° "	204°	25° "	235°	25° "	265°
18.	25° "	205°	26° "	236°	26° "	266°
19.	26° "	206°	27° "	237°	27° "	267°
20.	27° "	207°	28° "	238°	28° "	268°
21.	28° "	208°	29° "	239°	29° "	269°
22.	29° "	209°	00° Schütze	240°	00° Steinbock	270°
23.	00° Skorpion	210°	01° "	241°	01° "	271°
24.	01° "	211°	02° "	242°	02° "	272°
25.	02° "	212°	03° "	243°	03° "	273°
26.	03° "	213°	04° "	244°	04° "	274°
27.	04° "	214°	05° "	245°	05° "	275°
28.	05° "	215°	06° "	246°	07° "	277°
29.	06° "	216°	07° "	247°	08° "	278°
30.	07° "	217°	08° "	248°	09° "	279°
31.	08° "	218°			10° "	280°

Bevor Sie nun Ihren Sonnenstand mit dem Ihrer Familienangehörigen vergleichen, noch etwas Grundsätzliches

DIE 3 LEBENSALTER

Jeder weiß, daß sich der Mensch im Lauf seines Lebens verändert. Er lernt dazu, er arbeitet an sich (im allgemeinen), manches schleift sich ab, manches entwickelt sich einprägsamer. Die Astrologie kennt 3 Lebensalter, die sich aus der Wandlung des Mondes durch den Tierkreis ergeben, der Regel »ein Tag gleich ein Jahr« entsprechend.
Jede Lebensstufe ist etwa 27⅓ Jahre lang. Die Alter können wir bezeichnen als: Jugend - Reife - Alter.

JUGEND

Hier zeigt sich der Sonnenstand meistens am stärksten! Oft sogar überpotenziert. Es dauert, bis der Mensch lernt sich anzupassen, bis er lernt, auf die anderen Menschen Rücksicht zu nehmen, das heißt, bis er auch fähig ist zurückzublicken, also die Folgen zu bedenken. So wird ein Widder-Charakter sich hier besonders stürmisch zeigen, ein Krebscharakter besonders empfindsam, ein Schützecharakter besonders ehrgeizig und sportlich.
Die Jugendzeit wird vom 1. bis zum 28. Lebensjahr angesetzt, wenn die Übergänge dann auch eher fließend sind, nie abrupt.

REIFE

Hier zeigt sich der Mensch meist vernünftiger. Er paßt sich an, jetzt kommt das Rollenspiel, der Aszendent, (davon später mehr) zum Tragen. Die Zeit des »Über-das-Ziel-Hinausschießens« ist vorbei. Alle Eigenschaften eines Sonnenstandes werden zurückgenommen, manchmal sogar bewußt unterdrückt. In diesen Jahren ist der Grundkern mit am schwersten zu erkennen. Der recht subjektive Skorpioncharakter beispielsweise versucht, auch an andere zu denken, der übermütige Wassermanncharakter etwa erfüllt halbwegs genau seine Pflichten, der wissensdurstige Zwillingecharakter ist bemüht, sich mehr zu konzentrieren, als es seiner Grundveranlagung entspricht. Die Reifezeit wird vom 28. bis zum 55. Lebensjahr angesetzt, wenn die Übergänge auch eher fließend sind, nie abrupt.

ALTER

Hier zeigt sich der Mensch langsam abgeklärter, ruhiger, gelassener, das hat 2 Folgen. Einmal kommt der Urkern wieder mehr zum Vorschein, aber in sanfterer Form. Das Rollenspiel wird eigentlich immer mehr aufgegeben, man braucht es kaum noch. Der Stier hütet deutlicher seinen Besitz, der Löwe zeigt mehr seine Krallen, wenn diese sich auch abgestumpft haben, und der Waagecharakter zeigt sich wieder diplomatischer, oder die Frauen können das Flirten nicht lassen, und die Männer können etwas vom Alt-Playboy bekommen. Hier wird deutlich, was der Einzelne aus seinem Charakter gemacht hat. Daher ist diese Altersstufe nicht einfach zu beschreiben. Der Krebs kann noch empfindlicher, noch mütterlicher und betulicher werden oder wirklich schöpferische Kräfte entwickeln. Die Jungfrau mag einmal noch pedantischer und kleinlicher reagieren, aber sich auch philosophischer denkend in höhere geistige Regionen erheben.
Wir werden diese Entwicklungen anklingen lassen, wenn wir beispielgebend für die Jugend die Kinder beschreiben, für die Reife die Eltern darstellen und für das Alter die Großeltern skizzieren.

DIE ASPEKTE

werden in der Astrologie auch Anblicke genannt. Das heißt, wenn sich – in unserem Fall – die Sonnen verschiedener Menschen in einem bestimmten Winkel anblicken, sprechen wir von Aspekten.
Wir kennen 5 Aspekte, die maßgebend sind. Alle kleineren sind uninteressant.
Zunächst wären da:
- die *Konjunktion*, der 0°-Aspekt oder der *Merkur*aspekt,
- das *Sextil*, der 60°-Aspekt oder der *Venus*aspekt,
- das *Quadrat*, der 90°-Aspekt oder der *Mars*aspekt,
- das *Trigon*, der 120°-Aspekt oder der *Jupiter*aspekt,
- die *Opposition*, der 180°-Aspekt oder der *Saturn*aspekt.

Im Horoskop sehen wir schematische Aspekte eingetragen:
Der kleine Bogen ⌒ (☌) steht für die Konjunktion,
die kleine gestrichelte Linie --- für das Sextil.
Die große gestrichelte Linie – – – für das Trigon,
der kleine durchgehende Strich — für das Quadrat.
Der lange durchgehende Strich —— für die Opposition.
Jeder Aspekt hat nun eine Aussage. In vielen Astrologiebüchern findet man den Unterschied zwischen »bösen« und »guten« Aspekten, aber diese Einteilung ist wirklich finsteres Mittelalter.
Die Aspekte haben ihre Grundlage in der Elementenlehre. Wie bekannt, haben wir 4 Elemente: Feuer – Erde – Luft – Wasser. Nun ist leicht zu begreifen, daß sich immer jeweils 2 Elemente benötigen, um eine Auswirkung zu haben.
So benötigen sich Feuer und Luft, denn ohne Luft gäbe es kein Feuer, ohne Wärme aber auch keine Luft.
Es benötigen sich Erde und Wasser, denn ohne Wasser wäre die Erde unfruchtbar, aber ohne Erde würde alles ertrinken. Oberflächlich gesehen schauen sich dagegen Wasser und Feuer feindlich an, denn

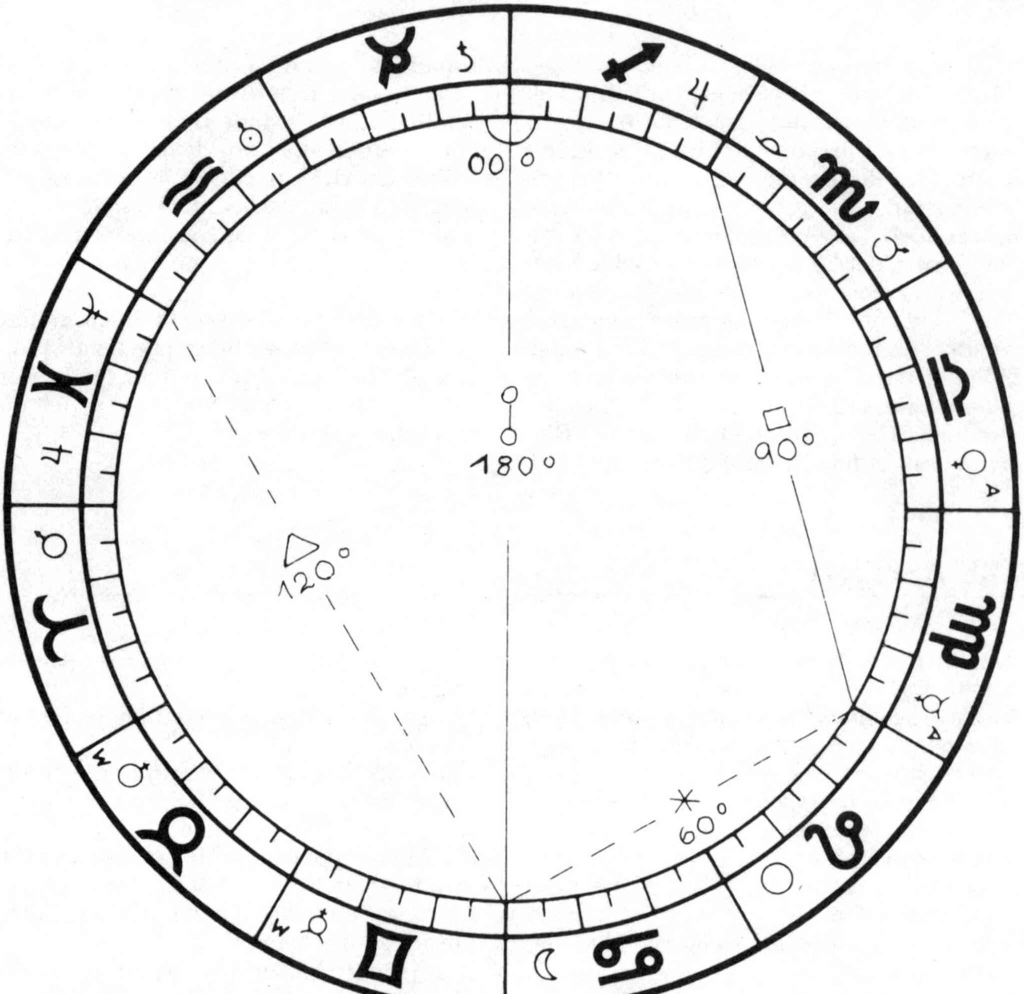

Wasser kann das Feuer ersticken, oder Feuer das Wasser so erhitzen, daß es verdampft.
Auf den ersten Blick wirken auch Wasser und Luft gegensätzlich, denn die Luft vermag das Wasser mörderisch aufzuwühlen, so daß es zerstörerisch wirkt, aber ohne Luft müßte das Wasser ersticken.
Luft und Erde sind sich auch eher feindlich, denn Luft kann die Erde verwehen (man denke an die Sandstürme), und Erde kann jede Luftbewegung ersticken.
Feuer und Erde sind sich auch nicht gerade grün, denn Erde erstickt das Feuer, oder das Feuer kann die Erde bis zur Unfruchtbarkeit verbrennen.
Und doch brauchen sich auch Feuer und Erde, denn ohne Feuer – also Wärme – gibt

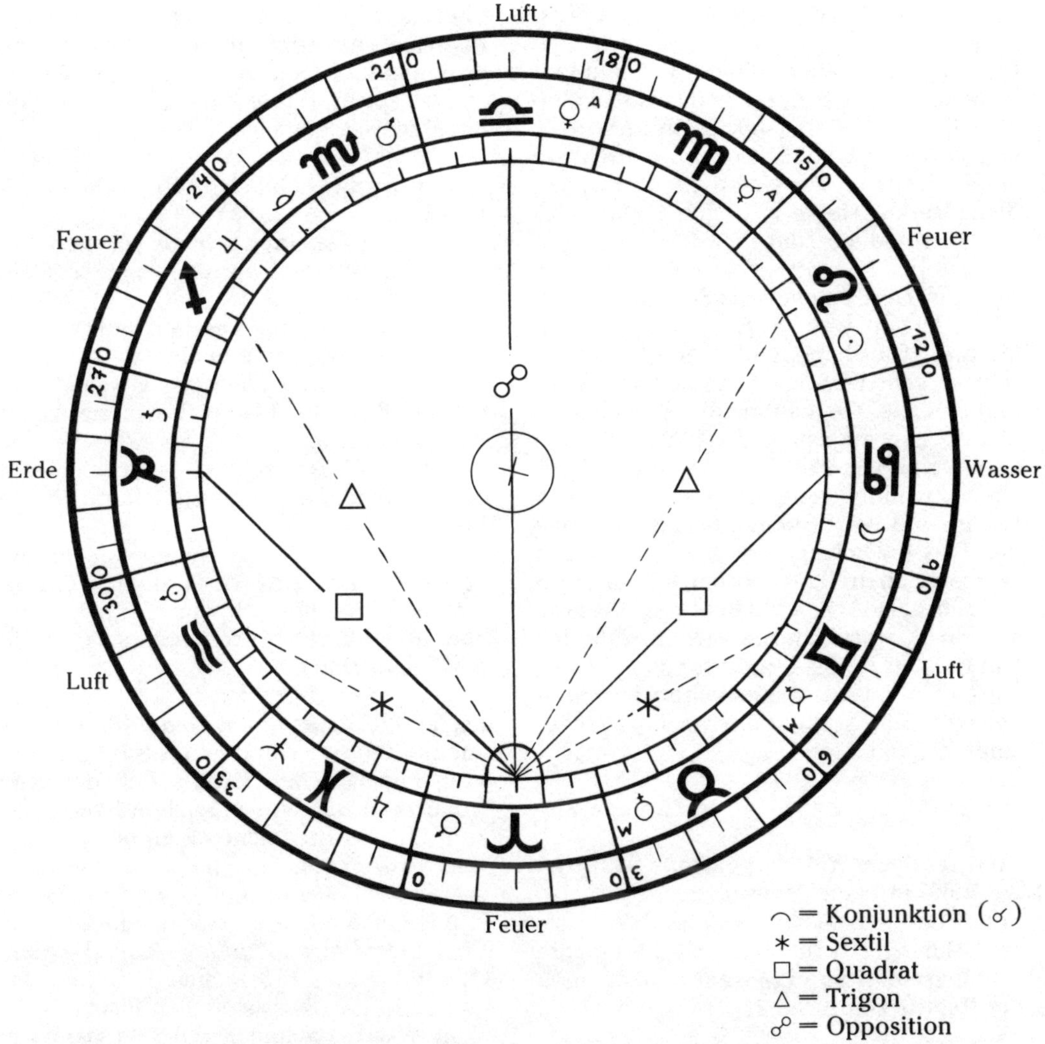

es keine Fruchtbarkeit, kein Wachstum. Und das Feuer braucht Erdmaterial (etwa Holz), um überhaupt zu brennen. Erde braucht die Luft, damit eine Befruchtung möglich ist, wie auch das Wasser Wärme benötigt – also das Feuer –, sonst würde es zu Eis erstarren.
Kurz, alle Elemente benötigen sich, wenn auch manche von Natur aus eher harmonisieren.

Dies kommt in den Aspekten zum Ausdruck.
Die *Konjunktion* findet in der Regel immer im gleichen Tierkreiszeichen (also im gleichen Element) statt. Gleiche Kräfte verbinden sich hier, daher sprechen wir auch von einem Basis- oder einem Merkuraspekt, denn Merkur stellte ja in den Mythen das stets Verbindende dar.

Auch im *Trigon* stehen die Sonnen im gleichen Element, wenn auch in einer anderen Motorik. Die Trigone des Feuerzeichens Widder gehen zu den Feuerzeichen Löwe und Schütze, die Trigone des Erdzeichens Stier gehen zu den Erdzeichen Jungfrau und Steinbock, die Trigone des Luftzeichens Zwillinge gehen zu den Luftzeichen Waage und Wassermann, und die Trigone des Wasserzeichens Krebs gehen zu den Wasserzeichen Skorpion und Fische. Hier herrscht also Gleichklang, der fördern, aber auch einschläfernd wirken, einlullen kann. Daher ist das Trigon gar nicht so gut, wie es in alten Astrologiebüchern beschrieben wird. Es ist eben ein verführerischer Jupiteraspekt.

Das *Sextil* fällt immer ins ergänzende Element.
Vom feurigen Widder geht das Sextil jeweils 60° in beide Richtungen weiter, also in das luftige Zeichen Zwillinge oder Wassermann. Hier verbinden sich 2 Elemente sehr harmonisch, ergänzend, daher auch der Begriff Venusaspekt.

Die *Opposition* fällt ebenfalls ins ergänzende Element. Man betrachte, daß dem feurigen Widder die luftige Waage gegenüberliegt. Aber hier gibt es eben ein Gegenüber, auch einen Widerstand. Nun ist Widerstand an sich nichts Böses, man wächst ja am Widerstand! Jeder Junggeselle, der heiratet, hat nun ein Gegenüber, einen Widerstand, eine Partnerin, an der er sich messen soll. Natürlich – wenn das bis dato bequeme Leben aufhört, weil ein anderer da ist, über den man nicht hinweggehen kann, dann muß man sich mit diesem Widerstand auseinandersetzen, man wird am Widerstand geprüft. Daher heißt die Opposition auch der Widerstands- oder Saturnaspekt.

Halten wir hinsichtlich Sextil und Opposition fest:
Von einem *Feuerzeichen* aus gesehen fällt das Sextil wie die Opposition immer in ein Luftzeichen.
Vom *Luftzeichen* aus gesehen fällt das Sextil wie die Opposition in ein Feuerzeichen.
Von einem *Erdzeichen* aus gesehen fällt das Sextil und die Opposition immer in ein Wasserzeichen.
Von einem *Wasserzeichen* aus gesehen fällt das Sextil oder die Opposition immer in ein Erdzeichen.
Also gehen hier 2 sich brauchende, ergänzende Zeichen eine Verbindung ein. Einmal eher harmonisch (im Sextil), dann eher in der harten Auseinandersetzung (in der Opposition).
Allein im *Quadrat* schauen sich die gegnerischeren Elemente an! Man vollziehe das anhand unserer Abbildung nach.
Vom Feuerzeichen *Widder* fällt das eine Quadrat in das Wasserzeichen Krebs, das andre in das Erdzeichen Steinbock.
Vom Erdzeichen *Stier* fällt das eine Quadrat in das Feuerzeichen Löwe, das andere in das Luftzeichen Wassermann.
Vom Luftzeichen *Zwillinge* fällt das eine Quadrat in das Erdzeichen Jungfrau, das andere in das Wasserzeichen Fische.
Vom Wasserzeichen *Krebs* fällt das eine Quadrat in das Luftzeichen Waage, das andere in das Feuerzeichen Widder.
Vom Feuerzeichen *Löwe* fällt das eine Quadrat in das Wasserzeichen Skorpion, das andere in das Erdzeichen Stier.
Vom Erdzeichen *Jungfrau* fällt das eine Quadrat in das Feuerzeichen Schütze, das andere in das Luftzeichen Zwillinge.
Vom Luftzeichen *Waage* fällt das eine Quadrat in das Erdzeichen Steinbock, das andere in das Wasserzeichen Krebs.

Vom Wasserzeichen *Skorpion* fällt das eine Quadrat in das Luftzeichen Wassermann, das andere in das Feuerzeichen Löwe.
Vom Feuerzeichen *Schütze* fällt das eine Quadrat in das Wasserzeichen Fische, das andere in das Erdzeichen Jungfrau.
Vom Erdzeichen *Steinbock* fällt das eine Quadrat in das Feuerzeichen Widder, das andere in das Luftzeichen Waage.
Vom Luftzeichen *Wassermann* fällt das eine Quadrat in das Erdzeichen Stier, das andere in das Wasserzeichen Skorpion.
Vom Wasserzeichen *Fische* fällt das eine Quadrat in das Luftzeichen Zwillinge, das andere in das Feuerzeichen Schütze.
Von daher hatte das Quadrat also einen schlechten Ruf, der aber unbegründet ist. Wir haben ja gesehen, daß sich auch die Elemente, die sich im Quadrat anschauen, gegenseitig brauchen. So kann man das Quadrat als Herausforderungs- bzw. Marsaspekt bezeichnen.

Hat nun ein Kind zu einem Elternteil – also von Sonne zu Sonne – eine Konjunktion, dann wird eine Grundähnlichkeit im Kern anzutreffen sein; die beiden bilden eine Basis. Sie können in der Regel gut sprechend (merkurisch) miteinander umgehen.
Schauen sich die Sonnen im Sextil (also im Abstand von 60°) an, dann besteht in der Regel eine recht harmonische, vom Gefühl her getragene (venushafte) Beziehung.
Schauen sich 2 Sonnen im Quadrat an (also im 90° Abstand), dann besteht in der Regel zwischen einem Elternteil und einem Kind eine Herausforderung. Meist fordert dann der Elternteil sein Kind besonders kritisch heraus, gerade weil er sich von diesem Kind vielleicht soviel erwartet, was auch Kampf (im marsischen Sinn) bedeuten kann.
Blicken sich 2 Sonnen im Trigon (also aus dem gleichen Element) an, dann besteht ein fördernder Gleichklang, der aber auch einschläfernd sein kann.
Und schauen sich schließlich 2 Sonnen in der Opposition an, stehen sie sich also gegenüber, dann wird dieser Elternteil sein Kind am Widerstand wachsen lassen, dann gibt es hier fördernde Auseinandersetzung (wie Jupiter stets fordernd gefördert hat).

Natürlich stehen sich die Sonnen selten haargenau im Aspekt gegenüber oder im Quadrat. Wir geben einen Orbis – also einen Umkreis – bis zu 6° nach jeder Seite. Anhand der Sonnenstandstabellen kann nun jeder seine Sonne, d. h. seinen Geburtstag, in das Horoskop eintragen, ebenso die seiner Eltern und Geschwister oder Kinder. Und hier noch einmal die Bedeutung der Aspekte in Stichworten:
Stehen Sonnen miteinander in *Konjunktion*, dann können wir davon ausgehen, daß diese Menschen die gleiche Basis haben, sich grundsätzlich gut verstehen, aber sich vielleicht doch zu ähnlich sind, um aneinander zu wachsen.
Stehen Sonnen miteinander im *Sextil*, dann können wir davon ausgehen, daß sich diese beiden Menschen gegenseitig auf harmonische Art schöpferisch befruchten und einiges zusammen bewegen können.
Stehen Sonnen miteinander im *Trigon*, dann können wir davon ausgehen, daß zwischen diesen Menschen ein Gleichklang herrscht, daß sie sich auch ohne Worte gut verstehen, wenn auch die Gefahr auftauchen kann, daß es manchmal langweilig dabei zugeht.
Stehen Sonnen in *Opposition*, dann können wir davon ausgehen, daß zwischen diesen Menschen eine schöpferische Spannung besteht, auch wenn es manchmal stürmisch und erregt zwischen ihnen zugehen mag.
Stehen Sonnen miteinander im *Quadrat*, dann können wir davon ausgehen, daß diese Menschen sich erst einmal zusammenraufen müssen; schaffen sie dies, dann wird so eine Verbindung gemeinsam viele Krisen meistern.

Wir möchten nun in der folgenden Abbildung einige Aspektbeispiele geben.

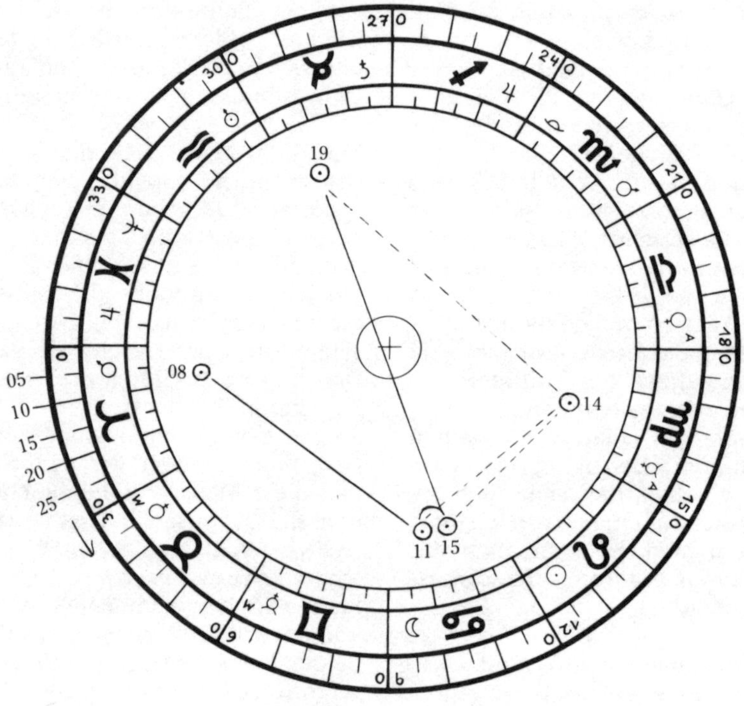

⊙ 19° ♑ = Geburtstag zwischen 9.-11. Januar
⊙ 08° ♈ = Geburtstag zwischen 28.-30. März
⊙ 11° ♋ = Geburtstag zwischen 2.- 4. Juli
⊙ 15° ♋ = Geburtstag zwischen 7.- 9. Juli
⊙ 14° ♍ = Geburtstag zwischen 6.- 8. Sept.

Eine Sonne steht auf 15°, eine andere auf 11° Krebs. Beide stehen nur 4° auseinander, nebeneinander; also bilden sie eine Konjunktion.
Diesen Sonnen steht eine weitere auf 19° Steinbock gegenüber. Das heißt, die Sonne auf 15° Krebs hat zu dieser Sonne eine Opposition, denn der Orbis beträgt ja nur 4° (wir geben 6°). Der Abstand zwischen der Sonne auf 11° Krebs zur Sonne auf 19° Steinbock wäre 8°, also zu groß.
Durch die Gradeinteilung läßt sich dies im Horoskop gut einzeichnen: Die großen Querstriche in jedem Zeichen bedeuten jeweils 10°, die kleinen 5°.
Eine Sonne steht auf 08° Widder. Sie hat ein Quadrat zur Sonne auf 11° Krebs, Abstand (Orbis) von den genauen 90° ist 3°. Der Abstand zur Sonne auf 15° Krebs betrüge 7°, wäre also zu groß; zur Sonne auf 19° Steinbock betrüge er gar 11°, wäre also viel zu groß.
Eine Sonne steht auf 14° Jungfrau. Das heißt, sie hat sowohl ein Sextil zur Sonne auf 15° Krebs (Abstand 61°, Orbis also 1°) und als auch ein Sextil zur Sonne auf 11° Krebs (Abstand 3°). Aber diese Sonne hat auch ein Trigon (Abstand 120°) zur Sonne auf 19° Steinbock, denn zu ihr besteht ein Orbis-Abstand (oder eine Abweichung) von genau 5°.
So leicht ist das!

Lebenskern und Rollenspiel

Wenden wir uns nun einem Problem zu, das Familienmitglieder meist besonders stark berührt: dem Problem, daß sich jemand außer Haus völlig anders benimmt, daß er völlig anders reagiert als daheim, sich ganz verändert gibt.
Wer kennt das nicht! Daheim gibt es kein Versteckspiel! Keinem Familienmitglied bleibt der Kern des anderen verborgen. Und um so bestürzter stellen meist gerade Kinder fest, daß sich die Eltern draußen in der Umwelt völlig anders verhalten.
Die Psychologen nennen dies das Rollenspiel. Es ist notwendig, damit der Kern geschützt wird. Was viele Kinder für verlogen halten, wird benötigt. Genauso werden sie sich eines Tages auch benehmen.
Keiner kann sich wehrlos der Umwelt aussetzen, kann seine wunden Stellen zeigen, kann sich ganz geben wie er ist.
Sicher gibt es Leute, bei denen das Rollenspiel mit dem Kern identisch ist, aber sie haben meist eine so starke Kraft, daß sie sich das leisten können. Das ist der Fall, wenn der Sonnenstand mit dem Aszendenten nahe zusammenfällt. Damit ist ein astrologisches Fachwort gefallen, das heute schon in aller Munde ist, aber doch erklärt werden soll. Der Begriff *Aszendent* kommt vom Wort ascendere (aufsteigen). Jeder weiß, daß die Erde sich in 24 Stunden einmal um ihre Achse dreht. Dadurch haben wir nicht nur Tag und Nacht, sondern der aufgehende Horizont verschiebt sich laufend. Einmal am Tag geht jeder Tierkreisgrad am Horizont im Osten auf und am Horizont im Westen unter.
Diesen aufsteigenden Grad nennen die Astrologen den Aszendenten. Wer morgens geboren ist, wird seinen Aszendent meist in der Nähe seiner Geburtssonne liegen haben.
Wer mittags geboren ist, dessen Aszendent ist in der Regel um 90° von der Geburtssonne entfernt. Wer gegen Sonnenuntergang geboren wurde, dessen Aszendent und dessen Sonne stehen sich ungefähr in einer Opposition gegenüber, und wer um Mitternacht zur Welt kam, dessen Sonne steht auch um etwa 90° von der Sonne entfernt.
Der Aszendent spiegelt das Rollenspiel wider, die Art und Weise, wie sich ein Ich (ein Ego) der Umwelt zeigt.
Hat jemand die Sonne im Abschnitt Widder, liegt aber der Aszendent im Abschnitt Jungfrau, dann wird das Verhalten (das Rollenspiel) eher so sein, als hätte derjenige die Sonne im Abschnitt Jungfrau. Das sind die »zwei Seelen« von denen Goethe sprach. Daher ist es nun gerade für Familienmitglieder so notwendig zu wissen: Welchen Aszendent haben denn mein Bruder, meine Mutter, mein Vater, meine Großmutter, meine Schwester! Wer etwas über den Charakter des Aszendenten wissen will, der lese, was unter der Sonne im jeweiligen Zeichen steht, und wandle dies auf das Umweltverhalten um. Dann wird er das Rollenspiel des anderen besser verstehen und nicht für Falschheit halten, weil eben jeder sein Rollenspiel hat (bis eben auf diejenigen, deren Aszendent in den gleichen Tierkreisabschnitt fällt, in dem die Sonne steht).
Hier ist dann aber auch stets eine sehr egozentrische Ausrichtung zu erkennen, denn der Aszendent wird auch der Ichpunkt genannt. Steht hier die Sonne, dann betont sie die Icheinstellung besonders. Anhand der Aszendententabelle kann nun jeder seinen Aszendenten leicht ausfindig machen.
Noch eines: Wenn Aszendenten fraglich sind, weil hier natürlich nur abgerundete Daten und Uhrzeiten angegeben werden und sich der Aszendent auch mit dem Breitengrad verschiebt, dann lese man beide Aszendenten, die in Frage kommen. Es kann sich ja nur um nebeneinanderliegende Tierkreisabschnitte handeln. Ist es also unklar, ob jemand Aszendent Fische oder Widder hat, dann lese man unter »Sonne in Widder« und »Sonne in Fische«. Bezieht man dies auf das Umweltverhalten, dann fällt die Entscheidung für den richtigen Aszendenten nicht schwer, denn es gibt nichts Gegensätzlicheres in der Astrologie

als nebeneinanderliegende Tierkreisabschnitte.
Auf den stürmischen Widder folgt der bewahrende Stier, diesem der aufgeschlossene Zwilling, anschließend der schüchterne Krebs. Nach ihm der stolze Löwe, der von der fleißigen Jungfrau abgelöst wird. Die schönheitsliebende diplomatische Waage wird vom ungestümen, eigenwilligen Skorpion gefolgt, danach macht sich der idealistische Schütze breit, der wieder vom realen, ehrgeizigen Steinbock abgelöst wird. Diesem nimmt der kecke Wassermann die Stafette ab, um sie schließlich dem gläubigen Fisch zu übergeben, dem der stürmische Widder fremd ist.

Soweit die notwendigen astrologischen Erläuterungen zum besseren Verständnis des folgenden Textes. Wer sich intensiver damit beschäftigen will, der sei auf das Falken-Handbuch Astrologie oder auf das Buch »Was sagt uns das Horoskop« – Praktische Einführung in die Astrologie, ebenfalls erschienen im Falken-Verlag, hingewiesen.

Und damit Sie Ihr Rollenspiel im Gegensatz zum Lebenskern schnell erkennen, finden Sie nachfolgend eine übersichtliche Aszendententafel.
Nur bitte: Beachten Sie die Sommerzeiten, die Sie auf Seite 29 finden.

TABELLE ZUM AUFFINDEN DES ASZENDENTEN

Die Aszendent-Tabelle gilt für alle Jahrgänge. Man suche zunächst die Geburtszeit links am Rand, abgerundet auf die nächstgenaue halbe Stunde.
Man lege waagerecht ein Lineal an. Nun suche man sein Geburtsdatum in der Kolonne des Monats nach den Tagesdaten 1–10–20. Die Längskolonnen sind die Aszendent-Grade, natürlich nicht für jeden Ort gradgenau.

Ein Beispiel:
Geburt: 10. Juli, 7 Uhr 15.
7 Uhr 15 liegt zwischen 7 Uhr und 7 Uhr 30. Nun verfolge man die Lineallinie nach rechts bis zum 10. Juli. Man findet für 7 Uhr angegeben 19 Grad Löwe, für 7 Uhr 30 findet man 24 Grad Löwe.
7 Uhr 15 liegt dazwischen, also muß der Aszendent bei 22 Grad Löwe liegen.
Nehmen wir ein weiteres Beispiel:
Geburt am 7. Mai um 10 Uhr 30.
Wieder geht man am Rand von der Uhrzeit aus, die immer auf eine Viertelstunde abgerundet sein darf.
Man findet im Monat Mai unter der Spalte 01 die Zahl 07 Löwe, unter der Spalte 10 jedoch 14 Löwe.
Da der 7. Mai nun näher am 10. Mai liegt, kann man sagen, der Aszendent für den am 7. Mai um 10 Uhr 30 Geborenen liegt bei 12 Grad Löwe.
Die Gradzahlen sind ja auch nur in etwa zu betrachten, zumal kaum jemand seine Uhrzeit genau kennt. Zumal für den Anfänger ist es nicht wichtig, ob sein Aszendent in 7 oder 10 oder 15 Grad Löwe liegt.
Die Gradangaben sind abgerundet, sie können nach oben und nach unten differieren und zwar bis zu 1 oder 1½ Grad.
Für die Breitengrade 49 und 53 folgt hier eine Korrekturmöglichkeit, wobei die mittlere Spalte, die für 51°, der Ausgangswert ist; er entspricht den Angaben der Aszendent-Übersicht.

47°	49°	51°	53°	55°
29 ♓	00 ♈	01 ♈	01 ♈	02 ♈
13 ♈	14 ♈	15 ♈	17 ♈	18 ♈
28 ♈	29 ♈	01 ♉	03 ♉	04 ♉
11 ♉	13 ♉	15 ♉	18 ♉	19 ♉
25 ♉	28 ♉	01 ♊	05 ♊	07 ♊
09 ♊	12 ♊	15 ♊	19 ♊	21 ♊
27 ♊	28 ♊	01 ♋	04 ♋	07 ♋
11 ♋	13 ♋	15 ♋	18 ♋	19 ♋
29 ♋	00 ♌	01 ♌	03 ♌	05 ♌
13 ♌	14 ♌	15 ♌	16 ♌	17 ♌
29 ♌	00 ♍	01 ♍	02 ♍	03 ♍
14 ♍	15 ♍	15 ♍	15 ♍	16 ♍
01 ♎	01 ♎	01 ♎	01 ♎	01 ♎
16 ♎	16 ♎	15 ♎	15 ♎	15 ♎
03 ♏	02 ♏	01 ♏	00 ♏	29 ♎
17 ♏	16 ♏	15 ♏	13 ♏	12 ♏
04 ♐	03 ♐	01 ♐	29 ♏	28 ♏
19 ♐	18 ♐	15 ♐	13 ♐	11 ♐
06 ♑	04 ♑	01 ♑	28 ♐	26 ♐
20 ♑	18 ♑	15 ♑	11 ♑	09 ♑
05 ♒	04 ♒	01 ♒	26 ♑	23 ♑
21 ♒	19 ♒	15 ♒	12 ♒	09 ♒
04 ♓	03 ♓	01 ♓	27 ♒	25 ♒
17 ♓	16 ♓	15 ♓	13 ♓	12 ♓

Bitte die Sommerzeit beachten. Grundsätzlich geht die Uhr bei der Sommerzeit immer eine Stunde **vor**. Es muß also von der Geburtszeit eine Stunde **abgezogen** werden. Teilweise gab es auch eine doppelte Sommerzeit (DSZ), dann müssen **zwei** Stunden abgezogen werden.

Beispiel: Am 1. Mai finden wir in der Aszendent-Übersicht um 01 Uhr 30 den Aszendent 01 Wassermann für den 51. Breitengrad. Wer nun auf dem 49. Breitengrad geboren ist, hat laut obiger Tabelle den Aszendent 04 Grad Wassermann, wer auf dem 53. Breitengrad geboren ist, aber den Aszendent 26 Grad Steinbock. Entsprechend ist auch sonst zu- oder abzuziehen.

SOMMERZEITEN DEUTSCHLAND

30. 04. 1916 23 h bis 01. 10. 1916 01 h
16. 04. 1917 01 h bis 17. 09. 1917 03 h
15. 04. 1918 02 h bis 16. 09. 1918 03 h
(in der französischen Zone war von 1919 bis 1927 teilweise Sommerzeit)
01. 04. 1940 02 h bis 02. 11. 1942 03 h
29. 03. 1943 02 h bis 04. 10. 1943 03 h
03. 04. 1944 02 h bis 02. 10. 1944 03 h
02. 04. 1945 02 h bis 16. 09. 1945 02 h
14. 04. 1946 02 h bis 07. 10. 1946 03 h
06. 04. 1947 03 h bis 11. 05. 1947 03 h
11. 05. 1947 03 h bis 29. 06. 1947 03 h *
29. 06. 1947 03 h bis 05. 10. 1947 03 h
18. 04. 1948 02 h bis 03. 10. 1948 03 h **
10. 04. 1949 02 h bis 02. 10. 1949 03 h **
06. 04. 1980 02 h bis 29. 09. 1980 03 h
29. 03. 1981 02 h bis 27. 09. 1981 03 h
28. 03. 1982 02 h bis 26. 09. 1982 03 h
27. 03. 1983 02 h bis 24. 09. 1983 03 h
25. 03. 1984 02 h bis 30. 09. 1984 03 h

SOMMERZEITEN ÖSTERREICH

wie Deutschland, aber nicht 1949.
Zusätzlich
28. 04. 1919 02 h bis 29. 09. 1919 03 h
05. 04. 1920 02 h bis 13. 09. 1920 03 h

SOMMERZEITEN SCHWEIZ

03. 06. 1916 02 h bis 30. 09. 1916 00 h
(Angaben sind fraglich)
05. 05. 1941 02 h bis 06. 10. 1941 00 h
04. 05. 1942 02 h bis 05. 10. 1942 00 h
1980 keine Sommerzeit
ab 1981 wie Deutschland

* doppelte Sommerzeit
** in DDR doppelte Sommerzeit

ASZENDENT-ÜBERSICHT
für zirka 50., 51. und 52. Breitengrad (MEZ)

Uhrzt. St. Mi.	Januar 01	Januar 10	Januar 20	Februar 01	Februar 10	Februar 20	März 01	März 10	März 20	April 01	April 10	April 20	Mai 01	Mai 10	Mai 20	Juni 01	Juni 10	Juni 20
00 00	07 ♎	13 ♎	20 ♎	28 ♎	05 ♏	12 ♏	18 ♏	24 ♏	01 ♐	10 ♐	16 ♐	24 ♐	04 ♑	13 ♑	25 ♑	14 ♒	00 ♓	23 ♓
00 30	12	19	26	04 ♏	10	17	23	29	07	16	22	01 ♑	12	22	07 ♒	28	17	10 ♈
01 00	18	24	01 ♏	09	15	22	29	05 ♐	13	22	29	08	21	02 ♒	19	14 ♓	05 ♈	28
01 30	23	29	06	14	21	28	04 ♐	11	18	28	06 ♑	16	01 ♒	15	04 ♓	02 ♈	21	12 ♉
02 00	28	05 ♏	12	20	26	03 ♐	10	17	25	06 ♑	14	26	12	29	22	20	07 ♉	25
02 30	04 ♏	10	16	25	01 ♐	09	15	23	02 ♑	13	23	07 ♒	26	15 ♓	10 ♈	05 ♉	21	06 ♊
03 00	09	15	22	00 ♐	07	15	21	29	09	22	03 ♒	19	13 ♓	04 ♈	27	19	03 ♊	15
03 30	14	20	27	06	12	21	28	06 ♑	17	02 ♒	15	05 ♓	01 ♈	22	11 ♉	01 ♊	12	23
04 00	19	26	03 ♐	12	18	27	05 ♑	15	26	15	00 ♓	22	18	07 ♉	24	11	20	00 ♋
04 30	24	01 ♐	08	17	25	04 ♑	13	23	04 ♒	29	17	10 ♈	04 ♉	20	05 ♊	19	28	07
05 00	00 ♐	07	14	24	01 ♑	11	22	04 ♒	21	16 ♓	05 ♈	28	18	02 ♊	14	27	04 ♋	13
05 30	05	12	20	00 ♑	09	20	02 ♒	17	07 ♓	04 ♈	23	12 ♉	00 ♊	11	22	03 ♋	11	19
06 00	11	18	26	08	17	00 ♒	14	01 ♓	24	21	08 ♉	25	10	20	00 ♋	10	17	24
06 30	17	24	03 ♑	16	26	12	28	18	12 ♈	07 ♉	21	06 ♊	18	27	06	16	23	00 ♌
07 00	23	01 ♑	11	25	08 ♒	26	14 ♓	06 ♈	28	21	03 ♊	15	26	04 ♋	13	21	28	05
07 30	29	08	19	05 ♒	21	12 ♓	03 ♈	23	13 ♉	02 ♊	12	23	03 ♋	10	18	27	03 ♌	10
08 00	07 ♑	16	29	18	07 ♓	30	20	09 ♉	26	12	20	00 ♋	09	16	24	03 ♌	09	16
08 30	15	26	10 ♒	03 ♓	24	18 ♈	06 ♉	22	06 ♊	20	28	06	15	22	29	08	14	21
09 00	24	07 ♒	24	20	12 ♈	04 ♉	20	03 ♊	15	27	05 ♋	13	21	27	05 ♌	13	19	26
09 30	04 ♒	19	10 ♓	08 ♈	28	18	01 ♊	12	23	04 ♋	11	19	27	03 ♌	10	18	25	02 ♍
10 00	17	05 ♓	28	26	13 ♉	29	11	21	00 ♋	10	16	24	02 ♌	08	15	24	00 ♍	07
10 30	01 ♓	22	16 ♈	11 ♉	26	09 ♊	19	28	07	16	23	29	07	14	21	29	05	12
11 00	19	10 ♈	02 ♉	23	05 ♊	18	27	05 ♋	13	22	28	05 ♌	13	19	26	04 ♍	10	17
11 30	06 ♈	28	16	04 ♊	15	26	03 ♋	11	19	27	03 ♌	10	18	24	01 ♍	10	16	22
12 00	24	12 ♉	28	14	23	02 ♋	10	17	25	03 ♌	08	16	23	29	06	15	21	28
12 30	09 ♉	25	08 ♊	22	00 ♋	09	16	23	00 ♌	08	14	21	29	05 ♍	12	20	26	03 ♎
13 00	22	06 ♊	17	29	07	15	22	29	05	14	19	26	04 ♍	10	17	25	01 ♎	08
13 30	03 ♊	15	25	06 ♋	13	21	27	04 ♌	11	19	25	01 ♍	09	15	22	01 ♎	06	14
14 00	13	23	02 ♋	12	19	26	03 ♌	09	16	24	00 ♍	07	14	21	27	06	12	19
14 30	21	00 ♋	09	18	25	02 ♌	08	14	21	29	05	12	20	26	03 ♎	11	17	24
15 00	28	06	15	23	00 ♌	07	13	19	26	05 ♍	10	17	25	01 ♎	08	17	22	29
15 30	05 ♋	13	20	29	05	12	19	25	02 ♍	10	15	22	01 ♎	06	13	21	28	05 ♏
16 00	11	18	26	05 ♌	11	18	24	00 ♍	07	15	21	28	06	12	18	27	03 ♏	10
16 30	17	24	01 ♌	10	16	23	29	06	12	20	26	03 ♎	11	17	24	02 ♏	08	15
17 00	23	29	07	15	21	28	04 ♍	11 ♍	17 ♍	26 ♍	02 ♎	08 ♎	16 ♎	22 ♎	29 ♎	07 ♏	14 ♏	21 ♏
17 30	29 ♋	05 ♌	12 ♌	20 ♌	26 ♌	03 ♍	10	16	23	01 ♎	06	13	21	28	04 ♏	12	19	26
18 00	04 ♌	10	17	25	02 ♍	09	15	21	28	06	12	19	26	03 ♏	10	18	24	01 ♐
18 30	09	16	23	01 ♍	07	14	20	26	03 ♎	11	17	24	02 ♏	08	15	23	29	07
19 00	15	21	28	06	12	19	25	02 ♎	09	17	22	29	07	13	20	28	05 ♐	12
19 30	20	26	03 ♍	11	17	25	01 ♎	07	14	22	28	05 ♏	12	18	25	04 ♐	11	18
20 00	25	01 ♍	08	16	23	30	06	12	19	27	03 ♏	10	18	24	01 ♐	10	16	25
20 30	00 ♍	07	13	22	28	05 ♎	11	18	24	03 ♏	08	15	23	29	06	15	22	01 ♑
21 00	06	12	19	27	03 ♎	10	16	23	00 ♏	08	14	20	28	04 ♐	12	21	29	09
21 30	11	17	24	02 ♎	09	16	21	28	05	13	19	26	04 ♐	10	18	28	06 ♑	17
22 00	16	22	29	08	14	21	27	03 ♏	10	18	24	01 ♐	09	16	24	05 ♑	14	26
22 30	21	28	05 ♎	13	19	26	02 ♏	08	16	24	29	07	15	22	01 ♑	12	22	07 ♒
23 00	26	03 ♎	10	18	24	02 ♏	07	14	20	29	05 ♐	12	21	28	08	21	03 ♒	20
23 30	02 ♎	08	15	24	29	07	13	19	26	04 ♐	10	18	27	06 ♑	16	01 ♒	15	05 ♓
24 00	07	13	20	28	05 ♏	12	18	24	01 ♐	10	16	24	04 ♑	13	25	14	00 ♓	23

Uhrzt.	Juli			August			September			Oktober			November			Dezember		
St. Mi.	01	10	20	01	10	20	01	10	20	01	10	20	01	10	20	01	10	20
00 00	18 ♈	07 ♉	23 ♉	11 ♊	21 ♊	01 ♋	10 ♋	18 ♋	25 ♋	04 ♌	09 ♌	16 ♌	24 ♌	01 ♍	07 ♍	15 ♍	21 ♍	28 ♍
00 30	04 ♉	21	04 ♊	20	29	07	16	23	01 ♌	09	14	21	29	06	13	20	26	04 ♎
01 00	18	02 ♊	14	27	05 ♋	13	22	29	06	14	19	26	05 ♍	11	18	25	02 ♎	09
01 30	00 ♊	12	22	04 ♋	11	19	28	05 ♌	11	19	25	02 ♍	10	16	23	01 ♎	07	14
02 00	10	20	29	11	18	25	03 ♌	10	17	25	00 ♍	07	15	21	28	06	12	19
02 30	18	28	05 ♋	16	23	00 ♌	09	15	22	00 ♍	05	12	20	26	04 ♎	11	19	24
03 00	26	04 ♋	12	22	29	06	14	20	27	05	10	17	26	02 ♎	09	16	23	00 ♏
03 30	03 ♋	11	18	27	03 ♌	11	19	25	03 ♍	10	16	23	01 ♎	07	14	22	28	05
04 00	09	16	23	03 ♌	09	16	24	01 ♍	08	16	21	28	06	12	19	27	03 ♏	10
04 30	15	22	29	09	15	22	29	06	13	21	26	03 ♎	11	18	25	02 ♏	08	15
05 00	21	28	04 ♌	14	20	27	05 ♍	11	19	26	02 ♎	09	17	23	00 ♏	07	14	21
05 30	27	03 ♌	10	19	25	02 ♍	10	16	24	01 ♎	07	14	22	28	05	13	19	26
06 00	02 ♌	09	15	24	01 ♍	07	16	22	29	07	12	19	27	03 ♏	10	18	24	01 ♐
06 30	07	14	20	29	06	13	21	27	04 ♎	12	18	24	03 ♏	09	16	23	00 ♐	07
07 00	12	19	25	05 ♍	11	18	26	02 ♎	09	17	23	00 ♏	08	14	21	29	05	13
07 30	18	24	01 ♍	10	16	23	01 ♎	08	15	22	28	05	13	19	27	04 ♐	11	18
08 00	23	00 ♍	07	15	22	28	06	13	20	28	03 ♏	10	19	25	02 ♐	10	17	24
08 30	28	05	11	20	27	04 ♎	12	18	25	03 ♏	08	15	24	00 ♐	07	15	23	01 ♑
09 00	04 ♍	10	16	26	02 ♎	09	17	23	01 ♏	08	14	21	29	05	13	21	00 ♑	09
09 30	09	15	22	01 ♎	07	14	22	29	06	14	19	26	04 ♐	11	19	28	06	17
10 00	14	21	27	06	12	19	28	04 ♏	11	19	24	01 ♐	10	17	25	05 ♑	15	26
10 30	19	26	02 ♎	11	18	25	03 ♏	09	16	24	00 ♐	07	16	23	02 ♑	13	24	08 ♒
11 00	25	01 ♎	08	17	23	00 ♏	08	14	22	29	05	11	22	00 ♑	09	22	04 ♒	21
11 30	00 ♎	06	13	22	28	05	13	20	27	05 ♐	11	19	28	07	17	02 ♒	16	07 ♓
12 00	05	12	18	27	04 ♏	10	18	25	02 ♐	10	16	25	06 ♑	15	27	14	01 ♓	24
12 30	11	17	23	03 ♏	09	16	24	01 ♐	08	16	23	01 ♑	13	24	08 ♒	28	18	11 ♈
13 00	16	22	29	08	14	21	29	06	14	22	29	09	22	04 ♒	21	14 ♓	06 ♈	28
13 30	21	28	04 ♏	13	20	27	05 ♐	12	20	29	06 ♑	17	02 ♒	17	07 ♓	03 ♈	23	13 ♉
14 00	26	03 ♏	09	18	25	02 ♐	10	17	26	06 ♑	14	26	14	01 ♓	25	20	09 ♉	26
14 30	02 ♏	08	14	23	00 ♐	07	16	24	03 ♑	14	23	07 ♒	29	19	13 ♈	05 ♉	22	06 ♊
15 00	07	13	20	29	06	13	22	00 ♑	10	22	03 ♒	21	16 ♓	06 ♈	29	20	03 ♊	15
15 30	12	18	25	04 ♐	11	19	29	07	18	03 ♒	16	06 ♓	03 ♈	24	14 ♉	01 ♊	12	23
16 00	18	24	01 ♐	10	17	25	06 ♑	16	28	15	00 ♓	23	21	10 ♉	26	11	21	00 ♋
16 30	23	29	06	16	23	02 ♑	14	25	09 ♒	00 ♓	18	12 ♈	07 ♉	22	07 ♊	19	28	07
17 00	28 ♏	05 ♐	12 ♐	22 ♐	00 ♑	09 ♑	22 ♑	05 ♒	23 ♒	17 ♓	05 ♈	28 ♈	20 ♉	03 ♊	16 ♊	27 ♊	05 ♋	13 ♋
17 30	04 ♐	10	17	29	07	18	03 ♒	18	09 ♓	05 ♈	23	13 ♉	02 ♊	13	24	03 ♋	11	19
18 00	09	16	24	05 ♑	15	27	15	03 ♓	27	21	08 ♉	26	11	21	01 ♋	10	17	25
18 30	15	22	00 ♑	13	24	08 ♒	00 ♓	21	14 ♈	08 ♉	22	06 ♊	20	29	07	16	23	00 ♌
19 00	21	29	07	22	05 ♒	22	16	08 ♈	01 ♉	21	03 ♊	15	27	05 ♋	14	22	29	05
19 30	27	06 ♑	15	02 ♒	17	07 ♓	04 ♈	26	15	03 ♊	12	23	04 ♋	11	19	27	04 ♌	10
20 00	04 ♑	14	24	15	02 ♓	25	21	11 ♉	27	12	21	00 ♋	10	17	25	03 ♌	09	16
20 30	12	23	05 ♒	29	20	13 ♈	07 ♉	23	07 ♊	21	28	07	16	23	00 ♌	08	14	21
21 00	21	03 ♒	18	16 ♓	07 ♈	29	21	05 ♊	17	28	05 ♋	11	22	29	06	13	20	26
21 30	01 ♒	15	03 ♓	04 ♈	25	14 ♉	02 ♊	13	24	04 ♋	11	19	28	04 ♌	11	19	25	02 ♍
22 00	12	00 ♓	20	21	07 ♉	26	12	22	01 ♋	11	17	23	03 ♌	09	16	24	00 ♍	07
22 30	26	17	08 ♈	07 ♉	23	07 ♊	20	29	08	17	23	00 ♌	08	15	21	29	05	12
23 00	13 ♓	05 ♈	25	20	04 ♊	16	28	06 ♋	14	23	28	05	14	20	27	04 ♍	10	17
23 30	00 ♈	21	10 ♉	02 ♊	13	24	04 ♋	12	20	28	03 ♌	10	19	25	02 ♍	10	16	23
24 00	18	07 ♉	23	11	21	01 ♋	10	18	25	04 ♌	09	16	24	01 ♍	07	15	21	28

Widder

21. März bis 20. April
Erster Frühlingsabschnitt

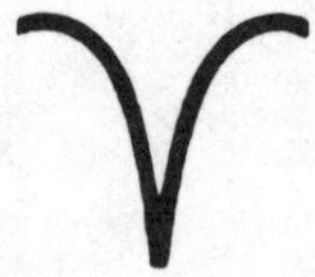

»Der Widder ist in dem Thiercirkel, darin die Sonne, Mond und Planeten ihren Lauf haben, das erste. So die Sonne den ersten Stern darin am Haupt erreicht, wird Tag und Nacht gleich und hebet sich der liebliche Frühling an, welches im März geschieht…« heißt es in einem alten Planetenbuch.

	Planet, der hier seine verwandte Kraft findet:
Mars:	symbolisiert das Kämpferische, den Willen, die Energie. Den Siegeswunsch, die Ritterlichkeit, das uraktive Prinzip. Das sich schnell Entschließende, den Vorwärtsdrang, die Ungeduld, das Nicht-warten-können und das »Mit-dem-Kopf-durch-die-Wand-Gehen«.
Element:	Feuer
Temperament:	cholerisch
Motorik:	bewegend
Grundverhalten:	männlich, zeugend, ansprechend – eher aktiv im Lebenskampf.

ASPEKTE
einer Widder-Sonne:

Konjunktion in Widder
Sextil in Wassermann und Zwillinge
Trigon in Schütze und Löwe
Quadrat in Steinbock und Krebs
Opposition in Waage
Mögliche Überschneidungen durch Stellung in Anfangs- oder Endgraden wurden nicht berücksichtigt, weil diese Aspekte von den Elementen her nicht einwandfrei wären.

VORZÜGE DES LEBENSKERNS	GEFAHREN DES LEBENSKERNS
Aktivität	Einseitigkeit
Begeisterungsvermögen	Rücksichtslosigkeit
Zielstrebigkeit	Ungestüm
Furchtlosigkeit	Egozentrik
Lebensdrang	Auflehnung
Tatendrang	Streitsucht
Abenteuerlust	Geltungsdrang
Draufgängertum	Widerspruchsgeist
Selbständigkeit	Unnachgiebigkeit
Lerneifer	Leichtsinn
Impulsivität	Unlenkbarkeit
Geistesgegenwart	Jähzorn
Selbstvertrauen	Unüberlegtheit
Willenskraft	Voreiligkeit
Selbstbehauptung	
Realitätssinn	
Pioniergeist	
Initiative	
Aufopferungsgabe	
Liebeskraft	

IHR MOTTO
Nur nicht aufgeben, siegen ist alles!

ALLGEMEIN

Es heißt oft: Widder sind Trotzköpfe, bei denen alles nach ihrem Willen gehen muß. Wenn sie nicht siegen oder Erste werden, sind sie ungenießbar, sie können nicht verlieren und sind stets egozentrisch.
Nun – dies stimmt so nicht. Widder sind allerdings sehr kämpferisch. Sie wissen meist besser als andere, daß es in erster Linie auf einen selbst ankommt. Widder sind daher voller Tatkraft, und in ihnen steckt eine große Unternehmungslust. Alle wollen einmal ganz oben stehen, und einmal im Leben schaffen sie es. Nicht immer für sehr lange Zeit, aber immerhin. Von Widdern geht eine große Zuversicht aus, sie kennen keine Angst, sie scheuen keinen Feind.
Stets zeigen sich diese Menschen kampfbereit, und wenn es um Zivilcourage geht, läuft ihnen so schnell niemand den Rang ab. Ihre Zielstrebigkeit ist bewundernswert, sie wissen genau, was sie wollen. Zumindest was sie bewußt wollen, denn mit dem Unbewußten kommen sie in der Regel nicht so gut zurecht.
Widder sind – ob weiblich oder männlich – Kopfmenschen. Sie entwickeln eine klare Logik, die Unklarheiten, Unwägbarkeiten beiseite drängen. Mag es auch eine Seele geben, damit können sie nichts anfangen, also gibt es für sie keine Seele. Diese Geradlinigkeit zeichnet sie aus. Außerdem reagieren sie meist viel zu impulsiv, sie überschlafen so gut wie gar nichts, so daß sie ihrer Seele kaum Gelegenheit geben, sich zu melden. Widder sind ehrgeizig, und willensstark setzen sie ihre Wünsche um. Sie können kaum vertragen, irgendwo nicht Erster zu sein.
Das alles macht sie so dynamisch, so antriebsstark. Wenn sich bei ihren Handlungen auch ihre Energie schnell entlädt, sie haben die Fähigkeit, sich ungewöhnlich rasch zu regenerieren. Diplomaten sind sie nicht. Schon gar nicht, wenn sie sich im Recht fühlen, und wann ist das nicht der Fall! Diese Tage könnte man rot im Kalender anstreichen.
Und weil sie sich im Recht fühlen, herrschen sie auch gerne, wobei sie meist denjenigen gegenüber gerecht sind, die sich nicht auflehnen. Wer sich ihrer Führung anvertraut, der wird meist sehr ritterlich behandelt, ganz besonders dann, wenn er einem Widder gegenüber eine Niederlage zugegeben hat: Er wird fast als Freund behandelt.
Eines mag kein Widder: daß man seine Freiheit beschneidet. Von sich aus verzichten diese Charaktere recht gerne auf ein Stückchen Freiheit; besonders, wenn sie lieben; aber man darf ihnen so einen Verzicht nicht abverlangen, dann nehmen sie sich selbst alle Freiheiten heraus. Das ist etwas schwierig zu begreifen, denn von anderen Menschen, die ihnen nahestehen, verlangen sie die volle Aufgabe ihrer Freiheit. Diese Konsequenz aber ist eben – wie man sagt – »typisch« Widder.
Widder lernen schwer. Nicht in der Schule; nein, auch da sind sie die Ersten; nicht im Beruf, da wollen sie ja zur Spitze; aber sie lernen schwer oder so gut wie gar nicht aus Erfahrungen. Sie scheinen geradezu prädestiniert zu sein, immer wieder die gleichen Fehler zu machen. Daher laufen sie auch so häufig in eine Falle, die ihnen Feinde stellen. Das ist ihre Schwäche, ihre Achillesferse. Ansonsten sind sie oft unverwundbar.
Schnelles Handeln liegt ihnen, so erwarten sie auch auf ein Angebot schnelles Reagieren. Sie selbst können nicht warten, sie hassen jedes Verzögern, jedes Bedenken; langes Diskutieren liegt ihnen auch nicht, sie entscheiden schnell und wagen sich wieder hinaus in den Lebenskampf.
Das Aktive ist ihre positivste Seite, sie packen auch noch zu, wenn der Karren fast hoffnungslos festgefahren zu sein scheint, und sie allein machen ihn wieder flott. Ihre Wege sind geradlinig, daher berechenbar, was sie meist auch so sympathisch macht. Ihr Blut ist leicht erhitzbar, cholerische Ausbrüche sind nicht selten.
Lobenswert ist auch ihre Suche nach der Wahrheit. Haben sie diese für sich gefunden, dann werden alle Zweifel abgetötet.

So handeln sie so gut wie immer höchst subjektiv, Objektivität ist ihnen unverständlich. Sie wollen kaum zur Kenntnis nehmen, daß jedes Ding 2 Seiten hat, das begreifen sie erst im Alter.
So wissen die Widder eben auch, daß es nie so gut wird, wie man es erhofft, aber auch nie so schlecht, wie man es befürchtet. Bis zum letzten Atemzug sind sie bereit zu kämpfen und sich einzusetzen, das verlängert ihr Leben meist erstaunlich, obwohl sie sich so verausgaben.
Da sie sich ständig in Bereitschaft halten, haben sie meist am Start einen gewissen Vorsprung, der auch für Kurzstrecken reicht. Langläufer sind sie dagegen nur in Ausnahmefällen. Konventionen interessieren sie nicht, Konventionalstrafen noch weniger. Sie sind was sie sind, und das ist ihre ungeheure Stärke.
In der Liebe handeln Widder schnell. Von einer Sekunde zur andern verlieben sie sich, und auch hier sollte die Sache meist in aller Kürze, am besten in einer Nacht gelaufen sein. Ihre Anziehungskraft ist enorm, alle Partner fühlen sich einfach geschmeichelt, wenn ein Widder – ob weiblich oder männlich – sich in sie verliebt hat, und dies kommt immer an. So finden sie schnell ein gutes und intensives Echo, und sogar ihre Eifersucht ist höchst anziehend, ja faszinierend. Widder lieben heiß – meistens!
Fazit: Widder sind eifrig, willensbesessen und zupackend. Ihre Einsatzbereitschaft ist einmalig, ihr Ehrgeiz umwerfend. Sie sind ritterlich, werbend, heißblütig und lebenssicher.
All das stimmt in der Regel, aber Widder können auch ganz anders sein. Dann sind es keine typischen Widder, sondern Ausnahmen, und die gibt es ja unter allen Tierkreiszeichen. Doch das Grundwesen dieser Menschen ist mutig und einsatzbereit, auch wenn dies manchmal nicht so deutlich wird. Und kein Widder – ob weiblich oder männlich – verliert gerne.

MINERALIEN, STEINE UND SCHMUCK DES WIDDERS

Eisen – dazu gehören auch alle Eisenerze – ist sein Metall. Zu den glückbringenden Steinen zählen die Diamanten, aber an erster Stelle steht der Rubin. Auch Jaspis ist sicher für den Widder eine interessante Variante. Der Schmuck muß funkeln! Große Schmuckstücke entsprechen den Widdern auffallend und blendend. Ein Kopfschmuck, der aber keine Krone sein sollte, kleidet die Widderfrau entzückend. Auch ein Stirnband. Die Ringe sind groß; oft ähneln sie eher einem Schlagring, aber der Stein, der hier in der Fassung zu finden ist, ist zu kostbar. Typisch für die Widderfrau ist etwa ein Schmuck in Form einer Schlange oder einer Spinne, denn schon die Auswahl des Motivs deutet auf ihre wache Aggressionsbereitschaft hin.

BEKANNTERE PERSÖNLICHKEITEN

René Descartes, Marlon Brando, Charles Baudelaire, Emile Zola, Charlie Chaplin, Bette Davis, Hans Christian Andersen, James Last, Herbert von Karajan, Vincent van Gogh, Otto von Bismarck, Helmut Kohl, Hans-Dietrich Genscher, Golo Mann, Walter Berry, Erich von Däniken, Bettina von Arnim.

DIE WIDDER-MUTTER

möchte, daß ihr Kind im Lebenskampf stets an erster Stelle steht. Von Anfang an wird das Kind verhältnismäßig streng erzogen, denn nur Härte spornt die Willenskraft an. Das Kind soll keine Angst vor Widerständen kennen, soll jede Herausforderung annehmen, denn Leben heißt Kampf, und der will bestanden sein. So kann es vorkommen, daß die Mutter ihre Lieblingskinder (das sind stets die, die ihr nachschlagen) besonders streng erzieht.
Auflehnung des Kindes nimmt sie in Kauf. Es muß eben lernen, daß Liebe nichts mit dauerndem Verwöhnen zu tun hat. Eines Tages, davon ist sie fest überzeugt, wird das betreffende Kind erkennen, wie sehr die Mutter gerade an ihm gehangen hat. Daher achtet sie sorgfältig auf den Umgang mit Freunden und Schulkameraden, später auf den Umgang mit Kollegen und anderen Bekannten. Das Kind wird sich daran gewöhnen müssen, daß diese Mutter es eigentlich immer ziemlich energisch behandelt, ja erzieht, selbst wenn die Tochter oder der Sohn längst geheiratet haben.
Dabei geht sie meistens mit bestem Vorbild voran; sie zeigt, wie man das Leben mit Kampfeswillen meistert. Sport- und Abenteuerwünsche unterstützt die Mutter, aber sie legt Wert auf die Vorstellung, daß sich die Kinder das Geld für die Erfüllung ihrer Wünsche frühzeitig selbst verdienen sollen. Sie will stolz auf ihr Kind sein, ohne es ihm zu zeigen. So mag manches Kind denken, diese Mutter gebe ihm zu wenig Streicheleinheiten.
Der Grundsatz der Mutter – was hart macht, ist lebensertüchtigend – geht dem Kind oft sehr schwer ein. Und in der Tat, die Mutter müßte sich fragen, ob sie ein Kind so richtig behandelt. Im Grunde genommen sieht sie sich mit ihrem Ehrgeiz leider oft zu stark in jedem ihrer Kinder widergespiegelt.
Das Kind hat es also manchmal nicht so leicht, aber die Mutter sieht darin eine Erziehung fürs Leben. Ganz besonders ist sie daran interessiert, dem Kind Ideale beizubringen oder vorhandene Talente zu unterstützen.
Manchmal fühlt sie sich dem Kind – wenn dieses etwas älter geworden ist – mehr verbunden als dem Ehemann, und sie versucht auch frühzeitig, ihre Probleme mit ihm zu besprechen.
Sehr zeitig also behandeln manche dieser Mütter ihre Kinder als Erwachsene, und einige könnten später von sich sagen, daß sie eigentlich keine sorglose Kindheit gehabt hätten. Die Mutter hat sie früh mit Gegenwartssorgen konfrontiert, was vor allem sehr sensible Kinder belasten könnte.
Immerhin ist diese Mutter meist eine so starke Persönlichkeit, daß die Kinder später fast immer mit Respekt und Bewunderung von ihr sprechen. Allerdings fällt es dem Kind oft bis ins Erwachsenenalter schwer, sich gegen diese häufig dominante Mutter durchzusetzen.
Aus allem geht hervor, daß Konflikte zwischen Mutter und Kind meistens nicht ausbleiben, zumal sie diesen auch nicht ausweicht. In ihren Augen kann das Bestehen von Konflikten nicht früh genug trainiert werden.
Nun ist in diesen Fällen der Aszendent der Mutter von großer Bedeutung. Er kann die vorhandenen Anlagen abschwächen, so daß sich diese Menschen auch im engsten Kreis sehr um Beherrschung bemühen. Ein weniger wirksamer Aszendent wird sich da natürlich kaum bemerkbar machen – zumindest nicht in der häuslichen Atmosphäre.
Sicher ist, daß sich das Kind auch als erwachsener Mensch auf diese Mutter verlassen kann, die im Grunde nur erwartet, daß sie stolz auf Sohn oder Tochter sein kann. Ihre Energie, ihr Temperament und Ansporn sind ein Leben lang Vorbild für die Kinder – oder Belastung.

Der Verseschmied
Kleiner Leitfaden für Hobbydichter. Mit Reimlexikon. (0597) Von Theodor Parisius, 96 S., 28 Zeichnungen, kartoniert.
DM 7,80/S 69.–

Moderne Korrespondenz
(4014) Von Hans Kirst und Wolfgang Manekeller, 568 S., gebunden.
DM 39,–/S 319.–

Der neue Briefsteller
(0060) Von Irmgard Wolter-Rosendorf, 112 S., kartoniert.
DM 5,80/S 49.–

Geschäftliche Briefe
des Privatmanns, Handwerkers und Kaufmanns. (0041) Von Alfred Römer, 96 S., kartoniert.
DM 5,80/S 49.–

Behördenkorrespondenz
Musterbriefe – Anträge – Einsprüche. (0412) Von Elisabeth Ruge, 120 S., kartoniert.
DM 6,80/S 59.–

Musterbriefe
für alle Gelegenheiten. (0231) Herausgegeben von Olaf Fuhrmann, 240 S., kartoniert.
DM 9,80/S 79.–

Privatbriefe
Muster für alle Gelegenheiten. (0114) Von Irmgard Wolter-Rosendorf, 132 S., kartoniert.
DM 6,80/S 59.–

Erfolgstips für den Schriftverkehr
Briefwechsel leicht gemacht durch einfachen Stil und klaren Ausdruck (0678) Von Joachim Werbellin, 120 S., kartoniert.
DM 8,80/S 74.–

Worte und Briefe der Anteilnahme
(0464) Von Elisabeth Ruge, 128 S., mit vielen Abbildungen, kartoniert.
DM 9,80/S 79.–

Lebenslauf und Bewerbung
Beispiele für Inhalt, Form und Aufbau. (0428) Von Hans Friedrich, 112 S., kartoniert.
DM 6,80/S 59.–

Erfolgreiche Bewerbungsbriefe
und Bewerbungsformen. (0138) Von Wolfgang Manekeller, 88 S., kartoniert.
DM 5,80/S 49.–

Die erfolgreiche Bewerbung
Bewerbung und Vorstellung. (0173) Von Wolfgang Manekeller, 156 S., kartoniert.
DM 9,80/S 79.–

Die Bewerbung
Der moderne Ratgeber für Bewerbungsbriefe, Lebenslauf und Vorstellungsgespräche. (4138) Von Wolfgang Manekeller, 254 S., Pappband.
DM 19,80/S 159.–

Vorstellungsgespräche
sicher und erfolgreich führen. (0636) Von Hans Friedrich, 144 S., kartoniert.
DM 9,80/S 79.–

Zeugnisse im Beruf
richtig schreiben, richtig verstehen. (0544) Von Hans Friedrich, 112 S., kartoniert.
DM 9,80/S 79.–

In Anerkennung Ihrer . . . ,
Lob und Würdigung in Briefen und Reden.
(0535) Von Hans Friedrich, 136 S., kartoniert.
DM 7,80/S 69.–

Erfolgreiche Kaufmannspraxis
Wirtschaftliche Grundlagen, Geld, Kreditwesen, Steuern, Betriebsführung, Recht, EDV. (4046) Von Wolfgang Göhler, Herbert Gölz, Manfred Heibel, Dr. Detlev Machenheimer, mit einem Vorwort von Dr. Karl Obermayr, 544 S., gebunden.
DM 34,–/S 272.–

Der Rechtsberater im Haus
(4048) Von Karl-Heinz Hofmeister, 528 S., gebunden.
DM 39,–/S 319.–

Arbeitsrecht
Praktischer Ratgeber für Arbeitnehmer und Arbeitgeber. (0594) Von Johannes Beuthner, 192 S., kartoniert.
DM 16,80/S 139.–

Mietrecht
Leitfaden für Mieter und Vermieter. (0479) Von Johannes Beuthner, 196 S., kartoniert.
DM 14,80/S 119.–

Scheidung und Unterhalt
nach dem neuen Eherecht. (0403) Von Rechtsanwalt Hans T. Drewes, 109 S., mit Kosten- und Unterhaltstabellen, kartoniert.
DM 7,80/S 69.–

Testament und Erbschaft
Erbfolge, Rechte Pflichten der Erben, Erbschafts- und Schenkungssteuer, Muster für Testamente. (4139) Von Theodor Drewes und Rainer Hollender, 352 S., Pappband.
DM 26,80/S 218.–

Erbrecht und Testament
Mit Erläuterungen des Erbschaftssteuergesetzes von 1974. (0046) Von Dr. jur. Hanns Wandrey, 124 S., kartoniert.
DM 6,80/S 59.–

Endlich 18 und nun?
Recht und Pflichten mit der Volljährigkeit. (0646) Von Claus Spahn, 224 S., 27 Zeichnungen, kartoniert.
DM 14,80/S 119.–

Haus oder Eigentumswohnung
Planung – Finanzierung – Baulauf. (4070) Von Rainer Wolff, 352 S., 16 Farbtafeln, 237 Zeichnungen und Grafiken, gebunden.
DM 39/S 319.–

Energie aus Sonne, Wasser, Wind und Eis
Alles über Wärmedämmung, Wärmepumpen, Sonnendächer und andere Systeme. (0552) Von Volker Petzold, 216 S., 124 Abbildungen, kartoniert.
DM 16,80/S 139.–

Antiquitäten-(Ver)führer
Stilkunde – Wert – Echtheitsbestimmung. (5057) Von Margot Lutze, 128 S., 191 Farbfotos, Pappband.
DM 19,80/S 159.–

Sexualberatung
(0402) Von Dr. Marianne Röhl, 168 S., 8 Farbtafeln, 17 Zeichnungen, Pappband.
DM 19,80/S 159.–

Wenn Sie ein Kind bekommen
(4003) Von Ursula Klamroth, 240 S., 86 s/w-Fotos, 30 Zeichnungen, gebunden.
DM 19,80/S 159.–

Vorbereitung auf die Geburt
Schwangerschaftsgymnastik, Atmung, Rückbildungsgymnastik. (0251) Von Sabine Buchholz, 112 S., 98 s/w-Fotos, kartoniert.
DM 6,80/S 59.–

Wie soll es heißen?
(0211) Von D. Köhr, 136 S., kartoniert.
DM 5,80/S 49.–

Das Babybuch
Pflege · Ernährung · Entwicklung. (0531) Von Annelore Burkert, 136 S., 8 Farbtafeln, zahlreiche s/w-Fotos, kartoniert.
DM 12,80/S 99.–

ZDF · ORF · DRS
Kompaß Jugend-Lexikon
(4096) Von Richard Kerler, Jochen Blum, unter Mitarbeit von Ursula Kopp, 336 S., 766 Farbfotos, 39 s/w-Fotos und Zeichnungen, Pappband.
DM 29,80/S 239.–

Der Sklave Calvisius
Alltag in einer römischen Provinz 150 n. Chr. (4058) Von Alice Ammermann, Tilmann Röhrig, Gerhard Schmidt, 120 S., 99 Farbfotos und farbige Zeichnungen, 47 s/w-Fotos und Zeichnungen, Pappband.
DM 19,80/S 159.–

Dinosaurier
und andere Tiere der Urzeit. (4219) Von Gerolf Alschner, 96 S., 81 großformatige Farbzeichnungen, 4 s/w-Fotos, Pappband.
DM 24,80/S 198.–

Die neue Lebenshilfe
Biorhytmik
Höhen und Tiefen der persönlichen Lebenskurven vorausberechnen und danach handeln. (0458) Von Walter A. Appel, 157 S., 63 Zeichnungen, Pappband.
DM 9,80/S 79.–

Keine Angst vorm Fliegen
(0463) Von Rudolf Braunburg und Rainer-Joachim Pieritz, 159 S., 15 Farbtafeln, 68 s/w-Fotos, kartoniert.
DM 12,80/S 99.–

So deutet man Träume
Die Bildersprache des Unbewußten. (0444) Von Georg Haddenbach, 160 S., Pappband.
DM 9,80/S 79.–

FALKEN VERLAG

Die Preise entsprechen dem Status beim Druck dieses

Gesundheit und Spannkraft durch Yoga
(0321) Von Lothar Frank und Ursula Ebbers, 112 S., 50 s/w-Fotos, kartoniert.
DM 7,80/S 69.–

Yoga für jeden
(0341) Von Kareen Zebroff, 156 S., 135 Abbildungen, kartoniert.
DM 20,–/S 160.–

Yoga gegen Haltungsschäden und Rückenschmerzen
(0394) Von Alois Raab, 104 S., 215 Abbildungen, kartoniert.
DM 6,80/S 59.–

Hypnose und Autosuggestion
Methoden – Heilwirkungen – praktische Beispiele. (0483) Von Gerhard Leibold, 116 S., kartoniert.
DM 7,80/S 69.–

Autogenes Training
Anwendung · Heilwirkungen · Methoden. (0541) Von Rolf Faller, 128 S., 3 Zeichnungen, kartoniert.
DM 9,80/S 79.–

Eigenbehandlung durch Akupressur
Heilwirkungen – Energielehre – Meridiane. (0417) Von Gerhard Leibold, 152 S., 78 Abbildungen, kartoniert.
DM 9,80/S 79.–

Die fernöstliche Fingerdrucktherapie Shiatsu
Anleitungen zur Selbsthilfe – Heilwirkungen. (0615) Von Gerhard Leibold, 196 S., 180 Abbildungen, kartoniert.
DM 16,80/S 139.–

10 Minuten täglich Tele-Gymnastik
(5102) Von Beate Manz und Kafi Biermann, 128 S., 381 Abbildungen, kartoniert.
DM 12,80/S 99.–

Gesund und fit durch Gymnastik
(0366) Von Hannelore Pilss-Samek, 132 S., 150 Abbildungen, kartoniert.
DM 7,80/S 69.–

Schlank und fit durch
Aerobic
(0679) Von Hans Schulz, 104 S., 96 s/w-Fotos, 3 Zeichnungen, Spiralbindung.
DM 9,80/S 79.–

Stretching
Mit Dehnungsgymnastik zu Entspannung, Geschmeidigkeit und Wohlbefinden. (0717) Von Hans Schulz, 80 S., 90 s/w-Fotos, kartoniert.
DM 7,80/S 69.–

Schönheitspflege
Kosmetische Tips für jeden Tag. (0493) Von Heide Zander, 180 S., 25 Abbildungen, kartoniert.
DM 7,80/S 69.–

Tanz und Spiele für Bewegungsbehinderte
Ein Anfängerkurs für alle, die mitmachen wollen. Empfohlen vom Bundesverband für Tanztherapie e.V. (0581) Von Wally Kaechele, 96 S., 105 s/w-Fotos, 9 Zeichnungen, Spiralbindung.
DM 19,80/S 159.–

Ratgeber, Lebenshilfe

Umgangsformen heute
Die Empfehlungen des Fachausschusses für Umgangsformen. (4015) 282 S., 160 s/w-Fotos, 25 Zeichnungen, gebunden.
DM 29,80/S 239.–

Der Gute Ton
Ein moderner Knigge. (0063) Von Irmgard Wolter, 168 S., 38 Zeichnungen, kartoniert.
DM 9,80/S 79.–

Der schön gedeckte Tisch
(5005) Von Rolf Stender, 64 S., 60 Farbfotos, Pappband.
DM 12,80/S 99.–

Tischkarten und Tischdekorationen
(5063) Von Gabriele Vocke, 64 S., 79 Farbfotos, Pappband.
DM 12,80/S 99.–

Von der Verlobung zur Goldenen Hochzeit
Vorbereitung · Festgestaltung · Glückwünsche. (0393) Von Elisabeth Ruge, 120 S., kartoniert.
DM 6,80/S 59.–

Reden zur Hochzeit
Musteransprachen für Hochzeitstage. (0654) Von Günter Georg, 112 S., kartoniert.
DM 6,80/S 59.–

Glückwünsche, Toasts und Festreden zur Hochzeit.
(0264) Von Irmgard Wolter, 128 S., kartoniert.
DM 7,80/S 69.–

Hochzeitszeitungen
Muster, Tips und Anregungen. (0288) Von Hans-Jürgen Winkler, mit vielen Text- und Gestaltungsanregungen, 116 S., 15 Abbildungen, 1 Musterzeitung, kartoniert.
DM 6,80/S 59.–

Kindergedichte zur Grünen, Silbernen und Goldenen Hochzeit
(0318) Von Hans-Jürgen Winkler, 104 S., 20 Abbildungen, kartoniert.
DM 5,80/S 49.–

Die Silberhochzeit
Vorbereitung · Einladung · Geschenkvorschläge · Festablauf · Menüs · Reden · Glückwünsche. (0542) Von Karin F. Merkle, 120 S., 41 Zeichnungen, kartoniert.
DM 9,80/S 79.–

Großes Buch der Glückwünsche
(0255) Herausgegeben von Olaf Fuhrmann, 240 S., 64 Zeichnungen und viele Gestaltungsvorschläge, kartoniert.
DM 9,80/S 79.–

Neue Glückwunschfibel
für Groß und Klein. (0156) Von Renée Christian-Hildebrandt, 96 S., kartoniert.
DM 4,80/S 39.–

Glückwunschverse für Kinder
(0277) Von Bettina Ulrici, 80 S., kartoniert.
DM 4,80/S 39.–

Die Redekunst · Rhetorik · Rednererfolg
(0076) Von Kurt Wolter, überarbeitet von Dr. W. Tappe, 80 S., kartoniert.
DM 4,80/S 39.–

Großes Buch der Reden und Ansprachen
für jeden Anlaß. (4009) Herausgegeben von Frank Sicker, 454 S., gebunden.
DM 39,–/S 319.–

Reden zum Jubiläum
Musteransprachen für viele Gelegenheiten (0595) Von Günter Georg, 112 S., kartoniert.
DM 6,80/S 59.–

Reden und Sprüche zu Grundsteinlegung, Richtfest und Einzug
Musteransprachen für viele Gelegenheiten. (0598) Von Albert Bruder, Günter Georg, 96 S., kartoniert.
DM 6,80/S 59.–

Reden zu Familienfesten
(0675) Von Günter Georg, 108 S., kartoniert.
DM 6,80/S 59.–

Festreden und Vereinsreden
Ansprachen für festliche Gelegenheiten. (0069) Von Karl Lehnhoff und Elisabeth Ruge, 88 S., kartoniert.
DM 5,80/S 49.–

Trinksprüche, Richtsprüche, Gästebuchverse
(0224) Von Dieter Kellermann, 80 S., kartoniert.
DM 4,80/S 39.–

Ins Gästebuch geschrieben
(0576) Von Kurt H. Trabeck, 96 S., 24 Zeichnungen, kartoniert.
DM 7,80/S 69.–

Poesiealbumverse
Heiteres und Besinnliches. (0578) Von Anne Göttling, 112 S., 20 Abbildungen, Pappband.
DM 14,80/S 119.–

Verse fürs Poesiealbum
(0241) Von Irmgard Wolter, 96 S., 20 Abbildungen, kartoniert.
DM 5,80/S 49.–

Rosen, Tulpen, Nelken . . .
Beliebte Verse fürs Poesiealbum
(0431) Von Waltraud Pröve, 96 S., mit Faksimile-Abbildungen, kartoniert.
DM 5,80/S 49.–

DER WIDDER-VATER

will, daß »sein« Kind natürlich eines Tages Minister oder Kanzler wird. Er steht seinen Kindern recht subjektiv gegenüber, aber die Erziehung überläßt er dann doch der Mutter. Er greift meist nur am Wochenende in das Leben seiner Kinder ein, dann aber spürbar. Alltags kümmert er sich mehr um seine eigene Karriere.

So sehr er seine Tochter liebt, der Sohn liegt ihm näher. Mit seiner Tochter möchte er äußerlich Staat machen, sein Sohn soll nach ihm schlagen. Das beginnt damit, daß er ihn am Sonntag nicht nur auf den Fußballplatz mitnimmt, sondern am Vormittag ab und zu Sport mit ihm treibt, wobei der Sohn nicht wenig herangenommen wird. Früh muß der Junge lernen, sich zu wehren. Also erfolgt häufig eine Judo- oder Karateausbildung. Außerdem soll der Sohn abgehärtet werden. So gehen Vater und Sohn im Regen wie im stürmischen Schneetreiben spazieren, und erst wenn beide so richtig durchgefroren sind, geht es nach Hause. Ist der Sohn ebenfalls sportlich veranlagt, dann verstehen sich Vater und Sohn prächtig, ist er aber eher ein weicher Typ, wird er vom Vater schnell als Schwächling abgestempelt und hat es schwer, sich Respekt zu verschaffen.

Ist die Tochter kämpferisch und mutig, dann hat sie das Herz des Vaters meist für immer gewonnen. Hier kommt es erst zu echten Konflikten, wenn der Vater spürt, daß seine Tochter ihre eigenen Wege geht und dabei auf die Meinung des Vaters keine Rücksicht nimmt. Das imponiert ihm natürlich, aber er stemmt sich gegen den eigenen Weg des Mädchens.

Wie die Widder-Mutter umgeht der Widder-Vater keinen Konflikt mit seinen Kindern, aber er trägt ihn aus Zeitmangel meist nicht aus, so daß alles an der oft viel sensibleren Mutter hängenbleibt. Da der Vater ehrgeizig ist, erwartet er dies auch von seinen Kindern. Ehrgeiz ist für ihn ja mit die wichtigste Tugend, die stets genährt werden muß.

Werden die Kinder größer, sieht es der Vater gerne, wenn sie ihre eigenen Wege gehen, brauchen sie Rat, ist er zwar da, aber früh erzieht er seine Kinder in die Richtung: Selbst ist die Frau (und der Mann)! Böse wird er allerdings, wenn seine Kinder stets den bequemeren Weg wählen, dann kann er sich sogar – wenn es hart auf hart geht – von seinen Kindern lossagen. Meint also ein Kind, zunächst einmal sei das Leben zum Genießen da, dann versetzt es seinem Vater damit einen langwirkenden K.-o.-Schlag. Danach kann das Kind lange auf die Hilfe des Vaters warten, es sei denn, es verspricht hoch und heilig, sich nun von Grund auf zu ändern.

Versagt so ein »untüchtiges« Kind im Lebenskampf, dann empfindet dies der Vater manchmal sogar als gerecht, außer dem Kind ist offensichtlich Unrecht getan worden. In diesem Fall allerdings steigt der Vater auf die Barrikaden. Das bekommt der Lehrer zu spüren, der Ausbilder, der Meister, der Chef, der Vorgesetzte, die Steuerbehörde, wer auch immer seinem Kind etwas angetan hat. Aber das Kind muß einwandfrei im Recht und den Vorgesetzten hilflos ausgeliefert sein. Dieses höchst seltene Eingreifen vergißt das Kind dem Vater nie, eben weil er sonst nicht bei jeder Kleinigkeit zur Stelle ist.

Das Kind wird also vom Vater früh im Hinblick auf Selbständigkeit und auf Bewahrung der eigenen Freiheit erzogen. Bis ins Alter ist der Vater davon überzeugt, daß sein Kind – egal wie es sich entwickelt – wie geschaffen für eine Führungsposition ist, denn eines lernt der Vater erst sehr spät: sein Kind halbwegs objektiv zu sehen. Meist sieht er Sohn und Tochter durch eine rosarote Brille, auch wenn er dies nie sagt. Und noch etwas ist wichtig: Tyrannisieren läßt sich dieser Vater von seinen Kindern eigentlich nie, auch wenn er dabei in Kauf nehmen muß, beschimpft zu werden, daß er altmodisch sei und die anderen Väter eben mehr Verständnis hätten. Mit solchen Argumenten erreicht man bei diesem Vater gar nichts.

DIE WIDDER-TOCHTER

will zunächst gar kein Mädchen sein. In der Kindheit ist sie meist an der Seite der Buben zu finden, mit denen sie sich gerne in ihren Kräften mißt, wobei sie keiner Rauferei aus dem Weg geht.
Sie ist früh ehrgeizig, besonders auf sportlichem Gebiet, und hat für Freundinnen wenig übrig. Der Übergang zum Mädchen fällt diesen Geschöpfen meist sehr schwer, aber wie alles Unabänderbare akzeptieren sie diesen Übergang dann sehr schnell. Nur kurze Zeit empfinden sie sich als minderwertig, dann kehren diese Mädchen ihren Stolz heraus und nehmen es nun von der neuen weiblichen Warte aus mit allen und der Welt auf! Alle Aufgaben werden schnell und zügig angepackt, und die Eltern haben es mit diesem Trotzkopf gar nicht so leicht. Der Wille dieser Mädchen ist früh ausgeprägt und stark. Sowie sie das Gefühl haben, die Erziehung beengt sie, wollen sie überhaupt nicht erzogen werden. Oft gehen sie aus dem Haus, ohne den Eltern oder sonst jemandem zu sagen, wohin sie gehen und wann sie wiederkommen. Das wird das ganze Leben so bleiben; darauf müssen sich Eltern, Geschwister und spätere Lebenspartner einfach einstellen. Unabhängigkeit ist für diese Mädchen kein leeres Wort.
Oft sind diese Töchter auf dem Sportplatz zu finden, oder sie besuchen auf eigenen Wunsch eine Kampfschule, nachdem sie ein- oder mehrmals von Jungen Prügel bezogen haben. Das verwinden sie nur schwer, und so legen sie von Anfang an Wert darauf, sich wehren zu können.
Angst kennen sie eigentlich selten, und so zeigen sie sich früh emanzipiert. Schon die Lehrer spüren das, während die jüngeren Lehrerinnen es mit diesen Mädchen leichter haben, da sie sich als Verbündete fühlen können. Zur Unabhängigkeit gehört auch, möglichst bald den Führerschein zu machen oder sonst alles zeitig zu lernen, was man so für das Leben braucht. Die Berufsziele sind oft illusionär hoch angesetzt und werden mit Eifer verfolgt.
Ihr Temperament wirkt schon in der Pubertätszeit auf das andere Geschlecht sehr anziehend, aber da sich diese Mädchen noch mit allem und jedem messen wollen, geraten sie zunächst an gleich geartete Jungen, mit denen sie sich dann schwer zusammenfinden können. Der Grundsatz, daß sich Gegensätze anziehen, wird von diesen Mädchen meist erst sehr spät verstanden, und oft geht dem ein langer Lernprozeß voraus.
Beruflich sind sie häufig besonders an den von Männern beherrschten Tätigkeitsbereichen interessiert. Mit denen wollen sie es aufnehmen. Jeder Chef, der so ein Mädchen einstellt, sollte sich darauf gefaßt machen, daß er sich zwar eine fanatische Mitarbeiterin aber auch eventuell eine Konkurrentin engagiert hat.
So spielen die Eltern früh eine untergeordnete Rolle, nur wollen die Mädchen sie in ihrem Leben – bei aller Unabhängigkeit – nicht missen. Daß sie mehr können als ihre Eltern, daß sie über diese hinauswachsen werden, das ist für die Töchter eine Selbstverständlichkeit, über die man kein Wort verlieren muß. Manchem Elternteil werden die Töchter zu ungestüm vorkommen, aber er muß sich früh mit deren Temperament und auch mit ihrer Leidenschaftlichkeit abfinden, besonders wenn es um die Lebensgestaltung geht, und noch mehr, wenn es sich um die Partnerwahl handelt. Am besten wäre es, wenn die Eltern sagen würden: Soll sie sich doch erst einmal an den Realitäten die Hörner abstoßen!
Je eher Eltern ihre Widder-Töchter als Erwachsene akzeptieren, um so besser wird sich das Verhältnis zwischen Tochter und Mutter bzw. Vater entwickeln.
Diese Töchter werden und wollen nicht lange Kind sein. Das müssen die Eltern akzeptieren, dann kann die Verbindung zwischen den Familiengenerationen lange und andauernd sein. Schwierig sind diese Mädchen übrigens nur oberflächlich gesehen, weil sie ihren eigenen Kopf haben, aber dafür geben sie sich recht unkompliziert.

DER WIDDER-SOHN

zeigt sich früh als ein sehr bewußt strebender Junge, der weiß, was er will. Eines scheint er als erste Lebenserfahrung geschluckt zu haben: Man darf sich nicht unterkriegen lassen.
Diese Söhne sind mutig, oft kommen sie mit blauem Auge und Schürfwunden nach Hause, weil sie sich meist mit älteren Spielkameraden anlegen. In ihnen lebt eine echte Ritterlichkeit, die stets dann hervorbricht, wenn Schwächere von Stärkeren angegriffen werden oder wenn beispielsweise ihre kleine Schwester oder eine kleine Freundin beleidigt werden.
Klaren Kopf behalten diese Buben selten, aber sie verschaffen sich durch ihren Mut Respekt. Sie können niedergeschlagen werden, aber sie bleiben nicht liegen. Und auch die noch Stärkeren sollen sich nicht zu sicher sein: Diese Jungen werden groß und zahlen einem später alles heim. Frühzeitig betätigen sie sich gerne sportlich, sie sind die Stürmer in einer Mannschaft. Das Verteidigen liegt ihnen nicht, sie wollen die Tore schießen oder Punkte sammeln.
In der Schulklasse sind sie oft Klassensprecher, besonders dann, wenn es gegen einen Lehrer oder einen Schulleiter geht. Um Respekt brauchen sich diese Jungen nicht zu bemühen, den bekommen sie schnell; und auch wenn einige Lehrer sich von diesen Jungen ab und zu herausgefordert fühlen, sie bewundern sie insgeheim.
Die Mädchen mögen diese Jungen, bei denen sie sich geschützt fühlen; und in der Tat, wer nur an ihre Ritterlichkeit und Fairneß appelliert, hat gewonnen.
Ungerechtigkeiten verabscheuen, ja verachten sie. Das bekommen ganz besonders die Eltern zu spüren, wenn sie nicht gerecht urteilen oder Geschwister vorziehen. Auch mögen es diese Kinder gar nicht, wenn sich Eltern etwa opportunistisch verhalten, wenn sie lieber zurückweichen, um ihren Frieden zu haben, als sich mutig den Gegnern und Widersachern zu stellen.
Die Jungen denken sehr direkt und gerade, verschlagen sind sie nicht; daher empört es sie, wenn ihre Eltern ihnen nicht glauben oder sie gar für Lügner halten. Dies könnte tiefe Zerwürfnisse hervorrufen.
Auch in der Wahl ihrer Lebenspartnerin wollen sich die jungen Männer nicht hineinreden lassen, da handeln sie sehr früh selbständig. Bald bringen sie Freunde oder Kameraden ins Haus, über die die Eltern oft nur den Kopf schütteln können. Aber sie sollten klug sein und ihren Söhnen da nicht zu viele Ratschläge geben. Gerade bei diesen Jungen wächst sich vieles sehr schnell aus, nur eines nicht: der Wille, sich durchzusetzen.
Berufswünsche der Eltern haben also meist keinen Zweck, wenn sie grundsätzlich in eine andere Richtung gehen als die der Jungen. Diese lassen sich gern beraten, aber nur in Detailfragen. Das lernen die Eltern früh, weil sie von solchen Söhnen kaum zur Hilfe gerufen werden, wenn diese Auseinandersetzungen mit Lehrern, Ausbildern oder Vorgesetzten haben. Sicher staunen viele Eltern über den Mut ihrer männlichen Nachkommen. Aber sie berichten Nachbarn und Freunden dann voller Stolz davon. Respekt und Achtung; das sollte die Devise zwischen den Familiengenerationen sein, wobei die Eltern lernen müssen, erst dann einzugreifen, wenn sie gerufen werden.
Der Ehrgeiz dieser Söhne ist sicher häufig sehr hochgesteckt, für viele Eltern, die ihre Lebenserfahrungen gemacht haben, viel zu hoch, aber deswegen sollten sie ihnen die Flügel nicht zu sehr stutzen. Es ist besser, wenn sie allein vom Himmel herunterfallen. Der Sohn braucht nur das Gefühl: Die Eltern sind da, wenn es brennt. Das reicht, um ihm Kraft zu geben, sich allein durchzusetzen, so daß die Eltern selten Feuerwehr spielen müssen. Kuschelkinder findet man hier höchst selten. Manche Mutter sollte dies früh erkennen und auf ihre Streichelsehnsucht verzichten lernen. Doch wenn die Eltern in Not geraten, können sie sich auf diese Kinder meistens verlassen.

DIE WIDDER-GROSSMUTTER

erregt bei den Enkeln meist eine starke Bewunderung. Zunächst haben die Enkel mit Recht das Gefühl: Diese Großmutter ist innerlich jung geblieben. So wird sie gerne akzeptiert. Dies liegt aber auch daran, daß sie sich bei den Enkeln viel weicher zeigt als einst ihren eigenen Kindern gegenüber. War sie damals oft zu streng, so zeigt sie jetzt viel Verständnis. Nicht daß sie weise geworden wäre (weise Widder sind mit der Lupe zu suchen), aber sie hat eingesehen, daß Haltung nicht das Alleinseligmachende ist. Dies will sie nun besonders gut machen, so daß die Enkel diese Großmutter meist um den Finger wickeln können.
Allerdings nur oberflächlich gesehen, denn wenn es um Prinzipien geht, dann kommt die Widderbetonung schnell zum Vorschein, dann spüren die Enkel die ungestüme, meist ungebrochene Kraft ihrer Großmutter. Aber das gefällt ihnen, zudem die Großmutter voller Stolz berichten kann, wie selten sie in ihrem Leben wirklich nachgegeben hat. Diesen Standpunkt – von dem sie bis zum Ende des Lebens leidenschaftlich überzeugt ist – will sie auch ihren Enkeln einbläuen und gerät damit manchmal in Konflikt zu deren Eltern, was für niemanden gut ist. Wie ja auch diese Großmutter gerne alles viel besser weiß, worauf es im Leben ankommt.
Allerdings stellt sie gewisse Forderungen an ihre Enkel. Sie erwartet, daß sich diese um sie kümmern, sie regelmäßig besuchen. Bleibt ein Besuch einmal aus, werden die Enkel wenn nötig per Telefon zu ihr hinzitiert, und die Enkel folgen meist, denn sie spüren eine echte Autorität, die sie oft im Leben vermissen, ohne dies zuzugeben. So gesehen verstehen sich Enkel und Großmutter prächtig, zumal die Enkel ihrer Großmutter auch durchaus sagen können, was ihnen an ihr nicht paßt, denn das schluckt sie.

DER WIDDER-GROSSVATER

mißt seine Enkel nach sehr objektiven und strengen Grundsätzen. Heimlich erwartet er von ihnen (wenn er es auch nie zugeben würde), daß sie sich besser entwickeln als seine Kinder. Er ist fest davon überzeugt, daß sich das eigene Erbgut erst in den Enkeln so richtig auswirkt. In ihnen will er also seine Jugendideale wiederentdecken. Kann er dies nicht, dann ist es durchaus möglich, daß ihn die Enkel gar nicht interessieren. Erfüllen sie aber scheinbar seine Erwartungen, dann sind sie die wertvollsten Menschen auf der Welt.
Oft unterstützt er nun heimlich seine Enkel, gibt ihnen Taschengeld oder andere Zuschüsse, wenn sie sich weiterbilden wollen, wenn sie Sportgeräte oder Bücher benötigen. Allerdings verzeiht er nie, wenn er sich ausgenützt fühlt, also wenn sich die Enkel statt der Bücher etwa Süßigkeiten gekauft haben.
Später, wenn die Enkel erwachsen sind, finden sie im Großvater meist einen zuverlässigen Beistand, sei es bei der Berufswahl oder bei der Wahl der Lebenspartner. Es scheint dem Widder-Großvater eine diebische Freude zu machen, wenn er sich gegen seine Kinder auf die Seite der Enkel stellen kann. Das trägt nicht immer zum Familienfrieden bei, macht das Leben in der Gemeinschaft der Familie aber bunt und aufregend.
Für gute Schulabschlüsse oder andere Diplome belohnt der Großvater seine Enkel – soweit er es verantworten kann und die Mittel es erlauben – geradezu fürstlich. Kinder brauchen mutigen Zuspruch, ist sein Motto, und danach handelt er. Manchmal geht das allerdings so weit, daß sich die Enkel hinter dem Rücken ihres Großvaters verstecken, gerade wenn es gegen einen Elternteil geht. Die Eltern sollten also diesem Großvater bei allzuviel Erziehungseinmischung rechtzeitig die Grenzen aufzeigen. Aber im Grunde verstehen sich die Enkel großartig mit dem Großvater, wenn sie seine Erwartungen nur halbwegs erfüllen.

VERHÄLTNIS: ELTERNTEIL - KIND (und umgekehrt)
durch den Sonnenstand bedingt.

ELTERNTEIL WIDDER - KIND WIDDER (oft eine Konjunktion)

Hier besteht im allgemeinen eine sehr enge Beziehung, weil das Kind im Grundsätzlichen sehr nach dem Elternteil schlägt. Elternteil und Kind verstehen sich zunächst mittels Gesten und Zärtlichkeiten sehr gut und ohne Worte. Das Kind ist dem Elternteil sehr ähnlich, so daß man stets von einer gemeinsamen Basis sprechen kann, auf der sich beide finden. Sind Geschwister vorhanden, besteht die Gefahr, daß diese sich zurückgesetzt fühlen.
In punkto Ehrgeiz und Erfolgsstreben verstehen sich Elternteil und Kind besonders großartig. Beide zusammen halten sich für unbesiegbar, sie meinen, es nun mit Gott und der Welt aufnehmen zu können. Oft tyrannisieren beide dann ein wenig die gesamte Familie.
Auf Urlauben finden sich Elternteil und Kind besonders schnell zusammen, wenn sie heimlich des Nachts aufstehen, um beim Sonnenaufgang bereits auf den Gipfel eines Berges geklettert zu sein. Später wird die Entwicklung etwas problematischer, wenn auch der Elternteil möglichst lange versucht, über die Fehler des Kindes hinwegzusehen, weil es oft dieselben Fehler sind, die er selbst gemacht hat.
Das gute Verstehen schafft ein besonderes Vertrauensklima, aber dem Kind wird mitunter der Widerstand fehlen, den es zur eigenen Entwicklung braucht. Bei gegeneinander gerichteteten Auseinandersetzungen, so selten sie sein mögen, fliegen allerdings die Fetzen; da mag keiner nachgeben, und so kann sich mancher Groll im Kind aufstauen, da es ja meist nachgeben muß. Oft braucht es lange Zeit, ehe Elternteil und Kind dann wieder näher zusammenrücken, um später selbst gegen Schwiegerkinder und Schwiegereltern zusammenzuhalten. Die gemeinsame Basis bindet meist ein Leben lang.

ELTERNTEIL WIDDER - KIND STIER (meist kein Aspekt)

Diese Beziehungen sind - wie stets bei Nachbarschaftszeichen - sehr gegensätzlich, wenn auch anziehend. Jeder muß erst das Andere im Gegenüber entdecken.
Der kämpferische, mutige Widder-Elternteil muß erkennen, daß das Kind zwar zärtlich und liebebedürftig ist, aber vor allem den Wunsch hat, nichts zu verlieren. Das Leben von der Risikowarte aus zu sehen liegt diesen Kindern, die eher eine Sicherheit benötigen, nicht. Wenn dies nun der betreffende Elternteil nicht versteht, sondern möchte, daß das Kind so reagiert, wie er selbst einst reagierte, streben beide Familienmitglieder in entgegengesetzte Richtungen auseinander. Der Elternteil muß sich also bemühen, dem Kind vor allem Beschützer zu sein und Vertrauen zu geben, während das Kind später lernen muß, daß ohne Wagemut und Zivilcourage der Elternteil nicht das geworden wäre, was er ist.
Auch das schnelle Handeln des Elternteils liegt dem Kind wenig, noch weniger allerdings kann sich der Elternteil auf den festen Standpunkt des Stier-Kindes einstellen. Einen Stier umzustimmen, ihn von seiner einmal gefaßten Meinung abzubringen, das ist nicht so leicht, und da kann sich mancher Widder-Elternteil die Zähne ausbeißen.
Wenn es später um die Fortführung des elterlichen Erbes geht oder um die Übernahme des elterlichen Geschäfts wird der Elternteil sogar dankbar sein, daß das Kind ein Beharrungs- und ein Bewahrungsvermögen in sich hat.
So wachsen diese Familienmitglieder meist erst verhältnismäßig spät zusammen. Dann aber ergänzen sie sich gut.
Beide könnten in diesem Sinn fabelhaft voneinander lernen, was dem Elternteil eine Idee schwerer fallen dürfte. Und eines noch: Widder verzeihen schneller, Stiere sind eher nachtragend.

ELTERNTEIL WIDDER – KIND ZWILLINGE
(oft ein Sextil)

Im großen und ganzen kann hier von einem recht harmonischen Verhältnis gesprochen werden, aber es ist nur dann wegweisend, wenn sich das Kind dem Elternteil anpaßt oder dessen Führung akzeptiert. Das Kind wird den Führungswillen von Vater oder Mutter (je nachdem, um welchen Elternteil es sich hier handelt) wohl nach den ersten negativen Erfahrungen des Widerspruchs annehmen müssen. Seine Gabe, sich diplomatisch, freundlich und aufgeschlossen zu zeigen, ist dabei das vermittelnde Bindeglied.
Ein weiteres besteht in der aktiven Bereitschaft, etwas zu leisten. Nur wird das Kind nicht so zielstrebig an das Leben herangehen, vor allem nicht nur ein Ziel kennen, da es sehr vielseitig orientiert ist.
Mit Sicherheit vermag das Kind, den Elternteil mit gezielten Worten oft sehr schnell auf die Palme zu bringen, vor allen Dingen, weil es nur schwer schweigen kann. Ohne Kommentar wird kaum eine Weisung des Elternteils angenommen, was häufig Ärger heraufbeschwört. Ist das Kind größer, wird es kaum verstehen, wie verbissen der Elternteil kämpfen kann. Es wird sogar oftmals den Kopf schütteln, denn im Sich-Arrangieren kann das Kind eine Meisterschaft entwickeln, von der jedoch der Elternteil nichts wissen will.
Mit der Zeit werden beide voneinander lernen. Der Elternteil wird die geistige Aufnahmebereitschaft des Kindes loben, das Kind wird akzeptieren, daß sich der Elternteil nicht ohne weiteres von irgend jemandem manipulieren lassen möchte. Ganz besonders gut wird die Tochter den Vater behandeln können, im Verhältnis von Mutter und Sohn könnte es allgemein etwas schwieriger werden, weil der Sohn der Mutter vielleicht nicht konsequent genug ist. Die Bindungen werden sicher sehr vom Verstand – also vom Kopf her – mitbestimmt, und in Auseinandersetzungen einigt man sich meist vernünftig. Nur so kann das Kind den unbedingten Willen des jeweiligen Elternteils akzeptieren.

ELTERNTEIL WIDDER – KIND KREBS
(oft ein Quadrat)

In dieser Konstellation fordern sich Elternteil und Kind meist gegenseitig recht provokativ heraus. Dies geht meist nur dann gut, wenn eine Grundliebe besteht, die vieles schlucken kann. Der Durchsetzungswille des Elternteils wird vom Kind meist sehr empfindlich abgelehnt. Er muß hier lernen, daß man dieses Kind doch schnell seelisch verletzen kann.
Vieles, was der Elternteil oft im Zorn so sagt – meist meint er es nicht einmal so kraß, so deutlich –, bewirkt, daß sich das Kind in sich zurückzieht. Die Härte des Elternteils kann das Kind nicht verstehen, dem Elternteil wiederum ist es unbegreiflich, wie empfindlich, ja weichlich sich das Kind verhält. Meist bockt es aus Verzweiflung (weil es sich seelisch vergewaltigt fühlt) und wehrt sich gegen jede Bevormundung. Der Elternteil muß dem Kind stets Zeit geben.
Überhaupt ist hier der Faktor Zeit sehr entscheidend, da die Zeit alle Wunden heilen soll. Zum Glück besitzt das Kind eine stille, zähe Behauptungskraft, die aber meist gar nicht zum Tragen kommt. Es kann durchaus sein, daß ein Widder-Elternteil meint, dieses Kind könne nicht sein Kind sein, so widersprüchlich erscheint es ihm zu seinem eigenen Wesen. Andererseits aber hängt er oft ganz besonders eng an diesem Kind. Erst über viele Mißverständnisse und danach erfolgende Klärungen kommen sich diese Familienmitglieder näher.
Was sie verbindet, ist der starke motorische Wille, etwas zu schaffen, etwas in Bewegung zu setzen, was beim Kind aber erst später deutlich wird. Geschieht dies, dann steigt auch die Achtung des Elternteils für das Kind und beide können sehr eng aneinanderwachsen. Dann verstehen sie sich prächtig, ohne sich oft sehen zu müssen, und die anderen Familienmitglieder wundern sich sehr, wieso diese beiden nun schlichtweg einen Kompromiß nach dem anderen eingehen.

ELTERNTEIL WIDDER – KIND LÖWE
(oft ein Trigon)

In der traditionellen Astrologie wird dieser Aspekt zwischen 2 Menschen häufig als Glückskonstellation begriffen. Mit etwas Skepsis kann dies gerade in einer Familienkonstellation akzeptiert werden, weniger aber in einer Partnerbindung.

Das Kind bewundert sicher die Kraft des Elternteils, blickt voller Stolz auf dessen Leistung und versucht, allen Erwartungen zu entsprechen. Auch der Elternteil will auf das Kind stolz sein. Das fällt zunächst nicht ganz so leicht, weil es manchmal etwas faul erscheint und oft einen bequemen Weg sucht. Etwa wenn es Schularbeiten von anderen abschreibt – dann versteht der Widder-Elternteil die Welt nicht mehr.

Auch kann das Kind den Elternteil mit gekonnten Schmeicheleien so umgarnen, daß dieser öfter eine Drei für eine Zwei gelten läßt. Aber auf die Dauer geht es nicht gut. Der Elternteil hegt ja gerade in Bezug auf dieses Kind große Erwartungen, und die dürfen nicht lange ausbleiben. Ein Kind, das nicht weiterkommt, das sich mit Hängen und Würgen von einem Schuljahr ins nächste rettet, das verdient kein Lob. Das Kind wiederum wird vor allem durch Lob weiterkommen, es verträgt Kritik nur schwer, weil es diese zu persönlich nimmt. Hieraus können Probleme erwachsen. Aber sie werden im Grunde oberflächlicher Natur sein und sich nicht allzu stark auswirken.

Verbindung beider ist das Temperament und der Wunsch, jeweils etwas gelten zu wollen. Ist das Kind erwachsen, werden sich Elternteil und Kind gegenseitig respektieren und miteinander im Gleichklang leben. Allerdings wird der Elternteil gelegentlich aufbrausen, wenn das Kind zu hohe Ansprüche stellt oder sich gar – das gilt besonders für eine Tochter – dem luxuriösen Leben zuwendet. Dann kann der Elternteil sie – gleichgültig, wie alt sie ist – aus Erziehungsgründen enterben.

ELTERNTEIL WIDDER – KIND JUNGFRAU
(meist kein Aspekt)

Vieles im Verhältnis zwischen Elternteil und Kind läuft hier etwas unwirklich ab. Da besteht eine enge Bindung zwischen beiden Familienmitgliedern, aber auch eine Art von Nebeneinanderleben. Beide Teile der Familie sind sich also nah und oft fern zugleich. Hier ist es wichtig, daß jeder dem anderen seinen Freiraum läßt.

Das Kind tut sich mit dem Elternteil recht schwer, weil dieser immer nur von der großen Linie redet, von den Sternen, die vom Himmel zu holen sind, während das Kind erst einmal das Nächstliegende erledigen möchte. Und wenn das Kind mit Fleiß und Akribie seine Arbeit macht und dabei nicht anzusprechen ist, kann der Elternteil vor Ungeduld platzen, und meist tut er es. Worte wie: »Ich habe doch keine Spießbürgerin als Tochter, keinen peniblen Beamten als Sohn«, schweben dann durch den Raum.

Wenn es den Elternteil um Rat angeht, muß das Kind oft erkennen, daß diesen viele Kleinigkeiten gar nicht interessieren. Später allerdings nähern sich diese Familienmitglieder, wenn etwa der Elternteil sich einen vernünftigen Rat bei seinem Jungfrau-Sohn oder seiner klugen Jungfrau-Tochter einholen muß.

Es dauert manchmal sehr lange, ehe der Elternteil das Kind respektiert und akzeptiert. Mit Staunen bemerkt er dann, wie das Kind, auf sehr fleißige Art zwar, aber auch auf eine fast unscheinbare Weise, die Klippen des Lebens geschickt umschifft und dann meist als letzter Notanker gebraucht wird. Diese Elternteile haben dann noch das Glück, daß diese Kinder auch immer – so erwachsen sie sein mögen – zur Stelle sind, wenn auch meist nicht mehr aus tiefer Liebe, sondern aus einem Pflichtgefühl heraus.

Große äußere Konflikte wird es zwischen diesen beiden Familienmitgliedern nur recht wenige geben, zumal sich beide auch in einer engen Wohnung sehr geschickt aus dem Weg gehen können.

ELTERNTEIL WIDDER – KIND WAAGE
(oft eine Opposition)

Diese Bindung ist sehr stark, meist zu stark, so daß oft eine Spannung entsteht. Hier kann man – auf die Familie bezogen – davon sprechen, daß vom ersten Moment an Gegensätze bestehen, die sich aber auch enorm anziehen. Das Kind wird von sich aus zunächst eine Oppositionshaltung einnehmen. Erst sehr langsam wird sich die Bindung enger gestalten, bis sich schließlich diese Familienmitglieder einfach benötigen.
Was der Elternteil an Kampfesmut mit sich bringt, gleicht das Kind durch Gefühl und Bindungssehnsucht aus. Wenn der Elternteil etwas ausdrücken will, dann versucht das Kind, dies diplomatisch auch für sich umzumünzen. Wenn der Elternteil einmal nicht siegt, sondern verzweifelt ist, dann wird das Waage-Kind ihm eine große Stütze sein.
Auch wird gerade bei dieser Konstellation das Kind manchen Ausgleich in der Familie schaffen müssen. Sicher wird der Elternteil es wegen seiner feinen Empfindungen sehr lieben, im Grunde beneidet er es sogar darum, aber oft platzt der Mutter oder dem Vater der Kragen, wenn es allzu diplomatisch vorgehen will.
Auch wird manche Lebensgewohnheit des Kindes dem Widder-Elternteil nicht ins Konzept passen, so vielleicht, daß das Kind sich sein Heim schafft und bei Kerzenlicht sentimentale Musik hört. Dann treten Zweifel auf, ob es sich um das eigene Kind handelt.
Auch das künstlerische Interesse des Waage-Kindes wird bei dem Widder-Elternteil nicht immer ein Echo hervorrufen, weil das Musische an und für sich ja oft als Luxus angesehen wird. Aber insgesamt besteht, gerade wegen der gegensätzlichen Grundtypisierung, zwischen Elternteil und Kind eine intensive Bindung, die manche Geschwister einfach nicht verstehen können, so daß hier der Elternteil besondere Verantwortung hat, damit andere sich nicht benachteiligt fühlen.

ELTERNTEIL WIDDER – KIND SKORPION
(oft kein Aspekt)

Hier stehen sich vom Kern nur scheinbar gegensätzliche Typisierungen oder Charakterisierungen gegenüber. Sicher verstehen sich beide Familienmitglieder sehr gut; beide handeln ungestüm, leidenschaftlich und sind sich in vielen Dingen sehr ähnlich. Nur ist der Elternteil eher optimistisch zu nennen, das Kind aber pessimistischer in der Grundveranlagung. Der Elternteil meint, Siege sind das ganze Leben. Das Kind erfährt sehr schnell, daß einem nichts geschenkt wird, daß jeder Sieg die nächste Niederlage in sich birgt. Daran scheiden sich dann die Geister. Der Elternteil hat kaum die Kraft, das Kind mitzureißen, und fragt sich, woher dessen manchmal grüblerische, suchende Art kommt. Da muß sich also der Elternteil sehr in das Kind einleben, muß stets versuchen, es aufzurichten. Das Kind könnte vom Optimismus des Elternteils etwas lernen, jedoch wird das kaum gelingen.
An einem Strang ziehen sie aber in dem Moment, da einer von beiden von außen oder auch aus der Familie angegriffen wird. Nun halten sie zusammen wie Pech und Schwefel. Wer den Elternteil angreift, greift das Kind an, und wer das Kind angreift, muß wissen, daß er damit auch den betreffenden Elternteil herausfordert. So bilden beide oft auch eine verschworene Gemeinschaft und können sich sehr gut gegenseitig Mut und Trost zusprechen.
Die tiefe Veranlagung des Kindes, das stets auf der Suche nach dem ist, was sich hinter den Kulissen versteckt, ist dem Elternteil oft fremd, wird aber respektiert, später sogar geliebt. Beide bewundern gegenseitig ihren Mut – da verstehen sie sich. Nur wird der Elternteil kaum verstehen, wie lange das Kind mitunter an Niederlagen trägt, wie schwer es sich regenerieren kann. Beide sind sich kaum ähnlich, aber sie brauchen sich, wie sich Tag und Nacht benötigen oder wie die Dunkelheit die Helle braucht. Nicht selten bleiben sie lange eng verbunden.

ELTERNTEIL WIDDER – KIND SCHÜTZE
(oft ein Trigon)

Diese Verbindung scheint zunächst einmal sehr fördernd zu sein. Elternteil und Kind verstehen sich bestens, zumal gerade das Kind sich sehr gut anpassen kann. Dieses Anpassen ist aber nicht im unterwürfigen Sinn gemeint, hat nichts mit einem Sich-Ducken zu tun, sondern das Kind zeigt schon sehr früh die notwendige Menschen- oder Familienkenntnis, das wildere Temperament des Elternteils abzufangen. Je ernster der Elternteil eine Sache nimmt, um so lächelnder verhält sich das Kind, vor allem wenn es etwas älter ist. Der Sturm und Drang des Elternteils läuft sich hier fast tot. Diese Elternteile stoßen mit dem Kopf einfach gegen eine Gummiwand, und so – aber nur so – lenken sie ein.

Viele Kinder sind – werden sie größer – weitaus einsichtiger als diese Eltern, die allerdings auch kaum die Chance haben, einmal wirklich weise zu werden.

Gemeinsame Schnittpunkte sind gedankliche Grundauffassungen, das gleiche Rechtsgefühl und jeweils kämpferische Auseinandersetzungen mit dem Glaubensbegriff, mit Religionen.

Dieser Elternteil sieht das Kind in geistiger Hinsicht als den legitimen Erben an. Und frühzeitig wird das Kind daher auch ins Vertrauen gezogen. Oft sogar zu früh, so daß der andere Elternteil sich manchmal mit Recht eifersüchtig verhält. Hier kann wirklich die Tochter eine Freundin der Mutter werden, der Sohn ein Freund des Vaters. Und wenn sich ein Widder-Elternteil von jemandem aus der Familie etwas sagen läßt, dann in erster Linie von einem Schütze-Kind. So trägt es sehr früh (aber gerne) eine oft gar nicht so leichte Verantwortung.

Diesen Kindern wird allerdings im Vergleich mit den Geschwistern zu viel und manches dann auch zu leicht verziehen, weil nie die Kleinigkeiten gewertet werden, sondern immer die große Linie, und der kann der Widder-Elternteil meist beipflichten.

ELTERNTEIL WIDDER – KIND STEINBOCK
(oft ein Quadrat)

Hier erscheint das Verhältnis von Elternteil und Kind oft sehr problematisch. Nicht, daß zwischen beiden keine Liebe bestünde, im Gegenteil, die ist sogar oft sehr tief, aber die inneren Gegensätze scheinen in manchen Fällen unüberbrückbar.

Zeigt sich der Elternteil meist ungeduldig, jäh und zornig, dann bleibt das Kind gelassen, beherrscht, stumm ausdrückend, daß es genau weiß, was es will. Das kann den Elternteil in Raserei versetzen, denn mit diesem Kind kommt er von der Grundverfassung her mit am schwierigsten zurecht. Die Verständigung geht meist über den starken Ehrgeiz, der beide beflügelt. Nur kann das Kind von Natur aus viel besser auf eine gute Gelegenheit warten, während der Elternteil jede Warterei fast als Folter ansieht.

Auch bringt es manchen dieser Widder-Elternteile oft zum Kochen, wenn Steinbock-Kinder auch im Kummer gelassen bleiben. Sie nehmen Strafen hin, ohne zu zeigen, ob sie die Notwendigkeit der Strafe einsehen, ja, ob sie so eine Strafe als gerecht empfinden oder nicht. Daran ist schon mancher Elternteil wirklich verzweifelt, und unbewußt fühlt er sich dadurch sogar ins Unrecht gesetzt, was wieder auf das Kind zurückschlagen könnte.

Da diese Kinder hart im Nehmen sind, sich aber selten sofort zu einer einschneidenden Gegenaktion aufraffen, weiß der Elternteil oft nicht, was das Kind so denken mag, und diese Tatsache beunruhigt ihn doch sehr. Widder brauchen sofortige Reaktionen um zu handeln, hier wird ihnen diese Notwendigkeit meist versagt. Das ist das Problem, zumal die Steinbock-Kinder auch noch erstaunlich verschwiegen sein können.

Es braucht also eine Zeit, ehe sich diese Familienmitglieder zusammenfinden, und ein Leben lang wird sich der Elternteil mehr um das Kind kümmern als umgekehrt, wenigstens was äußere Reaktionen betrifft. Denn ein Steinbock-Kind läßt kommen, und Widder-Eltern tun ihm den Gefallen.

ELTERNTEIL WIDDER – KIND WASSERMANN
(oft ein Sextil)

Eine Konstellation, die anzeigt, wie gut sich diese beiden in der Familie grundsätzlich verstehen, ohne daß hier große Worte fallen. Dem Elternteil imponiert, daß dieses Kind nie um einen Ausweg verlegen ist, dem Kind fällt immer etwas ein, meist etwas Ausgefallenes, und das findet zu allererst bei diesem Elternteil ein positives Echo. Sicher wird der Elternteil dem Kind oft zu laut, zu temperamentvoll, zu ungeduldig sein, aber es erkennt doch sehr schnell, daß man mit diesem Vater, dieser Mutter im wahrsten Sinne Pferde stehlen kann.
Hier ist oft eher ein Kumpelverhältnis anzutreffen. Kind und Elternteil rufen sich gerne beim Vornamen, auch Spitznamen sind häufig. Und der Elternteil entschuldigt so manchen Streich, den das Kind Nachbarn oder Lehrern spielt, wenn es dafür seine Pflichten auch korrekt ausführt.
Was dem Elternteil nicht so sehr gefällt, ist die Ablenkbarkeit des Kindes, das nie so zielbewußt oder direkt auf das Nächstliegende zugeht, wie es die betreffende Mutter oder der betreffende Vater gerne sähen. Das hält ein Leben lang an.
Die Plötzlichkeit des Kindes, das Wechseln der Berufswünsche, später auch der Berufe, können diesen Elternteil rasend machen. Die stete Unruhe, das Umherziehen, das Übersiedeln, wenn es nur möglich ist, bringen ebenfalls Unruhe in die Familie. Das stört zwar bisweilen die anderen, kaum aber diesen Elternteil, denn der Hauptwirbel geht ja von ihm selbst aus.
Eines allerdings ist wichtig: Der Elternteil darf nicht versuchen, das Kind geradlinig zu erziehen. Es sucht die Ablenkung, die Abwechslung wie ein Lebenselexier, da ist dann auch mit Gewalt und Strenge nichts zu erreichen. Hier muß der Widder-Elternteil zum Wohl des Kindes nachgeben, sonst läuft dieses Wassermann-Kind vielleicht viel zu früh aus dem Haus, und so schnell kommt es dann nicht wieder zurück.

ELTERNTEIL WIDDER – KIND FISCHE
(meist kein Aspekt)

Von Natur aus kann man sich gegensätzlicheres kaum vorstellen. Aber es sind keine Gegensätze, die sich anziehen; sie laufen eher nebeneinander her. Gute Gegensätze für eine Partnerschaft aus freier Wahl, weniger gut für eine Bindung, die einfach gegeben, also nicht freiwillig ist. Das ist die Schwierigkeit.
Hier muß der Elternteil ganz besonders hart an sich arbeiten, sich fast selbst vergewaltigen, um das Kind nicht zu überrennen, um es nicht für immer mit Hemmungen zu beladen. Das Kind kann sich ja meist nur schwer, häufig gar nicht gegen ihn wehren. Es duldet dann, leidet und weicht aus. Das bringt wiederum den Elternteil in Zorn, denn Kinder müssen früh lernen, sich zu wehren. Die einzige Abwehr dieses Kindes hieße aber, ausgesprochen kühl, wenn nicht kalt zu reagieren. Und so eine kalte Reaktion könnte für die ganze Familie eine Tragödie werden. Hier muß also nachgeben, wer mehr gesunde Kraft hat, das ist in diesem Fall der Elternteil, und zwar bis ins hohe Alter. Also soll er dieses Kind mit äußerster Liebe behandeln.
Dies wird ihm schwerfallen, weil der Charakter und die Verhaltensweisen dieses Kindes so gar keine Ähnlichkeit mit dem eigenen Charakter, mit den eigenen Verhaltensweisen haben. In der Praxis wird das Kind häufig ein Einsiedlerleben führen, wird sich vielleicht gerne in seinem Zimmer einschließen, das es sehr persönlich gestalten möchte.
Dieses Reich sollte der Elternteil völlig respektieren und nie (auch nicht in Abwesenheit des Kindes) eigenmächtig gründlich aufräumen. Dies könnte als Vertrauensbruch verstanden werden, der so schnell nicht wieder gutzumachen ist. Und auf Vertrauen muß in diesem ganz speziellen Fall die Bindung in erster Linie beruhen, wenn sie dauerhaft und familiengerecht sein soll.
Später muß das Kind lernen, diesen Elternteil zu verstehen, doch zunächst muß sich der Elternteil um Verständnis bemühen.

UNKLARHEITEN,
die bei Widder-Geborenen durch die 12 möglichen Aszendenten für Elternteil und Kind entstehen können.

SONNE in WIDDER mit ASZENDENT WIDDER ergibt kaum Schwierigkeiten, weil sich hier der Lebenskern und das Rollenspiel eigentlich decken. Zwar werden Eltern von diesem Kind und später das Kind von diesem Elternteil sagen, daß sie sehr egozentrisch handeln und denken, »ich-bezogen« reagieren, aber der stürmische Durchsetzungsdrang dieser Menschen wird jeweils von den anderen anerkannt und hingenommen, weil er echt ist und überzeugt.

SONNE in WIDDER mit ASZENDENT STIER kann dagegen zwiespältige Empfindungen beim anderen hervorrufen. Diese Menschen geben sich nämlich so freundlich und höflich, oft diplomatisch, wie sie in Wahrheit gar nicht sind. Kinder, die ihre Eltern ja überwiegend im Kern erleben, sind meist sehr verwundert, wie geschmeidig sich diese Elternteile der Umwelt zeigen. Aber auch die Eltern sind erstaunt, wie geschickt sich diese Kinder der Umwelt anpassen, während sie doch zu Hause immer wieder versuchen, ihren Willen durchzusetzen. Schnell sagt dann einer vom anderen: »Nach draußen gibt er sich verbindlich, aber in der Familie kann er sich nicht beherrschen!« Oft wird es als doppeltes Spiel abgestempelt und beschwört mögliche Konflikte herauf, die zu vermeiden wären.

SONNE in WIDDER mit ASZENDENT ZWILLINGE ist leichter zu verstehen. Zwar fällt auf, wie herrlich Eltern oder Kinder dieser Konstellation mit anderen Menschen aus der Umgebung sprechen können und sich auch verbindlich zeigen, während sie zu Hause oft nur ein Entweder-Oder kennen. Kinder erwarten dann von ihren Eltern, daß sie mit ihnen genauso vernünftig sprechen wie mit den Nachbarn, während die Eltern nicht verstehen, wieviel Zeit die Kinder für Schulkameraden haben, um ihnen alles haarklein zu berichten, während sie sich zu Hause oft wortkarg geben.

SONNE in WIDDER mit ASZENDENT KREBS kann für die Eltern wie für das Kind recht große Probleme aufwerfen. Wenn etwa die Kinder entdecken, daß dieser Elternteil zu Hause großen Wert darauf legt, daß alles so geht, wie er es anordnet, während er sich in der Umgebung sehr schüchtern und nachgiebig zeigt. »Wäre er nur einmal bei uns so nett und verständnisvoll«, heißt es dann. Auf der anderen Seite können Eltern nicht verstehen, warum dieses Kind mit dem ganz eigenen Willen sich draußen oft so herumstoßen läßt. Beide Seiten brauchen Zeit, um zu verstehen, daß eben das Rollenspiel völlig anders als der Lebenskern ist.

SONNE in WIDDER mit ASZENDENT LÖWE bietet dagegen keine großen Probleme. Kinder bewundern diese Elternteile ungemein. Die Selbstverständlichkeit, mit der Mutter oder Vater auftreten, ist imponierend, wenn das Kind auch Schwierigkeiten hat, sich gegen die Eltern durchzusetzen. Kinder mit dieser Konstellation gefallen den Eltern im allgemeinen sehr gut, und sie verzeihen ihnen oft die Ungeduld im Familienbereich, wenn sie mit Stolz sehen, wie sehr »ihr« Kind draußen in der Welt geachtet, ja bewundert wird.

SONNE in WIDDER mit ASZENDENT JUNGFRAU erregt oft – meist sogar ein Leben lang – Unverständnis. Eltern mit dieser Konstellation bleiben für die Kinder oft ein Rätsel: Wie geduldig sich Vater oder Mutter zeigen, wie pflichtbewußt sie ihrer Arbeit nachgehen, während sie zu Hause oft herumkommandieren. Das verstehen Kinder wirklich sehr schwer. Und die Eltern wundern sich, daß Kinder mit dieser Konstellation in der Schule brav sind, daß sie pünktlich und ordentlich erscheinen, während sie sich zu Hause völlig gehenlassen. Oft hagelt es dann Vorwürfe: »Benimm Dich zu Hause wie in der Schule oder anderswo!« So fehlt oft das Verständnis, daß manches Kind wenigstens daheim seine Rollenspielmaske abnehmen möchte.

SONNE in WIDDER mit ASZENDENT WAAGE. Hier versteht mancher die Welt nicht mehr. »Was, das soll deine herrische

Mutter sein?« müssen Kinder von ihren Freunden hören, nachdem sie die Mutter kennengelernt haben. »Sie ist doch liebenswürdig, charmant, verständnisvoll!« Oder: »Deinen Vater hast du uns ja als Tyrann geschildert, aber der ist ja Klasse, so großzügig, wie er sich zeigt!« Dann kommen sich die Kinder geradezu bloßgestellt vor. Auf der anderen Seite geht es den Eltern genauso, wenn die Kinder diese Konstellation haben. Sie fragen meist mit Recht: Warum kann er bei uns nicht höflich sein und sich gewaschen und sauber angezogen zum Sonntagsfrühstück hinsetzen? Statt dessen will er tun, was ihm gerade in den Kram paßt, und nichts anderes.

SONNE in WIDDER mit ASZENDENT SKORPION. Hier decken sich Lebenskern und Rollenspiel zwar nicht genau, aber doch halbwegs. Nur zeigen diese Elternteile zur Verwunderung der Kinder draußen nicht jene Zuversicht wie zu Hause. Sie sind eher ängstlich, skeptisch, pessimistisch, ja Kinder empfinden diese Eltern oft als Tiefstapler, die immer nur den schwarzen Peter an die Wand malen.

Eltern wundern sich auch, wenn ihr Kind mit dieser Konstellation in der Schule, in der Lehre alle Zuversicht erst einmal aufgibt und eher abwartend reagiert, während es doch daheim in Sekundenschnelle weiß, was es will und überhaupt keine Ängste zeigt; das verwirrt schon sehr.

SONNE in WIDDER mit ASZENDENT SCHÜTZE bietet dagegen keine großen Überraschungen. Zwar geben sich diese Menschen draußen gemessener, bedächtiger, aber die Kinder spüren sehr schnell, daß diese Elternteile von ihrem Grundführungsanspruch nichts aufgeben. Und während sich manches Widder-Kind gegen die Geschwister zu Hause mit Gewalt durchsetzt, erleben die Eltern, daß sich genau dasselbe Kind auf dem Sportplatz den Konkurrenten kameradschaftlich nähert, ihnen vertraulich auf die Schultern klopft, um dann doch alles daranzusetzen, um als Erster durch die Ziellinie zu gehen. Verlieren jedoch diese Kinder, dann sind sie genauso muffelig wie in der Familie, wenn sie nachgeben müssen.

SONNE in WIDDER mit ASZENDENT STEINBOCK. Hier kann das große Wundern einsetzen, denn schon beim Aus-der-Türe-Gehen, wandeln sich diese Menschen. War das Temperament des Elternteils dieser Konstellation noch am Frühstückstisch nicht zu bremsen – sowie er sich im Kollegenkreis befindet, schaltet er um, wird still, ruhig und überlegt. Kinder erleben dies mit größter Verwunderung.

Den Eltern kann das gleiche passieren, wenn sie ein Kind dieser Konstellation haben. Wie zäh und ruhig diese Kinder draußen ihren Weg gehen, während sie zu Hause vor Wut Teller an die Wand werfen können, um ihren Willen durchzusetzen.

SONNE in WIDDER mit ASZENDENT WASSERMANN bringt dagegen weniger Schwierigkeiten. Kinder freuen sich, wenn ihr Widder-Elternteil draußen oft heiter und originell ist und sind mit ihm begeistert, wenn es gelingt, andere an der Nase herumzuführen. Immerhin registrieren sie auch, wie höflich diese Elternteile mit anderen umgehen, und sie meinen schon, daß diese Höflichkeit oft unecht ist.

Auch Eltern können hier Überraschungen mit ihren Kindern erleben! Wie ihre Kinder sich draußen geschickt und raffiniert durchzusetzen wissen, während sie im Familienkreis manchmal unerbittlich sind.

SONNE in WIDDER mit ASZENDENT FISCHE zeigt nun größte Gegensätzlichkeit im Lebenskern und im Auftreten. Manchmal wirkt das weiche einfühlsame und milde Auftreten dieser Elternteile auf Kinder sogar höchst heuchlerisch, denn sie kennen die Eltern daheim völlig anders, was zu großen Auseinandersetzungen führen kann.

Auch Eltern erleben oft voller Erstaunen, wie sich Kinder dieser Konstellation in der Umwelt oft anpassend und vorsichtig verhalten, während sie im Familienkreis überhaupt keine Hemmungen haben.

DIE SCHWIEGERKINDER IM VERHÄLTNIS ZUM ELTERNTEIL WIDDER

Schwiegerkinder haben es hier nicht so leicht, denn Widder-Elternteile kämpfen um ihre Kinder, da sie für diese nur das beste wollen.

Am leichtesten hat es da noch eine **WIDDER-Schwiegertochter**, denn sie gefällt dem Vater mit ihrem Temperament, während die Mutter ablehnender reagiert; nun weiß sie, daß sie ab sofort eine ebenbürtige Partnerin in ihrer Familie hat, da muß sie sich einfügen.
Den **WIDDER-Schwiegersohn** nimmt sie wiederum leichteren Herzens auf, denn sie ist überzeugt, daß er sich für ihre Tochter voll einsetzen wird, so wie sie es tat, als sie heiratete. Daher entsteht hier fast über Nacht ein neues Bündnis, und die Tochter muß aufpassen, daß ihre Mutter nicht zu schnell stets an die Seite ihres Mannes tritt und ihm in Streitfällen Recht gibt.
Völlig anders sieht es aus, wenn eine **STIER-Schwiegertochter** auftaucht. Der Vater ist meist entzückt. So charmant, so lieblich hat er sich eigentlich immer eine Frau gewünscht. Fast beneidet er seinen Sohn um diese Frau, aber er weiß ihn nun in guten Händen. Der Mutter gefallen zwar das nette, liebenswürdige Auftreten, die Natürlichkeit, aber sie spürt schnell den dicken Kopf, der sich hinter dem verbindlichen Charme verbirgt. Sie weiß, da muß sie auf der Hut sein, zumal die Schwiegertochter sicher besser kochen kann als sie selbst.
Den **STIER-Schwiegersohn** nimmt sie dagegen fast immer viel offener an; sie fühlt, der wird sich gern in ihre Familie einfügen, weil er sich stets ein gemütliches Haus und Heim gewünscht hat. Sie versucht sogar, sich bei ihm einzuschmeicheln, so gut sie das kann. Der Vater nimmt den Schwiegersohn verhältnismäßig kühl auf, es dauert einige Zeit, ehe sich die beiden Männer näherkommen, was am besten über die geschäftliche Basis erfolgt. Langsam erst wächst hier das notwendige Vertrauen, das aber – einmal geschaffen – lange anhalten kann.

Ein **ZWILLINGE-Schwiegersohn** kann das Herz seines zukünftigen Widder-Schwiegervaters mit wenig Einsatz sehr schnell gewinnen. Seine geschickten Reden, seine guten Manieren, seine Weltoffenheit gefallen und imponieren. Vor allem auch, weil dieser Schwiegersohn stets praktische Ratschläge parat hat, das gefällt dem Widder-Vater. Auch die Widder-Mutter ist mit der Wahl der Tochter schnell einverstanden, denn dieser Schwiegersohn findet gar nichts dabei, ihr meistens Recht zu geben, auch wenn er ihre Ratschläge nicht immer befolgt, aber er widerspricht ihr – wenn überhaupt – nur sehr geschickt.
Gegenüber der **ZWILLINGE-Schwiegertochter** zeigt sich die Widder-Mutter sehr aufgeschlossen. Mit dieser praktisch denkenden jungen Frau kann ihrem Sohn kaum etwas passieren, das beruhigt sie, und zu einem offenen Konflikt dürfte es diese Tochter auch nicht kommen lassen. Derselben Ansicht ist auch ein Widder-Vater, der sogar schnell versucht, mit seiner zukünftigen Schwiegertochter wenigstens verbal zu flirten – so gut verstehen sie sich auf Anhieb.
Der **KREBS-Schwiegersohn** dagegen stößt bei der Widder-Mutter zunächst auf Skepsis, nein, fast auf Ablehnung. Der ist ihr fremd, der redet so leise, ist womöglich schüchtern, und Launen zeigt er auch! Also fragt sie sich, was ihre Tochter wohl an ihm findet. Um ihm näherzukommen, konfrontiert sie ihn gleich mit lebhaften Attacken, und sie kann es nicht fassen, wie empfindlich er reagiert. Sie wird sich schwer an diesen Eidam gewöhnen. Dem Widder-Vater ist dieser Schwiegersohn ziemlich gleichgültig, denn er meint, ihn schnell und kurz in die Tasche stecken zu können. Doch wird er sich noch wundern, wie geschickt sich der Schwiegersohn später wehren kann, denn die Ehe, die er führt, ist meist besser als erwartet.
Die **KREBS-Schwiegertochter** wird dagegen mit großen Erwartungen aufgenommen. Der Widder-Vater ist entzückt über

das Seelchen, und er kann sich vorstellen, daß sie eine gute Frau und Mutter abgeben dürfte. Die Widder-Mutter zeigt sich der Schwiegertochter gegenüber auch vorsichtig aufgeschlossen, denn sie weiß, ihre Wege werden sich noch oft kreuzen.
Viel leichter hat es da die **LÖWE-Schwiegertochter**. Mit der ist die Widder-Mutter schnell ein Herz und eine Seele, allerdings dürfen keine Grundsatzentscheidungen anstehen, denn da zeigt die Löwe-Schwiegertochter doch durchaus ihre Durchsetzungskraft. In den Auseinandersetzungen geht es hart, aber stets fair zu, und oft wird der Streitpunkt, nämlich der Sohn und Ehemann, dabei vergessen. Dem Vater gefällt diese Tochter, die ihn um den Finger wikkeln kann, großartig. Eine bessere Wahl könnte er selbst nicht getroffen haben.
Taucht ein **LÖWE-Schwiegersohn** auf, dann ist der Vater wohlwollend gestimmt, ja, der Sohn könnte sein Geschäft weiterführen, mit dem fühlt er sich sofort auf gleicher Wellenlänge. Und da der Löwe-Schwiegersohn der Widder-Mutter auch sehr gut gefällt, scheint von der Grundtendenz her der Familienfrieden gesichert zu sein, auch wenn sich der Sohn durchaus geschickt zu wehren weiß.
Überraschung löst jedoch ein **JUNGFRAU-Schwiegersohn** aus, der zunächst meist von der Widder-Mutter unterschätzt wird. Er ist ihr oft zu nüchtern, auch zu bürgerlich; langsam aber imponiert ihr sein Fleiß und dieses Schritt-für-Schritt-Vorgehen. Trotzdem gewöhnt sie sich schwer an ihn. Noch schwerer fällt dies dem Widder-Vater, der mit diesem Schwiegersohn kaum etwas anfangen kann. Das immer beherrschte Wesen stört ihn beträchtlich, und er befürchtet, daß dieser Sohn seiner Tochter stets das Haushaltsgeld nachrechnet und knapp zuteilt.
Auch die **JUNGFRAU-Schwiegertochter** löst meist eine neutrale Distanz aus; sie wird kaum mit offenen Armen aufgenommen, und wenn, läuft sie nicht hinein. Dem Widder-Vater gefällt die objektiv betrachtende Art dieser jungen Dame nicht, deren Bemerkungen zwar oft geistreich, aber auch treffend sind, und getroffen möchte er nicht werden. Die Widder-Mutter zeigt sich dieser Tochter gegenüber auch sehr skeptisch, und diese Skepsis hält lange an, eigentlich immer, obwohl sie zugeben muß, daß ihr Sohn meist eine gute Wahl getroffen hat.
Dieses neutrale Verhalten gibt die Widder-Mutter aber schnell auf, wenn eine **WAAGE-Schwiegertochter** auftaucht. Hier prallen Gegensätze aufeinander, und das oft elegante oder nonchalante Auftreten dieser Tochter ist der Mutter fremd. Sie meint daher zuerst häufig, solch ein Anspruchsgeschöpf hätte ihr Sohn nicht verdient. Dem Widder-Vater gefällt diese Tochter sehr gut, eine anschmiegsame Frau hätte er sich ja immer gewünscht, aber nun gönnt er das Vergnügen seinem Sohn. Und es liegt meist an der Tochter, ob sie gut aufgenommen wird.
Einem **WAAGE-Schwiegersohn** begegnet der Widdervater jedoch mit Skepsis. Der scheint ihm zu weich für die Risiken des Lebens, und er möchte doch wirklich seine Tochter in den allerbesten Händen wissen. Ähnlich reagiert die Widder-Mutter, der zwar der junge Mann an sich gefällt, aber sie fragt sich besorgt, ob er ein richtiger Kerl ist. Doch da Waagen sich gut einschmeicheln können, gelingt ihm das hier auch im Laufe der Zeit.
Ein **SKORPION-Schwiegersohn** hat es bei einer Widder-Mutter auch nicht so ganz leicht. Sie kann mit seiner dunklen Seele, seinen Urängsten, seinem Pessimismus wenig anfangen. Zwar fühlt sie sofort, daß ihre Tochter sich hier erotisch engagiert hat, aber gerade das ängstigt sie. Wie wird es, wenn dies nicht mehr so wichtig ist? Der Widder-Vater dagegen verhält sich diesem Schwiegersohn gegenüber höchst abwartend, ja es kommt meist sehr schnell zum Streit, weil der Sohn dauernd nach dem Warum der Handlungen des Vaters fragt, was dieser als Brüskierung empfindet.

Taucht dagegen eine **SKORPION-Schwiegertochter** auf, dann zeigt sich der Widder-Vater stärker engagiert. Diese Frau zieht ihn noch in den späteren Jahren an, er könnte seinen Sohn manchmal beneiden. Und so wird er sie willkommen heißen, wenn auch mit der Befürchtung, ob er nach paar Jahren seinen Sohn noch wiedererkennt, denn von dieser Frau geht eine anziehende Macht aus. Dies weiß auch die Widder-Mutter sofort, wenn sie der Tochter begegnet. Aber sie warnt ihren Sohn nicht. Sie hofft (natürlich insgeheim), daß er sich bald scheiden lassen wird. Hält die Ehe, dann allerdings macht die Widder-Mutter den ersten Schritt auf ihre Schwiegertochter zu, und sie freunden sich an.

Freundschaft vom ersten Moment an besteht allerdings zwischen der Widder-Mutter und einer **SCHÜTZE-Schwiegertochter**. Diese Frauen verschiedener Generationen verstehen sich oft so gut, daß dem Sohn keine leichte Ehe zu prophezeien ist, denn diese Frauen halten zusammen. Und auch dem Widder-Vater gefällt diese Schwiegertochter. So bleibt das Familienleben trotz der Vergrößerung in der Regel weiter harmonisch.

Dies trifft fast immer auch zu, wenn ein **SCHÜTZE-Schwiegersohn** auftaucht. Er gefällt der Widder-Mutter sogar so sehr, daß sie ihn gerne als Sohn hätte. Ähnlich reagiert der Widder-Vater, der seine Tochter nun bestens aufgehoben meint. Von diesem Sohn nimmt er sogar Ratschläge an, was allgemein als ein Wunder angesehen wird.

Schwer wird es einem Widder-Vater jedoch, wenn ein **STEINBOCK-Schwiegersohn** auftaucht. Als Mitarbeiter könnte er sich diesen jungen Mann gut vorstellen, aber als Schwiegersohn? Ihn regt auf, daß dieser Sohn so gar nichts über seine Pläne verrät. Und wie der schweigen kann, und ehe der sein Jackett ablegt oder den Hemdkragen öffnet! Diese Kleinigkeiten führen dazu, daß es dieser Schwiegersohn zunächst nicht leicht hat. Auch die Widder-Mutter betrachtet ihn sehr abwartend, aber dieser Sohn hält ja allen Beobachtungen stand, er läßt sich nicht reizen. Selten trinkt er auch so viel, daß er sich hemmungslos gibt, und oft denken die Eltern dann: Also leicht hat es unsere Tochter nicht!

Das denken die Eltern aber auch, wenn eine **STEINBOCK-Schwiegertochter** auftaucht. Ihr verhaltenes Reagieren reizt die Widder-Mutter oft mehr als offener Widerspruch. Und die Mutter nimmt sich vor, sich weiterhin sehr um den Sohn zu kümmern, was ein großer Fehler wäre. Der Widder-Vater ist da etwas gelassener. Sein Sohn soll seine Erfahrungen machen und sich nur nachdrücklich durchsetzen, dann wird weitergesehen. So hat diese Tochter hier mit Widerstand zu rechnen.

Dagegen hat es eine **WASSERMANN-Schwiegertochter** viel einfacher. Sie gewinnt mit ihrer lustigen Art schnell die Herzen. Besonders das der Widder-Mutter, indem sie dieser scheinbar nach dem Munde redet und jeden Streit vermeidet. Und die Mutter merkt, daß sie zwar nicht hart, aber klug und witzig ist, das kann nie schaden. Auch dem Widder-Vater gefällt diese Tochter sehr gut, vor allem, daß sie nichts so überernst zu nehmen scheint.

Verhältnismäßig leicht hat es auch ein **WASSERMANN-Schwiegersohn**, wenn der Widder-Vater auch oft seinen Reformplänen mißtraut. Ihm ist dieser junge Mann zu wankelmütig, während die Widder-Mutter gerade das anziehend findet. So – das meint sie wenigstens – kann sie ihrer Tochter noch immer schnell einmal unter die Arme greifen und behält die Fäden in der Hand.

Unverständlich erscheint es dagegen sehr oft einer Widder-Mutter, wenn sich ihr Sohn eine **FISCHE-Schwiegertochter** wählt. Der Grund: Sie selbst kann mit dieser sich stets etwas geheimnisvoll gebenden Nixe kaum etwas anfangen, sie geht so gar nicht aus sich heraus und lächelt immer nur andeutungsweise. Schaut aus, als könne sie kein Wässerchen trüben,

dabei hat sie es doch faustdick hinter den Ohren. Dieser Ansicht ist auch ein Widder-Vater, aber ihm gefällt, wenn eine Frau es faustdick hinter den Ohren hat! Da fragt er sich immer wieder, wieso sich sein Sohn so etwas geangelt hat, was ihm nie gelungen ist.
Ungleich widerspruchsvoller verhält sich der Widder-Vater gegenüber einem **FISCHE-Schwiegersohn**. Mit dem kann er nun wahrlich kaum etwas anfangen, nicht mal telefonieren kann man mit dem, so leise wie er spricht, und streiten schon gar nicht. Die Widder-Mutter nimmt diesen Sohn auch nicht allzu ernst. Sie hätte ihn wohl kaum gewählt, aber sie weiß – so klug ist sie –, wenn dieser Mann die Wahl ihrer Tochter ist, dann muß er schon Qualitäten haben. So ist sie neugierig, diese kennenzulernen.

ZUSAMMENFASSUNG

Einen **WIDDER** in seiner Familie zu haben, das heißt mit jemandem verwandt zu sein, der Mut zeigt, der keine Scheu kennt, schwierige Probleme anzupacken, der alle Anfeindungen im Gegenangriff erstickt. Widder wollen etwas erreichen, aber sie wollen auch, daß ihre Familienangehörigen etwas werden. Sie möchten allgemein stolz auf ihre Familie sein.
Allerdings ist der Widder in einer Familie oft der Stein des Anstoßes, der Stein der Weisen ganz gewiß nicht. Und diese Widder, so sprechen die anderen von ihnen, bringen stets Unruhe; sie scheuen auch keinen Familienstreit, nur um Frieden zu haben.
Nein, Widder leben förmlich auf, wenn sie in Aktion treten können, das ist das Erfrischende. Toleranz ist kaum ihre Stärke, so tun sie manchem Familienmitglied unrecht. Aber wenn sie bemerken, daß sie sich geirrt haben, dann lenken sie ein, wenn es ihnen auch schwerfällt, sich für Fehler zu entschuldigen. Das dauert, ehe so ein Wort über ihre Lippen kommt!
Widder bleiben innerlich jung bis ins hohe Alter. Oft hört man, wenn sich jemand über einen Widder in der Familie beklagt: »Nun ja, mit der Zeit wird auch ein Widder – ob weiblich oder männlich – ruhiger!«
Das ist in der Regel ein grundlegender Irrtum. Die Herzen der Widder bleiben ungestüm, solange sie schlagen; das ist das Imponierende. Widder also sorgen für belebende Unruhe, sie stellen in der Familie einen dynamischen Treibsatz dar, der unersetzbar ist. Leicht lebt es sich nicht mit ihnen, aber anspornend ist das Zusammensein und aufregend. Widder kosten Nerven, so weiß der Volksmund in einem alten Astrologiebuch zu berichten. Diesen Satz könnte man unterschreiben. Aber Widder geben auch Kraft und Energie, und das ist das Schöne. Sie verkörpern nämlich die echte Marskraft, und ohne diese kann nichts Bewegendes geschaffen werden.

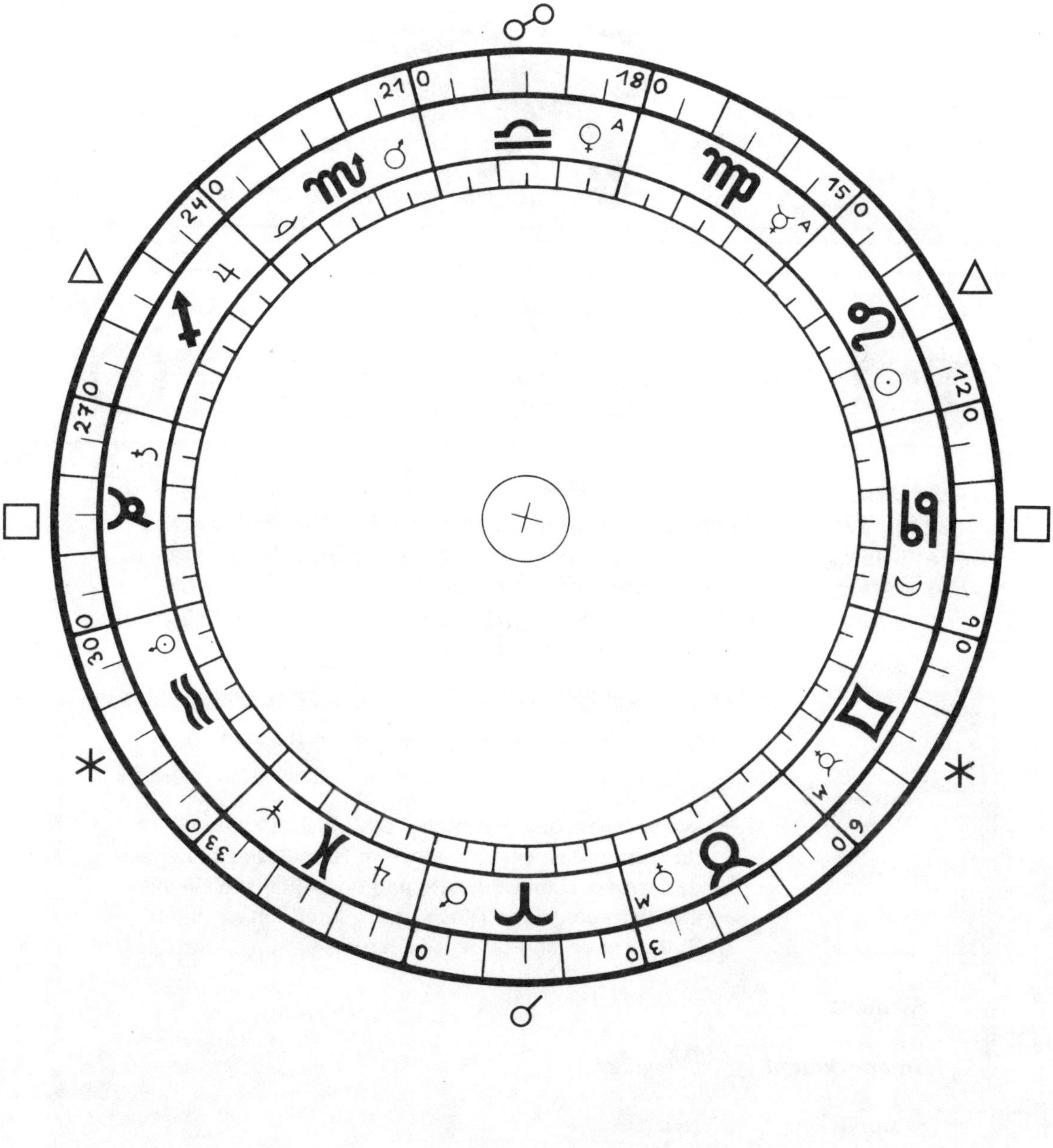

Hier tragen Widder-Geborene
ihre Sonne und die ihrer Angehörigen ein

Stier

♉

21. April bis 21. Mai
Zweiter Frühlingsabschnitt

»Der Stier ist im Thier-Cirkel das zweite, hat den Namen des Stieres oder Ochsen zweifelsohne von Lateinern und Deutschen daher bekommen, weil, wann die Sonne darin gehet, man die Ochsen in den Pflug spannt und damit der Feld- und Ackerbau eröffnet wird, auch dieses Monat von Kälbern am fruchtbarsten ist…« heißt es in einem alten Planetenbuch.

	Planet, der hier seine verwandte Kraft findet:
Venus	als Morgenstern symbolisiert das Weibliche, das Musische, die Gefühlskraft, das Angenehme, den Genuß, das beharrende Prinzip. Dabei Bewältigung des Alltags in Bezug auf die materiellen Dinge und schließlich auch das Bewahrende und Lebenssichernde.
Element	Erde
Temperament	phlegmatisch
Motorik	fest
Grundverhalten	weiblich, empfangend, antwortend – eher passiver, abwartender im Lebenskampf.

ASPEKTE
einer Stier-Sonne:

Konjunktion in Stier
Sextil in Fische und Krebs
Trigon in Steinbock und Jungfrau
Quadrat in Wassermann und Löwe
Opposition in Skorpion
Mögliche Überschneidungen durch Stellung in Anfangs- und Endgraden wurden nicht berücksichtigt, weil diese Aspekte von den Elementen her nicht einwandfrei wären.

VORZÜGE DES LEBENSKERNS	GEFAHREN DES LEBENSKERNS
Ausdauer	Sturheit
Grundsätzlichkeit	Egozentrik
Gefühlsstärke	Eigensinn
Vernunft	Bequemlichkeit
Arbeitsamkeit	Verschlossenheit
Hartnäckigkeit	Geltungsbedürfnis
Geduld	Unbelehrbarkeit
Ordnungssinn	Gewinnsucht
Festigkeit	Starrsinn
Sachlichkeit	Besitztrieb
Gründlichkeit	Genußsucht
Besonnenheit	Unnachgiebigkeit
Wirklichkeitssinn	Aneignungstrieb
Selbstbewußtsein	Geiz
Treue	
Beständigkeit	
Langmut	
Pflichtgefühl	
Fleiß	
Triebbeherrschung	

IHR MOTTO
Was ich mir erarbeitet habe, will ich bewahren. Genuß ohne Reue.

ALLGEMEIN

heißt es oft: Stiere sind stur, eigenwillig und sehr am Besitz interessiert. Ihr Genußanspruch ist alles andere als klein. Zwar können sie zeitweilig sehr geduldig sein, aber wenn ihnen der Kragen platzt, dann sehen sie rot, dann laufen sie Amok. Nun – dies stimmt so nicht.
Stiere wissen sehr gut, was sie wollen, und in erster Linie steht obenan die Lebenssicherung, die am besten durch Besitz und reale Werte zu erreichen ist. Dabei ist auffallend, mit welcher Beharrlichkeit – verbunden mit gutem Benehmen und Höflichkeit – sie einen Stein auf den anderen setzen. Das können Bausteine, aber auch Diamanten sein. Beachtenswert ihre praktische Veranlagung und daß sie überhaupt kaum Luftschlössern nachjagen. Aber jeder Einsatz muß belohnt werden. Tun dies andere nicht, dann sorgt man selbst dafür; und Stiere können schöne Feste veranstalten mit einem raffinierten Essen und mit besten Getränken.
Das leibliche Wohl ist sehr wichtig, gibt Kraft und auch Lebensfülle. So können diese Menschen sehr gut zwischen Privatleben und Berufsleben trennen. In beiden Leben aber bleiben sie recht skeptisch, sie haben ausgesprochene Angst vor unangenehmen Überraschungen. Kommen diese aber dennoch, dann setzen sich diese Menschen geschickt zur Wehr, ohne die Form zu verlieren. Solange Beherrschung möglich ist, bleiben sie ruhig.
Aber wehe, wenn nichts mehr geht! Dann verlieren sie die Balance und ihre sprichwörtliche Geduld und Gutmütigkeit. Allerdings geschieht das nur höchst selten, und nicht jeder Stier – ob weiblich oder männlich – läuft Amok. Nur wer sie einmal sehr enttäuscht hat, der ist abgeschrieben, dem wird so schnell nicht verziehen.
Verzeihen können viele dieser Menschen übrigens kaum, vergessen so gut wie gar nicht. Oft kommen sie nur langsam weiter, dann aber sicher, und ein wesentlicher Vorteil ist ihr langer Atem. Stier-Geborene können sehr bescheiden sein. In diesem Punkt sind sie angenehme Vorgesetzte, die kaum protzen oder angeben.
Ihre Realitätsbezogenheit hält sie meistens von gewagten Spekulationen ab; ein Sparbuch, an das sie jederzeit herankommen können, ist ihnen sicherer als ein Geldeinsatz bei riskanten Papieren. Pflichtbewußt erfüllen sie ihre Aufgaben meist ein wenig besser als viele andere Kollegen, aber sie passen auch auf, daß sie sich nicht zu früh verausgaben. Ihre körperlichen und geistigen Kräfte setzen sie sehr überlegt ein. Dauerndes Überarbeiten halten sie für schädlich, Streß ist keine Situation, in der sich Stiere wohlfühlen.
Außerdem lieben sie ihr Zuhause, und da wollen sie es sich gemütlich machen, dafür arbeiten sie. So genießen sie den Urlaub und ihre Freizeit, auch hier nichts sehr übertreibend, aber doch stets eine Klasse höher als der Durchschnitt. Selten wählen Stiere im Urlaub das teuerste Hotel, das halten sie für Nepp, aber das zweitbeste, darauf steuern sie ohne Hemmungen zu. Da reale Werte für sie wichtig sind, schätzen sie den Wert von Grundstücken und Edelmetallen; allerdings ist das nicht nur reiner Materialismus, sondern beruht auch auf vorsorgenden Überlegungen, da man ja nie weiß, was kommt, und man möchte wenigstens alles getan haben, um jede Notsituation gut zu überstehen.
So skeptisch Stiere sein können, sie wollen Vertrauen. Ein Handschlag reicht ihnen meist, ein gegebenes Wort muß jedoch eingehalten werden. Wortbruch ist für sie eigentlich indiskutabel, sogenannte Pferdehändler lehnen sie aus Überzeugung ab. Sie selbst halten sich nicht für stur, meinen – sicher sogar mit Recht – das wäre ein Vorurteil anderer. Sie legen jedoch Wert auf Gesinnungstreue. Menschen, die wie Fähnchen im Wind hin und her flattern oder die Fahne nur nach dem Wind hängen, werden nicht ihre Freunde.
Nichts Halbes bitte – das ist ihre Devise, danach handeln sie, das fordern sie von anderen, aber sie gehen mit gutem Beispiel vor-

an. Schnellstarter sind Stier-Geborene meist nicht, dafür legen sie auch erst nach den notwendigen Vorbereitungen los. Sie lassen die Windhunde ruhig vorneweg laufen; sie wissen: entscheidend ist, wer im Ziel als erster ankommt! Diese Gelassenheit einerseits, aber auch die Bereitschaft, Mühen auf sich zu nehmen, gibt diesen Menschen einen gesunden Humor, der manchmal sogar recht deftig ausfallen kann. Denn sie lieben das Leben und zwar mit allen Facetten, und sie lieben die Liebe. So ist es nicht verwunderlich, daß sie meist auf das andere Geschlecht eine starke Ausstrahlung haben, denn ihre Sinneskraft ist häufig sehr groß. Obwohl sie in diesem Punkt leicht empfänglich, ja echt verführbar sind, versuchen sie doch, die Treue zu halten, weil sie dies auch von ihren jeweiligen Lebenspartnern erwarten. Denn Untreue können sie nur sehr schwer verdauen oder verzeihen.

Doch auch hier bleiben diese Menschen realitätsbezogen. Nicht einmal heimlich wünscht sie sich einen Prinzen, und er jagt keinem Idol von Frau hinterher, wenn es um eine dauernde Bindung geht. Im Hinblick auf die Ehe bestimmt eine gewisse Betulichkeit das Handeln, was den Zeitpunkt betrifft, aber in der Liebe selbst können sich diese Menschen dann schon sehr verlieren. Doch nur, bis der Wecker klingelt oder der Morgen graut, dann ruft die Pflicht, und die erfordert erneut Einsatz aller Kräfte. Wenn sie lieben, dann jedoch meist voller Eifersucht; in diesem Punkt darf man sie nicht zu sehr reizen, das verdienen sie nicht.

Fazit: Stier-Geborene sind geduldig, aber in ihren Handlungen realitätsbezogen und zu jedem Einsatz bereit, wenn das Ziel greifbar zu erkennen ist. Sie suchen sich nicht die größten Berge aus, aber solche, auf die viel Sonne fällt. All dies trifft im allgemeinen zu, aber Stiere können eben auch ganz anders sein. Dann sind es keine typischen Stiere, sondern Ausnahmen, und die gibt es ja unter allen Tierkreiszeichen.

MINERALIEN, STEINE UND SCHMUCK DES STIERS

Das Venusmetall ist das Kupfer. Daneben stehen natürlich die Mineralien, die verschönen. Da wären die Perlen zu nennen, die Korallen. Der Stier-Schmuck ist klein aber wertvoll, er fällt nicht so auf, denn die Stierdame möchte, daß sich der Mann ihr sehr nähert, um den Schmuck und anderes zu betrachten; das lohnt sich auch. Darum schmückt sie sich gerne mit großen Ausschnitten. Der Stiermann trägt geschmackvolle Halstücher aus Seide, damit es der Stierdame ein Vergnügen ist, diesen Schal vom Hals zu lösen. Schmuck in Blumenform ist gefragt, und auch das Glückskleeblatt verheißt viel. Die Ringe sitzen fest, werden in keiner Situation abgenommen; lieber wird ein Ring über dem anderen getragen. Im Haar lockt meist eine kupferfarbige Spange, die sowohl das blonde wie das schwarze Haar auffallend verziert.

BEKANNTERE PERSÖNLICHKEITEN

Judy Garland, Bertrand Russell, Fred Astaire, Elisabeth II., Max Planck, Karl Marx, Papst Johannes Paul II., Senta Berger, Josef Meinrad, Honoré de Balzac, Sigmund Freud, George Washington, Ella Fitzgerald, Henry Fonda, Arno Holz, Fritz Kortner, Shirley Maclaine, Luise Rinser.

DIE STIER-MUTTER

möchte, daß ihr Kind ein gesichertes Leben vor sich hat, dazu leitet sie alles in die Wege, aber sie vergißt nicht, das Kind selbst auf einen harten Lebenskampf vorzubereiten. Sie teilt das Taschengeld sehr knapp ein, erzieht das Kind zur Sparsamkeit und paßt sogar auf, daß es nicht zu viele Süßigkeiten nascht. Außerdem wird das Kind zu Fleiß und Ordnung angehalten, und wer nicht pariert, der muß sein Taschengeld wieder hergeben. Ansonsten geht von dieser Mutter meist sehr viel Wärme aus, sie schafft ein gemütliches Heim, besonders in der Küche leistet sie oft Meisterhaftes. Sie achtet darauf, daß ihre Kinder immer sauber und gekämmt das Haus verlassen und zeigt sehr viel Verständnis, wenn Pullis und Jeans jeden Tag in die Waschmaschine müssen.

Der Umgang ihrer Kinder ist der Mutter sehr wichtig, Raufbolde mag sie nicht, auch keine sich angeberisch gebärdenden Kumpeltypen. Sie will, daß aus ihren Kindern etwas Besonderes wird, und so sorgt sie auch für einen guten Umgang, soweit dies möglich ist. Die Mädchen sollen eine Balletschule besuchen, die Jungen – wenn es nach der Mutter ginge – lieber Tennis statt Fußball spielen, aber da setzt sie sich meist nicht durch.

Außerdem versteht sie es sehr geschickt, die Kinder ans Zuhause zu binden. Sie sieht es gerne, wenn alle Freunde zu ihr ins Haus kommen, und die Geburtstagsfeste sind oft eine Legende, so großartig werden sie gestaltet. Gleichzeitig aber werden die Kinder streng erzogen, wenn es etwa darum geht, Kleidungsstücke aufzutragen oder keine Lebensmittel verderben zu lassen.

In punkto Berufswünsche wendet sich diese Mutter geradezu eigensinnig gegen Traumberufe. Sie will, daß ihre Kinder erst einmal etwas »Ordentliches« lernen.

Wenn sich die ersten Pubertätskrisen bei ihren Kindern zeigen, greift die Stiermutter beherzt ein. Sie klärt auf, das vermag sie meist sehr gut, aber sie achtet nun erst recht auf den Umgang ihrer Kinder mit Freunden beziehungsweise mit Freundinnen. Dafür nimmt sie es in Kauf, daß Wohnung oder Haus durch Diskopartys auf den Kopf gestellt werden.

Ihre eigenen musischen Interessen versucht sie früh auf die Kinder zu übertragen, wobei manchmal das Kind, das hier die größte Begabung zeigt, langsam zu einem Lieblingskind heranwachsen könnte. Ansonsten aber gibt sich die Mutter Mühe, möglichst gerecht zu sein. Kommt die Zeit, da die Kinder sich anschicken, aus dem Haus zu gehen, legt sie ihnen – wenn auch schweren Herzens – nur wenige Steine in den Weg. Aber in finanzieller und materieller Hinsicht gibt sie nur das, was unbedingt sein muß. Ihre Kinder werden diesbezüglich selten verwöhnt, selbst wenn dies an und für sich nicht schwerfallen würde. Nein, man soll schon sehr früh das Rechnen und Einteilen lernen!

Praktisch veranlagte Kinder kommen mit dieser Art von Erziehung sehr gut zurecht, anders geartete werden ziemlich früh als lebensfremd bezeichnet. Wenn ein Kind nur liest und träumt, sich eher philosophisch interessiert zeigt, dann kann sich die Mutter hierüber oft verzweifelt äußern.

Mit gemütvollen, launischen Kindern kommt sie zu ihrem Kummer schwerer zurecht. Hier muß sie sich sehr um den richtigen Ton bemühen. Sind die Kinder aus dem Haus, haben sie eine eigene Lebensgemeinschaft gegründet, dann versucht die Mutter, eine gute Großmutter zu sein. Kommt es in der jungen Ehe zu Konflikten, versucht sie leidenschaftlich, die Bindung zu erhalten, aber sie holt die Kinder nicht zurück ins Heim. Sie ist der Ansicht, daß die mit solchen Situationen allein fertig werden müssen; schließlich sind sie ja auch freiwillig aus dem Haus gegangen. Diese ihr oft schwerfallende Härte ist für den gesamten Lebenslauf der Kinder meist der allerbeste Beistand, was die Kinder aber häufig erst sehr spät einsehen.

DER STIER-VATER

will, daß seine Kinder – meist möchte er zumindest 2, wenn nicht mehr haben – später ein gesichertes Leben führen können. Von Anfang an sucht er den Beruf seiner Kinder mit aus. Er lenkt sie, wo er kann, um sie früh auf das Leben vorzubereiten. Die Kinder sollen vernünftig denken lernen, ob sie es wollen oder nicht. Seine Erziehung ist von dem Grundsatz geprägt: Einmal werden sie mir dankbar sein! Lange Diskussionen mit seinen Kindern schätzt der Stier-Vater überhaupt nicht, und Lebensklugheit muß man sich erst erwerben; die wird einem nicht in die Wiege gelegt.

Meist versucht er aber, seine eigentlich strenge Erziehung im Ton sehr milde an den Mann zu bringen. Er bemüht sich sogar, mit den Kindern vernünftig zu sprechen, das heißt aber, daß sie sich im Grunde seinen Argumenten zu beugen haben. Alternativen, die von ihm genannt werden, sind also meist nur theoretisch. Sind mehrere Kinder da, wird ab und zu die Tochter (unbewußt) bevorzugt, denn der Stier-Vater liebt nun einmal das Weibliche.

Seine Söhne will er jedoch auch möglichst um sich haben, er sieht sie lieber im eigenen Garten arbeiten oder im Hobbyraum basteln als auf dem Sportplatz trainieren. Überhaupt versucht er, allen Kindern die Wunder und Schönheiten der Natur frühzeitig beizubringen. In seinen Augen gehört auch ein schönes Gartenfest dazu (mit dem Gartengrill im Mittelpunkt).

Aber die Kinder werden von ihm nur bedingt verwöhnt. Sie können essen, später auch trinken, soviel sie wollen, nur bares Geld rückt dieser Vater kaum heraus. Wenn etwas für die Kinder zu bezahlen ist, dann wird dies meist per Scheck oder mit einer Postüberweisung erledigt, auch hier scheint ihm gesundes Mißtrauen angebracht. Und rückt er schon einmal Geld heraus, dann muß genau abgerechnet werden. Selbst beim Taschengeld regt der Vater an, daß seine Kinder darüber Buch führen sollen.

In Auseinandersetzungen mit Schulkameraden oder mit Lehrern greift der Vater nur ungern ein. Wenn er aber spürt, daß jemand seinem Kind Unrecht tut oder es quält, dann kann er sich vehement ins Zeug legen. Doch im Grunde ist der Stier-Vater der Ansicht, daß die Kinder früh lernen müssen, sich selbst zu wehren – allerdings nicht durch körperliche Kräfte, sondern durch Lebensklugheit.

Jeder Mensch ist irgendwo bestechlich. Diese Stierweisheit wird den Kindern sehr früh eingeimpft und auf den Weg gegeben, ebenso die Weisheit, daß man kein Geld verleiht (und wenn, dann nicht ohne Zinsen). Werden die Kinder größer, setzen meist große Kämpfe wegen der zukünftigen Berufe ein; der Vater versucht, dies sehr zu dirigieren, in vielen Fällen meint er sogar, die Kinder sollten in derselben Firma arbeiten wie er, wenn dort die Aussichten gut sind. So empfiehlt er häufig sogar Dienstleistungsberufe.

Noch schwieriger kann es werden, wenn der Vater die »Zukünftigen« unter die Lupe nimmt. Da hat er manchmal einen Standpunkt wie aus dem vorigen Jahrhundert. Die Braut hat hübsch zu sein und aus guter Familie zu kommen; der Bräutigam muß ausgelernt haben und eine gesicherte Existenz vorweisen. Lassen sich die Kinder in der Wahl ihrer Lebenspartner nicht reinreden, flüchten sie aus dem Haus, dann brauchen sie bei einem besonders dickfelligen Vater gar nicht den Versuch zu machen, wieder zurückzukommen, und wenn, könnte dieser Vater mehrfache Entschuldigungen und heilige Eide hören wollen, daß man nur seinem Rat folgen würde.

Der Vater hat nichts gegen gemachte Fehler, aber wenn sie sich wiederholen, dann meint er, Lebensuntauglichkeit zu erkennen, und die verurteilt er auf das Entschiedenste.

Im Grunde ist der Stier-Vater aber für Treue (so auch für Treue in der Familie), die einfach zusammenhalten muß. Deswegen steht auch für jedes Kind später ein Bett bereit, selbst wenn es nie benötigt wird.

DIE STIER-TOCHTER

hat beste Startchancen, weil sie fast überall schnell der Liebling der Familie ist. Ihr Reiz ist voller Anmut, sie kommt einfach an – als Baby in der Wiege, als Schulmädchen oder als Teenager. Fast immer lieben alle Leute die gesunde Frische, die von diesem Mädchen ausgeht, das außerdem keinen überspannten Ideen nachjagt und brav seine Haus- und Schularbeiten macht.

Allerdings müssen die Eltern bald erkennen, daß sich hinter diesem anmutigen Wesen ein ganz schöner Trotzkopf verbirgt. Hat es erst einmal einen Standpunkt, dann ist der starr und fest. So gut wie keine Argumente (und seien sie noch so vernünftig oder logisch), können den einmal gefaßten Entschluß umstürzen. Dieses Mädchen weiß, was es will, wenn es auch sehr verbindlich und liebenswürdig auftritt.

Von Anfang will es das Leben genießen. So tanzt es gerne, liebt nicht nur Diskomusik, sondern auch Opernarien, und zeigt überhaupt früh Interesse für die Musen. Das Zimmer bekommt bald eine sehr persönliche Note, und der Umgang mit Blumen oder Handarbeiten ist auch eine Selbstverständlichkeit.

Den Eltern dürfte dieses Mädchen zunächst also nur Freude bereiten; aber ganz glatt geht es doch nicht, denn die Stier-Tochter läßt sich nicht so leicht ins Herz sehen. Sie hat früh ihre Geheimnisse, die sie auch gut bewahrt. Zwar fragt sie gern um Rat, sie lernt begierig aus den Erfahrungen anderer, was aber wirklich in ihr vorgeht, das bleibt ziemlich früh ihr Geheimnis. Einer Freundin vertraut sie oft mehr als den Eltern, nicht aus Mißtrauen gegen die ältere Generation, eher weil sie sehr bald und bewußt ihren eigenen Weg gehen will. Schnell spürt sie auch, daß sie beim männlichen Geschlecht ankommt, was sie meist kokett erwidert. Es macht ihr einfach diebische Freude, wenn sie anderen den Kopf verdrehen kann.

Auch bei der Berufswahl geht die Stier-Tochter ihre eigenen Wege, die sie allerdings doch meist sehr gründlich mit den Eltern durchspricht. Sie wählt gerne weibliche Tätigkeiten, aber auch landwirtschaftliche Berufe ziehen sie an, wie überhaupt die Verbindung zur Natur sehr tief gehen kann. Große Auseinandersetzungen gibt es wegen der Stier-Tochter kaum, es sei denn, ein Elternteil (beziehungsweise Bruder und Schwester) nörgelt an ihr herum, hänseln sie etwa, weil sie sich, sogar wenn sie Jeans trägt, irgendwo mit hübschen Steinen behängt.

Sie weiß sich zu wehren, nicht laut, nicht mit Streit, sondern indem sie sich zurückzieht. Und dann kann sie enervierend lange warten, bis der andere, den sie für schuldig hält, endlich den ersten Schritt tut. Das Warten können wird überhaupt einen großen Pluspunkt in ihrem Leben darstellen.

Ihren Eltern versucht sie, eine gute Tochter zu sein, sie liebt ein gemütliches Heim; wenn es da hektisch, nervenaufregend zugeht, verschwindet sie schnell und quartiert sich bei einer Freundin ein. Meist kocht sie gerne und gewöhnt sich leicht an Hausarbeiten. Allerdings will sie, wenn sie heiratet, kaum ihren Beruf aufgeben. Denn eines hat sie früh begriffen: Man sollte möglichst nie von jemandem abhängig sein. Auf der anderen Seite liebt sie das Alleinsein nicht, sie kann es sowieso nur aus Trotz länger durchhalten.

Bei der Wahl ihres Lebenspartners zieht diese Tochter – ziemlich objektiv – auch praktische und vernünftige Gründe heran. Nicht, daß sie sich nicht blindlings verlieben könnte, sie kann dies sogar sehr leidenschaftlich, aber die große Liebe heiratet sie doch nur höchst selten. Und wenn es nicht gut geht, wie sie es vielleicht von Anfang an befürchtet hat, dann ist sie mutig genug, den Schlußstrich zu ziehen.

Nur die Eltern sollten sich bei solchen Konflikten fernhalten. Der Satz: »Du weißt ja, wo du hinkannst«, sollte das Äußerste sein. Und die Eltern wissen ja im Grunde auch, daß dieses Mädchen seinen Weg geht und weiß, was es will – und es will selten zuviel.

DER STIER-SOHN

braucht meist eine längere Anlaufzeit, ehe man sieht, was aus ihm wird. In der Familie spielt er sich selten in den Vordergrund, so als wüßte er, daß, was gut werden soll, langsam wachsen muß. Eltern allerdings sollten sich hüten, deswegen ihren Sohn etwa weniger zu beachten. Er registriert ganz genau, ob Bruder oder Schwester vorgezogen werden oder größere Geschenke bekommen. Früh weiß der Stier-Sohn auch den Wert des Materiellen – die Betonung liegt auf auch – einzuschätzen. Er will einfach nicht benachteiligt sein – darum geht es.
Sonst bastelt er gerne, beschäftigt sich vielleicht mit Kunstbüchern oder versucht, sich weiterzubilden. Häufig liebt er Musik. Eltern werden diesen Sohn oft im Hobbyraum oder im Garten antreffen, wo er alleine arbeitet. Viele dieser Stier-Söhne wünschen sich frühzeitig ein Mikroskop, weil sie allen Dingen auf den Grund gehen wollen. Wenn sie sich etwas in den Kopf gesetzt haben, dann sind sie nicht davon abzubringen. Oft tischlern sie verbissen oder versuchen, eine alte Uhr zu reparieren, so daß sie nicht pünktlich zum Abendbrottisch kommen. Hier sollten Eltern großzügig sein.
Die Stier-Söhne sind zwar verbissen aber nicht verschlossen. Freiwillig erzählen sie ihren Eltern (eher noch der Mutter), was sie bewegt, reagieren aber sehr empfindlich, wenn man ihren Ausführungen nicht glaubt oder ihnen mit Skepsis begegnet.
Mit ihrem Taschengeld kommen sie im allgemeinen gut aus, wenn nicht, gehen diese Jungen früh jobben. Sie machen sich gerne nützlich, wenn es nur – in ihren Augen – halbwegs anständig bezahlt wird. So tragen sie frühzeitig Zeitungen oder Reklamezettel aus, und es kann sogar sein, daß sie ein so großes Revier übernehmen, daß sie ihre Schul- oder Lehrkameraden beinahe »anstellen«. Stolz sind sie auf ihr erstes »heimliches« Konto, denn es ist ein Zeichen für ihre Selbständigkeit. Großzügig borgen sie dann der Mutter, wenn das Haushaltsgeld mal nicht reicht. Fragen allerdings die Eltern, woher denn der Junge das Geld habe, bekommen sie meist nur vage Antworten, nie aber eine Auskunft, wieviel Geld tatsächlich auf der hohen Kante liegt.
Gewarnt sei hier vor Zimmerdurchsuchungen. Zunächst einmal finden die Eltern doch nichts, denn das Geld ist am sicheren Ort (vielleicht im Besenschrank oder im Schreibtisch des Vaters) versteckt, aber das Vertrauen ist für lange Zeit hin.
Sehr früh setzt außerdem das geschlechtliche Verlangen ein. Diese Jungen sind häufig frühreif und die Eltern sollten bald für Aufklärung sorgen, aber auch viel Verständnis zeigen. Dem Sohn fällt es seltsamerweise meist leichter, dann mit der Mutter als mit dem Vater zu sprechen.
Anders verhält es sich in punkto Berufswahl: Hier wird der Vater befragt – was heißt befragt, verhört, denn der Junge will auf Nummer sicher gehen. Schon in der Schule sortiert er aus: Fächer, die ihn nicht interessieren, läßt er links liegen, und Disziplinen, die er für den Lebenskampf als unwichtig erachtet, ignoriert er voll und ganz, da riskiert er sogar schlechte Noten. Er will oft schon sehr früh für das Leben und nicht für die Schule lernen. Und wenn Lehrer ihn deswegen ermahnen, antwortet der Junge mit Sicherheit und überraschender Klugheit, so daß sich Lehrer und Schüler bald arrangieren.
Das Wort Arrangieren spielt überhaupt eine sehr große Rolle in seinem Leben, auch Eltern sollten nach Auseinandersetzungen mit ihm ein Arrangement suchen. Das ist eine gesunde Basis, vorausgesetzt, das gegenseitige Vertrauen ist noch erhalten. Aber diese Jungen haben ja einen tiefen Familiensinn, auch wenn sie oft auskneifen und mit allen, die »anti« sind, dumme Witze über die »Bürgerlichen« machen. Sie schätzen Geborgenheit sehr hoch ein und setzen sie nur aufs Spiel, wenn es gar nicht mehr anders geht.
Die Eltern können zufrieden sein – der Junge macht seinen Weg, ohne die zu verleugnen, die ihn großgezogen haben.

DIE STIER-GROSSMUTTER

ist oft der Liebling der Enkel. Zunächst gibt es bei ihr immer Süßigkeiten, später kann man dann mit ihr vernünftig über alles sprechen. Sie versteht die Enkel oft besser als die Eltern, das bilden sich wenigstens die Kinder immer wieder ein. Auch hat die Großmutter oft viel Verständnis für die Musik, die gerade »in« ist, aber sehr geschickt führt sie die Kinder dahin, daß alles zeitbezogen und nichts ewig oder absolut ist.
Meist lernen die Heranwachsenden sogar von ihr, wie das Leben praktisch zu meistern ist, denn sie läßt sich von ihren Enkeln gerne Besorgungen machen, aber sie entlohnt die Kinder immer »gemäß ihres Arbeitseinsatzes«, wie sie es formuliert.
Die Großmutter ist besonders wichtig für die Zeit, da die Enkel ihre ersten schüchternen Beziehungen zum anderen Geschlecht anknüpfen. Großmutter sagt oft gar nichts, aber sie hört zu und nickt verständnisvoll lächelnd, wenigstens hebt sie selten den mahnenden Zeigefinger. Und eines noch: Hier können alle sicher sein, daß die Großmutter schweigt, das ist eine ganz besondere Tugend, die meist sehr hoch geschätzt wird.
Oft taugt diese Großmutter auch als Geheimadresse, als Poststation, wenn Briefe nicht nach Hause kommen sollen, und auch hier ist auf ihre Schweigsamkeit ausgesprochen Verlaß. Nur wenn die Oma merkt, daß man sie mit ihrer Gutmütigkeit ausnutzt, schaltet sie ganz abrupt um und sagt sehr deutlich ihre Meinung. Aber das kommt selten vor, denn sie strahlt meist eine sehr natürliche Autorität aus. Und eines gefällt allen sehr gut: Böse Worte bekommt kaum jemand zu hören, die Großmutter lebt vor, daß gute Formen die Grundlage eines guten Zusammenlebens sind. So wird sie, die zudem häufig bis ins hohe Alter nett aussieht, auf Partys gerne gesehen. Ja, die Enkel sind meist froh, wenn die Eltern ausgegangen sind.

DER STIER-GROSSVATER

hat zu seinen Enkeln ein ungemein selbständiges Verhältnis. Das heißt, er läuft ihnen nicht nach, er bittet sie in der Regel nicht, ihn zu besuchen, aber er zeigt seine Freude, wenn sie auftauchen. Die Freiheit seiner Enkel schätzt er hoch ein. Augenzwinkernd läßt er es sogar zu, daß die Enkel sagen, sie hätten ihn besucht, obwohl sie heimlich im Kino oder in einer Disko waren. Aber auch hier muß alles seine Ordnung haben. Einmal darf dies nicht ausgenutzt werden, und dann müssen wenigstens ihm die Enkel sagen, mit wem sie wo waren. Solange diese Regeln eingehalten werden, spielt der Opa mit.
Auch über Malerei oder Musik weiß er recht gut Bescheid. Im Sommer hat er oft Hochkonjunktur, denn viele dieser Großväter haben einen Garten oder gehen gerne in die Natur. Und von niemandem kann man so viel über die Vorgänge in der Natur erfahren wie von einem Stier-Großvater.
In einem Punkt allerdings geht er schnell auf klare Distanz: Wenn die Enkel etwas mit ihm besprechen wollen, was sie mit ihren Eltern ins Reine bringen müßten. Dann sagt er klipp und klar, dafür sei er nicht zuständig, und zwingt die Jüngeren förmlich, sich mit diesen Problemen einem Elternteil zuzuwenden. Wenn die Enkel dies nicht tun, dann tut es der Großvater, bewußt riskierend, daß ihn nun die Enkel schneiden.
Dieses klare, praktische Verhalten wird oft erst spät anerkannt, aber das nimmt ja so ein richtiger Stier gern in Kauf. Standpunkt ist Standpunkt, das lernen die Enkel hier, auch wenn sie sich manchmal über den alten Starrkopf ärgern.
Übrigens belohnt dieser Großvater auch gerne Leistungen, bestandene Prüfungen, Arbeitsanfänge. Doch auch hier wird nur der wahre Wert belohnt, denn Belohnungen sollen ja anspornend sein. Ein Großvater, der da ist, wenn man will, sonst aber ziemlich unbeirrt seine eigenen Wege geht. Und gerade das imponiert den meisten Enkeln, wenn auch mehr unbewußt.

VERHÄLTNIS: ELTERNTEIL - KIND (und umgekehrt)
durch den Sonnenstand bedingt.

ELTERNTEIL STIER - KIND STIER
(oft eine Konjunktion)

Hier besteht in der Regel eine sehr enge Beziehung, da das Kind im Grundsätzlichen sehr nach dem Elternteil schlagen dürfte. Dieser erkennt auch sofort: Das ist ganz mein Kind, das kommt nach mir. Und in der Tat fühlt sich das Kind auch mit diesem Elternteil sehr verbunden, allein schon durch die Tatsache, daß der Geburtstag so eng zusammenliegt, manchmal gar auf einen Tag fällt oder wenigstens oft zusammen gefeiert wird. Geburtstage sind für Stiere oft sehr wichtig, und das Zusammenlegen erfüllt das Kind mit einem gewissen Stolz, so äußerlich dies auf Außenstehende auch wirken mag.
Sind Geschwister vorhanden, wäre es nicht sehr klug, den gemeinsamen (oder den naheliegenden) Geburtstag sehr zu betonen.
Besonders gut verstehen sich Elternteil und Kind in ihren Gefühlen oder Gefühlsäußerungen; beide verspüren in sich einen starken Drang nach Zärtlichkeit, ein Art Nestgefühl kommt da auf, womit sie sich oft unbewußt ein wenig absondern.
Erschwerend ist dies gute Verhältnis dann, wenn das Kind aus dem Haus gehen will. Die geistige Abnabelung ist oft für den Elternteil sehr schwer, aber auch das Kind mißt entweder den Freund oder die Freundin am Elternteil. Hier müßte wirklich eine sehr intensive neue Partnerbindung vorliegen, damit das Fortgehen halbwegs problemlos abläuft.
Das Kind wird das stets entschuldigende Verständnis des Elternteils im harten Leben oft vermissen und sich immer wieder in Notfällen dorthin zurückwenden, was eine Lebenspartnerbindung sehr belasten könnte. Hier trägt also der Elternteil eine starke Verantwortung. Um das Kind zur Selbständigkeit hinzuführen, wird wohl mancher harte Verzicht notwendig werden.

ELTERNTEIL STIER - KIND ZWILLINGE
(meist kein Aspekt)

Die Beziehungen zwischen Elternteil und Kind sind – wie stets bei Nachbarschaftszeichen – recht gegensätzlich. So muß jeder erst das Positive im anderen entdecken, und das Negative – wenn man so will – lieben lernen.
Die Kinder sind meist sehr lebhaft, auch ungeduldig, neugierig, können kaum abwarten, sind wissensgierig, stellen eine Frage nach der anderen. Kurz: Sie können dem Stier-Elternteil durchaus die Ruhe rauben, da er ja von Natur aus nichts überstürzen will. Auch wirkt der Elternteil gegen das aufgeweckte Kind in intellektueller Hinsicht meist etwas unbeholfen, weiß nicht sofort auf alles eine Antwort, weicht aus, braucht für Gespräche den richtigen Moment, was das Kind oft nicht versteht. So entsteht recht früh manchmal ein intellektueller Hochmut beim Kind, was den Elternteil dann sehr belastet. Den Elternteil wiederum regt die Unordnung auf; oder daß das Kind vieles anfängt, aber kaum etwas erstklassig zu Ende führt. Hier brauchen gerade die Elternteile sehr viel Einfühlungsvermögen und eine gewisse Autorität.
Das wird oft schon bei den Schularbeiten deutlich, die die Eltern kontrollieren wollen, wobei das Kind (hier meist der Junge) wirklich alles besser weiß; das ist für den betreffenden Elternteil mitunter ein großer Schock, das ist nicht so einfach zu verdauen. Bei den Töchtern geht das leichter, aber auch da tritt später manchmal eine frühreife Besserwisserei zu Tage, die die Elternteile sehr verletzen kann. Erst später, wenn in Liebesdingen Probleme auftauchen, entdecken die Kinder das starke Gefühlswissen des Stier-Elternteils.
Es braucht also seine Zeit und auch gewisse Erfahrungen, bis sich beide gut verstehen.

ELTERNTEIL STIER – KIND KREBS
(oft ein Sextil)

In der Regel kann hier von einem recht harmonischen Verhältnis gesprochen werden, wobei aber zu beachten ist, daß das Kind meist sehr empfindlich reagiert, wenn der Elternteil es nicht genügend beachtet. Diese Kinder sind den Eltern gegenüber recht anspruchsvoll. Sie erwarten, daß diese immer für sie da sind. Ist dies einmal nicht der Fall, dann tragen sie das lange – wenn auch meist stumm – nach.

Aus erzieherischen Gründen versuchen die Stier-Elternteile, das Kind auch auf den realen Lebenskampf vorzubereiten, es sozusagen abzuhärten, denn sie befürchten wegen der so deutlichen Empfindlichkeit das Schlimmste. Zwar möchten sie das Kind, immer wenn es in Not ist, wenn es weint, wenn es traurig ist, einfach in den Arm nehmen. Das wäre auch das Beste, aber dieser Elternteil tut dies – wenn auch schweren Herzens – meist aus erzieherischen Gründen nicht, damit sich das Kind frühzeitig eine gewisse Härte aneignet.

Sicher sollten hier die betreffenden Elternteile etwas großzügiger sein. Das Kind braucht erst einmal viel Wärme, es muß das Vertrauen haben, daß jemand bedingungslos da ist, ehe es sich hinaus ins kalte Wasser wagt. Erziehung ist also hier etwas problematisch; dabei können sich Elternteil und Kind hervorragend und ohne große Worte verstehen. Allmählich fällt dem Elternteil auf, daß das Krebs-Kind nicht nur empfindsam, sondern auch sehr einfühlend ist, daß es wie kein anderes Familienmitglied spürt, wann der Elternteil Sorgen hat und Wärme braucht. Diese Kinder – sind sie aus dem Haus – melden sich instinktiv, als wenn sie Ahnungen hätten, brieflich oder telefonisch gerade dann, wenn sich der Elternteil einsam fühlt; diese Gabe wird dann ungemein geschätzt.

Die Gefühlsbindungen sind also sehr ausgeprägt, sehr eng, und es ist oft gut, daß die anderen Familienmitglieder kaum etwas spüren, sie wären sonst schnell eifersüchtig. Elternteil und Kind können also prachtvoll miteinander harmonieren.

ELTERNTEIL STIER – KIND LÖWE
(oft ein Quadrat)

In dieser Konstellation fordern sich Elternteil und Kind sehr häufig heraus, was die beste Schulung für das Leben sein könnte, wenn dabei das Kind nie den Glauben an die Liebe des Elternteils verliert.

Das Schwierige an dieser Konstellation ist, daß beide so schwer von einem Standpunkt, den sie einmal gefaßt haben, herunterkommen. Würde der Elternteil seinen Standpunkt aufgeben, wäre er verunsichert; gibt das Kind seinen Standpunkt auf, fühlt es sich im Stolz verletzt und gekränkt. Der Elternteil sollte dies nicht unterschätzen, dieser Charakterzug kann sich schon im Kindheitsalter bemerkbar machen.

Hier stehen sich also oft Lebensklugheit des Elternteils und autoritärer Stolzanspruch hart gegenüber. Und ohne Zweifel muß sich der Elternteil dem Kind gegenüber (bis dieses mündig ist) durchsetzen, aber ohne daß das Kind das Gefühl oder die Angst hat, man wolle es beugen, ihm das Rückgrat brechen. Viel Gefühl und Liebe ist also notwendig, will der Elternteil in krisenhaften, schwierigen Situationen an das Kind herankommen. Damit ist oft eine gewaltige Aufgabe verbunden, gerade wenn das Kind schwierig ist, was ja allein aus dem Sonnenstand eines Horoskopes nicht auszumachen ist.

Oft wachsen beide später, wenn das Kind seinen – mitunter falschen – Stolz ablegt, sehr zusammen; aber auch dann kann selten von einer harmonischen Verbindung gesprochen werden. Bis ins hohe Alter des Elternteils können hier – bei aller engen Familienbindung – zwei unbeugsame Streithähne aufeinanderprallen und dies gerade dann, wenn es um Prinzipien geht. Aber dieses Ringen miteinander verbindet auch sehr, so daß andere Familienmitglieder überhaupt nicht verstehen, warum gerade diese beiden so aneinander hängen. Vor allem lassen weder das Kind noch der Elternteil etwas auf den anderen kommen, wenn der nicht zugegen ist. Im Gegenteil, hier findet jeder im anderen seinen besten Anwalt.

ELTERNTEIL STIER – KIND JUNGFRAU
(oft ein Trigon)

Diese Konstellation bedeutet meist ein harmonisches Verhältnis zwischen Kind und Elternteil. Das Kind wird vom Gefühl des Elternteils angesprochen, der Elternteil bewundert am Kind den Fleiß, das praktische Verständnis, dessen Zuneigung zu ihm. Beide meistern das Leben im Grunde von derselben Warte aus. Früh geht das Kind dem Elternteil zur Hand. Die Tochter hilft der Mutter, der Sohn kümmert sich ehrlich interessiert um die Arbeit des Vaters, hilft bei Reparaturen am Auto oder im Haus.
Sind Sohn und Mutter so verbunden, dann haben beide ein inniges – wenn auch äußerlich nüchternes – Verhältnis miteinander; die Tochter hängt meist voller Bewunderung am Vater, der wiederum die Tochter verwöhnt, wo er kann. Hier ist wichtig, daß es möglichst die Kinder sind, die sich dem Elternteil anpassen. Dies erleichtert vieles, denn die betreffenden Elternteile haben kaum mehr Lust, ihren Grundstandpunkt aufzugeben. Sie meinen recht selbstsicher, sie hätten ausgelernt. Wenn nun diese Kinder überzeugt sind, daß auch die Eltern sich den neueren Strömungen der Zeit anpassen müßten, stoßen sie fast nur auf Ablehnung. Diese Elternteile meinen nämlich gerne, was in unserer Jugend richtig war, kann jetzt nicht falsch sein. Von dieser Seite her kann manche natürliche Harmonie dann getrübt sein; also sollten sich diese Elternteile doch lernfähig zeigen, auch wenn dies meist die Aufgabe fester Prinzipien erfordert.
Aber in vielen Fällen sind erstaunlicherweise die Kinder die Klügeren, die nachgeben, und damit ist der Familienfrieden meist gerettet. Es kann jedoch passieren, daß gerade diese Kinder innerlich später die Eltern als altmodisch, stur und unbeugsam abschreiben, was bei Diskussionen über Zeitentwicklungen gerade auf politischer Basis deutlich werden dürfte. Doch dies sind Gefahrenmöglichkeiten, die eintreten können aber nicht müssen. Im Grunde dürfte das Grundverhältnis eher positiv, und auch vertrauensbildend sein.

ELTERNTEIL STIER – KIND WAAGE
(meist kein Aspekt)

Diese Konstellation wirkt sich oft sehr differenziert aus. Einmal besteht grundsätzlich wohl eine starke Gefühlsbeziehung, wenn dabei auch der Elternteil eher den praktischen Part besetzt hat und weniger auf Gefühlsebene träumt, beziehungsweise nicht wie das Kind von Gefühlssehnsüchten befallen ist. Oft verzweifeln diese Elternteile allein daran, daß das Kind sich stets den Himmel auf Erden ersehnt, während es dies ja für den Elternteil gar nicht gibt. Oft aber betrachtet auch ein Stier-Elternteil gerade deswegen diese Kinder – manchmal voller Neid – so innig, weil sie noch, wie man sagt, an die Liebe glauben. Hier stehen sich also Welten gegenüber, die aber nicht so gegensätzlich sind.
Wichtig ist, daß diese Elternteile den Kindern nicht zu früh ihre Träume nehmen, die sich auch auf der musischen Ebene bewegen können. Sicher werden viele Berufswünsche dieser Kinder bei den Eltern auf Widerstand stoßen, weil sie nicht real genug erscheinen. Oft blasen so diese Elternteile zu viele Kerzen in der Seele der Kinder aus. Sie sollten die Waage-Kinder, die zwar kaum so viel von Prinzipien halten wie die Elternteile, aber sehr viel erreichen und bewegen wollen, nicht unterschätzen. Kinder, die hier einem künstlerischen Beruf nachjagen, sollten dies tun können. Auch hier kommt oft die Frage auf, ob erst ein realer Beruf zu erwählen sei, aber das dürfte meist auf heftigsten Widerstand der Kinder stoßen. Doch sind diese meistens auch so diplomatisch, daß sie ihren Weg heimlich gehen und wenn die Eltern davon erfahren, ist es meist zu spät. Dann haben diese Kinder bereits einen Teil der Ausbildung des von ihnen gewählten Berufes absolviert, mit dem Ziel, daß auch die Eltern nun einsehen werden: Umsonst soll dies nicht gewesen sein!
Gundsätzlich schwanken die Beziehungen zwischen Elternteil und Kind oft von einem Pol zum anderen, selten wird die Mitte getroffen, häufig erst wenn die Kinder aus dem Haus sind.

ELTERNTEIL STIER – KIND SKORPION
(oft eine Opposition)

Meist eine sehr intensive Beziehung, die sich jedoch oft darin offenbart, daß echte Gegensätze in der Grundveranlagung aufeinanderprallen. Und um eines gleich deutlich zu sagen: Kaum einer ist bereit nachzugeben. Zwar muß sich das Kind oft dem Elternteil fügen, aber dieses Fügen durch Gewalt und Abhängigkeit wirft dunkle Schatten auf das Verhältnis, was sich meist erst in späteren Jahren auswirkt, wenn das Kind selbständig geworden ist. Dann kommt es heraus: Das Kind hat nichts vergessen, manches nur verziehen. Der größte Gegensatz ist, daß der Elternteil alles überwiegend mit optimistischem Mut anpackt, zugreift, aktiv etwas schaffen will. Dem Kind dagegen fehlt dieser Zukunftsmut. Überall sieht es das Dunkle, es merkt, daß es keine Helligkeit ohne Schatten gibt. Bei jeder Aufgabe, die dem Kind gestellt wird, sieht es die negativen Seiten, auch wenn es sich oft ungestüm dagegen auflehnt. Das allein kann den Elternteil auf die Palme bringen. Und so platzt er meist damit heraus, daß er das Kind als faul und unaktiv ansieht (und damit sicher falsch liegt).

Es kommt also vor allem auf den Elternteil an, dem Kind eine gute Geborgenheit zu vermitteln, die sich im Leben später positiv auswirkt. Wenn aber das Kind etwa durch Liebesentzug bestraft wird (was diese Elternteile leider meist sehr bewußt einsetzen), dann wirkt sich das oft negativ auf die spätere Zukunft des Kindes aus. Der Lebensmut steht ja oft auf der Kippe, dies vor allem muß der Elternteil von Anfang an berücksichtigen, ja bewußt in Rechnung stellen.

Am Elternteil liegt es also hauptsächlich, wie lebenstüchtig einmal das Kind sein wird. Und wenn Stier-Vater oder Stier-Mutter sich fragen: Ist das wirklich mein Kind, so pessimistisch, so angstvoll? – so sollten sie nicht vergessen, daß es in vielen Fällen nur die dunklen Seiten des Elternteils nach außen widerspiegelt.

ELTERNTEIL STIER – KIND SCHÜTZE
(meist kein Aspekt)

Hauptkonflikte können sich hier ergeben, weil das Kind aus der Sicht der Eltern häufig zu hoch hinaus will. Der Ehrgeiz des Kindes kann dem Elternteil zu ideal sein. Wer gibt schon etwas für Ideale! Sicher, zu verurteilen ist es ja nicht, wenn die Kinder vom Idealismus angesteckt sind, es gibt Schlimmeres, aber der Idealismus kann sich auch zu einer Krankheit wandeln – wenn nämlich das Kind den Boden unter den Füßen verliert.

So freut sich beispielsweise der Elternteil über die ersten – etwa – sportlichen Erfolge seines Sprößlings, wenn aber dieser dann darauf sein Leben aufbauen will, dann kommt es oft zum Krach. Ruhm ist vergänglich, das hat der Elternteil immer wieder bestätigt gefunden, und Ruhm kann zu Kopf steigen und lebensuntüchtig machen. Also versucht der Elternteil dem Kind den Kopf zurechtzurücken, und dann kann es schon ganz schön hart in der Familie zugehen. Zwar zeigt sich das Kind meist nicht so stur wie der Elternteil, dafür rümpft es recht schnell die Nase über den betreffenden Vater oder diese Mutter. Das Kind sieht eben die Welt völlig anders, sieht mehr den Geist hinter den Tatsachen als die Tatsachen selbst, und da kommt der Elternteil meist nicht mehr mit. Sogar vor Freunden heißt es dann: Mein Kind hält sich für etwas Besseres, das schämt sich der Eltern. Von diesem Augenblick an scheint alles vorprogrammiert zu sein.

So gibt es viele Schwierigkeiten, ja oft greift der Elternteil zu Verboten und dann kann mit Auflehnung gerechnet werden. Das Verflixte ist, der Elternteil sollte hier der Klügere sein, der nachgibt, aber wie soll man einen »Stier« – ob weiblich, ob männlich – von seinem einmal gefaßten Standpunkt abbringen! Und das Kind lernt erst in späteren Jahren, großzügig zu denken und zu sein. Dann allerdings legen sich viele Konflikte zwischen beiden von allein, dann kann sogar wieder eitel Sonne scheinen, wenn bis dahin nichts grundsätzlich kaputt gegangen ist.

ELTERNTEIL STIER – KIND STEINBOCK
(oft ein Trigon)

Eine wohl für beide Seiten höchst schöpferische, harmonische Konstellation. Elternteil und Kind müßten sich prächtig verstehen, soweit dies vom Sonnenstand zu beurteilen ist. Der Elternteil wird sich hier oft sagen können: Das Kind erreicht, was ich nicht so ganz geschafft habe. Und er wird es von daher vielleicht etwas zu sehr als Musterkind ansehen.

Aber die Pflichterfüllung gefällt ihm, die das Kind an den Tag legt. Was ihn stören könnte, ist manchmal der zu große Ernst, durch den das Kind nur schwer und sehr zögernd das Lachen lernt. Auch die Beobachtung, daß das Kind Neigung hat, eher asketisch zu leben, mag ihn stutzig machen, und sicher wird dieser Elternteil das Kind oft ermuntern, auch manchmal das Leben zu genießen.

Aber das sind eher kleine Unterschiede, obenan steht die Bewunderung für den Ehrgeiz. Auch gefällt dem Elternteil, daß das Kind langsam, aber sicher seinen Weg geht, was oft schon in der Schule deutlich wird. Obwohl das Kind Klassenerster sein könnte, hält es sich zurück, schiebt sich gar nicht in den Vordergrund. Allein diese Lebensklugheit gefällt dem Elternteil.

Probleme könnten dann später bei der Partnerwahl auftreten, weil hier vielleicht auch (nicht immer natürlich) zweckmäßige Gründe eine nicht unbedeutende Rolle spielen könnten. Überschwengliches Gefühl wird sowieso beim Kind kaum hervortreten, und wenn es vorhanden sein sollte, müßte sich das Gefühl dem Ganzen unterordnen, da unterscheiden sich Elternteil und Kind schon beträchtlich. Wie überhaupt der Elternteil, wenn es sich beispielsweise um die Mutter handelt, von dem Kind mehr Zärtlichkeit erwartet, nicht nur einmal, sondern mehrmals umarmt sein will. Und die Mutter (der Vater weniger) könnte Angst vor der Kühle bekommen, die das Kind in seinem Streben nach Erfolg an den Tag legen kann, doch wird sie im Grunde genommen dem Kind Bewunderung nicht versagen können.

ELTERNTEIL STIER – KIND WASSERMANN
(oft ein Quadrat)

Keine leichte Konstellation. Für beide Seiten nicht so einfach. Ähnlichkeit und Gegensätzlichkeit schaffen hier nebeneinander manche Disharmonie. Die kann in den ersten Jahren wohl nur abgebaut werden, wenn eine tiefe Familienliebe existiert. Aber immer wieder werden Grundauseinandersetzungen aufkommen.

Ähnlich sind sich beide Familienmitglieder hinsichtlich der inneren Festigkeit. Nachgeben fällt beiden schwer, beide können recht starr an ihren einmal gefaßten Überzeugungen festhalten. Gegensätze brechen in punkto Lebensgestaltung auf. Das Kind will fort, will hinaus, sehnt sich nach Weiten, nach Fernen, meint, das Leben sei etwas, das stets Neues zu bringen habe. So wird es sich nie allein in eine Aufgabe verbeißen, sondern immer mehrere Pferde satteln wollen. Und genau das versteht der Elternteil nicht: »Ein gutes Heim biete ich, eine gute Ausbildungsmöglichkeit auch, eine konservativ-fortschrittliche Erziehung, was will das Kind denn mehr?« Nun, das Kind will eigene Wege gehen, lehnt sehr häufig diesen Elternteil als spießbürgerlich ab und scheut sich nicht, dumme Witze über dessen Grundeinstellung zu machen.

Aus einer kleinen Bemerkung kann der größte Familienkrach entstehen, besonders dann, wenn der Elternteil (besonders der Vater) merkt, daß das Kind über seine Lebenseinstellung spöttelt, ja wenn er sich ausgelacht fühlt. Oft geht das Kind ganz bewußt Wege, die den Widerstand des Elternteils hervorrufen müssen. Lehnen diese Väter oder Mütter eine neue Musikrichtung ab, fidelt diese geradezu aus Trotz superlaut aus dem Zimmer des Kindes heraus. Das ist nur ein Beispiel, aber die Auflehnung des Kindes kann sich so steigern, daß der Elternteil das Kind so schnell wie möglich aus dem Haus haben will oder sich innerlich lossagt. Soweit muß es nicht kommen, es ist aber durchaus möglich. Hier ist die Liebe zueinander das Entscheidende.

ELTERNTEIL STIER – KIND FISCHE
(oft ein Sextil)

Diese beiden Familienmitglieder müßten sich prächtig verstehen, wenigstens meint das der Elternteil. An diesem Kind hängt er, und das Kind erwidert die Zuneigung, zumal es die Gabe hat, sich völlig dem Elternteil unterzuordnen. Oft sogar so sehr, daß es kaum einen Widerspruch wagt.
Das hat zur Folge (und dies könnte sich als bedenklich herausstellen), daß das Kind Geheimnisse hat, ja Heimlichkeiten hinter dem Rücken des Elternteils ausübt. Meist ist dies der Fall, wenn die Erziehung zu streng war. Das Kind hat in dieser Konstellation manchmal das Gefühl, sich nicht offen wehren zu können, so gibt es scheinbar nach und versucht, eben seine Wege allein zu gehen. Kommt dies heraus, und das wird eines Tages ja der Fall sein, dann kann dies bis zum großen Zerwürfnis führen.
Der Elternteil muß wissen, dieses Kind braucht Liebe und keine Strenge. Nicht daß er dem Kind alles durchgehen läßt, nein, das nicht; doch die Erziehung hängt allein vom »wie« ab. Das Kind zeigt sich meist zärtlich, aber wird dies nicht erwidert, findet dies kein Echo, dann kann es völlig umschalten. Es reagiert dann mit einer Kälte, die manchen Elternteil wirklich frieren läßt. Ansonsten aber verstehen sich beide von Grund auf gut.
Das andere Problem ist, daß das Kind nicht so konsequent arbeiten kann wie der Elternteil. Es arbeitet mehr in Schüben, mal gammelt es dahin, dann setzt es sich auf den Hosenboden. Dies ist dem Elternteil völlig fremd, und deswegen regt er sich oft auf und möchte dem Kind stets Arbeitsbereitschaft einimpfen. Doch das ist vergebliches Bemühen, das kostet nur Kräfte. Die Leistung dieses Kindes ist nicht während der Arbeit zu messen, sondern an der Endleistung. Nicht vor einer Prüfung, sondern danach. Und schon oft haben sich hier die betreffenden Elternteile verwundert gefragt, wer am Ende dem Kind, hat es eine Prüfung intuitiv bestanden, eigentlich geholfen hat. Einzige Erklärung für den Elternteil: Das Kind hat einen Schutzengel!

ELTERNTEIL STIER – KIND WIDDER
(meist kein Aspekt)

Diese Nachbarschaftszeichenkonstellation birgt gewisse Schwierigkeiten in sich. Elternteil und Kind müssen sich ganz schön aneinander gewöhnen, daran dürfte es keinen Zweifel geben. Das Kind ist aus der Sicht des Elternteils wild, unbeherrscht, eigenbrötlerisch und aufbrausend. Der Elternteil aus der Sicht des Kindes dickköpfig, stur und langsam.
Und doch liegt in dieser – meist sehr oberflächlichen – Betrachtungsweise bereits das Anziehende. Beide spüren nämlich sehr schnell, daß jeder eben so genommen werden muß, wie er ist. So richtet sich der Elternteil verhältnismäßig früh auf das »so andere« Kind ein, und dieses respektiert die Erziehungsgrundsätze des jeweiligen Elternteils. Das Kind ist ja voller Ehrgeiz, es will weiterkommen. Aber es spürt sehr früh, daß es dazu der Sicherheit der Familie, des Heimes, des Zuhauses bedarf. Dies alles gibt dem Kind erst die Unbefangenheit, früh eigene Wege zu gehen. Und die betreffenden Elternteile sind stolz darauf, dem Kind den Rücken freizuhalten.
Können sich beide Familienmitglieder mit diesem Kompromiß halbwegs (meist geschieht dies unbewußt) arrangieren, klappt das Zusammenleben großartig, steigt jeder in der Achtung des anderen Treppchen für Treppchen höher. Klappt dieses Zusammenspiel aber nicht, dann schwellen bei beiden die Köpfe rot an, und oft schafft es dann leider das Kind, den Elternteil bis zur Weißglut zu reizen.
Diese Kinder lehnen sich auf, das ist auch ihre Stärke, das muß der Elternteil zur Kenntnis nehmen; meist muß er dafür über seinen Schatten springen, was ihm ja sehr schwer fällt und was ihm leider auch nicht immer gelingt. Dies alles erschwert oft die Versöhnung, denn keiner mag den ersten Schritt tun. Dabei brauchen sich beide gegenseitig so sehr, daß hier andere Familienmitglieder notwendige Brücken bauen sollten. Trotzkopf gegen Dickkopf – das beschwört halt manchmal eine heikle Situation herauf.

UNKLARHEITEN,
die bei Stier-Geborenen durch die 12 möglichen Aszendenten für Elternteil und Kind entstehen können.

SONNE in STIER mit ASZENDENT STIER ergibt kaum Schwierigkeiten, weil sich hier der Lebenskern und das Rollenspiel beinahe decken. Zwar werden Eltern und Kinder jeweils vom anderen sagen, sie seien eigentlich doch recht egozentrisch im Denken und Handeln, würden sehr »ichbezogen« reagieren, aber jeder erkennt beim anderen an, daß er sich echt gibt, daß man eigentlich stets weiß, woran man mit dem Elternteil beziehungsweise mit dem Kind ist.

SONNE in STIER mit ASZENDENT ZWILLINGE kann schon zwiespältige Gefühle hervorrufen, denn diese Menschen zeigen sich in der Umwelt so sprechbereit und aufgeschlossen, scheinbar anpassend und verständnisvoll, wie sie sich zu Hause nur höchst selten geben, denn da muffeln sie oft herum. Besonders die Kinder verstehen nicht, warum die Mutter oder der Vater über die Sorgen, die der Nachbar erzählt, so verständnisvoll mit dem Kopf nicken, während sie für die Probleme ihrer Kinder im Momemt keine Zeit haben. Oder die Eltern stellen sich stets die Frage, warum geht unser Kind draußen so aus sich heraus, redet und spricht mit jedem, wo wir ihm jedes Wort aus der Nase ziehen müssen. Beide Familienteile sollten lernen, daß jeder sich zu Hause eben so gibt, wie er ist, draußen sich aber etwas verstellt.

SONNE in STIER mit ASZENDENT KREBS ist schon etwas leichter zu verstehen, obwohl sich die Eltern oft verwundert anschauen, weil ihr Kind immer so empfindlich reagiert, wenn es vom Lehrer oder Meister getadelt wird, während sie doch wissen, daß es sehr gut manchen Knuff verträgt. Andererseits wünschen sich die Kinder oft, daß die Eltern auf sie so vorsichtig und empfindsam eingehen, wie sie es der Umwelt gegenüber tun. Da gehen sie jedem Streit aus dem Wege, in der Familie aber nie! Gerade Kinder können das oft nicht verstehen und könnten es als Feigheit auslegen.

SONNE in STIER mit ASZENDENT LÖWE kann gegenseitige Verblüffung hervorrufen. So hart es klingt, oft halten Kinder die Elternteile mit dieser Konstellation für Angeber, ja für Maulhelden. Es stört sie oft sehr, wenn der Vater (bei ihm wird's deutlicher als bei der Mutter) draußen so tut, als könnte ihm nie etwas passieren, während er daheim eine Diebstahlssicherung nach der anderen einbaut oder früh von der Altersversorgung redet. Damit haben Kinder oft sehr zu ringen. Die Eltern aber auch, denn Kinder mit dieser Konstellation spielen sich draußen auch ganz anders auf als im Familienkreis. Aber die Eltern sehen das meist mit Befriedigung, weil sie meinen, daß dieses Kind sich durchbeißt und gut ins rechte Licht zu setzen weiß, wenn es darauf ankommt.

SONNE in STIER mit ASZENDENT JUNGFRAU dagegen bereitet meist keine großen Verständnisprobleme, weil Menschen mit dieser Konstellation sich draußen halbwegs so geben wie daheim. Vielleicht zeigen sich die Eltern der Umwelt gegenüber ordentlicher und zuverläßlicher als sie sind, aber im Grunde sind dies nur Nuancen. Kinder dagegen wagen draußen manche Kritik an anderen, die ihnen eigentlich nicht zusteht und die sie sich daheim in der Familie auch nicht leisten dürften. Aber im Auftreten selbst geben sie sich kaum verändert.

Das trifft auch für Elternteile und Kinder zu, die **SONNE in STIER mit ASZENDENT WAAGE** haben. Diese Menschen zeigen sich meist sehr liebenswürdig, entgegenkommend und haben eine diplomatische Gabe. Nur sind sie draußen nicht immer so zuverlässig, sind eher unpünktlich, manchmal auch vergeßlicher. Was Kinder verwundert ist, wie leicht diese Elternteile etwas versprechen und sich großzügig geben. In diesen Punkten verhalten sie sich also völlig anders als in der Familie. Eltern merken diese Differenz im Wesen ihres Kindes erst später. Zum Beispiel wenn sie feststellen, daß ihre Kinder, was ihnen gehört, verschenken, um sich beliebt zu machen, obwohl sie daheim jeden Pfennig umdrehen, ehe sie ein Geburtstagsgeschenk für Vater und Mutter kaufen.

SONNE in STIER mit ASZENDENT SKORPION ist oft schwer zu verstehen. Oft haben Kinder den Eindruck, der betreffende Elternteil wandelt sich völlig um, wenn er aus dem Haus geht oder wenn Besuch kommt. Fast empfindlich reagiert er auf Kritik. Aus der friedlichen Mutter, dem an und für sich friedlichen Vater werden Menschen, die schnell und leidenschaftlich kontern, oft fast zornigen Widerspruch führen, so als laute die Devise: Laßt mich ja in Ruhe! Und im umgekehrten Fall wundern sich manche Eltern, wieso gerade das gefühlvolle Kind sich so schwer mit Freundschaften tut, warum es sich so abschließt und immer denkt, die anderen wollen mich ja doch nur ausnutzen! Daheim sind sie doch gar nicht so mißtrauisch!

SONNE in STIER mit ASZENDENT SCHÜTZE ist für beide Seiten nicht leicht zu verstehen. Hier sehen oft Kinder den betreffenden Elternteil – ob Mutter oder Vater – in einem für sie völlig neuen Licht. Da wissen sie alles besser, wollen die Umwelt belehren, regen sich auf, wenn jemand die gesamte politische Lage anders sieht als sie selbst, und sie sprechen von Plänen und Vorhaben, von denen die Kinder doch wissen, daß sie nicht existieren. Eltern wiederum sehen diese Kinder oft als gefährdet an, weil sie draußen immer die Nase vorn haben wollen, weil sie einfach wütend werden, ja unbeherrscht reagieren, wenn sie nicht mit den Ton angeben können. Daheim sind sie doch sehr friedlich, eigentlich freundlich und nicht so leicht aus dem Gleichgewicht zu bringen.

SONNE in STIER mit ASZENDENT STEINBOCK dagegen geht harmonisch recht gut Hand in Hand. Schön, mancher Elternteil zeigt sich draußen in der Umwelt etwas verschlossen, kühl, antwortet sehr distanziert, manchmal – in den Augen der Kinder – fast gefühllos und karg, während er zu Hause doch herzensgut ist. Aber Kinder haben da das Gefühl, daß die Eltern eben nur für sie da sind. Eltern dagegen wünschen sich schon, daß Kinder mit dieser Konstellation sich draußen etwas herzlicher zeigen würden.

SONNE in STIER mit ASZENDENT WASSERMANN. Eltern meinen – zuerst finden sie es nett –, in unserem Kind steckt ja ein schöner Schalk! Also wie es alle herrlich an der Nase herumführt, ein richtiger Schauspieler! Kinder können aber diese Veränderung eines Elternteils viel schwieriger verkraften. Zuerst mögen sie noch meinen, Vater oder Mutter verpusten ja in der Umwelt eine Seifenblase nach der anderen, dann aber merken sie, daß hier ja ganz anders gesprochen und geredet wird als zu Hause.

SONNE in STIER mit ASZENDENT FISCHE zeigt oft nur wenig Überraschungen, ruft keine skeptische Verwunderung hervor. Sicher, Kinder bemerken wie der betreffende Elternteil sich sehr einfühlend gibt, daß dieser Vater, diese Mutter plötzlich eine so weiche Sprache haben, leise reden, so vertrauensvoll mit jedem Nachbarn umgehen, während sie sich doch in Wahrheit um dessen Nöte eigentlich nicht kümmern. Und die Eltern würden sich mit Vergnügen wünschen, daß ihre Kinder zu ihnen so lieb sprächen wie mit ihren Freunden und mit ihren Schulkameraden, und sie verstehen nicht, warum sie sich bei den Lehrern so sanft und gefügig zeigen.

SONNE in STIER mit ASZENDENT WIDDER. Also da verstehen die Kinder oft die Welt nicht mehr. Wie der Elternteil – auch wenn es sich um die Mutter handelt – draußen mit Verve auftritt, sich nichts gefallen läßt, das gefällt den Kindern. Daheim lassen sich Vater und Mutter viel seltener herausfordern. Und die Eltern sind mit dem Auftreten dieser Kinder sehr zufrieden, wenn sie auch immer wieder in der Nachbarschaft Streit schlichten müssen.

DIE SCHWIEGERKINDER IM VERHÄLTNIS ZUM ELTERNTEIL STIER

Alle Schwiegerkinder haben es im Grunde genommen verhältnismäßig leicht, denn jeder Stier-Elternteil ist sehr daran interessiert, daß die Kinder sich gut verheiraten. So werden zwar alle Schwiegerkinder mit etwas Skepsis aber mit noch mehr Wohlwollen gemustert.

Eine **STIER-Schwiegertochter** hat es da eigentlich gut. Die Mutter spürt zwar etwas Konkurrenz, aber da sie vorsorgend denkt, nimmt sie dies bewußt in Kauf, zumal sie spürt, daß sich die Grundüberzeugungen zwischen ihr und der neuen Tochter sehr ähnlich sind. Und der Vater sieht oft in der Schwiegertochter seine eigene einstige Wahl bestätigt.

Auch der **STIER-Schwiegersohn** kommt allgemein gut an. Der Vater macht ihn oft zu seinem legitimen Nachfolger, besonders wenn er selbst keinen Sohn hat, und auch die Mutter macht sich hinsichtlich der Zukunft ihrer Tochter nun weniger Sorgen. Alles andere ergibt sich dann von selbst, zumal der Schwiegersohn doch auch viel Gefühl mitbringt.

Völlig anders sieht es aus, wenn eine **ZWILLINGE-Schwiegertochter** auftaucht. Zwar fällt ihr das erste Auftreten weder beim Vater noch bei der Mutter schwer, denn sie ist redegewandt und kann auf alle skeptischen Fragen gut antworten. Den Vater überzeugt sie damit sogar recht schnell, bei der Mutter sollte sie sich eher zurückhalten, denn die fühlt sich durch die Aktivität in die Ecke gedrängt und überträgt das womöglich auf die anstehende Partnerschaft, indem sie nun befürchtet, daß ihr Sohn wohl da nicht allzuviel zu sagen haben wird.

Ihre Skepsis bleibt auch beim **ZWILLINGE-Schwiegersohn** bestehen, sie mag oft finden, seine Reden seien doppeldeutig, und auf konkrete Fragen, die ihr ja wichtig sind, weicht er aus. Der Vater dürfte dagegen mit dem Schwiegersohn recht gut zurecht kommen. Das erste grundsätzliche Gespräch verläuft dabei oft so, als handeln beide einen Vertrag aus, und dem Vater gefällt nicht übel, wie geschickt sich da der künftige Schwiegersohn verhält.

Ein **KREBS-Schwiegersohn** kann das Herz seines zukünftigen Schwiegervaters dagegen oft nur schwer gewinnen. Der Vater hat einfach Angst, daß der junge Mann nicht die für den Lebenskampf notwendige Härte mit sich bringt. Er redet auch soviel vom seelischen Verstehen, Begriffe, mit denen der Vater wenig anfangen kann. Anders die Stier-Mutter; sie hat sich immer so einen einfühlsamen, empfindsamen Sohn oder Ehemann gewünscht, und so nimmt sie diesen Schwiegersohn mit offenen Armen auf, bereit ihm notfalls in praktischen Dingen unter die Arme zu greifen.

Auch eine **KREBS-Schwiegertochter** hat es nicht so schwer, von der Stier-Mutter herzlichst aufgenommen zu werden, zumal sie ja gerne bald Großmutter wäre, und da erscheint ihr der mütterliche Typ sehr passend. Ähnlich reagiert der Vater, wenn er auch befürchtet, daß die von seinem Sohn erwählte Lebenspartnerin sich zu Hause vielleicht ein wenig als Haustyrannin entpuppen könnte, aber im Grunde interessiert ihn das nur mäßig.

Die **LÖWE-Schwiegertochter** dagegen imponiert dem Stier-Vater. Ja, sie entspricht der Wahl, die er einst gerne getroffen hätte, sich aber nicht traute zu treffen, da er sich nur schwer unterordnen oder gar nachgeben kann. Ob das sein Sohn tut, ist eine andere Frage, aber mit so einer Tochter kann man doch bestens repräsentieren. Dafür stößt diese Tochter bei der Stier-Mutter so gut wie immer auf Ablehnung. Da hat sie Angst, der Sohn könnte ganz im Schatten dieser sicher sehr beherrschenden Frau stehen, die es scheinbar nicht verträgt, wenig beachtet zu werden. Diese Frauen müssen sich erst zusammenraufen.

Auch einen **LÖWE-Schwiegersohn** sieht die Stier-Mutter nicht mit größtem Vergnügen, sie will jemand, der mehr ist als er scheint, darauf legt sie Wert. Selbst der Stier-Vater kann in dieser Richtung hier seine Zweifel anmelden; so muß sich dieser

Schwiegersohn schon anstrengen, will er in die Familie wirklich aufgenommen werden.
Ein **JUNGFRAU-Schwiegersohn** kommt dagegen dem Stier-Vater wie gerufen. Das ist so, als hätte seine Tochter ihn ihren passenden Lebenspartner aussuchen lassen. Beide Männer sind sich schnell einig, legen genau fest, in welche Richtung das Eheschiff zu steuern ist, wann Kinder erwartet werden dürfen, wann nicht. Die Stier-Mutter wünscht sich häufig vom zukünfigen Schwiegersohn mehr Gefühl, wohl auch mehr Herz und Weichheit. Sicher schätzt sie seine Pflichtauffassung, aber sie möchte doch gern, daß die Lebensfreude in der jungen Bindung auch ihren Platz findet.
Ähnlich reagiert sie auf das Auftauchen einer **JUNGFRAU-Schwiegertochter**, halb skeptisch wegen des Lebensernstes, dann aber auch wohlwollend, weil sie meint, auf diese Frau wird sich ihr Sohn verlassen können, und im Notfall packt sie mit an. Dies meint auch voller Befriedigung der Stier-Vater, der weiß, daß sich nach den ersten 7 Ehejahren die Treueeinstellung und die Pflichtbereitschaft gegenüber der Familie entscheidet, also gibt er seinen Segen.
Schwerer tut er sich da bei einer **WAAGE-Schwiegertochter.** Zwar findet er sie meist hinreißend, elegant, gebildet, bewundert ihr Auftreten, ihr Gepflegtsein, aber er weiß doch, daß sein Sohn immer um diese Frau wird kämpfen müssen, denn sie kann die Verehrer an Land ziehen. Ähnliche Vorbehalte begründen auch eine vorsichtige Skepsis, die von der Stier-Mutter ausgehen kann, wenn hier auch mehr die Befürchtung vorherrscht, daß dieses Püppchen wohl in erster Linie verwöhnt werden will und mit Sicherheit eine ganze Menge Ansprüche ans Portemonnaie stellt.
Der **WAAGE-Schwiegersohn** dagegen gewinnt ihr Herz im Sturm, er spricht ihr Gefühl an, kann Komplimente machen, ist ein Lebenskünstler! In diese Richtung denkt auch der Stier-Vater, aber er ist sich nicht so sicher, ob dieser Mann für eine lange Partnerschaft geeignet ist. So unterzieht er den Zukünftigen erst einer Prüfung auf Herz und Nieren, ehe er seine Zustimmung gibt. Tut er dies, ändert er so schnell seine Meinung nicht.
Der **SKORPION-Schwiegersohn** wird dagegen in der Regel (von der es nur selten Ausnahmen geben dürfte) vom Stier-Vater mit anhaltender Skepsis aufgenommen. Für ihn bleibt dieser Mann ein Fremdkörper, der – in seinen Augen – kein rechtes Zutrauen zum Leben hat, dafür aber die Gabe, alle Schuld bei anderen zu suchen und überhaupt das Leben eher nur mit schwarzem Anstrich zu sehen statt zuzupacken und etwas mutig aufzubauen. Die Stier-Mutter zeigt sich da aufgeschlossener, denn von diesem Mann geht ja doch eine recht ansprechende Faszination aus, aber ein gewisser Vorbehalt bleibt doch noch sehr lange erhalten.
Noch schwerer kann sie sich jedoch an eine **SKORPION-Schwiegertochter** gewöhnen. Diese Frau erscheint ihr gefährlich, der fühlt sie sich nicht so gewachsen, der traut sie – um es kraß zu formulieren – schwerlich über den Weg. Sie versteht da ihren Sohn nicht. Der Stier-Vater allerdings fühlt sich von dieser jungen Frau schon angezogen. Die starke Ausstrahlung, die sie hat, bleibt bei ihm nicht ohne Eindruck, aber er befürchtet auch, daß sich sein Sohn unter diesem Einfluß sehr verändern wird.
Wenn jedoch eine **SCHÜTZE-Schwiegertochter** aufkreuzt, ist der Vater entzückt und begeistert, wenn er auch meint: Diese Frauen sind ja vom Typ her prima, aber die heiratet man nicht. Das zeigt er auch ganz deutlich, aber da sie ja nicht seine Frau wird, treffen Tochter und Vater bald ein gutes Agreement. Die Stier-Mutter spürt schnell, daß diese Frau nicht zuläßt, daß sich irgend jemand in ihre Ehe mischt. Da dies keine Mutter gerne hört, gibt es von Anfang an Spannungen, die erst abgebaut werden, wenn die Ehe dann doch gut geht.
Einem **SCHÜTZE-Schwiegersohn** begeg-

net die Mutter schon offener. Sie hat ja nichts dagegen - so konservativ ist sie -, daß der Mann die Zügel in die Hand nimmt! Die gleiche Ansicht vertritt im Grunde auch ein Stier-Vater, der allerdings auch sehr deutlich und schmerzlich feststellen muß, daß er nun seine Tochter verliert, denn die geht mit ihrem Lebenspartner oft sehr eigene Wege.

Ein **STEINBOCK-Schwiegersohn** hat es im allgemeinen bei einem Stier-Elternteil nicht schwer, sich in dessen Herz einzuschmeicheln. Ja es bedarf gar nicht der Schmeichelei, die Stier-Mutter betrachtet ihn als ausgesprochenes (manchmal sagt sie für sich: unverdientes) Glück für die Tochter. Und da der Mann auch Ehrgeiz zeigt und so klug ist, die Erfahrungen älterer Menschen stets in Anspruch zu nehmen, hat er von Anfang an gewonnen. Der Stier-Vater sieht das auf einen Blick: Ja, der ist der Richtige! Er redet nicht viel, denkt gründlich nach, aber er weiß, was er will. Sicher, seine Tochter wird hier nicht eine brausende Leidenschaft erleben, aber was soll es, das Leben hat noch andere Seiten!

Ähnlich denkt er, wenn ihm eine **STEINBOCK-Schwiegertochter** vorgestellt wird. Die gefällt ihm. Er spürt unter einer gewissen Nüchternheit des Auftretens eine echte innere Kraft, die seinen Sohn verzaubert haben muß, auch ihn verzaubern könnte. Und somit kommt er dieser Tochter entgegen, wo er kann. Selbst eine Stier-Mutter muß für sich zugeben, sie würde an Stelle ihres Sohnes auch nicht anders gewählt haben. Also hat die Tochter ein leichtes Entree.

Dieses jedoch fällt für die **WASSERMANN-Schwiegertochter** längst nicht so einfach aus. Ehrlich, wird die Mutter ihrem Sohn sagen, ich verstehe deine Wahl nicht! Was die für kuriose Gedanken hat, die extravagante Kleidung, der makabre Humor, die paßt doch nicht in eine stocksolide Existenz! Und sie schwört sich, sehr über die Ehe ihres Sohnes zu wachen. Der Stier-Vater ist nicht ganz so entsetzt, so eine Frau gefällt ihm schon, aber eher für ein Abenteuer, nicht für eine Ehe. So wird er sehr viel Wert auf eine Gütertrennung legen, und zwar von Anfang an.

Dies unterbreitet er auch einem **WASSERMANN-Schwiegersohn**, denn da sollte man vielleicht lieber auf Nummer sicher gehen, sonst verspielt der alles. Dem hätte eine Stier-Mutter im Prinzip nichts hinzuzufügen, denn auch sie sieht mehr Wirbel als Glück auf die Tochter zukommen.

Ein **FISCHE-Schwiegersohn** hat es da viel leichter. Er wird von der Stier-Mutter fast wie ein eigener Sohn aufgenommen, wenn er nur lieb und nett darauf reagiert. Ob er lebenstüchtig ist, etwa wenn er einen künstlerischen Beruf ausübt, das interessiert diese Mutter nicht allzuviel. Schließlich ist sie ja auch noch da und wird dem jungen Paar schon unter die Arme greifen können. Ein Stier-Vater sieht so eine Bindung von seiner Warte skeptischer. Menschlich hat er nichts gegen so einen Typ, aber ob er das Leben bewältigen kann, wenn schwere Zeiten kommen, das bezweifelt er und nimmt sich vor, ihm keinen Pfennig zu borgen.

Für eine **FISCHE-Schwiegertochter** dagegen ist der Stier-Vater zu haben. Diese Frau versteht etwas von den Männern, so meint er, und schließlich ist und bleibt dies noch immer mit das Wichtigste in einer Ehe. Auch die Stier-Mutter hat gegen eine Fischefrau nichts Grundlegendes einzuwenden, sie bewundert sogar die Leichtigkeit, mit der sich diese Frau ihrem Sohn anpaßt, und wie wenig Hemmungen sie hat, vor ihr Liebesbeteuerungen auszutauschen.

Völlig anders sieht dies bei einer **WIDDER-Schwiegertochter** aus. Da diese sehr klar zum Ausdruck bringt, wer jetzt über den Sohn verfügt, fühlt sich die Stier-Mutter in ihrem mütterlichen Gefühl häufig tief verletzt. Oft hält dies Jahre hindurch an, auch wenn der Sohn sich glücklich fühlt. Diese Frau hat mir meinen Sohn gestohlen, heißt es noch lange. Dem Stier-Vater gefällt da-

gegen so eine energische Person, die weiß, was sie will, die nicht erst um Emanzipation ringen muß. Er hätte sie ja nicht gewählt, aber das ist nicht sein Bier.
Der **WIDDER-Schwiegersohn** hat es da nicht so leicht. Er glaubt alle Hürden im Galopp nehmen zu müssen; das mißfällt dem Stier-Vater, der weiß, wie schwer man weiterkommt. So warnt er seine Tochter höchst eindringlich, aber er hindert sie nicht an ihrer Wahl. Auch eine Stier-Mutter dürfte so ähnlich reagieren, obwohl sie sich immer einen Mann gewünscht hat, der eine Frau einfach so überrennt.

ZUSAMMENFASSUNG

Einen **STIER** – ob weiblich oder männlich – in der Familie zu haben, ist sicher ein Glück. Er stellt ein wenig die ruhige Oase im Ablauf eines Lebens dar, wo man sich neue Kraft und guten praktischen Rat (aber auch Hilfe im Gefühlsbereich) holen kann. Außerdem imponiert das folgerichtige Denken, die Gabe, einen Schritt nach dem anderen fest auf den Boden setzen zu können.
Sicher sind manche Stiere als Geizkragen verschrieen, sie machen auch selten die größten Geschenke, aber im Notfall stellen sie doch eine Anlaufstation für materielle Hilfe dar, sie sind sozusagen die Bankhalter in der Familie. Meist haben sie zwar nur wenig Geld übrig, aber doch immer etwas.
Auch bringen sie bei hitzigen Familiendiskussionen oder Krächen immer etwas Ruhe in den Streit; sie behalten eigentlich einen klaren Kopf, wenn man sie nicht bis aufs Messer reizt. Dann allerdings sehen sie rot, dann können sie alles zum Einsturz bringen. Die Betonung liegt auf dem Wort »können«, denn die meisten Stiere erfahren dies in ihrem Leben nie. Und sie haben viel Sinn für Familienfeste. Sie laden gerne ein, dann tischen sie das beste vom Besten auf. Zum Schluß sollen alle gemeinsam singen und tanzen, so schaffen sie eine gute Familienatmospäre, ohne daß sie sich tief ins Herz sehen lassen.
Stiere glauben an das Glück, aber nur an das Glück der Tüchtigen, so weiß es ein altes Astrologiebuch zu sagen, und sie haben eine Nase für diejenigen, die es zu etwas bringen. Ihrem Gefühl für solche Dinge kann man trauen, meist liegen sie goldrichtig, auch wenn es nur um Silber geht, aber um ein Edelmetall sollte es sich schon handeln. Und in der Not lassen sie keinen aus der Familie fallen, wenn der sie vorher nicht zu sehr beleidigt hat. Das verzeihen sie nie. Die Nachtragenden in der Familie sind sie leider auch.

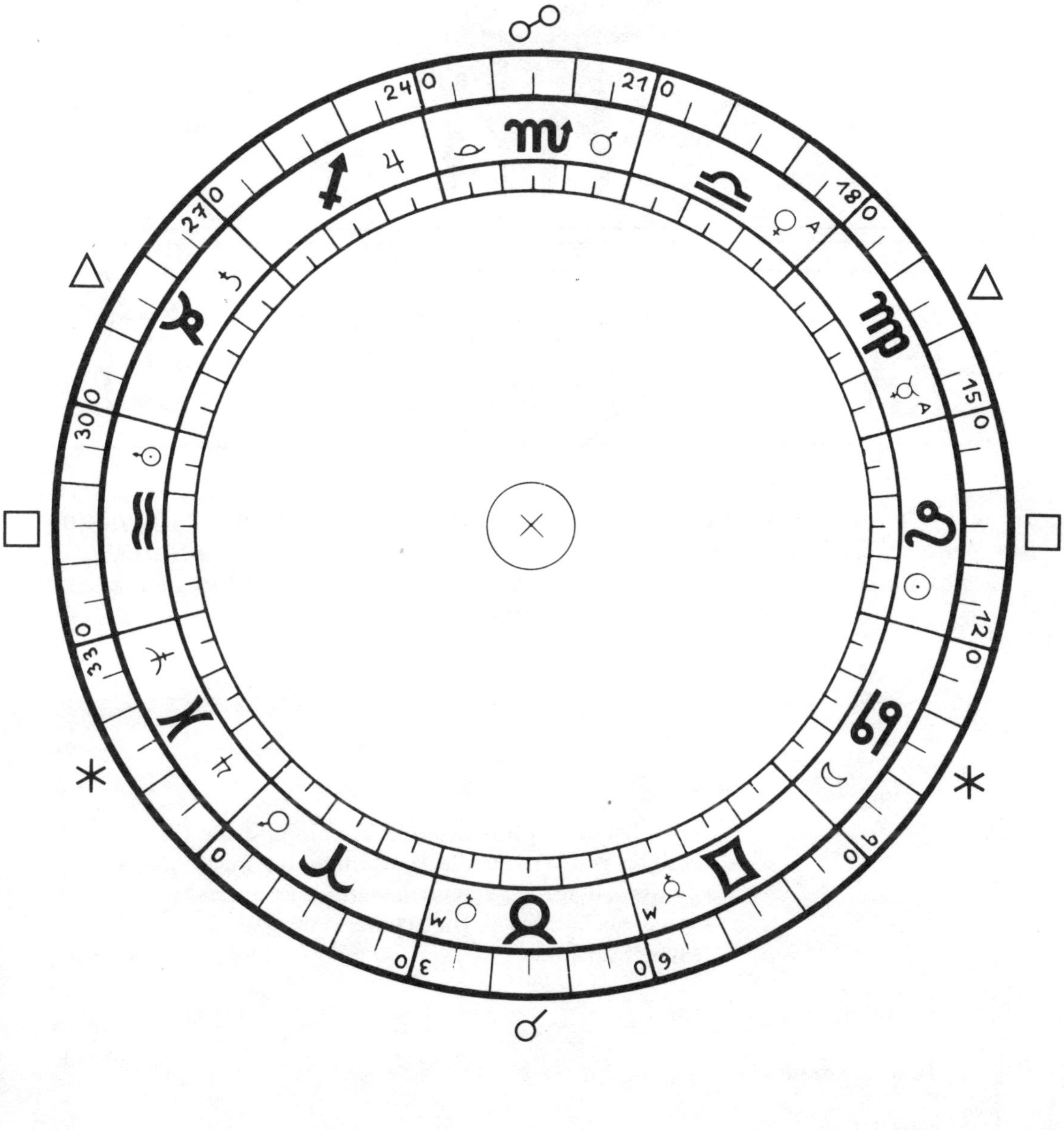

Hier tragen Stier-Geborene
ihre Sonne und die ihrer Angehörigen ein

Zwillinge

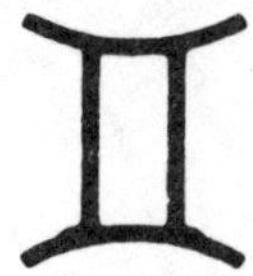

21. Mai bis 21. Juni
Dritter Frühlingsabschnitt

»Die Zwillinge sind das dritte Zeichen im Thier-Cirkel. So die Sonne in diesem Zeichen gehet, endet der Frühling, der Sommer fängt an und alles wird doppelt fruchtbar und vermehret sich …« heißt es in einem alten Planetenbuch.

	Planet, der hier seine verwandte Kraft findet:
Merkur	als Morgenstern symbolisiert den Intellekt, die Vermittlung, die Übermittlung von Wissen, die Meisterung des Tagesablaufs wie des Alltags allgemein, das kritische, aber eher journalistische Urteil. Die schnelle Analyse, das rasche Handeln.
Element	Luft
Temperament	sanguinisch
Motorik	angleichend, anpassend
Grundverhalten	männlich, zeugend, ansprechend – eher aktiv im Lebenskampf.

ASPEKTE
einer Zwillinge-Sonne:

Konjunktion in Zwillinge
Sextil in Widder und Löwe
Trigon in Wassermann und Waage
Quadrat in Fische und Jungfrau
Opposition in Schütze
Mögliche Überschneidungen durch Stellung in Anfangs- oder Endgraden wurden nicht berücksichtigt, weil diese Aspekte von den Elementen her nicht einwandfrei wären.

VORZÜGE DES LEBENSKERNS	GEFAHREN DES LEBENSKERNS
Entfaltungskraft	Eiligkeit
Aufgewecktheit	Ungehemmtheit
Aktivität	Überaktivität
Schlagfertigkeit	Zungenfertigkeit
Schnelligkeit	Verschwendungsfreude
Freigebigkeit	Hemmungslosigkeit
Phantasie	Abwechslungssucht
Witz	Nervosität
Lebensklugheit	Unkonzentriertheit
Vorurteilsfreiheit	Oberflächlichkeit
Vielfalt	Ungeduld
Offenheit	Unordnung
Munterkeit	Klatschgefahr
Redegewandtheit	Zerstreutheit
Aufnahmevermögen	
Interesse	
Klarsicht	
Wißbegier	
Gedankenreichtum	
Verständnis	

IHR MOTTO
Ja nicht alles zu schwer zu nehmen, das Leben ist schwer genug.

ALLGEMEIN

heißt es oft: Zwillinge sind doppelte Wesen, bei denen der eine Teil nicht weiß, was der andere tut. Daher wisse man bei den Zwillingen nie, woran man sei, und sie wären ja auch so unzuverlässig.
Nun - dies stimmt so nicht. Zwillinge sind allerdings sehr aufgeschlossen. Sie wissen meist besser als andere, daß niemand allein wirklich glücklich werden kann. Also suchen sie die Ergänzung, suchen sie den Kontakt zu anderen. Daher schließen sie sich nicht ab und sind für jede Anregung dankbar, die sie auch sofort - nachdem sie ihre Meinung hinzugefügt haben - weitergeben.
Zwillinge kennen und mögen keinen Stillstand, sie wollen nicht rosten, also rasten sie nur so lange, wie es unbedingt notwendig erscheint. So ist bei ihnen alles in Bewegung. Und sie kommen gut an, denn sie treten fast immer sehr optimistisch auf, jeder spürt die Freude, die ein Zwilling empfindet, wenn man sich absichtlich oder zufällig trifft. Es sind wahre Sonnenkinder, die kaum eine Lebensangst kennen, da sie auch nur höchst selten um Ratschläge verlegen sind. Auch als brillante Unterhalter sind sie geschätzt, sie lesen gerne die Zeitungen, hören hier und dort, was es Neues gibt; so ist, wer mit einem Zwilling - ob weiblich oder männlich - Umgang pflegt, meist gut informiert.
Zwillinge denken schnell und tagesbezogen. Das Reale ist wichtig. Aber darüber hinaus bleibt ihnen bis ins hohe Alter die Hoffnung erhalten, daß das Leben gerade mit ihnen etwas Besonderes im Schilde führt. Dies alles gibt ihnen Schwung und ermöglicht eine gute Anpassung. Die einen sind nie um Ausreden verlegen, die anderen sind voller Erfindungsreichtum. Und alles muß möglichst schnell erledigt werden. Daß etwa Briefe lange liegen bleiben, ehe sie gelesen und beantwortet werden, ist höchst selten und muß dann auf besonders schwerwiegende Gründe zurückzuführen sein.
Zwillinge sammeln Erkenntnisse und Erfahrungen wie andere Leute Sparschweine, denn sie wissen, Erfahrungen sind immer noch das beste Kapital. Und dieses ist am Ende des Lebens nicht unerheblich angewachsen. So sind sie gute Ratgeber, wenn es um schnelle Lösungen geht, aber selbst wenn sie einmal nicht mehr weiter wissen sollten, dann kennen sie andere Menschen, die helfen können. Kurz, mit einem Zwilling ist man nie allein und nur höchst selten hilflos.
Den einzigen tiefen Anspruch, den sie ans Leben stellen, ist der, daß das Leben ja nicht gleichgültig an ihnen vorüberziehen und keine Langeweile aufkommen möge. Langeweile wäre fast tödlich. Aber schon Ansätze zum Müßiggang überwinden sie, weil sie allgemein interessiert und stets wach und aufmerksam ihre Umgebung und das gesamte Geschehen beobachten. Wo sich nur von Ferne eine Sensation ankündigt, Zwillinge sind zur Stelle; wann immer ein Lokal, ein Kaufhaus neu eröffnet wird, Zwillinge sind unter den ersten Besuchern. Jeden Modetrend erfassen sie im Nu, und wo es darum geht, daß Neuigkeiten schnell weiterverbreitet werden, engagiere man Zwillinge.
Hinzu kommt, daß ihre Entdeckungsfreude ungemein groß ist, beginnend bei alten Antiquitäten oder Raritäten bis hin zu Sonderangeboten. Letztere müssen sie entdecken, denn in punkto Geldausgabe sind sie gerne großzügig, und selten wissen sie genau, über wieviel Geld sie gerade verfügen können. Aber all das beschwert sie nicht, denn sie sind ja meist guten Mutes. Und sie kennen keine falsche Scham und haben keine falschen Hemmungen. Wenn es gilt, zum Chef, zum Minister vorzudringen, Zwillinge zeigen sich dafür bestens geeignet. Sie finden auch in jeder Lage den richtigen Ton, selten sind sie wirklich auf den Mund gefallen. Sie staunen zwar oft, aber das große Erstaunen überkommt sie so gut wie nie, sie können sich stets irgendwie anpassen.
Lobenswert auch ihre Schnelligkeit und ihre Entschlußfreudigkeit. Mit Vorreden

halten sie sich ja nie lange auf, und sie verfügen so gut wie immer über den notwendigen Witz, das Quentchen Humor, das so wichtig ist, um über sich selbst lachen zu können. Da sie zudem fleißig sind und sich kaum scheuen, auch dann wirklich zuzupacken, wenn sie sich dabei die Hände schmutzig machen könnten, sind sie voller Lebensmut und so gut wie nie unterzukriegen.
Großartig ist ihr Gedächtnis und ihr Nachahmungstrieb. Nichts Schöneres, als wenn ein Zwilling mit kleinen Gesten und täuschend ähnlichem Tonfall ein Gespräch wiedergibt, das er mit sechs anderen Menschen geführt hat. Jeder erkennt in der Widergabe schnell die Menschen, die er meint. Zwillinge bemerken präzis äußerlich typische Merkmale anderer und können diese häufig köstlich nachahmen.
In der Liebe sind Zwillinge schnell zu faszinieren, sie springen ruckzuck an, wie es so schön heißt, aber aufgepaßt! Kaum ein Zwilling, der nicht stets Augen und Ohren in Beziehung zum anderen Geschlecht offenhält. Flirten tun sie gerne und mit Worten zumindest geht es da schnell voran. Eine Ehe ist für sie auch ein Abenteuer, das nie enden darf, denn nichts ist schlimmer als eine langweilige, unaufregende Ehe, dann kühlt die Liebe sehr bald ab.
Fazit: Zwillinge sind meist munter, aufgeschlossen, anregend und optimistisch, sensationslüstern und stets gierig auf das Neue. Sie sind klug, freigebig, hilfsbereit und liebenswürdig. All das stimmt im allgemeinen, aber Zwillinge können eben auch ganz anders sein. Dann sind sie keine typischen Zwilinge, sondern Ausnahmen. Und die gibt es unter allen Tierkreiszeichen.
Doch das Grundwesen dieser Menschen ist optimistisch und freundlich, auch wenn dies manchmal nicht so sehr deutlich wird, genauso wie jeder Zwilling – ob weiblich oder männlich – unter dem Alleinsein wirklich leiden würde.

MINERALIEN, STEINE UND SCHMUCK DES ZWILLINGS

Quecksilber, das sogenannte Mercurium, sei hier genannt, aber auch alle Legierungen, also alles Verbindende. Und vielfältige Edelsteine. Dabei freut sich der Zwilling schon sehr über Halbedelsteine. Die Zwillingsfrau trägt gerne Schmuck, der aus vielen Materialien besteht; da gibt es etwa eine Goldfeder auf einer Kupferplatte, die eine silberne Krone hat. Der Schmuck ist fantasievoll, überwiegend modern, und irgendwo entdeckt man einen Granatsplitter. Die Zwillingsdame hat viele Armbänder und Ringe, weil sie weiß, daß Hände reden, ihre bestimmt. Auch Anhänger sind sehr beliebt und Talismane! Der Schmuck ist spielerisch, meist ohne tiefe Bedeutung, und er wechselt oft. Auffallend der schicke Schal natürlich, der durch eine eigenwillige Brosche zusammengehalten wird. Die Augen werden gerne auf ägyptisch geschminkt, nicht nur, wenn es gerade Mode ist.

BEKANNTERE PERSÖNLICHKEITEN

Dalai Lama, Sir Anthony Eden, Carl Hagenbeck, Jochen Gottfried Galle, Peter Frankenfeld, Alwin Schockemöhle, Ferdinand Raimund, Thomas Mann, John F. Kennedy, Jacques Offenbach, Judy Garland, Dean Martin, Henry Kissinger, Ernst Stankovski, Lilli Palmer.

DIE ZWILLINGE-MUTTER

möchte mit ihrem Kind ständig Kontakt haben. Das Sprechen mit den Kindern ist eine Lebensnotwendigkeit, und die hört auch nicht auf, wenn das Kind das Haus verläßt. Manchen Kindern mag das auf die Nerven gehen, aber die Mutter hat das tiefe Bedürfnis, mit ihnen ständig Erfahrungen auszutauschen. Immer - auch ungefragt - ist sie zur Stelle, stets aber hat sie auch ein offenes Ohr für alle Sorgen.

Freunde und Kameraden ihrer Kinder werden gerne und schnell ins Haus aufgenommen, der Wirbel kann ja nicht groß genug sein. Stets weiß diese Mutter etwas Neues zu berichten; alte und originelle Geschichten warten nur darauf, daß die Mutter sie erzählt. Sind die Kinder aus dem Haus gegangen, wird lange telefoniert oder viel Post gewechselt. Großen Wert legt die Mutter darauf, die Kinder realistisch zu erziehen, so will sie auch, daß sie ihre eigenen Erfahrungen machen.

Hausmütterchen sind diese Mütter in der Regel nicht, sondern weltoffen, und es bereitet ihnen eine große Freude, mit dem Sohn oder der Tochter gemeinsam ein Buch zu lesen, über Theater- und Kunsteindrücke zu diskutieren oder Reisen - per Prospektlektüre - vorzubereiten. Den Kindern imponiert diese Vielseitigkeit, auch das Interesse für alle Schulprobleme, nur eines finden sie zu Hause mütterlicherseits kaum: Ruhe und Schweigen. Natürlich nehmen sich diese Mütter oft zusammen, fragen weniger, aber lange halten sie Ungewißheiten nicht aus. Sie fühlen sich oft persönlich getroffen, wenn Kinder Geheimnisse vor ihnen haben, so daß deren Tagebücher oder Notizen nicht immer ganz sicher sind.

Schon in der Kindheit versucht die Zwillinge-Mutter, viel mit den Kindern zu sprechen. Das erste Wort des Babys ruft wahres Entzücken hervor, und sie hat es auch gerne, wenn ihre Kinder im Kindergarten oder in der Schule frühe Freundschaften schließen, nur sollen diese ja nicht hinter ihrem Rücken ablaufen. Bei Schularbeiten hilft sie mit Vergnügen, wenn sie da auch nicht gerade die größte Geduld aufbringt. In punkto Berufswahl wird insofern versucht Einfluß zu nehmen, daß der Beruf an der Realität gemessen wird. Lebensklug wie diese Mutter ist, gibt sie meist recht gute Ratschläge, wobei jedoch die Berufung der Kinder oft nicht beachtet wird.

Die ersten Krisen zwischen Mutter und Kind kommen, wenn der Sohn, die Tochter sich verlieben, aus dem Haus gehen (ohne zu sagen wohin) und nachts heimlich heimkommen. Die Zwillinge-Mutter kann dann nicht schlafen, und manche spioniert gar ihren Kindern hinterher. Sie macht das sehr geschickt, fast nie in böser Absicht, sie will nur dabeisein, gefragt werden, ihr Urteil abgeben können. Stolz ist sie auf Auszeichnungen der Kinder, auf Erfolge, die schnell in der Nachbarschaft verbreitet werden, oft zum Ärger der Töchter und Söhne.

Wenn die Kinder heiraten, nimmt es die Mutter meist nicht tragisch. Hauptsache, sie kann mit den Schwiegerkindern gut sprechen! Allerdings will so eine Mutter dann auch im Haus des »jungen Glücks« (solche Worte gebraucht sie gern) ein und aus gehen können, denn vor etwas hat sie doch manchmal Angst: zum alten Eisen gerechnet oder für rückständig gehalten zu werden. So paßt sie sich im Alter - oft zuviel - der jüngeren Generation an, um ja stets mit am Ball zu bleiben. Die Zwillinge-Mutter bringt also Elan und Betriebsamkeit in das Leben der Kinder, aber sie fügt sich auch notfalls in alle Gegebenheiten.

DER ZWILLINGE-VATER

ist auch stolz auf seinen Nachwuchs, aber so richtig interessiert er sich für diesen erst, wenn er mit ihm sprechen und spielen kann. Herrliche Spiele denken sich diese Väter für ihre Kinder aus, leider ist die Zeit dafür meist zu knapp, denn die Interessen des Vaters sind sehr vielseitig. Die Kinder, die an seinem Beruf und seinen Hobbys teilnehmen, werden schnell die Lieblingskinder, so daß mancher Ärger bei einer mehrköpfigen Familie oft nicht ausbleiben kann.

Meist freuen sich Söhne und Töchter, wenn der Vater nach Hause kommt, denn er hat oft lustige Geschichten zu erzählen. Jedoch erwartet er, daß diese geduldig angehört werden und daß auch mit Beifall nicht gegeizt wird. Vor dem Schlafengehen betteln die Kinder, daß der Vater noch einen Witz erzählt, was er meist bestens kann. Viel Spaß bereiten auch die Gesellschaftsspiele, weil der Zwillinge-Vater die Kinder oft gewinnen läßt und für seine Niederlagen so herrliche und komische Ausreden findet.

Ein Vergnügen ist der Sonntagvormittag, wenn die Mutter in der Küche das Essen vorbereitet und der Vater sich stets eine neue Überraschung ausdenken muß. Allerdings will er beim Frühstück nicht gestört werden, da ist die Zeitung sein liebstes Kind, die wird von A bis Z studiert (meist zum Verdruß der Kinder), und auch politische Sendungen haben oft Vorfahrt. Dafür ist er sonst ansprechbar, wenn die Tochter, der Sohn Sorgen haben. Seine Ratschläge sind zwar oft nicht sehr ernst zu nehmen, aber sie hören sich einleuchtend an. Es gefällt den Kindern auch, daß der Vater durchaus zugibt, kein guter Schüler gewesen zu sein, und zum Entsetzen der Mutter verrät er sogar, wie und womit er seine Lehrer geärgert hat.

Die Schulzeit der Kinder ist für den Vater sehr wichtig. Er will wissen, was da los ist, und auch bei Elterntreffen ist er meist mit von der Partie. Ist Not am Mann, scheut er sich auch nicht, sich einen Lehrer nach dem anderen vorzuknöpfen. Frühzeitig redet er auch mit seinen Kindern aufklärend und vernünftig, wie er es nennt. Er ruft sie »zum großen Rat« zusammen, aber so ganz ernst nimmt er die Sache dann doch nicht. Überhaupt merken die Kinder bald, daß sie für den Vater nicht »alles« sind, denn seine vielfältigen Interessen beschränken sich nicht nur auf das Heim oder die nähere Umgebung. In Bezug auf die Berufswahl läßt der Vater den Kindern weitgehend freie Hand, so scheint es, aber er beeinflußt doch sehr, da er immer stichhaltige Argumente zur Hand hat, in welchen Berufen Chancen bestehen, in welchen nicht.

Mit listiger Freude erlebt er mit, wenn sein Sohn die erste Liebesgeschichte durchzustehen hat, dann denkt er an seine Früherlebnisse. Verliebt sich allerdings die Tochter, bedauert er schon sehr, daß er von ihr längst nicht mehr so viele »Bussis« wie einst bekommt, aber er weiß, junges Blut läßt sich kaum halten. So plaudert er beim Abendessen scheinbar über seine Liebesgeschichten, um klar zu machen, was er selbst einst falsch gemacht hat, was er für richtig hält.

Diese distanzierte Belehrung wirkt oft Wunder, ja die nehmen sogar die Schwiegerkinder an. Gehen die Kinder aus dem Haus, ist für den Zwillinge-Vater eine neue Zeit angebrochen. Zwar wünscht er noch den Kontakt, wird der aber von den Kindern immer loser, dann sucht sich der Vater neue Freunde und neue Interessensgebiete. Nun verlangt er aber auch, daß die Kinder alleine zurechtkommen, daß sie das Leben so praktisch und heiter meistern, wie er es ihnen – seiner Meinung nach – vorgelebt hat.

DIE ZWILLINGE-TOCHTER

bringt Wirbel in die Familie, kaum daß sie geboren ist. Schon an der Wiege bewundert die gesamte Bekanntschaft, wie intelligent das Mädchen schaut, wie verständlich seine Gesten sind. Als Baby ist die Zwillinge-Tochter nicht scheu, sie lacht jeden Fremden an und gewinnt so die Herzen aller im Flug. Als Kleinkind redet sie dann schnell nicht nur mit ihrem flotten Mundwerk, sondern auch sehr beredt mit den Händen. Kommt Besuch ins Haus, und sei es der Mann vom Finanzamt, dann rennt sie beglückt über die Abwechslung auf ihn zu, um ihn schnell in ein Gespräch zu verwickeln und zwar so, daß der Finanzamtsprüfer auch einmal fünf gerade sein läßt. Hat dieses Mädchen ältere Geschwister, so lernt sie mit und an ihnen, um dann in der Schule schon den Stoff der ersten Klasse zu beherrschen. Ist sie die Ältere, dann lehrt sie ihre Geschwister, was sie in der Schule gelernt hat.

Frühzeitig sucht sie sich Lesestoff, der oft anspruchsvoller als der Durchschnitt ist. Früh wird das Interesse für Literatur wach, und Kindervorstellungen im Theater wie häufige Zoobesuche finden großen Beifall. Verbieten ihr die Eltern einen gewissen Lesestoff, dann wird dieser heimlich verschlungen, wie dieses Mädchen auch viele Geheimnisse hat. Der Freundin - und sie findet viele - erzählt sie ihre geheimsten Gedanken, von denen die Eltern kaum eine Ahnung haben. Daß sie in Wahrheit eine geraubte Prinzessin sei, die bald erlöst werde, ist die mindeste Vorstellung ihrer Fantasie. Und diese Fantasie blüht in der Schule ganz besonders auf. Die Deutschlehrer haben eine Freude an ihr, und den Klassenkameradinnen und -kameraden schreibt sie - wenn es geht - ihre Hausaufsätze.

Daher besucht sie die Schule meist recht gern, sie lernt auch schnell, und Bücherläden sind für sie ganz besondere Anziehungspunkte. Mit nichts könnten Eltern dieses Mädchen mehr bestrafen als mit dem Entzug des Lesestoffs und dem Verbot interessanter Fernsehspiele.

Es ist ungewöhnlich aufgeweckt und wirkt manchmal fast etwas altklug, wenn es im Erwachsenenkreis seine Erfahrungen und Sentenzen zum besten gibt. Aber da in den Augen meist ein Schalk aufblitzt, gehen ihm viele Erwachsene gerne auf den Leim. Kaum ein Zwillinge-Teenager, der nicht ein Tagebuch führt oder heimliche Gedanken mit einem Freund oder einer Freundin austauscht. Wo etwas los ist, da sind diese Mädchen zu finden, und es macht ihnen besondere Freude, den jungen Burschen eins auszuwischen. So kann es nicht ausbleiben, daß diese Mädchen früh kokettieren, Blicke werfen und vor allem - über die Liebe sprechend - flirten, daß es manchen Erwachsenen den Atem verschlägt.

In der Schule haben sie keine allzu großen Schwierigkeiten, und schnell kommt die Zeit, da sie immer später nach Hause kommen. Aber auch hier sind sie im Notfall um Ausreden nicht verlegen. Die jungen Männer werden nicht nur nach dem Äußeren gemessen; nein, sie müssen interessiert, ja klug sein, so daß man mit ihnen gut diskutieren kann. Früh tanzen diese Mädchen, jeder Tanzrhythmus liegt ihnen, und früh verlieben sie sich auch. Ehe sie aber lieben, haben sie in der Regel 3 oder 4 heftig wechselnde Erfahrungen hinter sich, weil sie zu vorschnell waren. Eltern kann es nervös machen, daß diese Mädchen mehr Vertrauen zu ihren Freundinnen, ja zu einer Lehrerin haben als zu ihnen, aber da hilft nur abwarten. Wenn sie erwachsen sind, dann finden diese Töchter auch wieder den Weg zurück in die Familie, aber sie erwarten, daß dann vor allem die Mutter vernünftig mit ihnen spricht, eher wie eine Freundin. Das muß die Mutter schnell lernen.

DER ZWILLINGE-SOHN

ist ein aufgeweckter Kerl. Er kann sehr früh gut mit seinen Händen umgehen, stellt sich im Spiel sehr geschickt an und bastelt auch gerne. Die Technik fasziniert ihn, schon bevor er in die Schule geht. Die Eisenbahn, das Flugzeug, der Computer sind für ihn Wunderwerke, und seinen Eltern kann er auf die Nerven gehen, weil er sie fragt und fragt! Bekommt er jedoch keine befriedigenden Antworten, dann hört das Fragen über Nacht auf, dann schnüffelt er in Bibliotheken nach Antworten oder löchert die Väter seiner Schulfreunde mit Fragen.

Eltern sollten da sehr aufpassen, denn diese Kinder suchen ungewöhnlich viel Belehrung. Das Schlimmste wäre zu sagen: »Dafür bist Du noch nicht alt genug.«

Häufig lesen Zwillinge-Söhne gerne, und wenn die Eltern ihnen das Licht im Schlafzimmer abdrehen, dann bauen sich diese Knaben eine Unterbett-Lichtanlage, die – von Batterien gespeist – bestens funktioniert. Und wer sie einschließen will, weil diese Jungen sehr bald gerne außer Haus gehen, der bringt ihnen dadurch nur den Umgang mit einem Kleiderbügel bei, dessen Drahthaken sie kunstvoll zu einem Dietrich umgestalten.

Ja, einfallsreich sind diese Jungen und aufgeweckt. Unverständlich daher für manchen Elternteil, warum der Junge in der Schule nicht so recht funktioniert. Nun, das kommt daher, weil er unter dem Schultisch lieber Testberichte von Maschinen und Motorrädern liest, als langweilige Abhandlungen über die Religionsgeschichten von anno dazumal.

Diese Jungen wollen in der heutigen Zeit stehen, alle technischen Erfindungen und Entwicklungen interessieren sie, und es ist erstaunlich, wie fasziniert die ganze Verwandtschaft so einem 10jährigen lauscht, wenn er das Prinzip des Weltraumfluges, das Erscheinen von Ufos erklärt.

Meist zeigen sie daher auch in der Schule Interesse für Sprachen und natürlich für die naturwissenschaftlichen und die praktischen Fächer. Dem Lehrer legen sie so manchen Stolperdraht, und sie bekommen es sogar fertig, daß die Klingel in der Schule zum Ende des Unterrichts eher läutet als sonst.

Mit Mädchen haben diese Jungen so früh nichts zu schaffen, es sei denn, sie würden sich auch für Motorräder und andere technische Raffinessen interessieren. Auch in der Diskothek fasziniert sie die Licht- und Musikanlage mehr als die Musik selbst und das Tanzen. Wenn Eltern dafür kein Verständnis haben, gehen diese Jungen sehr früh ihren eigenen Weg, und es besteht die Gefahr, daß sie die Eltern für dumm halten, nur weil deren technisches Verständnis nicht sonderlich ausgeprägt ist. Väter, die auch noch gerne mit der Eisenbahn spielen und sich für Weltraumflug begeistern, haben es hier also leichter.

Dann – über Nacht – verlieben sich diese Jungen. Das kann ihr ganzes Wesen verändern. Hatten sie bis jetzt nur Geschicklichkeitsspiele oder Spannungsmesser in ihren Hosentaschen, dann ändert sich das sehr gründlich; nun kann es auch schon mal eine präparierte Trockenblume sein, wenn dafür bei »ihr« Interesse besteht.

Der Humor kommt bei den Jungen seltsamerweise meist viel später als bei den Zwillinge-Töchtern zum Vorschein, daher nehmen sie das erste Verliebtsein auch sehr ernst und tragen manchmal lange an einer Enttäuschung. So gehen viele verhältnismäßig früh aus dem Haus, damit die Eltern diese Niederlagen und die folgenden Trotzreaktionen und Abenteuer nicht miterleben. Aber die Eltern können doch sehr oft auf diese Jungen stolz sein. Wenn sie nur wollen, sind sie in der Schule wie in der Lehre sehr gut, sie bekommen beste Zeugnisse und stehen meist sehr früh auf eigenen Füßen. Nur erwarten sie ein Leben lang, daß sich die Eltern für sie interessieren und nicht umgekehrt.

DIE ZWILLINGE-GROSSMUTTER

ist für die Enkel sehr liebenswert und notwendig. Kaum jemand kann so nette Geschichten aus seiner Jugend erzählen, und kaum eine andere alte Dame hat sich so eine blühende Fantasie erhalten. Immer haben diese Großmütter eine Überraschung für die Enkel parat, aber sie erwarten, daß die Enkel sie auch besuchen. Sehr skeptisch reagieren sie, sobald sie das Gefühl haben, ausgenutzt zu werden.
Oft stellen jedoch diese Großmütter herrliche Diplomaten dar, wenn es zwischen den Kindern und den Eltern Spannungen gibt. Sie werden zwar nur selten weise, aber sie sind bis ins höchste Alter von einer Gewitztheit, die immer wieder neue diplomatische Kanäle erfindet, um zwischen den Generationen zu vermitteln. Einen besonderen Schatz stellen für die Enkel die Bibliotheken dieser Großmütter dar, und diese scheuen sich auch nicht, dem Lieblingsenkel, der besonders zärtlichen Enkelin, recht früh einige kleine pikante Bücher in die Hände zu spielen.
Erstaunlich auch noch das praktische Wissen dieser liebenswerten alten Damen, die man nur höchst selten als lebensfremd bezeichnen kann. Wenn die Enkel mal in Schwierigkeiten geraten sind, diese Großmütter wissen manch listigen Ausweg, den weder Freunde noch die eigenen Eltern raten konnten. Häufig helfen diese Großmütter auch bei den Schularbeiten oder bei der Abfassung der ersten heimlichen Liebesnachrichten.
Besonders vorbildlich sind diese alten Damen, weil sie in ihrer praktischen Lebensart wie selbstverständlich vorführen, daß man sich geschickt anpassen kann, ohne sich zu verkaufen. Schließlich imponiert der Jugend, daß sie sich bis ins hohe Alter ihren persönlichen Kreis erhalten, also der Familie so gut wie nie zur Last fallen. Sie bleiben meist selbständig und sind geistig lange rüstig.

DER ZWILLINGE-GROSSVATER

kann für die Enkel eine große Freude sein. Einmal lacht er mit ihnen über die gleichen Witze, dann spielt er den Weihnachtsmann als komische Rolle; besonderen Anklang findet aber oft sein Hobby-Raum, der einer Geheimwerkstatt gleicht. Viele Enkel haben das Gefühl, hier wird etwas gebastelt, das verboten ist. Das zieht sie an. Dabei sind die kleinen Erfindungen nur praktische Lebenshilfen, aber sie imponieren. Erstaunlich für manchen jungen Motorradfan, wenn der Großvater mit ein wenig Staniolpapier und flüssigem Kleber die Zündung notdürftig repariert, zumal diese Notreparatur meist viel länger als bis zur nächsten Inspektion hält.
Aufgeschlossen sind diese Großväter, und sie wissen noch im hohen Alter, wie es um die einzelnen Fußballigen steht. Auch in punkto Geschichtsdaten sind sie auf dem Laufenden, so daß manche Enkel glauben, hier hätte man es mit einem lebenden Lexikon zu tun.
Dieser Zwillinge-Großvater hat, wenn er es ermöglichen kann, viel Zeit für seine Enkel, und es bereitet ihm oft eine diebische Freude, wenn die Jungen oder Mädchen lieber bei ihm zu Hause sind als bei ihren Eltern. Besonders am Silvesterabend staunen sie, wie erfinderisch dieser alte Herr noch mit Raketen und Leuchtgeschossen umgehen kann. So verstehen diese Großväter die Enkel mit ihren Kinder- und Jugendsorgen manchmal besser als die Eltern, was durchaus zu Komplikationen führen kann. Meist wird der Großvater trotzdem heimlich besucht, oder man trifft sich – hinter dem Rücken der Eltern – auf einer Neuheitenmesse.
Doch eines will der Zwillinge-Großvater schon: stolz auf seine Enkel sein. Wenn diese sich gehenlassen oder wenn sie gar nicht lernen wollen, dann macht er den Enkeln zwar kaum Vorhaltungen, aber er hat einfach keine Zeit mehr für sie.

VERHÄLTNIS: ELTERNTEIL – KIND (und umgekehrt)
durch den Sonnenstand bedingt.

ELTERNTEIL ZWILLINGE – KIND ZWILLINGE
(oft eine Konjunktion)

Hier besteht in der Regel eine sehr enge Beziehung. Dieses Kind wird häufig als das Kind betrachtet, das diesem Elternteil besonders nahe steht. Die Verwandtschaft geht hier zum Teil auch viel tiefer. »Das Kind schlägt ganz nach mir«, meint der Elternteil, was bei Geschwistern zu Schwierigkeiten führen kann. Und dieses Kind soll dann oft die nicht erfüllten Träume des Elternteils verwirklichen.

So werden dieser Sohn, diese Tochter manchmal belastet. Zum anderen ergibt sich das Problem, daß der Elternteil schnell entdeckt, daß das Kind ihm nicht nur sehr ähnlich ist, sondern daß es auch die gleichen Fehler begeht, den gleichen Anfechtungen ausgesetzt ist. Dann setzt manchmal eine zu harte Erziehung ein, damit das Kind über sich hinauswächst; so kommt es zu häufigen Auseinandersetzungen oder zu endlosen Diskussionen.

Das Kind fühlt bald – wenn auch oft mehr unbewußt – die Ähnlichkeit und lehnt sich dagegen auf. Es ist von Natur zwar kritisch, möchte aber trotzdem seinen Träumen länger nachjagen als der Vater oder die Mutter, die sich zu früh der Realität angepaßt haben, so lautet der Vorwurf. Daher kann es trotz großer Nähe und Gleichveranlagung des Lebenskerns zu Komplikationen kommen.

Oft besteht hier ein naher Konjunktionsaspekt. Je enger dieser ist, um so verwandter fühlen sich die betreffenden Familienmitglieder. Sie bilden dann häufig eine unerschütterliche Basis gegen den Rest der Familie, was manche Krise als vorprogrammiert erscheinen läßt. Auch später bleiben diese Kinder dem Elternteil sehr verbunden, oft so eng, daß die Schwiegertochter, der Schwiegersohn hiermit zu kämpfen haben.

ELTERNTEIL ZWILLINGE – KIND KREBS
(meist kein Aspekt)

Beziehungen zwischen nebeneinander liegenden Tierkreiszeichen, sogenannten Nachbarschaftszeichen, sind oft vom Kern her sehr gegensätzlich. Der aufgeweckte Zwillinge-Elternteil muß meist erst lernen, mit dem zurückhaltenden, eher schüchternen Krebs-Kind umzugehen. Die Empfindsamkeit, die Passivität, das Abwartenkönnen des Kindes sind von Vater oder Mutter nicht immer leicht zu begreifen.

Auch entwickeln sich die Krebs-Kinder eher spät, sie brauchen viel Zeit, um zu sich zu finden, was dem aufgeweckten Vater, der entschlossenen Mutter oft Sorgen macht, denn sie waren im gleichen Alter (»Als ich 8 Jahre alt war...«) doch viel aktiver und zupackender. Schwer verständlich könnte auch sein, daß ein Krebs-Sohn häufig fast weiblich reagiert, leicht beleidigt ist und sich gerne in sein Zimmer zurückzieht, allein sein möchte, oft nur Musik hört und scheinbar nichts tut, nichts Reales wenigstens.

Hier könnten in Erziehungsfragen manche Mißverständnisse aufkommen, zumal ein Krebs-Kind so schnell nichts vergißt; besonders wenn Geschwister vorhanden sind, fühlt es sich leicht zurückgesetzt, ja vernachlässigt, in die Ecke gedrängt und benachteiligt. Es versteht nicht, warum Vater oder Mutter das Fragen nicht sein lassen können. Und warum – kaum ist Besuch da – man aus seinem Zimmer kommen muß, um guten Tag zu sagen.

Oft hat die Krebs-Tochter das Gefühl, mit der Mutter einfach nicht reden zu können, und der Sohn versteht schwer, warum er kein ganzer Kerl ist, wie der Vater immer behauptet. Bei dieser Konstellation ist es oft sehr wichtig, daß beide Seiten sich verstehen lernen, wobei die Betonung auf dem Wort lernen liegt.

ELTERNTEIL ZWILLINGE – KIND LÖWE
(oft ein Sextil)

Im allgemeinen kann hier von einem recht harmonischen Verhältnis zwischen Elternteil und Kind gesprochen werden, wenn auch gewisse Schwierigkeiten auftauchen werden. Für die Mutter oder den Vater scheinen Tochter oder Sohn viel weniger anpassungsfähig, als sie es sind. In ihren Augen entwickeln diese Kinder einen unberechtigten Stolz, und wenn Geschwister da sind, beherrschen sie die ganz gerne. Mit Vernunft kann man diesem Kind nicht oft kommen; will man etwas erreichen, darf man es nicht zu wichtig nehmen.
Der betreffende Elternteil muß sich darauf einstellen, auch einmal schweigen zu können. So sehnsüchtig Mutter oder Vater mit dem Kind reden möchten, mit Nichtbeachtung erreichen sie in Erziehungsfragen oft viel mehr. Auch wäre es ein geschickter Schachzug, diese Kinder an ihrem Stolz zu packen als sie davon überzeugen zu wollen, daß man doch über alles und jedes reden kann.
Das Kind kriegt schnell heraus, daß Vater oder Mutter auf den kleinen Löwen sehr stolz sind, der überall Anklang findet. Tochter und Sohn wissen ihre Popularität geschickt und mit Vergnügen auszuspielen! Sie lassen sich gerne verwöhnen, und besonders als Erstgeborene fühlen sie sich von Natur aus bevorzugt, was sie auch stets zur Schau stellen.
Und wenn die Tochter merkt, daß der Vater sich gerne mit ihr schmückt, dann wickelt sie ihn gekonnt um den Finger; der Sohn kann dies mit der Zwillinge-Mutter noch viel besser! Meist besteht hier ein Sextilaspekt, der anzeigt, daß zwischen Kind und Elternteil doch eine recht gute venushafte, also vom Gefühl her getragene Verbindung besteht, so daß sich beide gegenseitig sehr gut inspirieren können.

ELTERNTEIL ZWILLINGE – KIND JUNGFRAU
(oft ein Quadrat)

In dieser Konstellation fordern sich Elternteil und Kind meist gegenseitig heraus, das geht zuerst nicht immer glatt. Vater oder Mutter erwarten von ihrem Jungfrau-Kind häufig ganz besondere Leistungen, sie fühlen sich diesem Kind verpflichtet, fordern es daher, und dem Kind fehlt zunächst die Fähigkeit, dies einzusehen, ja es fühlt sich oft zurückgesetzt. Auch hier möchte der Elternteil zu gern, daß das Kind etwas Besonderes wird, und manche Mütter, manche Väter dulden daher selten Extras oder Eigenwilligkeiten ihrer Tochter, ihres Sohnes. Erst wenn es diesen Kindern schlecht geht, merken sie, wie sehr sich der Elternteil für sie einsetzt.
Das Kind versteht die Eltern oft auch sehr schwer; warum muß gerade es immer lernen, warum wird gerade bei ihm auf die Schularbeiten und die Zeugnisse so geachtet, warum reagieren Vater oder Mutter auf Widerspruch so allergisch? Wie soll das Kind oft die Herausforderung verstehen? So bricht es verärgert und sicher unberechtigt manchen Streit vom Zaun, was ja noch ginge; aber dann setzt häufig eine Kritiklust des Kindes gegenüber dem betreffenden Elternteil ein, was nicht gerade zur Harmonie beiträgt und oft nicht so leicht aus der Welt zu räumen ist, denn hier will keiner zuerst nachgeben.
Da macht sich der Quadrataspekt häufig bemerkbar und je enger er ist, um so bedeutsamer. Das eher real eingestellte Kind findet den Elternteil zu unkonzentriert, ja schwatzhaft, während die Eltern oft an dem ernsten Denken, aber auch an mancher Pedanterie ihres Kindes verzweifeln möchten, zumal sie befürchten, daß das Kind zu wenig Lebensfreude empfindet. Im Endeffekt aber trägt gerade diese Verbindung, wenn auch meist erst, wenn die Kinder erwachsen sind, Früchte.

ELTERNTEIL ZWILLINGE – KIND WAAGE
(oft ein Trigon)

In der traditionellen Astrologie wird diese Konstellation für einen Glücksaspekt gehalten, da sollte man etwas skeptisch sein. Sicher wendet sich hier ein Elternteil dem Kind sehr freudig, sehr positiv zu. Das Kind wird meist verwöhnt, weniger gefordert, es kann durchaus auch vorgezogen werden. Immer wieder fällt dann der Satz: »Ja mein Sohn (meine Tochter) versteht mich.«
Elternteil und Kind haben oft gleiche Interessen. Mutter und Tochter gehen gerne zusammen in die Oper, Vater und Sohn interessieren sich für die gleiche Literaturrichtung, man kann oft von einem Herz und einer Seele sprechen. Das Kind findet diesen Zustand einfach himmlisch, und eine Ablösung erfolgt sehr spät, oft nie.
Tochter oder Sohn beten diesen Elternteil an, dort laden sie alle Sorgen ab, und manches Kind versucht den Elternteil immer wieder mit kleinen Geschenken, Gedichten oder einem Blumenstrauß zu überraschen. Auch hat das Kind kaum Geheimnisse vor diesem Elternteil. Die Gefahr besteht nur darin, daß das Kind auf sehr diplomatische Art und Weise die Elternteile gegeneinander ausspielt oder daß der betreffende Elternteil dieses Kind stets unbewußt, sogar gegen den Partner, in Schutz nimmt.
Oft haben hier Kind und Elternteil einen Trigonaspekt. Je enger dieser ist, um so enger ist auch die innere Ergänzung. Nur besteht eben die Gefahr, daß das Kind sich als etwas Besonderes fühlt und der Elternteil dieses Kind so verwöhnt, daß es für den Lebenskampf geschädigt werden kann. Die oft notwendige Härte in der Erziehung kann hier fehlen, so daß es das Kind im Leben nicht so leicht hat, und auch der Elternteil (meist die Mutter) wird eines Tages zu viele Ansprüche an dieses Kind stellen, weil es doch immer so verwöhnt wurde und nun dankbar sein muß.

ELTERNTEIL ZWILLINGE – KIND SKORPION
(meist kein Aspekt)

Manches im Verhältnis zwischen Elternteil und Kind läuft hier nicht wie selbstverständlich ab. Oft mögen sich gar manche Väter oder Mütter fragen, ob dies wirklich ihr Kind sei, und sie suchen bei ihren Eltern oder Großeltern nach Ähnlichkeiten, wem dieses Kind wohl nachschlagen dürfte. Die Eigenwilligkeit, die geringe Anpassungsfähigkeit der Tochter oder des Sohnes werden schwer verstanden. Auch nicht die heftigen, ungestümen Reaktionen, zu denen das Kind fähig ist.
Dabei erkennen die betreffenden Elternteile sehr schnell an, daß in diesem Kind eine Gefühlswelt lebt, die ihnen fremd ist. Sorgen macht ihnen eine gewisse Düsternis, manchmal ein Grundpessimismus, eine Ungeselligkeit, die sich nicht verleugnen lassen. Sonst wahrlich nicht um Worte verlegen, findet der Elternteil hier schwer die richtigen Formulierungen, oft wird dann das Kind als launisch abgekanzelt, was natürlich auch nicht gerade zur Harmonie beiträgt. Und während die Familie fröhlich ein Quizspiel im Fernsehen verfolgt, sondert sich das Skorpion-Kind ab, findet diese Unterhaltung einfach läppisch, fade und verdummend.
Das Kind hat sowieso schnell recht harte Urteile über den betreffenden Elternteil parat, findet ihn unernst und oberflächlich. Auch beruflich wird sich dieses Kind manchmal ganz gezielt gegen die Wünsche der Eltern stellen, schon um seine Eigenart zu betonen. Die positive Folge dieser Konstellation: Das Mädchen, der Junge werden unbewußt zu mehr Leistung animiert; sie wollen es den Eltern zeigen, und diese erkennen dann doch – meist allerdings sehr langsam –, daß gerade in diesem Kind eine seelische Tiefe steckt, nach der sie sich eigentlich immer gesehnt haben. Hier müssen also beide sehr aufeinander zugehen.

ELTERNTEIL ZWILLINGE – KIND SCHÜTZE
(meist eine Opposition)

Die Bindung ist hier sehr stark, zu bedrückend für das Kind. Elternteil und Kind brauchen sich enorm, aber keiner von beiden will das so leicht zugeben. Vater oder Mutter versuchen, das Kind – gelegentlich zu früh – an die Realitäten des Lebens heranzuführen.

Der meist vorhandene Idealismus des Kindes wird von dem Elternteil oft sehr schnell zerredet. »Mit hochfliegenden Plänen kommt man nicht weit«, heißt es dann, »wer hoch hinaus will, der wird tief fallen.« Alle diese gutgemeinten Ratschläge sollen das Kind bremsen, sollen es frühzeitig (oft zu früh) lehren, daß Bäume nicht nur in den Himmel wachsen dürfen, sondern, daß sie um so tiefer in der Erde verwurzelt sein müssen, je höher sie wachsen. Das Kind ist über diese Reaktion, die ja gut gemeint ist und vom Standpunkt des Elternteils immer wieder debattiert wird, sehr empört. Der Elternteil wird als spießbürgerlich bezeichnet, als opportunistisch, und diese Kinder scheuen sich nicht, sich auch in Gegenwart anderer gegen die Eltern zu stellen.

Oft besteht hier ein Oppositionsaspekt, je enger, um so stärker der Widerstand, der aber letztlich ein Widerstand ist, für den das Kind als Erwachsener meist sehr dankbar sein wird. Nur fällt es dem Kind oft schwer, seinen manchmal besserwisserischen Standpunkt zu- oder aufzugeben. Erstaunlich aber, wie sehr hier der Elternteil am Kind lernt, ja mancher Elternteil wächst so noch im hohen Alter über sich hinaus, zumal er sehr häufig stolz auf sein Kind sein kann. Im Grund ergänzen sich beide so gut, daß die Mutter auf die Tochter, der Vater auf den Sohn irgendwo eifersüchtig sein könnte. Aber es geht nicht, ohne daß sich Elternteil und Kind zusammenraufen.

ELTERNTEIL ZWILLINGE – KIND STEINBOCK
(meist kein Aspekt)

Hier stehen sich in der Familie vom Kern her recht fremde Charaktere gegenüber, die sich aber trotzdem eng verbunden zeigen. Mancher Elternteil wird sich oft erstaunt die Augen reiben, wenn er bemerkt, wie ernst, wie leise ehrgeizig dieses Kind reagiert. Auch wie das Kind Zeitungen und Bücher Zeile für Zeile liest, wie es schon in frühester Schulzeit ganz korrekt seine Schulmappe packt, das ist dem Elternteil oft fremd. Aber die Bewunderung ist dafür dann um so größer.

So kann es durchaus geschehen, daß dieser Elternteil das Kind sehr früh um Rat fragt, alles mit ihm besprechen möchte. Manche frühreifen Antworten erschrecken dann Vater oder Mutter durch ihre Gründlichkeit, imponieren aber auch. Die Kinder arbeiten gern in der Stille, sie sondern sich ab, was der betreffende Elternteil nun überhaupt nicht versteht, und da können unter anderem Konflikte auftauchen, wenn das Kind aus seiner privaten Sphäre mit Erziehungsgewalt herausgeholt wird, wenn es sich möglichst in den Familienkreis einordnen muß. Das Kind fügt sich dann, aber es bockt, es macht, obwohl es dabei ist, einfach nicht mit. Der passive Widerstand hat oft Erfolg, denn dem Elternteil fehlt es an Geduld, sich mit dem schwer angreifbaren Verhalten des Kindes auseinanderzusetzen.

Das Kind will und wird seine eigenen Wege gehen und auch meist den Eltern eines Tages mit seiner Leistung imponieren. Die Wesensfremdheit nach außen, die keiner inneren, tiefen Bindung widerspricht, schafft oft ein äußerlich distanziertes Klima, was aber letzlich allen sehr gut bekommt. Das Kind fällt nicht auf, verblaßt oft neben den Geschwistern, überholt sie aber später, wenn Leistungen am Materiellen gemessen werden können.

ELTERNTEIL ZWILLINGE – KIND WASSERMANN
(oft ein Trigon)

Diese Konstellation ist auf den ersten Blick sehr fördernd, sehr harmonisch. Elternteil und Kind verstehen sich oft ohne Worte bestens, obwohl beide viel miteinander sprechen. Das gute Verhältnis wird meist dadurch deutlich, daß Elternteil und Kind sich häufig necken, ja sich gegenseitig mit lustiger, selbsterfundener Sprache verständigen. Mancher Gag verstärkt da die innere Verbundenheit. Der Vater verrät dem Sohn, wie er seine Lehrer an der Nase herumgeführt hat; die Mutter vertraut der Tochter frühzeitig die Tricks an, wie man burschikose Schulkameraden zu Kavalieren umerziehen kann. Dieses Sich-verstehen, kommt auch vielfach durch doppeldeutige Bemerkungen zu Tage, und der Flachs blüht in der Öffentlichkeit oft derart, daß manch Bekannter oder andere Familienangehörige einfach nur »Bahnhof« verstehen.
Das Kind kommt mit diesem Elternteil im allgemeinen bestens zurecht, natürlich bleiben Auseinandersetzungen nicht aus, aber meist weil das Kind dann übertreibt und es manchmal am notwendigen Respekt fehlen läßt. Doch schnell ist die Versöhnung bewerkstelligt. Sorgen bereiten oft nur die Fragen der Berufswahl, denn diese Kinder streben nach ungewöhnlichen Berufen. Später werden sie dann zwar sehr brav, aber erst einmal möchten sie die Welt auf den Kopf stellen.
Hier besteht häufig ein Trigonaspekt, der das gute Verstehen zwischen Elternteil und Kind erklärlich machen soll, doch die Gefahr ist, daß die Elternteile diesem Kind zu viel durchgehen lassen, daß sie hier mehr als bei anderen ein Auge zudrücken. Das kann verführerisch werden, denn diese Kinder meinen zu leicht: »Ach, Vater oder Mutter wickle ich doch um meinen kleinen Finger.« So bleiben unter Geschwistern Eifersüchteleien leider oft nicht aus, was die Atmosphäre trüben kann.

ELTERNTEIL ZWILLINGE – KIND FISCHE
(meist ein Quadrat)

Hier ist das Verhältnis zwischen Elternteil und Kind problematisch. Nicht schwierig im landläufigen Sinn, sondern wirklich von Problemen belastet. Der wache, aufgeschlossene Elternteil vermag kaum das – oft auch gläubige – Fühlen des Kindes zu begreifen. Zwar hängt das Kind mit Sehnsucht nach Zärtlichkeit an Zwillinge-Elternteilen, diese halten dies aber für Sentimentalität und haben einfach eine Scheu davor, dieses Kind zu eng an sich zu drücken. Dabei ist es ihnen sehr lieb, nur verstehen sie seine hingebende manchmal tränenreiche Gefühlseinstellung nicht.
Hinzu kommt, daß diese Kinder immer wieder mal von einer Emotion in die andere fallen, damit werden die betreffenden Elternteile kaum fertig. Und böse werden sie oft – man kann es nicht anders ausdrücken – wenn diesen Kindern mit Vernunft überhaupt nicht beizukommen ist, wenn sie sich einfach immer unverstanden fühlen, und sich dann in sich zurückziehen.
Das Kind sucht indessen viel Zärtlichkeit, viel Wärme, und ständig Bestätigung in Worten, daß es geliebt wird. Dem betreffenden Elternteil vermag dies manchmal an die Nerven zu gehen, weil das Gefühl aufkommt, dieses Kind könnte nicht sehr lebenstüchtig sein.
Oft besteht zudem hier ja ein Quadrataspekt, und je enger der ist, um so größer erscheinen zunächst die Schwierigkeiten. Und doch fordert hier nur der eine den anderen heraus. Es dauert, bis der Elternteil die weiche Kernveranlagung des Kindes zur Kenntnis nimmt und respektiert, bis das Kind bemerkt, daß die wache, geistige Regsamkeit und Munterkeit wirklich lebensnotwendig und hilfreich ist. Hier helfen oft keine Worte, hier helfen mehr Gesten und ein aufeinander abgestimmter Instinkt, der sich allerdings in der Regel bei den Müttern eher finden dürfte als bei den Vätern.

ELTERNTEIL ZWILLINGE – KIND WIDDER
(meist ein Sextil)

Von Natur aus eine recht liebe, sehr verständnisvolle Konstellation, die hier den betreffenden Elternteil mit dem Kind verbindet. Der Elternteil bewundert den früh zu bemerkenden Mut des Kindes, obwohl es ihn stört, daß dieses Kind immer seinen Willen zuerst durchsetzen will. Es soll – oft mit Zornausbrüchen verbunden – nach seinem Kopf gehen, da helfen auch keine realitätsbezogenen Vernunftsgründe. Dafür hat der Elternteil häufig stets die besten Ratschläge zur Hand, wenn einmal etwas schief gegangen ist; dafür ist das Kind sehr dankbar und zeigt dies auch.
Das Kind steht dem Elternteil recht nah, wenn es auch oft meint, der Vater oder die Mutter sollten sich nicht alles von anderen Leuten gefallen lassen. Und es wird böse, wenn es einen heftigen Zusammenstoß mit seinen Lehrern hatte, die Eltern dann aber versuchen, mit den Lehrern verständnisvoll zu reden. Da explodiert so manches Kind, auch später, wenn es um den Lehrherrn geht, um die ersten Chefs. Und das Kind hält sich nicht selten für den einzig ehrlichen Menschen, während es alle anderen bezichtigt, im Grunde sehr opportunistisch zu handeln.
Elternteil und Kind werden hier oft durch einen Sextilaspekt verbunden. Je enger der ist, um so leichter hilft er aufkommende Schwierigkeiten auf diplomatischem Weg beizulegen. Emotionell verstehen sich ja Elternteil und Kind sehr gut, so daß beide einander ohne viel Worte mögen. Gibt es allerdings Streit, dann können hier sehr harte Formulierungen gewählt werden, aber Kind und Elternteil renken recht schnell ein. Nachtragend sind beide meist nicht. Positiv wirkt sich aus, daß beide Teile nicht wie Kletten aneinanderhängen, dafür steht man sich auch auf Distanz noch sehr nah. Geht das Kind aus dem Haus, dann zeigen diese Elternteile wenig Angst, und das hilft beim Abschied.

ELTERNTEIL ZWILLINGE – KIND STIER
(meist kein Aspekt)

Hier haben wir es wieder mit einer Beziehung zwischen 2 Sonnen zu tun, die in benachbarten Tierkreisabschnitten stehen. Das heißt aber gleichzeitig, daß die Lebenskerne zwischen Elternteil und Kind doch recht gegensätzlich sind. Der Elternteil ist aufgeschlossen, aktiv, beweglich, meist will er ohne großes Gepäck leben, während das Kind ziemlich dickfellig und oft auch uneinsichtig seine eigenen Belange fördert. Was es einmal hat, das will es nicht mehr hergeben, daher sollten Eltern aufpassen, daß sie das Kind nicht zu früh mit zu hohem Taschengeld verwöhnen, was auch als Beispiel für später gelten kann.
Diese Kinder wollen ziemlich schnell ihr eigenes Reich aufbauen, und wenn es erstmal nur das eigene Zimmer ist. Haben sie das erreicht, dann verteidigen sie ihren Besitz mit allen Mitteln. Zwillinge-Eltern ist oft unverständlich, wie früh die Reaktionen des Kindes festgefahren sind, ja, daß die kleinen Stiere ausgesprochen stur reagieren, wenn man ihre Handlungsweise kritisiert.
Das Kind dagegen versteht die oft unorthodoxe Handlungsweise des Elternteils nicht. Es begreift nicht, wie lange Vater oder Mutter um eine Sache diskutieren, während die anderen längst handeln. Auch ist es für ein Stier-Kind oft schwer zu verstehen, wenn sich ein Elternteil zu vertrauensselig benimmt, wenn alle Pläne zu früh ausgeplaudert werden. Das Kind redet viel weniger, will auch nicht mit Fragen gelöchert werden, und der Elternteil ist oft verwundert, daß dieses Kind seine Schränke abschließt, die Schlüssel aber einsteckt und mitnimmt. Der Elternteil sieht darin ein Mißtrauen gegen sich, was ihn sehr kränken kann. Jeder sollte hier also auf den anderen zugehen. Wichtig ist der ernste Vorsatz, den anderen verstehen zu wollen.

UNKLARHEITEN,
die bei Zwillinge-Geborenen durch die 12 möglichen Aszendenten für Elternteil und Kind entstehen können.

SONNE in ZWILLINGE mit ASZENDENT ZWILLINGE ergibt in der Regel keine großen Schwierigkeiten, weil sich Kern, Bewußtsein und Rollenspiel in etwa decken. Zwar werden Eltern von diesem Kind sagen, daß es sehr »ich-bezogen« reagiere, ja daß es recht egozentrisch handele. Aber die nette unkomplizierte Art dieser (wie man sagt) doppelten Zwillinge glättet manches, was in den Augen der Kinder sogar eine fehlende Objektivität dieses Elternteils humorvoll ausgleicht. So kann man sich aufeinander einstellen, man vertraut sich.

SONNE in ZWILLINGE mit ASZENDENT KREBS wirft dagegen manche Fragen auf. Erstaunt bemerken manche Kinder, wie vorsichtig, ja ängstlich sich dieser Elternteil in der Umwelt zeigt. Diese Schüchternheit verstehen die Kinder nicht, da er daheim nicht auf den Mund gefallen ist. Und so hilfreich, wie er sich der Umgebung zeigt, ist dieser ungeduldige Elternteil doch wahrlich nicht. Die Eltern dagegen wünschten sich für Kinder solcher Konstellation mehr Pep und Zivilcourage, weil sie befürchten, sie würden nur zu Hause so geschickt reden und handeln und dadurch falsch eingeschätzt werden. Vor allem den Söhnen möchte man ein stärkeres Selbstbewußtsein mitgeben, während man für solche Töchter bald einen Ehemann erhofft.

SONNE in ZWILLINGE mit ASZENDENT LÖWE zeigt die Menschen auch meist mit 2 Gesichtern. Kinder mag stören, daß so ein Elternteil sich draußen immer etwas in Szene setzt, daß da manche Aufschneiderei zu hören ist. Sie fragen sich: Warum, Mutter oder Vater sind doch nicht so? Und die Eltern wundern sich, wie beleidigt diese Kinder sind, wenn sie in einer Gemeinschaft nicht die erste Geige spielen, sie fragen sich: Wo kommt diese Unbescheidenheit, dieser Anspruch eigentlich her, denn zu Hause läßt sich mit dem Kind doch sehr gut reden.

SONNE in ZWILLINGE mit ASZENDENT JUNGFRAU ergibt eine recht gute Mischung von Rollenspiel und wirklichem Sein, obwohl sich viele Elternteile nach Ansicht ihrer Kinder vielleicht viel zuverlässiger geben, als sie in Wahrheit sind. Denn die Umwelt bekommt kaum mit, wie gerne Zwillinge oft auf mehreren Hochzeiten tanzen! Aber da das Rollenspiel sehr vom Verstand geprägt wird, verkaufen sich diese Menschen mit Selbsthumor sehr gut. Auch die Eltern freuen sich meist, mit welchem Ernst und welcher Gewissenhaftigkeit die Kinder versuchen, ihr eigenes Leben aufzubauen, um weiterzukommen.

SONNE in ZWILLINGE mit ASZENDENT WAAGE ist meist eine gelungene Mischung aus charmantem Auftreten und diplomatischem Benehmen. Nur fragen sich viele Kinder: Warum sind die Eltern nicht daheim so sanft, so friedfertig, so ausgleichend? Wo ist draußen die Nervosität, muß die denn an uns ausgelassen werden? Und die Eltern halten den Kindern wohl öfters vor, daß sie auch für sich den Respekt erwarten, den diese draußen Älteren gegenüber an den Tag legen. Aber insgeheim freuen sie sich doch, daß ihre Kinder insgesamt so gut ankommen und viele Freunde gewinnen.

SONNE in ZWILLINGE mit ASZENDENT SKORPION wirft dagegen meist sehr viele Fragen auf. Wenn sich der Elternteil mit dieser Konstellation urplötzlich – wenn Besuch kommt – verändert, wenn aus einem sanguinischen Optimisten nach außen ein bedrückter, sehr ungestüm reagierender Pessimist wird, dann kann kein Kind wissen, woran es denn eigentlich mit Vater oder Mutter ist. Aber auch die Eltern kommen kaum aus dem Staunen heraus, wenn sie erfahren, welche tiefen Seelengespräche ihre Kinder angeblich mit Freunden führen, und wie heftig sie oft ihr Recht verlangen, ja Lebensangst zu haben scheinen. Dies zeigen sie zu Hause nicht. Da brauchen alle viel Verständnis.

SONNE in ZWILLINGE mit ASZENDENT SCHÜTZE. Hier scheinen Rollenspiel und Lebenskern reinste Gegensätze zu sein. Viele Kinder mag es mehr als überraschen, wenn sie erleben, wie ein Elternteil in der Umwelt von idealistischen Zielen spricht, meint, man müsse wieder Glauben und Opfer bringen, während derselbe Mensch zu Haus vorführt, wie geschickt man sich doch durch dieses Leben schummeln kann! Und die Eltern halten Kinder mit dieser Konstellation schlichtweg oft für Schwindler, sie nehmen ihnen den Ehrgeiz, den sie draußen an den Tag legen, einfach nicht ab. Daheim sind sie doch verspielte Pfiffikusse! Doch der Zwillingskern schafft dieses Umweltverhalten mit Leichtigkeit.

SONNE in ZWILLINGE mit ASZENDENT STEINBOCK zeigt oft nach außen eine prüfende Zurückhaltung, die kaum einer, der diesen Menschen näher kennt, vermutet. Aber da bei dieser Konstellation im Rollenspiel die Realität auch eine große Rolle spielt, fällt der Unterschied nicht so ins Gewicht. Die Kinder sind manchmal enttäuscht, wenn sie von ihrem lustigen Papa erzählt haben, und kaum kommen die Freunde, die Freundinnen zur Party, zeigt sich der Vater ziemlich fremd und zurückhaltend, kaum ein Wort ist aus ihm herauszubekommen. Umgekehrt erleben dies auch die Eltern. Wollen sie mit ihrem aufgeweckten Kind, das zu Hause alle Hits singt, glänzen, geht dies meist daneben. Hier gilt es also die Scheu, in der Öffentlichkeit aufzutreten, zu verstehen.

SONNE in ZWILLINGE mit ASZENDENT WASSERMANN schafft weniger Probleme. Höchstens daß der Schalk, der in den Menschen steckt, noch stärker zu Tage tritt. Kinder lernen von so einem Elternteil allerdings gefährlich leicht, wie schnell die Welt zu verblüffen ist, und Eltern können es einfach nicht fassen, welche Tricks diesen Kindern zur Verfügung stehen, um die Umwelt im Handumdrehn von einem Erstaunen ins andere zu versetzen. Aber das kommt ja an, und erlaubt ist, was gefällt.

SONNE in ZWILLINGE mit ASZENDENT FISCHE. Diese Mischung bringt mit die meisten Überraschungen und damit auch viele Mißverständnisse. Kinder wundern sich immer wieder, daß solche Elternteile erst zu Hause aufblühen, daß sie sich ansonsten nur sehr zögernd anschließen, so als müßten sie erst alle Möglichkeiten und Gefahrenpunkte abtasten. Noch größeres Erstaunen wird dadurch ausgelöst, daß sich diese Menschen dann manchmal anderen richtig anzubiedern scheinen; das enttäuscht manches Kind. Und auch die Eltern wundern sich, wie lange so ein Kind braucht, um in einer Umgebung warm und damit auch einmal aktiv zu werden. Daheim ist es stets ein lebhafter Mittelpunkt.

SONNE in ZWILLINGE mit ASZENDENT WIDDER bringt große Überraschungen. »Also, wie meine Mutter dem die Meinung gesagt hat, förmlich ins Gesicht ist sie dem Lehrer gesprungen, dabei ist sie zu Hause viel gelassener und lacht über alle Schwierigkeiten«, freut sich das Kind. Und auch die Eltern wundern sich, was für ein Raufbold in ihrer freundlichen Tochter steckt, die keine Gelegenheit zu einem Streit ausläßt, um ihren Kopf durchzusetzen. Ein Glück, daß sie sich zu Hause viel friedlicher und auch vernünftiger zeigt.

SONNE in ZWILLINGE mit ASZENDENT STIER kann auch einige Komplikationen zwischen Eltern und Kindern ergeben. Vor allem Kinder wundern sich, wie höflich und gemächlich ihr Vater beim Bier sitzen kann, um sein Ziel zu erreichen, während es ihm daheim nie schnell genug geht. Und liebenswürdig ist er längst nicht zu allen Leuten! Die Mutter handelt manchmal so verbissen um einen Preisnachlaß, daß es den Kindern peinlich ist: »Zu Hause ist sie doch so großzügig.« Und die Eltern müssen auch manchmal schlucken, wenn sie mitbekommen, daß ihr Kind vom Freund Zinsen nimmt, wenn sich dieser Geld geborgt hat. Und wo es Schallplatten im Sonderangebot gibt, das weiß so ein Kind immer. Das erschreckt manche Eltern.

DIE SCHWIEGERKINDER IM VERHÄLTNIS ZUM ELTERNTEIL ZWILLINGE

Alle Schwiegerkinder dürften zunächst sehr freundlich aufgenommen werden, denn diese Elternteile versprechen sich viel Abwechslung und Anregung vom Familienzuwachs.
Besonders wenn der **Schwiegersohn** selbst ein **ZWILLING** ist, dann meint die Mutter sofort, der gehört in die Familie wie kein anderer, und alle Türen stehen ihm offen, zumal er sehr geschickt mit der Mutter sprechen kann. Der Vater ist etwas skeptischer, der junge Mann erinnert ihn an seine vergangene Jugend und zeigt ihm, daß er sich nun langsam zum alten Eisen rechnen muß.
Eine **ZWILLINGE-Schwiegertochter** dagegen sagt ihm zu, während sich hier die Mutter etwas abwartend, ja abwehrend verhält. Sie könnte Konkurrenz sein, das gefällt ihr nicht.
Völlig anders sieht es aus, wenn eine **KREBS-Schwiegertochter** auftaucht, die gewinnt das Herz des Vaters fast im Nu, wenn er auch oft bei ihr ins Fettnäpfchen tritt, weil er nicht ahnt, wie mimosenzart ihre Seele ist. Die Mutter weiß das, und sie fühlt, nun wird ihr Sohn von jemand anderem bemuttert, und das behagt ihr kaum; da muß sie sich schon sehr überwinden, um sich schließlich einzureden, ihr Sohn hätte eine gute Wahl getroffen.
Ein **KREBS-Schwiegersohn** wird von ihr freundlicher aufgenommen, denn seine liebenswürdige, schüchterne und empfindsame Art, die gefällt ihr, da wünscht sie sich bald Enkel. Der Vater kann dagegen mit dem Schwiegersohn wenig anfangen, meist hält er ihn für realitätsfern und lebensuntüchtig, so braucht es häufig eine Zeit, ehe sich die beiden Männer aneinander gewöhnt haben, wenn auch eine Spur der Distanz wohl immer bestehen bleibt und die eigene Tochter oft vermitteln muß. Denn es scheint oft, als sprächen beide Männer verschiedene Sprachen, aber jede Fremdsprache ist ja erlernbar.
Die **LÖWE-Schwiegertochter** gewinnt den Zwillinge-Vater schnell. Er hat stets gerne feurige, stolze Frauen angebetet, und so wird er versuchen, sich von seiner besten Seite zu zeigen. Die Schwiegertochter sollte so klug sein, sich mit einer Zwillinge-Mutter gut zu stellen. Die mißt das neue Familienmitglied vor allem daran, wie man den Haushalt bewältigt, und sie paßt auch auf, daß das junge Paar nicht auf zu großen Füßen lebt.
Diese Angst projiziert der Zwillinge-Vater schnell auf den **LÖWE-Schwiegersohn**, dessen Selbstbewußtsein ihn etwas skeptisch macht. Zunächst versucht er, mit ihm witzig und schlagfertig zu sprechen, aber er sollte sich nicht einbilden, auf diesen Sohn Einfluß nehmen zu können. Die Zwillinge-Mutter dagegen himmelt diesen Burschen häufig an, der doch so einen dominierenden Eindruck macht, mit dem kann sich die Tochter sehen lassen.
Längere Zeit braucht es dagegen, ehe die **JUNGFRAU-Schwiegertochter** bei einem Zwillinge-Vater Boden gewinnt. Diese Frau mit ihrer Ordnungsliebe, ihrem Fleiß bereitet ihm Kopfzerbrechen, zumal er wohl mit Recht befürchtet, daß sie das Heft in die Hand nehmen wird, ohne daß dies nach außen sehr deutlich wird. Die Zwillinge-Mutter würde ihm darin zustimmen, aber sie schätzt dann doch – selbst realistisch – die Lebensklugheit und Bewältigungskraft der Schwiegertochter.
Mit dem **JUNGFRAU-Schwiegersohn** dagegen tut sich die Zwillinge-Mutter schwerer. Da ist eigentlich nur die Vernunftsebene gefragt und vielleicht die Gewißheit, daß er die Tochter glücklich macht. Aber da bleibt sie ein Leben lang skeptisch; geht's schief, hat sie es schon immer gewußt. Und der Zwillinge-Vater muß da wohl auch manches Vorurteil überbrücken, es sei denn, er hat ein Geschäft, in das der Schwiegersohn eintritt, denn für tüchtig und zuverlässig hält er ihn, wenn auch nicht für sehr liebenswert.
Die **WAAGE-Schwiegertochter** kommt dagegen wie gerufen. Der Zwillinge-Vater fängt an, über seinen Sohn zu staunen, daß

er sich so ein »Klasseweib« geangelt hat. Er sieht ihn allmählich mit ganz anderen Augen, er bewundert ihn, vor allem aber sie. Und auch die Zwillinge-Mutter meint, der Sohn habe eine gute Partie gemacht, schnell werden feste Telefonzeiten mit der Schwiegertochter verabredet, und die Mutter übergibt ihr die Geheimrezepte für die Lieblingsmahlzeiten des Sohnes.
Noch lieber wäre der Mutter jedoch ein **WAAGE-Schwiegersohn**, denn in einen solchen Typ hatte sie sich früher ständig verliebt. Sie traut dem Sohn zwar kaum Treue zu, aber er deckt sie so mit Liebenswürdigkeiten ein, daß sie die Skepsis verdrängt. Auch der Zwillinge-Vater nimmt den Sohn mit offenen Armen auf und schenkt beiden zum Hochzeitstag ein Theaterabonnement, wo er an der anderen Seite seiner Tochter sitzt.
Was für ein Glück, sagt er, denn ein **SKORPION-Schwiegersohn** ist ja viel schwieriger zu behandeln. Schweigsam ist er, redet kaum über sein Leben, seine Gedanken, seine Wünsche, scheint recht ungesellig zu sein und versteht vor allem keinen Scherz. Schrecklich, alles so ernst zu nehmen! Auch die Zwillinge-Mutter tut sich da etwas schwer; sie versteht nicht, das vertraut sie ihrer Freundin an, was ihre Tochter an dem findet, befürchtet auch, der Schwiegersohn könne eine Entfremdung herbeiführen.
Noch allergischer reagiert sie zuerst auf eine **SKORPION-Schwiegertochter**, die ist ihr manchmal unsympathisch, unheimlich, ja sie hält dieses weibliche Wesen für eine gefährliche Schlange. Der Zwillinge-Vater aber fühlt sich von dieser Schwiegertochter irgendwie angezogen, er möchte gerne mehr über sie erfahren, aber er traut sich nicht. Daher hat er auch etwas Angst, ob diese Bindung anhält und schwört sich, seinem Sohn stets beizustehen.
Einer **SCHÜTZE-Schwiegertochter** dagegen öffnet er meist Tür und Tor. Sie entzückt den Zwillinge-Vater, obwohl er schnell Streit mit ihr bekommt, aber einen Streit, der Freude macht! Da stieben die Funken, das inspiriert den Vater, da könnte er auf seinen Sohn neidisch werden! Weniger entzückt zeigt sich die Zwillinge-Mutter und, wie sich herausstellen kann, mit Recht. Denn der verhätschelte Sohn wird jetzt herangenommen, und er hat kaum mehr Zeit für die elterliche Familie, weil ihn nun der Ehrgeiz zu packen hat.
Sie verzeiht ihr nie, was sie einem **SCHÜTZE-Schwiegersohn** ohne weiteres zugestehen würde, denn der liegt ihr, obwohl es auch oft hart auf hart geht, aber da ist eine Beziehung vorhanden, da kann man sich engagieren. Der Zwillinge-Vater ist jedoch klüger. Er legt sich mit dem Sohn nicht an, weil er seine Nerven schonen will.
Ihm imponiert dagegen der ruhige, beständige Ehrgeiz eines **STEINBOCK-Schwiegersohnes**, dem vertraut er seine Tochter an, da weiß er sie in besten Händen, weil dieser Mann sein Ziel fest anvisiert und keine Hindernisse scheut, wenn ihm auch diese Konsequenz unheimlich ist. Noch unheimlicher ist sie jedoch der Zwillinge-Mutter. Sie hat vor diesem Schwiegersohn eher eine unklare Scheu, die jedoch mit Bewunderung gemischt ist. Doch ihre Tochter hätte einen flotteren Mann verdient.
Kommt dagegen eine **STEINBOCK-Schwiegertochter** ins Haus, zeigt sich die Mutter geneigter, weil sie meint, im Auftreten kaum Konkurrenz befürchten zu müssen. Leider unterschätzt sie sie häufig. Der Zwillinge-Vater tut das auch, hier hilft nur eine bildhübsche Steinbock-Tochter, und deren gibt es ja zum Glück recht viele. Immerhin eines weiß der Vater auch: Nun büßt der Sohn die Sünden aller vorherigen Liebschaften ab, jetzt wird was aus ihm.
Mit Elan und Witz gewinnt dagegen der **WASSERMANN-Schwiegersohn** das Herz der Zwillinge-Mutter. Ja, das ist ein Schwiegersohn nach ihrer Wahl, und die Tochter muß aufpassen, daß hier die Mutter nicht zuviel Einfluß gewinnt, denn die beiden haben die Anlage, sich prächtig zu verstehen. Auch der Zwillinge-Vater liebt diesen Schwiegersohn auf den ersten Blick,

mit ihm fühlt er sich noch einmal jung, und freut sich im Urlaub auf gemeinsame Wanderungen und Tennisspiele.
Noch begeisterter ist er jedoch von einer **WASSERMANN-Schwiegertochter**, die wickelt ihn um den Finger, und er läßt es sich gefallen. Er beneidet zwar seinen Sohn nicht, sondern gratuliert ihm zu seiner Wahl, aber er möchte an der jungen Ehe teilhaben. Auch die Zwillinge-Mutter fühlt sich hier nicht ins Abseits gedrängt. Sie gibt gute Ratschläge, und die Wassermann-Tochter nimmt die scheinbar an. Erst spät merkt die Mutter, daß sie ihren Sohn ganz an sie verloren hat.
Ratlosigkeit kann manche Zwillinge-Mutter jedoch erfassen, hat sich die Tochter einen **FISCHE-Schwiegersohn** gewählt, und in der Tat, an den kommt eine Zwillinge-Mutter schwer heran. Der plaudert nicht viel, ist meist stumm, und wenn er lächelt, dann eher in sich hinein als aus sich heraus. Man spürt, die Schwiegermutter kann ihm leicht auf die Nerven gehen. Auch der Zwillinge-Vater. Warum will er nur wissen, wie er sich denkt, daß das Leben weitergeht? Man muß doch nicht alles wissen!
Die **FISCHE-Schwiegertochter** gefällt dem Zwillinge-Vater schon besser, etwas nixenhaft erscheint sie ihm zwar, aber immerhin, er kann seinen Sohn schon begreifen! Das spürt natürlich eine Zwillinge-Mutter, und so traut sie dieser Schwiegertochter eigentlich nicht ganz über den Weg, wenn sie auch ihre Zärtlichkeitsgesten sehr zu schätzen weiß.
Kommt dagegen ein **WIDDER-Schwiegersohn** daher, dann schlägt ihr Herz im schnelleren Takt, auch wenn sie befürchtet, daß bei dem kein Widerspruch angebracht ist. Daher faßt sie ihn lieber gleich mit Samthandschuhen an und schmeichelt sich in sein Herz. Das lehnt der Zwillinge-Vater natürlich strikt ab, aber der zupackende Schwiegersohn imponiert ihm, der hat Schneid, nur fehlt es ihm an Witz, das ist störend. Auch ahnt er, die Liebe der Tochter könnte zu heftig und stürmisch sein.
Handelt es sich dagegen um eine **WIDDER-Schwiegertochter**, dann wird der Vater auf seinen Sohn fast neidisch, denn in diese Frau könnte er sich auch noch einmal verlieben. Die Zwillinge-Mutter mag diese temperamentvolle Person zwar auch, aber sie ahnt, nun muß sie die Führung der Familie, zumindest was ihren Sohn betrifft, aus der Hand geben – an diesen Dickkopf von Schwiegertochter. Und ein Dickkopf bleibt diese Tochter bis ins hohe Alter, daher wünscht sie ihrem Sohn viel Kraft, um seiner Frau standzuhalten.
Eine **STIER-Schwiegertochter** kann Rätsel auslösen, besonders bei der Zwillinge-Mutter. Diese sichere Jugend, die von ihr ausgeht, die verwirrt, wenn auch die Mutter verstehen kann, daß hier ihr geliebter Sohn schwach wurde, denn diese Frau hat Anziehungskraft. Das spürt der Zwillinge-Vater auch sofort, er bewundert die zupackende Art dieser Frau, wenn er auch merkt, daß sie möglichst ihren Kopf durchsetzen will, wenn sie einmal etwas für richtig erkannt hat.
Der **STIER-Schwiegersohn** ist für den Zwillinge-Vater nicht so leicht zu fassen. Schon daß er lieber Musik hört als sich zu unterhalten, ist dem Zwillinge-Vater fremd, aber es gefällt ihm, wie er zielsicher sein Grundstück bestellt. Und dazu sagt auch die Zwillinge-Mutter ja. Da sie selten das Geld zusammenhalten konnte, findet sie es gut, wenn es nun jemand in der Familie tut, auch wenn die Geschenke zum Muttertag bescheidener werden.

ZUSAMMENFASSUNG

Einen **ZWILLING** in seiner Familie zu haben, das kann für die anderen ein besonderes Glück bedeuten. Die Zwillinge haben Humor, sie suchen Verbindungen zu schaffen und sind zugreifend und fleißig. Vor allem sie konzentrieren sich nicht allzu sehr auf ihre Angehörigen und lassen jedem Menschen seinen Raum. Zwillinge sind aber nicht nur praktisch, sondern auch großzügig. Weil sie selbst so vielfältig veranlagt sind, weil sie selbst sich stark entfalten wollen, sind sie tolerant und verstehen die anderen Familienmitglieder. Vielleicht geben sie manchmal etwas zu leicht nach, aber sie raffen sich dann ja doch immer wieder zum Widerspruch auf.

Im Alter werden sie kaum weise; damit dürfen Kinder nie rechnen, daß ihr Zwillinge-Elternteil mal weise oder gelassen wird (wollen wir zugeben, daß es Ausnahmen gibt), dafür bleiben sie sehr lange jung, vor allem im Geist, und das entscheidet.

In der Jugend sind sie oft übermütig, sie binden sich ungern; wenn, dann allerdings mit nie erwarteter Konsequenz. Gibt es Familientage, die unter Spannung leben, dann vertraue man dem Familienzwilling die Tagungsleitung an, er wird es am besten managen. Ihre Aufgeschlossenheit ist ja in der Regel groß, und Außenstehende bekommen schnell mit, daß man sich bei Zwistigkeiten an den Zwilling in der Familie wendet.

So sind sie wirklich ein Glück, aber auch eine Fundgrube für Überraschungen, und das ist das Wesentliche! Die Familie scheitert oft, wenn das Familienleben langweilig wird. Der Zwilling kann dafür sorgen, daß dies nicht der Fall ist, sein Witz, seine Einfälle zeigen auch in Notfällen oft einen Ausweg. Er ist der kleine flinke Merkur. Jedoch mit der Gefahr, daß es kaum Geheimnisse in der Familie gibt!

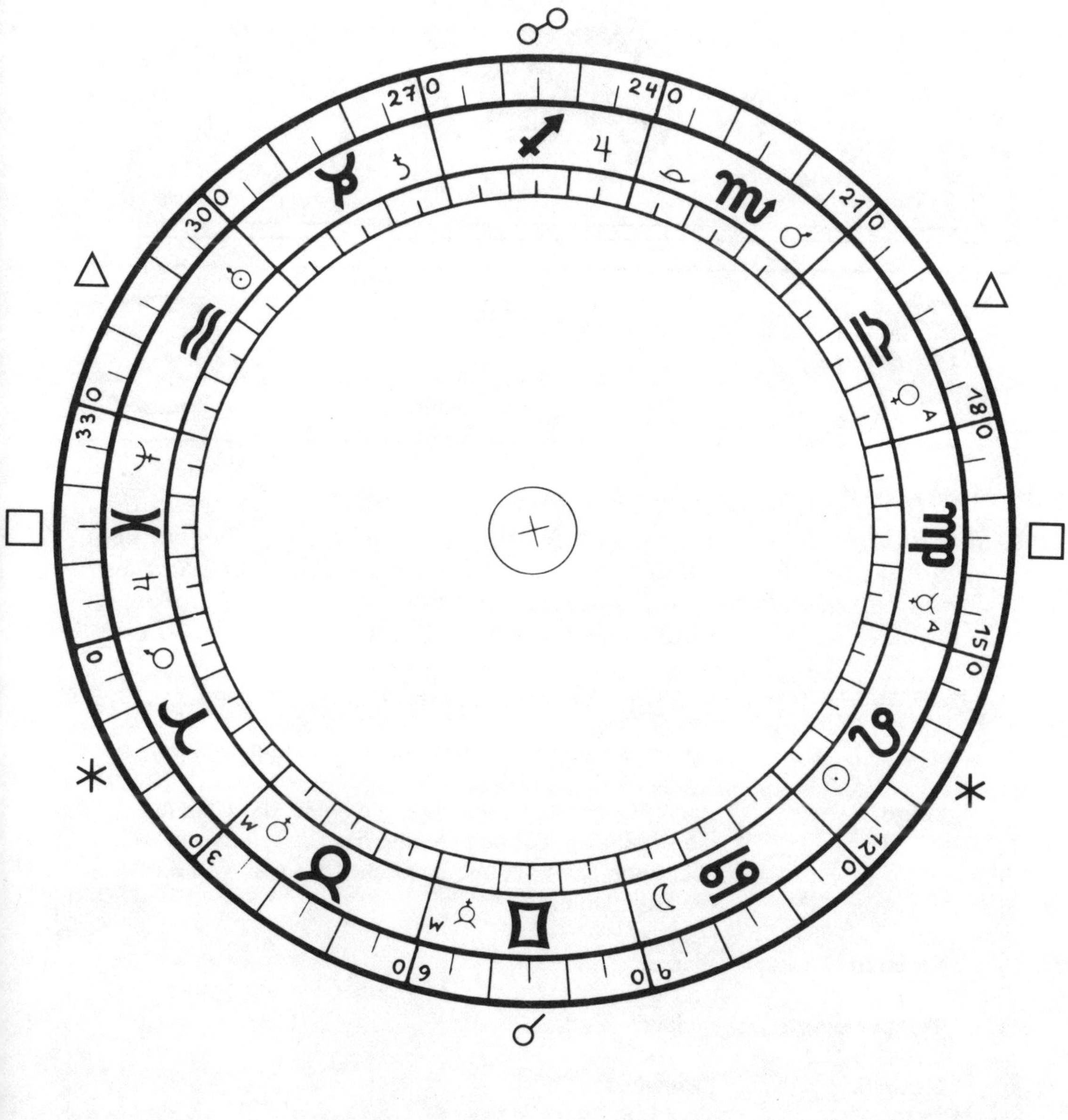

Hier tragen Zwillinge-Geborene
ihre Sonne und die ihrer Angehörigen ein

Krebs

♋

22. Juni bis 22. Juli
Erster Sommerabschnitt

»...Der Krebs ist in dem Thier-Cirkel das vierte Zeichen, wenn die Sonne darin gehet, ist sie gegen Norden am höchsten gestiegen, geht dann wieder gleich einem Krebs zurück gegen Mittag, da dann der lange Tag abnehmen und kürzer zu werden beginnt...« heißt es in einem alten Planetenbuch.

	Planet, der hier seine verwandte Kraft findet:
Mond	symbolisiert das Unbewußte, die Seele, das Gemüt, die Ahnungen, das Gebärende, das Schöpferische; aber auch das Volk und das Echo, das man von dort erwarten kann.
Element	Wasser
Temperament	melancholisch
Motorik	bewegend
Grundverhalten	weiblich, empfangend, antwortend – eher aus der passiven, abwartenden Situation heraus handelnd, dann aber mit steter Zähigkeit.

ASPEKTE
einer Krebs-Sonne:

Konjunktion in Krebs
Sextile in Stier und Jungfrau
Trigon in Fische und Skorpion
Quadrat in Widder und Waage
Opposition in Steinbock
Mögliche Überschneidungen durch Stellung in Anfangs- und Endgraden wurden nicht berücksichtigt, weil diese Aspekte von den Elementen her nicht einwandfrei wären.

VORZÜGE DES LEBENSKERNS	GEFAHREN DES LEBENSKERNS
Aufnahmefähigkeit	Kleinmut
Beobachtungsgabe	Selbstzufriedenheit
Vorahnungsvermögen	Ängstlichkeit
Liebesfähigkeit	Bewunderungsdrang
Einfühlungsvermögen	Verführbarkeit
Verträglichkeit	Genußsucht
Naturliebe	Lässigkeit
Gutherzigkeit	Sentimentalität
Ehrfurcht	Zimperlichkeit
Zähigkeit	Bequemlichkeit
Phantasie	Befangenheit
Gemüt	Nachdenklichkeit
Versöhnlichkeit	Ichbezogenheit
Gedächtnisstärke	Vorsichtigkeit
Empfänglichkeit	
Heimatliebe	
Familiensinn	
Gefühlstiefe	
Langmut	
Mütterlichkeit	

IHR MOTTO
Das Seelische in einem Menschen ist der wahre Antrieb, dem man folgen soll.

ALLGEMEIN

heißt es oft: Krebse sind Menschen, die zwei Schritte vor und einen zurück gehen, die überempfindlich sind, unstabil, sehr mütterlich betreuend, Seelchen und konservativ-heimatverbunden. Nun - dies stimmt so nicht. Krebse sind zwar in vielen Fällen heimatverbunden, aber kaum konservativ, denn sie wollen immer etwas bewegen, etwas Neues schaffen. Sie sind auch nicht unstabil, allerdings in der ersten Reaktion sofort zurückzuckend, was oft als Weichheit ausgelegt wird. Aber im Grunde sind sie sehr zäh. Was sie sich einmal in den Kopf gesetzt haben (und das ist meist nicht wenig), das setzen sie auch durch.

Daß Krebse zwei Schritte vor und einen zurück machen, ist auch eher ein Gerücht. Richtiger ist, daß sie zwar oft zwei Schritte wagemutig vorwärts setzen, dann aber Vorsicht walten lassen. Zurückgehen ist im Grunde nicht Art der Krebse, die wie gesagt, ja von einer bewegenden Motorik sind. Und was zum Begriff Seelchen zu sagen wäre, ist, daß die Krebse durchaus wissen, daß es eine Seele im Menschen gibt, daß das Unbewußte im Grunde die Handlungen eines jeden bestimmt, und zwar gerade dann, wenn es gilt, etwas Schöpferisches zu schaffen.

Das Mütterliche, das Sorgende stimmt jedoch, denn Krebse wollen, was sie gebären, auch beschützen; sie sehen ja dank ihrer guten Beobachtungsgabe, wieviel oft schon im Ansatz verlorengeht. Sie wissen, wie wichtig in jedem Fall eine Weiterentwicklung ist, ohne das Bestehende in Frage zu stellen. Das Wort »konservativ« ist für sie also eigentlich kein Schimpfwort, denn durch das Konservieren ist eine Existenz meist erst entwicklungsfähig.

Sicher sind Krebse sehr emotionell, sehr vom Gemüt, von ihren Launen abhängig, also nach innen gerichtet. Wenn sie etwas wollen, handelt es sich fast immer um ein echtes Anliegen. Stößt dieses auf vorschnelle Kritik, reagieren sie schon empfindsam. Dann heißt es oft, ach diese Empfindlichen, die vertragen ja nichts! Das ist so sicher nicht richtig; nur wollen Krebse nicht, daß durch zu harte und zu scharfe Kritik allem Neuen gleich die Flügel gestutzt werden. Später stellen sie sich sogar sehr der Kritik, weil nur so Verbesserungen möglich sind.

Das Heimatverbundene ist sicher bei den Krebsen sehr tief verankert. Dabei reisen sie gerne, lernen gerne fremde Länder kennen, aber es bereitet ihnen einfach mehr Freude, Abenteuerliches zu erleben, wenn sie das Ticket für den Heimflug in der Tasche haben. Denn das Wort »daheim« ist für sie ein Zauberwort, ein magischer Begriff, von dem kommen sie nicht los. Sie brauchen ihr Zuhause, sie brauchen ihre Umgebung, da blühen sie auf, das ist die Quelle, aus der sie schöpfen. Sie benötigen ihren Ruhepunkt, ihren Sicherheitsanker im eigenen Haus, und mag es noch so klein, die Wohnung noch so bescheiden sein.

Das Zuhause muß ihnen das Gefühl der Sicherheit geben. Dies gilt auch für die menschlichen Beziehungen. Entweder verhalten sich die Krebse sehr distanziert, oder sie zeigen ein ungeheures Vertrauen in Angehörige und Freunde. Einen Mittelweg gibt es da kaum. Meist verhalten sie sich distanziert, denn Freunde haben sie von sich aus nur sehr wenige. Es dauert oft Jahre, ehe sie sich öffnen, und Menschen, denen sie sich zutiefst verbunden fühlen, wird – sozusagen als letzte Sicherung – erst sehr spät (wenn überhaupt) das Du angeboten. Bietet ihnen jemand das Du an, dann lehnen sie es zwar meist aus Höflichkeit nicht ab, aber glücklich sind sie darüber nicht, und sie versuchen oft, hinterher wieder klammheimlich auf das »Sie« zurückzukommen. Krebse haben noch eine Gabe: Sie verstehen ohne Worte. Sie fühlen die Grundstimmung einer Situation, bevor sie in diese hineingeraten sind. Man sagt ihnen nach, daß sie oft Vorahnungen haben, was nur in gewissem Umfang richtig ist.

Wichtig ist außerdem, daß sie nie lange böse sein können. Allerdings ziehen sie, fühlen sie sich arg verletzt, einen klaren

Trennungsstrich. Dann geht nichts mehr. So aber erleben andere immer wieder, daß Krebse fast nie über ein erledigtes und abgeschlossenes Kapitel ihres Lebens böse sind.

Beachtenswert ist ihr manchmal außerordentlich gutes Gedächtnis, das sie gar nicht trainieren. Aber im richtigen Moment erinnern sie sich an das Geschehene und haben es parat. Das liegt vielleicht daran, daß diese Menschen so gut wie nie ohne Vergangenheit leben. Die Vergangenheit ist für sie zukunftsweisend, das ist das Entscheidende. Daher lieben sie fast alle auch Volksmusik und Folklore, ja sogar schöne sentimental-kitschige Melodien, die ihr Herz berühren. Beim banalsten Schlager können ihnen Tränen kommen.

Ihr Handeln ist selten auf einen schnellen Erfolg angelegt, sie denken in Zeiträumen, und dieser Begriff spielt für sie eine große Rolle. Kaum ein Krebs, der große Angst vor dem Alter hat, viele freuen sich sogar bewußt darauf.

Ihr Gefahrenpunkt ist, daß sie sich zu leicht um den Finger wickeln lassen, daß sie, wenn man sie sehr lieb um Verzeihung bittet, dies schnell - oft auch zu schnell - annehmen.

Krebse brauchen immer wieder Ruhepunkte, Ruhezeiten; sie sind grundsätzlich nicht gern allein, aber sie lieben die Stunden des Alleinseins. Dieser Widerspruch ist typisch für sie.

In der Liebe werden die Krebse sehr vom Gemüt getragen, sie können Liebe eigentlich erst erwidern, wenn sie der Gegenliebe ganz sicher sind, vorher haben sie große Hemmungen, sich zu vergeben, ja da sind sie ausgesprochen ängstlich, was sonst eigentlich nicht der Fall ist. Eifersüchtig sind sie selten, und wenn, gehen sie dagegen an, denn sie wissen: Liebe ist nie und nimmer erzwingbar. Daher verstehen sie auch, wenn jemand sie verlassen will und halten niemanden auf. Fazit: Krebse sind empfindsam, einfühlend, wollen etwas bewegen und meinen, daß die Kraft aus dem Unbewußten kommt. Sie geben sich große Mühe, lieb und herzlich zu sein, bleiben dabei aber immer etwas vorsichtig. All das stimmt im allgemeinen, aber Krebse können auch ganz anders sein. Dann sind es jedoch keine typischen Krebse, sondern Ausnahmen, und die gibt es ja unter allen Tierkreiszeichen.

MINERALIEN, STEINE UND SCHMUCK DES KREBSES

Da steht natürlich das Silber obenan. Dieses Edelmetall zieht den Krebs an. Dann gefällt ihm jede Perle. Die Perle ist sein Schmuck, den selbst Männer tragen. Opale kommen stets gut an, und Aquamarine gehören zu den Krebsen; die nehmen sie einfach in Anspruch für sich. Als Schmuck tragen sie gerne einen kleinen Krebs bei sich oder einen Skarabäus, allerdings sehr versteckt und hautnah. Zu Hause lieben sie Glasmalerei oder alles, was etwas von der Ewigkeit durchschimmern läßt. Vor grauen Haaren hat der Krebsmann keine Angst, die trägt er als Schmuck. Die Krebsdamen lieben silbergraue, wertvolle Felle.

BEKANNTERE PERSÖNLICHKEITEN

Marcel Proust, Jean Anouilh, Louis Armstrong, Hermann Hesse, A. de Saint-Exupéry, Gina Lollobrigida, Gustav Knuth, Peter Alexander, Herbert Wehner, Ingeborg Bachmann, Ernst Bloch, Fanny Elßler, Lion Feuchtwanger, Gustav Freytag, Giuseppe Garibaldi, Walter Hasenclever.

DIE KREBS-MUTTER

wird in der Astrologie als die Mutter schlechthin bezeichnet. Das stimmt sicher nicht, wenn sie auch oft außergewöhnlich auf ihr Kind fixiert ist und solange sie lebt wie eine Löwin um »ihr« Kind kämpft, so weich sie sich sonst auch geben mag. Das Kind ist oft der eigentliche Sinn des Lebens, weil sich hier die schöpferische Kraft der Mutter am deutlichsten offenbaren kann.

So sind von der Mutter aus gesehen, beide engstens verbunden, oft geht die Mutter gerade mit dem Kind ihre intensivste Bindung ein, was sich als großer Fehler herausstellen kann. Da das Kind alles ist, wird auch in das Kind das meiste investiert. Das Kind muß aber dann auch die Erwartungen der Mutter erfüllen. Das erstreckt sich nicht nur auf die Liebe, die die Mutter vom Kind – man kann schon sagen – erwartet, sondern das Kind soll höchste Ziele erreichen, sich aber stets auch der Mutter dankbar erweisen.

Oft weichen Kinder diesen Erwartungen, die sich zu Belastungen steigern können, aus, was die Mutter todunglücklich machen könnte. Ihre Kinder sollen möglichst nach ihr schlagen und bei allem Karrierewunsch für das Kind stets auch für die Mutter dasein.

Geht das Kind aus dem Haus, ist die Bindung der Mutter zu Tochter oder Sohn meist so eng, daß über Erdteile hinweg trotzdem tiefe seelische Beziehungen bestehen. Die Mutter fühlt wie eine feinste Antenne, was ihr Kind zur Zeit an Freude oder an Leid erlebt.

Sie macht es den späteren Lebenspartnern sicher nicht leicht, die sie auch fast alle mit meist eifersüchtigen Maßstäben mißt. Am leichtesten fällt ihr eine Heirat des Kindes dann, wenn die neuen Lebensgefährten sich wie ihre Kinder fühlen. Dabei wird diese innere Bindung nach außen nicht immer so deutlich, dazu ist die Mutter entweder zu schüchtern oder zu klug; sie bewahrt schon äußere Distanz, ja oft wirkt das Verhältnis zwischen Mutter und Kind sogar kühl oder befremdlich, was jedoch nicht zutrifft. Sohn oder Tochter werden von der Mutter intensiv nicht nur hinsichtlich Verwandtschaftsbindung, sondern auch im Hinblick auf Tradition und Heimatliebe erzogen. Die Mutter will wirklich das Allerbeste für das Kind. Leider versucht sie, ihm auch oft hinter seinem Rücken zu helfen, indem sie sich – da kann das Kind schon über 50 Jahre alt sein – in seine Angelegenheiten mischt. Sie spricht mit dem Lehrer, dem Chef, mit wem auch immer, um die Lage des Kindes zu klären und zu verbessern. Oft steckt sie sich auch unter irgendeinem gekonnt vorgetragenen Vorwand hinter Freunde, um mehr von seinem Leben zu erfahren. Sie begreift nicht, daß sie damit zu einer um so schneller einsetzenden Entfremdung beiträgt.

An Liebe wird es dem Kind also nicht mangeln, wenngleich etwas weniger hier oft besser wäre. Doch in diesem Punkt wird man mit der Mutter zwar reden, aber kaum zu einer Übereinstimmung kommen können. So kommt es vor, daß Sohn oder Tochter in krassen Ausnahmefällen nun überhaupt nichts mehr von der Mutter wissen wollen, was einfach an der allzu engen Bindung liegt. Ansonsten wird diese Mutter alles für ihr Kind tun, und sollte es im Leben nichts erreichen, wird sie dafür nicht ihm die Schuld geben, sondern immer die böse Umwelt dafür verantwortlich machen.

Wenn sich eine Mutter überdurchschnittlich aufopfert, dann häufig diese. So muß das Kind manchmal erst später lernen, seinem Leben den eigenen Stempel aufzuprägen. Die Krebs-Mutter, vielseitig engagiert, hat die Gefahr, psychosomatisch zu erkranken, wenn sich ein Kind von ihr wendet. In bestimmten Fällen ist allerdings ein Stück Erpressung dabei. Das sollte die Mutter selbst erkennen, bevor es ihr andere auf den Kopf zu sagen. Aber solange das Kind lebt, wird es für viele dieser Mütter der Fixpunkt der Welt sein.

DER KREBS-VATER

sorgt sich in fast mütterlicher Art um sein Kind, oft mehr als die Mutter, so mag es den Anschein haben. Dabei kann er viel strenger zu seinem Kind sein als etwa die Krebs-Mutter. Es handelt sich dabei jedoch um keine Prinzipienstrenge, sondern mehr um eine Strenge aus Unsicherheit, gerade weil er sich dem Kind so verbunden fühlt. Er hat Angst, das Kind zu verwöhnen, deswegen ist er streng; gerade weil er ein so beschützender Vater sein will, besteht die Gefahr, daß er versagt. Da das Kind diese Unsicherheit zuerst nicht verstehen kann, wachsen beide häufig erst später wirklich zusammen, werden dann aber eher Freunde.

Besonderen Stolz erfaßt den Krebs-Vater, wenn er eine Tochter hat. Es wünschen sich so gut wie alle Krebs-Väter eine Tochter. Aber sie sind dann doch wieder so lebensklug, kein Einzelkind haben zu wollen. Beachtenswert ist, daß der Vater ausgesprochenes Vertrauen in »sein« Kind hat. Wenn ihm irgendetwas Negatives über diesen Sohn, diese Tochter zugetragen wird, glaubt er es nicht, will es auch nicht glauben, und notfalls erhebt er sogar Klage wegen Verleumdung.

Er kann allerdings dem Zusammenbruch nahe sein, wenn das Kind ihn menschlich wirklich einmal tief enttäuscht. Diese Enttäuschung ist oft so gut wie nie wieder zu überwinden. Dann sagt sich der Vater – so schwer es ihm fällt – manchmal sogar von seinem Kind los. Auch hier besteht die Gefahr, von einem Extrem ins andere zu fallen. So sehr ihn eine gute Nachrede über sein Kind freut, so sehr kränkt ihn eine schlechte. Trifft sie zu, kann sein ganzer Lebenssinn in Frage gestellt werden. Aber zum Glück spielt sich ja doch das Leben zwischen diesen Extremen ab, und dann versucht der Vater, seinem Kind nicht nur alle Teppiche für eine erfolgreiche Zukunft auszulegen, sondern ihm die Gewißheit mitzugeben, daß der Mensch, auf den es sich verlassen kann, sein Vater ist. Er weiß auch, wie sehr es auf die Seele ankommt, und so bemüht er sich, mit seinem Kind tiefere, seelische Gespräche zu führen. Er legt überhaupt sehr viel Wert auf vielseitige Bildung und versucht, seinem Kind von Anfang an beizubringen, daß jeder Mensch bis ans Ende seines Lebens nur eines dauernd erfahren muß: daß er nie auslernt. Der Krebs-Vater ist auch zu finanziellen Opfern bereit, allerdings läßt er sich nicht, wie man so sagt, ausplündern, denn es kann ja immer noch schlechter kommen.

Im übrigen weiß er auch, wie wichtig eine gemütliche Umgebung für das Heranwachsen des Kindes ist, so versucht er, diese daheim zu schaffen. Er überläßt dem Kind, wenn möglich, sehr früh ein eigenes Zimmer, hat er mehrere Kinder, soll jeder seine eigene Ecke haben, die es so gestalten kann, wie es seinen innersten Wünschen entspricht. Da wird kaum Kritik laut.

Sein Kind – ob Tochter oder Sohn – darf dort Besuch empfangen, der auch nach Mitternacht erst gehen muß. Der Vater will lieber alles unter seinem Dach wissen, er möchte nicht, daß die Kinder das Gefühl haben, wegen irgendwelcher Dinge aus dem Haus gehen zu müssen. In diesem Punkt gilt er als Super-Vater, der völlig modern eingestellt ist, und die Kinder ahnen gar nicht, was er damit für eine Last auf sich nimmt. Denn er schluckt vieles herunter, was ihm nicht paßt, nur damit das Kind nicht das Haus verläßt. Das geht oft bis zur Selbstverleugnung, aber meist lohnt es sich. Denn durch sein Entgegenkommen behält er oft länger als durchschnittlich das Vertrauen seiner Kinder, hat manchmal damit noch einen fein zu steuernden Einfluß auf Freunde und auch auf intimere Partnerinnen oder Partner. Wird er aber von dem Lebenspartner seiner Tochter, seines Sohnes abgelehnt, dann kann das für diesen Vater den seelischen Todesstoß bedeuten. Es braucht dann viel Liebe der eigenen Kinder, um diesen Kummer zu glätten.

DIE KREBS-TOCHTER

entwickelt sich zunächst als ein recht liebes Kind, das sehr an den Eltern und am Zuhause hängt. Sie reagiert sehr gefühlvoll, wenn auch launisch, bekommt Schwierigkeiten mit sich und ihrer Umgebung, wenn sie sich vernachlässigt fühlt. Schnell aber erkennen die Eltern bei allem Nachgeben, daß dieses Mädchen auf sanfte Art durchaus ihren eigenen Willen durchzusetzen versucht. Sie meutert nicht laut, eher leistet sie gekonnt passiven Widerstand. Ist sie einmal schlechter Laune, ist sie nicht zu gebrauchen.

So bekommt sie schnell den Ruf einer Mimose, was sie wiederum recht gewitzt ausnutzt, um oft auch eine Mimose zu spielen. Schauspielerisch zeigt sie sich dabei nicht unbegabt, so erreicht sie oft früh viel mehr als andere. Die Krebs-Tochter träumt gerne, besonders die Wachträume machen den Eltern oft Sorgen, denn sie merken, die arbeitet ja oft nur sehr unregelmäßig! In der Tat läuft bei ihr alles in Intervallen ab. Mal klemmt sie sich verbissen in eine Aufgabe, liest und paukt die Nacht hindurch, dann wieder läßt sie sich gehen, gammelt durch die Gegend und findet an nichts mehr Freude als an Musik. Tag und Nacht muß und kann sie Musik hören, als versinke sie in einer anderen Welt. Nachts setzt sie Kopfhörer auf und kann dabei einschlafen, ohne es zu merken.

Über ihr Innenleben sagt sie nicht viel, und je mehr die Eltern da bohren und Fragen stellen, um so verschlossener wird sie. Als Eltern (später auch andere) muß man diese Mädchen kommen lassen, es ist nicht gut, sie unter Druck zu setzen. Wenn sie nicht wollen, dann ist nichts zu machen. Im späteren Leben zeigen sie sich sehr ehrgeizig und zäh, gerade weil sie oft in ihrer Leistungskraft unterschätzt werden.

Dieses Unterschätzen stellt eine enorme Antriebskraft dar. Immer wieder müssen es Krebs-Kinder erleben, daß man sie nicht ernst nimmt, daß man sie weniger beachtet als andere. Schon in der Schule, wenn eine Mannschaft gebildet wird, bleiben Krebs-Kinder am längsten stehen. Aber das lassen sie nicht auf sich sitzen. Sie schwören sich heimlich, es den anderen zu beweisen, und dieser Schwur hat oft ein Leben lang Gültigkeit. Es sind Langläufer. Am Start bleiben sie oft bewußt zurück, beobachten die Spurter, um sie dann oft im Ziel noch abzufangen. Auch die oft innerlich so zarten Krebs-Mädchen machen da keine Ausnahme. Sie erreichen ihr Ziel, aber ohne großes Posaunengetöse.

Früh denken diese Töchter an eine Familienbindung, und deswegen gehen sie auch recht zeitig aus dem Haus, so sehr sie sich da auch wohlgefühlt haben. Diese Partnerschaft muß nicht das Siegel des Amtlichen ausweisen, soll aber auf Treue aufgebaut sein. Ihren Mann bemuttern sie bald, heißt es immer in alten Astrologiebüchern, aber sie sind dem Mann erst einmal eine recht süchtige Liebhaberin, das wird immer vergessen. Sie lieben die Liebe in allen Variationen. In dieser Beziehung wirken sie vielleicht zunächst nicht so stark auf das andere Geschlecht, aber dann bereiten sie ihren männlichen Partnern manch angenehme Überraschung.

Sie sind nämlich allesamt viel ehrgeiziger als man denkt, und dies in jeder Beziehung. Sicher, ihr Heim ist ihre Burg, und sie passen auf, daß dort nur Menschen ein und aus gehen, die ihnen sympathisch sind, zu denen sie auch gerne gehen würden. Lädt der Mann Geschäftsfreunde ein, die ihnen nicht liegen, verlegen sie den Treffpunkt mit Vorliebe in ein Lokal. Die Wohnung, das sagen sie oft, muß sauber bleiben. Krebsmädchen haben also meist mehr auf dem Kasten, als man ihnen zunächst zutraut. So machen sie alle ihren Weg und finden so gut wie immer zurück, selbst wenn sie einmal davon abgekommen sein sollten.

DER KREBS-SOHN

hat es in seinen ersten 3 Lebensjahrzehnten häufig nicht leicht. Man kann fast immer von einem Spätentwickler sprechen, obwohl er – jetzt kommt das Groteske – einen Frühstart hat. Bis zu den ersten Schuljahren fühlt er sich sicher, stark und frei, ist oft gar nicht schüchtern, führt die Geschwister an. Dann aber, bei der ersten sozialen Eingliederung, in den ersten Schuljahren, bekommt er fast regelmäßig etwas zu hören und zieht sich empfindsam in sich zurück, sucht sein Schneckenhaus auf, das er so schnell nicht wieder verläßt.

Ab nun ändert sich sein Verhalten oft schlagartig. Er denkt, bevor er handelt, er hält sich zurück, sucht andere Menschen, Geschwister oder Freunde, die ihm die Türen öffnen, ja, ihm, wenn möglich, die heißen Kartoffeln aus dem Feuer holen. In dieser Zeit wird er oft – vorschnell – abgeschrieben. Kaum einer gibt mehr etwas darauf, daß aus dem Krebs-Sohn noch etwas wird. Und dann kommt der erste Zwischenspurt. Jetzt spürt die Umwelt, was diese Krebse sich in ihrer Zurückgezogenheit alles an Wissen und Können erarbeitet haben. Plötzlich sind sie da. Nun haben sie gelernt, völlig vorbereitet so ans Werk zu gehen, daß es so aussehen kann, als würde man improvisieren. Krebs-Söhne lösen sich schwer von zu Hause, wenn es ihnen da gefällt, leichter allerdings, wenn sie sich dort unwohl fühlen.

Sie sind ungewöhnlich von der Atmosphäre abhängig, die sie umgibt. Finden sie die nicht zu Hause, dann ziehen sie aus. Dies macht sich oft im Sommer bemerkbar, wenn sich diese Kinder dann ein Zelt im Garten bzw. irgendwo im Freien aufstellen oder sich – wenn vorhanden – eine Höhle wohnlich einrichten. Erstaunlich auch, wie gut diese Söhne allein sein können. Zwar fällt ihnen das an und für sich schwer, aber sie können warten, bis man sie ruft, was sich später positiv auswirken kann. Der Krebs-Sohn ist sicher sehr an die Mutter gebunden, obwohl er sich entschieden dagegen wehrt. Ein Muttersöhnchen, wie oft zu lesen steht, ist er nur selten, im Gegenteil, er wagt es häufiger, sich abzunabeln und während andere noch geistig und seelisch von der Mutter abhängen, ist er schon frei. Das tut ihm weh, aber er hält es durch. Später kommt er eher wie ein Freund in das Elternhaus zurück, was nichts mit der grundsätzlichen Verbundenheit zu tun hat. Seine Heimat- und Traditionsliebe ist meist groß, die Vergangenheit einschließlich der geschichtlichen von enormer Wichtigkeit. So speichert er alle Erfahrungen in sich, deren er habhaft werden kann, und Bücher, die vom Gestern berichten, häufen sich in seinem Zimmer. Und doch wird der Sohn immer wieder ausbrechen wollen, wird immer wieder etwas Neues in die Wege leiten mögen, feste Standpunkte kennt er im Tagesgeschehen kaum, was manchmal sogar die Ehe und andere Bindungen belastet.

Seine Verläßlichkeit ist groß, gerade weil er sich auf andere so verlassen will. Daher meint er, eigentlich auch stets mit gutem Beispiel vorangehen zu müssen. Das gelingt ihm jedoch nur bedingt, denn seine Gemütslage kann sehr schnell wechseln. Diese Belastung trägt er nicht selten von Kindheit an sein Leben lang mit sich herum. Wie die Krebs-Tochter will er es vor allem im Leben deswegen oft wissen, weil man ihm in der Schule eine größere Leistung am wenigsten zugetraut hat.

Anfeindungen mag er überhaupt nicht, aber er hält sie erstaunlich gut aus, vielleicht in der Überzeugung, doch einen längeren Atem als die meisten zu haben, und dies trifft auch zu. So wird er es meist zu etwas bringen, wobei er insgeheim großen Wert darauf legt, daß die Eltern auf ihn stolz sind. Aber alles, was er erlebte, bleibt ihm im Grundsätzlichen wichtig, allerdings oft nicht im Alltagsablauf.

DIE KREBS-GROSSMUTTER

ist meist eine Großmutter aus dem Bilderbuch. So stellte man sich in alten Märchen einst die gute Großmutter vor, könnte man sagen. Moderner ausgedrückt: Diese Großmutter ist den Enkeln gegenüber so lieb und teilnahmsvoll, weil sie sie einfach nicht missen möchte. Sie stellt sich auf sie ein, weil sie sie für sich gewinnen möchte. Dabei kommt sie höchst selten auf den Gedanken, etwa die Enkel zu bestechen, indem sie ihnen immer Süßigkeiten oder etwas Geld zusteckt. Nein, diesen Weg geht sie nicht. Sie mischt sich auch nur selten in Familienauseinandersetzungen ein, aber sie ist da, wenn Enkel sie brauchen.

Sie behandelt sie wie kleine Erwachsene, manchmal spricht sie die Enkel einen ganzen Nachmittag mit »Sie« an, dann werden lustige Verhaltensspiele durchgeführt: Wie ich mich in dieser oder jener Situation benehmen muß, etwa als Zeuge bei einem Autounfall oder vor Gericht. In dieser Form erzählt die Großmutter fast immer bunte Geschichten, und ihrer Fantasie scheinen keine Grenzen gesetzt zu sein. So kommen die meisten Enkel auch mit ihren Freunden oder Freundinnen zu ihr, um diesen die Klasse-Großmutter vorzuführen.

Lebensklug ist sie noch dazu, kann also gute Ratschläge für die Schule oder fürs erste Treffen mit dem anderen Geschlecht geben. Sie hat also oft die Gabe, ihren weiten Erfahrungsschatz so einfach und einleuchtend darzulegen, daß die Enkel diese Art der Belehrung fasziniert annehmen.

Ein besonderer Pluspunkt ist das Festefeiern. Ein Weihnachten mit einer Krebs-Großmutter kann unvergeßliche Eindrücke hervorrufen, und noch jahrzehntelang währt die Erinnerung daran. Eltern haben nichts gegen den Besuch ihrer Enkel bei dieser Großmutter, weil sie sicher sind, daß sie sich nur selten in die Erziehung der Kinder einmischt, so daß auch von daher die Beziehung der Enkel zu ihr unbelastet ist.

DER KREBS-GROSSVATER

wirkt stets gemütlich, weil er es sich gemütlich macht. An dieser Beschaulichkeit läßt er alle teilhaben, die Enkel wie seine Kinder. Mit den Enkeln selbst kann er meist nicht soviel anfangen, oder er wünscht sich, sie wären schon älter. Denn bis ins hohe Alter interessieren diesen Großvater Probleme (vor allem menschlicher Art). So holen sich viele bei ihm Rat, nur die Enkel meistens nicht, für ihre kleinen Probleme hat er wenig Zeit. Schade sicher, denn auch da könnte er manches aus seinem Erfahrungsschatz beisteuern.

Aber es gibt auch eine gute Seite, die sogar den Enkeln bestens hilft. Haben die Eltern Probleme mit ihren Kindern, wenden sie sich an den Großvater, und dann ist er zur Stelle. Dann nimmt er meist – wie ein Rechtsanwalt – die Interessen seiner Enkel wahr und hilft ihnen damit mehr, als wenn er sich direkt mit ihnen auseinandersetzen würde. Dieser Großvater hat meist auch gar nicht so viel Zeit, denn bis ins hohe Alter pflegt er seine Hobbys; das ist oft weit mehr, als andere beruflich tun. Krebse – besonders männliche – müssen tätig sein. Zwar nicht gleichmäßig, aber in Schüben, doch tätig sind sie eigentlich immer.

Allerdings brauchen diese Großväter ihre Ruhe, Kinderlärm kann sie stören, den halten sie nicht aus. Erst wenn die Heranwachsenden die ersten Pubertätsschwierigkeiten haben, dann ist er für sie ansprechbar, sehr zur Verwunderung der Eltern übrigens, da sich nun offenbart, wie sehr der Großvater mit der Zeit gegangen ist. Ja, daß er sogar die Idole der Enkel auf sportlichem wie auf musikalischem Gebiet kennt, überrascht immer wieder.

Ab dann kann die Verbindung vom Großvater zu den Enkeln sehr intensiv werden, aber sie wird nie zu innig. Er hält seine Enkel meistens auf Distanz, da er auf keinen Fall will, daß sich die Eltern der Kinder zurückgestellt fühlen.

VERHÄLTNIS: ELTERNTEIL – KIND (und umgekehrt)
durch den Sonnenstand bedingt.

ELTERNTEIL KREBS – KIND KREBS
(oft eine Konjunktion)

Hier besteht im allgemeinen eine sehr enge Beziehung, da das Kind im grundsätzlichen sehr nach dem Elternteil geraten dürfte. Dieser erkennt auch sofort: Das ist mein Kind, das ist wie ich, und in der Tat fühlt sich das Kind auch instinktiv zu diesem Elternteil hingezogen. Man kann feststellen, daß die Übereinstimmung oft so weit geht, daß das Kind gute oder schlechte Laune hat, je nachdem, wie Vater oder Mutter gestimmt sind. Sicher ist dies für das Kind ein spielerischer Vorgang, der aber doch verrät, wie sehr es sich eben auf diesen Elternteil einstellen kann.
Wehe aber, dieses Kind erfährt dann, daß es nur eines von mehreren ist, wenn also Geschwister da sind oder kommen und es nicht mehr allein im Mittelpunkt steht! Manchmal leidet es so sehr, daß es sich unbewußt in eine Krankheit flüchtet, damit sich Vater oder Mutter nur um dieses Kind kümmern! Das kann zu einer gefährlichen Manie werden, wenn hier nicht vom Elternteil aus frühzeitig und konsequent dagegengesteuert wird.
Das Kind versucht sogar oft, den Elternteil, etwa in der Schule, zu kopieren, weil es meint, so benimmt, so bewegt man sich, so handelt man. Dies hält oft bis ins hohe Alter an. Es sei denn, daß sich das Mädchen, der Junge heftig verlieben und die Lebenspartnerin oder der Lebenspartner die Kraft und die Geduld aufbringen, die Verbindung zum Elternhaus ein wenig zu lösen. Dies wird sicher immer auch Wunden der Trennung aufreißen, aber es kann ein Glück für das Krebs-Kind bedeuten. Dies sieht dann hoffentlich – wenn auch schweren Herzens – der betroffene Elternteil ein, dem die Abnabelung (auch wenn es sich um den Vater handelt) fast immer sehr schwer fällt. Doch Vernunft kann hier nur die Liebe stärken.

ELTERNTEIL KREBS – KIND LÖWE
(meist kein Aspekt)

Da wir es hier mit Beziehungen der Sonne des einen zur Sonne des anderen in einem Nachbarschaftszeichen zu tun haben, sind sie gar nicht so unproblematisch. Der Elternteil wird ziemlich früh feststellen, welches Selbstbewußtsein das Kind an den Tag legt. Er selbst hatte ja viel mehr Schwierigkeiten, sich einst als Kind durchzusetzen. Zuerst nehmen Vater oder Mutter das mit Befriedigung auf. Es wird aber kritisch, wenn sich das Kind dann sehr selbstbewußt, manchmal gar autoritär auflehnt. Die Kinder verstehen es oft sehr geschickt, diese Elternteile für ihre Interessen arbeiten zu lassen.
Auch mag später der Elternteil entsetzt sein, wie sich das Kind im Verhältnis zu ihm fast unbescheiden aufspielt und Ansprüche stellt! Das fängt bei der Kleidung an, setzt sich fort bei Elektrogeräten oder Motorfahrzeugen. Das ist die eine Seite. Die andere ist, daß der Elternteil heimlich doch sehr stolz auf das Kind ist. Oft sind dann dieser Vater, diese Mutter sogar so verblendet, daß sie meinen, dieses Kind wäre für etwas Besseres geboren, und sie opfern sich noch mehr auf. Dadurch verwöhnen sie das Kind und fördern ein Anspruchsdenken.
Ist das Kind erwachsen, strebt es ziemlich früh aus dem Haus, denn es ordnet sich nur schwer unter.
So können sich Elternteil und Kind recht schnell auseinanderleben. Nur wenn es dem Kind gutgeht, wenn es Karriere macht, dann zeigt es sich häufig großzügig und will den Eltern zeigen: Seht mal, was aus mir geworden ist! Es braucht einfach deren Bewunderung, die mehr schmeichelt und länger vorhält als manche Anerkennung des Chefs. Aber gerade dem Chef werden dann die Eltern vorgeführt mit dem Hintergedanken: Seht, wie bin ich über meine Familie hinausgewachsen!

ELTERNTEIL KREBS – KIND JUNGFRAU
(oft ein Sextil)

In der Regel kann hier von einem recht harmonischen Verhältnis gesprochen werden, wenigstens oberflächlich gesehen. Der Elternteil ist mit der Entwicklung des Kindes sehr zufrieden; in vielen Fällen ist es fleißig, gewissenhaft, sparsam und tut seine Pflicht, hilft, wenn nötig, auch im Haus. Aber je älter das Kind wird, um so skeptischer betrachtet der betreffende Elternteil die Entwicklung.

Das Kind ist ihm oft zu nüchtern, zu realistisch, ja zu materiell. Es entwickelt Neidgefühle und kümmert sich wenig um seelische oder psychologische Vorgänge. Auch in der Liebe – so sieht es der Elternteil – entscheidet das Kind eher sachlich, plant das Leben sehr genau. Ja, die Feststellung kann Vater oder Mutter erschüttern, daß das Kind mit 25 Jahren alles im Leben erreicht hat, daß nun schon alles gelaufen ist. Eine feste Anstellung, die Lebenspartnerin, der Lebenspartner sind gefunden, das erste – meist einzige – Kind ist unterwegs, und die berufliche Karriere ist genau abzusehen, ja nachzuvollziehen. Kaum ist da im Kind etwas von den Sehnsüchten des Elternteils zu spüren. Urlaube werden genauso geplant wie Kuren oder Erkältungskrankheiten.

So sieht es oft der Elternteil, aber er erkennt dabei nicht an, mit welcher Zielstrebigkeit, mit welcher echten Lebensbescheidung das Kind seinen Weg geht. Die Angst, zu hoch hinaufzusteigen, die hat sich beim herangewachsenen Jungen oder Mädchen meist von selbst gelegt. Die Angst herabzufallen, unverdient noch dazu, die wird mit den Jahren allerdings unter Umständen immer stärker; deswegen will man ein möglichst geordnetes Leben vor sich haben. Das ist meist der Moment, wo Elternteil und Kind nicht mehr grundsätzlich miteinander sprechen können, sondern nur noch Höflichkeitsbesuche austauschen, wo das Jungfrau-Kind dann seine Münz- und Briefmarkensammlungen vorzeigt und für die liebe Mutter oder den alten Vater die Heimfahrt im Taxi bezahlt.

ELTERNTEIL KREBS – KIND WAAGE
(oft ein Quadrat)

In alten Astrologiebüchern steht bei dieser Verbindung der einen Sonne zur anderen Sonne meist: Das geht nicht gut, Konflikte sind vorprogrammiert. Nun, das ist nach der praktischen Erfahrung nicht richtig. Im Gegenteil. Elternteil und Kind können sich hier gegenseitig prächtig ergänzen, auch wenn es manchmal zu lauteren Auseinandersetzungen kommt. Aber der gemütvolle Krebs-Elternteil und das gefühlvolle Kind passen sehr gut zueinander; die Gefühlsstärke des Kindes tut dem Elternteil wohl, und er pflegt und entwickelt das Gefühl im Kind. Hier besteht meist ein großes Vertrauensverhältnis, das nicht vieler und schon gar nicht großer Worte bedarf.

Wird das Vertrauen einmal gebrochen, dann werden sicher tiefe Wunden aufgerissen, manche vernarben dann schwer oder nie. Aber das Kind hat in den meisten dieser Verbindungen die Gewißheit, daß es sich immer – in der kleinsten Gefahr wie in der größten Not – auf den Elternteil verlassen kann. Und auch die Eltern sehen mit Freuden die Entwicklung des Kindes, selbst wenn es aus dem Haus geht.

So schwer Krebs-Eltern oft verkraften, wenn ein Kind das Haus wechselt, weil eine eigene Familie ruft, in diesem Fall fällt es ihnen mit am leichtesten, weil sie eben – und mit vollem Recht – auf die Gefühlsbindungen vertrauen können. So können sogar später gemeinsame Urlaube durchaus eine Selbstverständlichkeit werden, wenn der Elternteil sich da seine angeborene Distanz bewahrt oder sich wieder an sie erinnert. Besonders wenn das Kind künstlerische Berufe wählt, wird der Elternteil größtes Verständnis für Risiken aufweisen und immer Mut machen wollen. Vielleicht gibt es heftigeren Streit, wenn es um die Erziehung der Enkel geht, denn da kann sich – leider – der Krebs-Elternteil gelegentlich nur sehr schwer zurückhalten. Das allerdings sollte er frühzeitig lernen.

ELTERNTEIL KREBS – KIND SKORPION
(oft ein Trigon)

Diese Konstellation zeigt meist ein harmonisches Verhältnis zwischen Elternteil und Kind, und das trifft im allgemeinen auch zu. Hier stimmt die Wellenlänge zwischen beiden Familienmitgliedern.
Beide finden besonders leicht dann zusammen, wenn sie traurig sind, wenn es so schön dramatisch oder gar zum Weinen ist. Es gibt beinahe kein größeres Vergnügen, als wenn ein Elternteil (z. B. die Mutter) mit dem Kind (z. B. dem Sohn) in die Oper geht. Beide sitzen dann in »La Traviata« und vergießen gemeinsam so viele Tränen, daß sie sich ganz verbunden fühlen. Für beide bedeutet ein Erlebnis dieser Art eine sehr enge Bindung. Alles Traurig-Sentimentale führt sie zusammen, ebenso wie Bücher alter Dichter und neuerer Psychologen.
Allein die stete Suche nach dem Geheimnis der Welt und des Lebens beschäftigt beide höchst intensiv. Sie nehmen es da auch gerne in Kauf, wenn die anderen Familienmitglieder über sie lächeln. Dann sagen sie: Die anderen lachen zusammen, wir weinen zusammen! Über Bücher können sie nächtelang miteinander diskutieren, wobei erstaunlich ist, wie klug und erwachsen das Kind dann mitsprechen kann. Überhaupt spürt es besonders im Handeln des Elternteils sehr leicht Widersprüche auf.
Der Abschied aus dem Haus fällt oft schwer, aber er geht verhältnismäßig problemlos vor sich, weil eben eine gemeinsame Grundstimmung immer oder mindestens sehr lange binden wird. Es kommt sehr darauf an, wie die Lebenspartnerin, der Lebenspartner auf die mehr seelische als familiäre Bindung dieser beiden reagieren. Ist sie ihm zu nah, kann er riskieren, daß sich das Kind für den Elternteil entscheidet, obwohl dieser es wirklich nicht will. Da drohen also Eifersuchtskonflikte, was der Elternteil früh genug erkennen sollte, um mit den möglichen Lebenspartnern schnell eine gemeinsame Verständigung zu finden.

ELTERNTEIL KREBS – KIND SCHÜTZE
(meist kein Aspekt)

Diese Konstellation scheint Auseinandersetzungen vorzuprogrammieren.
Auch wandelt sich der zuerst aufkommende Stolz des Elternteils auf das Kind in Angst vor dessen weiteren Entwicklung. Vater oder Mutter sind ziemlich schnell der Meinung, daß das Kind zu hoch hinaus will. Sicher erwartet auch der Elternteil, daß das Kind Vater oder Mutter später übertrifft, aber es stört ihn, nach welchen Zielen das Kind greift, die sind ihm immer 2 oder 3 Stufen zu hoch.
Auch erschreckt es ihn bisweilen, daß dieser Junge, dieses Mädchen auf Kritik so schroff reagieren, ja antworten, als säßen sie auf einem Thron! Oft mag der Elternteil sogar das Gefühl haben, mit dem Kind ist nicht zu reden, und er sucht die Schuldigen, die ihm solche Flöhe ins Ohr gesetzt haben. Hier muß er viel lernen, muß einsehen, daß das Kind voll träumendem Idealismus ist, daß es sogar etwas vom Weltverbesserer in sich spürt. Und der Elternteil sollte auch aus seinen Erfahrungen gelernt haben, daß es stets besser ist, zu hoch als zu niedrig zu zielen. Man trifft sowieso nicht so hoch, wie man zielt, und daß die Bäume nicht in den Himmel wachsen, erfährt jeder noch früh genug. Wenn aber das Kind schon in jungen Jahren zu sehr gebremst wird, dann nimmt man ihm auch seinen Elan, seinen inneren Schwung. Es ist bestimmt nicht klug, die Kinder zu hoch hinaus fliegen zu lassen, aber es ist sehr ungeschickt, sie bewußt in engen Grenzen halten zu wollen.
Sicher fällt es diesem Elternteil schwer, hier die richtige Mitte zu finden. Dabei hängt das Kind sehr an diesem Vater, dieser Mutter und wird sie eines Tages von sich aus bestimmt nicht verleugnen, sondern, wo es nur geht, an seinen Erfolgen teilnehmen lassen. Und es wird auch immer stolz auf seine Eltern sein, die ihm diese Karriere erst ermöglicht haben. Ist es einmal soweit, dann finden Elternteil und Kind wieder zueinander.

ELTERNTEIL KREBS – KIND STEINBOCK
(meist eine Opposition)

Gegensätzlicheres scheint es nicht zu geben, und dies sei vorweggenommen: Der Lernprozeß wird anhalten, solange Elternteil und Kind leben. Ja, wenn der Elternteil zu früh stirbt, wird das Kind den Konflikt immer in sich tragen und ausleben müssen. Hier prallen echte Gegensätze aufeinander. Der seelisch sehr geprägte Elternteil muß ernüchtert erkennen, wie realistisch und konsequent das Kind seinen Weg geht, wobei innere Vorgänge kaum eine Rolle zu spielen scheinen. Und das Kind mißachtet oft die Zärtlichkeitsbedürfnisse der Mutter, lehnt sie meistens ab, schon bei manchem Streicheln zieht es sich zurück, ohne zu ahnen, wie sehr es damit den Elternteil – ob Vater oder Mutter – verletzt. »Ach mit deinem Gemüt«, so wird das Kind oft kurz reagieren, »es entscheiden im Leben doch nur die Tatsachen.«

Diese wenig gefühlvolle Einstellung muß den Elternteil einfach schmerzen und kränken, so daß er sich zusätzlich noch launisch und aufgewühlt zeigt, was das (scheinbar) nüchterne Kind für völlig unmöglich hält. Es kann durchaus sein, daß so ein Kind seinen Elternteil als hysterisch oder sentimental einschätzt und sich geniert, diesen Vater, diese Mutter seinen Freunden oder Freundinnen vorzustellen. Dann versteht der Elternteil die Sturheit im Kind überhaupt nicht, erst recht nicht die Sicherheit, die es oft an den Tag legt. Und da in den realen Dingen das Kind bei Auseinandersetzungen oft im Recht ist, muß sich der Elternteil, im Innersten unsicher, immer wieder sagen: Was verstehst du denn dagegen von der Welt!

Dabei könnten sich beide so herrlich gegenseitig helfen und ergänzen. Nur kommt es auch auf den Altersunterschied an. Je geringer er ist, um so leichter mag dies sein. Handelt es sich aber um ein Kind, das geboren wurde, als der Elternteil schon über 30 Jahre alt war, wird das Zueinanderfinden sehr schwierig sein. Hier muß der Elternteil mittels bewußter Erkenntnis nach Wegen der Verständigung suchen.

ELTERNTEIL KREBS – KIND WASSERMANN
(meist kein Aspekt)

Eine Konstellation, die sich oft sehr differenziert auswirkt. Der Elternteil hat zunächst große Freude daran, daß das Kind sich sehr originell verhält, stets lustig zu sein scheint und zu allen Späßen aufgelegt ist. Es trägt gern zur allgemeinen Familienheiterkeit bei und ist oft der Liebling der ganzen Familie. Später zeigt es durchaus seine Eigenheiten, auch eine manchmal recht starke Ichbezogenheit.

Dieses Kind – dazu oft noch sehr vielseitig begabt – kann sich schwer konzentrieren, will mal dies, mal jenes, so daß es für den Krebs-Elternteil ein Problemfall werden kann. Das innere Verstehen fällt häufig nicht allzu leicht, vieles nimmt das Kind in den Augen des Vaters oder der Mutter zu sehr auf die leichte Schulter, als ob das Leben ein Witz wäre. Vom Kind aus gesehen, nimmt der Elternteil alles viel zu tragisch, es versteht nicht, warum der Mutter, dem Vater, alles so unter die Haut gehen muß. Auch findet die Grundeinstellung des Elternteils zum Leben beim Kind vielfach überhaupt kein positives Echo. Der Elternteil wird als sehr betulich, ja bürgerlich eingestuft, und das Kind wählt oft sogar bewußt Berufe aus (es handelt sich so gut wie immer um mehrere Berufe, da das Lebensziel lange unklar bleibt), die dem Elternteil mißfallen. Dies sind selbstverständlich eher unbewußte Reaktionen, daher auch schwer begreifbar und kaum auszudiskutieren.

Elternteil und Kind mißverstehen sich häufig. Geht dann das Kind aus dem Haus, schüttelt der Elternteil oft den Kopf über den eingeschlagenen Lebensweg, aber aus der Ferne verstehen sich beide dann manchmal überraschend gut. Das Kind schreibt originelle Briefe und Lebensberichte, die der Elternteil doch voller Stolz herumzeigt. Begegnet man sich, dann weniger auf der Familienbasis, sondern eher wie Gegensätze, die sich anziehen, weil der andere eben so anders ist, und das ist häufig als gute Verständigungsgrundlage zu empfehlen.

ELTERNTEIL KREBS – KIND FISCHE
(oft ein Trigon)

Eine Konstellation – man könnte sagen – wie aus dem Bilderbuch für beide Familienmitglieder. Das Mütterliche im Elternteil wird sich hier bestens entfalten können, da das Kind für elterliche Betreuung, die aber auch vom Vater ausgehen kann, ungemein empfänglich ist. »Ein Herz und eine Seele«, werden Außenstehende vielleicht oft feststellen, denn diese beiden verstehen sich ohne Worte.

Das Kind ist so ein richtiges Nestkind, das nicht genug Wärme erhalten kann. Was kann sich da ein Elternteil besseres wünschen! Sicher fällt beiden eines Tages die Trennung voneinander schwer. Das wird aber schon in der Schulzeit deutlich, wenn das Kind etwa einmal in ein Ferienlager geht oder später selbständigen Urlaub macht. Ist der Elternteil eine Mutter, dann sollte sie darauf achten, daß das Kind nicht unbewußt zu einem »Muttersöhnchen« oder »Muttertöchterchen« erzogen wird. Der Elternteil wird überhaupt sehr viel Verantwortung tragen, da das Kind wirklich bereit ist, auf ihn zu hören. So sollten sich Vater oder Mutter auch manchmal dazu zwingen, eine gewisse Härte an den Tag zu legen. Dies wird besonders deutlich, wenn der Elternteil durch Scheidung oder Tod allein leben muß. Dann konzentriert er sich möglicherweise zu sehr auf das Kind, bindet es, will es nicht mehr loslassen.

Jede Liebesbindung des Kindes wird sehr schwierig, weil die Partnerin oder der Partner oft den Elternteil mitheiraten müssen. Es ist also von beiden sehr viel Vernunft nötig, um sich gegenseitig nicht zu sehr aneinandergekettet zu fühlen. Die innere Gemeinsamkeit zeigt sich beispielsweise auch im gleichen Geschmack hinsichtlich Mode und Musik.

Bei der Aufklärung über sexuelle Vorgänge könnte es Schwierigkeiten geben, weil der Elternteil das Kind so lange wie möglich im unwissenden Zustand für sich bewahren möchte. So gut sich also beide von Grund auf verstehen, so besteht gerade darin manche Gefahr.

ELTERNTEIL KREBS – KIND WIDDER
(oft ein Quadrat)

Also bei dieser Konstellation können – um es salopp zu formulieren – schon manchmal die Fetzen zwischen Elternteil und Kind fliegen. Das Kind kehrt frühzeitig seinen Willen hervor, den dieser Elternteil kaum brechen kann.

Obwohl die Geduld des Elternteils an und für sich sehr groß ist, wird sie von diesem Kind oft zu sehr strapaziert. Nicht, weil das Kind böse ist, nein weil es von Anfang an seine eigenen Wege gehen will, weil es sehr früh ehrgeizige Pläne entwickelt und weil ihm die Gabe fehlt, sich auf langfristige Entwicklungen einzustellen. Alles, was es möchte, muß sofort erfolgen, und wenn der Elternteil sagt: »Das hat noch Zeit«, antwortet das Kind unwirsch und meist im Trotz. Nichtsdestoweniger ist die Bindung zwischen Kind und Elternteil sehr eng, beide kommen nicht voneinander los, für Außenstehende sieht es oft so aus, als brauchten beide Familienmitglieder diese Reibungen. Schwer wird es, wenn Geschwister da sind, denn das Widder-Kind stellt häufig den Anspruch, stets das beste, das erste, das begabteste Kind zu sein. Es erträgt es beispielsweise schwer, wenn die Schwester oder der Bruder bessere Zensuren nach Hause bringen oder wenn diese – meist artigeren Kinder – mehr gelobt werden. Immer finden dann das Widder-Mädchen, der Widder-Sohn Gelegenheit, auf sich aufmerksam zu machen. Dabei ist es vielfach das Kind, auch wenn es das Jüngste ist, das als erstes aus dem Haus geht. Auch hier ist für den Elternteil guter Rat teuer.

Erst wenn das Leben zuschlägt, kann es passieren, daß das Kind mit fliegenden Fahnen zurückkehrt, allerdings in der Gewißheit, daß der Elternteil immer für alle Kinder da ist. Das ist das Schicksal fast aller Krebs-Eltern, sie vermögen sich so gut wie gar nicht von ihren Kindern zu lösen, schon gar nicht, wenn ein Kind bittend auf sie zukommt. Dann sind alle – hier ja oft sehr harten – Auseinandersetzungen vergessen.

ELTERNTEIL KREBS – KIND STIER
(oft ein Sextil)

Diese beiden Familienmitglieder müßten sich prächtig verstehen, es sei denn, andere Konstellationen verhinderten dies. Der Elternteil kommt mit diesem Kind spielend zurecht. Selbst die früh auftauchende Sturheit kann er gut auffangen, und das Kind fühlt sich von Anfang an enorm geborgen und beschützt.
Es legt ja viel Wert auf eine gewisse Lebenssicherung, und gerade dieser mütterlich sorgende Elternteil (auch wenn es der Vater ist) gibt ihm die Garantie. Dabei läßt sich das Kind nicht einmal so leicht vereinnahmen, es geht durchaus seine eigenen Wege, aber es hat die Gabe, sehr gut mit dem Elternteil umgehen zu können. Es kann zärtlich sein, es fühlt, wenn der Elternteil Kummer hat, dann kommt es still und lieb als kleines Trostpflaster angekrochen, was der Elternteil hoch zu schätzen weiß. So wachsen beide distanziert und doch einander nah zusammen.
Wird das Kind älter, wendet es sich auch in Fragen der Partnerschaft meist sehr offen an den Elternteil, der auch die Aufklärung übernehmen sollte. Aber alle möglichen Partnerinnen oder Partner werden wie selbstverständlich diesem Elternteil zur ersten Begutachtung vorgeführt. Nicht Freunde oder Freundinnen entscheiden mit über die richtige Wahl, sondern in erster Linie dieser Vater, diese Mutter. So fällt es auch dem Elternteil vielfach nicht schwer, wenn dieses Kind aus dem Haus geht, denn die nahe Verbindung bleibt ja bestehen. Meist muß sich da auch das Schwiegerkind einfügen, was ihm aber nicht schwerfallen dürfte, weil alles mit einer ungeheuren Selbstverständlichkeit abläuft. Die einzige Einschränkung ist vielleicht darin zu sehen, daß der Elternteil weiterführenden Ehrgeiz bei diesem Kind vermißt, daß es sehr häufig gar keine großen Sprünge machen will, sondern sich im anstrengenden Lebenskampf lieber vorsichtig verhält.

ELTERNTEIL KREBS – KIND ZWILLINGE
(meist kein Aspekt)

Diese Konstellation von Nachbarschaftszeichen verheißt im Gegeneinander von Elternteil und Kind sicher einige Aufregungen. Gegeneinander weil das Kind sich doch vielfach völlig anders verhält als der Elternteil. In der Regel ist das Kind sehr aufgeschlossen, hellwach in seinen Reaktionen, höchst vielfältig interessiert und für längere Konzentration nicht zu haben. Häufig will das Kind die Dinge – erpicht auf alles Neue – erst einmal mit dem Verstand aufnehmen und begreifen, während sich der Elternteil dieser spontanen Reaktionen enthält, da er alles erst auf sich wirken lassen will. Gehen etwa beide ins Theater, dann muß das Kind sofort über die Entwicklung des Dramas, der Charaktere der Hauptdarsteller reden und findet einfach keine Antwort beim Elternteil, der erst am nächsten Morgen darüber sprechen möchte. Am nächsten Morgen aber hat das Kind schon wieder etwas ganz anderes im Sinn. Hier liegt es also am Elternteil, sich sehr auf das Kind das dauernd »warum« fragt, einzustellen. So wird das Verhältnis eher einseitig sein, denn das Kind kann einfach noch nicht erkennen, daß der Elternteil alles weniger vom Kopf als vom Gemüt aufnimmt. So reden auch beide oft aneinander vorbei. Ganz besonders dann, wenn es um die Lebenschancen oder die richtige Berufswahl geht. Das Kind will einen Beruf, der schnelles Fortkommen verspricht, während der Elternteil eher auf längere Zeitabläufe setzt. Hier könnte ein Kompromiß für das Kind höchst wichtig sein, wie sich beide überhaupt bestens verstehen, wenn sie die gemeinsame Mitte suchen oder entdecken. Später wird das Kind dies auch einsehen, wenn die Beschäftigung mit dem Gemüthaften auch ihm von Natur aus nicht so leicht fallen dürfte.
Oft werden beide Familienmitglieder sogar über die Lebenspartnerin oder den Lebenspartner näher aneinander herangeführt, weil so ein Zwillinge-Kind gerne einen Gegenpol heiratet, der dem obigen Elternteil nahesteht.

UNKLARHEITEN,
die bei Krebs-Geborenen durch die 12 möglichen Aszendenten für Elternteil und Kind entstehen können.

SONNE in KREBS mit ASZENDENT KREBS ergibt kaum Schwierigkeiten, weil sich hier der Lebenskern und das Rollenspiel so gut wie decken. Zwar werden Eltern und Kinder jeweils vom anderen sagen, sie seien doch eigentlich recht egozentrisch und darüber hinaus auch übermäßig empfindlich, als bräche für sie gleich die ganze Welt zusammen, wenn nicht alles abliefe, wie sie es sich vorstellten. Aber diese gegenseitige Ansicht hebt sich letztlich ja wieder auf, Krebs-Eltern und Krebs-Kinder dieses Aszendenten sind daheim und in der Umwelt von gleicher Mimosenhaftigkeit und überraschen niemanden damit.
SONNE in KREBS mit ASZENDENT LÖWE ruft dagegen oft echtes Erstaunen hervor. Die Kinder sind perplex, wie autoritär etwa die Eltern in der Öffentlichkeit auftreten, ja sie bemerken mit Entsetzen, daß dem Elternteil die Hand ausrutschen kann, wenn sie nicht parieren – während sich die Eltern zu Hause doch viel friedlicher und vor allem auch ängstlicher geben. So leicht ist dieser Rollentausch für ein Kind oft nicht zu verdauen. Die Eltern dagegen schauen oft mit befriedigtem Stolz auf ihr Kind mit dieser Konstellation, das sich draußen doch so gut durchsetzen kann und sich nicht alles gefallen läßt. Sie wundern sich, wie andere scheinbar widerspruchslos von ihrem Kind herumkommandiert werden, aber sie schmunzeln darüber, bis sie erleben, daß die größer gewordenen Kinder auch sie – die Eltern – ziemlich autoritär behandeln. Dies verstärkt sich, je älter die Eltern werden. Aber sie finden auch das meist ganz hübsch.
Bei **SONNE im KREBS mit ASZENDENT JUNGFRAU** tauchen solche krassen Wandlungen im Umweltverhalten nicht auf, die Kinder bewundern die Tüchtigkeit, mit der die sonst von Launen abhängige Mutter, der eher stille Vater, sich draußen im Leben wappnen können, und auch die Eltern freuen sich, daß die Kinder dieser Konstellation ihre häuslichen Launen nicht so nach draußen tragen, sich also beherrschen können, was für die Eltern im Hinblick auf die Lebensbewältigung sehr befriedigend ist. Das nimmt ihnen viele Sorgen.
SONNE in KREBS mit ASZENDENT WAAGE überrascht beide Familienteile meist angenehm. Die Diplomatie, die diese Elternteile draußen an den Tag legen, bemerken die Kinder erst viel später. Überraschend finden sie eher die Tatsache, wieviel Wert sie auf's Äußere legen, wenn sie aus dem Haus gehen, während sie doch daheim so leger wie möglich herumlaufen. Und auch manche Eltern können kribbelig werden, wenn sie sehen, daß sich das Kind (ob Junge oder Mädchen) erst umständlich putzt und zurechtmacht, ehe es seinen Auftritt – anders kann man es oft nicht bezeichnen – in Szene setzt.
SONNE in KREBS mit ASZENDENT SKORPION paßt auch ganz gut zusammen, hier unterscheidet sich das Verhalten des Lebenskerns nicht so arg vom Rollenspiel draußen, wobei den Kindern nur auffallen mag, daß diesen Elternteilen das Lachen in der Umwelt viel schwerer fällt als zu Hause; sie spüren aber auch, wie sehr sich dieser Vater, diese Mutter stets auf das Heimkommen freuen. Die Eltern betrachten dagegen schon eher mit Sorge, daß diese Kinder meist sehr lange Zeit brauchen, um sich draußen gut zurechtzufinden, ja um wirkliche Freunde zu gewinnen.
SONNE in KREBS mit ASZENDENT SCHÜTZE ist eine Konstellation, die die Kinder bei ihren Eltern sehr schätzen (ohne die astrologischen Zusammenhänge zu verstehen). Aber wie dieser Elternteil, der daheim fürsorglich ist, sich Respekt und Achtung in der Umwelt erwirbt, das imponiert den Kindern ungemein. Umgekehrt gilt dies auch für die Eltern, die oft kaum erwartet haben, wieviel echte Anerkennung das empfindsame Kind draußen findet, was meist schon bei der Berufung zum Klassensprecher beginnt.
SONNE in KREBS mit ASZENDENT STEINBOCK ist dagegen eine Konstellation, die Kinder bei einem Elternteil sehr

schwer verstehen. Sie kennen diesen Vater, diese Mutter als warmherzig, gemütvoll und gemütlich. Aber wenn sie den gleichen Menschen draußen völlig anders erleben, abwartend, karg, manchmal fast geizig und abweisend, dann kann für sie die Welt in Unordnung geraten, denn dieser Elternteil behandelt ja alle Menschen fast so, als wären es Feinde, vor denen man auf der Hut sein muß. Aber auch Eltern können sich über ihr Kind mit dieser Konstellation oft nur wundern. Es scheint überhaupt nicht verlieren zu können, was ihnen Sorge bereiten mag. Daheim schmollt es immer nur in einer Ecke.

SONNE in KREBS mit ASZENDENT WASSERMANN erscheint (trifft diese Konstellation für einen Elternteil zu) den Kindern voller Rätsel, wenn nicht unverständlich. Mit Verblüffung erleben sie, wie sich die Eltern oft als Konformisten geben, Dinge bejahen, die sie zu Hause als dumm und falsch ablehnen, etwa wenn eine Reform eingeführt werden soll. Zu Hause am Fernseher rufen sie bei den Nachrichten: »Das hat uns noch gefehlt!« Aber Minuten später versuchen sie, ihren Nachbarn gerade von der angekündigten Neuerung zu überzeugen und preisen die Vorzüge des modernen Trends. Erst später merken die Kinder, daß die Eltern im Tiefsten die Umwelt gar nicht ernst nehmen. Die Eltern dagegen freuen sich, wenn Kinder mit dieser Konstellation draußen ihren Blödsinn an den Mann bringen, oft meinen sie: »Sollen sie sich austoben, um hier Ruhe zu geben!«

SONNE in KREBS mit ASZENDENT FISCHE bedeutet für Eltern und Kinder keine Problematik, da sich hier Lebenskern und Rollenspiel halbwegs decken. Kindern fällt auf, wie vorsichtig, ja kühl sich Vater oder Mutter draußen bewegen, um zu versuchen, keine Launen an den Tag zu legen, die ja die Kinder zur Genüge kennen. Eltern dagegen registrieren sogar mit Freude, daß die Kinder draußen kaum aus sich herausgehen, abwarten und sich in brenzligen Situationen recht cool benehmen.

Völlig anders aber sieht es aus, wenn **SONNE in KREBS mit ASZENDENT WIDDER** anzutreffen ist. Kinder entdecken oft immer wieder mit Unbehagen, wie streitbereit sich diese Elternteile in der Umwelt wehren, keiner Auseinandersetzung ausweichen, während sie zu Hause doch ihre Ruhe haben wollen. Sie kennen oft den freundlichen Vater, die zärtliche Mutter nicht wieder. Umgekehrt gilt das auch. Wenn Eltern hören, wie sich ihr Kind draußen rauft und balgt, um sich durchzusetzen, wollen sie es einfach nicht glauben, da es sich zu Hause doch eigentlich friedlich gibt.

SONNE in KREBS mit ASZENDENT STIER harmoniert als Konstellation sehr gut, Kinder wundern sich manchmal, wie ordentlich, wertbewußt und auch realitätsbezogen sich die Elternteile in der Umgebung zeigen, wenn sie beispielsweise die Wichtigkeit der Ordnung betonen, die sie zu Hause so aber gar nicht selbst einhalten. Manche Eltern sind höchst angenehm überrascht, wenn sich das Kind in der Schule viel besser entwickelt, ja stillen Ehrgeiz aufweist, den es zu Hause kaum zeigt. Auch sieht die Schulmappe von außen wie neu, innen aber mehr als unordentlich aus, das wäre typisch für diese Konstellation, die aber wenig Überraschungen bietet.

SONNE in KREBS mit ASZENDENT ZWILLINGE sorgt dagegen schon eher für Mißverständnisse (wie die meisten Konstellationen in Nachbarschaftszeichen). Kinder reiben sich oft verwundert die Augen, wenn sie erleben, daß der doch zu Hause manchmal mufflige Elternteil sich außerhalb aufgeschlossen, beredt und kollegial gibt. Manche Kinder mögen meinen: »Wenn er nur mit mir soviel sprechen würde!« Auch Eltern können zu einem ähnlichen Ergebnis kommen, haben sie ein Kind mit dieser Konstellation. Sie müssen erleben, daß es unter Freunden flott daherschnattert, während es in der Familie den Mund nicht aufbekommt und man ihm alle Antworten förmlich aus der Nase ziehen muß.

DIE SCHWIEGERKINDER IM VERHÄLTNIS ZUM ELTERNTEIL KREBS

Alle Schwiegerkinder haben es bei einem Krebs-Elternteil zunächst nicht ganz leicht. Zwar sehen diese eine Heirat ihrer Kinder grundsätzlich gern, schon weil sie mit Freude und möglichst früh Großeltern wären, aber die Angst der Krebs-Eltern - Mutter wie Vater -, ob die Wahl ihrer Kinder auch die richtige war, ist doch recht groß. So wird das erste Kennenlernen oft zu einem Verhör oder einer strengen Musterung.

Eine **KREBS-Schwiegertochter** hat es da noch am einfachsten, weil sie meist dem einen Elternteil ähnelt und der andere ja mit einem Krebs gute Erfahrungen gemacht hat. Besonders der Krebs-Vater dürfte da recht aufgeschlossen reagieren, aber auch die Krebs-Mutter fügt sich nicht ungern in dieses Schicksal.

Taucht ein **KREBS-Schwiegersohn** auf, dann findet die Mutter diesen in vielen Fällen gleich sehr sympathisch, vor allem seine Schüchternheit gefällt ihr. Beim Krebs-Vater kommt es da sehr auf den stummen Kontakt an, ob man sich mit Blicken versteht. Das ist ja gerade für männliche Krebse so wichtig.

Diese stummen Gesten reichen jedoch bei einem **LÖWE-Schwiegersohn** nicht. Der hat es sowieso nicht so leicht. Er wirkt eher bremsend auf die Sympathie des Krebs-Vaters. Etwas mehr Bescheidenheit würde ihm sicher besser gefallen. Da dies dem Löwe-Schwiegersohn meist egal ist, dürften manche Auseinandersetzungen nicht auf sich warten lassen. Die Krebs-Mutter ist da großzügiger, wenn sich der Schwiegersohn ihrer Tochter gegenüber als nett und nicht kleinlich entpuppt.

Im Sturm allerdings gewinnt die **LÖWE-Schwiegertochter** das Herz des Krebs-Vaters. Diese junge Frau imponiert ihm allein schon durch ihre Lebenslust, und er akzeptiert sogar ihren Führungsanspruch. Sehr allergisch dürfte in diesem Fall jedoch die Krebs-Mutter reagieren, die sofort befürchtet, daß ihr Sohn in der zu schließenden Ehe wohl wenig zu sagen hat. Aber sie unterschätzt dabei die zähe Krebs-Kraft.

Eine **JUNGFRAU-Schwiegertochter** sagt dem Krebs-Vater zwar auf dem ersten Blick sicher weniger zu als eine Löwin, aber er stimmt dieser Wahl dann doch von seinem objektiven Standpunkt aus bejahend zu, in der Gewißheit, daß sie seinen Sohn gut versorgen, ihm außerdem oft eine attraktive, treue Frau sein und sich immer für ihn einsetzen wird. Der Krebs-Mutter könnte diese Schwiegertochter etwas zu real sein, auch zu besserwisserisch, denn eine Krebs-Mutter kann es nur schwer verkraften, wenn ihr Sohn von einer anderen Frau erzogen wird.

Das gilt auch für einen **JUNGFRAU-Schwiegersohn**, aber dies ist auch der einzige Vorbehalt, den die Mutter vielleicht - wenn überhaupt - äußert, denn auch sie will ihre Tochter vor allem gut versorgt wissen, deswegen setzt sie auf diesen Schwiegersohn, zumal er sich meist als intelligent entpuppt. Dem Krebs-Vater gefällt die praktische Art des Schwiegersohnes, der immer einen Ausweg sieht und auf alle Möglichkeiten des Lebens vorbereitet zu sein scheint. Auch erkennt der Vater schnell an, daß der Schwiegersohn hat, was er nicht hat: das praktische Können, das praktische Wissen, die gesunde Realitätseinstellung.

Die vermißt er sehr häufig beim **WAAGE-Schwiegersohn**, dessen Auftreten, dessen Charme ihm nur so halb und halb gefallen. Der Krebs-Vater tut sich schwer, aus dem Waage-Schwiegersohn klug zu werden, der sich oft zu weltgewandt zeigt. Genau dies aber gefällt der Krebs-Mutter. Noch ein Mann der alten Schule mit Benimm und künstlerischem Sinn, der wird meine Tochter bestimmt verwöhnen; dies ist der erste Eindruck. Der zweite weckt die Frage, ob er auch treu und zuverlässig ist. Da hat der Waage-Schwiegersohn manche Skepsis zu überwinden.

Noch skeptischer ist die Krebs-Mutter jedoch bei einer **WAAGE-Schwiegertochter**. Meist hält eine Krebs-Mutter sie für eine Spur zu elegant, zu charmant, zu amüsant. Und genau dies gefällt dem Krebs-

Vater, der aber auch sofort erkennt, daß sein Sohn zwar wohl viel Glück gehabt hat, daß er sich aber anstrengen muß, dieses Glück auch zu halten.

Gegen eine **SKORPION-Schwiegertochter** hat ein Krebs-Vater meist nur sehr wenig einzuwenden, er hatte sich ja in seinem Leben sicher mehrmals in eine »Skorpionin« verliebt. Also liegt ihm diese Frau vom Naturell her sehr, und ihm gefällt die innere Kraft, die sie ausstrahlt. Auch die Krebs-Mutter dürfte hier kaum ernsthafte Einwände erheben, vielleicht hat sie im hinteren Stübchen ihres Kopfes die Befürchtung, daß diese junge, ungestüme, auch leidenschaftliche Frau vielleicht zu anstrengend für ihren Sohn sei, daß sie ihn möglicherweise seelisch belaste.

Einen **SKORPION-Schwiegersohn** sieht sie auch recht gerne ins Haus kommen, mit dem kann sie schnell wunderbare Gespräche führen, und sie verstehen sich beide meist auf den ersten Blick. Dies kann fast genauso auf den Krebs-Vater übertragen werden, der – sprechen keine anderen Konstellationen dagegen – dem Skorpion-Schwiegersohn von sich aus sehr offen entgegenkommt. Es liegt überwiegend allein an diesem, wenn er sich schwer mit seinem Schwiegervater verstehen sollte.

So leicht hat es ein **SCHÜTZE-Schwiegersohn** sicher nicht. Zwar imponiert sein Auftreten, auch seine großzügige Art gefällt, aber allein die Tatsache, daß er oft das Gespräch bestimmen will, daß er entscheidet, wie die Hochzeit, wie die Reisen danach zu gestalten sind, läßt den Krebs-Vater Bedenken haben. Bei der Krebs-Mutter hat es dieser Schwiegersohn leichter, weil sie ja immer für inneres Feuer empfänglich war, und wenn der Schwiegersohn dann auch noch Ideale vertritt und denen vehement nachstrebt, hat er hier leichtes Spiel.

Die **SCHÜTZE-Schwiegertochter** wird sich mit der Krebs-Mutter nicht so leicht einigen können, weil sie der Krebs-Mutter zu genau weiß, was sie will, und sie gibt ihrem Sohn kaum Chancen, sich da zu behaupten. Der Krebs-Vater ist eher persönlich angesprochen. Sicher tritt diese junge Frau auch ihm eine Spur zu selbstbewußt auf, aber welchem Krebs-Mann gefällt dies nicht im Innersten, auch wenn er es kaum zugeben mag. Also hat diese »Schützin« bald gewonnen.

Die **STEINBOCK-Schwiegertochter** braucht sehr lange, um mit dem Krebs-Vater zurechtzukommen. Auch er braucht viel Zeit, um sich an sie zu gewöhnen. Sicher spürt er sofort, daß diese Frau genau weiß, was sie will, daß sie aber auch oft jedes Wort auf die Goldwaage legt, so als wolle sie nichts von ihren Plänen vorschnell ausplaudern. Sie kann warten, und es scheint ihr nichts auszumachen, einen ganzen Abend nichts oder nur kaum etwas zu sagen. Die Krebs-Mutter kommt mit ihr noch schwerer zu Rande, denn diese Schwiegertochter scheint überhaupt kein Verständnis für Emotionen, für Launen oder Gemütsbewegungen zu haben, sie hat sich stets in der Gewalt.

Dasselbe fällt der Krebs-Mutter sicher auch beim **STEINBOCK-Schwiegersohn** auf, der keine Höflichkeitsfloskeln kennt und immer nur das Anfaßbare gelten läßt, auch mit seelischen Dingen nichts im Sinn hat. Er liebt Gespräche von Mann zu Mann, aber mit dem Krebs-Vater geht das auch nicht so ohne weiteres, denn dem liegt zu allererst an einer guten Atmosphäre. Dann rauft man sich also zusammen.

Leichter als mit dem **WASSERMANN-Schwiegersohn**, den der Krebs-Vater zunächst als ulkigen Vogel betrachtet. Dessen Lebenseinstellung ist ihm mehr als fremd, ja die macht ihn sehr vorsichtig, so leicht würde er diesem Schwiegersohn kein Geld borgen oder gar für ihn bürgen. Die Krebs-Mutter dürfte über diesen Familienzuwachs auch nicht allzu glücklich sein, weil dieser Schwiegersohn doch zu extravagante Vorstellungen von der richtigen Lebensgestaltung hat.

Die **WASSERMANN-Schwiegertochter** dürfte der Krebs-Mutter ebenfalls nicht ganz geheuer sein, zumal sie zu viele Pläne hat, die sie schnell wieder wechselt oder gar aufgibt. Sie befürchtet – wohl mit Recht –, daß ihr Sohn diese Unruhe nicht gut verträgt. Der Krebs-Vater akzeptiert dagegen diese Schwiegertochter eher als lustige Person, die recht amüsant ist, die man aber ja nicht ernst nehmen darf. Und es braucht einige Zeit, um auch zwischen diesen beiden Familienmitgliedern vorgefaßte Vorurteile abzubauen.

Die **FISCHE-Schwiegertochter** wird dagegen von der Krebs-Mutter sofort ins Herz geschlossen. Hier scheint es nicht einmal Generationsunterschiede zu geben, und wenn, werden sie ziemlich schnell abgeklärt. Aber die Krebs-Mutter ist einfach glücklich, daß ihr Sohn eine – wie sie sagt – weiche Frau bekommt; erschrecken könnte sie später, wie kühl doch so eine junge Fische-Schwiegertochter reagieren kann. Der Krebs-Vater hat gegen diesen Familienzuwachs auch nichts einzuwenden, vielleicht ist ihm manches an dieser Tochter zu geheimnisvoll, zu hintergründig, aber er spürt auch die Unsicherheit, und das gefällt ja allen Männern, besonders einem männlichen Krebs. Genau deshalb findet er sie für seinen Sohn passend.

Ein **FISCHE-Schwiegersohn** stört ihn auch nicht, er wünscht ihm nur neben der Weichheit, die er hat, auch etwas mehr realistisches Zupacken. Die Krebs-Mutter meint oft, nun würde sie einen neuen Sohn geschenkt bekommen haben und gratuliert ihrer Tochter mehr aus diesem Grunde sehr zustimmend.

Das dürfte sie mit Sicherheit bei einem **WIDDER-Schwiegersohn** nicht tun. Schon seine schnelle, direkte Art beängstigt sie. Wie jemand bei der Begrüßung sagen kann, was er will, das behagt ihr nicht. Sie möchte sich ja nicht gerne überrumpeln lassen, und diese Art von Schwiegersohn scheint es darauf abgesehen zu haben. An diese zupackende Art muß sie sich erst gewöhnen. Auch der Krebs-Vater begrüßt diesen Schwiegersohn nicht mit einem zustimmenden Trommelwirbel, er kommt nur sehr vorsichtig aus seinem Schneckenhaus heraus, und erst wenn er seine Tochter längere Zeit glücklich sieht, dann stimmt er auch dem Sohn zu.

Eine **WIDDER-Schwiegertochter** kommt beim Krebs-Vater als Typ sehr gut an, er gönnt seinem Sohn auch deren Liebe, aber muß es denn gleich eine Ehe, eine unauflösbare Bindung sein? Diese Frage stellt er immer wieder, eine Krebs-Mutter tut es jedoch noch heftiger: sie lehnt diesen Typ (wenn es einen echten Widdertyp gäbe) spontan und ziemlich lange ab und tut sicher damit der Schwiegertochter manches Unrecht an, das sie auch bereuen könnte, denn so leicht gibt eine Widder-Schwiegertochter nicht nach.

Einfacher, leichter hat es da eine **STIER-Schwiegertochter**. Allein wie sie auftritt, gefällt. Die gesunden Ansichten, nicht zu altmodisch, aber auch nicht zu modern, all das erfreut das Herz der Krebs-Mutter, die wirklich vom Glücksfall für die ganze Familie spricht und dieser Schwiegertochter erst einmal alle Türen öffnet. Auch ein Krebs-Vater ist meist sehr angenehm berührt, wenn ihm so ein kleiner, handfester Venustyp als Schwiegertochter vorgestellt wird, ja für so ein Persönchen richtet er gerne großzügig eine Pracht-Hochzeit aus.

Ähnlich kommt ein **STIER-Schwiegersohn** an, ihm vertraut der Vater ziemlich schnell. Er findet ihn zuverlässig, höflich, sachlich und auch musisch, das ist eine gute Mischung. Und welche Krebs-Mutter sollte im Prinzip etwas gegen so einen Stier-Schwiegersohn haben, den man auf Anhieb versteht und mit dem man sofort gut auskommt!

Schwerer ist es, die Bindung zu einem **ZWILLINGE-Schwiegersohn** zu finden. Zwar klappt das Gespräch sehr gut, da braucht die Krebs-Mutter ja zunächst nur zuzuhören; das tut sie gern, denn es plaudert sich nett mit ihm. Aber klug wird sie schwerlich aus ihm, manches ist zu sprunghaft, zu verwirrend. Und genau dies findet auch meist ein Krebs-Vater, und er fragt sich: »Wenn er so gut sprechen kann, warum kann er dann nicht zuhören, warum kann er scheinbar keine Gesprächspause vertragen, da wird er ja sichtlich nervös!« Und die Zweifel sind da, ob dieser Mann auch seiner Tochter zuhören kann. Er kann, der Krebs-Vater wird dies einsehen.

Eine **ZWILLINGE-Schwiegertochter** gefällt ihm dagegen durch ihren Humor, sie weiß ja einen Krebsmann bestens zu nehmen, da gibt es keine Probleme, die tauchen eher bei einer Krebs-Mutter auf. Sie befürchtet, daß diese Frau keine Begabung für die feineren Nuancen des Lebens zu haben scheint, was sie stets für äußerst wichtig hält. Auch hier: Eine Krebs-Frau kann sich anpassen und anschmiegen.

ZUSAMMENFASSUNG

Einen **KREBS** – ob weiblich oder männlich – in der Familie zu haben, das ist sicher für die anderen Familienmitglieder nicht immer sehr leicht zu verkraften, gerade weil der Krebs so familienbezogen ist. Aber in erster Linie geht es ihm stets um seine eigene, meist kleinere Familie. Zur Großfamilie oder zur Rundumverwandtschaft hat er viel weniger Beziehungen. So wird er oft als Außenseiter betrachtet, und bei Licht besehen ist er es auch. Störend – für andere – ist seine Empfindlichkeit, während ihm viele gerade in verzwickten Situationen für seine Empfindsamkeit dankbar sind.

Krebse stören, aber sie sind auch die Friedensstifter. Einmal braucht man ihnen nur den kleinen Finger zu reichen, nachdem man sie verärgert hat, und alles ist wieder gut. Zum anderen gibt es kaum ein Tierkreiszeichen, daß die Kraft hat, sich schneller entschuldigen zu können als der Krebs. Und wenn es wirklich brennt, kann er gut Gespräche führen, um so Vorurteile, Blockaden oder Vorwürfe abzubauen. So wird gerade der schwierigste Familienteil als Vermittler angerufen.

Besonders wenn es um seelische Dinge geht, wenn seelische Erlebnisse Krankheiten verursachen, dann ist ein Krebs in der Familie oft sehr nützlich. Auch wissen sie meist ein Geheimrezept, das helfen soll, wenn sich jemand eine Grippe zugezogen hat oder an Migräne leidet. Das Schwierigste an den Krebsmitgliedern ist, daß sie sich in keinster Weise bedrängen lassen. Wer sie überrumpeln will, ist damit schon auf ein Abstellgleis gekommen, wer in sie dringt, dem weichen sie aus. Krebse benötigen auch in der Familie eine Distanz. Innere Nähe liegt ihnen überhaupt nicht, da reagieren sie leider oft allergisch und verhalten sich dann auch dementsprechend! So familiär sie sind, gerade deswegen sind sie immer auch Außenseiter.

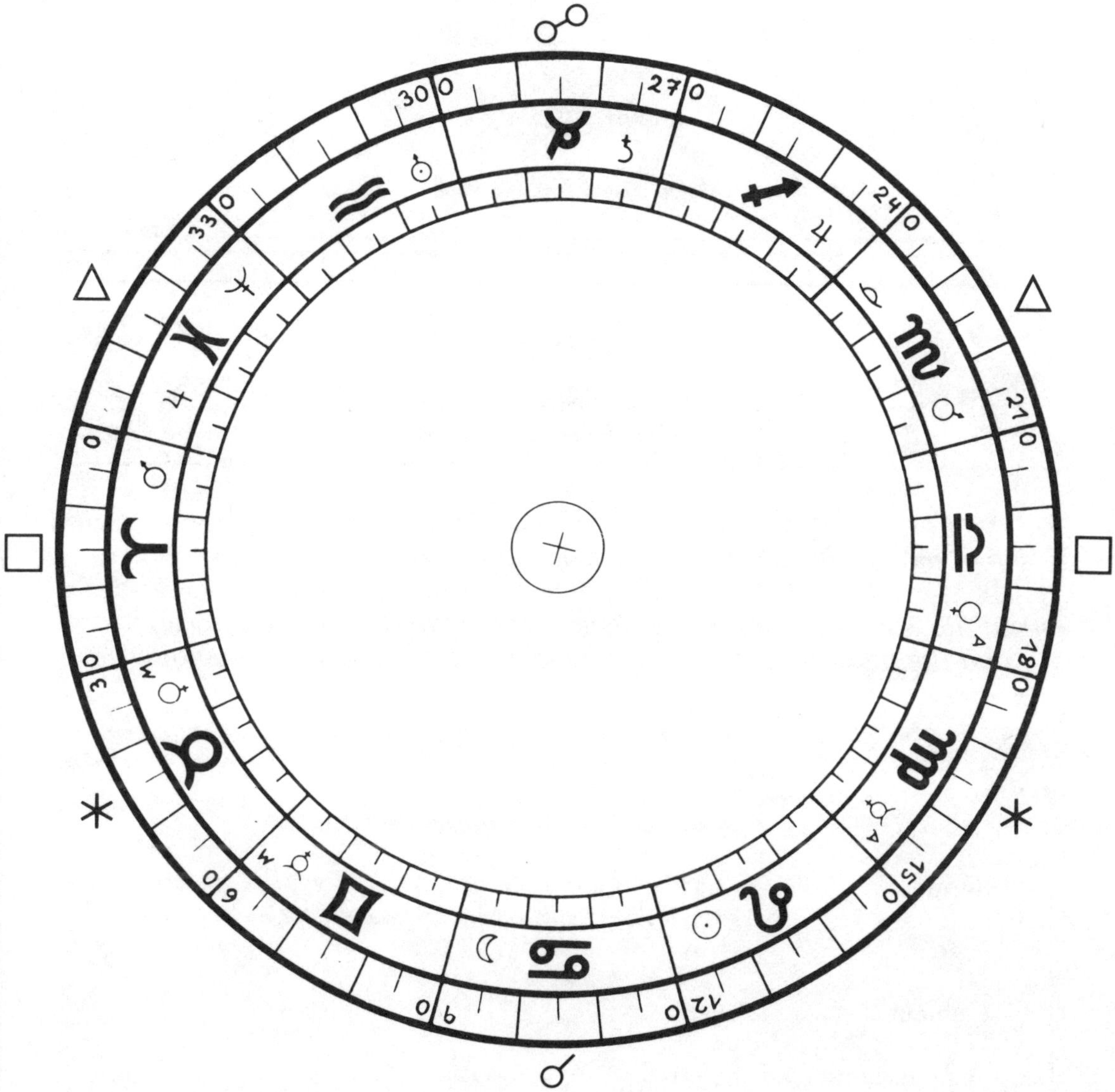

Hier tragen Krebs-Geborene
ihre Sonne und die ihrer Angehörigen ein

Löwe

23. Juli bis 23. August
Zweiter Sommerabschnitt

»... der Löwe ist das fünfte Zeichen, sein Name kommt von seiner Natur her, weil nicht allein das Gestirn die Gestalt etlichermaßen ihm gegeben, sondern auch weil der Löwe das hitzigste Thier sein soll; denn wenn die Sonne in diesem hitzigen Zeichen lauft, sich die Luft erwärmt und die heißeste Zeit gibt...« heißt in einem alten Planetenbuch.

	Planet, der hier seine verwandte Kraft findet:
Sonne	symbolisiert den Lebenskern, das bewußte Ego, das Herz, das Sein, das Leben überhaupt, die Stellung im Leben.
Element	Feuer
Temperament	cholerisch
Motorik	fest
Grundverhalten	männlich, zeugend, ansprechend – aktiv handelnd, das Heft schnell selbst in die Hand nehmend.

ASPEKTE
einer Löwe-Sonne:

Konjunktion in Löwe
Sextile in Zwillinge und Waage
Trigone in Widder und Schütze
Quadrat in Stier und Skorpion
Opposition in Wassermann
Mögliche Überschneidungen durch Stellung in Anfangs- und Endgraden wurden nicht berücksichtigt, weil diese Aspekte von den Elementen her nicht einwandfrei wären.

VORZÜGE DES LEBENSKERNS	GEFAHREN DES LEBENSKERNS
Tatkraft	Anmaßung
Initiative	Prahlerei
Begeisterung	Ruhmsucht
Machtanspruch	Herrschsucht
Würde	Eitelkeit
Kraft	Eigenmächtigkeit
Mut	Überschwenglichkeit
Unternehmungslust	Mittelpunktsstreben
Hilfsbereitschaft	Selbstherrlichkeit
Herzlichkeit	Genußsucht
Autorität	Verschwendung
Zielbewußtsein	Wichtigtuerei
Organisationstalent	Übermut
Selbstsicherheit	Egoismus
Großzügigkeit	
Vertrauenswürdigkeit	
Wohlwollen	
Führungsqualität	
Lebensfreude	
Stolz	

IHR MOTTO
Das Leben auskosten, solange es das Leben gibt!

ALLGEMEIN

heißt es oft: Löwen sind prahlerisch, stolz und autoritär. Sie delegieren lieber, als daß sie selbst zupacken. Vielen Löwen, so heißt es, käme es in erster Linie meist darauf an, erst einmal sich selbst darzustellen. So fühlen sich viele - das ist eine Frage des Niveaus - als Salonlöwen sehr wohl. Nun - dies stimmt so nicht. Löwen sind zwar stolz, aber auch großzügig. Sie delegieren zwar nicht ungern, aber sie fördern auch. Sie zeigen Mut, wenn andere schon davonlaufen. So stellen sie sich auch vor Leute, die sich ihnen anvertraut haben. Wer zu ihnen gehört, den lassen sie nicht fallen.
Sicher ist ihr Selbstbewußtsein groß, oft sieht es wahrlich so aus, als säßen sie auf einem Thron, auch wenn sie nur auf einem Schusterschemel Platz genommen haben. Löwen strahlen Kraft und Zuversicht aus, so daß ihnen die Führung oft von allein angetragen wird. Übernehmen sie dann die Leitung eines Unternehmens, dann setzen sie sich oft bis zur letzten Konsequenz ein. Sie mögen einfach nicht die Hälfte, wenn sie das Ganze bekommen können; das ist allerdings auch oft eine Prinzipienfrage. Löwen entwickeln eine starke Gestaltungskraft, die sie schöpferisch umsetzen. Wer Ideen hat, kann bei Löwen gut landen, denn sie sind begeisterungsfähig.
Beistand geben sie gerne, allerdings verlangen sie festes Vertrauen und bedingungslosen Glauben an sich, manchmal gar Unterwerfung. Mit Vorliebe rufen sie ein Team ins Leben, wo einer so gleich wie der andere ist, aber sie selbst sind doch da noch eine Idee gleicher. Das Team hört fast automatisch auf sein Löwen-Kommando, auch wenn er es nur flüstert. Dies wäre allerdings eine Seltenheit, denn meist hört man das laute Organ der Löwen sehr weit, sie sind unüberhörbar und unübersehbar. Richtige Löwen erkennt man auf den ersten Blick, sie stehen auch nie in der Ecke eines Raumes, sondern immer in der Mitte - möglichst direkt unter dem Kronleuchter.
Innere Freiheit erkaufen sie sich durch Großzügigkeit, sie zeigen sich spendabel, um nichts oder wenig von ihrem Selbst herzugeben. Manches wirkt in der Tat etwas anmaßend; das hat jedoch den Vorteil, daß Löwen nur höchst selten über Kleinkariertes oder Kleinformatiges stolpern. Sie sehen die große Linie einer Entwicklung, und nur auf die kommt es ihnen an. Die Kleinmalerei überlassen sie anderen, wenn sie - wie Rubens - ein Gemälde entwerfen. Groß ist ihre Autorität, die selbstverständlich wirkt. Sie brauchen sie auch, um sich nicht unterwerfen zu müssen, denn das können sie so gut wie gar nicht. Natürlich können nicht alle Löwen Chef sein, aber irgendwo müssen sie auch etwas zu sagen haben, sonst wäre das Leben nicht lebenswert, und genau dafür setzen sie sich so oft ein, machen Überstunden - wenn sie die Notwendigkeit einsehen.
Eine einmal gefaßte Meinung kann so leicht keiner mehr umstoßen. Oft scheint es so, als würden Löwen sehr schwer etwas dazulernen. Da ist schon etwas Wahres dran, weil sie eine Meinung nicht sofort wieder ändern. In dieser Hinsicht sind sie längst nicht so lernfähig - dieses Schlagwort hassen sie - wie Opportunisten. Ergibt sich jedoch die Notwendigkeit, einmal seine Meinung zu ändern, dann tun sie es schon, um dann genauso konsequent an dieser neuen Ansicht festzuhalten. Eine weitere Meinungsänderung würden sie als Untreue gegen sich selbst empfinden. Prinzipientreue ist für sie kein leeres Wort, eher sogar ein wertvolles Kapital. Neben der Arbeit lieben sie den großzügigen Genuß, sie essen, trinken, lieben gerne. Was Spaß macht, muß ausgefüllt werden, je ernster jemand das Leben nimmt, desto mehr. Im Grunde sind diese Charaktere auch sehr gerecht, wenn es um andere geht, bei sich selbst lassen sie gerne eine drei auch eine zwei sein, aber sie geben dies zu und lachen noch dröhnend darüber. Ihr Ehrgeiz ist ausgeprägt. Was sie so gut wie gar nicht vertragen ist, daß ihre Leistung nicht genügend anerkannt und geachtet wird. Dabei unterliegen sie selbst der Gefahr, Leistun-

gen anderer nicht genügend zu bewerten. Konkurrenten wittern sie meilenweit und rüsten sich für eine Auseinandersetzung. Neider und Konkurrenten haben sie zwar auch, aber die stören sie nicht, jedenfalls so gut wie kaum. Jeder, der etwas kann, muß einfach Neider haben, also fühlen sie sich oft sogar geehrt, wenn jemand hinter ihrem Rücken schlecht von ihnen spricht. Hauptsache ist, daß man über sie spricht!

Was sie auszeichnet, ist ihre Entscheidungsfreude, die ja heute oft Seltenheitswert hat, und wenn sie sich verlieben, dann fragen sie auch selten, aus welcher Familie das Mädchen oder der junge Mann kommen. Sie können das gar nicht fragen, denn ihr Herz entflammt viel zu schnell, die Entzündbarkeit der Löwen ist voller Hitze. So fackeln sie auch im Werben nicht lange und haben damit Erfolg.

Solange sie lieben, lieben sie voller Eifersucht. Wenn sie von der Liebe genug haben, fördern sie den, auf den sie bisher eifersüchtig waren. Die Gefahr ist, daß sie sich oft einfach selbst überschätzen, und davor kann sie leider so gut wie keiner bewahren. Die zweite große Gefahr ist, daß sie Schmeichlern aus Eitelkeit zu leicht auf den Leim gehen; da müssen sie ihr Leben lang vorsichtig sein.

Ihr Motto »leben und leben lassen« bringt ihnen viel Sympathie entgegen, denn wo sie genießen, fällt auch immer für die anderen etwas ab. Wenn sie geben, geben sie meist mit vollem Herzen.

Fazit: Löwen sind fast immer stolz und entschlußsicher, lebensfroh und anspruchsvoll, sie meinen, in der Welt noch etwas erreichen zu können, und ihre Herzlichkeit ist meist echt. All das stimmt im allgemeinen, aber Löwen können auch ganz anders sein. Dann sind es allerdings keine typischen Löwen, sondern Ausnahmen, und die gibt es ja unter allen Tierkreiszeichen.

MINERALIEN, STEINE UND SCHMUCK DES LÖWEN

Da steht natürlich das Gold obenan, das edelste aller Metalle! Die Sonne, oder was die Sonne hier auf Erden vertritt. Daneben schmückt sich die Löwin gerne mit Diamanten, darunter geht es kaum. Ein Rubin fällt auch schön auf. Der Schmuck einer Löwin ist Klasse, kostspielig. Gern ziert sie ihr Haupt mit einer goldenen Krone oder einer tollen kronenartigen Frisur, die immer in die Höhe weist. Denn eine Löwin hat Größe und will groß sein. Ihre Schals hängen an ihrem Körper wie Schärpen, und sie geht ganz hoheitsvoll. Ein Ring an der Hand fällt auf, er hat Glanz und Volumen, und die Fingernägel werden meist wie Krallen lang und spitz getragen. Auch wird der Herzpunkt immer betont, der Ausschnitt sowieso. Löwinnen fangen Blicke!

BEKANNTERE PERSÖNLICHKEITEN

Ludwig XVI, Rubens, Napoleon, Alfred Hitchcock, Richard Stücklen, Hans Günter Winkler, C. G. Jung, Alexandre Dumas, George Bernhard Shaw, Jacqueline Kennedy-Onassis, Ludwig Feuerbach, Thomas Edward Lawrence, Myriartes Makarios, Mata Hari, Guy de Maupassant.

DIE LÖWE-MUTTER

ist im allgemeinen von Stolz auf ihre Kinder erfüllt. Diesen Erwartungen - das ist oft ein Problem - müssen die Kinder entsprechen. Sie sollen die höchsten Treppen ersteigen, dem Himmel nahe kommen, wie es in den alten Mythen heißt. So verwenden diese Mütter viel Zeit auf die Erziehung, die oft recht autoritär vorgenommen wird. So ein wenig nach dem Motto »Zuckerbrot und Peitsche« gehen diese Mütter vor. Die Strafe erfolgt schnell nach der Missetat, aber die Belohnung bei Erfolgen und guten Zensuren ist auch - den jeweiligen Verhältnissen entsprechend - sehr fürstlich. Bestochen werden die Kinder zwar nicht, aber sie lernen sehr früh erkennen, daß es sich lohnt, sich anzustrengen.

Findet ein Kind draußen Anerkennung, dann jubelt das Herz der Löwe-Mutter, die ihre Kinder immer eine Idee höher einschätzt als die Kinder nebenan. Dies stärkt in den ersten Jahren - meist bis zur Pubertät - das Selbstvertrauen dieser Kinder, denn sie hören immer wieder, daß sie ja so etwas wie Auserwählte sind. Dazu gehört, daß sie zu ihren Eltern, ganz besonders zur Mutter, emporschauen, was bei dem kraftvollen Auftreten einer Löwe-Mutter fast automatisch erfolgt.

Diese Kinder werden wirklich in größeren Dimensionen erzogen. Die Mütter halten sich nicht lange bei Kleinigkeiten auf, ob die Rechtschreibung genau stimmt, das ist nicht so wichtig, viel ausschlaggebender ist, ob ein Aufsatz vom Thema und vom Inhalt her gut ausfällt. Viele Kinder werden oft (unbewußt) so erzogen, daß ihnen später für kleinere Arbeiten, für das Genauere, ja doch Hilfskräfte zur Verfügung stehen. Dies müssen später sicher etliche von ihnen bereuen, aber sie bekommen so automatisch einen Sinn für die große Linie, sie halten sich nicht bei kleinen Hindernissen auf. Auch sorgen diese Mütter sehr früh für eine grundsätzliche Erweiterung des Horizonts; die Schule ist nur ein Teil der ersten Ausbildung.

Sie legen Wert darauf, daß die Söhne Sport treiben, die Töchter tanzen lernen, daß sich ihre Kinder mit musischen Dingen beschäftigen; wenn es möglich ist, stehen Theater- und Opernbesuche frühzeitig auf dem Plan, oder die Kinder werden über Bücher und Fernsehprogramme an musische Erlebnisse herangeführt. Museenbesuche stehen am Sonntagvormittag auf dem Programm, und auch bei Reisen werden Kinder früh zu den alten, traditionellen Sehenswürdigkeiten geführt.

Dies alles übernimmt fast immer die Mutter, die großen Wert darauf legt, daß das Kind seine einmal gefaßte Meinung auch draußen unbeirrt wiedergibt. Es ist ihr sehr wichtig, daß ihre Kinder nichts gedankenlos nachplappern, was der Lehrer, später der Lehrherr oder der Professor ihnen vorbeten. Nein, ihre Kinder sollen ihren Standpunkt früh genug vertreten lernen, was einigen von ihnen meist gar nicht recht ist, aber dieser Mutter widersetzen sich die wenigsten.

So ist das Verhältnis zu ihr auch selten ganz natürlich. Irgendwie wird diese Mutter bewundert, angebetet, man fürchtet sich einerseits vor ihrer Strenge, freut sich andererseits aber auf ihre Großzügigkeit. Aber sie einfach nur lieben, nein, das tun die Kinder oft nicht. Sie hängen sehr an der Mutter, aber voller Respekt und Ehrerbietung, denn seine Eltern soll man achten, diesen Stempel prägt die Löwe-Mutter ihren Kindern immer auf. Großartig gestaltet sie Kinderfeste und Geburtstage. An einem solchen Tag erfährt ein Kind seine Wichtigkeit. Das stärkt sein Selbstbewußtsein, und es stört die Mutter kaum, wenn sich später - sind die Kinder erwachsen - das Selbstbewußtsein auch gegen sie wendet. Nein, genau das war der Sinn ihrer Erziehung, das vielleicht auch Negative für sich persönlich nimmt diese Mutter gerne in Kauf, wenn nur ihr Kind nun seinen Weg mit Kraft und Selbstbehauptungswillen geht. Hierin liegt eine ganz ungewöhnliche Größe dieser Mütter.

DER LÖWE-VATER

hält es für ganz selbstverständlich, daß seine Kinder eines Tages der Crème de la crème angehören. Sind sie klein, findet er sie zwar entzückend (es handelt sich meist um die »schönsten« Kinder der Welt), aber er kümmert sich nicht allzuviel um sie. Er baut ja noch – und für die Kinder – seine Lebensposition aus.
Sonntags macht es ihm Spaß, mit den doch irgendwie herausgeputzten Sprößlingen auszufahren. Und wenn das Auto noch so klein ist, der Vater vermittelt den Kindern das Gefühl, sich in einer Luxus-Limousine zu befinden.
Überhaupt hat er die Gabe, den Kindern die Welt von der schönsten Seite zu zeigen. Er weist sie so schon sehr geschickt darauf hin, daß man die schönsten Seiten des Lebens allerdings nur genießen kann, wenn man auf der Sonnenseite steht, und dafür müssen die Kinder schon etwas tun. Geht es zu Hause auch gelegentlich wie im Schlaraffenland zu, das Leben ist keins.
Der Löwe-Vater versucht, den Kindern auch zu zeigen, daß sie es nirgends so gut haben wie bei ihm, wie zu Hause, so bietet er ihnen, was er kann. Vor allem empfangen die Kinder zwar Strenge, aber keine nörgelnde Kritik, der Vater erzieht sie sehr durch Lob. Er tadelt sie wenig, es reicht, wenn das Lob ausbleibt. So spornt er die Kinder an, die von ihm daher kaum Rügen kennen, so daß sie meist in der Schule über die ersten Ermahnungen der Lehrer empört sind. Aber sie kennen ihren Vater nicht, der sich dann die Lehrer höchstpersönlich vorknöpft, und wenn es sein muß, gründet der Vater einen Verein, der nun gleich alle Lehrer zu beaufsichtigen hat.
Diese Förderung, diese Unterstützung empfangen die Kinder ein Leben lang. So kennen sie kaum Angst, sie wissen immer, hinter ihnen steht jemand, auf den sie sich verlassen können. Damit vermittelt der Vater seinen Kindern einen Vorsprung, der nicht zu unterschätzen ist.
Die Gefahr liegt auf der Hand: Die Kinder werden durch eine solche Erziehung manchmal zu hochmütig, zu selbstsicher, aber das nimmt der Löwe-Vater in Kauf. Er weiß, es gibt kaum etwas schädlicheres als Minderwertigkeitskomplexe. Hat die ein Kind allerdings trotzdem, dann ist dieser Vater verhältnismäßig hilflos, dann wird er hart und meint: »So ein Versager!« Hier kann der Löwe-Vater unbewußt manche seelische Verletzung im Kind hervorrufen. Aber sein Schutzschild ist in den meisten Fällen ein Halt, der fast ein Leben lang anhält. Erst wenn der Vater stirbt, merken die Kinder, wie sehr sie sich auf seinen Schutz verlassen haben.
Auch wenn sie längst aus dem Haus sind, spüren sie die Funktion des schützenden Vaters. Natürlich will er stolz auf seine Kinder sein, denn gibt es bessere? Enttäuschungen kann er kaum überwinden, wenn ein Kind etwa einmal einen Fehler machte, sich nicht anständig verhielt, dann trägt das der Vater lange nach. Nicht, wenn sein Kind Ellenbogen im Lebenskampf gebraucht, das gehört dazu, das stört ihn nicht; aber wenn es unredlich handelt oder zu sehr buckelt, ja dienert, um weiterzukommen. Da bricht für diesen Vater oft eine Welt zusammen.
Besonders stolz ist der Vater auf seine Tochter, die natürlich eine glänzende Partie machen muß, während sich der Sohn, hat er sich zu schnell verheiratet, ja wieder scheiden lassen kann. Formalitäten interessieren diesen Vater nicht. Wichtiger sind Standpunkte, Prinzipien. Was einmal für gut erkannt wurde, darf nicht so ohne weiteres umgestoßen werden. Daneben lernen die Kinder auch sehr früh, daß niemand die schönen Seiten des Lebens verachten sollte: große Feste, üppige Menüs, tolle Zechgelage, anziehende Frauen und was das Leben sonst so bietet. Es ist zu kurz, um nur einer Karriere zu dienen. Müssen andere auch schuften, seine Kinder sollen das nicht, die sind ja begabt und etwas Besonderes!

DIE LÖWE-TOCHTER

ist in den Augen der Eltern zunächst ein Prachtkind. Später wird das Verhältnis oft schwieriger, aber zunächst wird bewundert, wie sehr dieses Kind schon in der Wiege die Gabe hat anzukommen, sich durchzusetzen. Und in den Spieljahren wird deutlich, daß dieses Mädchen kaum Minderwertigkeitskomplexe kennt. Im Gegenteil, es besitzt einen starken Selbstbehauptungswillen, es setzt sich sofort zur Wehr, wenn es sich attackiert fühlt. Selbst greift die Löwe-Tochter jedoch kaum an, das hat sie nicht nötig. Aber wehe, man will ihr an den Karren fahren. Auch in den ersten Schuljahren bewahrt sie lässig ihre Dominanz. Sie ist auch meist sportlich, hat große Pläne und gefällt den Lehrern, weil sie sich nicht einordnen will. Entweder führt sie die Klasse mit an, oder sie hält sich so zurück, daß dies schon wieder auffällt und Respekt herausfordert. Ihre Zwischenfragen sind selbstbewußt, und sie spürt mit ziemlicher Sicherheit, wenn Lehrerinnen oder Lehrer Schwächen erkennen lassen. Da hakt sie sofort ein.

Fühlen sie sich ungerecht behandelt, rufen diese Mädchen meist nicht ihren großen Bruder oder die Eltern zu Hilfe, sondern gehen selbst in die nächsthöhere Instanz, zum Klassenlehrer, zum Direktor, wenn es sein muß zum Schulrat. Sie wehren sich ihrer Haut und erzählen dies zu Hause erst, wenn sie es durchgestandend haben, wenn sie als Siegerin aus diesen Auseinandersetzungen hervorgegangen sind.

Ansonsten fallen sie früh durch ihre sehr unterschiedlichen Leistungen auf. In manchen Fächern sind sie erstklassig, in anderen, die sie nicht interessieren, versagen sie. Aber ihr Stolz läßt meist nicht zu, daß sie da die Letzten sind. So holen sie – je näher die Prüfung rückt – auch da auf.

Mit einer frühen Selbstverständlichkeit nehmen sie Komplimente, später bewundernde Blicke ihrer Mitschüler, aber auch anderer Männer entgegen. In Freundschaften stellen sie meist den Mittelpunkt dar, sie scharen gerne Freunde und Kameradinnen um sich und verhalten sich diesen gegenüber auch sehr großzügig. Werden sie älter, vertreten sie ihren Eltern gegenüber sehr klar ihre Überzeugungen und Standpunkte.

Jetzt beginnt die Phase, da die Eltern mit der Löwe-Tochter Schwierigkeiten bekommen können. Sie wehrt sich sehr früh gegen Bevormundungen, die sie für »unangemessen« hält. Diese Art der Wortwahl ist dann meist sehr häufig, weil sie ja ihre Bedenken, oft sogar ihre Vorwürfe mit einer gewissen kühlen Distanz vorbringen will. Natürlich gelingt ihr dies kaum, dazu ist sie zu feurig, zu temperamentvoll, aber sie versucht schon, die gemessene distanzierte Position derer einzunehmen, die im Recht sind, denen man zu folgen hat.

Auch auf dem Tennisplatz erringt sie bald Bewunderung. Was sie allerdings früh lernen muß, ist die Tatsache, daß es noch bessere Kämpferinnen, Sportlerinnen gibt als sie, daß man sich also stets anstrengen muß, weniger um die Spitze zu erreichen als die Spitze zu verteidigen.

Von Männern werden die Löwe-Töchter meist umschwärmt; sie haben die Qual der Wahl. Sie suchen sich starke Partner, stellen aber von Anfang an fest, daß für sie Gleichwertigkeit in jedem Punkt wichtig ist, vielleicht mit gewissen Pluspunkten für sie selbst. Ihre Lebensführung geben sie ungern aus der Hand, sie haben großes Vertrauen, aber das stärkste doch in die eigene Kraft. Sie wissen, es kommt auf einen selbst an. Schnell erreichen sie führende Positionen, und dann kann jedermann erleben, wie gut sie diese ausfüllen. So, als hätten sie immer Anordnungen getroffen, ordnen sie jetzt an, wer was zu tun hat. Böse Erfahrungen für diese Mädchen kündet das Sprichwort an, daß Hochmut vor dem Fall kommt. Da müssen sie frühzeitig lernen, sich nun gerade doppelt und dreifach anzustrengen, um wieder die alte Position, die sie verloren haben, einzunehmen. Meist gelingt es ihnen.

DER LÖWE-SOHN

ist mit Sicherheit nicht zu übersehen. Er gehört nicht zu denen, die sich zurückhalten, die sich ducken, die sich hinter anderen verstecken. Die Löwe-Söhne fallen aber allgemein angenehm auf, denn sie haben fast immer eine selbstsichere Natürlichkeit an sich, strahlen schon früh Lebensfreude und Bejahung aus. Mit diesen Eigenschaften sammeln sie Freunde und Kameraden um sich, später auch viele Freundinnen. Auch besitzen diese Löwe-Söhne meist eine Lebensklugheit in dem Sinn, daß sie nur das tun, was unbedingt nötig ist. Diese Arbeiten, Pflichten und Aufgaben füllen sie ganz aus, alles übrige erledigen sie im Spazierengehen oder lassen es andere für sie tun.

In der Schule verfügen diese Söhne eigentlich immer über Freunde, die für sie die kniffligen Schularbeiten machen, von denen sie abschreiben und auch lernen können. Dank dieses Organisationstalentes haben sie viel Raum für die Freizeit, die sie voll ausfüllen. Sie treiben Sport, fahren übers Wochenende mit Freunden weg, denn wenn die Sonne scheint, hält sie nichts mehr in der Wohnung. So ist ihre Sicht selten beschränkt, sie denken großzügig und überschätzen auch Schulzensuren nicht. Wenn es sein muß und möglich ist, lassen sie sich auch umschulen, denn sie wollen sich in der Schule, wie später in der Ausbildung, wohl fühlen.

Gerne wählen sie einen Beruf, in dem sie auch repräsentieren können. Überdurchschnittlich viele von ihnen ziehen einen selbständigen Beruf vor, sie lassen sich nicht gerne befehlen, sie ordnen lieber an. Ihre Unabhängigkeit ist ihnen sehr viel wert, dafür verzichten sie auf Sicherheit, auf gleichmäßige Einnahmen, auf geregelte Arbeitszeit. Aber ihr Ziel ist es, sich hochzuarbeiten, um in der Lage zu sein, Hilfskräfte zu engagieren, die dann die Hauptarbeit leisten. Löwe-Söhne sind oft für künftige Chefposten prädestiniert. Natürlich kann nicht jeder Chef werden, aber es dem Chef gleichzutun, das versuchen doch viele. Sind sie angestellt, werden sie es nicht immer leicht haben, denn sie fügen sich nicht bedingungslos und blind in alle Anordnungen. Auch müssen sie immer den Sinn einer Sache einsehen, dann sind sie eher bereit, sich dafür einzusetzen. Geduld ist häufig nicht ihre Stärke, sie wollen es früh zu etwas bringen, und wenn sie es geschafft haben, dann wollen sie es auch vorzeigen können. Karrieren im Hintergrund liegen ihnen nicht oder kaum. Ihr Ziel ist es, so früh wie möglich etwas geschafft zu haben, damit sie sich intensiv einer Partnerbindung widmen können.

Dahinter versteckt sich auch der Wunsch, seiner Partnerin etwas bieten zu können. Mit leeren Händen kommen Löwe-Söhne ungern, da würden sie unsicher, und das ist das Schlimmste, was ihnen passieren kann. Viele Blitzkarrieren werden später abrupt gestoppt, weil die Gefahr besteht, daß sich diese Söhne zu früh auf ihren Lorbeeren ausruhen; dieser Gefahr müssen sie frühzeitig entgehen. Hinzu kommt noch die Neigung, nicht zuviel auf andere zu hören. Löwe-Söhne müssen ihre Erfahrungen selbst machen. Lernen andere aus Erfahrungen anderer – sie nicht. In ihrem jugendlichen Übermut lehnen sie Ratschläge, Tips und Hinweise ab.

Auch in Rechtsfragen folgen sie mehr ihrem Gerechtigkeitsgefühl als den Buchstaben des Gesetzes, da bleiben Lernerfahrungen nicht aus. Aber den Eltern bereiten diese Söhne in der Regel große Freude, denn sie meinen fest, ihr Sohn wird es schaffen, wird sich überdurchschnittlich gut entwickeln.

Eine Lebenspartnerin zu finden, ist meist nicht schwer. Er kann sich eine Dame oder einen Kumpel aussuchen, und sehr viele Löwen-Söhne haben sogar die Möglichkeit, sich – wie der Volksmund sagt – »hinauf« zu verheiraten. Viele sind echte Aufsteiger, die Aussteiger überhaupt nicht schätzen. Ihren Eltern zeigen sie sich oft bis ins hohe Alter dankbar, weil sie anerkennen, was sie für den Sohn geopfert haben.

DIE LÖWE-GROSSMUTTER

tritt meist als imponierende Dame auf, auch wenn dieser gesellschaftliche Begriff überholt ist. Aber eine Löwe-Großmutter beherrscht oft noch die ganze Familie. Was sie als richtig ansieht, wird gemacht. Enkel fürchten sich – wenn sie ein schlechtes Gewissen haben – oft mehr vor dieser Großmutter als vor ihren Eltern. Und diese nutzen dann das Imponiergehabe der Großmutter aus, indem sie drohen, es weiterzusagen, wenn das Kind nicht pariert. Meist wirkt dies auch. Gibt es gute Zensuren, dann werden sie der Großmutter mit Stolz gezeigt; allerdings kommt es oft vor, daß die Großmutter trotzdem nicht zufrieden ist, denn ihren Ehrgeiz überträgt sie nun auf die Enkel.
Sie zeigt sich durchaus nicht immer hilfsbereit; früh versucht sie, ihren Enkeln Mut zur Selbständigkeit einzuimpfen. Nur wenn es scheinbar wirklich keinen Ausweg gibt, dann greift die Oma ein, dann zerschlägt sie manchen Knoten mit Mut und Verve, und das vergessen ihr die Enkel nie.
Die typische Löwe-Großmutter (wenn es sie wirklich gibt) ist sicher keine gemütliche Großmutter aus dem Bilderbuch, die gerne Märchen vorliest und mit den Enkeln gemeinsam Hausmusik betreibt. Nein, diese Großmutter führt die Kinder lieber aus. In den Zoo, in Museen, in Galerien. Hinterher gibt es dann ein Konditoreis, das sich die Enkel also auch erst einmal verdienen müssen. Was diese vielleicht oft als störend empfinden, ist die Tatsache, daß sich diese Großmutter herausnimmt, auch die Eltern, also ihre Kinder, vor den Enkeln zu tadeln. Außerdem kann sie nur schwer nachgeben, findet selten die Kraft, sich zu entschuldigen.
Insgesamt stellt sich aber diese Großmutter als imponierende Gestalt im Familienverbund dar, die die Enkel ihr Leben lang beeindrucken wird. Oft wird also später noch manches Verhalten der Großmutter als beispielhaft in Erinnerung bleiben.

DER LÖWE-GROSSVATER

scheint sich um die Enkel wenig zu kümmern. Dabei ist er voller Stolz, wenn er mehrfach Großvater geworden ist. Solange die Kinder klein sind, findet er sie niedlich, wenn sie aber erste eigene Ansprüche stellen, zieht sich der Großvater schnell zurück. Er selbst sagt jedoch, die Kinder sollen sich den Großeltern nicht verpflichtet fühlen. Ja, was so ein richtiger Löwe-Großvater ist, der drängt sich nicht auf, der erwartet, daß die Enkel zu ihm kommen. Ehe sie dies aber begriffen haben, können Jahre vergehen. Kommt etwa der Großvater einmal zu Besuch, und die Enkel beachten ihn nicht sofort, dann kümmert sich der Großvater an diesem Tag nicht mehr um sie, ja oft ist ihm die Freude an den Enkeln gründlich verdorben. Später, wenn die Kinder erwachsener sind, vielleicht in größere Schwierigkeiten kommen, dann ist der Großvater zur Stelle... wenn man ihn bittet! Manchmal haben die Enkel vor dem Großvater zuviel Respekt, ja sogar Angst. So ist das herzliche Verhältnis oft nicht selbstverständlich, es muß sich erst herauskristallisieren.
Um einen Bilderbuchgroßvater handelt es sich hier also nicht, eher um eine Autoritätsfigur, um einen Übervater. Eltern, die sich nicht trauen, sich bei ihren Kindern mit Autorität durchzusetzen, sind für so einen Großvater oft sehr dankbar. Deshalb ist das Verhältnis vom Großvater zu den Eltern meist besser als zu den Enkeln, was der normalen Erfahrung widerspricht. Besondere Funktion kann der Großvater einnehmen, wenn er als Schiedsrichter, als Friedensrichter fungieren darf. Sein Urteilsspruch wird allgemein angenommen, befolgt und respektiert. Selbst in der Schule schaffen sich Enkel mit ihm Respekt, indem sie warnend Kameraden oder Lehrern, die ihnen übelwollen, mit dem Finger und dem Wort drohen: »Ich sag's meinem Großvater!« Und dieser Zauberspruch hilft wirklich!

VERHÄLTNIS: ELTERNTEIL – KIND (und umgekehrt)
durch den Sonnenstand bedingt.

ELTERNTEIL LÖWE – KIND LÖWE
(oft eine Konjunktion)

Hier besteht im allgemeinen eine sehr enge, intensive Beziehung. Das Kind weist überwiegend die Lebenskerneigenschaften auf, die auch der Elternteil besitzt, so bildet sich hier oft innerhalb der Familie eine kleine Gruppierung nach dem Motto: Na, uns kann doch keiner trennen! Und schon instinktiv wird sich das Kind diesem Elternteil zuwenden, wenn es Hilfe braucht, wenn es Schutz sucht oder etwas erbittet. Eltern müssen hier sehr aufpassen, daß es dem Kind nicht gelingt, Vater und Mutter gegeneinander auszuspielen, nur weil sich der eine Elternteil, dem das Kind so ähnlich ist, leicht umschmeicheln läßt.
Werden die Kinder dann größer, gibt es aber auch ganz schön harte Auseinandersetzungen zwischen Elternteil und Kind, wenn nämlich einer dem anderen widersprechen sollte. Der Elternteil wird sich oft wundern, wie bestimmt das Kind auf seinem Standpunkt beharrt, mit welchem Selbstbewußtsein es dem Elternteil dann auch mal auf die Zehen tritt. Natürlich läßt sich der Elternteil das nicht gefallen, aber insgeheim erkennt er sich um so mehr in dem Kind, was die Bindung oft noch enger werden läßt.
So sieht es der Elternteil auch meist höchst ungern, wenn das Kind dann aus dem Haus gehen will. Es ist so, als verlöre er einen Verbündeten. Aber auch in diesem Fall weiß der Elternteil, diese Entwicklung ist nicht aufzuhalten, sie (oder er) hat sich früher ja auch nicht anbinden lassen. Nachdem sich das Kind draußen die ersten eigenen Sporen verdient, vielleicht sogar heimlich geheiratet hat (was der Elternteil lange sehr übelnehmen kann), wachsen beide wieder enger zusammen. Und wenn einem etwas fehlt, der andere springt dann wieder wie in der Kindheit in die Bresche.

ELTERNTEIL LÖWE – KIND JUNGFRAU
(meist kein Aspekt)

Dieses Verhältnis ist meist kritisch. Nicht im Sinne einer bösen Zuspitzung, sondern eher in einer etwas gleichgültigeren Art. Immer wieder mag sich der Löwe-Elternteil fragen, ob dies wirklich sein Kind ist. So wenig lebenslustig, so viel ernster als er einst war. Sicher gefallen der stete Fleiß, auch die Lernbereitschaft. Aber allein schon den Wunsch, jedes Detail verstehen zu wollen, begreift der Elternteil kaum. Ist doch egal, wie die Zündung im Auto funktioniert! Man dreht den Zündschlüssel, und das Auto fährt, was das Kind da alles wissen will! Wieso ein Funke von da nach dort springt, wen interessiert denn das. Wenn etwas nicht funktioniert, geht's in die Werkstatt. Genausoviel Verblüffung löst es aus, wenn sich das Kind eines Tages daran macht, die Küchenuhr, die stehengebliebene ist, zu reparieren. Da kauft man doch einfach eine neue!
Diese Beispiele könnten endlos fortgesetzt werden. Der Elternteil kann das Kind nicht verstehen, das dazu noch ziemlich früh aufhört, sich nach Vater oder Mutter zu richten. Wird das Kind größer, fängt es an, in Lexika zu schmökern. So wird der Elternteil kaum mehr gefragt, was natürlich die Eitelkeit nicht selten kränkt.
Der Elternteil ist dann fast ein Leben lang überrascht, wenn er erfährt, daß das Kind Klassenbester in Deutsch und Geschichte ist, Prüfungen mit Auszeichnung besteht und es später im Leben sogar zu großer Anerkennung bringt. Dies erfüllt den Elternteil mit Stolz, nur versteht er es nicht.
Erst wenn das Kind sich viel Mühe gibt, mit dem Elternteil wieder zusammenzuwachsen, kann sich später ein engeres Verhältnis entwickeln. Trotzdem werden in den meisten Fällen beide voneinander »Ich versteh immer nur Bahnhof« sagen.

ELTERNTEIL LÖWE – KIND WAAGE
(oft ein Sextil)

Im allgemeinen kann hier von einem recht harmonischen Aspekt gesprochen werden. Elternteil und Kind können sich prächtig ergänzen, wenn das Kind etwas älter, damit auch reifer geworden ist; dies gilt besonders, wenn es sich um das Verhältnis Vater/Tochter oder Mutter/Sohn handelt. Das Gegengeschlechtliche spielt hier sicher keine unbedeutende Rolle.
Die Kinder entwickeln sich zunächst ja auch völlig anders, als die Eltern etwa vermuten. Sie sind voller Geselligkeitsbedürfnis, sie suchen von sich aus Freunde und andere Menschen auf, während die Löwen warten, bis man sie möglichst im Triumphzug herbeiholt. Aber die Gabe des Kindes, mit dem betreffenden Elternteil hervorragend umgehen zu können, ist bewundernswert. Wenn der Junge, das Mädchen nur einigermaßen geschickt sind, holen sie aus den Eltern alles heraus, was nur herauszuholen ist. Die Geschmeidigkeit der Kinder, das musische Interesse, der Wunsch, etwas im Leben zu bewegen, das gefällt den Eltern, wenn sie auch oft meinen, daß die Kinder zu leicht nachgeben, daß sie sich nicht frühzeitg genügend Respekt verschaffen. Aber das sind nur Kleinigkeiten. Sicher verwirrt den Löwe-Elternteil die intellektuelle Gewandtheit dieser Kinder, die ihnen wohl auch manchmal zu diplomatisch sind. Später aber lassen sich die Elternteile durch diese Kinder gern in neue Gebiete einführen, lassen sich sagen, was gerade »in« ist, was Mode wird, welcher Trend zu vermelden ist. Die Waage-Kinder sind auch meist auf den Löwe-Elternteil sehr stolz. Da sie dies auch offen zeigen, ist das Verhältnis eigentlich stets entspannt und irgendwie immer jung. Früh behandelt außerdem dieser Elternteil das Kind als Erwachsenen, was sehr viel zur Harmonie beiträgt, und wenn der Elternteil alt geworden ist, kann er ziemlich sicher sein, daß sich dieses Kind um ihn kümmert. Wichtig sind in dieser Beziehung gegenseitige Achtung und Respekt, an denen es jedoch meist nicht mangelt.

ELTERNTEIL LÖWE – KIND SKORPION
(oft ein Quadrat)

In alten Astrologiebüchern steht meist zu lesen, diese Tierkreistypen (um mehr handelt es sich ja nicht) paßten schwer zusammen, ob in der Partnerschaft oder in irgendeiner anderen Familienbeziehung. Nun, daran mag etwas Wahres sein. Es sind nicht einmal sehr widerstrebende Grundveranlagungen, sondern die Tatsache, daß beide Typen, also sowohl der Löwe als auch der Skorpion, so schwer von ihrer einmal gefaßten Meinung herunterkommen.
Dies trifft ganz besonders beim Verhältnis Elternteil und Kind zu. Die Gegensätzlichkeit (hier satte Lebensfreude, da Pessimismus) ist es nicht einmal, sondern das Skorpionkind versteht den rosaroten Blick des Elternhauses einfach nicht und meint sehr früh, mit dem kann ich nicht sprechen. Und der meist unkompliziertere Elternteil, der sich große Mühe gibt, sein Kind zu verstehen, sieht sich immer wieder vor eine Sphinx gestellt, die er einfach nicht begreifen kann. Es geht nicht in seinen Sinn, wieviel weniger sich dieser Junge, dieses Mädchen freuen können, und selbst wenn sie es tun, sofort auch dunkle Gedanken äußern.
Geht etwas schief, was der Elternteil plante, und das Kind sagt nur: »Ich hab's ja gleich gewußt!« dann geht der Löwe – ob weiblich oder männlich – auf die Palme, dann stehen sich Welten gegenüber.
Über neutrale Themen können beide sogar sehr gut miteinander reden, aber sowie die Gespräche eine persönliche Färbung bekommen, ist einfach Gefahr im Verzug. Immerhin bindet dies auch, gerade weil der eine dem anderen so widerspricht, oder weil beide vom Naturell her so gegensätzlich sind. Worte wie Familie, gemeinsames Blut oder etwas ähnlich »Kitschiges« (vom Kind aus gesehen) kommen nicht an, sondern verschlimmern eher die Situation. Erst in den späteren Jahren, wenn der Löwe-Elternteil eine Spur von Weisheit bekommen hat, es dem Skorpion-Kind nicht ganz so schlecht ergangen ist, kommen sich beide näher.

ELTERNTEIL LÖWE – KIND SCHÜTZE
(oft ein Trigon)

Diese Konstellation bedeutet häufig ein gutes Verstehen zwischen Elternteil und Kind. Beide finden schnell eine gemeinsame Basis für das Zusammenleben, wobei allerdings das Kind den Part des Nachgebenden spielt. Der Elternteil kann ja schwerlich Kompromisse eingehen, befürchtet meist gegenüber dem Kind an Respekt zu verlieren, so kommt es auf die frühe Klugheit des Kindes an, nicht aber auf dessen bedingungsloses Unterordnen.
Dem Löwe-Elternteil gefällt das Streben des Kindes, das vielleicht für den Elternteil etwas zu blauäugig an das Gute glaubt und an die Erfüllung ideeller Wünsche geht. Doch es imponiert allein schon, wie häufig das Kind draußen Erfolg hat, und es gefällt noch mehr, daß es sich immer so strebend bemüht.
Ein Mißton kann entstehen, wenn ein »Lieblings«-Lehrer mit ins Spiel kommt. Diese Kinder sind oft sehr bildungshungrig. Sie sehen also in dem, der ihnen Wissen auf klare und eindringliche Weise vermittelt, oft ein Ideal. Geraten sie nun an einen Lehrer, der offenbar weitaus mehr weiß als der Elternteil, dann tun die Kinder dies zu Hause auch kund. Jede Mutter, jeder Vater muß sich in seinem Leben damit auseinandersetzen. Nur verträgt es ein Löwe-Elternteil sehr schwer, daß eine Zeitlang jemand anderes größeren Einfluß auf das Kind ausübt als er, wobei es auch ein Idol aus dem Sportsleben oder der Musik-Szene sein kann.
Das Kind weiß oft gar nicht, wieso der Elternteil diese Schwärmerei so ungern sieht, und wenn ein Schütze-Kind trotz aller Bemühung etwas nicht einsieht, gibt es auch nicht so leicht nach. Ansonsten aber werden kaum größere Probleme zwischen Elternteil und Kind sichtbar sein, es sei denn die Wahl der Lebenspartner stößt auf größten Widerstand. Doch da findet das Schütze-Kind meist auch einen Vermittlungs- und Versöhnungsweg.

ELTERNTEIL LÖWE – KIND STEINBOCK
(meist kein Aspekt)

Diese Konstellation stellt oft beide Familienmitglieder vor die Frage: Wie kann ich am besten, am schnellsten, am sichersten den anderen verstehen? Von der Tierkreistypisierung sind sich Elternteil und Kind zunächst einmal sehr fremd. Der eher sonnige Elternteil schaut nur immer fragend das saturnische Kind an und weiß kaum einen Weg zu ihm. Warum dieser besessene, ernste Ehrgeiz, warum so wenig Geselligkeit, warum will das Kind alles alleine machen? Denn das ist der springende Punkt: Das Kind bittet kaum um Hilfe, holt kaum einen Rat ein. Für den Löwe-Elternteil ist es selbstverständlich, mit anderen zusammenzuarbeiten, wenn dies auch von einer bestimmenden Warte aus geschieht, während dieses Kind dem Motto frönt: Selbst ist die Frau, ist der Mann.
Sicher entdeckt der Elternteil auch verhältnismäßig schnell, daß das Kind Heimlichkeiten hat, vieles verbirgt, ja sehr verschlossen sein kann, und da wird dann eine Skepsis wach, die das Kind spürt, so daß es noch mehr seinen eigenen Weg geht. Wenn etwa der Löwe-Elternteil in seiner großzügigen und etwas gedankenlosen Art in einer Gesellschaft aus Versehen etwas erzählt, was das Kind ihm anvertraut hat, dann begeht er damit eine Sünde, die so gut wie gar nicht wieder gutzumachen ist. Und wenn es sich – in seinen Augen – auch nur um eine Bagatelle handeln mag, nun muß er viel Kraft und Einsehen aufwenden, um das Vertrauen seines Kindes wieder zurückzugewinnen.
Das Verhältnis beider entscheidet sich also oft an Kleinigkeiten, und gerade diese Einsicht fällt dem Löwe-Elternteil so schwer, da versteht er wirklich die Welt nicht mehr. Und so ist er manchmal gar nicht böse, wenn das Kind aus dem Haus geht. Soll es doch mal sehen, wie das Leben so spielt! Erst später, wenn sich das Kind durchsetzt und seinen Weg konsequent, ja vorbildlich geht, findet dieser Elternteil auch die Kraft, sein »merkwürdiges« Kind zu loben.

ELTERNTEIL LÖWE – KIND WASSERMANN
(oft eine Opposition)

Diese Konstellation zeigt zwar auch vom Tierkreistypus einige starke Gegensätze zwischen Elternteil und Kind, aber die Erfahrung lehrt, daß das Verhältnis zwischen beiden recht gut sein kann. Wohl in erster Linie deswegen, weil der Löwe-Elternteil im Kind viele seiner Schattenseiten erkennt. Das Kind spiegelt außerdem oft seine Sehnsüchte wider, wenn es etwas schalkhaft einmal die Umwelt zum Narren hält, sich dann aber auch ernsthaft gegen Traditionen und Vorurteile auflehnt.

Der Elternteil ist davon oft sehr betroffen; seine überwiegend doch konventionelle Einstellung erlaubt meist nicht, daß er gegen die Lebensgesetze Sturm läuft. Zu seiner größten Verblüffung sieht er aber, daß dies für sein Kind gar kein Problem ist. Es stellt frühzeitig den Sinn der Schule in Frage, nicht grundsätzlich, aber doch die Notwendigkeit einzelner Unterrichtsfächer. Es fragt bei Gesetzen, bei Vorschriften sehr oft nach dem Warum, und es träumt davon, eines Tages ganz eigene, aber eben auch unkonventionelle Wege zu gehen.

Vieles davon geht dem Elternteil sicher zu weit, aber der Ansatz gefällt. Und wenn dann sein Kind mit seinen Ansichten Freunde oder gar Vorgesetzte in Aufruhr versetzt, dann lächelt der Elternteil heimlich aber wohlwollend.

Geht das Kind aus dem Haus, dann ist es jedoch mit der inneren Übereinstimmung bald aus. Denn nun will der Elternteil schon, daß das Kind sich nicht gegen alle Welt stemmt, sondern die Gegebenheiten respektiert. Statt dessen will das Kind das Studium ausdehnen, will erst einmal »zu sich finden« (ein Begriff, mit dem der Elternteil nichts anfangen kann), und so kommt es zu Konflikten, die so weit gehen können, daß der Elternteil das Kind nur noch mit dem Notwendigsten unterstützt, ja sogar in Kauf nimmt, daß das Kind versucht, auf gerichtlichem Weg zu seinem Recht zu kommen. Leicht wird also das Verhältnis nicht sein, aber daran können nur beide wachsen und sich entwickeln.

ELTERNTEIL LÖWE – KIND FISCHE
(meist kein Aspekt)

Eine Konstellation, die auf ein sehr differenziertes Verhältnis zwischen Elternteil und Kind hinweist. Der Löwe-Elternteil wird das Kind über alles lieben, es jedoch eher für ein Püppchen halten (auch wenn es sich um einen Jungen handelt), und viel später wird es dieses Kind auch von daher gesehen schwer haben, vom Elternteil als gleichwertig anerkannt zu werden. Das Kind wiederum schaut voller Bewunderung auf den Elternteil, betet ihn fast an, und instinktiv benimmt es sich goldrichtig, indem es an die Schutzkraft des Vaters, der Mutter appelliert.

Und hier liegt dann auch der schwache Punkt vieler Löwe-Elternteile. Dadurch, daß sie dem oft zarten Kind überreichen Schutz gewähren, verziehen sie es oft. Sie ersparen ihm häufig von Anfang an harte Kämpfe mit sich und der Umgebung. Kaum kommt das Kind in eine brenzlige Situation, schon ist der Löwe-Elternteil zur Stelle. Das Kind genießt diese Umsorgung bis zum Äußersten, denkt gar nicht daran, diese Vorzugsstellung aufzugeben. Es belohnt den Elternteil mit Zärtlichkeit, mit Schmeichelei (dies gar nicht bewußt), zeigt sich dankbar und hilflos zugleich.

Auch hier spielt das gegengeschlechtliche Moment zwischen Eltern und Kindern eine ernorme Rolle. Aber handelt es sich auch um Vater und Sohn oder Mutter und Tochter, diese Kinder stellen sich fast alle unter den zu großzügigen Schutz des Elternteils (wenigstens besteht die Gefahr). Es liegt also an den Elternteilen, rechtzeitig auch hart zu sein (auch gegen sich selbst), um das Kind in keine falsche Lebenssicherung einzubinden. Denn das Kind erlaubt sich schon in der Schule, später in der Lehre, auf der Uni einfach zuviel in der Gewißheit, den Rücken halten mir ja meine Mutter oder mein Vater frei!

Sicher ist die Verbindung beider Familienmitglieder sehr, sehr eng, und dies hält auch lange an, aber das Kind könnte es bitter büßen müssen, wenn der Elternteil sich nicht rechtzeitig trennt.

ELTERNTEIL LÖWE – KIND WIDDER
(oft ein Trigon)

Vom Grundnaturell her müßten sich Elternteil und Kind bestens verstehen, die Erfahrung zeigt aber, daß das Kind dem Elternteil oft doch zuviel Wirbel macht, daß aber auch der früh sichtbare Wille des Kindes vom Elternteil viel Geduld und Festigkeit verlangt. Die Festigkeit ist vorhanden, die Geduld weniger. Die Unruhe des Kindes kann den Elternteil häufig sehr nervös machen, so reagiert er mit Strenge, was auch bei Widder-Kindern hin und wieder notwendig ist.
Nur gibt dann das Kind nicht so ohne weiteres nach. Was ein richtiges Widder-Kind ist, das versucht, es mit allen aufzunehmen, da nutzt auch oft die größte Autorität nichts. Also kracht es hin und wieder, oft so, daß die Nachbarn verwundert den Kopf schütteln. Und dann geschieht das, was dieselben Nachbarn überhaupt nicht verstehen: Sie sehen wie Elternteil und Kind Hand in Hand und sehr vergnügt lachend zusammen weggehen. Wenn es also einmal Streit gibt, ist der schnell beigelegt. Beide Familienmitglieder begreifen bald, daß ihr feuriges Temperament eben wieder mal mit ihnen durchgegangen ist. So entwickelt sich das Kind sehr gut, gerade weil der Elternteil ihm nicht kampflos das Feld überläßt.
Löwe-Elternteile wenden sich aus Überzeugung gegen den Ruf: Laßt doch der Jugend ihren Lauf! Sie meinen, gerade die Jugend benötige Widerstand, an dem sie wachsen könne. Werden die Kinder erwachsen, gehen sie ihren eigenen Weg. Angebotenen Rat nehmen sie von dem Elternteil an, mehr aber auch nicht. In ihre Lebensgestaltung lassen sie sich nicht hineinreden.
Wird dies vom Elternteil respektiert, dann bleibt das Verhältnis eigentlich lange gut und problemlos, es steigert sich sogar noch, wenn Enkel kommen. Nur darf der Löwe-Elternteil nie hoffen, daß sein Widder-Kind einmal ruhiger und beherrschter wird. Diesen Wunsch wird ihm das Schicksal in den seltensten Fällen erfüllen.

ELTERNTEIL LÖWE – KIND STIER
(oft ein Quadrat)

Eine schwierige Konstellation, bei der man beiden Familienmitgliedern eine innige Familienliebe wünscht. Wir haben es hier mit 2 Dickköpfen zu tun, die anscheinend dauernd ausprobieren wollen, welcher Kopf der stärkere ist. An diesen Auseinandersetzungen nimmt oft die ganze Familie teil, denn jeder sucht sich dazu auch noch Partner und Verbündete. Beide sind recht egozentrisch, wenn es dem Kind auch mehr um reale Dinge geht, im Gegensatz zum Elternteil, der vor allem Achtung fordert und Gehorsam.
Der Elternteil will also respektiert werden, das heißt, wenn er etwas anordnet, dann ist dem zu folgen. Das Stier-Kind fragt aber bei jeder Anordnung nach dem praktischen Nutzen, läßt sich der nicht erkennen, dann pfeift es darauf, es sieht die Notwendigkeit einfach nicht ein. Das Kind revoltiert also und das (was den Elternteil aufregt) meist in der beherrschteren Art. Es bleibt höflich, sachlich und versetzt dadurch den feurigen Elternteil immer mehr in Rage. Das kann soweit gehen, daß sich der Elternteil – obwohl er am Anfang im Recht war – langsam, aber sicher immer mehr ins Unrecht setzt, dies jedoch nicht zugeben kann, weil er um sein Ansehen fürchtet. Dann ordnet er Strafen an, und so ist oft ein langes Zerwürfnis vorprogrammiert. Die anderen Familienmitglieder meinen dann natürlich hinter dem Rücken des Elternteils, daß er sich an dem Kind die Zähne ausbeißt. Es gibt also so leicht keiner nach, und wenn das Kind nachgibt, dann nur gezwungenermaßen, und es wird dies nicht so schnell vergessen. Diese Auseinandersetzungen helfen dem Kind später oft sehr bei der Eigendurchsetzung, und insofern wird es dem Elternteil dann sogar dankbar sein. Ist das Kind erwachsen, stellt es meist die Weichen zu einer Versöhnung, denn die Bindung zu diesem Elternteil hat es ja nie verloren und weiß nun besser, wie schwer manchen Menschen das Nachgeben fallen kann.

ELTERNTEIL LÖWE – KIND ZWILLINGE
(oft ein Sextil)

Diese Konstellation schafft die Voraussetzungen für ein gutes Verstehen beider Familienmitglieder. Das Kind hängt im allgemeinen sehr an seinem Elternteil. Das ist der erste, aber schon sehr wichtige Pluspunkt. Dann verfügt es über die angeborene Gabe, auch mit diesem etwas schwierigen Elternteil bestens umgehen zu können. Grundlage ist zwischen beiden oft der Humor. Sie können so herrlich über alle Lebenssituationen lachen. Besonders freut den Elternteil, wie aufgeschlossen das Kind die Welt um sich aufnimmt, wie es von seinen Alltagserlebnissen die herrlichsten Geschichten erzählen kann, ja daß sich in der Sicht des Kindes die Welt wie eine bunte Illustrierte darstellt. So machen beide gerne Ausflüge, und immer ist ein Schuß Abenteuerlust dabei. Ist das Kind etwas größer, dann entdecken beide in den Wäldern neue Wege. Sie kriechen in Höhlen, gehen auf Beobachtungsjagd, oder – was dem Löwe-Elternteil noch lieber ist, besuchen Museen und Ausstellungen. Der Elternteil freut sich, wic schnell das Kind alles aufnimmt und fühlt sich dadurch angeregt, noch mehr aus sich herauszugehen. Vielleicht reagieren der Vater, die Mutter manchmal etwas zu nervös auf die vielen Geschichten des Kindes, die kein Ende nehmen wollen. Aber sowie der Elternteil spürt, daß er doch für das Kind der Mittelpunkt der Welt ist, läßt er sich sogar recht gerne nervös machen.

Bei der Berufswahl gibt es oft gegensätzliche Einschätzungen. Das Kind wählt ohne weiteres einen Beruf, der gerade Mode ist, während der Elternteil doch den größeren Weitblick hat. Hier sollte das Kind die elterlichen Argumente sehr gut abwägen. Und dieser Elternteil kann, wenn er will, stets am Leben des Kindes teilnehmen, und das bekommt ihm oft wie eine Verjüngungskur, da vergißt er seine Sorgen und meist auch seine Alltagswehwehchen. Das Kind lehnt sich immer gern an seine Schulter.

ELTERNTEIL LÖWE – KIND KREBS
(meist kein Aspekt)

Nachbarschaftszeichen haben es in sich, das ist in diesem Buch mehrmals betont worden; wie kraß die Gegensätze sich zeigen können, wird an dieser Konstellation deutlich. Das Kind hat es mit dem Elternteil wahrlich schwer, weil Vater oder Mutter sich meist ein ganz anderes Kind erwartet oder erhofft haben. Das klingt hart, wird auch sicher offiziell von den jeweiligen Elternteilen abgelehnt, doch es trifft zu. So eine Mimose als Kind, also da kann der Elternteil einfach nicht mit. Erstens versteht dieses Kind keinen Spaß, zweitens ist es wehleidig, und drittens wagt es dann auch noch, den Elternteil zu kritisieren. Da ihn das Kind nicht von sich aus anspricht, zieht es sich zurück. Eigenbrötler heißt es dann und wird schließlich schnell als »schwieriges« Kind abgestempelt.

Das Groteske ist jedoch, daß der Elternteil sehr an dem Kind hängt. Meist handelt es sich um ein ausgesprochenes Wunschkind, aber sie können zueinander nicht kommen (auch selten, wenn das Kind größer wird). Dieses Nach-innen-schauen des Kindes bringt den Elternteil zur Raserei, denn er hält die Augen ja auch stets nach außen offen! Auch politisch geraten sich beide oft in die Haare. Und wenn der Elternteil dem Kind etwas verbietet, dann meist mit dem Erfolg, daß es das Verbotene nun gerade macht. Und die Lebensklugheit hat der Elternteil meist nicht, dem Kind seine Wünsche zu erlauben (etwa einem Fußballverein beizutreten). Wenn das Kind von diesem Elternteil nämlich keinen Widerstand spürt, dann verliert es an seinen Vorhaben schon das halbe Interesse.

Beide Familienmitglieder können im Grunde erst aufeinander zuwachsen, wenn sie sich über neutrale Probleme näherkommen, wenn es verhältnismäßig unpersönlich zugeht. Doch dazu bedarf es erst einer großen Reife des Kindes, die es meistens erst spät erreicht. Die jeweiligen Lebenspartner müssen in dieser Bindung häufig in die Bresche springen.

UNKLARHEITEN,
die bei Löwe-Geborenen durch die 12 möglichen Aszendenten für Elternteil und Kind entstehen können.

SONNE in LÖWE mit ASZENDENT LÖWE ergibt kaum Schwierigkeiten, weil sich hier Lebenskern und Rollenspiel dekken. Die Gefahr besteht eben darin, daß Kinder Elternteile dieser Konstellation eigentlich für recht egozentrisch halten, und umgekehrt Eltern von Kindern mit dieser Konstellation sagen: Zuerst denkt die (oder der) nur an sich! Ein doppelter Löwe zeigt ein starkes Autoritätsbewußtsein, auf das einmal ein Kind, dann ein Elternteil sehr pochen kann (und das sicher nicht immer ohne weiteres von anderen hingenommen wird). Aber Elternteile oder Kinder dieser Konstellation machen niemandem etwas vor; man weiß, woran man mit ihnen ist.

Nicht so eindeutig ist dies zu erkennen bei **SONNE in LÖWE mit ASZENDENT JUNGFRAU**. Hier fragen sich besonders die Kinder oft erstaunt, wieso sich dieser Elternteil draußen so vernünftig, so verständnisvoll gibt, ja sich oft geradezu hilfsbereit zeigt, während er sich daheim oft gehenläßt und keinen Finger rührt, wenn man ihn um etwas bittet. Der so entgegengesetzte Auftritt dieser Elternteile ist für Kinder wirklich verwirrend, Eltern wiederum registrieren oft auch mit Verwunderung, daß sich das Kind außerhalb des Hauses längst nicht so selbstbewußt und anmaßend, sondern – in ihren Augen – viel zu bescheiden gibt! Sie meinen schon, ein bißchen mehr Mumm könnte es an den Tag legen.

Bei einer Verbindung von **SONNE in LÖWE mit ASZENDENT WAAGE** kommt es weniger zur Verwunderung, denn dieser Aszendent unterstreicht und mildert zugleich die Wirkung des Lebenskerns. Kinder sind sogar meist sehr stolz, wenn sie sehen, welch tolle Ausstrahlung diese Elternteile haben, und auch Eltern meinen schnell, diesen ihren Kindern kann wohl im Leben nichts passieren, so geschickt wie sie mit der Umwelt umzugehen verstehen.

SONNE in LÖWE mit ASZENDENT SKORPION kann durchaus zu Mißverständnissen führen. So sicher und eindeutig sich diese Elternteile etwa zu Hause bewegen und benehmen, so unsicher erscheinen sie den Kindern oft draußen. Sie suchen da vergeblich nach dem herzlichen Lachen, den großzügigen Gesten, so als wollten sie alle Welt umarmen. Draußen wirken die Eltern oft etwas beklommen, regieren gar mit Launen, die die Kinder daheim so gut wie nie wahrnehmen. Eltern wiederum verstehen oft nicht, warum sich ihre Kinder mit dieser Konstellation draußen sehr interessiert und engagiert zeigen, während sie daheim viel phlegmatischer sind. So kommt Unsicherheit auf, wie sie sich später draußen behaupten wollen.

Anders zeigt sich **SONNE in LÖWE mit ASZENDENT SCHÜTZE**. Da diese Menschen, ob es sich um Eltern handelt oder um Kinder, meist ein imponierendes, ein anziehendes Auftreten haben, fallen hier große Unterschiede kaum auf. Wenn sich auch kritische Kinder oft – heimlich – wünschen, daß dieser Elternteil sich auch ihnen gegenüber so großzügig, so weich und verständnisvoll geben könnte wie bei Nachbarn, Kollegen und Vorgesetzten. In ähnlicher Richtung denken oft die Eltern, wenn sie erleben, wie nachgebend sich diese Kinder Freunden und Klassenkameraden zeigen können. Aber sie meinen dann doch, besser sie zeigen ihren Dickkopf uns gegenüber als in Schule und Lehre!

SONNE in LÖWE mit ASZENDENT STEINBOCK ist oft der Boden für Unklarheiten. Zwar spüren Kinder, wie ehrgeizig sich dieser Elternteil in der Umwelt zeigt, gleichzeitig aber so ernst, oft so stumm, so abwartend ist! Manche mögen sich wünschen: Wenn Mutter (oder Vater) uns einmal so ausreden ließen wie den Kaufmann und den Installateur! Während Eltern erst sehr spät begreifen, daß sie über ein und denselben Menschen sprechen, wenn der Lehrer meint, er komme an das Kind nicht so leicht heran, das nur das Notwendigste spreche und sich immer so ruhig und skeptisch verhielte. Doch auch er erkennt den Eifer des Kindes an.

SONNE in LÖWE mit ASZENDENT WASSERMANN zeigt nun oft wirklich 2 vollkommen unterschiedliche Verhaltensweisen. Zu Hause oder da, wo man diese Menschen gut kennt, geben sie sich großherzig, selbstbewußt, klar und eindeutig, also berechenbar. In der Umwelt oder in einer fremden Gesellschaft bekommen sie im Handumdrehen etwas Schillerndes. Sie gehen auf die Umgebung zu, erzählen von Dingen, die sie im Augenblick erfinden und breiten vor den anderen irrwitzige Pläne aus. Kindern gefällt dies, wenn sie ein Elternteil plötzlich so erkennen. Sie freuen sich diebisch und meinen hinterher: Mutter (oder Vater) haben mal wieder herrliche Rutschen ausgelegt. Eltern sehen so ein Auftreten ihrer Kinder nun sehr viel skeptischer. Sie befürchten mit Recht, daß diese sich durch Albereien so manche Möglichkeiten verscherzen und fragen sich, woher das kommt. Daß dies ein Rollenspiel ist, sehen sie schwer ein.

Auch wenn sich die **SONNE in LÖWE mit ASZENDENT FISCHE** verbindet, erleben Kinder und Elternteile oft gegenseitige Überraschungen. Zu Hause heißt es oft im Kindermund: Vater spielt den starken Mann, aber in Wahrheit reagiert er vorsichtig, stets einlenkend, zurückweichend. Also, was der sich alles gefallen läßt (dasselbe könnten sie über eine Mutter mit dieser Konstellation denken). Die Eltern dagegen machen sich oft echte Sorgen, weil sich ihre Kinder außerhalb des Hauses so anders, so weich, so unentschlossen verhalten. Manche möchten da sogar manchmal einen Psychologen zu Rate ziehen.

Bei **SONNE in LÖWE mit ASZENDENT WIDDER** kommen solche Überlegungen kaum auf. Zwar schauen Kinder oft überrascht zu, wie streitlustig sich Elternteile mit dieser Konstellation zeigen, während sie daheim doch nur ihre Ruhe haben wollen, und Eltern entdecken, daß ihre Kinder draußen wahre Raufbolde sind (das gilt auch oder gerade für Mädchen). Aber sie schieben alles auf das feurige, schnell entflammbare Temperament und meinen, das alles werde sich mit der Zeit schon abkühlen. Darauf können sie lange warten!

SONNE in LÖWE mit ASZENDENT STIER: Im Grunde eine Konstellation, die wenig Schwierigkeiten macht. Kinder bemerken den Unterschied im Verhalten ihrer Eltern kaum. Sie schätzen dies als natürliche Höflichkeit, als Lebensart ein und bewundern bestenfalls, wie viel diese Elternteile mit Geduld und stetem Lächeln erreichen. Auch die Eltern sind mit ihren Kindern dieser Konstellation eigentlich recht zufrieden, weil sie doch feststellen können, daß die Kinder - zum Glück - draußen nicht so herrisch auftreten, wie zu Hause.

Die Bindung von **SONNE in LÖWE mit ASZENDENT ZWILLINGE** zeigt schon einen gravierenden Unterschied im Verhalten. Kinder mögen bemerken, daß der sonst eher gebieterische Elternteil sich in der Umwelt völlig anders zeigt. Sie sprechen wie von Kumpel zu Kumpel, wenn es sich um den Vater handelt. Wie mit Freundinnen plaudert es sich mit der Mutter. Kinder bewundern oft die Geduld, die die Eltern da in der Argumentation ertragen. Der Wunsch: Mögen sie auch mit uns die Zeit finden, so ausführlich zu sprechen! Die Eltern fragen sich dagegen des öfteren, wieso diese Kinder oft stundenlang mit Kameraden diskutieren können, während sie sich zu Hause eher maulfaul verhalten, wenn man sie fragt.

SONNE in LÖWE mit ASZENDENT KREBS ist oft von beiden Seiten aus sehr schwer zu verstehen. Kinder haben ihre Eltern nie für so empfindlich gehalten, wie sie sich außerhalb der Familie oft geben, denn im engeren Kreis vertragen sie doch allerhand und können Angriffe auch kühn abwehren. Draußen ziehen sie sich eher ins Schneckenhaus zurück. Ähnlich fragend sehen sich oft Vater und Mutter an, erleben sie, wie schüchtern sich ihre Kinder mit dieser Konstellation in Schule, Betrieb bewegen. Und das als »Löwe«!

DIE SCHWIEGERKINDER IM VERHÄLTNIS ZUM ELTERNTEIL LÖWE

Löwe-Elternteile betrachten sich gerne als das naturgegebene Familienoberhaupt, darauf müssen sich alle Schwiegerkinder einstellen. Das bedeutet in der Praxis: Die Schwiegerkinder fahren am besten, wenn sie sich dem Löwe-Elternteil möglichst unterordnen, dann sind sie meist sehr willkommen. Kommen nun aber Schwiegerkinder ins Haus, deren Sonne auch im Tierkreiszeichen Löwe steht, lassen sich oft Durchsetzungskonflikte nicht vermeiden.

Zwar hat es die **LÖWE-Schwiegertochter** da beim Löwe-Schwiegervater noch verhältnismäßig einfach, weil er sich eigentlich immer so eine Tochter gewünscht hat, aber die Löwe-Mutter spürt schnell, daß ihre Autorität leiden könnte. Deswegen versucht sie gleich, für geordnete Verhältnisse zu sorgen, das heißt, sie betont von Anfang an, wer das Sagen hat.

Dies zeigt sie auch dem **LÖWE-Schwiegersohn** sehr deutlich, wobei sie versucht, ihm klarzumachen, wie er ihre Tochter zu behandeln hätte, was er sich aber nicht gefallen läßt. Hier stößt also oft Gleiches auf Gleiches, was auch für den Löwe-Vater gilt, der am liebsten gleich dem Schwiegersohn unmißverständlich erklärt, daß er sich erst zu bewähren habe. Meist führt das dazu, daß sich das junge Paar zunächst völlig von diesen Eltern zurückzieht, bis diese einlenken, weil sie ihre Kinder nicht ganz verlieren möchten.

Nicht so problematisch zeigt sich das Verhältnis, wenn die Tochter des Hauses sich einen **JUNGFRAU-Schwiegersohn** erwählt. Zwar hat sich der Löwe-Vater eine repräsentativere Persönlichkeit gewünscht, aber hier sieht er seine Autorität wenig gefährdet, zumal der Schwiegersohn sich – scheinbar – gern beraten läßt. Die Löwe-Mutter hat jedoch mehr Feuer, mehr Temperament, weniger Sachlichkeit erwartet. Doch das wird aufgewogen durch die Zuverlässigkeit, die der Schwiegersohn zeigt.

Eine **JUNGFRAU-Schwiegertochter** kommt bei der Löwe-Mutter allgemein gut an, auch beim Löwe-Vater, obwohl sie – das betont er manchmal mit ziemlicher Arroganz – nicht sein Typ ist, aber wo die Liebe eben hinfällt! Später zeigt er sich von einer netteren Seite, fast beneidet er seinen Sohn um die Fürsorge, deren ja eine weibliche Jungfrau fähig ist.

Die **WAAGE-Schwiegertochter** hat es beim Löwe-Vater dagegen verhältnismäßig leicht. Ihre Art wickelt ihn einfach ein, ihr Geist bezaubert ihn, ihre Anlage zu Eleganz oder Schlamperei erfreut sein Auge immer wieder, so sind die beiden bald ein Herz und eine Seele. Die Löwe-Mutter ist ebenfalls von dieser Schwiegertochter nicht unangenehm berührt. Die Bedenken, die sie erhebt, gelten ihrer Sorge, diese Tochter könnte zu große Ansprüche stellen.

Der **WAAGE-Schwiegersohn** gefällt ihr nicht schlecht, zumal er ja die angeborene Gabe hat, stolze Löwinnen richtig zu behandeln. Er hört gut zu, nickt bei Forderungen mit dem Kopf, macht doch, was er will, obwohl er betont, alles im Sinn der Löwe-Mutter zu tun. Und die Mutter fällt meist darauf herein. Skeptischer ist in dieser Beziehung der Löwe-Vater, der ja stets vor Diplomaten oder sogenannten »Lebenskünstlern« auf der Hut ist, weil diese alle die Neigung haben, hinterrücks die Autorität der anderen zu untergraben. Aber auch hier können sich beide bald arrangieren.

Ziemlich ausgeschlossen ist das Arrangement (wenigstens in den ersten Jahren), wenn ein **SKORPION-Schwiegersohn** um die Hand der Tochter bittet, zumal er gleich betont, daß sein Lebensstil ein völlig anderer wäre, da das Leben auch einen Sinn haben muß, man nicht nur dahinleben darf. Nach solchen Äußerungen wendet sich der Löwe-Vater mit Grausen. Auch die Löwe-Mutter ist von diesem Schwiegersohn nicht gerade begeistert, von dem ja gar keine familiäre Fröhlichkeit ausgeht, was sie seiner schweren Kindheit zuschreibt (ob das nun stimmt oder nicht, Löwen behaupten gerne etwas).

Ablehnung ruft sehr oft, aber eher innerlich, eine **SKORPION-Schwiegertochter** bei der Löwe-Mutter hervor, da sie zu ihr selbst sehr schwer einen Zugang findet. Da müssen beide gegenseitig das Andere im Anderen achten lernen, was auch für den Löwe-Vater gilt, der sich aber unbewußt von dem Dunklen in der Tochter unerklärlicherweise angezogen fühlt.

Eine **SCHÜTZE-Schwiegertochter** gewinnt dagegen das Herz eines Löwe-Vaters im Nu, im Galopp, im Handumdrehen. Er ist mit der Wahl seines Sohnes wirklich zufrieden, ist stolz auf ihn und sie. Und das Verblüffende: Von dieser Schwiegertochter läßt er sich sogar etwas sagen, die darf es wagen, ihm zu widersprechen. Bei einer Löwe-Mutter dagegen sollte sie sich diplomatischer verhalten, aber sie ist ja bei allem Temperament doch auch sehr anpassungsfähig und gibt – wenn es um Unwichtiges geht – dann um des lieben Friedens willen schon einmal nach.

Ein **SCHÜTZE-Schwiegersohn** paßt in der Regel der Schwiegermutter recht gut ins Konzept; er macht Eindruck, stellt etwas dar, mit dem kann sie sich und ihre Tochter sehen lassen, wenn sie oft auch seinen hochgespannten Erwartungen nicht folgen kann. Der Löwe-Vater fühlt hier manchmal etwas Autoritätskonkurrenz, denn auch der Schütze-Schwiegersohn will ja möglichst in der Familie der Erste sein, aber die Männer raufen sich zusammen.

Nicht so einfach kann sich der Löwe-Vater mit einem **STEINBOCK-Schwiegersohn** arrangieren. Meist empfindet er eine durch nichts zu begründende Ablehnung gegen diesen Sohn, mit dem er schlecht sprechen kann, der sein Herz nicht offen auf den Tisch legt, der immer etwas gehemmt bleibt und verschlossen wirkt. Das kommt dem Löwe-Vater unheimlich vor. Die Löwe-Mutter empfindet ähnliches, sie meint – oft vorschnell –, daß er gar nicht in das großzügige Haus paßt! Und meist unterschätzt sie auch die Zähigkeit und den Willen, den er konsequent durchsetzt.

Auch eine **STEINBOCK-Schwiegertochter** braucht lange Zeit, um sich an eine Löwe-Mutter zu gewöhnen, die ihr einfach zu aufdringlich, zu selbstbewußt erscheint. Bei einem Löwe-Vater respektiert sie noch das laute, nicht zu überhörende Wesen, aber sie nimmt sich vor, auch ihn nicht allzu nah an sich herankommen zu lassen. So werden die alte wie die junge Familie bald ihre eigenen Wege gehen.

Eine **WASSERMANN-Schwiegertochter** ruft bei einem Löwe-Vater oft erst einmal Erstaunen und Verblüffung hervor. Er sieht sie sehr schnell als ein Unikum an, als ein lustiges Original, das jedermann wohl gerne in Kauf nimmt, wenn es nicht zuviel Einfluß auf den Sohn gewinnt. Er möchte also nicht, daß sich sein Sohn von ihren verrückten Ideen und Gedanken anstecken läßt. So faszinierend und extravagant sich diese auch anhören, so sind sie doch eigentlich wirklichkeitsfremd! Ähnlich skeptisch betrachtet die Löwe-Mutter die Lebenspartnerin ihres Sohnes. Sie ist ständig davon überzeugt und daraus macht sie keinen Hehl, daß diese Ehe einfach nicht gutgehen kann! Dieser Ansicht ist sie auch dann noch, wenn die Ehe über 30 Jahre gehalten hat.

Auf noch mehr Ablehnung stößt oft ein **WASSERMANN-Schwiegersohn**, der sich größte Mühe geben muß, ehe ihn die Löwe-Mutter ernst nimmt. Beim Löwe-Vater hat er es ein wenig leichter, weil der in diesem Schwiegersohn keine Konkurrenz innerhalb der Familie wähnt und weil der Sohn sich oft so verhält, wie er selbst es von Jugend an gerne getan hätte: Er schockiert gerne ein bißchen die Umwelt! Auch gefällt ihm das Intellektuelle des Schwiegersohnes. Das ist zu packen.

Aber kaum zu verstehen ist für den Löwe-Vater das Sentiment, die – wie er es nennt – Gefühlsduselei eines **FISCHE-Schwiegersohnes**! Einmal glaubt er nicht an die alles besiegende Kraft des Gefühls, dann spürt er recht schnell, wie distanziert, ja kalt sich so ein Fisch auch verhalten kann. Der Löwe-

Mutter bleibt dieser Schwiegersohn auch oft lange ein Rätsel, ein Mann, der schwer festzunageln ist. Manchmal trinkt er auch zuviel!
Bei einer **FISCHE-Schwiegertochter** stört sie das Nixenhafte und Unklare des Wesens längst nicht so, obwohl sie es nur sehr schwer verstehen kann; dies alles scheint ihr nicht klar und direkt genug. Der Löwe-Vater findet dagegen gerade das Rätselhafte an dieser jungen Frau recht aufregend, obwohl er laut die Meinung verkündet: Das ist zwar eine entzückende Frau, aber die heiratet man doch nicht!
Eine **WIDDER-Schwiegertochter** hat es meist gar nicht so schwer, sich mit einem Löwe-Vater zu verstehen, wenn sie nur ihren Elan etwas bremst und nicht gleich verkündet, wie sie sich die Ehe mit seinem Sohn vorstellt. Tritt sie gebremst auf, versucht sie mit dem Löwe-Vater zu lachen, dann bekommt sie schnell sein inneres Einverständnis; auf das offizielle »Ja« legt sie ja kaum Wert. Selbst die Löwe-Mutter, die immer sehr über ihr »Kind« wacht, wird dieser Schwiegertochter nicht sehr viel Widerstand oder Skepsis entgegensetzen, es kann sogar sein, daß sie sich mit dieser Tochter schnell verbündet, um ihren Sohn in guter Obhut zu wissen.
Einen **WIDDER-Schwiegersohn** sieht sie auch nicht ungern. Der zeigt Mut, sogar so viel, daß er ihr widerspricht, was sie sich von ihm meist seltsamerweise gefallen läßt, denn so weiß sie ihre Tochter bestens beschützt. Der Löwe-Vater begrüßt den frischen Wind, der mit diesem Schwiegersohn in die Familie kommt, wenn er auch seine Privilegien keinesfalls aufgeben möchte. Aber beide Männer können sich auf Anhieb verstehen.
Dies wird bei einem **STIER-Schwiegersohn** doch komplizierter. Es geht gut, solange dieser dem Löwe-Vater nicht widerspricht. Tut er es, fordert er sofort Kraftproben heraus. Und nun kommt es darauf an, welcher Dickkopf zuerst nachgibt, das Warten darauf kann jedoch recht lange dauern. Der Löwe-Mutter gefällt die realistische Einstellung ihres Schwiegersohnes, der außerdem noch Gefühl und Anstand zeigt und den Eindruck macht, daß er bekommt, was er will, und es auch bestens bewahrt.
Daher hat sie auch kaum etwas gegen eine **STIER-Schwiegertochter** einzuwenden, auch wenn es hier von Anfang an gilt, manche Machtprobe zu bestehen. Aber die Schwiegertochter ist meist klüger als die Löwe-Mutter und gibt leichter – doch auch nur scheinbar – nach. Dem Löwe-Vater gefällt sie, ihr adrettes Wesen, die Frische ihrer Erscheinung, das nimmt ihn oft spontan für die Frau seines Sohnes ein.
Eine **ZWILLINGE-Schwiegertochter** ist dem Löwe-Vater aber auch meist recht angenehm. Ihm gefallen ihr Witz, die Schlagfertigkeit, der Humor. Glänzend kann sie ihm schmeicheln, so daß er oft sagt: »Gäb's nicht meinen Sohn, ich würde dich heiraten, und bei mir hättest du es ja auch viel besser.« Darüber lacht sie, das gefällt ihm. Die Löwe-Mutter ist meist froh, eine Schwiegertochter zu bekommen, mit der man reden kann, die vieles weiß, die aber auch vieles von ihr erfahren möchte. Ihr gefällt, daß sie sich gerne Geschichten aus der Kindheit des Sohnes anhört, daß sie sich für alle Begebenheiten von früher interessiert.
Der **ZWILLINGE-Schwiegersohn** allerdings sagt der Löwe-Mutter nicht so zu; der hat ja nie Zeit, ist immer beschäftigt, telefoniert dauernd oder ist schwer zu erreichen. Sie hält ihn für einen Hansdampf in allen Gassen, das mißfällt ihr eher. Auch dem Löwe-Vater ist dieser Sohn etwas zu flink, zu schnell, zu fix in seinen Reaktionen, was ihn mit Skepsis erfüllt, da in einer Ehe doch einer für den anderen Zeit haben muß. Aber das sind Kleinigkeiten.
Schwierig wird es, wenn ein **KREBS-Schwiegersohn** auftaucht. Mit dem vermag ein Löwe-Vater zunächst so gut wie nichts anzufangen. Oft erscheint ihm dieser Sohn wie ein Mann von einem anderen

Stern. Nicht daß er ihn nicht mag, aber er ist ihm ziemlich fremd, da bedarf es einfach einer längeren Gewöhnung aneinander. Solche Überlegungen hat eine Löwe-Mutter auch, obwohl sie das Gefühl hat, der erkennt meine Autorität an. Daß sie sich darin völlig getäuscht hat, merkt sie zum Glück erst später.
Eine **KREBS-Schwiegertochter** ist für sie auch nicht gerade das Wünschenswerteste, sie spürt als spätere Großmutter hat sie in punkto Erziehung der Enkel so gut wie nichts zu sagen. Das bedrückt sie, so zieht sie sich oft recht auffällig beleidigt zurück. Der Löwe-Vater nimmt diese Schwiegertochter eher notgedrungen als beglückt hin, wird aber später ihre Wärme sehr schätzen lernen.

ZUSAMMENFASSUNG

Einen **LÖWEN** – ob männlich oder weiblich – in einer Familie zu haben, das ist sicher für die anderen Familienmitglieder wunderbar, denn so eine »Löwin«, ein »Löwe« geben doch Halt, Zuversicht, sind ein dominierender Mittelpunkt der Familie, um den man sich schart, bei dem alle Fäden so ein bißchen zusammenlaufen. Von diesem Familienmitglied geht (oft allerdings erst, wenn der Betreffende so die Mitte seines Lebens vollendet hat) eine beruhigende Stabilität aus. Hier ist Festigkeit zu spüren, aber auch mutige Führungsqualität. Und wenn es um den Schutz von Familienmitgliedern geht, dann verteidigen ja Löwin wie Löwe diese mit Kraft und Energie. Sicher erwarten die Löwen Respekt und auch laute Anerkennung; mehr Belohnung kaum, aber es geht auch immer ein wenig um ihre Eitelkeit.
Hinzu kommt, daß sich die Familie durch eine Löwin, einen Löwen bestens repräsentiert sieht und sich hinter diesem Schutzschild sehr geborgen fühlt. Soweit das Positive.
Schwieriger zeigt sich dieses Familienmitglied, wenn seine Interessen mit denen anderer Familienmitglieder kollidieren, dann geht es oft sehr hart zu. Zwar nehmen diese Auseinandersetzungen nie feindliche Ausmaße an, aber ist ein Konflikt einmal gegeben, dann ist er nicht gerade leicht beizulegen, da bedarf es dann oft schon eines diplomatischen Talents in der Familie.
Aber eines ist gewiß, eine Löwin, ein Löwe können verzeihen, denn sie sind auch innerlich großzügig, kaum nachtragend, (manchmal allerdings nur, weil ihnen das zu anstrengend ist). Entschuldigungen nehmen sie zwar recht theatralisch mit einer huldvollen Geste an, aber sie akzeptieren jede einigermaßen ehrlich gemeinte Äußerung, so läßt sich der Familienfrieden doch meist wieder herstellen. Von daher wünschte man jeder Familie so einen Kristallisationspunkt zum Wohle aller Mitglieder.

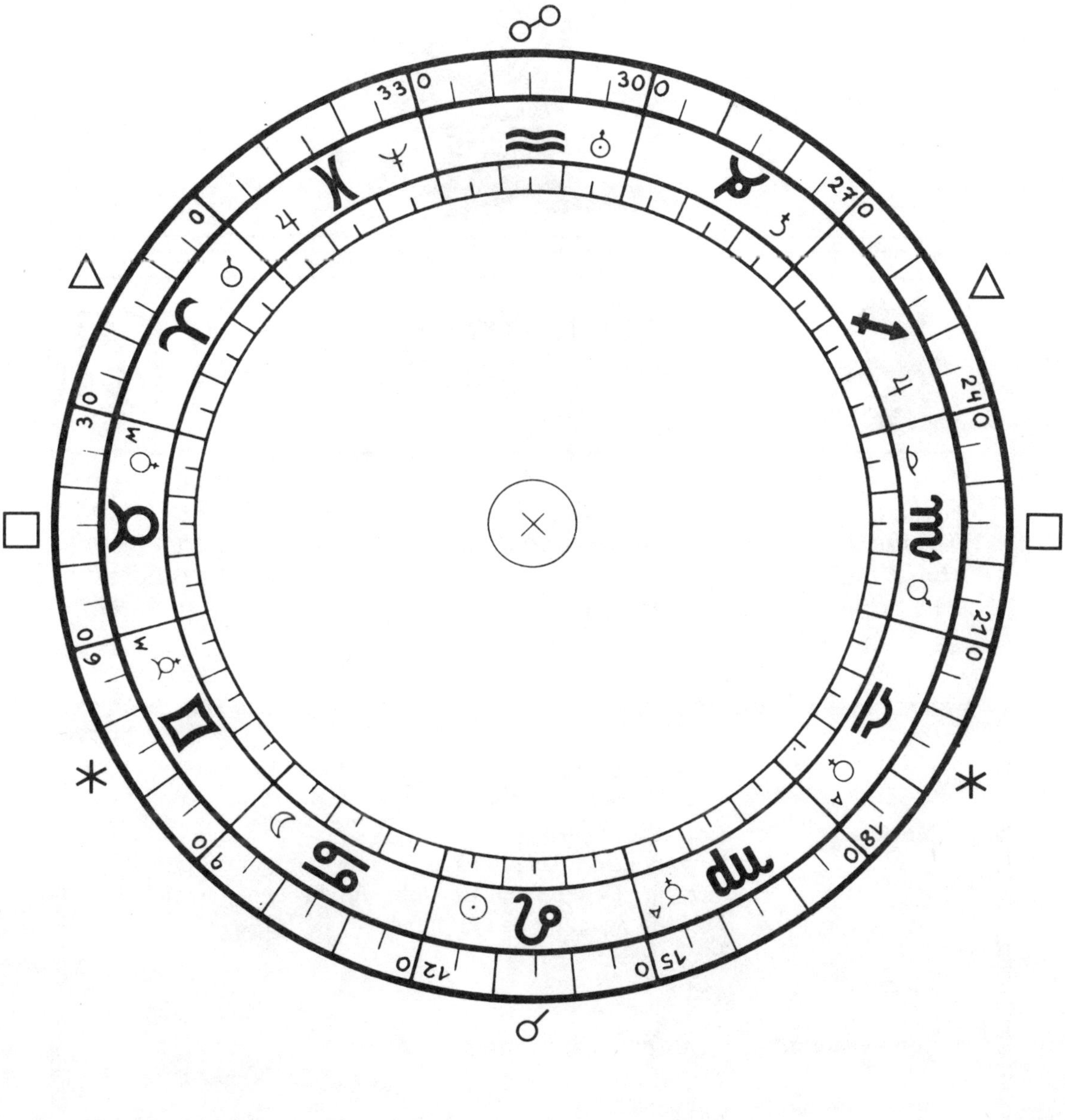

Hier tragen Löwe-Geborene
ihre Sonne und die ihrer Angehörigen ein

Jungfrau

♍

24. August bis 23. September
Dritter Sommerabschnitt

»... die Jungfrau ist das sechste Zeichen, der Natur nach so benannt. Wie eine Jungfrau von mannbaren Jahren einen Mann zu freien, mit ihm Kinder zu zeugen tüchtig, so auch, wenn die Sonne in dieses Zeichen geht, vielerlei Früchte hervorkommen...« heißt es in einem alten Planetenbuch.

	Planet, der hier seine verwandte Kraft findet:
Merkur	als Abendstern symbolisiert das philosophische, vorsorgende, pflichterfüllte Denken und Handeln, um das Leben auch mit seinen Schatten zu bewältigen.
Element	Erde
Temperament	phlegmatisch
Motorik	anpassend
Grundverhalten	weiblich, empfangend, antwortend – aus der abwartenden Haltung handelnd.

ASPEKTE
einer Jungfrau-Sonne:

Konjunktion in Jungfrau
Sextile in Krebs und Skorpion
Trigone in Stier und Steinbock
Quadrate in Zwillinge und Schütze
Opposition in Fische
Mögliche Überschneidungen durch Stellung in Anfangs- und Endgraden wurden nicht berücksichtigt, weil diese Aspekte von den Elementen her nicht einwandfrei wären.

VORZÜGE DES LEBENSKERNS	GEFAHREN DES LEBENSKERNS
Ordnungsliebe	Nüchternheit
Logik	Kritiklust
Intelligenz	Neid
Vernunft	Starrheit
Sorgsamkeit	Trockenheit
Fleiß	Krämerdenken
Einfachheit	Schwermut
Wissensdurst	Eigennützigkeit
Geschicklichkeit	Unduldsamkeit
Nachdenklichkeit	Nervosität
Pflichtbewußtsein	Widerspruchsgeist
Systematik	Gefühllosigkeit
Gründlichkeit	Reizbarkeit
Beobachtungsgabe	Prüderie
Kombinationsgabe	
Sparsamkeit	
Lerneifer	
Ausdauer	
Sittlichkeit	
Vorsichtigkeit	

IHR MOTTO
Das Leben ist erst Arbeit und Pflichterfüllung, dann ein Vergnügen.

ALLGEMEIN

heißt es oft: Jungfrauen sind penibel, kleinlich, arbeitsbesessen, neidisch, ohne inneren Elan, vorsichtig und kleinmütig. Es kommt ihnen darauf an, ihr eigenes »kleines« Leben in Ordnung zu halten, auch wenn sie da wie Beamte ihren persönlichen Einsatz gestalten. Alles würde nur auf die Nützlichkeit hin betrachtet.
Nun – dies stimmt so nicht. Jungfrauen sind zwar fleißig, aber in erster Linie zuverlässig! Ihre Vernunft ist sehr ausgeprägt, sie können abwägen und gut einschätzen, was kommt und was daher notwendig ist. Gerade Jungfrauen sind bereit, Mühsal – auch für andere – auf sich zu nehmen. Sie sind als Chefs gute Vorgesetzte, weil sie immer mit Hand anlegen, wenn irgendwo eine Arbeitskraft fehlt. Ihre Verläßlichkeit ist groß, so daß unzuverlässige Menschen sie gerne als Spießbürger abtun wollen. Jungfrauen wenden sich mit Vehemenz gegen Schmarotzer, gegen Trittbrettfahrer, gegen alle, die selbst nichts einsetzen wollen.
Wer sich ihnen anvertraut, der bekommt zwar keinen luxuriösen Schutz, aber die Möglichkeit, Fehler gutzumachen und von vorn anzufangen. Jungfrauen experimentieren nicht, um zu experimentieren; sie wollen etwas Solides schaffen, darauf kommt es ihnen eigentlich fast immer an. Bewußt versuchen sie daher auch, einen kühlen Kopf zu behalten, selbst wenn es in ihnen zu explodieren droht. Auch die Frauen bewahren meist einen gewissen Abstand, was ihnen oft den unberechtigten Vorwurf einträgt, sie würden sich gern irgendwie nach Wert verkaufen. Dabei warten Jungfrauen nur ab, denn sie wissen, daß das, was im Moment selbst mit feurigstem Temperament geschieht, nicht das Wahre, das Beständige ist; und nur darauf kommt es für sie an. Jungfrauen lieben Sicherheit, übrigens kaum, wenn sie allein leben, aber sowie sie die Verantwortung für irgendeinen Menschen übernommen haben, für eine Familie, eine Frau, für Kinder, Freunde und Kollegen, suchen sie Stetigkeit und Sicherheit. Versicherungsagenten haben hier ihre dankbarste Kundschaft, zumal diese Charaktere die Versicherungen kaum in Anspruch nehmen müssen.
Jungfrauen haben auch sehr viel mehr Humor, als man ihnen nachsagt, sonst könnten sie gar nicht den – oft auch unqualifizierten – Spott ertragen, der sich über sie ergießt. Ihr Humor ist leise, fein und ironisch und zeugt oft von einer starken Lebensklugheit. Diese Menschen werten die Erfahrungen, die sie machen müssen, aus. Sie lernen wirklich, selten machen sie mehrmals denselben Fehler, so kommen sie auch immer gut Schritt für Schritt weiter. Wer sie einmal hereingelegt hat, der ist bei ihnen abgemeldet, das merkt derjenige aber erst, wenn er versucht, wieder mit Jungfrau-Menschen ins Geschäft zu kommen.
Sie haben ein gutes Gedächtnis, besonders für die Dinge, die sie verloren haben. Sie sind sicher sehr an die Realität gebunden, obwohl sie doch versuchen, mit philosophischem Ernst der Realität einen tieferen Sinn abzugewinnen. Von daher ist auch ihre Bescheidenheit zu betrachten. Sie wissen – klarer als viele andere –, daß der Mensch doch nur ein winzig kleines Lebewesen ist, daß es keine Rolle spielt für den Gang der Welt, ob jemand lang oder kurz lebt, obwohl alle Jungfrauen gerne alt werden wollen. Aber nur selten überschätzen sie sich, so gut wie nie setzen sie sich auf einen Thron oder nehmen in einem Raum einen Platz ein, auf den die Scheinwerfer gerichtet sind. Sie halten sich viel lieber im Halbschatten auf. Jungfrauen können gut aus dem Hintergrund agieren, da vollbringen sie sogar ihre besten Leistungen. Diese weisen sie dann aber gerne vor, und wenn ihre meist mit Fleiß verbundene Leistung nicht anerkannt wird, reagieren sie enttäuscht.
Die schönen Seiten des Lebens werden in Maßen genossen, wenn aber gefeiert wird, was nicht so häufig vorkommt, dann wirklich mit allem, was geboten werden kann.

Nur Schulden machen sie nicht, um anderen irgendwie zu imponieren, da ist ihr Selbstbewußtsein sehr gut entwickelt.
Viel Liebe und Interesse widmen sie ihren Hobbys, die sie wie einen Beruf, oft sogar wie eine Berufung pflegen. Da sie sich selbst sehr lebensklug und praktisch verhalten, werden sie auch öfter um Rat gefragt, den sie gerne geben, ohne zu erwarten - so klug sind sie -, daß er befolgt wird. Aber mehrmals darf das nicht passieren, das sähen diese Charaktere als Verschwendung an, und Verschwendung liegt ihnen nicht. Vieles geht ihnen leider an die Nerven. So ruhig, wie sie sich nach außen geben, sind sie meist gar nicht. Auch sind sie oft viel ehrgeiziger, als es scheint, und wenn es mit ihren Plänen nicht klappt, dann schlägt sich dies manchmal auf Darm und Magen nieder.
In der Liebe sind sie zuverlässig - Ausnahmen bestätigen wie immer die Regel -, und kaum ein Partner wird hier in punkto Verläßlichkeit enttäuscht sein. Ihre Gefühle lassen sie nur schubweise heraus, so als öffnete sich in ihnen ein Kästchen nach dem anderen, aber nie sind alle Kästen gleichzeitig offen.
Im Grunde sind sie viel beliebter, als es die Witze zeigen, die man über sie macht, weil sie irgendwie Ordnung ins Leben bringen. Jungfrauen sind vielleicht nicht gerade unterhaltsam aber stets geschätzt. Das liegt daran, daß sie ihr Innenleben selten öffnen; da packt sie oft eine panische Angst, jemand könnte in sie hineinschauen. Ihr Motto lautet häufig: »Jeder bekommt im Leben seinen Platz, den er auszufüllen hat.« Wer dies nicht tut, der verdient dann auch keine Nachsicht oder Hilfe. Niemand kann alles, aber bemühen sollte sich jeder.
Fazit: Jungfrauen sind zuverlässig, pflichtbewußt, manchmal sogar humorbegabt und aufgeschlossen, intelligent, man kann sich gerade ihnen sehr anvertrauen und wird nicht enttäuscht werden. All das stimmt im allgemeinen, doch Jungfrauen können auch ganz anders sein. Aber dann sind es keine typischen Jungfrauen, sondern Ausnahmen, und die gibt es ja unter allen Tierkreiszeichen.

MINERALIEN, STEINE UND SCHMUCK DER JUNGFRAU

Hier wird alles geschätzt, was aus der Erde kommt, als Mineralien die Salze natürlich und die Kristalle, die man im Gebirge findet. Versteinerungen gefallen diesen Menschen, weil sie fasziniert, wie so eine Versteinerung vor sich geht. Anziehend sind auch alle Hölzer. Und die weibliche Jungfrau trägt sehr geschmackvollen Schmuck, dem man aber den Preis ansieht. Talmi kommt nicht in Frage, lieber nur ein Schmuckstück, aber das hat es in sich. Das ist gar nicht protzig, sondern einfach vernünftig. Typisch sind auch Goldmünzen als Schmuck in Ring, Brosche oder Anhänger, wobei das Gold möglichst matt sein sollte, denn blenden will man ja niemanden.

BEKANNTERE PERSÖNLICHKEITEN

Leo Tolstoi, Heidi Kabel, Ingrid Bergmann, Greta Garbo, Leonhard Bernstein, Agatha Christie, Carl Zeiss, Franz Werfel, Franz Josef Strauß, Theodor Storm, Rudolf Schock, Arnold Schönberg, Max Reinhardt, Günter Netzer, Eduard Möricke, Reinhold Messner, Sophia Loren, Arthur Koestler, Franz Beckenbauer.

DIE JUNGFRAU-MUTTER

erzieht ihr Kind erst einmal sehr vernünftig. Sicher liebt sie es wie alle Mütter, aber sie will auch nicht zu zärtlich sein, weil sie einmal gelesen hat, daß man sein Kind schon in den ersten Wochen in punkto Streicheleinheiten verwöhnen oder süchtig machen kann. Nun liest die Jungfrau-Mutter sehr viele Bücher, meistens Sachbücher, und wenn sie ein Kind bekommen soll, dann eben über das Thema »Wie bekomme ich ein Kind?« Später folgen Bücher über Kindererziehung vor dem Kindergarten, nach dem Kindergarten, während der ersten Schuljahre, vor dem Abschluß; Bücher über die psychologische Behandlung des heranwachsenden Kindes, Bücher über die Pubertät, die Sexualität.

Kurz die Mutter ist immer auf dem neuesten Stand, außerdem hört sie viel auf die Meinung ihrer Freundin, während sie die Meinung ihrer eigenen Mutter meist als altmodisch ablehnt. Aus all dem geht aber auch hervor, wie sehr sich gerade diese Mutter um das Kind kümmert, das außerdem oft noch ein Einzelkind ist. Und auch hier wird von der Vernunft her für Abhilfe gesorgt, indem die Jungfrau-Mutter dann Freunde oder Freundinnen heranschafft. Das Kind wird sorgsam erzogen, aber selten mit Gewalt. Auch zeigt die Mutter wenig Launen, höchstens manchmal Ermüdungserscheinungen. Da sie gerne mit den Kindern spricht, ihnen auch zuhören kann, finden besonders die älteren, die heranwachsenden Kinder hier gute Bezugspunkte, und die Mutter erhält sich einen langen, engen Kontakt mit ihnen.

Auch werden die Kinder frühzeitig zur Ordnung angehalten, nur sind nicht alle von Natur so sorgsam, dann gibt es hier schon mal böse Worte zu hören. Fleißig sollen die Kinder auch sein und der Mutter so früh es geht im Haushalt helfen, denn Kinder müssen lernen, daß einem nichts im Leben geschenkt wird. Über jedes gute Zeugnis freut sich die Mutter, nur zeigt sie das weniger dem Kind als der Nachbarin, denn auch hier heißt es ja, maßvoll zu reagieren.

Manchmal fehlt den Kindern die Märchenwelt, denn eine Jungfrau-Mutter findet leichter Beispiele aus dem Leben, die dem Kind den Weg weisen sollen. So wissen diese Kinder viel früher als andere, wie sehr es auf Vitamine ankommt, während andere noch verzaubert darüber nachdenken, was wohl die Geschichte von Rumpelstilzchen wirklich bedeutet. Auf Reisen etwa haben diese Mütter meist mehrere Landkarten und Landschaftsbücher dabei, um – während der Vater dem Autoradio lauscht – die Kinder über die verschiedenen Landschaftsgegebenheiten und die dortigen Sitten und Gebräuche zu informieren. Die Gefahr besteht, daß durch solche Erziehung die Kinder manchmal etwas altklug wirken; das gleicht die Mutter aus, indem sie mit den Kindern schwimmen geht, Sport treibt. Kurz, sie tut oft viel mehr als andere, wird aber trotzdem zu ihrem Leidwesen eher respektiert als geliebt. Nach Möglichkeit werden ihre Kinder bescheiden erzogen, aber die Mutter hält sie auch an, stets nach dem Woher und dem Warum zu fragen.

Diese Frage stellt sie dann oft auch den ersten Freundinnen oder Freunden der Kinder, denn sie möchte schon gern ergründen, ob sich eine Verbindung lohnt, ihr Kind also weiterbringt, oder ob sich diese Freundschaften und näheren Bekanntschaften vielleicht als schädlich erweisen könnten. Diese Mutter baut vor, sie versucht, dabei immer sehr subjektiv, sehr rational zu handeln. So ist sie auch stets für die Kinder da, sollten diese in Not geraten. Dann wird die Lage analysiert, um weitere Fehlhandlungen zu vermeiden. Gehen die Tochter oder der Sohn aus dem Haus, dann sieht dies ein lachendes und ein weinendes Auge, aber die Tränen bemerkt niemand, auch da ist die Mutter tapfer und vernünftig. Was sein muß, muß sein, dem kann und soll man sich nicht widersetzen. Oft wird jedoch die Mutter im Alter erleben, daß die Kinder sich sehr dankbar für diese Art der Erziehung zeigen.

DER JUNGFRAU-VATER

überläßt – nach altmodischer Art – in den ersten Jahren die Erziehung der Kinder wenn möglich meistens seiner Frau. Er versucht, ihr dabei zwar sehr beizustehen, aber seine Hauptsorge ist, daß das Leben gesichert wird, damit den Kindern eines Tages möglichst viel geboten werden kann. Denn die sollen selbstverständlich studieren, sollen einen guten Beruf mit einer soliden Grundlage ergreifen können.
Auch soll es ihnen schon vorher an Ausbildungsmöglichkeiten, an Kleidung und auch an einem erholsamen Urlaub nicht fehlen, je nachdem wie die Familienfinanzen stehen. Dieser Vater wäre tief getroffen, wenn die Kinder dieses Opfer (darum handelt es sich meist) nicht verstehen. Und er ist einfach verzweifelt, wenn diese Kinder gammeln, Schule Schule sein lassen, die Lehre schwänzen, wenn sie ausflippen oder gar in schlechte Gesellschaft geraten. Trotz allem würde der Vater seine Kinder so leicht nicht im Stich lassen, aber irgendwann zieht er dann doch einen Schlußstrich. Er täte es mit bestem Gewissen, weil er sicher ist, an allem keine Schuld zu haben. Bohrende Fragen stellt er sich kaum. Aber es passiert den wenigsten Jungfrau-Vätern, da sich doch die meisten um eine gute Erziehung gekümmert haben. Sie haben auch am Wochenende für die Kinder Zeit, wenn diese es wollen.
Frühzeitig sprechen sie mit ihnen über Berufswünsche, über die Möglichkeiten und darüber, welchen Weg man einschlagen sollte. Auch wenn diese Väter keine Beziehungen haben, sie mobilisieren alle Bekannten, alte Freunde, denn sie haben es selbst erfahren, wie gut eine Hand die andere wäscht. Oft sind Kinder zu stolz, auf solchen Wegen weiterzukommen, aber diese Väter haben auch hier Geduld. Sie wissen, was erst aus jugendlichem Übermut abgelehnt werden mag, das nehmen seine Kinder eines Tages mit Sicherheit dann doch an.
Sie kennen das Leben, und davon profitieren die Kinder. So erziehen Jungfrau-Väter sehr lebensnah oder nach praktischen Erwägungen. Sie schenken ihnen gute Bücher, denn Bildung ist wichtig. Vor allem legen sie sehr viel Wert darauf, daß die Kinder zumindest eine Fremdsprache halbwegs perfekt sprechen. Fragen des Gefühls, der Emotionen, des Gemüts oder gar seelische Dinge kommen bei dieser Art des Heranwachsens jedoch manchmal zu kurz. Diese Väter verstehen oft nicht, daß die Kinder sehr musische oder psychologische Interessen haben, daß sie sich mit dem Sinn des Lebens auseinandersetzen wollen, wenn Abenteuer locken. In diesem Punkt kann die Erziehung etwas »arm« sein, hier sollten diese Väter bewußt dagegensteuern. Auch wäre es gut, wenn sie nicht zu kritisch wären und manchen Höhenflug eines Kindes zu früh bremsen würden. All zu pedantisches Bestehen auf Grundsätzen kann doch lähmend sein.
Gehen die Kinder aus dem Haus, verkraften dies die Jungfrau-Väter nur dann gut, wenn für die Kinder bereits eine sichere Basis geschaffen ist. So kommt es, daß sie ihre Kinder immer noch mit in den Urlaub nehmen, wenn diese mit dem Studium längst fertig sind. Sie sind zur Stelle, wenn die Kinder ein Auto brauchen. Dann wird es in derselben Werkstatt gepflegt und gewartet, die der Vater als zuverlässig ansieht. Wenn es um eine Wohnung geht, verhandelt der Vater mit dem Hauswirt, wobei darauf geachtet wird, daß sie in der Nähe der Eltern liegt. Oft wird es den Kindern zuviel, einige nutzen ihn dann schon ziemlich bewußt und frech aus, aber sie tun ihm manchmal sogar einen Gefallen damit.
Und die Kinder hängen später sehr am Vater, besonders die Töchter, aber auch die Söhne. Sie wissen, wenn es brennt, wenn praktischer Rat gebraucht wird: »Der Vater wird's schon richten.«

DIE JUNGFRAU-TOCHTER

wird in den ersten Jahren zunächst einmal sehr gehänselt, weil sie eine Jungfrau ist oder keine, und so lernt sie ziemlich früh, wie banal es in diesem Leben oft zugeht. Oder anders: Sehr viele Illusionen hat sie nicht, und wenn sich Illusionen beziehungsweise Träume zerschlagen, dann nimmt es die Jungfrau-Tochter im allgemeinen halbwegs gelassen auf. Etwas Vernünftiges liegt über all ihrem Handeln, das meist mehr anpassend ist, als von einer Motorik getrieben. Dafür ist dieses Mädchen häufig klug, liest sehr oft Bücher, die andere nur vom Titel kennen, auch wenn sie viel älter sind. Und wenn diese Tochter ältere Geschwister haben sollte, dann lernt sie schon bei deren Schularbeiten mit und kann sehr viel, wenn sie in die Schule kommt.

Die Annahme, daß diese Mädchen in der Schule Streberinnen seien, stimmt nur bedingt. Sie können nämlich lediglich ihre Zeit einteilen, schon früh begreifen sie, daß es nicht darauf ankommt, alles machen oder können zu müssen, sondern daß eine frühe Konzentrierung das beste ist.

Ungewöhnlich viele Jungfrau-Mädchen – meistens übrigens sehr hübsch – wissen schon recht früh, was sie werden wollen. Manche ergreifen sogar früher nur den Männern zugeschriebene Berufe wie Automechanikerin oder Malerin, denn sie lieben das Praktische. Andere wollen Kindergärtnerin oder Lehrerin werden. Vor allem müssen es feste Berufe sein, um zu übersehen, wie lang die Arbeitszeit ist, wann Urlaube anstehen. Viele planen bereits ihre Hochzeitsreise, ohne zu wissen, wen sie heiraten, aber egal, wer das auch ist, die Hochzeitsreise findet so wie geplant statt!

Diese Mädchen sind meist auch beste Hausfrauen, indem sie zwar nicht zuviel Arbeitszeit auf den Haushalt verwenden, aber wenn sie zupacken, dann richtig, dann geht es wie geschmiert, Einteilung ist alles.

Sie sind allgemein sehr vielseitig interessiert, sie haben ihre Lieblingsillustrierte, aber sie lesen auch tiefsinnige Texte, ebenso Lyrik. Sie bevorzugen handfeste Theateraufführungen.

Sie sind kokett, Angst oder Hemmungen vor den ersten sexuellen Beziehungen haben sie – im Gegensatz zum Namen ihres Tierkreiszeichens – meist gar nicht. Auch das läßt sich ja gekonnt, mit Wärme und Gefühl, wenn auch seltener mit sich aufgebender Leidenschaft, gut über die Runden bringen.

Den Gegebenheiten des Alltags eilen sie immer etwas voraus. Sie wissen oft schon, welcher junge Mann ihr Lebenspartner wird, da ist der noch in eine andere verliebt. In punkto Liebe kommen diese Mädchen ziemlich schnell zur Sache, Emanzipationsschwierigkeiten oder Hemmungen haben sie hier kaum. Aber sie müssen mit ihrem Lebenspartner ein festes Ziel haben, ehe sie sich binden. Er muß einen gesicherten, unkündbaren Beruf haben, das andere macht sie dann schon.

Risiken geht sie selten ein, sie hat daher auch meist die Hand auf der Kasse, das heißt, sie verwaltet das gemeinsame Geld, und sie tut das sehr gut. Sich ausführen zu lassen und dann trotzdem für beide zu bezahlen, das macht ihr nichts aus, sie arrangiert es dann schon, daß »er« das nächste Mal in einem viel teureren Lokal die Zeche bezahlt.

Was sie als junge Frau erwartet, das sind gutes Benehmen und Gleichberechtigung, aber keine Reichtümer, und sie erwartet auch kein luxuriöses Leben. Ist es aber gegeben, füllt sie es bestens aus, aber es ist selten eine Lebenssehnsucht. Ihre Ziele sind zwar nicht gerade klein, aber eigentlich nie im Himmel verankert, das ist ihre ganz besondere Stärke.

Brenzlige Situationen meistert sie schon als Teenager, und es ist erstaunlich, wie früh sie – auch wenn sie es vom Taschengeld her nicht nötig hat – jeden Job annimmt, etwa wenn es gilt, Werbezettel in Briefkästen zu werfen. Sie will sich stets in erster Linie auf sich selbst verlassen können, und das trainiert sie von Anfang an.

DER JUNGFRAU-SOHN

entwickelt sich im allgemeinen verhältnismäßig unauffällig. Als kleiner Bruder paßt er sich an und diese Anpassung – nicht mit Nachgeben zu verwechseln – setzt sich auch in der Schule fort. Meist kann dieser Sohn ein kluger, guter Schüler sein, aber er hält sich (schon etwas frühreif) halbwegs bedeckt. Andere Schüler mögen ihn sehr gern, weil sie bei ihm abschreiben können. Aber nicht weil diese Jungen gutmütig sind, sie erwarten für jede Leistung eine Gegenleistung, und wenn jemand sie einmal enttäuscht, dann verweigern sie manchmal jede weitere Hilfe.
Was oft die Kinder- und Schulzeit ein wenig schwer erscheinen läßt, ist die Tatsache, daß diese Jungen keine Schnellstarter sind. Sie wachsen innerlich – im Gegensatz zum Äußeren – sehr langsam heran. Sie sind auch im Sport nicht die Ersten, sie brauchen ihre Zeit. Wenn es sie jedoch packt, dann sind sie gefangen. Oft geht ihnen Hobby vor Schule. Dann riskieren sie es durchaus, auch einmal auffällig zurückzubleiben.
Manuell sind sie sehr begabt, sie basteln gerne, reparieren im Haus sehr früh Kleinigkeiten; zur Verwunderung der Eltern, die überhaupt nicht gemerkt haben, wann und wie sich diese Jungen das angeeignet haben. oft kümmern sie sich um die Klassenzeitung, und später organisieren sie dann Klassentreffs und halten per Rundbrief die Verbindung aufrecht. Sie möchten gerne bald aus dem Haus gehen, es stört sie, wenn die Mutter oder der Vater beim Studium zusehen. Sie richten sich, wenn möglich eine eigene »Arbeits«-Stube ein, das ist dann ihr Reich.
Früh fangen sie an, alles zu sammeln, was sie in die Hand bekommen. Eltern schlagen oft die Hände über dem Kopf zusammen, wenn sie die übervollen Schränke ihrer Jungen sehen. Aber was nutzt es, nach dem großen Aufräumen sind die Schränke in Kürze wieder voll. Doch Ordnung herrscht bei ihnen.
Diese Jungen wissen eigentlich ziemlich genau, was sie wollen. So wird der Beruf auch früh gewählt, das heißt nicht, daß er auch sofort angestrebt wird. Sie sind so klug, sich recht lange im Elternhaus aufzuhalten, wenn sie sich da nicht zu sehr eingeschränkt fühlen. Gehen andere Jungen im Vergleich eher aus dem Haus, dann stört sie das nicht; sie sparen eben schon früh. Und wenn sie verdienen, dann geben sie der Mutter einen Obulus, und der Rest wird auf die hohe Kante gelegt.
So ähnlich wählen sie auch ihre Frau aus. Sicher, sie wollen verliebt sein, die zukünftige Lebenspartnerin soll hübsch aussehen, aber auch einen Beruf haben. Es ist hier so gut wie selbstverständlich, daß beide in der Ehe arbeiten. Viele lernen auch ihre Ehefrau im Betrieb kennen oder bei der Konkurrenz. Oft tun sich beide dann schnell zusammen, machen sich selbständig oder streben im Betrieb getrennt und doch gemeinsam nach oberen Positionen. Sicher will jeder einmal Chef werden, auch diese Jungfrau-Söhne. Aber sie verfolgen das Ziel nicht mit letzter Konsequenz, sie wissen wie gut es sich hinter einem dicken Rücken arbeiten läßt.
Die Mädchen stürzen sich nicht gerade auf diese Jungen, aber sie lernen bald ihre Zuverlässigkeit schätzen. Unter Jungfrau-Söhnen gibt es wenige Hochstapler, die sich riesige Autos mieten, um damit den Mädchen zu imponieren. Nein, sie kommen auch mit dem Moped zur Verabredung oder mit einem Kleinwagen. Sie wecken also kaum Illusionen und kommen doch – oder gerade deswegen – an, wenn es ernst wird. Häufig werden sie auf Partys nicht so beachtet, aber es geschieht nicht selten, daß sie dann das hübscheste Mädchen zum Standesamt führen. Natürlich erst, nachdem sie mit ihr die nächsten 10 Jahre abgestimmt haben. Dann steht fest, wie's im Beruf weitergeht, daß aber auch der Nachwuchs nicht zu lange warten darf, und was für ein Jahrzehnt sonst noch zu planen ist. Wobei auch die Hilfe der jeweiligen Eltern einkalkuliert wird.

DIE JUNGFRAU-GROSSMUTTER

hat meist für die Enkel gar nicht so viel Zeit. Sie ist nämlich noch tätig. Oft hat sie sich nach dem Beruf noch eine kleine selbständige Arbeit zugelegt, oder sie betreibt ein Hobby. Am liebsten allerdings wäre es ihr, wenn ihre Kinder (Kind und Schwiegerkind) einem Beruf nachgingen, so daß sie sich um die Enkel zu kümmern hätte.
Das wäre das Paradies, dafür gäbe sie alle ihre Hobbys auf. Aber sie will nicht nur einmal in der Woche einspringen (obwohl sie das auch täte). Sie will eine Aufgabe. Und Enkel erziehen, ihnen beide Eltern ersetzen, das ist die Aufgabe für sie. Ihre Enkel werden von ihr kaum verwöhnt, sie erzieht sie sogar ziemlich streng – im Gegensatz zu vielen anderen Großmüttern.
Doch es gibt ein entscheidendes Merkmal: In Gegenwart der Eltern ist sie zu den Enkeln so gut wie nie rigoros, aber wenn die Eltern fort sind, versteht sie sich durchaus Respekt zu verschaffen. Dann kann sie den Enkeln schon mal den Pudding verweigern oder sie vom Spiel ausschließen.
So glücklich diese Oma sich mit Enkeln fühlt, sie ist so lebensklug zu wissen, daß dieses Paradies einmal zu Ende ist. Entweder geben dann die Mutter oder der Vater doch ihren Beruf auf, oder die Enkel spüren, daß der Altersunterschied im Gegensatz zu den Eltern sehr groß ist. Wird dies der Großmutter deutlich, dann zieht sie sich sofort – aber meist auch unwiderruflich zurück.
Eines jedoch ist sicher: Diese Großmutter hat immer ein Reservesparbuch liegen, nicht für sich, sondern für die Familie, wenn sie in Not geraten sollte. Allerdings stellt die Jungfrau-Großmutter eine Forderung: Sie will nicht nur um Geld gebeten werden, sondern auch wissen, wofür es verwendet wird, sie will mitsprechen und mitleben. Kinder und Enkel, die sie nur anpumpen wollen, können bei ihr so gut wie gar nicht landen.

DER JUNGFRAU-GROSSVATER

hat wenig Zeit, weil er allgemein sehr beliebt ist. Nicht nur in der Familie, sondern noch mehr in der Umgebung; so wird er dauernd zu Hilfe gerufen. Für den einen Nachbarn füllt er die Steuererklärung aus, für den anderen repariert er Wasserhahn und Abfluß, beim dritten bringt er die Elektrik des Autos in Ordnung. Er ist ein wahrhaft patenter alter Herr, der daher für die Enkel nicht allzuviel Zeit hat.
Aber wenn es sein muß, ist er auch für sie da. Er hält die Lexika bereit, die helfen, die Schularbeiten leichter aufzuarbeiten, und wenn es um die Rechtschreibung geht, ist er sowieso perfekt. Während die Eltern kaum mehr die mathematischen Probleme verstehen können, die die Kinder in der Schule zu lösen haben, der Jungfrau-Großvater verbeißt sich so in die Materie, daß er es kann.
Mit seinen Enkeln pflegt er einen sehr sachlichen Ton. Auf den Jargon der jeweiligen Jugend geht er kaum ein, gewisse Schimpfworte oder Worte der Frustration nimmt er einfach nicht an, ja er wehrt sich gegen eine Fäkaliensprache, so daß die Enkel diese bei ihm – sehr häufig zur Verwunderung der Eltern – auch nicht gebrauchen. Dieser Großvater ist noch so allgemein ins Leben eingespannt, daß er nicht bewußt mit der Zeit gehen muß, wie es oft heißt.
Es ist also ein eher freundschaftliches Verhältnis zwischen den Generationen, da dieser Großvater eben kein so lieber, guter, alter Opa ist, der sich leicht ins Bockshorn jagen läßt. Es ist seine allgemeine Leistung, die ihm Achtung einbringt. Auch imponiert seine Freude an jeder technischen Entwicklung, gerne begleiten ihn die Enkel auf Messen oder technischen Ausstellungen, oder sie schauen sich mit Begeisterung seine Briefmarken- oder Bierdeckelsammlung an. Bei ihm gibt es keine Langeweile, denn ihm fällt immer etwas Praktisches ein, was man gemeinsam tun kann. Dieser Großvater ist wie selbstverständlich in die Familie integriert, gerade weil er nicht soviel von sich hermacht.

VERHÄLTNIS: ELTERNTEIL – KIND (und umgekehrt)
durch den Sonnenstand bedingt.

ELTERNTEIL JUNGFRAU – KIND JUNGFRAU
(oft eine Konjunktion)

Dies beschreibt im allgemeinen eine äußerst gute, intensive Beziehung zwischen Elternteil und Kind, da das Kind – so meint der Elternteil – ihm doch zutiefst nahesteht. Das ist »mein« Kind, heißt es oft, es schlägt nach mir, an dem werde ich meine Freude haben. Diese Meinung wird die Lebenserfahrung dann aber nicht einmal so sehr bestätigen. Sicher, man spürt starke Grundähnlichkeiten, aber auch zu viele Gemeinsamkeiten. Es geht ja jedem so, am meisten stören beim anderen die Fehler, zu denen man selbst neigt.

Denn das Überpenible, das Übersorgsame, das sind Eigenschaften, die bei Jungfrau-Charakteren dieser doppelten Prägung schnell sichtbar werden. Daher fallen sie bei gleicher Veranlagung oft ein wenig auf die Nerven. Der Elternteil meint sich immer im Spiegel zu sehen, beobachtet er sein Kind; und das Kind mit dem natürlichen Drang, sich abzunabeln, bemerkt zusehens, wie sehr es Mutter oder Vater ähnlich wird. Dies kann sich sogar vom Kind aus gesehen zu einer zeitweiligen Abneigung steigern, zumindest führt es zu einer starken Auseinandersetzung mit dem Elternteil. Hier kommt sogar die innere Selbständigkeit sehr früh zum Tragen, wenigstens versuchsweise. Dies spürt nun der Elternteil und ist darüber nicht froh. Zum Glück einerseits kann sich ja alles mit Vernunft erklären lassen, zum Unglück andererseits werden seelische Bindungen oft unterschätzt, nicht wahrgenommen oder verdrängt, so daß bei einer vernunftbedingten Trennung meist auch die Familienbande durchschnitten werden. Gegensätze hätten es bei diesem Tierkreiszeichen sicher leichter. Nur eines ist gewiß: Wenn Hilfe gebraucht wird, dann sind der betreffende Elternteil oder das Kind im Nu zur Stelle, was doch die starke Bindung dokumentiert.

ELTERNTEIL JUNGFRAU – KIND WAAGE
(meist kein Aspekt)

Hier ist der Zusammenhang zwischen Elternteil und Kind oft sehr schwankend. Mal verstehen sich beide bestens, dann wieder versteht der eine den anderen überhaupt nicht. Diese Elternteile begrüßen meist die Gegensätzlichkeit des Kindes. Sie freuen sich über sein harmonisches Auftreten und Verhalten, sind glücklich, daß dieses Kind für künstlerische Interessen zu begeistern ist, bewundern, wie diplomatisch geschickt es sich oft verhält. Dann befürchten sie aber wieder eine gewisse Lässigkeit, eine zu heitere Lebensauffassung.

Und auch die Kinder sehen diese Elternteile oft sehr unterschiedlich. Ihre Lebensklugheit imponiert ihnen, aber ihr Lebensernst kann sie leicht nervös machen. Hier kommt es also sehr auf die Stimmungslage, aber auch auf die Lebenssituationen an. wird es kritisch, macht sich der Elternteil große Sorgen; geht alles glatt, wird das Kind um seine Lebensauffassung und Art beneidet. Das schwankt stets hin und her. Wird das Kind erwachsen, trennen sich die Wege immer mehr, es kommt sogar vielleicht die Zeit, daß das Kind den Elternteil als brav und spießig ablehnt, was diesen besonders hart trifft, denn im Grunde wollte er auch so werden wie dieses Kind. Der Elternteil muß manchmal warten, bis das Kind – ja vielfach sehr leicht zu verführen – in eine Notlage gerät, leichtsinnig ist oder es – nur so zum Spaß – mit Opiaten versucht. Dann muß dieser Elternteil zur Stelle sein und er wird auch schon gebraucht, wenn das Kind die Schule, die Berufsausbildung zu leicht nimmt und mehrmals die Interessen wechselt.

Schlägt das Kind eine künstlerische Laufbahn ein, ist allein der Erfolg entscheidend. Scheitert es, hat der Elternteil es immer gewußt, hat es Erfolg, ist der Stolz groß.

ELTERNTEIL JUNGFRAU – KIND SKORPION
(oft ein Sextil)

Im allgemeinen verheißt diese Konstellation ein gutes, ja sehr harmonisches Verhältnis. Zwar sind sich diese Charaktere von Natur aus etwas fremd, aber das ergänzt sich vor allem für das Kind recht gut. Es beschäftigt sich zunächst sehr mit sich selbst, ist ein ewig suchendes Wesen, will zu gerne hinter alle Kulissen schauen, entdeckt aber meist mehr Dunkles als Helles. Und da kann nun der recht sachliche, nüchterne, aber auch philosophisch begabte Elternteil doch helfend eingreifen. Jungfrauspruch ist ja auch: »Es wird nichts so heiß gegessen, wie es gekocht wird«. Damit können Skorpionkinder wieder recht schnell auf die Beine gebracht werden, wenn sie depremiert und pessimistisch sind. Diese Kinder, die so am Leben hängen, haben doch sehr häufig Angst davor. Ein Beispiel, wie es tapfer anzugehen ist, gibt dieser Elternteil, der andererseits auch wieder vom hintergründigen Wesen des Kindes sehr profitieren kann. Und manches Kind regt einen Jungfrau-Elternteil an, sich mit Überlegungen etwa auf seelischer Basis zu beschäftigen, die er sonst verdrängt hätte. Dadurch inspirieren sich beide gegenseitig, was ein Leben lang anhält.
Die Kinder brauchen diesen Elternteil fast täglich, obwohl sie oft allein gelassen werden wollen, aber sie benötigen das Sicherheitsgefühl. So reden diese Kinder oft Wochen kaum ein Wort, maulen vor sich hin, trotzdem fühlen sie sich wohl. Das sollten die betreffenden Elternteile schnell lernen: Nicht in die Kinder hineinbohren, ihnen nicht unentwegt Fragen stellen, und wenn sie das doch tun, auch mal ausweichende Antworten akzeptieren. Diese Kinder müssen vieles in sich hin- und herbewegen, ehe sie klarer sehen, und vorher mögen sie sich kaum äußern.
Auf diese Weise sind viele Spätentwickler, was einer Jungfrau-Mutter, einem Jungfrau-Vater oft schwerfällt zu begreifen.

ELTERNTEIL JUNGFRAU – KIND SCHÜTZE
(oft ein Quadrat)

Diese Konstellation soll nach alten Erfahrungsbüchern der Astrologie ein Familienleben recht schwierig gestalten, so auch im Verhältnis Elternteil – Kind und umgekehrt. Allerdings schauen die Eltern meist sehr früh (häufig viel zu früh) bewundernd auf das Kind, das so eigene Ideen und Ideale hat, das sich ernsthaft bemüht, der Tagesrealität zu entfliehen.
Dieses Kind glaubt oft wirklich noch an einen Sinn im Leben, an das Gute schlechthin. Wenn der Elternteil dieses Kind auf den Boden zurückholen will, reagiert es oft sehr scharf, manchmal gar verächtlich. Die Einstellung des Elternteils zur Realität wird vom Kind überhaupt nicht akzeptiert; es meint allen Ernstes, dieser Vater, diese Mutter seien stets zu bescheiden in ihrem Verhalten gewesen.
Und damit dieser Elternteil merkt, wie ernst dies gemeint ist, stellt das Kind Ansprüche (und nicht geringer Art!). Sie beziehen sich jedoch nicht nur auf das eigene Vergnügen, sondern auch auf die Weiterbildung.
Dieses Kind will weit, sehr weit über das Elternteil hinauswachsen. Das bereitet den Jungfrau-Elternteilen Sorgen. Sie wissen ja, daß jeder Höhenflug auch seine Grenzen hat, obwohl der Himmel keine Grenze kennt. Dies erscheint dem Kind kleinkariert, und oft zieht es falsche Konsequenzen aus dieser Begrenzung. Meist macht es (in seiner Unreife) besonders den Jungfrau-Elternteil dafür verantwortlich, denn es meint, jeder gebremste Höhenflug hätte seine Ursachen in den zu geringen Startchancen, die es hatte. Diese Ansicht trifft diesen Elternteil jedoch bis ins Mark; er versteht die Welt nicht mehr, so nüchtern er sonst das Leben zu durchleuchten mag. Die Folge ist oft ein tiefgehendes Zerwürfnis. Nun liegt es am Kind, dies wieder halbwegs zurechtzubiegen; das braucht seine Zeit, denn ein Schütze-Kind trägt manchmal die Gefahr des falschen Stolzes in sich.

ELTERNTEIL JUNGFRAU – KIND STEINBOCK
(oft ein Trigon)

Folgt man alten astrologischen Erfahrungen, dann verstehen sich unter dieser Konstellation die Familiengenerationen vorzüglich. Dies scheint auch der Fall zu sein, zumindest in der Beziehung Elternteil Jungfrau – Kind Steinbock. Kind Jungfrau – Elternteil Steinbock (siehe dort) ist viel schwieriger. Der Grund: Der Elternteil sieht in diesem Kind die Erfüllung seines Lebensziels. Die Grundbasis ist bei beiden gleich, aber das Steinbock-Kind hat mehr vulkanische, ursprüngliche Kraft, ist ehrgeiziger und wagt auch mehr. Dabei läßt es aber die Nüchternheit und Vorsicht walten, die der Elternteil ihm beigebracht hat.
Überhaupt hat hier der Elternteil das Gefühl, er habe dem Kind alle Teppiche für das Leben ausgelegt. Die Kinder empfinden dies so ähnlich, daher zeigen sie sich dankbar, wenn auch nicht gerade im Überschwang, aber wann können die Steinböcke schon überschwenglich sein. Das Verstehen ist oft stumm, die Gespräche sind knapp und präzise. Erstaunlich ist für Freunde oft, wie kurz sich hier Abschiede abspielen. Geht das Kind auf eine große Reise, entfernt es sich für Wochen aus dem Elternhaus, der Abschiedsgruß beinhaltet ein kleines, trockenes Tschüs, wie jeden Morgen, als das Kind noch zur Schule ging. Auch die Begrüßung nach der Reise ist oft äußerlich knapp, aber die Augen sagen alles. In diese Beziehung wird also viel Sachlichkeit eingebaut, vielleicht gerade deswegen, weil sich beide so gut verstehen.
Ähnlich sachlich kann es zugehen, wenn wichtige Entscheidungen anstehen. Emotionen werden dabei unterdrückt, selbst wenn das Kind davon spricht, nun einen eigenen Hausstand zu gründen. So objektiv wie möglich werden die Lebenspartner betrachtet, wie nebenbei begutachtet, damit ja nichts nach einer Einmischung aussieht. Das geht oft deswegen gut, weil sich Elternteil und Kind im Tiefsten prächtig verstehen, so daß einer sich auf den anderen verlassen kann.

ELTERNTEIL JUNGFRAU – KIND WASSERMANN
(meist kein Aspekt)

Bei dieser Konstellation fragen sich oft diese Elternteile, was sie eigentlich mit dem Kind, das sie sehr lieben, gemeinsam haben. Schon sehr früh stehen sie ihm ziemlich hilflos gegenüber.
Die Unruhe des Kindes, die dauernde Neugierde, die stete Beweglichkeit auf der einen Seite, dann aber auch das feste Beharren auf einem Standpunkt, die Gabe, allem auszuweichen, um sich und seine Meinung nicht ändern zu müssen, alles das kostet Kraft und Nerven. Fast jeden Tag kommt dieses Kind mit einer anderen Idee, entwickelt neue Pläne, und wenn nicht dies, dann räumt es sein Zimmer um. Der Posterverbrauch als Wandschmuck ist ungemein groß, was heute ein Idol war, ist es morgen mit Sicherheit nicht mehr, und selbst die anpassungsfähigsten Elternteile (und Jungfrauen sind ja anpassend) kommen da einfach nicht mehr mit. Allein welche Musik diese Kinder lieben, selbst wenn auch da – zum Trost – der Geschmack genauso schnell wechselt! Dann machen diese Kinder aus der Küche ein Labor, aus dem Badezimmer eine Dunkelkammer. Verwandte werden mit Vorliebe schokkiert, wobei die kleinen Wassermänner manch hintergründigen Humor entwikkeln.
Nach der Schulzeit kommt die aufregende Lehrzeit oder das Studium. Diese Kinder wissen zwar immer genau, was sie werden wollen, doch nur für einen sehr kurzen Zeitraum, dann steht dem Elternteil ein anderer Wunsch ins Haus. Die ersten Lehrjahre sind Reisejahre, und viele mögen auch wahrlich erst einmal die Welt kennenlernen, ehe sie sich bürgerlich einfangen lassen.
Aber das ist ja das Problem, diese Kinder lassen sich schwer fangen, und so flüchten sie oft aus dem Haus, um nicht doch noch festgebunden zu werden. Sie werden – so tönen sie laut hinaus – eine völlig neue Art der Lebensgemeinschaft gründen, dann feiern sie brav den 30. Hochzeitstag. Doch leider erleben den die wenigsten Eltern.

ELTERNTEIL JUNGFRAU – KIND FISCHE
(oft eine Opposition)

In einer Familienbindung (außer bei der Gründung) gilt im allgemeinen nicht der Satz, daß sich Gegensätze anziehen, im Gegenteil, hier können zu starke Gegensätze sogar Familienbande sprengen. Allein, wenn der Elternteil die Sonne im Abschnitt Jungfrau stehen hat, das Kind die Sonne im Abschnitt Fische, dann ziehen sich diese Sonnen an. Der Elternteil spürt viel eher als das Kind (was ganz natürlich ist) dieses Anderssein, aber auch die Verpflichtung, sich sehr intensiv um das Kind zu kümmern. Daß das Kind ein völlig anderes Grundverhalten an den Tag legt als der Elternteil, erschreckt diesen nicht. Er macht sich nur Sorgen, ob das Kind denn auch die erforderliche Lebenstüchtigkeit besitzt, die man nun einmal braucht.
So räumen dieser Vater, diese Mutter dem Kind jeden größeren Stein aus dem Wege, versuchen ihm neue Richtungen zu weisen, bemühen sich um Beziehungen. Sie kümmern sich darum, daß die Umwelt dieses Fische-Kind aufnimmt. Oft artet dies in eine Einmischung in das Leben des Kindes aus, zum Glück empfindet es dies nicht so. Aber immer wieder wird ein Freund darum gebeten, mit auf das Kind aufzupassen, spricht der Elternteil mit dem Lehrer, dem Chef, und selbst die Freundin oder der Freund werden ziemlich direkt angegangen, sich dem Kind gegenüber ja anständig zu verhalten.
Aus all dem könnte man schließen, daß das Kind selbst sich sehr unselbständig entwikkelt, aber das ist nicht der Fall. Es empfindet sogar dieses Umsorgtwerden durchaus als richtig, ja selbstverständlich. Schwieriger wird es dann, wenn Partner aufkreuzen, die sich gegen diese mögliche Bevormundung des Elternteils wehren, ja diesen sogar deswegen ganz hart ablehnen. Damit sieht sich das Kind oft in eine Konfrontation gedrängt, der es nun wirklich nicht gewachsen zu sein glaubt. Daher liegt es am Elternteil, sich beim Auftauchen eines Lebenspartners, einer Lebenspartnerin zurückzuziehen.

ELTERNTEIL JUNGFRAU – KIND WIDDER
(meist kein Aspekt)

Diese Konstellation wirkt sich in den engeren Beziehungen sehr unterschiedlich aus. Das Kind zeigt häufig von Anfang an einen Willen, der kaum Widerstände kennt, der auch nicht durch die Einsicht in die Notwendigkeit gebremst wird. Gerade aber die jeweilige Einsicht in die Notwendigkeit ist die Kraft und Stärke des Jungfrau-Elternteils. Und diese Einsicht vermissen sie beim Kind völlig.
Daher bemühen sie sich, ihm diese Lebenserkenntnis nahezubringen; deshalb reagieren sie oft viel härter als sonst oder bei Geschwistern. Es kommt zu gewissen Ungerechtigkeiten, die das Widder-Kind – in dieser Beziehung überempfindlich – natürlich sofort spürt. Und schon geht es auf die Barrikaden, der Familienfrieden ist gestört! Da besonders Widder-Kinder häufig zu ungestüm reagieren, fordern sie die Autorität des Elternteils heraus. Sie zwingen diesen Vater, diese Mutter dazu, sich völlig anders zu verhalten, als es ihnen eigentlich liegt. Die Elternteile machen Fehler, sie entblößen sich, sie sind sich ihrer Sache nicht mehr sicher. Gegenseitig schaukeln sich beide in Situationen, die dazu führen können, daß das Widder-Kind frühzeitig aus dem Haus flüchtet. »Das Kind hat keine Einsicht«, heißt es dann, »also soll es sich draußen erst einmal die Hörner abstoßen.« Meist findet das Kind jedoch von sich aus kaum den Weg zurück. Selbst wenn es bereit ist nachzugeben, stellt es die Forderung, geholt oder gerufen zu werden. Hier müssen also die betreffenden Elternteile die Größe finden, von sich aus eine Geste zu machen. Dies werden sie ihr Leben lang tun müssen; so ist es gut, wenn sie es rechtzeitig üben. Deswegen können Kind und Elternteil trotzdem sehr aneinander hängen, sich lieben. Der Weg zueinander ist schwer, weil das Kind kaum nachgeben kann, und der Elternteil es aus Prinzip nicht tun will.

ELTERNTEIL JUNGFRAU – KIND STIER
(oft ein Trigon)

Dieser gegenseitige Sonnenstand ist oft eine Gewähr für harmonisches Verstehen der betreffenden Familienmitglieder. Elternteil und Kind kommen prächtig miteinander aus, wobei das mehr gefühlsbetonte Kind den Elternteil sehr entzückt. Hier besteht die Gefahr, daß der Elternteil – sind Geschwister vorhanden – dieses Kind zu sehr vorzieht. Gar nicht im materiellen Sinn, aber auf dem Spaziergang im Zoo gehen beide immer Hand in Hand, und will das Kind zu einem Tiergehege, dann lenkt der Elternteil seine Schritte dorthin, die Wünsche der Geschwister häufig überhörend.
Ein anderes scheinbar banales Beispiel: Dieser Elternteil wählt die Kleidung der Kinder immer auch nach Vernunftgründen aus. Die Kleidung soll schlicht, haltbar und praktisch sein. Das Stier-Kind kann sich aber erst einmal schöne, schicke Kleidung aussuchen, die dann auch gekauft wird. Es vermag also unbewußt, diesen Elternteil goldrichtig zu nehmen. Dies setzt sich ein Leben lang fort. Das Kind bestimmt die Urlaubsorte, bestimmt, was sonntags auf den Tisch kommt und welches Fernsehprogramm eingeschaltet wird. Diese Gesten sind es, die anderen auffallen. Sonst versucht ja der Elternteil, seine Sympathie sehr gerecht zu verteilen, aber dieses Kind steht seinem Herzen einfach eine Spur näher.
Auch in punkto Berufswahl gehen hier der Vater, die Mutter schon einmal eher von dem Grundsatz ab, daß es etwas Solides sein muß. Verwundert fragen sich Bekannte und Verwandte, warum dieses Kind sich den unsicheren Beruf einer Sängerin, einer Modeschöpferin aussuchen darf! Bei der Partnerwahl allerdings gibt es eine Änderung. Jetzt wacht dieser Elternteil eifersüchtig darüber, daß das Kind nicht in falsche Hände kommt und findet fast an allen in Frage kommenden Personen einen Haken, einen Einwand. Das alles bewirkt im Kind eine Unsicherheit. Da es sich bis jetzt gut durchsetzen konnte, begreift es dieses Verhalten schwer.

ELTERNTEIL JUNGFRAU – KIND ZWILLINGE
(oft ein Quadrat)

Bei dieser Konstellation fragen sich ältere, erfahrene Astrologen, wieso es hier oft so unharmonisch zugeht, da doch die betreffenden Familienmitglieder zu den merkurischen Typen gehören!
Einmal regiert Merkur als Morgenstern den Abschnitt Zwillinge und als Abendstern den Abschnitt Jungfrau. So müßten doch beide Familienmitglieder wenigstens gut miteinander reden können.
Nun, sie können es in der Praxis nur zu besonderen Zeiten. Diese Kinder reden nämlich mehr, als sie zuhören, und ein Gespräch braucht beides. Dann nehmen diese Elternteile manchmal alles eine Idee zu schwer, sie legen – fast in philosophischer Manier – alle Worte auf die Goldwaage. Alle Äußerungen wollen also vom Kind überlegt sein. Aber seine Stärke ist es, erst einmal alles auch ins Unreine zu sprechen, das regt den Elternteil auf, der alles lieber gleich ins Reine spricht, was natürlich eine langsamere Art bedingt. Daher sprechen beide oft aneinander vorbei, sie verstehen sich kaum. Auch ihre Denkungsart ist oft völlig anders. Das Kind ist schnell, sieht, was sich bietet, fragt nicht, was kommt. Der Elternteil fragt als erstes, was danach kommt, prüft, was sich bietet und reagiert bedächtiger.
Dies führt zu Konflikten. Jedoch erst dann, wenn beide Familienmitglieder miteinander sprechen müssen, wenn Konflikte auszutragen, gemeinsame Probleme zu bewältigen sind. Schnell entstehen so tiefe Mißverständnisse, und obwohl beide sich ja nicht so unähnlich sind, scheint es oft, als würden sie einen Dolmetscher benötigen.
In der Frage des zukünftigen Berufs gibt es häufig nur eine Barriere. Das Kind findet den Beruf des Elternteils unmöglich, es will – aus unbewußtem Protest – etwas völlig Entgegengesetztes werden. Hat der Elternteil ein Geschäft, das er dem Kind vererben will, wird dies nicht selten zu einer Grundauseinandersetzung führen. Ist ihm egal, was das Kind wird, spielt diese Frage kaum eine Rolle.

ELTERNTEIL JUNGFRAU – KIND KREBS
(oft ein Sextil)

Alte Regeln besagen, diese Familienmitglieder müßten gut miteinander auskommen, ja eine glücklich-harmonische Verbindung haben. Dies scheint aber nach den Erfahrungen gar nicht zuzutreffen.
Sicher kann hier von einer engen Verbindung zwischen Elternteil und Kind gesprochen werden, aber im praktischen Leben gehen beide doch viel zu verschiedene Wege. Das Kind hört nun einmal sehr nach innen, ist verletzlich, ja überempfindlich. Der Elternteil spürt dies zwar, hält aber sein Kind für eine Mimose, das einfach vom Leben erzogen werden muß. Wie gesagt, vom Leben! So kümmert sich mancher dieser Elternteile nicht sehr um das Kind, läßt es seine eigenen, nun oft sehr ausgeprägten Wege gehen, womit der Abstand zwischen beiden noch deutlicher wird.
Das Kind kriecht in sich hinein, liest Bücher, die der Elternteil ablehnt, beschäftigt sich vielleicht sogar mit okkulten oder sonstigen, für den Elternteil absonderlichen Gebieten, spricht daher mit Gleichgesinnten mehr als mit diesem Vater, dieser Mutter. Hier müßte nun der Elternteil erkennen, daß er das Kind nicht ändern kann, aber für ihn ist es einfach schwer, dieses Kind auch innerlich als sein Kind anzunehmen. Sicher ist er oft traurig, wenn es nicht mit sich sprechen läßt, und oft sind es dann sogar die Lebenspartner, die Kind und Elternteil wieder enger zusammenführen.
Allein das Beispiel, daß sich jemand in das Kind verlieben könnte, es liebt, mit ihm zusammenleben will, macht den Elternteil nachdenklich. Auch wenn dieses Kind Freunde um sich schart, dann wird die Mutter oder der Vater schon unsicher. Sie sagen sich – so fair sind sie ja –, daß an dem Kind doch etwas dran sein muß. Es dauert also eine ganze Zeit, ehe Elternteil und Kind wieder zusammenfinden, aber eine gewisse Fremdheit bleibt häufig bestehen.

ELTERNTEIL JUNGFRAU – KIND LÖWE
(meist kein Aspekt)

Hier prallen wirklich die Gegensätzlichkeiten zweier Nachbarschaftszeichen aufeinander. Der ordentliche, pflichtbewußte, eigentlich auch nüchterne Elternteil dieser Konstellation muß sich mit einem Kind auseinandersetzen, es führen und erziehen, das so leicht nicht zu bändigen ist. Hier bedarf es wirklich fast eines Dressuraktes.
Nicht, daß das Kind von Natur aus schwierig wäre, aber es ist einfach von sich aus stark und selbständig, oft gebärdet es sich schon frühzeitig autoritär. Es lehnt sich nicht gegen den Elternteil auf, aber nur so aus Respekt gegen Erwachsene will es auch nicht nachgeben. Dieses Kind will überzeugt werden, doch nicht durch Argumente, das ist der Fehler, den diese Elternteile oft begehen, sondern durch das Herz, durch Handeln, durch Vorbild.
Löwe-Kinder sind lebenslustig, ja lebenshungrig, sie mögen kaum Beschränkungen, sie möchten in vollen Zügen leben. Das kann ihnen der Elternteil oft nicht bieten, und wenn er es könnte, will er es nicht. Dies spürt das Kind und lehnt sich auf.
Aber es lehnt sich gegen alles auf, was den Anschein von Zwang hat, also auch gegen Lehrer, Lehrherren, Professoren und andere Vorgesetzte. Dies versteht der Elternteil oft nicht, weil es doch unvernünftig ist. Dabei bewundert er das Kind. Und so schwankt seine Einstellung zwischen heimlicher Bewunderung und dem Zwang, streng und gerecht zu sein. Das Kind dagegen braucht erst einige Niederlagen, um die Vorsicht seiner Mutter, seines Vaters zu verstehen, um dann über das Verständnis dem Elternteil wieder näher zu kommen.
Nur eines sollte kein Elternteil dieser Konstellation tun: Sich ernsthaft gegen die Wahl von Lebenspartnern stemmen. Einmal hat es doch keinen Zweck, und zum anderen kann sich dadurch das Kind erst recht seiner Ursprungsfamilie entfremden, womit ja auch keinem gedient wäre.

UNKLARHEITEN,
die bei Jungfrau-Geborenen durch die 12 möglichen Aszendenten für Elternteil und Kind entstehen können.

SONNE in JUNGFRAU mit ASZENDENT JUNGFRAU ergibt kaum Unklarheiten oder große Hindernisse im Verhältnis zwischen Elternteil und Kind. Kann man miteinander sprechen, dann läßt sich alles andere regeln, diesen Grundsatz lehrt der Elternteil, und das Kind kann dies sofort verstehen und umsetzen. So regiert – kommt es hart auf hart – die Vernunft, man arrangiert sich, die Liebe zwischen beiden wird kaum belastet. Beide Familienmitglieder verstehen sich gut, nur sollten sie nicht allzuviel zusammenhängen, denn der befruchtende Gegensatz fehlt doch ein wenig.
Bei **SONNE in JUNGFRAU mit ASZENDENT WAAGE** versteht im Grunde einer den anderen sehr gut. Den Kindern sagt das gekonnte Auftreten des Elternteils sehr zu, sie lassen sich gerne von ihm in die Künste einführen, durch Bücher weiterbilden. Viele übernehmen den Musikgeschmack der Eltern sowie andere Anregungen. Kinder dieser Konstellation sind Menschen mit Bewegungsdrang, die viel Kontakt suchen, oft mit Leidenschaft schon früh außerhalb der Schule eine musische Betätigung ausüben, die Mädchen lassen sich in eine Ballettschule einschreiben, die Jungen singen gerne, treten einem Chor bei. All das erfreut die Eltern, die auch bemerken, daß sich diese Kinder in der Umwelt lebensklug und gekonnt verhalten.
SONNE in JUNGFRAU mit ASZENDENT SKORPION paßt auch recht gut zusammen, so daß sich hier kaum Unklarheiten zeigen. Manche Eltern mögen diesen Kindern etwas mehr Lebensmut wünschen, sie versuchen, ihnen immer wieder aufsteigende Ängste zu nehmen, und wenn sie selbst von Natur aus nicht zu siegessicher sind, sehen sie dies als echte Aufgabe an. Für Kinder wäre es schon weniger gut, wenn sie entdecken, daß sich der betreffende Elternteil manchmal, von Stimmungen geplagt, zurückzieht und deprimiert erscheint.
Bei **SONNE in JUNGFRAU mit ASZENDENT SCHÜTZE** entstehen manchmal doch Unklarheiten, am meisten für die Eltern. Denn die Kinder haben sich ziemlich früh daran gewöhnt, daß diese Elternteile nach außen oft sehr zuversichtlich tun; was sie aber verwundert, ist zu erleben, wie selbstgerecht sie sich manchmal daheim verhalten. Werden sie etwa bei einer Verkehrssünde ertappt, dann reagieren sie auf die Polizei fast rücksichtslos, aber das finden die Kinder ja ganz prima, wenn sie den Elternteil so auch nicht kennen. Wenn aber die Kinder dieser Konstellation in Freundeskreisen großspurig auftreten oder angeben (was oft der Fall sein wird), dann verstehen die Eltern dieses Verhalten kaum, und sie fragen sich, welches Gesicht ist denn nun das wahre.
SONNE in JUNGFRAU mit ASZENDENT STEINBOCK ist meist ein klarer Fall. Hier sind Auftreten und Lebenskern kaum verschieden, vielleicht daß den Kindern auffällt, daß die Eltern sich zu Hause lockerer bewegen, mehr aus sich herausgehen, daß sie Gesellschaften nicht mögen, lieber unter sich sind. Eltern beschäftigt es schon stärker, wenn sie diese Kinder draußen sehen, die konsequent ihren Weg gehen, manchmal ohne Rücksicht auf Kameraden und Schulfreunde. Es mag sie auch etwas stören, daß ihre Kinder so wenig zuvorkommend erscheinen, fast geizig wirken, daß es ihnen richtig schwerfällt, etwas abzugeben, zu teilen. Auch die Härte ihrer Urteile erschreckt sie oft; wenn jemand Pech hatte, und diese Kinder sagen altklug: »Das geschieht ihm recht, er hat nichts anderes verdient!« Das aber werden die Eltern erst ziemlich spät bemerken.
Schneller bekommen sie Verhaltensänderungen mit, wenn die **SONNE in JUNGFRAU** steht, der **ASZENDENT WASSERMANN** ist. Da erkennen sie ihre Kinder nämlich kaum wieder, die die ganze Umwelt für ein Volksfest zu halten scheinen, wo sie mit jedem ihren Schabernack treiben können. Kinder zeigen sich hier wirklich von einer völlig anderen Seite, das muß erst aufgenommen werden. Haben Elternteile diese Konstellation, dann erleben

die Kinder außerhalb des Hauses auch einen völlig anderen Elternteil, aber sie finden das lustig, komisch, wenn dieser seine Witze macht. Hellhöriger werden sie jedoch, wenn der Elternteil draußen anderen Menschen so liebenswürdig nach dem Mund zu reden scheint.

SONNE in JUNGFRAU mit ASZENDENT FISCHE ist auch sehr gegensätzlich. Für Kinder oft nicht leicht verständlich, wenn sich diese daheim so tüchtigen Elternteile – kaum treten sie aus dem Haus und treffen andere Menschen – sehr vorsichtig verhalten, so als müßten sie dauernd auf der Hut sein. Sie trauen sich kaum, ihre Meinung zu sagen, die sie daheim oft sehr laut verkünden. Eltern, die Kinder dieser Konstellation in der Familie haben, beobachten mit einer gewissen Angst, wie unsicher sie sich oft verhalten, wie sie vor Gefahren zurückweichen.

SONNE in JUNGFRAU mit ASZENDENT WIDDER ist in sich so widersprüchlich, daß Kinder kaum begreifen können, daß dieser Elternteil mit Nachbarn, Kollegen, mit wem auch immer, schnell Wortwechsel bekommt, auch fast stets seinen Willen durchsetzen will und einfach nicht nachgeben kann, während er doch zu Hause immer predigt, die Vernunft müsse stets Vorfahrt haben! Eltern betrachten Kinder dieser Konstellation schon mit Sorge. Selbst die Mädchen weichen keinem Streit aus, geben oft an, wollen die Ersten sein, alles soll sich um sie drehen; von den Jungen gar nicht zu reden, die immer die erste Geige spielen wollen, obwohl sie sich doch zu Hause so gut einordnen können.

SONNE in JUNGFRAU mit ASZENDENT STIER dagegen ist meist so harmonisch für Lebenskern und Rollenspiel, daß zumindest Kinder hier keine gravierenden Unterschiede im Auftreten ihrer Eltern und im Familienleben entdecken. Auch die Eltern sind eher erfreut, wenn sie bemerken, mit wieviel Gefühl und sensiblem Verständnis ihre Kinder sich in der Umwelt bewegen und benehmen.

SONNE in JUNGFRAU mit ASZENDENT ZWILLINGE ergibt eine Mischung von Lebensklugheit und Wissensdurst sowie nur schwer zu erkennende Unterschiede zwischen Lebenskern und Rollenspiel. Kinder bemerken höchstens, wie gern ein Elternteil mit dieser Konstellation in der Umgebung mehr Kontakt pflegt, als er nachher zu Hause zugibt. Daheim heißt es: »Um gut durchs Leben zu kommen, darf man nicht zuviel auf andere hören!« Aber für Kinder, die diesen Elternteil beobachten, scheint so ein Spruch mehr Theorie als Praxis zu sein. Eltern dagegen sehen ganz erfreut, wie wissensdurstig und sprachbegabt sich die Kinder in ihrer Umgebung zeigen, wenn sie ihnen auch etwas vorlaut erscheinen.

SONNE in JUNGFRAU mit ASZENDENT KREBS dagegen zeigt schon sehr verschiedene Verhaltensweisen, die jedoch den Kindern weniger auffallen. Vielleicht daß ihre Eltern sich draußen so leicht beleidigt fühlen und am liebsten entgegenkommende Nachbarn nicht sehen möchten, so als scheuten sie sich, ein Gespräch zu führen. Eltern dagegen erkennen gravierende Unterschiede zwischen Lebenskern und Rollenspiel. Sie verstehen erst gar nicht, daß sich ihr Kind so schüchtern und überempfindlich verhalten soll. Sie können sich nicht erklären, woher das kommt, denn im Familienkreis kann man mit dem Kind doch über alles sachlich sprechen!

SONNE in JUNGFRAU mit ASZENDENT LÖWE zeigt dagegen völlig verschiedene Ausdrucksweisen, die selbst Kinder schnell bei den betreffenden Elternteilen spüren. Diese treten viel selbstsicherer, ja großspuriger auf, als sie sich zu Hause zeigen, gleichgültig, ob es sich um die Mutter oder den Vater handelt. Manche Eltern können dagegen richtig entsetzt sein, wenn sie bemerken, daß sich diese Kinder in ihrer Umwelt von Anfang an autoritär und übertrieben sicher geben; sie befürchten zu Recht, daß man an das Auftreten zu viele Erwartungen knüpfen könnte.

DIE SCHWIEGERKINDER IM VERHÄLTNIS ZUM ELTERNTEIL JUNGFRAU

Jungfrau-Elternteile sind als Eltern oft lobenswert vernünftig. Sie wissen sehr genau und reden sich nichts anderes ein, daß ihre Kinder einmal aus dem Haus gehen werden. Sie halten dies auch für notwendig und meinen sogar je eher, um so besser (nur natürlich auch nicht zu früh). Sicher werden alle Lebenspartner - ob eine junge Frau oder ein junger Mann - kritisch unter die Lupe genommen, dies aber in einer sehr angenehmen Art und gar nicht verletzend. Allerdings sähen es die Elternteile recht gern, wenn diese beiden jungen Menschen länger miteinander verbunden bleiben würden.

Kommt eine **JUNGFRAU-Schwiegertochter** ins Haus, dann nimmt sie die Jungfrau-Mutter sehr gern, ja freudig auf, sie kann sich gut vorstellen, wie sich die Ehe ihres Sohnes gestalten wird. Auch der Jungfrau-Vater findet die Wahl seines Sohnes gut, nicht gerade aufregend, wie er ironisch meint, dafür aber zuverlässig und nett.

Auch der **JUNGFRAU-Schwiegersohn** hat beim Jungfrau-Vater keine gravierenden Barrieren zu überwinden, schnell kommen beide Männer in ein Geschäftsgespräch, aus dem sich andere Themen gut ableiten lassen. Auch die Jungfrau-Mutter kann mit diesem Schwiegersohn offen reden, und sie findet seine Lebensklugheit meist beachtlich und vertrauenerwekkend.

Der **WAAGE-Schwiegersohn** hat es auch nicht schwer, wie sich ja die Jungfrau-Elternteile stets kompromißbereit zeigen. Der Jungfrau-Mutter macht sein gekonntes Auftreten, das etwas von der großen Welt ahnen läßt, Freude, während dieser Schwiegersohn beim Jungfrau-Vater manche Bedenken, ob er denn auch planen und rechnen kann, erst ausräumen muß. Dieser Vater liebt ja nicht, daß jemand etwas mit der linken Hand macht.

Die **WAAGE-Schwiegertochter** dagegen gefällt dem Jungfrau-Vater sehr, so daß er am liebsten einmal mit ihr allein zu einem Geschäftsessen ginge, weil dies sicher einen guten Eindruck machen würde. Auch die Jungfrau-Mutter findet diese Tochter insgesamt sehr anziehend, wenn ihr vielleicht auch ein Hauch zuviel von einem »Weibchen« anhaftet, doch ihren Sohn versteht sie.

Weniger gut käme sie mit einer **SKORPION-Schwiegertochter** zurecht. Da wittert sie die Gefahr - von sich aus gesehen mit Recht -, daß diese junge Frau bestimmt nicht teilen will und ihren Sohn ganz allein für sich beansprucht. Und sie befürchtet auch, daß ihr Sohn dieser Frau zumindest am Anfang völlig verfallen wird. Der Jungfrau-Vater ist da nicht ganz so ängstlich, wenn auch er manchmal die Wirkung dieser Frau bei sich selbst recht deutlich spürt, so daß er sich eingesteht, daß sie sicher früher auch sein Typ gewesen wäre.

Der **SKORPION-Schwiegersohn** löst beim Vater ganz andere Empfindungen aus. So leicht wird er ihm nicht über den Weg trauen. Er weiß aus Lebenserfahrung, diese Männer sind verführbar, haben also mit der Treue zu kämpfen. Ähnliche Bedenken mag auch die Jungfrau-Mutter haben, die zudem befürchtet, daß ihre Tochter eine gehörige Portion Optimismus braucht, nämlich für zwei Menschen, und der ist ja so leicht gar nicht zu verdoppeln.

Ein **SCHÜTZE-Schwiegersohn** macht erst einmal einen guten Eindruck, für die Jungfrau-Mutter fast einen allzu guten; sie befürchtet insgeheim, daß da ihre Tochter nicht mithalten kann. Diese Bedenken hat der Jungfrau-Vater nicht, das wäre ihm auch egal. Er befürchtet höchstens, daß seine Tochter sich diesem Mann ganz unterordnen muß, denn das merkt er schnell: Der Schwiegersohn läßt keine Zweifel aufkommen, er hält sich für den Größten. So erwartet er auch, daß ihn alle Welt bewundert. Aber zuviel Eitelkeit stört einen Jungfrau-Mann ja stets.

Bei einer **SCHÜTZE-Schwiegertochter** versteht der Jungfrau-Vater eher, daß sie kommt und siegt. Die Frage lautet, ob sein

Sohn ihrem Ehrgeiz entspricht oder ob er sie nicht zwangsläufig enttäuschen muß. Ähnliche Bedenken plagen auch die Jungfrau-Mutter, aber da sie ja ihren Sohn bewundert, verdrängt sie diese Sorgen sehr schnell und gibt erst einmal ihren Segen. Aber sie nimmt sich vor, stets auf der Hut zu sein, um im Notfall aktiv einzugreifen, und davon würde sie niemand abhalten können.

Diese Bedenken löst eine **STEINBOCK-Schwiegertochter** nicht aus. Zwar fehlt der Jungfrau-Mutter vielleicht etwas die Verbindlichkeit, der humorige Witz gegenüber der Außenwelt, aber sie spürt die realorientierte Blickrichtung dieser Tochter, die still – oder zumindest ohne viel Worte – zupackt, wenn die Situation es erfordert. Auch dem Jungfrau-Vater liegt diese Lebenspartnerin sehr. Er gratuliert seinem Sohn, wohl wissend, daß der einen gewissen Ehrgeiz entwickeln muß, um den Erwartungen dieser Tochter zu entsprechen.

Der **STEINBOCK-Schwiegersohn** gewinnt das Herz des Jungfrau-Vaters im Fluge. Das heißt, nicht im Galopp, denn dieser junge Mann überrennt ja niemanden, aber er spürt die Zuneigung des Vaters, so daß er sich diesem gegenüber sogar schnell öffnet, was ja wahrlich nicht seine Art ist. Aber er hat das Gefühl, hier braucht er nicht vorsichtig abzuwarten. Auch die Jungfrau-Mutter hat im Grunde gegen diesen Schwiegersohn keine ernsthaften Bedenken. Es stört sie vielleicht, daß er jede Hilfe und Unterstützung ablehnt, was sie für falschen Stolz hält.

Ein **WASSERMANN-Schwiegersohn** hat jedoch bei ihr gewisse Nüsse zu knacken, und daran kann er sich die Zähne ausbeißen, denn die Jungfrau-Mutter traut ihm nicht einmal, wenn er die silberne Hochzeit feiert, sie hält ihn immer irgendwo auch für einen Scharlatan. Der Jungfrau-Vater ist da sachlicher, wenn auch skeptisch. Aber ihm gefällt schon, daß dieser Sohn ausgetretene Pfade verlassen will, und er weiß, daß seine Tochter einige Aufregungen vor sich hat, doch um die könnte er sie sogar beneiden.

Auch die **WASSERMANN-Schwiegertochter** löst beim Jungfrau-Vater weniger gemischte Gefühle aus als bei einer Jungfrau-Mutter, die doch eher konservativ ist und sofort spürt, daß diese junge Frau den Mut hat (bewundert sie ihn nicht doch insgeheim?), im Leben Wagnisse und Risiken einzugehen und diese dann auch durchzustehen.

Eine **FISCHE-Schwiegertochter** löst bei der Jungfrau-Mutter recht zwiespältige Empfindungen aus. Sie spürt die starke innere Gegensätzlichkeit, aber sie ringt sich schließlich dazu durch, doch »ja« zu sagen. Ihr Argument für sich selbst: Da diese junge Frau so gegensätzlich ist, wird sie ihr ihren Sohn weniger entfremden, als es eine ihr ähnliche Frau könnte. Der Jungfrau-Vater kann sich dem nixenhaften, kühlen, aber vielversprechenden Reiz dieser Frau auch als älterer Mann kaum entziehen, doch so ganz geheuer ist sie ihm trotzdem nicht. Aber er heiratet sie ja nicht! So selbstverständlich reagiert ein Jungfrau-Vater oft.

Auch bei einem **FISCHE-Schwiegersohn** reagiert er ähnlich, hier allerdings nach alter konservativer Art oft zweifelnd, ob der fähig ist, seiner Tochter ein gutes, standesgemäßes Leben zu garantieren. Die Jungfrau-Mutter braucht sehr lange, um sich an die innere Weichheit und zugleich Kühle dieses neuen Familienmitgliedes zu gewöhnen, aber sie findet sich im Leben ja stets mit allem verhältnismäßig tapfer ab.

Ein **WIDDER-Schwiegersohn** löst da mehr Kopfzerbrechen aus, weil mit dem einfach nicht zu reden ist. Diese Erfahrung macht die Jungfrau-Mutter sehr schnell, und sie ist leider überzeugt, daß ihre Tochter mit dem keinen Blumentopf gewinnt, denn Leben heißt auch – das Wort »auch« betont sie sehr – Anpassung. Der Jungfrau-Vater entzieht sich diesem Sohn ziemlich bald, diese Ichbezogenheit (oft urteilt er wirklich zu kritisch!) lehnt er ab. Aber vielleicht beneidet er seinen Schwiegersohn

sogar um seine Selbstsicherheit, seine Fähigkeit, anderen seinen Willen aufzuzwingen.
Dieselben Vorbehalte tauchen auch bei einer **WIDDER-Schwiegertochter** auf, wenn auch hier das Temperamentvolle des Weiblichen den Vater schon fasziniert. Ablehnender zeigt sich in diesem Fall eine Jungfrau-Mutter, die einfach Angst hat, in dieser Ehe hätte ihr Sohn nicht viel zu sagen. Sie soll Recht behalten, aber zum Nachteil des Sohnes ist dies keinesfalls.
Eine **STIER-Schwiegertochter** macht nicht nur schnell einen liebenswürdigen Eindruck, sie gewinnt auch leicht die Herzen anderer, in diesem Fall nicht nur das Herz des Sohnes, sondern auch das »Ja« der Jungfrau-Mutter, die findet, daß ihr Sohn keine bessere Wahl treffen konnte. Und sie nimmt sich vor, wenn die Ehe in Schwierigkeiten kommt, auf der Seite der Schwiegertochter zu stehen, wenn diese im Recht ist. Die beiden Frauen verstehen sich gut, aber der Sohn kann dabei ein wenig unter die fürsorgliche Herrschaft zweier Frauen geraten. Der Jungfrau-Vater empfindet diese Stier-Tochter auch als höchst angenehme Familienerweiterung und würde, wenn er könnte, mit dieser Frau und seinem Sohn sogar unter ein Dach ziehen, was er bisher immer abgelehnt hatte.
Der **STIER-Schwiegersohn** dürfte auch von der Seite eines Jungfrau-Vaters keine großen Hindernisse erwarten, zumal er sich ja recht gut einordnen kann. Nur gilt es aufzupassen, daß sein Dickkopf nicht doch Widerspruch auslöst, besonders bei einer Jungfrau-Mutter, der das anpassende Wesen angeboren scheint. Sie mag keine »Grundsatzerklärungen«.
Ein **ZWILLINGE-Schwiegersohn** dagegen zeigt sich ja stets anpassend, wenn er auch eine Jungfrau-Mutter zu nervös macht. Sie spürt, daß dieser Sohn vielleicht längere Zeit benötigen wird, um wirklich reif zu werden. Am liebsten würde sie ihrer Tochter raten, noch etwas abzuwarten, aber sie arrangiert sich mit diesem Sohn, auch wenn der Rat nicht befolgt wird. Der Jungfrau-Vater vermag mit diesem Schwiegersohn recht gut zu sprechen, er schätzt seinen Witz, die Aufgeschlossenheit, bemängelt seine Vielseitigkeit, deren Vorteile er weniger hoch ansetzt als die Nachteile. Aber er traut ihm doch viel zu.
Die **ZWILLINGE-Schwiegertochter** besticht ihn dagegen mit ihrem Witz, mit ihrem Eingehen auf seine Eigenarten, so kann er sich ihrem Charme nicht entziehen. Die Jungfrau-Mutter dagegen wird der Erfahrung nach ihre Skepsis gegen die schnellredende Schwiegertochter nicht so schnell aufgeben.
Eine **KREBS-Schwiegertochter** tritt ja meistens sehr vorsichtig in eine Familie ein, besonders wenn sie – wie hier – den kritischen Zeigefinger spürt. So liegt es oft an ihr selbst, an ihrer inneren Scheu, wenn sich die Jungfrau-Schwiegermutter auch nicht so schnell für sie erwärmen kann. Es braucht also seine Zeit, und die Mutter sollte die Entgegenkommende sein. Dies gilt auch für den Jungfrau-Vater, dessen manchmal kumpelhafte Art die Krebs-Tochter schon verwirren kann, und sie begreift gar nicht, warum er sich so intensiv nach ihren Vermögensverhältnissen erkundigt.
Der **KREBS-Schwiegersohn** hat es oft noch schwerer. Er schleicht sich förmlich in die eher reale Familie ein, tastet sich an den Jungfrau-Elternteil heran. Der Vater wird ihn sicher zuerst verkennen, auch seine zähe Kraft unterschätzen, später wird er glücklich sein, wie sich dieser Sohn um seine Tochter kümmert. Dies erkennt dann die Jungfrau-Mutter auch an. Sie selbst nimmt am Anfang eine abwartende Stellung ein, denn was sagt es ihr schon, wenn jemand meint, es komme zuallererst auf die seelische Bindung an!
Dies meint ein **LÖWE-Schwiegersohn** kaum, aber auch er gewinnt eine Jungfrau-Mutter nicht im Galopp, zumal sie sein Auftreten insofern erschreckt, daß es ihr eine Idee zu groß ist, und sie bezweifelt, daß die

innere Reife vorhanden ist. Der Jungfrau-Vater gesteht sich ehrlich ein, daß er vor zwei Jahrzehnten den jungen Mann als Nebenbuhler gefürchtet hätte. Jetzt weiß er aber aus Erfahrung, daß der erste Eindruck noch lange nicht alles ist. Also muß sich der Schwiegersohn ganz schön anstrengen, den Vater zu gewinnen.

Die **LÖWE-Schwiegertochter** versteht das viel besser; aber zum Lob des Jungfrau-Vaters sei gesagt, er läßt sich selten blenden, bleibt eher skeptisch, aber nicht so skeptisch wie die Jungfrau-Mutter, die einfach befürchtet, nun noch mehr in den Schatten treten zu müssen, und wem fällt dies schon leicht!

ZUSAMMENFASSUNG

Eine **JUNGFRAU** – ob männlich oder weiblich – in seiner Familie zu haben, das ist sicher für die anderen Familienmitglieder sehr erfreulich. Steht ihnen doch jemand nahe, der voller Lebensklugheit ist, der fleißig hilft, wenn man ihn ruft, der den Behördenkram erledigt, sich um die Steuer kümmert, der das Geld gut anlegt, der also stets und überall praktische Hilfe leisten kann.

Dieses Familienmitglied weiß, welches Hotel man buchen soll, wann kein Stau auf der Autobahn ist, und auch in Familienfragen spricht es mit einer Sachlichkeit, die gerade dann guttut, wenn viele Emotionen im Spiel sind. Man braucht eine Jungfrau – egal ob vom Sonnenstand oder vom Aszendent her –, weil das Leben so viele Fragen aufwirft, die nur mit Nüchternheit und Paragraphenkenntnis gemeistert werden können; oder mit Nachschlagewerken, und die hat ein Jungfrau-Charakter immer zur Hand. Genauso wie in jedem Zimmer eine Uhr zu finden ist, und die meisten haben mehr als einen Taschenrechner.

Ihre neutrale Distanz erleichtert oft das Zusammenkitten der Familienmitglieder, die mal wieder im Streit miteinander liegen. Sicher ist ein Jungfrau-Charakter manchen zu nüchtern, zu real, auch zu materiell, aber ist das Leben nicht real, nicht materiell, nicht nüchtern?

Die Logik dieser Leute ist entwaffnend, deswegen werden sie auch in einer Familie so geschätzt. Vielleicht fühlen sich die anderen Familienmitglieder etwas zu kritisch unter die Lupe genommen, spüren, wie diese Charaktere anhand weniger Anmerkungen nachrechnen können, was die anderen so verdienen. Ein etwas weniger scharfer Blick wäre ihnen angenehmer. Aber wer in Not ist, schätzt gerade dann diesen Scharfblick und ist dankbar dafür.

Man sollte sich dieses Familienmitglied also warmhalten und reich beschenken, denn das schätzt ein Jungfrau-Charakter sehr hoch und damit wohlwollend ein.

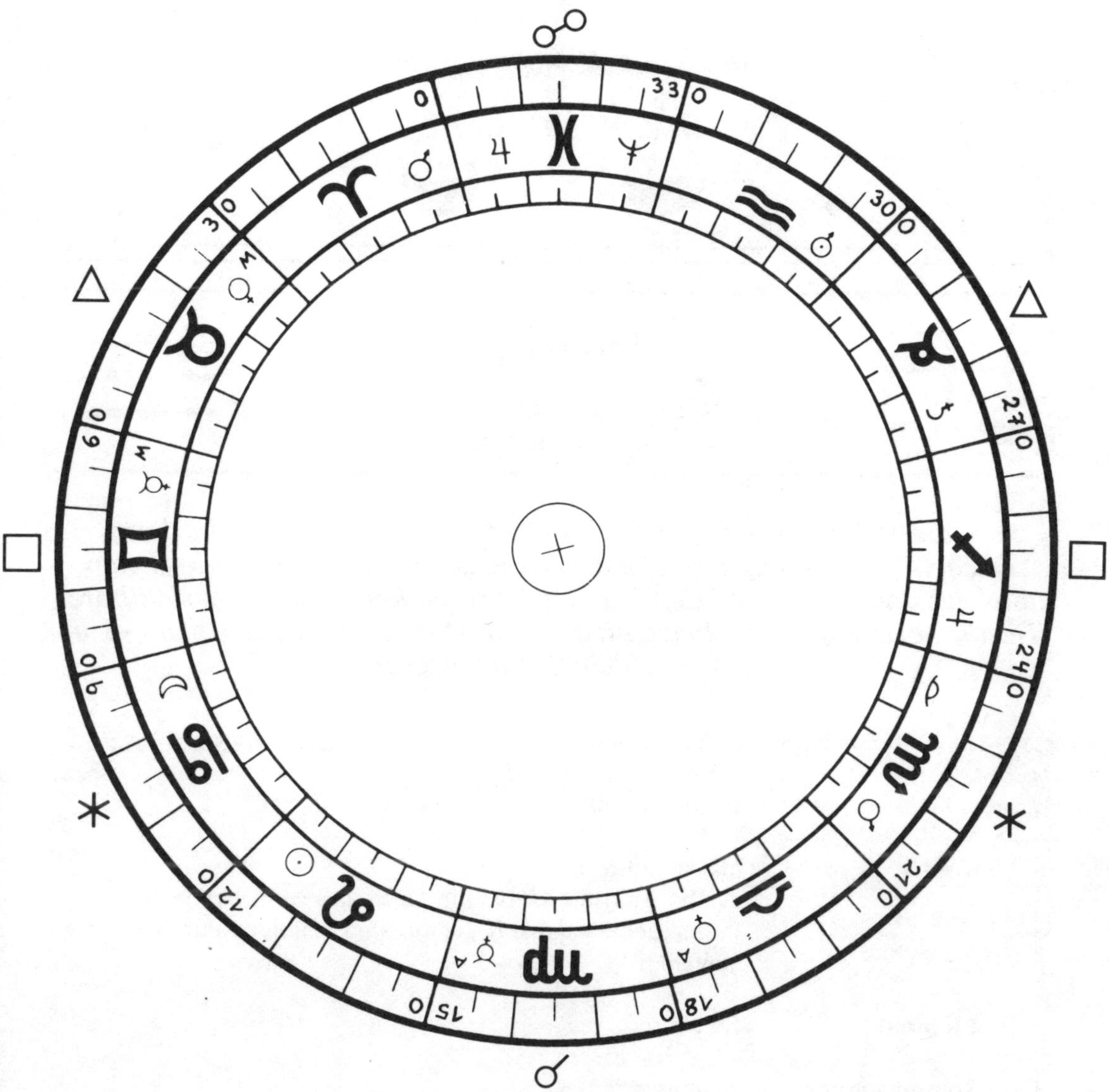

Hier tragen Jungfrau-Geborene
ihre Sonne und die ihrer Angehörigen ein

Waage

24. September bis 23. Oktober
Erster Herbstabschnitt

»... die Waage ist das siebente Zeichen; wenn die Sonne in dieses Zeichen tritt, sie Tag und Nacht wieder gleich macht und gleichsam abwiegt, davon sie eben den Namen führt. Ist kein besonders sichtbares Gestirn, occidentalisch, beweglich, männlich, vernünftig ...« heißt es in einem alten Planetenbuch.

	Planet, der hier seine verwandte Kraft findet:
Venus	als Abendstern symbolisiert die Liebe, die Muse, das Hingebende, um in der Gemeinsamkeit die dunklen Zeiten zu durchstehen.
Element	Luft
Temperament	sanguinisch
Motorik	bewegend
Grundverhalten	männlich, zeugend, ansprechend – aus der Sehnsucht nach Verbundenheit handelnd.

ASPEKTE
einer Waage-Sonne:

Konjunktion in Waage
Sextile in Löwe und Schütze
Trigone in Zwillinge und Wassermann
Quadrate in Krebs und Steinbock
Opposition in Widder
Mögliche Überschneidungen durch Stellung in Anfangs- und Endgraden wurden nicht berücksichtigt, weil diese Aspekte von den Elementen her nicht einwandfrei wären.

VORZÜGE DES LEBENSKERNS	GEFAHREN DES LEBENSKERNS
Liebenswürdigkeit	Flüchtigkeit
Sympathiefähigkeit	Schauspielerei
Freundlichkeit	Nachlässigkeit
Mitleid	Naschhaftigkeit
Freigebigkeit	Launenhaftigkeit
Harmoniesehnsucht	Äußerlichkeit
Güte	Untreue
Musikliebe	Zerstreutheit
Gerechtigkeitsgefühl	Redelust
Mitfreude	Unpünktlichkeit
Kunstsinn	Eitelkeit
Sprachgewandtheit	Verführbarkeit
Humor	Raffinesse
Friedensliebe	Sorglosigkeit
Liebessehnsucht	
Teilnahmedrang	
Einlenkungsbereitschaft	
Geselligkeit	
Gemeinsinn	
Anpassung	

IHR MOTTO
Das Leben ist Liebe, die voll ausgeschöpft werden sollte.

ALLGEMEIN

heißt es oft: Waage-Geborene sind unpünktlich, schlampig, auf Vergnügungen aus, sinnlich und putzsüchtig. Sie sind in sich schwankend, behalten nie einen Standpunkt, lieben Unterhaltung, die Schickeria und alle Arten von Süßigkeiten. Mit der Treue nehmen sie es auch nicht so genau, weil sie nicht allein sein können.
Nun – dies stimmt so nicht. Waage-Menschen sind zwar meist auch Diplomaten, aber sie wissen sehr wohl, was sie wollen. Takt und Höflichkeit werden oft für Schwäche und Nachgiebigkeit gehalten, aber man schaue sich nur einmal die typischen Waage-Menschen genauer an, dann wird man merken, daß niemand so charmant »nein« sagen kann, niemand so charmant nimmt, was man ihm bietet. Waage-Menschen haben die Gabe, gut anzukommen, aber sie merken auch sehr schnell, wozu dies alles nützlich sein kann. Sie treten elegant und gepflegt auf, schnell verzaubern sie so ihr Gegenüber und fast suggestiv gehen sie dann unmerklich und charmant auf ihr Ziel zu.
Sicher, diese Charaktere suchen stets den Mittelweg. Sie wollen die Balance behalten, deswegen vergeben sie sich auch nicht so leicht, sie verlieren kaum die Form, den guten Stil, und mit Esprit meistern sie heikle Situationen, die an das Gefühl gebunden sind. Diese Menschen sind zwar ungern allein, aber deswegen geben sie ihr Ich noch lange nicht auf, nur um mit jemandem gemeinsam zu leben. Da sie die Bindung suchen, aber wissen, was sie wollen, werden sie gerne für heikle, diffizile Missionen eingesetzt. Waage-Charaktere ahnen, daß kaum etwas so gut bleibt, wie es ist. Sie wissen auch, daß das Schicksal allein schwer zu meistern ist, deswegen suchen sie Gemeinsamkeiten und steten Schutz. Oft zeigen sie ihr Anlehnungsbedürfnis, aber niemand lasse sich täuschen: Sie können auch recht gut allein zurechtkommen. Musisch sind sie, sie hören gerne Musik, gehen ins Theater und auch tanzen, denn sie bewegen sich mit Vergnügen im Rhythmus. Kultur spielt in ihrem Leben eine große Rolle, deswegen haben fast alle eine kleine oder größere Bibliothek in ihrer Wohnung, wobei sich die Bücher durch viele Eselsohren auszeichnen, denn regelmäßig oder gar von Anfang an bis zum Ende lesen sie kaum ein Buch, es sei denn, es handelt sich um einen spannenden Gesellschaftsroman. Alles spielerische lieben sie, wenn jemand versucht, das Leben mit leichter Hand zu meistern, dann gewinnt er das Herz eines Waage-Menschen sicher recht schnell.
Ausgeprägt sind ihre Freundlichkeit, ihre Friedensliebe, ihre Hilfsbereitschaft (aber nur bis zu einer gewissen Grenze). Diese Menschen kapitulieren selbst vor schwierigsten Situationen nicht. Rundweg groß ist ihre allgemeine Anziehungskraft sicher deswegen, weil fast alle Waage-Geborenen die Kraft und Fähigkeit haben, eigene Fehler offen einzugestehen. Ironie lieben sie, auch den frechen Dialog, aber keine plumpe Tour, keine Schulterklopferei. Dafür verstehen sie Nöte anderer. Wenn jemand Fehler macht, verzeihen sie es, wenn die Fehler eingesehen werden.
Im Beruf ziehen sie mehr die geistige, auch die saubere Arbeit vor. In Mode oder Kosmetik, in der Kunstbranche trifft man viele »Waagen« an, und hier leisten sie das Beste. Harmonie ist für sie ungemein wichtig, ebenso wie eine schöne, stilvolle Umgebung. Das gilt auch für den Arbeitsplatz. Glanz lieben sie, daher findet man viele dieser Charaktere bei Premieren, Ausstellungseröffnungen, Verlagsempfängen und bei Diplomatentreffs.
Was sie nicht vertragen, ist, wenn jemand sein Gesicht verliert und in diesem Punkt gehen sie auch mit sich selbst scharf ins Gericht. Wenn sie einmal die Selbstkontrolle verloren haben, verzeihen sie sich das so gut wie nie. Liebe ist für sie ein Lebenselixier, da sie den Ausgleich und die Anpassung zum Existieren brauchen wie das Salz. Dabei suchen sie viel mehr die feste Bindung. So gern sie flirten, sie fliegen nicht gerne von einer Blüte zur anderen. Auch

primitive Sinnlichkeit verabscheuen sie, sie pflegen die kultivierte Erotik, die Meisterinnen auf diesem Gebiet sind hier sicher sehr stark vertreten. Oft wirken viele von ihnen etwas snobistisch, und manche sind es auch. Aber häufig aus dem Wunsch heraus, nach oben zu schauen, Ziele anzustreben, und dem Bedürfnis, sich nicht gehenzulassen. Finden sie einen passenden Partner, den sie irgendwie auch anbeten müssen, dann können sie sich zurückziehen und dem Partner unterordnen.

Schwer fällt ihnen das Altern, der Blick in den Spiegel tut ihnen oft weh, und sie geben sich größte Mühe, stets hübsch und nett auszusehen; daher pflegen sie sich, aber auch um ihr Gegenüber zu erfreuen. Das ist ihre Motivation, gute Kleidung und Schmuck zu tragen und teure Parfüms (auch die Männer) zu lieben. Da dies ankommt, fällt es Waage-Menschen meist nicht schwer, in eine gute Gesellschaft zu kommen und Freunde zu gewinnen. Leider sind viele aber auch so verführbar, daß sie, wenn sie lieben, sich völlig verlieren können. Dann geschieht genau das, wovor sie stets Angst haben, sie rutschen ab, kommen in auffällige, schlechte Gesellschaft. Kurz: Wenn Liebe im Spiel ist, dann kann niemand für einen Waage-Charakter so leicht eine Garantie übernehmen.

Und eines noch: Die wenigsten können sparen, daher wird meist eine »gute« Partie angepeilt. Fazit: Waage-Menschen sind elegant, verführerisch, kunstliebend, diplomatisch, angenehm, beliebt, und sie wissen dabei, was sie wollen. All das stimmt im allgemeinen, aber »Waagen« können auch ganz anders sein. Doch dann sind es keine typischen Waagen, sondern Ausnahmen, und die gibt es ja unter allen Tierkreiszeichen. Doch irgendwo ist jeder Waagecharakter doch ein liebenswürdiger, diplomatischer Lebenskünstler, der sein Licht höchst ungern unter den Scheffel stellt.

MINERALIEN, STEINE UND SCHMUCK DER WAAGE

An erster Stelle stehen die Achate und das Kupfer, aber auch jede Kupferlegierung. Kupfer rein ist mehr dem Stierabschnitt zuzusprechen, aber die Legierung zwischen Kupfer und Gold etwa, also die Eheringe, entsprechen dem Waageabschnitt. So ist der Waageschmuck auch meist Handarbeit und keine Massenanfertigung aus der Fabrik. Juweliere, die noch selbst anfertigen, freuen sich über jede Waagefrau oder jeden Waagemann. Und es darf Schmuck sein, der eher abstrakt gestaltet ist, wo also die Fantasie des Erkennens eine große Rolle spielt. Und alles Verspielte. Eine Ausnahme: Waagefrauen tragen sehr gerne Schmuckstücke in Herzform.

BEKANNTERE PERSÖNLICHKEITEN

Brigitte Bardot, Mahatma Gandhi, Romy Schneider, Oscar Wilde, Udo Jürgens, Margret Thatcher, Liselotte Pulver, Freddy Quinn, Max Schmeling, Robert Bosch, Georg Büchner, Georges Clemenceau, Alfred Dreyfuß, Dwight D. Eisenhower, William Faulkner, Günter Grass, Thor Heyerdahl, Melina Mercouri, Hermann Sudermann.

DIE WAAGE-MUTTER

schreibt Toleranz ihren Kindern gegenüber zunächst ganz groß. Sie will den Kindern nicht nur eine gute Mutter, sondern von Beginn an auch eine gute Partnerin sein. Viel Liebe (oft zuviel) investiert sie in ihre Kinder.
Die Gefahr besteht, daß sie verwöhnt werden, daß sie mit zuviel Zärtlichkeit – auch in Form von Süßigkeiten – zugedeckt werden. Manche Kinder reagieren da häufig allergisch, andere wollen immer noch mehr Liebesbeweise. Die Waage-Mutter findet hier oft schwer den Mittelweg. Strenge lehnt sie ab, was sie später manchmal bereut. Liebe und Verständnis sind für sie die besten Erziehungsmethoden. Daher besteht das Risiko, daß sich die Kinder keinem Widerstand ausgesetzt sehen. So erreichen sie ohne Leistung durch Schmeicheleien viel von der mütterlichen Seite.
Dies ist jedoch nur eine Gefahr. Auf der anderen Seite legen gerade diese Mütter viel Wert auf gutes Benehmen, früh führen sie die Kinder in die kulturellen Bereiche des Lebens ein. Mädchen sollen bald eine Tanz- oder Ballettschule aufsuchen, die Jungen sollten möglichst gute Bücher lesen, statt sich draußen mit Freunden zu amüsieren. Bildung spielt in der Erziehung dieser Mütter eine große Rolle, und sie legen großen Wert darauf, sich früh ernsthaft mit den Kindern auszusprechen.
Hinzu kommt, daß diese Mütter auf ihre Kinder stolz sein wollen, so werden sie nach Möglichkeit auch stets – meist etwas puppig – gut angezogen. Sie erscheinen nach außen sehr adrett und gepflegt. Oft bemerkt so eine Waage-Mutter gar nicht, daß dies den Kindern eigentlich mißfällt, denn sie können nicht so herumtollen wie andere. Aber dieser Zwang gilt ja nur für die Außenwelt, zu Hause dürfen die Kinder meist machen, was sie wollen. So ehrgeizig diese Mütter oft sind, sie lassen doch den Kindern viel Freiheit, überlassen ihnen auch die Wahl ihres Lebensweges, darin sind sie meist vorbildlich.
Werden die Kinder größer, dann behandeln diese Mütter sie oft schon wie kleine Erwachsene, lassen ihnen auch die Freiheit, allein ins Theater oder ins Konzert zu gehen. Disko-Schuppen allerdings lehnen diese Mütter häufig ab, dafür schlagen sie vor, doch eine ordentliche Tanzschule zu besuchen. Aber die Kinder haben grundsätzlich eine Freiheit, die sich meist auch positiv in der Entwicklung auswirkt.
Nur eine unausgesprochene Bedingung stellen diese Mütter: Sie wollen informiert werden. Sie schnüffeln den Kindern nie nach, schauen selten in deren Aufzeichnungen, deren Tagebücher oder prüfen, welche Telefonnummern sich die Kinder heimlich notiert haben. Aber sie wollen wissen, mit wem die Kinder verkehren. Dabei kommt es Waage-Müttern sehr auf das gesellschaftliche Niveau an. Hier sind die sonst so toleranten Charaktere sogar oft etwas altmodisch. Daher fordern sie ihre Kinder auch auf, die Freunde oder Freundinnen mit nach Hause zu bringen, als erstes werden diese dann auf ihr gutes Benehmen, auf die Erziehung hin geprüft. Haben die Freundinnen oder die Freunde etwa schlechte Tischmanieren, dann werden diese Mütter es oft so gekonnt ironisch kommentieren, daß den eigenen Kindern die Augen aufgehen.
Was die Kultur betrifft, so sind diese Mütter meist auf dem laufenden. Sie führen ihre Kinder in die Museen und Galerien, sie regen sie bei jeder Gelegenheit an, sich doch selbst künstlerisch zu betätigen. Auch auf Urlaubsreisen wird stete Kulturpflege betrieben. Wenn genügend Geld vorhanden ist, wählen diese Mütter Hotels erster Klasse, damit ihre Kinder sich frühzeitig an eine gehobene Gesellschaftsschicht gewöhnen.
Sind die Kinder groß, erscheinen diese Mütter seltener, sie lassen den Kindern ein eigenes Leben. Dies geschieht oft so unvermittelt, daß die aus dem Haus gegangenen Kinder von einer unerklärlichen Herzenskälte der Mutter sprechen und nicht verstehen, daß dieses Verhalten manchmal ein großes Opfer darstellt.

DER WAAGE-VATER

bewundert sein Kind, nicht laut und für andere aufdringlich, aber für ihn ist es »das« Kind überhaupt. Nun, das meinen viele Väter, der Waage-Vater behält aber diese Meinung bei, auch wenn ihn das Kind einmal, ja mehrmals tief enttäuschen sollte. Es soll besser aufgezogen werden als der Durchschnitt, das heißt in erster Linie mit viel Verständnis.

So kümmert sich der Vater schon sehr früh um das Kind, auch wenn er eigentlich mit einem Baby wenig anfangen kann. Aber allein das Lächeln des Kindes entschädigt ihn für den großen Aufwand. Vielfach ist es offensichtlich, daß ein bisher sehr großzügiger Waage-Mann sich als Waage-Vater in materiellen Dingen völlig umstellt. Jetzt wird gespart, und zwar nur für das Kind oder die Kinder. Die sollen einmal beste Startchancen haben. So legen sehr viele Waage-Väter heimlich Sparbücher für ihre Kinder an, von denen nicht einmal die Mutter etwas weiß. Sie schließen Ausbildungsversicherungen ab (keine Lebensversicherungen), da sie möchten, daß ihren Kindern einmal jeder Bildungsweg offensteht. Dazu gehören beste Internate oder gar Auslandsaufenthalte. Sprachen sollen seine Kinder lernen, sie sollen überall mitsprechen können, diese Väter wissen, wie viel das alles eines Tages wert ist.

So spielen sie auch nicht mit dem Kind »Mensch ärgere Dich nicht« oder ähnliches, sondern sie versuchen die Kinder über Spiele, oft Ratespiele zu bilden. »Mensch ärgere Dich nicht« wird höchstens als Erziehungsspiel angesehen, damit das Kind frühzeitig lernt, mit Anstand zu verlieren. Diese Väter nehmen sich für ihre Kinder oft sehr viel Zeit, aber sie sind so klug, der Tochter, dem Sohn diese Zeit nicht aufzudrängen. Wenn sie spüren, daß sie den Kindern damit auf die Nerven gehen, schalten sie auf Distanz, was manches Kind oft schwer verstehen kann. Aber die Kinder werden eben sehr früh als Erwachsene behandelt. Haben diese Väter ausgesprochen neugierige Jungen oder Mädchen, ist das Glück zu Haus. Nichts erfreut sie mehr, als Fragen beantworten zu dürfen.

So schwer es ihnen fällt, überwinden sie sich daher auch frühzeitig dazu, die Kinder aufzuklären. Sie wollen beileibe nicht, daß dies in der Schule oder mit schmutzigen Worten unter Freunden geschieht. In dieser Beziehung legen sie großen Wert darauf, der Freund ihres Kindes zu sein. Auch später im Leben erfüllt es diese Väter mit Stolz, wenn ihre Kinder mit den schwierigsten Problemen zu ihnen kommen, weil sie der festen Ansicht sind, daß diese jedes Problem am neutralsten lösen können.

Um die Berufswahl der Töchter, der Söhne kümmern sich die Väter auch sehr intensiv. Frühzeitig wählen sie für ihre Kinder (wenn auch für diese fast unmerklich) die richtigen Berufe aus. Ohne daß sie es merken, testet sie der Vater ständig mit gezielten Aufgaben und Spielen. Immer aber achten diese Väter auch darauf, daß ihre Kinder nicht einseitig ausgebildet werden, sie schulen sie in Diskussionen, sie versuchen fanatische Kinder wahrhaft umzuerziehen. So scheuen sie sich auch nicht, mag es auch noch soviel Überwindung kosten, in einem Streit mit Freunden gegen die eigenen Kinder Stellung zu beziehen. Selbst wenn die dann trotzig reagieren, nehmen sie diese zwischenmenschliche Belastung auf sich. Das Kind soll frühzeitig lernen, daß es nicht alleine lebt. Und diese Erziehungsaufgaben werden nicht mit Gewalt gelöst, sondern mit Geduld und vielen guten Worten.

Das Schlimmste für diese Väter wäre es, wenn ein Kind nicht mit ihnen spricht, wenn sie spüren, es hat kein Vertrauen! Sie halten es aus, wenn die Kinder sie als altmodisch, als Bildungsmuffel bezeichnen, aber sie verlieren die Fassung, wenn sie nicht mit ihnen sprechen. Das kann sogar zu einem ernsten Zerwürfnis führen. Aber dies wird selten vorkommen, weil diese Kinder kaum verständnisvollere Väter finden könnten, die sich so um Toleranz bemühen.

DIE WAAGE-TOCHTER

ist sehr häufig der Mittelpunkt, der Liebling der Familie. Sie gewinnt die Herzen aller im Flug. Schon frühzeitig offenbart sie ein recht kokettes Wesen, an dem alle ihre Freude haben. Die Waage-Tochter wird diese Stellung in der Familie sehr lange behalten, und es ist erstaunlich, wieviel Sympathie ihr entgegengebracht wird. Das setzt sich meist in der Schule fort, wenn sich hier auch offenbart, daß dieses Mädchen sich etwas mehr schminkt und schicker anzieht als die Klassenkameradinnen. Diese lehnen sie daher oft ab, aber dafür findet sie zahlreiche Jungen, denen es Freude macht, sie zu beschützen, nach Hause zu begleiten oder später in die Disko auszuführen.

Fast alle Waage-Weiblichkeiten lieben Musik und tanzen gerne, während das Sportliche in der Leistungsbeziehung nicht so arg im Vordergrund steht. Auf der Eisbahn allerdings fallen diese Mädchen dann schon durch ihre Anmut auf.

Den Eltern bereiten die Waage-Töchter kaum ernsthafte Schwierigkeiten, sicher erledigen sie Familien- wie Schulpflichten oft mit der linken Hand, aber wer könnte sich auf der Dauer ihrem Charme entziehen. Das Umschmeicheln ist diesen jungen (später auch den älteren) Frauen in die Wiege gelegt worden. Meist legen die Waage-Töchter auch viel Stil in ihr Auftreten, und man merkt nicht, daß in ihrem Kleiderschrank oft fröhliches Chaos herrscht. So werden sie von der Mutter (und noch lieber vom Vater) gerne ausgeführt.

Diese Töchter sind ehrgeizig, ohne daß man dies groß merkt; selbst wenn sie Klassenbeste sein sollten, stört dies die Mitschüler kaum, weil sie es verstehen, jeden Erfolg eher als einen Zufall hinzustellen. Folgende Gabe ist einfach umwerfend: Wenn sie ausgezeichnet werden, meinen sie zu ihren Mitkonkurrenten sofort, daß dies nur ein Versehen sein könne, und daß die ganze Auszeichnung an und für sich ja blödsinnig und nichts wert wäre.

Haben sie Erfolg, sind sie im Tiefstapeln große Meisterinnen. Anders wird es, wenn es später um den Flirt, ja um die Liebe geht. Diese Mädchen flirten, daß der Vater seine Freude daran hat, die Mutter aber doch manchmal bedenklich die Augen rollt. Beide Elternteile haben oft große Mühe, das Telefon zu benutzen, so oft ruft irgendein Junge an. Es kommt vor, daß diese Mädchen Jungen um sich sammeln wie Juwelen, weil das ihr Selbstgefühl stärkt. Daneben tanzen sie so gern, daß sie einfach mehrere Partner um sich haben müssen, weil einer allein ihr Tanzbedürfnis kaum befriedigen kann. Das Kunstinteresse ist allgemein groß, auch der Sinn für Mode scheint früh ausgeprägt zu sein. Das raffinierte Schminken lernen sie bereits als Teenager, wie sie überhaupt das Talent haben, mit Kleinigkeiten große Wirkungen zu erzielen.

In der Schule oder Lehre kommen sie (mit Charme) recht gut mit, bei der Berufswahl hapert es oft, weil sie da doch recht anspruchsvoll und wählerisch sind. So verlängern viele ihre Studienzeit, was die elterliche Geduld oft auf eine harte Probe stellt. Und hier sollten dann doch die Eltern hin und wieder ein Machtwort sprechen. Diese Mädchen bringen viel Besuch nach Hause, wenn dieser willkommen ist. Mutter und Vater sollten da achtgeben und den Besuch erlauben, sonst geht das Mädchen auf Besuch. Da die Waage-Töchter meist keine Uhr im Bauch haben, wie man so sagt, kann es spät werden, denn Pünktlichkeit ist nicht ihre Stärke.

Zum Glück finden sie, dank ihres anmutigen Auftretens, schnell eine Anstellung, so daß dadurch manche Studienverlängerung wieder ausgeglichen wird. Aber der Chef (und auch die Eltern) werden nie sicher sein, wie lange ihre Waage-Tochter im Betrieb bleibt. Die Liebe geht oft vor, wobei sich jedoch schnell herausstellt, daß das alleinige Hausfrausein auch nicht ihre Sache ist. Es ist gut, wenn sich diese Mädchen in jemanden verlieben, der ihnen einen festen Halt geben kann, denn den brauchen sie sehr – wohl für ihr ganzes Leben.

DER WAAGE-SOHN

ist meistens nicht ganz so wild, wie Jungen normalerweise sind. Diese Söhne geben sich eine Spur sanfter als die anderen, und sie legen früh eine Feinfühligkeit an den Tag, die Beachtung verdient. Sie sind allerdings in punkto Zärtlichkeits- und Liebesbeweisen von der Elternseite sehr abhängig. Haben sie Geschwister, spüren sie elementar, ob man sie benachteiligt oder nicht. Sie brauchen Wärme, und mancher Vater mag sogar manchmal denken: Mein Sohn scheint verweichlicht zu sein!

Nun, so schlimm ist es nicht. Richtig ist aber, daß diese Jungen sich weniger gerne prügeln, daß sie Streit eher auf geistiger Ebene austragen und auch rohe Sportarten ihnen nicht so liegen wie etwa Tennis oder der Schwimmsport.

In der Schule entwickeln sie sich zur Freude der Eltern gut. Sie lernen schnell, wenn sie auch nicht gerade viel vom Lehrstoff behalten. In den geisteswissenschaftlichen Fächern, auch in Musik und Literatur sind sie meist begabter als in Chemie oder Mathematik. Viele dieser Jungen lieben die Natur, sie wandern gerne, gehen auch gerne mit Blumen um; andere malen und zeichnen mit Geschmack, auch grafische Entwürfe liegen ihnen.

Freunde haben sie viele, noch mehr Freundinnen. Sie finden schnell eine Art, andere anzusprechen und für sich einzunehmen. Eltern sollten hier einkalkulieren, daß diese Jungen, so weich sie sich manchmal geben, durchaus wissen, was sie wollen, wenn sie auch verhältnismäßig spät zu ihrem Ziel finden. Bücher bedeuten ihnen viel, sicher sammeln sie Schallplatten, aber hier ist das Interesse recht früh mit Erfolg auf die klassische Musik zu lenken. Im Freundeskreis gelten sie gerne als Schiedsrichter, obwohl sie sich um richterliche Entscheidungen meist mit Erfolg herumdrücken; aber sie haben eine Gabe zu schlichten und verfeindete Kameraden wieder zusammenzuführen. Eigenwilligkeit zeigt sich oft in Kleidungsfragen, wenn es irgend möglich ist, sollten Eltern hierauf Rücksicht nehmen. Groß ist frühzeitig das allgemeine Interesse für andere Länder und Völker, Reiselektüre wird oft in Massen verschlungen. Werden sie größer, wird nicht – wie es oft der Fall ist – der Vater für sie wichtig, sondern die Mutter. Diese Jungen spüren schnell, was das Weibliche, der gegengeschlechtliche Pol für sie bedeutet. Lehrerinnen spornen diese Jungen oft viel besser an als Lehrer. Insofern brauchen Eltern kaum zu befürchten, daß Mädchen diese Jungen von ihrer Arbeit oder Entwicklung abhalten, meist ist das Gegenteil der Fall.

Der Einfluß der ersten Freundin ist häufig sehr markant, obwohl sie in der Wahl da noch nicht sehr sicher sind. Es wird gut sein, wenn sich hier die Eltern oder zumindest ein Elternteil aufklärend betätigen. Denn diese Jungen sind nun einmal schnell verführbar, meist von reiferen Frauen, und dies kann sich lebensbestimmend auswirken. Daneben ist aber auch häufig ein musischer Einfluß bemerkbar, das Theater, Konzerte, aber auch Galerien sowie andere Kunsteinrichtungen locken diese Jungen.

Ihren Eltern gegenüber sind sie meist nicht sehr offen, sie halten sich zurück, und es wäre der größte Fehler, diesen Jungen etwa nachzuspionieren. Sie haben Vertrauen zu ihren Eltern (von Ausnahmen abgesehen) und erwarten Vertrauen. Sicher gehen sie schon früh ihren eigenen Weg, manche Eltern könnten durchaus der Meinung sein, dieser Junge wolle zu hoch hinaus. In der Tat könnten Waage-Söhne selbst auf ihre Kameraden und Freunde etwas snobistisch wirken, dahinter verbirgt sich meist nur ein nicht zugegebener Ehrgeiz.

In der Wahl der Lebenspartnerin stellen sie hohe Ansprüche, aber sie können sich das ja leisten. Ob sie dann sehr treu sind, ist eine andere Frage. Auf Abnabelung von den Eltern legen sie früh Wert, gelingt dies ohne große Schmerzen, kann das Verhältnis Sohn/Eltern lange gut sein, ohne daß man sich viel sehen muß, aber diese Jungen verleugnen ihre Eltern eigentlich nie.

DIE WAAGE-GROSSMUTTER

fällt auf, weil sie sich bis ins hohe Alter als Dame zeigt, auch wenn sie nicht aus den höchsten Gesellschaftskreisen (wie man so sagt) stammt. Diese Großmutter gibt sich meist sehr liebevoll, aber doch etwas distinguiert.
Auf Enkel hat sie sich ein Leben lang gefreut, ist das Kleine da, versucht sie, sich nicht als typische Großmutter zu zeigen, die alles besser weiß. So sehr sie sich nach Zärtlichkeit des Enkels sehnt, sie kommt selten ungerufen. Die Enkel erkennen den Wert, den diese Großmutter hat, erst später, wenn sie erfahrenen Rat und Lebenshinweise brauchen. Diese Großmutter spielt so wenig das Alter, so selten ihre Lebensklugheit aus, daß sie damit die Enkel anzieht. So haben auch die Eltern selten etwas dagegen, wenn sich die Kinder weniger bei ihnen, als bei der Großmutter aussprechen. Schon früh fällt auf, daß diese Großmutter sich bei Geschenken etwa anders verhält als üblich. Sie bringt zum Geburtstag keine Süßigkeiten mit, sondern Reformkost, keine Bilderbücher, sondern Nachschlagewerke, kein Spielzeug, sondern Bastelarbeiten. Sie schenkt Dinge, die bilden und einen Wert haben. Diese Großmutter muß oft Streitigkeiten schlichten, wobei sie fast immer Partei für ihren Enkel ergreifen möchte, sich dies aber kaum getraut, da sie weiß, daß es dem Kind nicht gut tut. So versucht sie, sich ehrlich neutral zu verhalten. Für Bildungszwecke opfert sie gerne etwas von ihrer Rente, denn sie möchte, daß die Enkel weiterkommen. Das macht sich auch insofern früh bemerkbar, daß diese Großmutter immer Geschichten oder Legenden erzählt, mit denen sie den Enkeln etwas sagen will. Ihre Fantasie erlaubt es ihr, eigene Erfahrungen in alte Märchen einfließen zu lassen, ohne daß dies den Eltern oder den Enkeln klar wird. Von den letzteren erwartet sie frühzeitig neben gutem Benehmen auch Respekt vor dem Alter. So duldet sie kaum hartherzige Witze über alte Leute aus der Nachbarschaft.

DER WAAGE-GROSSVATER

ist in der Familie oft gern gesehen. Den Enkeln gegenüber ist er – soweit es ihm materiell erlaubt ist – überwiegend großzügig. Er zeigt sich besonders den Eltern gegenüber dankbar, denn Enkel bedeuten ihm meist viel. So findet er auch schnell ein Scherzwort für sie. Er neckt sie gerne, versucht frühzeitig, ein Vertrauensverhältnis zu ihnen herzustellen. Beliebt ist er bei den Enkeln auch, weil er so gut Schnurren erzählen kann und eigentlich für jede Lebenslage einen Rat weiß. Ja, dieser Großvater spricht auch noch mit den Lehrern oder Ausbildern über seine Enkel, notfalls greift er aktiv in ihr Leben ein, aber nie – oder selten – hinter dem Rücken der Eltern. Meist bitten sie ihn sogar, daß er die Schularbeiten überwacht, weil sie wissen, der Großvater ist gescheit; und es ist erstaunlich, wie dieser ältere Herr noch mit den Enkeln die neuen Lehrbücher durchgeht.
Er gewinnt deswegen so schnell ihre Herzen, weil er sich – nicht nur mit Worten – ehrlich bemüht, mit der Zeit zu gehen. Er hört sich sogar die Schallplatten seiner Enkel an, wenn er dann auch versucht sie in punkto Musikgeschmack und Bildung vorsichtig zu beeinflussen. So finden sie bei ihm meist die wichtigsten Nachschlagewerke, um sich weiterzubilden. Dieser Großvater behandelt die Enkel oft eher als Erwachsene als das die Eltern tun. Er ist der Meinung, daß man nie früh genug für das Leben lernen kann. Aber da er es mit viel Humor und auch Nachsicht tut, nimmt ihm kaum einer seinen Einfluß übel.
Als besonders schön bleiben denen Reisen mit ihrem Großvater in Erinnerung, die nicht nur amüsant sind, sondern in erster Linie bilden. Die Eltern sind manchmal überrascht, welchen Respekt die Enkel vor diesem Großvater haben, so daß oft der Satz »Ich sag's dem Großvater« Wunder bewirkt.

VERHÄLTNIS: ELTERNTEIL - KIND (und umgekehrt)
durch den Sonnenstand bedingt.

ELTERNTEIL WAAGE - KIND WAAGE
(oft eine Konjunktion)

Hier besteht oft die Gefahr, daß sich diese beiden Familienmitglieder fast zu gut verstehen.
Der Elternteil scheint förmlich auf das Kind fixiert zu sein. Er sieht es im ganz besonderen Sinn als »sein« Kind an. So wird es manchmal zu früh belastet, weil der Elternteil hier in verhältnismäßig hohem Maße Ansprache und Echo sucht. Da beide selten streitsüchtig sind, sich auch immer neutral, ja ausweichend verhalten (besonders zunächst noch das Kind), meinen beide oft in einer »Trotzdem«-Reaktion zusammenhalten zu müssen. Die Grundähnlichkeit ist auch wirklich zu stark; man kann nicht selten am Kind ablesen, wie der Vater, die Mutter auf eine Aktion reagieren.
Später entstehen dann möglicherweise größere Konflikte, wenn das Kind seinen eigenen Weg gehen will. Der Elternteil mischt sich oft zu sehr in die Entscheidungen des Sohnes, der Tochter ein, weil er befürchtet, sie machten dieselben Fehler, die er gemacht hat. Der Elternteil begreift nur schwer, daß jedes Kind losgelöst und unbeschützt seine eigenen Erfahrungen machen will und auch muß. Oft zeigt sich der Elternteil dann sogar erregt und abweisend, ja er nimmt es dem Kind wahrhaftig übel, wenn es nicht auf seinen Rat hört. Ganz besonders kritisch entwickeln sich solche Probleme, wenn es um die Lebenspartnerschaft geht. Auch hier muß der Elternteil oft sehenden Auges erkennen, daß das Kind die gleichen Fehler macht.
Erst in den späteren Jahren wachsen diese Familienmitglieder dann wieder sehr eng aneinander. Wenn das Kind nicht geheiratet hat, kann es sogar - meist leider - mit dem Elternteil eine Art Ersatzehe führen, oder das verheiratete Kind nimmt den Elternteil in sein Haus, seine Wohnung auf.

ELTERNTEIL WAAGE - KIND SKORPION
(meist kein Aspekt)

Bei dieser Konstellation ergeben sich oft frühzeitig Konflikte, dem Elternteil ist dieses Kind schon zu früh sehr eigenwillig. Selbst eher tolerant angelegt, versteht er nicht, wieso es so sehr seinen Kopf durchsetzen will.
Überhaupt gerät das Kind - aus dem Blickwinkel des Elternteils - frühzeitig in Gefahr, die Welt, das Leben zu trüb zu sehen. Es ist meist von einer eindringlichen Suche nach der Wahrheit besessen, es urteilt sehr schnell, ist manchmal schwierig, eher negativ ausgerichtet. All das ist für den Elternteil nicht nur schwer verständlich, sondern er findet, dies kann das ganze Leben verdüstern. So bemühen sich der Vater, die Mutter sehr um das Kind, wollen ihm von vornherein abgewöhnen, daß es der Mittelpunkt der Welt ist, aber der Elternteil findet oft nicht den richtigen Ton. Eine im Kind lebende Melancholie kann er oft nur schwer abbauen, weil ihm - der das Leben eher sanguinisch sieht - diese dunkle Temperamentslage fremd ist.
Sicher, die Beschäftigung mit dem Kind eröffnet ihm meist echte neue Dimensionen, so wirkt sich das Verhältnis oft gerade wegen der Gegensätzlichkeit höchst schöpferisch aus, aber das liegt allein am Elternteil, das Kind ist kaum zum Nachgeben, zum Verstehen zu erziehen. Das wächst erst später nach. Verhält sich der Elternteil tolerant, gar mit Langmut, ohne stets nachzugeben, wird es ihm das Kind später mit Sicherheit danken, aber manche Eltern werden das Gefühl nie so ganz los, daß dieses Kind wenig von ihnen geerbt hat und aus der Art schlägt. Oft helfen die künftigen Lebenspartner, daß sich Kind und Elternteil wieder sehr nahe kommen, wenn auch eine gewisse Distanz einfach vom Grundtemperament gewahrt bleibt, was aber der Liebe keinen Abbruch tun muß.

ELTERNTEIL WAAGE – KIND SCHÜTZE
(oft ein Sextil)

Allgemein kann gesagt werden, daß zwischen diesen Familienmitgliedern ein gutes Verhältnis besteht. Beide ergänzen sich recht gut, wenn dies natürlich auch erst später deutlich wird.
Aber der Waage-Elternteil ist voller Stolz auf sein Kind, ob es sich nun um eine Tochter oder um einen Jungen handelt. Er bewundert dieses Kind sogar, das sich früh durchzusetzen weiß, das voller gezügeltem Elan ist und sich bereits im Kindergarten eine gewisse Führungsposition erkämpft. »Erkämpft« ist eigentlich zuviel gesagt; diese Führungsposition fliegt dem Kind zu. Das Erstaunliche ist aber, daß die Schütze-Kinder dies nicht auf die Familie übertragen. Sie zeigen diesem Elternteil gegenüber einen gesunden Respekt, so daß größere Erziehungsprobleme kaum auftauchen. Freude hat der Elternteil am Ehrgeiz des Kindes; vielleicht tobt es ihm etwas zu sehr draußen herum, denn manche Schütze-Tochter hält sich lieber im Sportverein oder im Reitclub auf als zu Hause. Die Angst dieses Vaters, dieser Mutter, das Kind könnte vom hohen Roß (dies im doppelten Sinn) fallen, bleibt sicher ein Leben lang erhalten, aber der Waage-Elternteil tut gut daran, sich dies nicht zu deutlich anmerken zu lassen. Es könnte sein, daß das Kind dann etwas von seinem siegesgewohnten Elan verliert und unbewußt den Elternteil für mögliche Niederlagen verantwortlich macht. Aber im Grunde verstehen sich beide sehr gut, besonders Vater zu Tochter oder Mutter zu Sohn.
Etwas schwieriger wird es bei einer Mutter/Tochter- oder Vater/Sohn-Beziehung, da kann sich die Bewunderung ein wenig in die Befürchtung wandeln, dieses Kind habe zu große Rosinen im Kopf. Dies hat zur Folge, daß oft etwas unsinnige Erziehungsdiskussionen einsetzen. Wenn dies der Fall ist, sollten die Elternteile immer daran denken, daß sie dem Kind ihre Ansichten und Meinungen eines Tages auch logisch erklären und erläutern müssen, denn es erforscht seine Eltern oft tiefer, als es denen lieb ist.

ELTERNTEIL WAAGE – KIND STEINBOCK
(oft ein Quadrat)

Diese Familienmitglieder sind wegen ihrer grundlegenden Gegensätzlichkeit oft besonders tief verbunden. Nach alten Astrologiebüchern soll diese Konstellation auf schwierige Familienverhältnisse hinweisen, was sicher – obwohl man es nicht so kraß ausdrücken muß – richtig ist. Zunächst verbindet beide, daß das Leben genutzt werden muß. Beide sind auf ihre Art sehr ehrgeizig, voller Motorik. Das Temperament ist jedoch sehr verschieden.
Die Kinder machen es dem Elternteil oft recht schwer, weil sie so wenig in sich hineinschauen lassen. Sie sind stumm, wenn es um Dinge geht, die sie wirklich bewegen. Sicher, viele reden scheinbar offen mit dem Elternteil, der aber sehr genau spürt, daß dies alles Tarnung ist. Auf gezielte Fragen schweigen diese Kinder, oder sie greifen zu Notlügen, ja sie schwindeln häufig ohne böse Absicht, weil sie eben vieles mit sich allein abmachen wollen. Das wäre ein Grund für »schwierige« Familienverhältnisse. Diese Kinder wollen meist nicht nur über ihre Eltern hinauswachsen (das verstehen diese ja); nein, diese Kinder sind immer auf das Nächstliegende fixiert, sie sind auch meist etwas langsam in ihrer Entwicklung, die sanguinische Beweglichkeit des betreffenden Elternteils fehlt ihnen.
Versucht ein Elternteil so ein Steinbock-Kind auch in musischer Hinsicht zu erziehen, dann blockt das Kind oft ab, es will erst das Nächstliegende bewältigen. Manchen Elternteil mag auch erschrecken, wie wenig die Kinder von sich hergeben. Manche zeigen sich sehr karg, ja geizig, und dies nicht nur in materieller Hinsicht. Die Überraschung folgt dann meist auf dem Fuß, wenn diese so sparsamen Kinder den Elternteil mit einem Bombengeschenk zu Weihnachten und zum Geburtstag überraschen. Später versteht der Elternteil das Kind besser, oft spricht er voller Stolz von ihm, da es ohne viel Aufhebens so viel erreicht hat. Und an einem hat der Elternteil sicher Freude: Diese Kinder sind anhänglich, treu und fast immer sehr dankbar.

ELTERNTEIL WAAGE – KIND WASSERMANN
(oft ein Trigon)

Diese Konstellation wird in alten Astrologiebüchern als sehr vorteilhaft und eng beschrieben. Dies scheint die Erfahrung zu bestätigen. Diese Familienmitglieder verstehen sich vom Temperament her bestens. Und sie verstehen sich ohne Worte, auch wenn sie viel miteinander schwatzen. Jeder scheint sich unglaublich zu freuen, wenn er dem anderen begegnet. Sie sind zwar nicht immer ein Herz und eine Seele, aber sie fühlen sich stets sehr nah verwandt.
Sicher ängstigt den Elternteil, daß das Kind nicht ganz so tolerant ist, oft die anderen Menschen ziemlich brutal an der Nase herumführt; dann aber wird vom Elternteil wieder das geistige Interesse bewundert, das Streben nach höheren Werten.
Imponierend auch der Forschungsdrang des Kindes, das zwar oft eine feste Meinung hat, aber doch immer versucht, neue Wege zu gehen. Und das Kind spürt das Verständnis dieses Elternteils. So fühlen sich beide eng verbunden, auch wenn sie – etwa während eines Urlaubs, den das Kind in einem Ferienlager verbringt – getrennt sind. Beide können sich oft herrliche Briefe schreiben, beide haben miteinander manches Geheimnis. Dies allerdings kann zu Verstimmungen mit anderen Familienmitgliedern führen. Söhne sind meist bedeutend stärker als die Töchter an die Mutter gebunden, auch stärker als die Töchter an den Vater. Hier muß also der mütterliche Elternteil mancher Neigungssehnsucht des Sohnes einen Riegel vorschieben, wenn sich auch das Kind Vernunftsgründen nicht gerade aufgeschlossen zeigt. Erst wenn es erwachsen wird, sieht es die Notwendigkeit ein, sich auch der größeren Lebensgemeinschaft anzupassen.
Viele Kinder wählen ihre Lebenspartner mit den Augen des betreffenden Elternteils, daher bleibt auch bei einer eigenen Familiengründung die enge Beziehung zwischen Kind und Elternteil bestehen, wogegen sich die Lebenspartnerinnen oder Lebenspartner oft heftig wehren.

ELTERNTEIL WAAGE – KIND FISCHE
(meist kein Aspekt)

Diese Konstellation scheint besonders für die Elternteile schwierig zu sein. Sie lieben dieses Kind – oft über alles –, und das Kind braucht diese Liebe auch, aber der Vater, die Mutter können diese Kinder einfach schwer verstehen. Sicher haben sie selbst ja nicht den härtesten Kern, aber die Empfindlichkeit, die Sensibilität dieser Kinder ist für sie unerklärlich. Oft meinen sie verhältnismäßig früh, das Kind sei seelisch krank (wenn dies so übertrieben auch kaum geäußert wird), aber sie halten es zumindest nicht für sehr widerstandsfähig. Dabei spielt das Kind lustig herum, es schauspielert mit Vorliebe und gibt so dem Elternteil noch mehr Rätsel auf.
Es ist oft das Temperament, das Elternteil und Kind so trennt. Sicher freut sich der Elternteil über die Liebesbedürftigkeit des Kindes, aber früh stellt sich heraus, daß dem Kind mit Gesprächen nicht so einfach beizukommen ist. Das befremdet.
Entzückt und freudig erstaunt reagiert aber dann auch wieder der Elternteil, weil dieses Kind mit erstaunlichem Instinkt weiß, wann der Elternteil Sorgen hat, wann ihn etwas bewegt. Schon als Kleinkind spürt es dies und schwupp – ist es da. Hier kommt es also mehr auf das stumme Verstehen an. Oft nähern sich Elternteil und Kind über musische Neigungen; sie hören gemeinsam Musik oder gehen ins Theater, weniger wohl ins Museum. Weiter erschreckt den Elternteil oft die Erkenntnis, daß sich dieses Kind oft gehenläßt, daß es sich in Emotionen verliert, ja daß die Suchtgefahr sehr groß ist.
Die Motorik dieser Kinder ist meist nicht sehr stark, die der Elternteile schon, und das läßt sich oft schwer vereinbaren. Schwer wird es, wenn diese Elternteile danach streben, daß ihr Kind ihre eigenen ehrgeizigen Träume verwirklicht. Sie ahnen oft nicht, wie sehr sie damit das Kind – und zwar für das ganze Leben hindurch – belasten können. Hier braucht es also vom Elternteil her viel Geduld und Einfühlungsvermögen.

ELTERNTEIL WAAGE – KIND WIDDER
(oft eine Opposition)

Wenn sich Gegensätze anziehen, dann müßte dies hier seine Bestätigung finden. Aber zunächst erscheinen Elternteil und Kind wahrlich zu verschieden.
Der eigentlich überwiegend tolerante Elternteil muß mit Erstaunen (manchmal mit Entsetzen) erkennen, wie sehr dieses »sein« Kind sich stets mit dem eigenen Kopf durchsetzen will. Rücksichtnahme gibt es kaum; sind Geschwister da, haben sie allerhand durchzumachen. Meist geben die Geschwister ja nach, aber der Elternteil weiß genau – so lebensklug ist er –, daß hier kein Nachgeben angebracht ist. Und so prallen eben Gegensätze aufeinander. Die Erkenntnis, daß dem Kind meist nicht mit klugen Erläuterungen beizukommen ist, ängstigt manche dieser Elternteile doch beträchtlich, und so ringen sie um die Toleranz in der Entwicklung ihres Kindes. Der Weg zueinander führt sehr häufig über die Bereitschaft zu fairem Verhalten, die beim Kind wie beim Elternteil anzutreffen ist.
Fair verhält sich das Kind, wenn es auch unter allen Umständen seinen Weg gehen will. Dieser Elternteil wird als Herausforderung angenommen, dem muß etwas entgegengesetzt werden. Wird das Kind reifer, ist mit ihm leichter zu reden, vorher – oder bis dahin – muß der Elternteil die Courage aufbringen, dem Kind jeweils die Grenzen aufzuzeigen. Hier ist Mut erforderlich, denn das Wundersame ist, daß er von diesem Kind respektiert wird, nicht aber irgendeine Nachgiebigkeit. Diese Elternteile müssen sich also echten Respekt verschaffen und nicht mit Gewalt oder mit dem Recht des Stärkeren Dinge erzwingen. Dann werden sie eine tiefe Bindung zu diesen ihren Kindern finden. Widder-Kinder brauchen Widerstände, diese achten sie dann auch, ja später sind sie ihren Eltern dafür sogar dankbar, denn wenn jemand an den Eltern wachsen will, dann im ganz besonderen Maße diese Kinder. Insofern ist bei allen auftretenden Widerständen hier zu folgern: Gegensätze ziehen sich nicht nur an, sondern sie brauchen einander.

ELTERNTEIL WAAGE – KIND STIER
(meist kein Aspekt)

Diese Familienmitglieder haben – bei mancher Grundfremdheit – etwas sehr Verbindendes: das Gefühl.
Ihr Gefühl spricht die gleiche Sprache. So ziehen sie sich auch fast sinnlich an, wobei den betreffenden Elternteilen eine ganz besondere Verantwortung zufällt.
Sonst unterscheiden sie sich sehr. Der tolerant bemühte Elternteil ist häufig erstaunt, wenn er sich mit dem Dickkopf, ja mit der Sturheit des Stier-Kindes auseinandersetzen muß. Da nutzen oft keine Argumente, schon gar keine Strafen oder Belobigungen, diese Kinder ruhen in sich; mehr, sie wollen oft ihre Ruhe haben. Manche Elternteile werden hier fast zur Verzweiflung getrieben, denn sie meinen, das Kind müsse doch wenigstens zur äußeren Toleranz erzogen werden.
Es erschreckt sie oft, wie sehr diese Kinder auf ihren Vorteil aus sind, wie sie etwa Geschenke nachrechnen und prüfen, ob nicht – rein rechnerisch – der Bruder oder die Schwester ein wertvolleres Geschenk zu Weihnachten bekommen haben. Denn sie scheinen von der Angst besessen zu sein, zu kurz zu kommen. Ist diese Angst nicht vorhanden oder ausgeräumt, dann zeigen sie sich lieb und vor allem gefühlvoll.
Oft handelt es sich um Nestkinder. Fehlt ihnen die Nestwärme, suchen sie sich eine Ersatzbefriedigung, viele naschen daher hemmungslos. Hier muß also der Elternteil sehr aufpassen.
Auch sollte er Geduld haben: Diese Kinder gehen schwer aus sich heraus, sie haben einfach gerne Geheimnisse. Ein Weg, diese Kinder zu gewinnen, ist, ihnen ein Geheimnis anzuvertrauen (aber kein gespieltes, mit dem man sich das Vertrauen des Kindes erschleicht!). Sie können schweigen, kann dies der Elternteil auch, dann wachsen beide recht gut zusammen. Dann stellen sie eine Festung innerhalb der Familie dar, die halten kann, solange der Elternteil lebt, und keine Lebenspartnerschaft wird eines Tages daran etwas rütteln können.

ELTERNTEIL WAAGE – KIND ZWILLINGE
(oft ein Trigon)

Nach alten Überlieferungen soll dies in einer Generationsverbindung einfach bestens sein. Nun, dies mag etwas übertrieben erscheinen, aber es stimmt: Grundsätzlich verstehen sich Elternteil und Kind auf Anhieb. Man spricht gerne zusammen, man erlebt viel Gemeinsames, und das Wichtigste: Diese beiden Familienmitglieder scheinen dauernd zusammen zu lachen. Sie gakkern bei fast jeder Gelegenheit. Ist einer von ihnen einmal betrübt, dann dauert dies nie lange, wenn der andere zur Stelle ist. Manches andere Familienmitglied mag sich oft fragen, was diese beiden wohl dauernd zu reden haben. Das läßt sich nie klären, denn sie schwatzen über alles und gleichzeitig über nichts. Das heißt, auch wenn nichts besonderes auf der Tagesordnung steht, geht den beiden der Redestoff nie aus. Sind sie getrennt, schreiben sie sich seitenlange Briefe, und auch später fragen sicher mancher Lebenspartner, manche Lebenspartnerin, wenn seitenlange Briefe nach Zuhause geschrieben werden: »Was da wohl drin stehen mag?«
Dies ist also die positive Basis. Die andere positive Verbindung sind das gemeinsame Temperament und die gemeinsame Grundanschauung. Dem Elternteil allerdings dürfte das Kind oft zu opportunistisch erscheinen. Bei aller Toleranz paßt es sich in seinen Augen zu häufig den Gegebenheiten an. Doch dies ist meist der einzige grundsätzliche Einwand hinsichtlich der Lebensgewohnheiten des Kindes. Da beide nicht überaus ordentlich sind, stört dies weder den einen noch den anderen.
Schwieriger wird es nach der Heirat. Denn schwer verzichten Elternteil wie Kind auf den Meinungsaustausch, wenn auch der Lebenspartnerin, dem Lebenspartner die gipfelartig ansteigende Telefonrechnung auf die Nerven gehen mag. Hier braucht es dann wirkliche Toleranz, damit die junge Ehe nicht zu sehr belastet wird. Man sollte sich da auf einen Ritus einigen, wann sich beide Familienmitglieder wo und wie lange treffen, das hilft Konflikte zu vermeiden.

ELTERNTEIL WAAGE – KIND KREBS
(oft ein Quadrat)

Bei starker Familienliebe wird es zwischen beiden Familienmitgliedern doch stets auch Schwierigkeiten geben. Schwierigkeiten, die sich sehr hoch steigern können, die sogar – warum soll es verschwiegen werden – zu ernsten Zerwürfnissen ausarten können.
Um es vorweg zu sagen: Letztlich wirkt sich dies meist positiv aus, aber die Entwicklung dahin ist lang und heftig. Der Elternteil benötigt hier eine starke Toleranz, auch und gerade weil diese heftig strapaziert wird. Nicht, daß sich das Kind bockig oder unnachgiebig zeigt, im Gegenteil. Nur hat es ein derart starkes seelisches Schutzbedürfnis, daß der Waage-Elternteil aus Erziehungsgründen, besonders wenn Geschwister vorhanden sind, nicht nachkommen kann. Schnell zieht sich das Kind in sein Schneckenhaus zurück, wenn es sich be- und getroffen fühlt.
Dieses Kind fordert auch die Eltern, darauf muß sich der Elternteil einstellen, zumal seine Familienbindung sehr stark ist. Der Junge, das Mädchen sind voller Ehrgeiz, können aber schwer mit diesem umgehen. Hier kann der Elternteil oft sehr hilfreich eingreifen. Das Kind hat ferner einen großen Wissensdurst, der in der Schule kaum befriedigt werden kann, auch hier könnte der Elternteil anregend wirken. Könnte – heißt es –, denn besonders viele Neigungen des Kindes sind dem Elternteil doch höchst fremd.
Auch hier wieder ist es die Grundlebensauffassung, die das Zusammenkommen dieser beiden Familienmitglieder so schwer macht. Da kann der Elternteil sein Kind durch eine Kirche, ein Theater, ein Museum führen, das Kind geht mit, aber es reagiert nicht, es scheint mit seinen Gedanken ganz woanders zu sein. Ist das Kind erwachsen, erkennt es die Lebensklugheit des Elternteils, und dieser respektiert die seelische Kraft des Kindes. Dann wachsen beide fabelhaft zusammen, dauerhaft und unverrückbar. Kaum eine Lebenspartnerin, ein Lebenspartner werden das ändern.

ELTERNTEIL WAAGE – KIND LÖWE
(oft ein Sextil)

Diese Familienmitglieder verstehen sich gut; das heißt, außer den generationsbedingten Differenzen und Komplikationen kommen beide harmonisch miteinander aus.
Diese Elternteile sind meist sehr stolz auf ihre Kinder, in die sie jedoch leider bald zu viele Erwartungen setzen. Diesen gerecht zu werden, fällt den Kindern meist dann doch sehr schwer, da liegen Konfliktstoffe. Der betreffende Elternteil fördert (wo er kann) die Bestrebungen seines Löwe-Kindes. Allerdings gibt es sich meist sehr eigensinnig, es kann durchaus einen Dickkopf aufsetzen und ist so leicht von seinem Standpunkt nicht abzubringen. Schwerwiegender mag dann noch sein, daß Löwe-Kinder meist sehr geschickt die Toleranz der Elternteile ausnützen, zunächst ohne daß diese es merken.
Sie bewundern das zielgerichtete Verhalten dieser Kinder, so geben sie oft nach, was sie später schwer zurücknehmen können. Der Elternteil wird hier vor allem mit seiner Toleranz und der steten Gesprächsbereitschaft ein gutes Vorbild abgeben müssen, ohne daß er deswegen dem Löwe-Kind alles gestattet. Oft tritt das Kind ja mit einem ungeheuren Selbstbewußtsein auf, was dem Elternteil zwar nach außen hin gefällt, ihn aber auch herausfordert. Doch zwischen beiden Familienmitgliedern bestehen auch viele Gemeinsamkeiten. Wenn es etwa um Familienangelegenheiten geht, dann stehen beide sozusagen Seite an Seite. Der Elternteil wird das Kind geistig sehr anregen können, und er wird viel eigene – nicht erfüllte – Hoffnungen in dieses Kind setzen.
Außerhalb der Familie – etwa im Urlaub – verstehen sich beide übrigens stets prächtig. Sie lachen viel zusammen und wagen manche gemeinsame Abenteuer. Geht das Kind aus dem Haus, dann bleibt in der Regel das Verhältnis weiterhin gut, gerade weil es nie zu eng war. Die gegenseitige Befruchtung wird weiterhin für beide sehr schöpferisch sein.

ELTERNTEIL WAAGE – KIND JUNGFRAU
(meist kein Aspekt)

Da spiegeln sich Gegensätze wieder, die aber keinesfalls unüberbrückbar sind, sondern sich im Gegenteil gut ergänzen. Dieses Kind macht dem Elternteil wegen seines Fleißes, seiner behutsamen Art viel Freude. Vielleicht bedauert der Elternteil, daß das Kind sich oft so ernst zeigt; wenn Humor aufkommt, ist dieser eher bissig, aber all das sind Kleinigkeiten.
Was schwerer wiegt, ist die kritische Beobachtungsgabe des Kindes gegenüber der gesamten Familie. Das geht sogar so weit, daß die betreffenden Elternteile oft von diesen Kindern kritisiert werden. Wenn dann gegenseitig darüber diskutiert wird, geht es fast spannend zu, denn beide sind sehr redegewandt. Meist forscht das Kind sehr intensiv nach, wenn es eine Diskussionslücke beim Elternteil erkennt. Aber egal wie das Gespräch ausgeht, beide wissen, daß jeder vom anderen etwas lernen kann. Daher basiert diese Bindung – neben der Familienliebe – meist sehr auf Respekt. Die gegenseitige Achtung hält fast immer ein Leben lang an. Das Kind bittet den Elternteil oft, das Buch zu lesen, das es selbst sehr beschäftigt.
Diese Kinder brauchen die kluge Ansprache, und die kann dieser Elternteil ihnen gut vermitteln. Daher sollte er für dieses Kind auch immer Zeit haben.
Zeit ist überhaupt ein Schlüsselwort für das Verhältnis beider. Mit flüchtigen Begegnungen wird hier nichts erreicht. Das Kind muß Vertrauen gewinnen, es will auch jemandem seine Komplexe mitteilen, und davon hat es viele, die es nach außen sehr zu verbergen sucht. Damit besitzt dieser Elternteil meist ein großes Vertrauenskapital, das er aber verspielen kann, wenn Argumente des Kindes auf die leichte Schulter genommen werden. Daher ist er ein Leben lang zur Ernsthaftigkeit verpflichtet. Dies sollte dem Elternteil stets voll bewußt sein, damit er sein Kind nicht verliert.

UNKLARHEITEN,
die bei Waage-Geborenen durch die 12 möglichen Aszendenten für Elternteil und Kind entstehen können.

SONNE in WAAGE mit ASZENDENT WAAGE ergibt dabei die wenigsten Unklarheiten, die zu Mißverständnissen führen können. Diese Menschen sind sicher ein wenig egozentrischer ausgerichtet als der Durchschnitt, aber sie vermögen dies ja durch diplomatische Liebenswürdigkeit zu verdecken, was in der Familie auch bestens gelingt. Dieser Elternteil, dieses Kind sehnen sich nach Harmonie und Frieden, so können sie sich am besten entfalten. Beide sind Meister in der Kunst des scheinbaren Nachgebens wie in der Kunst der Schmeichelei; mit beiden Eigenschaften kommt man im Lebenskampf wie im Familienleben ja recht gut voran. Wenn es nicht mehr weitergehen sollte, dann rufen diese Familienmitglieder sicher schnell bei anderen um Hilfe, die sie auch bekommen, denn wirklich böse ist ja niemand.

Bei **SONNE in WAAGE mit ASZENDENT SKORPION** erscheint manches Rollenspiel schon schwieriger. Besonders Kinder, die ihre Elternteile meist von der liebenswürdigen Seite her kennen, staunen oft nicht schlecht, wenn sie bemerken, daß die sich in der Umwelt eher mürrisch und unansprechbar geben, ja oft geradezu einen Pessimimus an den Tag legen, der sonst gar nicht ihre Art ist. Auch Kinder dieser Konstellation geben sich draußen weitaus weniger friedlich als im Elternhaus, sie fühlen sich in der Umwelt scheinbar dauernd angegriffen und meinen, sie müßten sich ständig ihrer Haut wehren.

SONNE in WAAGE mit ASZENDENT SCHÜTZE paßt recht gut zusammen. Kinder bewundern diese Elternteile, die in ihrer Umgebung so strahlend und sicher auftreten, gar nicht immer darauf schauend, es sich mit niemandem zu verderben, während sie in der Familie stets alles abwägen. Kinder mit dieser Konstellation überraschen ihre Eltern oft, da sie im Freundeskreis gern eine führende Position und Einfluß übernehmen, so daß sich Eltern oft fragen, woher nehmen das Mädchen, der Bursche die Selbstsicherheit, die paßt doch gar nicht zu ihnen! Leider warten sie oft förmlich darauf, daß solche Kinder ein Übermaß an Erwartungen auslösen.

SONNE in WAAGE mit ASZENDENT STEINBOCK allerdings ist gegenseitig schwer zu verstehen. Kinder registrieren oft überrascht, daß diese Elternteile sich außerhalb der Familie so still aber auch so konzentriert geben. Gar keine Eleganz, keine Diplomatie, immer wird auf dem kürzesten Weg der Erfolg gesucht, während doch diese Elternteile daheim oft eine Gerade auch eine Ungerade sein lassen. Ähnlich verwundert bemerken Eltern, wenn Kinder dieser Konstellation, die sich im Familienverbund so locker und verständnisvoll geben, draußen stets die Angst in sich spüren, daß man ihnen übel mitspielen will. Das kann bei vielen Eltern Sorgen auslösen.

Der Unterschied zwischen Lebenskern und Rollenspiel ist dagegen bei **SONNE in WAAGE mit ASZENDENT WASSERMANN** längst nicht so kraß. Kinder werden das etwas zu aufgelockerte Auftreten dieses Elternteils außerhalb des Hauses kaum bemerken, erst wenn sie größer sind und dann interessiert es sie nicht mehr. Aber manche Eltern mögen sich doch wundern, wenn ihr liebenswürdiges Kind, das diese Konstellation hat, andere gerne auf den Arm nimmt. Noch bekümmerter zeigen sich die Eltern aber, wenn sie bei ihm eine gewisse Schadenfreude bemerken. Daß dieses Verhalten des Kindes meist nur Tarnung ist, um selbst nicht in die Grube zu fallen, ist schwer erkennbar.

Auch bei **SONNE in WAAGE mit ASZENDENT FISCHE** zeigen sich sehr unterschiedliche Reaktionen, die sogar kleinen Kindern bei den betroffenen Elternteilen auffallen, da diese sich oft – überspitzt ausgedrückt – etwas bigott zeigen, so als wollten sie ihre eigene Toleranz nicht zu sehr nach außen dringen lassen. Kinder dieser Konstellation verhalten sich meist eher schüchtern und reagieren sehr sensibel auf Kritik. Während sie in der Familie Ermahnungen wahrlich nicht so ernst nehmen, zucken sie draußen stets zusammen, wenn sie bei einem Fehler ertappt werden.

SONNE in WAAGE mit ASZENDENT WIDDER stößt dagegen oft auf Unverständnis. Kinder bemerken, daß der sonst so friedliche Elternteil außerhalb der Familie immer wieder seinen Willen durchsetzen will. Und so passiv sich Mutter oder Vater oft zu Hause zeigen und ihre Ruhe haben wollen – kaum haben sie die Haustür hinter sich zugeschlagen, entwickeln sie eine oft laute Aktivität, die sich die Kinder überhaupt nicht erklären können. Kinder dieser Konstellation verwirren allerdings die Eltern oft auch vollständig. Was rauft sich das brave Mädchen draußen nur so herum und läßt sich von keinem Jungen, keinem Lehrer etwas sagen, und der Sohn scheint ja überhaupt immer nur seinen Kopf durchsetzen zu wollen, obwohl er sich doch zu Hause eigentlich zärtlich und weich zeigt! Aber es ist ja gerade diese innere Weichheit, die diese Kinder nur im Familienkreis offenbaren können.

SONNE in WAAGE mit ASZENDENT STIER harmonisiert da viel besser. Diese Elternteile zeigen sich draußen genauso liebenswürdig wie im Familienkreis, wo sie aber viel leichter nachgeben können als am Arbeitsplatz, im Betrieb oder in der Nachbarschaft. Kinder wundern sich dann über den Dickkopf dieser Elternteile!

Aber mancher Vater und manche Mutter wollen es gar nicht wahrhaben, wenn sie feststellen müssen, daß Kinder dieser Konstellation sich in der Schule, der Lehre oder im Freundeskreis manchmal so hartnäckig und unbeweglich erweisen, während sie daheim ja eigentlich für alle Argumente doch sehr zugänglich sind.

SONNE in WAAGE mit ASZENDENT ZWILLINGE ist in sich eine recht harmonische Konstellation, so daß große Unterschiede zwischen Rollenverhalten und Lebenskern auch kaum auftreten. Daher werden hier Kinder keine Unterschiede im Umweltverhalten der betreffenden Elternteile bemerken, während Eltern die Kinder dieser Konstellation vielleicht außerhalb als etwas zu vorlaut, naseweiß und überraschend neugierig empfinden.

SONNE in WAAGE mit ASZENDENT KREBS scheint keine sehr harmonische Konstellation zu sein. Schwer daran zu knabbern haben die Kinder. Sie beobachten Elternteile dieser Konstellation und bemerken, wie sehr empfindlich diese reagieren, wie wenig Humor sie zu haben scheinen, ja wie melancholisch sie sich geben. Zu Hause so fröhlich und gesellig, gehen diese Elternteile draußen allen Festen und anderen Zusammentreffen förmlich aus dem Wege. Für Kinder ist es natürlich eine Freude, daß diese Elternteile sich erst zu Hause richtig wohl zu fühlen scheinen. Eltern allerdings sind oft verängstigt, wenn sie bemerken, mit welcher Scheu ihre Kinder sich draußen zurechtfinden.

SONNE in WAAGE mit ASZENDENT LÖWE zeigt auch oft unterschiedliches Verhalten. Von häuslicher Elterntoleranz können die Kinder draußen kaum etwas bemerken, ja manche dieser Elternteile legen sogar in der Umwelt einen Befehlston an den Tag, der zu Haus durchaus nicht üblich ist. Nehmen diese Elternteile dann ihre Kinder mal aufs Korn, antworten die: »Aber Mutti (Vati), Du bist doch zu Hause, zeig Dich doch friedlich!« Kinder dieser Konstellation haben draußen (schon in der Vorschulzeit zeigt sich dies oft) auch ein recht stolzes Auftreten. Sie wollen Mittelpunkt und stets beachtet sein.

SONNE in WAAGE mit ASZENDENT JUNGFRAU wäre da leichter zu verstehen, wenn auch diese Elternteile daheim oft lässiger und nicht so fleißig, zuverlässig und pflichtbewußt sind, wie sie sich außerhalb zeigen. Eltern dagegen sind fast dankbar, wenn sie bemerken, daß Kinder dieser Konstellation doch viel lebenstüchtiger zu sein scheinen, als sie nach dem Verhalten im Familienkreis angenommen haben (wo sie die häusliche Schlamperei oft auf die Palme bringen kann).

DIE SCHWIEGERKINDER IM VERHÄLTNIS ZUM ELTERNTEIL WAAGE

Waage-Elternteile besitzen allgemein eine große Toleranz, die sich ihren eigenen Kindern wie den Schwiegerkindern gegenüber zeigt. Sie lassen die Kinder aus dem Haus gehen, nehmen aber auch gerne Kinder neu in ihren Familienverbund auf.
Wenn nun eine **WAAGE-Schwiegertochter** aufgenommen werden soll, dann sieht das die Waage-Mutter meist überwiegend freudig, in der Meinung, ihr Sohn brauche sich nicht mehr umzustellen. Und sie ist auch schnell mit Ratschlägen zur Hand, die sie aber doch lieber zurückhalten sollte. Der Waage-Vater nimmt diese Schwiegertochter im allgemeinen ohne Vorurteile oder Vorbehalte an. Gerade ihre Freundlichkeit sagt ihm zu.
Dem **WAAGE-Schwiegersohn** zeigt sich dieser Vater auch recht unkritisch, er nimmt ihn sogar sehr schnell als eigenen Sohn an, ja kann ihn durchaus - auch seiner Tochter gegenüber - bei Streitigkeiten in Schutz nehmen. Dazu wäre sogar die Waage-Mutter fähig, denn dieser Schwiegersohn gefällt ihr vor allem, weil er es versteht, so höflich mit ihr umzugehen. Daß er dazu gekonnt schmeicheln kann, mißfällt ihr auch nicht gerade.
Den **SKORPION-Schwiegersohn** sieht sie sich dagegen doch viel skeptischer an. Er ist ihr zu ungestüm, zu einseitig, auch oft zu düster, nicht lebensfroh genug, ja eine Waage-Mutter kann sich sogar vor einem Skorpion-Schwiegersohn fürchten. Dem Waage-Vater geht dieser Sohn nicht so ganz auf die Nerven, aber ein wenig zugänglicher wünschte er sich ihn auch; zumal der Vater die unbestimmte Angst in sich fühlt, daß dieser Schwiegersohn ihm seine Tochter entfremden könnte.
Auch eine - noch so attraktive - **SKORPION-Schwiegertochter** stößt auf oft unbewußte Ablehnung des Waage-Vaters, wenn er auch verstehen kann, daß sie auf seinen Sohn so anziehend wirkt. Die Waage-Mutter ist zuerst wohl auch nicht über diese Schwiegertochter beglückt, wenn sie sie auch heimlich durchaus bewundert.
Bei einer **SCHÜTZE-Schwiegertochter** ist die Waage-Mutter erst einmal verblüfft. Diese Tochter imponiert ihr, sie spürt die starke Kraft, weiß aber ziemlich schnell, daß sie nun ihren Sohn endgültig verliert, was sich - psychologisch gesehen - im Verhältnis zu dieser Schwiegertochter stets bemerkbar machen wird. Dem Waage-Vater gefällt dagegen so eine junge Schützin bestens. Fast dürfte dies sein Typ gewesen sein, dem er einst nachjagte. Daher hat diese Tochter bei ihm schon ein gutes Startkapital.
Ein **SCHÜTZE-Schwiegersohn** gefällt ihm nicht so gut. Er mag sein - für ihn - etwas besserwisserisches Verhalten nicht, zumal er wohl auch schnell erkennt, daß dieser Schwiegersohn nicht nur gerne widerspricht, sondern sich sehr ungern etwas sagen läßt. Die Waage-Mutter sieht das nicht ganz so kraß; an und für sich gefällt ihr ja dieser junge Mann, der ihr auf Anhieb sympathisch war. Aber sie spürt genauso, daß die Führung in der Familie nun auf diesen stürmischen jungen Mann übergeht, was ihr irgendwie unbehaglich ist.
Doch das geht ja noch - im Gegensatz zu einem **STEINBOCK-Schwiegersohn.** An den kommt sie als Waage-Mutter so irrsinnig schwer heran, sie spürt, der will nichts offenlegen von dem, was in ihm vor sich geht. Sie spürt dauernd, daß es nun Geheimnisse gibt, von denen sie ausgeschlossen ist, was kritisch wird, wenn sich dies Verhalten auf ihre Tochter überträgt. Auch ein Waage-Vater kann zunächst oft sehr schwer etwas mit einem Steinbock-Schwiegersohn anfangen, wenn ihm auch sein Ehrgeiz und seine Zuverlässigkeit gefallen, so daß er seine Tochter in guten Händen weiß.
Eine **STEINBOCK-Schwiegertochter** legt dagegen so unterschiedliche Grundüberlegungen der Lebensauffassung auf den Tisch, daß sich das Verhältnis zwischen Waage-Mutter und Steinbock-Schwiegertochter wenigstens anfangs gespannt zeigt, während der Waage-Vater

sich meistens mit dieser Schwiegertochter nicht allzu intensiv beschäftigt. Er steht auf dem Standpunkt, daß er sich von ihr seinen inneren Frieden nicht stören läßt.

Eine **WASSERMANN-Schwiegertochter** dagegen erregt beim Waage-Vater echtes Entzücken. Ihr Schalk, ihr geistiges Streben, ihre Zuversicht, daß das Neue das Gute und damit das Richtige ist, wird von ihm meist schnell bejaht, so daß beide glänzend miteinander scherzen oder auch ernsthaft diskutieren können. Die Waage-Mutter findet hier ebenfalls Kontakt, der je nachdem mal oberflächlicher, mal tiefer gehend ist. Oft bilden beide gar eine kleine Zelle in der Familie.

Auch der **WASSERMANN-Schwiegersohn** hat es nicht schwer, sich bei Waage-Elternteilen schnell beliebt zu machen. Die Waage-Mutter empfindet ihn als ihr Kind, wenn sie sich dieses auch etwas weniger extravagant gewünscht hätte. Aber beide mögen sich, sie werden viel miteinander telefonieren und der Schwiegersohn hält sogar die Waage-Mutter häufig über seine Pläne auf dem Laufenden. Der Waage-Vater hat es auch nicht schwer, sich an diesen Familienzuwachs zu gewöhnen. Sicher ist ihm sein Auftreten gelegentlich zu turbulent, auch seine Ideen greifen für ihn immer eine Idee zu hoch in den Himmel. Aber grundsätzlich verstehen sich beide bestens.

Schwerer hat es der Waage-Vater mit einem **FISCHE-Schwiegersohn**, der für ihn kaum faßbar ist. Er wird aus diesem Sohn schwer klug, wundert sich, wie launisch der sich oft verhält. Mal ist er weich, zutraulich, dann wieder recht kühl, ja kalt. Der Waage-Vater geht da meistens schnell auf Distanz. Die Waage-Mutter dagegen bemüht sich sehr lange um einen Fische-Schwiegersohn, den sie dauernd bemuttern möchte, was dem Sohn zuerst gefällt. Auf die Dauer aber entnervt ihn die Betreuungssucht dieser Mutter, die sich dann schwer enttäuscht zeigt.

Die **FISCHE-Schwiegertochter** hat es da sicher bei der Waage-Mutter leichter, weil sie sich sehr nach Harmonie sehnt, die sie kaum in sich findet. Dem Waage-Vater sagt diese Tochter recht gut zu, er empfindet sie als geheimnisvoll und etwas zu nixenhaft. Manchmal hat er Sorge, ob sein Sohn sich da nicht in ein gefährlich geknüpftes Netz begeben hat.

Eine **WIDDER-Schwiegertochter** bringt Wirbel in jede Familie. Wird ein Waage-Elternteil davon betroffen, dann scheint für diesen die Aufregung besonders groß zu sein. Der Waage-Vater spürt eine ablehnende Anziehung. Er freut sich über das eigenwillige Temperament dieser jungen Frau, bedauert seinen Sohn, und schaut dem Verhalten der Schwiegertochter oft wie von einem Logenplatz aus zu. Die Waage-Mutter verhält sich da weniger distanziert oder neutral. Sie findet einfach, da dringt jemand ein, der nun alles nach seinem Kopf regeln will. Das mißfällt ihr sehr, wenn sie auch früh einsehen muß, daß sich Widerstand nicht lohnt und sie gar nicht die Kraft hat, wirkungsvoll dagegenzusteuern.

Ein **WIDDER-Schwiegersohn** stößt bei der Waage-Mutter auch auf eine gewisse Reserve, aber dieser Sohn imponiert ihr doch meistens. Nur – könnte sich nicht alles etwas weiter weg von der eigenen Familie abspielen? Doch ehe sie ihre Tochter ganz verlieren möchte, resigniert sie fröhlich. Der Waage-Vater kann oft nur den Kopf schütteln, und er hofft, daß sein Schwiegersohn einmal weise sein wird.

Also: Hand aufs Herz, mit einem **STIER-Schwiegersohn** arrangiert sich der Waage-Vater viel leichter. Allerdings lernt er früh genug dessen Dickkopf kennen; doch ihm gefällt, wie der Schwiegersohn versucht, seinen Willen auf diplomatische Art durchzusetzen, und er bewundert auch die Genußfreude des jungen Mannes. Dies ist aber auch der Weg, den die Waage-Mutter zu diesem Schwiegersohn findet. Schnell hat sie herausgefunden, daß er gerne ißt und einen guten Tropfen liebt, und so kann ihre Schwieger-Mutterliebe durch den Magen gehen.

Die **STIER-Schwiegertochter** gefällt ihr auch, beide können sich bestens über Nebensächlichkeiten aussprechen und verstehen es, alle Streitpunkte zu vermeiden. Dem Waage-Vater gefällt eine junge Stierfrau erst einmal sehr gut, er liebt ihre Appetitlichkeit, und er merkt nicht, wie sie ihn stets kunstvoll um den Finger wickelt. Mit einem Kuß auf des Vaters Stirn erreicht sie erstaunlich viel, so daß andere Familienmitglieder oft nur den Kopf schütteln.
Daß der Waage-Vater auf eine **ZWILLINGE-Schwiegertochter** positiv reagiert, wußten schon die alten Astrologen, denn diese beiden könnten sich auch stumm vorzüglich verstehen, aber dazu kommt es nicht, denn sie reden und reden, daß kaum ein anderes Familienmitglied zu Worte kommt. Und wer gut miteinander sprechen kann, der kennt keine unüberbrückbaren Gegensätze, die auch zwischen dieser Schwiegertochter und der Waage-Mutter kaum existieren, wenn diese auch häufig befürchtet, daß ihre Schwiegertochter das Leben doch etwas zu leicht nimmt und immer mehr redet als handelt. Erst spät sieht diese Mutter ein, daß sie sich da irrt.
Der **ZWILLINGE-Schwiegersohn** hat es bei einer Waage-Mutter wahrlich nicht schwer. Er sollte nur aufpassen, daß er ihr nicht immer so oft ins Wort fällt, das empfindet sie nicht nur als unhöflich sondern auch als intolerant. Der Waage-Vater befreundet sich schnell mit einem Zwillinge-Schwiegersohn; hier kann wirklich eine Freundschaft entstehen, die auch anhält, wenn sich die Tochter längst hat scheiden lassen.
So glatt geht es bei dem Waage-Vater mit einem **KREBS-Schwiegersohn** wahrlich nicht. Da prallen Gegensätze aufeinander, besonders im männlichen Bereich. Dieser Schwiegersohn, so sanft er zunächst auch auftreten mag, vertritt Grundsätze, die der Waage-Vater doch nur sehr schwer akzeptieren kann. Nach einer Zeit gewöhnt er sich an, gar nicht mehr hinzuhören. Auch die Waage-Mutter hat so ihre Probleme mit diesem Sohn, den sie als ausgesprochen schwierig bezeichnet. Da sie dies ihren Freundinnen mitteilt und der Sohn natürlich davon erfährt, ist der Krach meist vorprogrammiert.
Kompliziert ist auch das Verhältnis zwischen der Waage-Mutter und der **KREBS-Schwiegertochter**, die sich erst empfindlich gibt, aber überhaupt nicht daran denkt, sich unterzuordnen. Sie geht beharrlich ihren Weg, was die Waage-Mutter böse macht, den Waage-Vater nach anfänglicher Sympathiebekundung dazu bringt, diese Tochter als »Frau ohne Herz« zu bezeichnen. Dies stimmt sicher nicht, aber wenn dieser Vater sein Urteil gefällt hat (und sei es ein Vorurteil), ist es schwer umzustoßen.
Die **LÖWE-Schwiegertochter** findet da schnell mehr Anschluß. Der Waage-Vater gefällt ihr – und sie ihm. Sicher hätte er so einen Typ gerne geheiratet, aber da er sich nicht so recht getraute, bewundert er nun seinen Sohn. Eine Gabe hilft ihm: Er beachtet diese Tochter stets, läßt sie Mittelpunkt sein, was ihr schmeichelt, so daß sie ihn öffentlich als großartig empfindet. Eine Waage-Mutter ist da nicht so aufgeschlossen, denn meist zeigen Waage-Mütter gegenüber jungen Löwinnen einen gewissen Minderwertigkeitskomplex. Oft sogar auch gegen einen **LÖWE-Schwiegersohn**, dessen Auftreten gut ankommt, und die Waage-Mutter befindet sich gerne in seiner Gesellschaft. Der Waage-Vater geht bei einem jungen Löwen jedoch verhältnismäßig schnell auf Abstand, wenn ihm auch der Sohn häufig nicht einmal unsympathisch ist, aber seine so absolute Mittelpunktsituation behagt ihm weniger.
Da schätzt er den ordentlichen, zuverlässigen **JUNGFRAU-Schwiegersohn** schon bedeutend höher ein, wenn er sich auch wünschte, mit ihm öfter mehr lachen zu können, aber er weiß seine Tochter hier in guten Händen. Diese Meinung vertritt auch meist die Waage-Mutter. Sie weiß, der Mann ihrer (und sie denkt, auch ihrer

Tochter) Träume ist er zwar nicht; aber wenn Probleme auftreten, dann ist keiner schneller zu rufen als dieser Schwiegersohn.
Der Waage-Vater schätzt eine **JUNGFRAU-Schwiegertochter** sehr hoch ein. Ihm gefällt ihre Lebensklugheit, auch die Fähigkeit in allen schwierigen Situationen entschlossen zuzupacken. Allerdings etwas aufgeschlossener und musischer könnte sie schon sein! Die Waage-Mutter legt oft zunächst offene Skepsis an den Tag, wenn eine Jungfrau-Schwiegertochter auftaucht, die sie oft für berechnend hält. Aber mit der Zeit arrangieren diese beiden Frauen nicht nur ihr Verhältnis zueinander, sondern sie werden sogar sehr oft echte Freundinnen, so daß der Sohn (beziehungsweise der Mann) da wenig zu lachen hat.

ZUSAMMENFASSUNG

Eine **WAAGE** - ob weiblich oder männlich - in seiner Familie zu haben, das ist sicher für die anderen Familienangehörigen eine Freude. Hier findet jeder seinen harmonischen Ruhepunkt. Die Ausgleichsfähigkeit der Waage-Charaktere kann manchen Familienkrieg beenden oder die Familenliebe erhalten. Auch sind es die Menschen, die sich nicht nur auf das Heim und die Arbeit konzentrieren, die im Gegenteil Abwechslung lieben und daher auch bringen.
Ihr meist musisches Interesse wirkt sich stark aus. Kinder und Enkel werden von diesen Waage-Charakteren früh dem Theater, der Musik, der Dichtung zugeführt, und sie sind es auch, die Erstarrungen und Verkrustungen (die sich oft bei älteren, leider auch bei jüngeren Familienmitgliedern zeigen) aufweichen oder sie gar nicht erst entstehen lassen.
Waage-Charaktere mögen keine Inzucht, keine allzu öffentlichen Fixierungen nur auf die Familie. So bringen sie viele Freunde mit ins Haus, geben Partys und machen oft Besuche. Sicher möchten diese Familienmitglieder auch in alle Probleme - ob gut oder schlecht - eingeweiht werden, und sie reagieren ziemlich enttäuscht, wenn man ihnen etwas verschwiegen hat, was alle anderen wissen. Sie legen auch oft Wert auf gute Kleidung, auf eine elegante Umgebung, so daß man diese Charaktere sehr gerne besucht oder sie einlädt. Die Verbindungsfunktion wirkt sich besonders deutlich in einer großen Familie aus, da eine Waage-Verwandte immer wieder alle Mitglieder zu einem kleinen Fest einlädt.
Da die Waage-Charaktere häufig um ihre Balance ringen müssen, ziehen sie oft sehr einseitig die Familienmitglieder vor, die auch für ihre Nöte Zeit haben, aber sie tun dies so geschickt, daß es die anderen manchmal erst nach der Testamentseröffnung merken.

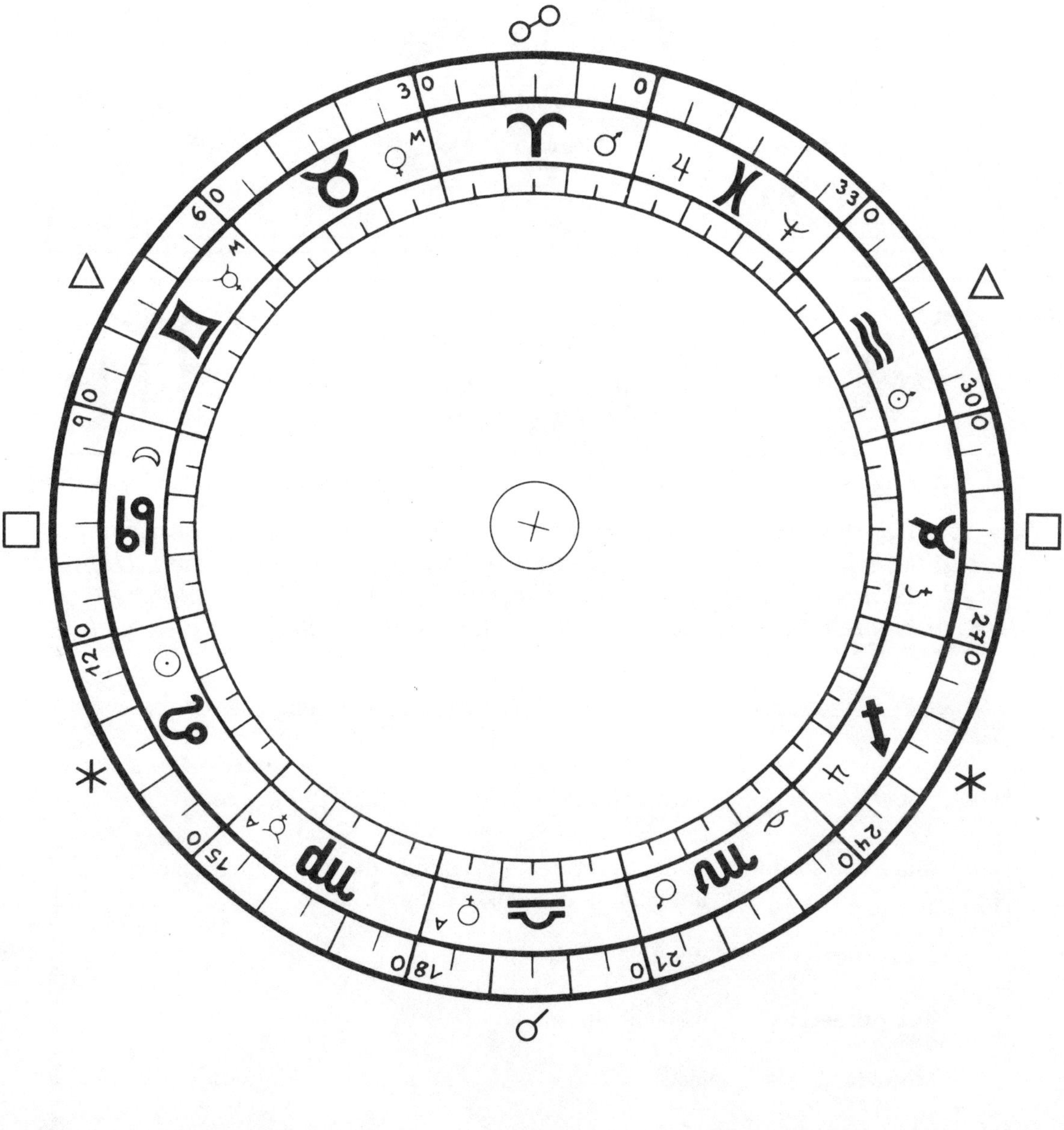

Hier tragen Waage-Geborene
ihre Sonne und die ihrer Angehörigen ein

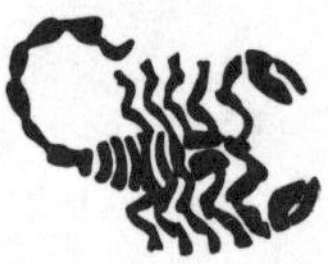

Skorpion

♏

23. Oktober bis 22. November
Zweiter Herbstabschnitt

»... der Skorpion ist das achte Zeichen, wird dafür gehalten von einem schädlichen Thierlein seinen Namen bekommen zu haben, weil, wenn die Sonne darin geht, vielerlei Ungewitter und gefährliche, giftige Krankheiten sich erzeugen ...« heißt es in einem alten Planetenbuch.

	Planet, der hier seine verwandte Kraft findet:
Mars und **Pluto**	symbolisiert den Antrieb und die Eigendurchsetzung, um nicht in der Masse unterzugehen.
Element	Wasser
Temperament	melancholisch
Motorik	fest
Grundverhalten	weiblich, empfangend, antwortend – aus der Sehnsucht handelnd, das Dunkle zu überwinden.

ASPEKTE
einer Skorpion-Sonne:

Konjunktion in Skorpion
Sextile in Jungfrau und Steinbock
Trigone in Krebs und Fische
Quadrate in Löwe und Wassermann
Opposition in Stier
Mögliche Überschneidungen durch Stellung in Anfangs- und Endgraden wurden nicht berücksichtigt, weil diese Aspekte von den Elementen her nicht einwandfrei wären.

VORZÜGE DES LEBENSKERNS	GEFAHREN DES LEBENSKERNS
Gründlichkeit	Kraftvergeudung
Opfermut	Haßfähigkeit
Gefühlstiefe	Oppositionslust
Ungebundenheit	Bosheit
Ausdrucksfähigkeit	Zorn
Zähigkeit	Streitsucht
Gestaltungskraft	Einseitigkeit
Lebenstrieb	Fanatismus
Selbsttreue	Schärfe
Zielbewußtsein	Parteilichkeit
Unabhängigkeit	Genußsucht
Wahrheitsdurst	Rücksichtslosigkeit
Selbstbehauptung	Fanatismus
Leidenschaftlichkeit	Selbstüberschätzung
Unermüdlichkeit	Sturheit
Kampfbereitschaft	Impulsivität
Freundschaftsbereitschaft	
Entschlußkraft	
Innerlichkeit	
Familientrieb	

IHR MOTTO
Das Leben ist zu befristet, um nicht jeden Moment auszunützen.

ALLGEMEIN

heißt es oft: Skorpione sind eigenwillig, leidenschaftlich, dabei voller Pessimismus, und der Erotik verfallen. Sie suchen das Dunkle, Selbstmordgedanken sind ihnen nicht fremd, in andere Menschen versuchen sie bohrend einzudringen, und stets sind sie auf der Suche nach dem Geheimnisvollen, nach dem Verborgenen. Das Lachen fällt ihnen schwer, Tränen unterdrücken sie aber mit aller Gewalt.
Nun – dies stimmt so nicht. Sicher fallen Skorpione auf, weil sie sehr individuell geprägt sind, sie lehnen neben der Masse gerne auch die Norm ab, sie ordnen sich schwer unter, und sie spüren im Inneren stets die Gefahr, die sich zu einer Angst steigern kann, daß sowieso bald alles aus und zu Ende ist. Gerade dies aber macht sie wach, macht sie lebenshungrig, ja gierig. Ungestüm ergreifen sie eine Hand, wenn man ihnen nur einen Finger bietet. Lieben sie, fressen sie das Gegenüber förmlich auf, um es ja nicht zu verlieren. Die Angst vor dem Verlust ist oft wie eine Selbstgeißelung. Ihre Anziehungskraft ist groß, da die Menschen in ihrer Umgebung in ihnen ein Geheimnis wittern, aber es liegt an ihnen, ob die anderen die Scheu überwinden, sich wirklich zu nähern.
Unbedingtheit ist oft ihr Lebensprinzip, obwohl sie sich eher nur theoretisch aufgeben; denn so gern sie sich verlieren würden, in ihnen sitzt eine tiefverwurzelte Angst, sich dies nicht leisten zu können. Auf Enttäuschungen reagieren sie alles andere als gelassen, ja dann sind sie sogar nachtragend, und kaum einer der 12 Grundtypen der Astrologie kann so rachsüchtig reagieren wie die Skorpione. Da sie Angst vor dem Angegriffenwerden haben, greifen sie selbst als erste an und setzen sich damit oft ins Unrecht, zumal sie kaum einer Auseinandersetzung ausweichen. Haben die Skorpione für sich eine wirkliche Aufgabe gefunden, dann verzehren sie sich und geben keine Ruhe, bis diese Aufgabe nicht voll und ganz erfüllt ist, Halbheiten liegen ihnen überhaupt nicht.
Von ihrer einmal gefaßten Meinung lassen sie sich so gut wie gar nicht abbringen, auch wenn sie so tun, als würden sie die Argumente der anderen verstehen. Sie haben einfach Furcht, als nachgiebig angesehen zu werden, was ihnen sogar als eine Dummheit vorkäme. Gelassenheit fehlt ihnen, obwohl sie sich bemühen, diese in der Umwelt zu zeigen, aber da ihnen zu leicht etwas an die Nieren geht, gelingt ihnen das kaum. Dafür sind sie sehr sensibel, sehr strebend, sehr suchend. So haben so gut wie alle Skorpione einen weiten Horizont, echte Sehnsucht sich weiterzubilden, stets mehr und Neues zu erfahren.
Ihre Grundeinstellung ist oft wirklich detektivisch. Sie suchen, um zu finden, das hält sie lebenswach und von innen her auch sehr aufgeschlossen. Skorpione wissen wie kaum andere Menschen, daß alles in diesem Leben sein Ende hat, daher sehnen sie sich stets danach, alles wirklich auszuloten und das Leben bis zum Ende voll auszunützen. Das heißt nicht, daß sie das Leben genießen wollen, nein, sie möchten es erfüllen, ihr Leben soll nicht nutz- oder sinnlos gewesen sein.
Für Freundschaften sind sie dankbar, sie sind auch meist gute Freunde, obwohl sie im Hintergrund auch gegen ihre besten Freunde immer etwas mißtrauisch sind. Dies kommt aus der Angst, sie könnten zu viele Ansprüche stellen, zuviel fordern, so daß man sie eines Tages deswegen einfach links liegen läßt. Oft retten sie sich – wegen dieser Befürchtungen – in eine scharfe Ironie, womit sie häufig auch Mauern um sich aufbauen. Zuerst stören sie diese Mauern nicht, aber dann bemerken sie mit Schrekken, daß sie sich selbst isoliert haben, eine Grundgefahr der Skorpione. So vertrauensvoll sie sich geben wollen: Es fällt ihnen irrsinnig schwer, dann doch volles Vertrauen an den Tag zu legen. Das gilt aber nicht nur für andere; sie haben im hintersten Eckchen meist auch kein hundertprozentiges Vertrauen zu sich selbst, darunter leiden sie sehr. Auch unter ihrer Subjektivität,

denn sie schließen zu leicht von ihrem eigenen Verhalten auf das Verhalten der Menschen, mit denen sie zu tun haben.
Man sagt den Skorpionen oft eine magnetische Kraft nach. Dies scheint auch zu stimmen, jedenfalls lösen sie bei anderen Menschen häufig eine Neugierde, ein starkes Interesse aus. Dies stärkt schon ein wenig ihr Selbstbewußtsein, macht sie aber in letzter Konsequenz nicht selbstsicher, da sie oft zweifeln, ob sie den Erwartungen, die viele an sie stellen, auch halbwegs gerecht werden können. Was sie brauchen, ist eine engagierte Aufgabe, so einfach nur dahinzuleben, das ist nichts für diese Charaktere. Sie werden sogar sehr depressiv, wenn sie erkennen, wie ihnen die Zeit unter den Händen verrinnt.
Doch bei allem Hang auch zur Niedergeschlagenheit - mutig sind sie; außerdem sind sie auch treu, die Nibelungentreue scheint hier zu Hause zu sein (Hagen, ein typischer Vertreter dieses Tierkreiszeichens). Sie sind für Gerechtigkeit, aber sie legen die Gesetze recht eigenwillig aus, immerhin bestrafen sie sich oft auch selbst, da wachsen sie über sich und viele andere ihrer Umgebung hinaus. Auch wissen sie, daß einem nichts im Leben geschenkt wird, so findet man hier oft die dankbarsten Menschen. Besonders dankbar sind sie, wenn Freunde zu ihnen halten, wenn Liebe unverbrüchlich ist. Die Last des Lebens kennen sie, sie sehnen sich auch nur höchst selten nach einem leichten Dasein, nur manches Kreuz, das man ihnen aufgeladen hat, empfinden sie doch als zu schwer.
Aber kaum ein Skorpion, der ein aufgeladenes Kreuz abwirft, um sein Leben zu erleichtern. Sie halten durch, sind zäh und stolz. Fazit: Skorpione sind voller Lebensdrang, suchend, bohrend, ehrgeizig, eigenwillig, individuell, selten diplomatisch und anpassend. All das stimmt im allgemeinen, aber »Skorpione« können auch ganz anders sein. Doch dann sind es keine typischen Skorpione, sondern Ausnahmen, und die gibt es ja unter allen Tierkreiszeichen. Doch irgendwo ist jeder Skorpion-Charakter ungestüm und lebenshungrig.

MINERALIEN, STEINE UND SCHMUCK DES SKORPIONS

Der Diamant ist sicher der Edelstein der Skorpione. Natürlich wird der Diamant auch von anderen Menschen geliebt, aber der Skorpion wird von der Härte des Diamanten angezogen, von dem geheimnisvollen Flimmern. Und auch das Platin gefällt außergewöhnlich. Die Skorpione lieben sehr das Makabre; das wirkt sich auch im Schmuck aus. Zu Hause kann ein Totenschädel etwa den Schreibtisch zieren, und die Skorpionfrau trägt gerne etwas von der Schlange. Einen Gürtel, eine Tasche oder Schmuck, der von der Form her an Reptilien erinnert.
Wenn sie es sich leisten kann, trägt sie gern Hosen aus Schlangenleder.

BEKANNTERE PERSÖNLICHKEITEN

Burt Lancaster, François Mitterand, Selma Lagerlöf, René Kollo, Madame Curie, Dostojewski, Arnold Zweig, Carl Maria von Weber, François-Marie Voltaire, Paul Valéry, Leo D. Trotzkij, Pablo Picasso, Albert Camus, Indira Gandhi, Robert F. Kennedy, Auguste Rodin, Billy Graham, Julius Hackethal.

DIE SKORPION-MUTTER

ist in punkto Erziehung immer zwischen Strenge und Güte hin- und her gerissen. Sie weiß, um das Leben zu bestehen, braucht es Härte, andererseits aber gibt es in ihren Augen grundsätzlich so wenig Lebensfreude, daß zumindest die Kinder es im Elternhaus gut haben sollen. Nehmen aber die Kinder – reicht man ihnen einen Bonbon – immer wieder die ganze Schachtel, dann schaltet die Mutter um und nimmt sie an die Zügel.

Großen Wert legt sie darauf, daß ihre Kinder sich ganz individuell entwickeln. Meistens beschäftigen sich diese Mütter sehr früh mit Psychologie, und so gestalten sie ihre Erziehung sehr methodisch. Allerdings fehlt gerade diesen Müttern dazu oft die Geduld. Als Ersatz dafür haben sie ein unheimliches Gespür für den Zeitpunkt, an dem sie sich den Kindern in heiklen Situationen nähern können. Fast ahnen sie, wann ihre Hilfe gebraucht wird. Dies schätzen die Kinder ganz besonders positiv ein. Diese Mütter versuchen auch recht früh, die Kinder – soweit es geht – als kleine Erwachsene zu behandeln, sie lassen sie also zeitig ihren Weg gehen. Wenn es möglich ist, schicken sie sie für einige Monate oder ein Jahr recht jung ins Ausland, als hätten sie eine panische Angst davor, daß das Kind sich nicht von ihnen lösen könnte. So zwingen diese Mütter ihre Kinder oft bald zu selbständigen Entscheidungen, vor allem aber dazu, eigene Fehler einzusehen und sich dann für das Getane zu entschuldigen. Aber auch wenn diese Mütter ihre Kinder scheinbar frei erziehen, hängen sie doch sehr an ihnen, und wenn sie Schutz brauchen, dann sind sie – die sich sonst eher auf Distanz halten – stets zur Stelle.

Eine große Rolle in der Erziehung spielt die Abhärtung, nicht einmal ausschließlich körperlich gesehen; aber die Kinder müssen frühzeitig lernen, aus Schaden klug zu werden. Immer wieder flößt eine Skorpionmutter ihrem Kind ein trotziges »Trotzdem« ein. Gerade wegen der recht freien Erziehung wird die Familienbindung großgeschrieben. Auf die Familie muß man sich verlassen können, auch das bekommen diese Kinder förmlich eingeimpft.

Doch jede individuelle Entwicklung, die das Kind von sich aus einschlägt, wird von diesen Müttern unterstützt. Und wenn die Kinder früh aus dem Haus wollen, eine Skorpion-Mutter hält sie nicht, und wenn ihr das Weggehen des Kindes auch noch so schwer fällt. Danach tut sie aber alles, um möglichst viel über das »verlorene« Kind zu erfahren. Sie wendet sich an Freunde, Freundinnen, Kollegen und jeden möglichen Menschen, der etwas über das Kind wissen könnte. Gerät das Kind in Not, ist eine typische Skorpion-Mutter zwar zur Stelle, aber sie greift höchst selten ungefragt ein, sie will gebeten werden. Nichts ist im Leben selbstverständlich, also auch nicht die ewige Hilfsbereitschaft der Mutter. Und wenn es dem Kind noch so schwer fällt, es muß die Kraft aufbringen, bitten zu können, und es muß auch lernen, Danke zu sagen.

In die Freundes- oder Freundinnenwahl mischt sich diese Mutter verhältnismäßig wenig ein. Sie weiß besser als der Durchschnitt, daß jeder seine Erfahrungen selbst machen muß, von weitergegebenen Erfahrungen oder Lehrsätzen hält sie sehr wenig. Diese Art der Selbstverleugnung macht sich für die Mutter selbst oft erst sehr spät im Leben bezahlt. Sie muß sich da manchmal kräftig an die Kandare nehmen, denn sie verzichtet oft sehr auf Zärtlichkeiten von Seiten ihrer Kinder. Spät erst sehen Kinder ein, was sie gerade an dieser Mutter hatten, die sie als schwierig und eigenwillig einstuften. So wird eine Skorpion-Mutter auch kaum klagen, wenn man sie eines Tages – etwa ins Altersheim – abschiebt. Sie will die Opfernde sein (manchmal gar etwas melodramatisch), ihr zuliebe soll kein Kind ein großes Opfer bringen müssen. Eine schwere Last, die da manche Mutter auf sich nimmt, aber sie glaubt zu wissen, wozu das alles gut ist.

DER SKORPION-VATER

versucht, seinen Kindern viel eigene Freiheit zu lassen, obwohl ihm das sehr schwer fällt. Er selbst weiß ja, wie er einst versuchte, sich recht früh vom Elternhaus zu lösen, darin erinnert er sich haargenau. Trotzdem sind seine Kinder für ihn alles.
Sie sind das Kreative überhaupt. Er hat das Gefühl, mit seinen Kindern nicht nur sein eigenes Leben zu verlängern, sondern mit ihnen auch länger jung bleiben zu können. So spricht er gerne mit ihnen, versucht ihre Hobbys zu begreifen, bemüht sich, ihre Sprache zu sprechen. Macht er sich Sorgen, zeigt er dies nur sehr bedingt, am wenigsten will er seine Kinder damit belasten. Da er nur antwortet, wenn er gefragt wird (es sei denn, er führt grundsätzliche Diskussionen herbei), braucht er meist außerhalb der Familie jemanden, mit dem er seine Familien/Kinderprobleme besprechen kann. Um die Weiterbildung der Kinder kümmert er sich fast immer persönlich. So bringen diese Väter wahrlich manche Opfer, damit es die Kinder eines Tages gut haben. Umschmeicheln lassen sich diese Väter kaum, sie spüren sehr schnell, wann man - insbesondere ein Kind - ihn ausnützen will. Aber hat ein Kind ein Problem, so findet es im Skorpion-Vater den besten Freund, den es sich wünschen kann. Sein Kind darf sogar ein Außenseiter sein, darauf ist der Vater sogar stolz, und er prägt seiner Tochter, seinem Sohn, immer ein, sich frühzeitig und kräftig genug der eigenen Haut zu wehren.
Eines ist noch sicher: Diese Väter sind schweigsam wie ein Grab. Die Kinder können einem Skorpion-Vater alles anvertrauen. Wenn sie ihn bitten, daß niemand es erfahren soll und wenn der Vater dies verspricht, dann erfährt es auch keiner. Das ist mit der beste Weg, denn eines lernen diese Kinder wohl sehr schnell: Einem Skorpion-Vater kann man so leicht kaum etwas vormachen. Diese Väter spüren förmlich Geheimnisse auf, sie besitzen ein fantastisches, detektivisches Talent, um Lügen zu entdecken. Damit imponieren sie den Kindern sehr. So gerne diese Väter sehen, daß das Kind einen sicheren Beruf ergreift, so unterstützen sie doch alle auch noch so ausgefallenen Berufswünsche, selbst wenn sie wissen, daß das Kind daran scheitern muß. Sie wollen sich so gut wie nie dem Vorwurf aussetzen: »Hätte ich nur nicht auf deinen Rat gehört, Vater.«
Früh versuchen diese Väter, auch den Kindern beizubringen, daß einem im Leben nichts geschenkt wird, daß alles bezahlt werden muß, schon deshalb halten sie ihre Kinder etwa in punkto Taschengeld oder Geschenkbelobigungen sehr zurück. Sie erwarten, so sagen sie, daß ihre Kinder gute Zeugnisse nach Hause bringen.
Aber nun das Große an ihnen: Sind die Kinder Spätzünder, ringen sie um ihren Weg, ja lassen sie sich gehen - diese Väter werfen sie höchst selten aus dem Haus, sie stehen in jeder Lage zu ihnen, was Kinder leider oft ausnützen. Vom eigenen guten Vorbild hält ein Skorpion-Vater nicht sehr viel, so gefällt den Kindern meist sehr, wenn es sich ihr Vater zu Hause so richtig gemütlich macht.
Kritischer wird die Grundeinstellung, wenn das Kind sich anschickt, aus dem Haus zu gehen. Sehr streng werden Freunde und Freundinnen gemessen. Oft verkneift sich ein Skorpion-Vater sein Urteil, aber er kann sich nicht so verstellen, daß es das betreffende Kind nicht bemerkt. Meist gewöhnt er sich sehr schwer an eine Freundin seines Sohnes, an einen Freund seiner Tochter, aber große Schwierigkeiten bereiten diese Väter höchst selten. Nur müssen eben dann seine Kinder das Leben allein bestehen, müssen von ihrem eigenen Einkommen leben. Ausnutzen lassen sich diese Väter höchst selten, und schon gar nicht dulden sie, daß sich ihre Kinder zu Familiendiktatoren aufschwingen. In diesem Punkt sind sie unumstimmbar, wie sie auch von ihren Kindern kein freches Benehmen den Eltern gegenüber dulden.

DIE SKORPION-TOCHTER

fällt als Kleinkind meist gar nicht so besonders auf. Manche Eltern meinen, das Kind sei schon als Baby eigenwillig, ungeduldig und ungestüm gewesen, aber dies trifft eigentlich kaum zu. Im Gegenteil, zuerst macht sich das kleine Mädchen kaum bemerkbar, wenn man davon absieht, daß die Augen sehr früh zu sprechen scheinen. Es schaut neugierig und auch schon recht selbstbewußt aus dem Kinderwagen. Erst mit 4 Jahren etwa bekommt das Mädchen etwas Anziehendes.

Oft schließt es sich etwas aus oder nur schwer an Geschwister oder andere Kinder im Kindergarten an. Die Kleine hat die Gabe, warten zu können, bis man auf sie zukommt, und dies kann sie so perfekt, daß sie damit wahrhaftig Erfolg hat. Je älter das Mädchen wird, um so mehr gewinnt es an Anziehungskraft. Zunächst fällt den Eltern meist der Wissensdurst auf. Nicht daß diese Töchter viel fragen, sie schauen mehr, sie stehlen mit den Augen, wie man so sagt, und sie lesen, wo sie Bücher finden. Meist schmökern sie sogar heimlich und manche Eltern wären höchst überrascht, wüßten sie, wie früh diese Kinder sich für erotische, aufklärende und Erwachsenen-Lektüre interessieren.

Auch in der Schule können gerade sie früh das Wesentliche des Lernstoffs vom Unwesentlichen unterscheiden, und sie verstehen es sehr geschickt, die persönliche Aufmerksamkeit ihres Lehrers zu wecken. So spät sie sich als Baby entwickelt haben, so früh werden sie reif, und wenn sie sich auch so gut wie nie kokett geben.

Sie fallen auf, sie gefallen; und nicht nur dem Lehrer, dem Nachbarn, sondern auch den Mitschülern. Dabei halten sie alle auf eine sehr gekonnte und natürliche Art Distanz. Den Eltern machen es diese Töchter nicht so leicht. Da gibt es Zeiten, da wollen sie mit dem Vater vor allem heftig diskutieren, dann gibt es Zeiträume, da sie weder der Mutter noch dem Vater sagen, was in ihnen vorgeht, wo sie sich außerhalb des Hauses aufhalten, mit wem sie verkehren.

Die Skorpion-Tochter kann Geheimnisse hüten. Dies ganz besonders, wenn eine ihrer Handlungen auf die Ablehnung der Eltern gestoßen ist. Hier hat es für Eltern überhaupt keinen Zweck, mit Verboten zu arbeiten. Verbote haben für diese Mädchen eine schier unheimliche Anziehungskraft. Fleißig sind diese Mädchen schon, aber Lehrer, die sie langweilen, lehnen sie derart ab, daß sie aufmüpfig werden und nun für dieses Unterrichtsfach überhaupt keinen Finger rühren. Das soll dann auch in der weiteren Ausbildung so bleiben. Auffallend ist, wie früh diese Mädchen auf »stur« schalten können; wenn sie auch den Dickkopf nicht so offen zeigen wie andere, sie haben ihn durchaus.

Gefährlich wird es, wenn die Frau in ihnen erwacht. Nicht, daß sie dann hemmungslos (wie oft zu lesen steht), gefährdet sind, aber das verändert ihr ganzes Verhalten, ihre Grundeinstellung. Jetzt möchten sie mit ihrem Vater nicht mehr als Vater, sondern als Freund sprechen, und auch ihre Mutter reden sie lieber mit dem Vornamen an, als daß sie »Mutti« sagen. Zwar gibt sich das wieder, aber für die Eltern ist dies oft gar nicht so einfach zu verdauen. Das hat auch nichts mit modischen Entwicklungen und Richtungen zu tun, denn dafür sind diese Mädchen höchst unempfindlich. Sie gehen gerne auf Partys, oft auch in Diskotheken. Und wenn sie auch nicht einmal so leidenschaftlich gern tanzen, Musik erregt sie, wühlt sie auf, der Rhythmus eines Songs hämmert in ihnen weiter, macht sie oft ungestüm, innerlich aufgeladen.

In ihrem Verhalten zum anderen Geschlecht sind sie widersprüchlich, sehr hingebend von der Sehnsucht her, aber doch auch sehr stolz und sich durchaus ihres persönlichen Wertes bewußt. Haben sie ihren Lebenspartner gefunden, dann kann ihnen da niemand – seien es auch noch so verständnisvolle Eltern – etwas dreinreden, und scheitert die Bindung, dann suchen sie auch meist die Schuld nicht bei anderen, sondern bei sich selbst.

DER SKORPION-SOHN

gilt häufig als ein schwieriges, oft sogar als das typisch schwer erziehbare Kind. Mit Sicherheit eine Übertreibung. Ja, dieses Kind ist eigenwillig, reagiert ungestüm, scheint seines Lebens nie so recht froh zu werden. Meist will es zuviel (und auch noch alles auf einmal). Dieser Sohn lernt das Lachen schwer. Oft voller Idealismus macht er – ob er will oder nicht – früh die Erfahrung, daß jedem Tag eine Nacht folgt. Dies ist keine bloße Redensart, aber die Dunkelheit hat für diese Jungen sowohl etwas äußerst Anziehendes, wie auch Ängstigendes an sich. Kaum ein Kind schlägt sich so früh mit Träumen, ja mit Schlaflosigkeit herum. Kaum ein Kind kann vom Alltag so schwer abschalten wie ein Skorpion-Sohn. Diese Kinder wissen, daß das Leben nachts nicht aufhört, so interessieren sie sich früh für den meistens geheimnisvollen Hintergrund von Märchen und Legenden. Sie greifen sehr bald zu ernsten Büchern und fragen manchen Vater, manche Mutter, manche Lehrer nach dem Sinn des Lebens. Bekommen sie für sich unbefriedigende Antworten, dann zeigen sie sich oft verstimmt.
Es wäre für Eltern nicht klug, diese Kinder, und wenn sie einen mit Fragen noch so bedrängen, einfach abschieben zu wollen, Skorpion-Söhne holen sich ihre Antworten, wenn es sein muß, auch außerhalb des Hauses. Hinterher heißt es oft: Mein Junge ist in eine so schlechte Gesellschaft geraten! Aber auch in diesem Punkt brauchen die Eltern nicht zu ängstlich zu sein, diese Söhne wissen schon um ihren Wert; sie geben sich nicht so leicht auf, wenn sie auch risikofreudig sind. Wohl kaum ein Junge, der nicht Wetten abschließt, wenn es auf persönlichen Mut ankommt, wenn es etwa darum geht: »Wie lange lasse ich meinen Kopf auf der Eisenbahnschiene liegen, während der U-Bahnzug herandonnert!« Oder: »Wie lange fahre ich auf meinem Moped mit geschlossenen Augen?« Zugegeben, daß da manchen Eltern die Haare zu Berge stehen, wenn sie von diesen Mutproben etwas erfahren. Aber Verbote nützen nichts, ebenso wie lange Diskussionen. Die Eltern müssen diesen Söhnen Aufgaben auswählen oder stellen, bei denen sich diese persönlich einsetzen können.
In der Schule sind die Leistungen meist sehr unterschiedlich. Es gibt Schulfächer, da scheinen diese Jungen völlig zu versagen; dann gibt es Fächer, da sind sie stets am besten. Auch hier interessiert sie das praktische Experiment. So sind sie häufig bestens in Chemie und Physik, aber auch im Sport. Religion lehnen sie nach außen hin meist ab, aber heimlich interessieren sie sich gerade dafür sehr stark.
Auch das Okkulte lockt sie früh (wie alle Dinge, die mit einem dunklen Geheimnis umgeben werden). Eltern sollten sich hüten zu sagen: »Dafür bist du zu jung, das verstehst du nicht, da mußt du erst erwachsener werden.« Genau dies ist Gift für diese Jungen. Nun wagen sie es gerade, diesen Dingen auf den Grund zu gehen! Sie spielen sowieso gerne Forscher, und wenn es irgendwo im Urlaub eine dunkle Höhle zu entdecken gibt, sind diese Jungen die ersten, die einsteigen. Daher sollte – in diesem Fall am besten der Vater – seinem Sohn einen spannenden Urlaub arrangieren, mit ihm auf echte Entdeckungsfahrt gehen.
Schnell – das entsetzt meist einige Eltern – ahnen diese Jungen die Anziehungskraft des anderen Geschlechts. In der Pubertät scheinen sie es besonders schwer zu haben. Hier sollten Eltern so tun, als bemerkten sie nichts, aber immer zur Stelle sein, wenn es nötig erscheint. Mit theoretischer Aufklärung ist hier nicht geholfen, diese Jungen werden meist von einer älteren und reiferen Dame verführt und viel wirkungsvoller aufgeklärt, als ein Buch, ein Gespräch dies tun könnten. Danach folgt meistens eine Zeit, da sich diese Jungen sehr verschlossen verhalten. Wenn hier die Eltern ruhig und verständnisvoll und voller Vertrauen abwarten, gewinnen sie ihren Sohn wieder zurück, allerdings auch bei der Wahl der Lebenspartnerin ist Zurückhaltung und Nichteinmischung das Allerklügste.

DIE SKORPION-GROSSMUTTER

zeigt sich oft sehr viel weicher, als man es nach der Lektüre astrologischer Schriften vermutet. Diese Großmütter sind zwar nicht weise geworden, aber sie sind reich an Erfahrung (und dies im wahrsten Sinn des Wortes). Sicher lieben sie die kleinen Enkel, aber sie bedeuten ihnen eigentlich erst dann etwas, wenn sie mit ihnen sprechen können. Rücksicht auf die Einstellung der Eltern nehmen sie da kaum, so sind Konflikte zwischen Eltern und Großeltern meist fest eingeplant, aber eine Skorpion-Großmutter läßt sich davon überhaupt nicht abschrecken. Oft scheint es sogar so, als suche sie diese Konflikte, aber nicht um sich selbst in Szene zu setzen, sondern um den Enkeln etwas zu helfen.

Diese Großmütter meinen, daß es wichtig sei, früh und intensiv Erfahrungen weiterzugeben; so erzählen sie auch gerne Geschichten. Aber Geschichten mit Hintergrund, Märchen, die einen tieferen Sinn und Inhalt haben. Frühzeitig lernen die Enkelkinder hier jemanden kennen, der über das Leben Bescheid weiß, dem man nichts vormachen kann. Wahrscheinlich räumt diese Großmutter auch früh mit Idealen und Illusionen auf. Ideale gibt es zwar – ein typischer Skorpion-Großmutter-Satz –, aber keine Ideale, die sich verwirklichen lassen. Und Illusionen sind sowieso Bluff, der nicht früh genug ausgeräumt werden kann. Dies setzt frühreife Enkel voraus, aber um einen Spätentwickler kümmert sich diese Großmutter sowieso nur, wenn sie spürt, daß dieses Kind zu Unrecht benachteiligt wird.

Also die liebe Großmutter aus dem Poesiealbum ist eine Skorpion-Geborene sicher nicht, aber eine Großmutter, die sich notfalls aufreibt, um ihren Enkeln Steine aus dem Weg zu räumen. Sie scheut sich auch nicht, gegen ihre eigenen Kinder für das Enkelkind Stellung zu beziehen, doch das treibt sie selten auf die Spitze. Auch hier hilft die Erfahrung. Alles muß sich eines Tages doch kitten lassen. Eine Großmutter für erwachsene Kinder.

DER SKORPION-GROSSVATER

ist oft rührend in seinem gespielten Interesse für die Enkel. So sehr er sich für die eigenen Kinder engagiert hat, so gern geht er nun auf Distanz. Die Enkel erinnern ihn nur zu genau daran, wie sehr sich sein Leben dem Ende nähert, und – ob er es zugibt oder nicht – davor hat er Angst. Seinen Enkeln zeigt er sich daher oft etwas ironisch und seine Witze können makaber sein. Eltern pflegen dann oft zu sagen: »Aber Großvater, deinen Humor versteht wirklich nicht jeder!« Ja, diese Großväter können etwas skurril wirken, aber das ist alles nur Tarnung, um sich selbst ja nicht von einer weichen Seite zu zeigen.

Erst später, wenn die Enkel größer geworden sind, erwacht (vielleicht) das Interesse für diese. Ist die Enkelin hübsch, dann zeigt sich der Großvater gerne mit ihr, nimmt sie in seinen Klub mit, führt sie aus, und es ist ihm egal, ob er dabei zu anderen Enkeln ungerecht ist. Allerdings, wenn die Enkel ihn um Rat fragen, um Hilfe bitten, dann ist er da, aber auch oft so sarkastisch, daß die Enkel es schwer haben, ihm ihr Herz wirklich auszuschütten.

Wird Mut verlangt, etwa in Auseinandersetzungen mit Lehrern, dann sind diese Großväter die besten der Welt, dann erreichen sie mehr als die Eltern, weil sie keine Kompromisse eingehen, nur damit dies ihren Kindern hinterher nichts schadet. Ja, werden diese Großväter herausgefordert, dann sind sie sofort voll im Einsatz, und mancher Lehrer sollte sich vorher überlegen, wie weit er zu gehen wagt. Auch wenn es um Freundschaften oder Partnerfragen der Enkel geht, zeigen diese Großväter ein erstaunliches Verständnis. Oft sind sie mit der Freundin des Enkels, mit dem Freund der Enkelin schon auf Du, während die Eltern diese noch nicht einmal kennen. So können gerade diese Großväter eine echte Hilfe für die Enkel darstellen. Almosenempfänger waren sie nie, sie wollen Freunde der Enkel aber keine geduldeten Familienmitglieder sein.

VERHÄLTNIS: ELTERNTEIL – KIND (und umgekehrt)
durch den Sonnenstand bedingt.

ELTERNTEIL SKORPION – KIND SKORPION
(oft eine Konjunktion)

Diese Familienmitglieder stehen oft in einem unterschiedlichen Verhältnis zueinander. Früh erkennen die Eltern, daß dies »ihre« Kinder sind, die also sehr nach ihnen schlagen, auch die Kinder spüren oft eine verblüffende Ähnlichkeit mit diesem Elternteil, aber das äußert sich meist wenig anziehend, im Gegenteil eher differenziert. Der Fall, daß einem beim anderen am meisten die eigenen Fehler ins Auge stechen, der wird hier sehr häufig ganz besonders deutlich. Oft sagen Kinder (so hart das klingt): »Also wie dieser Elternteil will ich nun gewiß nicht werden!« Und die betreffenden Elternteile sehen fast zu deutlich die Gefahr, daß diese Kinder genau die krassen Fehler begehen, die sie selbst gemacht haben. Zwar bemühen sich diese Elternteile darum, die Kinder vor diesen Fehlschlägen zu bewahren, aber vergeblich.

Es kann oft von einer Haß-Liebe-Verbindung gesprochen werden. Die Ähnlichkeit erschreckt gegenseitig, aber sie bindet auch. Wenn das Kind – oder umgekehrt der Elternteil – einmal in Not gerät, dann ist der andere zur Stelle, dann wird Hand in Hand gearbeitet. Geht alles wieder halbwegs gut, tauchen die alten Ähnlichkeitskonflikte auf. Hier wartet manch Außenstehender buchstäblich nur darauf, daß eines dieser Familienmitglieder das andere braucht, weil dann alles gut verläuft. Aber so schwer sich diese Familienmitglieder oft gegenseitig kränken – dazu kann es durchaus kommen –, nach außen halten sie zusammen. Keiner erfährt etwas von diesen Konflikten. Und wehe, ein Kind oder ein Elternteil wird von außen angegriffen oder jemand mischt sich in eine dieser zahlreichen Auseinandersetzungen ein, dann sind beide fest verbündet, und sie zerfleischen gemeinsam den Eindringling, der nur helfen wollte.

ELTERNTEIL SKORPION – KIND SCHÜTZE
(meist kein Aspekt)

Diese Elternteile bewundern das Kind heimlich, ohne es sich anmerken zu lassen. Dadurch hat es das Kind aber nicht leichter, denn in die Bewunderung mischt sich oft ein wenig echter Neid, weil das Kind seine Probleme so leicht meistern kann. In seiner hoffnungsfreudigen Erwartung erringt es soviel Echo, daß sich der Elternteil oft fragt, woher es denn diese Leichtigkeit, diese Sonnigkeit hat. Natürlich gönnt der Elternteil dem Kind diese leichteren Startchancen, aber die Gefahr, daß das Kind alle Aufmerksamkeit auf sich zieht, kommt doch auch oft recht früh zum Vorschein. Zunächst geht es, da diese Kinder sich ja meist als gut erzogen und dankbar erweisen, aber wenn sie ihren eigenen Weg gehen wollen, dann treffen doch manchmal harte Meinungen aufeinander. Oft scheint es gar, als wolle das Kind seinen Elternteil erziehen.

Dies kann oft spielerisch geschehen. Etwa wenn das Kind von der Mutter oder dem Vater eine besondere Kleidung erwartet, bevor es seinen Elternteil den Freunden vorführt.

So stolz also manche Elternteile auf diese ihre Schütze-Kinder sind, sie haben oft das Gefühl, daß sie sich gerade von diesen Kindern nicht auf der Nase herumtanzen lassen dürfen. Und dieses Gefühl hält oft ein Leben hindurch an, ohne daß es einen Grund dafür gibt. Später schauen gerade diese Elternteile voller Stolz auf die Leistungen ihrer Schütze-Kinder, aber eher aus der abwartenden Distanz ohne zu große Wärme. So fällt es diesen Kindern sogar oft recht schwer, diesem Elternteil eine echte Freude zu bereiten. Die Grundveranlagung ist einfach zu verschieden und scheinbar ungerecht zugunsten des Kindes verteilt. Aber die Liebe des Elternteils schmälert das nicht.

ELTERNTEIL SKORPION – KIND STEINBOCK
(oft ein Sextil)

Diese Familienmitglieder verstehen sich stumm. Die Bindung bedarf keiner großen Worte oder gar Zärtlichkeitsbeweise. Zwar haben Elternteil wie Kind danach große Sehnsucht, aber sie unterdrücken diese meist, weil sie eine Scheu davor haben, den anderen im falschen Moment zu streicheln oder ihm einen Kuß zu geben. Beispiel: Das Kind – etwas erwachsener – verläßt für einige Wochen das Heim. Der Elternteil bringt das Kind zur Bahn, beiden ist das Herz schwer, aber sie schimpfen gemeinsam über die Unpünktlichkeit der Züge, über den Dreck auf dem Bahnsteig, um ja keine Sentimentalität aufkommen zu lassen. Dies ist typisch und kann auf fast alle Lebenslagen übertragen werden. Kommt das Kind zurück, dann teilt es nicht mit, wann der Zug eintrifft, um nicht abgeholt zu werden. Beim Aussteigen aber kommen ihm die Tränen, wenn es sieht, wie andere Kinder freudig und herzlichst begrüßt werden. Doch zu Hause hat sich dieses Kind schon wieder gefangen, und Elternteil wie Kind tun so, als wäre es nie verreist gewesen.
Oft meinen dann Außenstehende, zwischen Elternteil und Kind würden große Spannungen bestehen, was aber überhaupt nicht der Fall ist. Auch wichtigere Entscheidungen werden ziemlich nüchtern getroffen. Obwohl jedes Familienmitglied etwas auf den Rat des anderen gibt, so hört auch der Elternteil früh auf das Kind. Aber gerade deswegen getrauen sie sich oft nie, sich völlig auszusprechen, weil niemand den anderen mit der Verantwortung belegen will. Hier kann das klärende Wort eines anderen Familienmitgliedes, eines Freundes, einer Freundin, den Bann brechen.
Briefe können sich übrigens beide herrlich schreiben, die Distanz tut beiden scheinbar gut, obwohl sie innerlich doch aneinandergekettet zu sein scheinen. Aufgelockert wird dies Verhältnis oft durch die Lebenspartnerin, den Lebenspartner des Kindes, die häufig (ohne es zu wissen) eine Brücke zwischen beiden schlagen.

ELTERNTEIL SKORPION – KIND WASSERMANN
(oft ein Quadrat)

Wenn je Dickköpfe in einer Familie zusammentreffen, dann hier. Das hindert aber diese beiden nicht, sich nicht voneinander trennen zu können. Dieser Elternteil hat oft das Gefühl, daß dem Kind frühzeitig Grenzen gezeigt werden müssen. Also gibt er sich härter, als er sich geben möchte. Das Wassermann-Kind kann dies nicht verstehen, es fühlt sich zu oft gebremst in seinen Vorstellungen und meutert im wahrsten Sinn des Wortes. Diese Meuterei bringt den Elternteil zur Raserei, und so schraubt sich die Spirale immer höher.
Das Schlimme ist wirklich, daß beide so fest auf ihrem Standpunkt beharren. Sicher bewundert der Elternteil den Einfallsreichtum des Kindes, das zunächst mit allen Lebenssituationen herrlich fertig zu werden scheint, aber gerade darum will er das Kind erziehen, denn das Leben spielt sich auf der Erde und nicht in irgendeinem Himmelreich ab. Das Kind versteht sehr schwer, warum ihm der Elternteil immer die Lichter ausbläst, wie es sich ausdrückt, warum bei jeder guten Nachricht, die es dem Elternteil übermittelt, dieser das Positive abschwächt. So drehen sich beide oft im Kreise, ja sie lassen es sogar darauf ankommen, wer denn nun diesmal als erster nachgibt. Andere Familienmitglieder sehen dieser Auseinandersetzung (mal traurig, mal lachend) zu, denn manchmal kann sich das Zusammenstoßen dieser beiden Köpfe auf die ganze Familie übertragen.
Wird das Kind älter, versteht es den Elternteil zwar besser, aber beide werden ihr Leben lang kaum nachzugeben lernen. Dies gilt aber nicht grundsätzlich, sondern nur in bezug auf diese beiden. Ja, sie werfen sich ja oft gegenseitig vor, warum der Elternteil (oder das Kind) bei anderen sozusagen vernünftig handeln und einlenken kann! Oft läuft dieses Verhältnis, das an sich ja eng ist (das muß betont werden), auf einen Machtkampf hinaus. In der Regel siegt das Kind, da der Elternteil nicht mehr die notwendige Stärke aufbringt.

ELTERNTEIL SKORPION – KIND FISCHE
(oft ein Trigon)

Von der Grundkonstellation her müßten sich diese Familienmitglieder im allgemeinen stets bestens verstehen. Besonders der Elternteil genießt das Verhältnis zum Kind, denn er fühlt äußerst genau, wie sehr es seine Hilfe, seinen Schutz benötigt. Und diese Kinder haben geradezu eine nachtwandlerische Sicherheit in der Kunst des Einschmeichelns. Sie kommen immer dann zu diesem Elternteil, wenn es dem nicht so gut geht, wenn er sich allein fühlt.
Hier entsteht frühzeitig außer dem Kind/Vater- oder dem Kind/Mutter-Verhältnis eine enge Freundschaftsbindung, die ein Leben lang anhält. Selbst die entsprechenden Ehepartner werden sich damit abfinden müssen. Ihnen mag zwar auffallen, daß sich Elternteil und Kind im Grunde kritiklos gegeneinander verhalten, das ist auch richtig, doch besagt diese Feststellung überhaupt nichts. Und wenn sich der Elternteil voller Fehler zeigt, das Kind wird dadurch nicht gestört und umgekehrt.
Sicher liegt die negative Seite dieser Medaille oft darin, daß beide sich zu sehr aufeinander zubewegt haben, eine notwendige Abnabelung in geistiger Hinsicht bedeutet ungeahnte Belastungen und Überwindungen für beide. Es ist dann meist der Elternteil, der von sich aus das Ruder ergreift und gegensteuert. Das Kind versteht dies selten, sieht auch später kaum ein, daß dieser Schnitt zu seinem Guten gewesen sein sollte. Diese Familienmitglieder sind so aufeinander eingeschworen, daß andere, auch andere aus der Familie, oft spöttisch von einer Inzuchtbindung sprechen, und so unrecht haben sie im Tiefsten dabei gar nicht.
Hier gilt es also, früh (das wird vom Elternteil erwartet) etwas auf Distanz zu gehen, denn das Kind muß eines Tages ohne diese Bindung weiterleben. Lebenspartner oder Lebenspartnerinnen müssen eine große Liebe aufbringen, da sie ja zwei Familienmitglieder ehelichen. Meist heißt dies, sich in dieser Bindung zunächst unter-, dann einzuordnen.

ELTERNTEIL SKORPION – KIND WIDDER
(meist kein Aspekt)

Hier ist – bei aller tiefen Ähnlichkeit des Grundverhaltens – das Verhältnis doch meist sehr differenziert zu sehen. Vom Antrieb her verstehen sich beide sehr gut. Der Elternteil ist meist innerlich sehr dankbar, daß das Kind optimistischer, freier, unkomplizierter ist. Sicher macht sich der Elternteil dann aber auch bald Sorgen, weil – in seinen Augen – dieses Kind einmal zu arglos, aber auch oft zu energisch ist. Es nimmt auch keine Rücksicht auf sich, und immer wieder befürchtet der Elternteil, daß sein Kind durch Rückschläge zurückgeworfen, ja gestraft werden könnte. So überwiegt oft die Sorge um das Kind, was sich auf das Grundverhältnis auswirkt, denn der Elternteil traut dem Frieden nicht.
Das Kind – wenn es erst ein wenig älter geworden ist – versteht die steten Vorsichtsmaßnahmen des Elternteils kaum, es macht sich ja grundsätzlich keine Sorgen. Aus diesem differenzierten Verhältnis der Grundveranlagung (das Kind optimistisch, der Elternteil eher pessimistisch) entwikkeln sich Konflikte, Mißverständnisse; zum Glück gehen sie kaum tiefer, denn beide schätzen aneinander den starken Willen, das Gefühl, sich durchzusetzen. Und wenn »es gilt«, dann halten beide schon zusammen und gehen Hand in Hand durch »dick und dünn«.
Das Kind stellt für den Elternteil wirklich eine große Freude dar, manchmal mit dem dumpfen Gefühl: »Was muß man dafür bezahlen!« Hier kommt es darauf an, daß der Elternteil dem Kind nicht den Elan nimmt, daß er die Pläne nicht abblockt und weniger warnt. Wenn der Elternteil – sicher sogar oft – Recht hatte, sollte er dies vor allen Dingen dem Kind nicht dauernd aufs Butterbrot schmieren, sich im Gegenteil vom Antriebsschwung des Kindes mitziehen lassen. Entwickelt sich das Elternteil/Kind-Verhältnis später zu einer Freundschaft, kann sich der Elternteil sicher sogar am Kind verjüngen, denn in ihm lebt ja die Gabe, die Jugend zu verstehen.

ELTERNTEIL SKORPION – KIND STIER
(meist eine Opposition)

So »familienähnlich« hier Elternteil und Kind auch sein mögen, Gegensätzlicheres läßt sich oft kaum denken. Die Grundmotive scheinen völlig konträr zu sein, manche Außenstehende (aber auch einige Familienmitglieder) fragen sich oft bedrückt, wie das denn gutgehen soll.
Erst später wird deutlich, daß einer den anderen gut, ja bestens ergänzt. Aber ehe diese Erkenntnis gewonnen ist, gibt es sicher zwischen beiden Familienmitgliedern zum Teil sehr harte Auseinandersetzungen, denn da prallen zwei »sture« Köpfe aufeinander. Hier ist grundsätzlich wohl der Elternteil im Nachteil, das Kind zeigt sich – bis zum Erwachsenenstadium – oft höchst aggressiv, so als würde vom Elternteil unaufhörlich etwas ausgehen, was dem Kind die Selbstsicherheit nimmt. Das ist auch so, und darauf reagiert das Kind oft maßlos.
Später gibt sich dies, wenn sich beide nicht etwas auseinandergelebt haben. Zunächst scheint es oft, als tyrannisiere das Kind diesen Elternteil, und für viele überraschend gibt der Elternteil auch meist nach, bis zu dem Punkt, da das Kind den Bogen überspannt. Dann ist der Familienkrach in Sicht. Beide hängen sehr aneinander, aber es scheint stets ein Kampf zu toben, der ein Machtkampf ist und darüber entscheidet, wer sich durchsetzt. Zum Wohl des Kindes möchte man wünschen, der Elternteil hätte die Kraft dazu, aber meist ist es in der Praxis genau umgekehrt.
Hier hilft dann oft entscheidend der Lebenspartner, die Lebenspartnerin. Diese erkennen häufig, daß es hier mehr um das prinzipielle Durchsetzen geht, nicht um Dinge von größerer Tragweite. Ja daß Auseinandersetzungspunkte meist wahrlich nur Kleinigkeiten sind oder waren! Mit dem Eingreifen eines Dritten, der von außen kommen sollte, klärt sich meist das Verhältnis, und auf einmal erkennen beide Familienmitglieder nicht nur, wie sehr sie sich mögen, sondern auch, wie sehr sie sich gegenseitig brauchen.

ELTERNTEIL SKORPION – KIND ZWILLINGE
(meist kein Aspekt)

Hier treffen von der Grundveranlagung her Gegensätze aufeinander, die sich gegenseitig kaum berühren, sich sogar aufheben. Keines dieser Familienmitglieder wird oder will den anderen erziehen oder umstellen, und niemand hat das Gefühl des Mit-dem-kann-ich-nicht.
Das Kind bringt in seiner lustigen Lebensart, mit seinem Wissensdurst, dem Elternteil sicher große Freude, und dieser hat meist recht unbefangen das Gefühl, daß dieses Kind etwas von seinen Befürchtungen mitträgt, ohne daß dadurch das Wesen des Kindes sehr belastet würde. Die offene Lebensart des Kindes schlägt manche Brücke für den Elternteil. So schafft es wirklich neue Bindungen, etwa über Schul- oder Sportfreundschaften. Es scheint oft so – und dies verstärkt sich mit dem Älterwerden des Kindes –, als würde dieses dem Elternteil nicht nur manche Türen öffnen, sondern auch Pforten zur Lebensfreude zeigen. Es verursacht zwar manchen Wirbel, aber das tut dem Elternteil gut, und das Kind spürt, wieviel Tiefe es vom Elternteil empfangen kann.
So vermögen beide herrlich zu diskutieren, sogar bis tief in die Nacht hinein, und das Schöne ist: So gegensätzlich manche Standpunkte dieser Familienmitglieder auch sein mögen, es steigert sich höchst selten in eine Reizphase. Irgendwie bleibt immer eine liebevolle Neutralität zwischen beiden. Jeder benötigt wahrlich den anderen als Ergänzung, und Prinzipien, Grundsätze spielen überhaupt keine Rolle, und wenn, dann nur selten.
Kommen Freunde und Lebenspartner ins Haus, wirft auch dies meist keine großen Probleme auf, denn bei aller positiven Ergänzung besteht bei so einer Konstellation ein Abhängigkeitsverhältnis nur höchst selten; vielleicht manchmal, wenn dieses Kind das einzige ist. So können sich die Wege trennen. Trifft man sich wieder, ist alles wie in alten Zeiten, man versteht sich, gerade weil keiner dem anderen zu nahegerückt ist.

ELTERNTEIL SKORPION – KIND KREBS
(oft ein Trigon)

Vom Naturell her verstehen sich diese Familienmitglieder zunächst einfach gut. Das Verhältnis ist unkompliziert, obwohl beide alles andere als unkompliziert sind. Vielleicht ist dies die Bindung, die wie selbstverständlich funktioniert. Ein Verstehen ohne Worte wäre zu wenig, denn Kind und Elternteil reden sogar recht viel miteinander.
Übertrieben kann man sagen, der eine ist des anderen Trostspender, wenn es einmal schwer wird. Jeder versteht die Stimmungslage des anderen. Das Kind fühlt sich gut behütet, der Elternteil respektiert und geliebt. So braucht diese Bindung auch gar nicht extra betont zu werden, sie ist ungewöhnlich und doch völlig normal. Sicher gibt es auch hier Streit, der sogar oft sehr heftig ausgetragen werden könnte, aber nachgetragen wird kaum etwas. Das Kind wird den Elternteil oft um Rat fragen, und nichts scheint beide mehr zu verbinden als gemeinsame und weite Spaziergänge in die Natur. Sie sondern sich beide gerne ab, hier muß der Elternteil bremsen, besonders wenn Geschwister da sind. Bei Familiendiskussionen halten beide stets zusammen, auch wenn anfangs jeweils von ihnen ein sehr gegensätzlicher Standpunkt vertreten wurde. Beide exerzieren eigentlich vor, wie Kompromisse erzielt werden können.
Kommt das Kind ins Berufsleben, läßt es sich meist von dem Elternteil sehr intensiv beraten, das Kind hört auf Empfehlungen oder Warnungen, was oft bei Geschwistern und Freunden zu Gegenreaktionen führt. Das Verhältnis ist hier von Natur aus häufig so selbstverständlich gut, daß die eventuellen Schwiegerkinder davon kaum getroffen werden. Der Elternteil ist selten auf den Lebenspartner der Tochter, auf die Lebenspartnerin des Sohnes eifersüchtig, so wird das neue Familienmitglied völlig unkompliziert integriert. Daher macht es auch in diesem Fall oft nicht soviel aus, wenn verschiedene Generationen unter einem Dach wohnen.

ELTERNTEIL SKORPION – KIND LÖWE
(oft ein Quadrat)

Vom Naturell her gibt es hier doch einige heftige Gegensätze, meist ist die Grundlebenseinstellung völlig verschieden. Das Kind zeigt sich frühzeitig stolz und lebenssicher, während der Elternteil ja oft sehr darum ringen muß. Diese Elternteile sehen nun mit Freude, wie sehr gut sich doch das Kind im Leben zurechtfindet, es hat aber die Tendenz, so ein bißchen die erste Geige in der Familie spielen zu wollen, und das paßt dem Elternteil gar nicht. Zwar liebt auch er die individuelle Entwicklung, aber nicht auf Kosten anderer. Immerhin macht das Kind großen Eindruck, und was an Pessimismus im Elternteil steckt, scheint sich im Kind in Optimismus zu wandeln.
Schwierig ist die Tatsache, daß bei Auseinandersetzungen und Streitfragen keiner von beiden so leicht nachgeben kann und will. Man kann nicht sagen, daß das Kind schwer erziehbar ist, aber es läßt sich wenig sagen. Es reagiert oft geradezu autoritär. Schnell bekommt der Elternteil heraus, daß man es am besten erzieht, indem man es wenig beachtet. Genau das ist der Punkt, da das Kind nun alles in Bewegung setzt, um ja nicht übersehen zu werden. Und man kann sagen, da schreckt das Kind oft vor keinem Streich, ja keiner Ungezogenheit zurück. Erstaunlich wie es versteht, andere für sich einzuspannen, auch diesen betreffenden Elternteil. Aus diesem Verhalten heraus kann es zu Schwierigkeiten in der Familie kommen.
Und so gibt es manche Grundsatzauseinandersetzungen. Das Kind besteht oft sehr laut auf seinem Recht, will nicht nachgeben, ordnet sich schwer unter, und es kann dabei so geschickt vorgehen, daß sich der Elternteil tatsächlich im Unrecht fühlt, ja sich auch ins Unrecht gesetzt hat. Er fühlt in sich immer die Verpflichtung, das Kind auch zum Dienen zu erziehen, und hier gibt es dann selten ein gegenseitiges Verständnis. Ein zu frühes Nachgeben des Elternteils aber würde als Schwäche ausgelegt werden, und täte dem Kind am wenigsten gut.

ELTERNTEIL SKORPION – KIND JUNGFRAU
(oft ein Sextil)

Beide Familienmitglieder verstehen sich gut. Die frühe Lebensklugheit des Kindes gefällt dem Elternteil, der ja das Leben eher etwas düsterer sieht. Daher freut es ihn, wenn er registrieren kann, daß das Kind Schwierigkeiten nicht ausweicht, sondern einfach zupackt. Da das Kind im Haushalt mitarbeitet, sich auch sonst ordentlich und hilfsbereit zeigt, gibt es im alltäglichen Bereich kaum Schwierigkeiten.
Geht es aber um Grundlebensrichtungen, zeigen sich doch recht große Widersprüche. Das Kind erschreckt manchmal förmlich den Elternteil durch den scheinbaren Realismus, den es an den Tag legt, und wenn der Elternteil versucht, das Kind mehr auf seelische, ja psychologische Dinge anzusprechen, dann schaltet es ab. So versteht es oft auch nicht, daß der Elternteil einen Kummer mit sich herumträgt, der in keinem Verhältnis zum tatsächlichen Lebensablauf steht. Und oft nimmt dann das Kind sehr früh die Zügel in die Hand.
Erstaunlich, wie diese Kinder, wenn sie nur etwas erwachsener geworden sind, das Leben in der Familie mitbestimmen, ganz besonders was die Einstellung dieses Elternteils betrifft. Oft ist es so, als ginge der Elternteil noch einmal in eine Lebensschule, und der Lehrer ist das eigene Kind. Das führt dazu, daß dieser Elternteil meist auch – vom Blickpunkt des Kindes – in allem auf dem laufenden ist, was ihm wiederum Einblick in die Freundeswelt des Kindes verschafft.
Durch die aktive Tatkraft des Kindes wird der Elternteil von seinem naturgegebenen Podest geholt und oft als Kumpelfreund angesehen. Der Elternteil stört nicht bei Partys, nicht bei Diskobesuchen und auch nicht, wenn ernsthafte Freundinnen oder Freunde auftauchen. Hier sind der Vater, die Mutter dann wirklich oft der größere Bruder, die größere Schwester. Fast möchte man dies einem Elternteil wünschen, weil er so sehr viel größeren Einfluß auf sein Kind behält als in vielen anderen Konstellationen.

ELTERNTEIL SKORPION – KIND WAAGE
(meist kein Aspekt)

So unterschiedlich diese beiden Familienmitglieder vom Naturell her sind, es ist reizvoll, ihnen zu begegnen, allerdings wohl eher, wenn das Kind reifer geworden ist. Zuerst ist das Kind der Liebling des Elternteils. Sein Charme verzaubert ihn.
Es scheint oft so, als würde der doch oft etwas düstere Elternteil durch dieses Kind das weisere Lächeln lernen. Sicher wird es dem Elternteil mehr Lebensfreude als bisher vermitteln, wenn sich auch der Elternteil oft fragen dürfte, wie verwandt das Kind und er nun eigentlich sind. Das ist oft ironisch gemeint, aber die Leichtigkeit, die das Kind im Umgang mit anderen Menschen an den Tag legt, verwundert Mutter oder Vater – sind diese Skorpione – schon sehr. Dann fällt auf, daß das Kind immer wieder den Anschluß an andere sucht, sehr auch an den Elternteil, der sich dadurch geschmeichelt fühlt, wenn er auch lieber mal einen Augenblick für sich allein sein möchte.
Größere Schwierigkeiten dürfte es zwischen diesen Familienmitgliedern kaum geben, gerade weil sie sich so unterschiedlich in ihren Reaktionen zeigen, kommen sie sich kaum ins Gehege. Und das Kind hat ja die Gabe, sich recht diplomatisch und schmeichelnd auf den Elternteil einzustellen.
An Freude gewinnt das Verhältnis, wenn gemeinsame musische Interessen bestehen, hier profitieren beide sehr voneinander. Der Elternteil führt das Kind oft geradezu hervorragend in die Tiefe der Kunstwerke ein, während das Kind dem Elternteil die Schönheit der Dinge in der Kunst, aber auch in die Schönheit der Natur öffnen kann.
Es ist dann keine Tragik, aber doch ein trauriger Moment, wenn das Kind aus dem Haus geht, was beim Elternteil oft eine Depression auslösen kann. Hier liegt es dann sehr am Kind, dem Elternteil noch einen Sinn am Leben zu geben. Gegensätze des Naturells, die sich nicht widersprechen, sondern ergänzen.

UNKLARHEITEN,
die bei Skorpion-Geborenen durch die 12 möglichen Aszendenten für Elternteil und Kind entstehen können.

SONNE in SKORPION mit ASZENDENT SKORPION zeigt stets für Elternteil und Kind eine derart starke Skorpionprägung, daß diese Menschen oft als »typische« Skorpione bezeichnet werden, und im gleichen Atemzug heißt es »wie egozentrisch und ichbezogen«. Da hier Elternteil wie Kind eine starke – manchmal starre – Kraft ausstrahlen, wird es schon zu recht harten Auseinandersetzungen kommen, aber jeder weiß im Grunde, woran er beim anderen ist, und daß es das Schlimmste wäre, den anderen irgendwie unter Druck zu setzen. Zunächst sollten sich da die Eltern bemühen, später die erwachsenen Kinder.

Bei **SONNE in SKORPION mit Aszendent SCHÜTZE** ist das Rollenspiel meist völlig anders, als es dem wahren Lebenskern dieser Menschen entspricht. So siegesgewohnt und führend, wie die Eltern nach außen auftreten, zeigen sie sich zu Hause selten, und manche Kinder verstehen das Schwanken zwischen gezeigter Zuversicht der Umwelt gegenüber und den etwas düsteren, pessimistischen Gedanken daheim kaum. Die Eltern freuen sich jedoch, wenn sie sehen, daß ihre Kinder, um die sie sich stets tiefe Sorgen machten, sich draußen nie unterkriegen lassen, wenn sie sich auch ängstlich und verwundert zugleich fragen, warum diese Kinder außerhalb der Familie viel siegesgewohnter auftreten. Sie sollten wissen, daß dieses Auftreten meist nur ein Schutz ist, und sich davon nicht täuschen lassen.

Bei **SONNE in SKORPION mit ASZENDENT STEINBOCK** sind Rollenspiel und wahrer Lebenskern nicht gravierend unterschiedlich. Erstaunen kann bei den Kindern auslösen, wie geduldig und beherrscht sich dieser Elternteil außerhalb der Familie gibt. Aber auch die Eltern sind meist sehr angenehm überrascht, wenn sie spüren, daß sich diese, ihre Kinder, in der Umwelt nicht so ungestüm und leidenschaftlich wild geben, während sie damit oft die Familie tyrannisieren.

SONNE in SKORPION mit ASZENDENT WASSERMANN zeigt fast immer eine starke, schauspielerische Verstellungsgabe in der Umwelt an. Zunächst macht es den Kindern oft eine diebische Freude mitzuerleben, mit welchem Witz diese Elternteile andere necken oder gar an der Nase herumführen. Später können sich manche fragen: »Warum benimmt sich Mutter (Vater) so anders!« Oft empfinden sie dies gar als Angeberei und ahnen nicht die Selbstschutzfunktion. Ähnlich empfinden Eltern, wenn ihre Kinder mit dieser Konstellation im Freundes- oder Schulkreis einfach nicht wiederzuerkennen sind, oder wenn sie hören, welche Streiche sie ausgeheckt haben, um im Mittelpunkt zu stehen und eine wichtige Rolle zu spielen. Ein ernstes Gespräch wird da nicht ausbleiben dürfen.

SONNE in SKORPION mit ASZENDENT FISCHE ist eine Konstellation, bei der sich diese Menschen eher vorsichtig, tastend in der Außenwelt bewegen, und so geben – zur Überraschung vieler Kinder – diese Elternteile oft viel eher nach, zeigen sich weich und freundlich, während sie daheim noch erbittert verkündet hatten: »Denen werde ich es aber diesmal zeigen!« Diese zwiespältige Erfahrung ist für manche Kinder oft schwer verständlich. Eltern dagegen, die Kinder mit dieser Konstellation beobachten, sind zunächst ganz dankbar und zufrieden, wenn sich diese in ihrer weiteren Umgebung doch sehr viel anpassungsfähiger und konzilianter zeigen als im Familienbereich, wenn auch später öfter der Vorwurf aufkommt: »Benimm dich bei uns einmal so nett wie in deinem Freundeskreis!«

SONNE in SKORPION mit ASZENDENT WIDDER wirft in punkto Rollenspiel und Lebenskern kaum Probleme auf, abgesehen davon, daß Kinder oft bemerken, wieviel optimistischer und direkter sich diese Elternteile draußen dem Lebenskampf stellen, so als gäbe es keine Zweifel über den richtigen Weg, die sie zu Hause oft äußern. Die Eltern müssen jedoch bei Kindern dieser Konstellation damit rechnen, daß diese sich recht wild, oft gar aufsässig in Schule und Betrieb zeigen, daß sie in ihrer Umwelt nicht vertragen, unterdrückt zu werden.

SONNE in SKORPION mit ASZENDENT STIER ist nicht immer einfach zu verstehen, wenn dadurch auch der Umgang mit der Umwelt oft entscheidend erleichtert wird. Für die Kinder sieht es aber oft so aus, als würde der Elternteil sich außerhalb der Familie völlig gegensätzlich verhalten, so liebenswürdig tritt er auf, überspielt gekonnt eventuelle Anflüge von Mißmut oder schlechter Laune. Sie merken, wie sich dieser Elternteil geschickt und liebenswürdig durchsetzen kann, und sie wünschen sich vielleicht, daß der Vater, die Mutter zu Hause soviel Geduld aufbrächten. Eltern sehen recht zufrieden, wie gut sich das Kind den äußeren Gegebenheiten anpassen kann, ohne etwas von sich preiszugeben.

Die Konstellation **SONNE in SKORPION mit ASZENDENT ZWILLINGE** löst oft größte Verwunderungen aus. So behende, so geschickt, ja so leutselig und offenherzig kennen die Kinder ihre Eltern sehr selten, oft beneiden sie Bekannte, weil sich diese Elternteile zu Hause eher verschlossen und wortkarg geben. Ähnlich verwundert beobachten oft Eltern, wie sich Kinder mit dieser Konstellation völlig zu verändern scheinen, sobald sie die Haustür hinter sich geschlossen haben, und sie fragen sich oft bedrückt: »Was machen wir falsch, daß das Kind sich draußen scheinbar so wohl fühlt?« Sie müssen beachten, daß dies meist nur ein Schutz für die Kinder ist, die lieber von Gott und der Welt reden als von sich selbst.

Bei **SONNE in SKORPION mit ASZENDENT KREBS** gibt es keine auffallenden Unterschiedlichkeiten im Verhalten. Vielleicht daß sich allerdings schon größere Kinder manchmal fragen, warum diese Elternteile so empfindlich, so dünnhäutig reagieren, während sie daheim doch einiges aushalten und widerstandsfähig wirken. Kinder dieser Konstellation gehen zunächst ungern aus dem Haus, sie geben den Familienschutz schwer auf. Hier müssen Eltern viel Geduld aufbringen.

SONNE in SKORPION mit ASZENDENT LÖWE ist sicher für die Betroffenen nicht so ganz leicht zu bewältigen. Das Auftreten dieser Elternteile ist oft zu bewußt, zu aufgesetzt, das spüren die eigenen Kinder sehr schnell. Das Nachgeben fällt diesen Elternteilen sehr schwer. Fast ist es unmöglich, daß sie in der Umwelt einen Fehler zugeben, geschweige denn, daß sie sich entschuldigen. Auch Kinder mit dieser Konstellation wehren sich sehr früh ihrer Haut, oft aus nichtigsten Anlässen, und es geht ihnen auch fast immer um Prinzipien. Da wäre es gut, wenn die Eltern hier frühzeitig darauf einwirkten, daß Kompromisse im Leben unvermeidlich sind.

SONNE in SKORPION mit ASZENDENT JUNGFRAU ist sicher leichter zu bewältigen. Die Kinder werden bemerken, wie gewissenhaft gerade diese Elternteile ihre Pflicht erfüllen, wie zuverlässig sie sind, wie pünktlich, obwohl ihnen oft überhaupt nicht danach zumute ist. Sie geben den Kindern ein gutes Beispiel, daran besteht kaum ein Zweifel. Kinder mit dieser Konstellation schlagen sich auch sehr tapfer durch das Leben, allerdings erst, wenn sie älter werden. Vorher werden die Eltern sich recht deutlich mit dem Skorpionbock auseinandersetzen müssen.

SONNE in SKORPION mit ASZENDENT WAAGE besagt meist, daß diese Elternteile nach außen ihre Ängste, ihre Befürchtungen, ihre dunklen Ahnungen kaum jemand spüren lassen, um so verwunderter sehen die Kinder, wie sehr sich das alles zu Hause entlädt, und sie fragen diese Elternteile auch direkt, warum man nicht mit ihnen genauso verbindlich diskutiert wie mit den Nachbarn. Kinder mit dieser Konstellation müssen zuerst recht behütet werden, sie scheinen bei Widerständen schnell ihre innere Balance zu verlieren, worauf sich die Eltern einstellen sollten.

DIE SCHWIEGERKINDER IM VERHÄLTNIS ZUM ELTERNTEIL SKORPION

Skorpione legen stets größten Wert auf Individualität, also auch auf eine sehr persönliche Ansprache, sie hassen es, mit irgend jemandem in einen Topf geworfen zu werden. Schwiegerkinder, die es mit einem Skorpion-Elternteil zu tun haben, sollten dies nie vergessen.
Auch eine **SKORPION-Schwiegertochter** nicht, denn gerade sie legt ja viel Wert auf eine individuelle Einstellung. Daher geschieht es oft, daß diese Tochter von der Skorpion-Mutter etwas distanziert aufgenommen wird, zumal beide schnell ihr Revier abgrenzen. Der Skorpion-Vater reagiert bei einer Skorpion-Schwiegertochter zwar etwas gelassener, aber auch er muß sich erst an sie gewöhnen. Hier kommt Herzlichkeit meist erst später auf.
Auch der **SKORPION-Schwiegersohn** wird vom Skorpion-Vater nicht gerade mit offenen Armen aufgenommen, er ahnt wohl etwas von der zu großen Ähnlichkeit, die sich ja oft viel mehr als Gegensätzlichkeit stoßen kann. Die Skorpion-Mutter fühlt ebenfalls, daß dieser Sohn nicht so leicht zu behandeln ist, sie tastet sich erst sehr mühsam an ihn heran, aber wenn sie dann ja gesagt hat, gilt dies ein für allemal.
Wählt ihre Tochter einen **SCHÜTZE-Schwiegersohn** dann kann man sagen, daß er der Skorpion-Mutter gefällt, denn sie findet, daß sich damit repräsentieren läßt. Er kommt an, von seiner Jovialität profitiert sicher die ganze Familie. Dem Skorpion-Vater gefällt ein Schütze als Schwiegersohn fast immer gut, und er versucht sicher, schnell mit ihm Freundschaft zu schließen.
Auf eine **SCHÜTZE-Schwiegertochter** allerdings fliegt er direkt, die gefällt ihm spontan, und es erregt oft Verwunderung, wie offenherzig er sich hier gibt. Sicher wähnt er seinen Sohn gut aufgehoben. Auch die Skorpion-Mutter dürfte gegen eine Schütze-Schwiegertochter kaum etwas einzuwenden haben, wenn sie auch sehr schnell ahnt, daß sie ab jetzt noch mehr in den Schatten zu treten hat, aber dieses Opfer will sie für ihren Sohn bringen. Er soll jedoch stets wissen, daß es ein Opfer ist. Leider betont sie das in den ersten Jahren ein wenig zu oft.
Nicht so glanzvoll kommt eine **STEINBOCK-Schwiegertochter** an, wenn sie auch der Skorpion-Mutter nicht schlecht gefällt. Der stille Ehrgeiz imponiert ihr, auch das Zielorientierte, die konsequente Verfolgung ihrer Pläne (ohne Angst, daß etwas schief geht). Oft sagt sie sich, daran könnte ich mir ein Beispiel nehmen, aber jetzt ist es zu spät. Der Skorpion-Vater ist sicher zunächst nicht ganz so positiv eingestellt, aber die Natürlichkeit, das Selbstverständliche an ihr gefallen ihm doch sehr, so werden sich beide mit der Zeit recht gut anfreunden.
Der **STEINBOCK-Schwiegersohn** kommt meist während der ersten Besuche nicht so gut an, weil er kaum aus sich herausgeht, und auch der Skorpion-Vater hält sich ja zunächst zurück. Es ist oft so, als würden zwei sich belauernde Katzen um den heißen Brei herumtänzeln. Hier hilft später ein ganz einfaches Rezept: die Gewöhnung. Das gilt auch für die Skorpion-Mutter, die am Anfang mit etwas enttäuschter Nüchternheit den Schwiegersohn betrachtet, und es braucht eine Zeit, ehe sie ihn annimmt.
Der **WASSERMANN-Schwiegersohn** hat es da zu Beginn leichter, wenn es auch später fast immer zu Konflikten mit der Skorpion-Mutter kommt, der seine steten neuen Ansichten und Pläne auf die Nerven gehen können, und die einfach für die Zukunft ihrer Tochter Angst hat, da sie befürchtet, daß sie all die hochfliegenden Pläne einmal ausbaden muß. Denn eine Skorpion-Mutter weiß besser als andere Mütter, daß alles bezahlt werden muß. Auch der Skorpion-Vater ist eher skeptisch, und diese Skepsis gibt er wohl nie ganz auf.
Bei einer **WASSERMANN-Schwiegertochter** stört ihn das stets Wechselnde in ihren Ansichten weniger, das gefällt ihm sogar, auch ihr etwas kokettes Verhalten,

aber genau das ist der Punkt, da die Skorpion-Mutter immer wieder auf die Barrikaden gehen möchte, so sehr sie an sich die leichte Lebensart dieser Tochter sogar bewundert. Doch sie denkt ja nur an ihren Sohn.

Eine **FISCHE-Schwiegertochter** hat zunächst bei einer Skorpion-Mutter – vom Grundnaturell her – ein sehr leichtes Spiel. Sie paßt sich an, sie zeigt einen guten Instinkt, ja sie vermag diese Mutter sogar restlos zu verzaubern, und die gerät oft geradezu ins Schwärmen, wenn sie von dieser Schwiegertochter spricht, wobei sie bewußt viele Fehler dieser Tochter übersieht (zumal sie diese alle auch als liebenswürdig bezeichnet). Der Skorpion-Vater ist auch meist begeistert. Das ist eine Frau nach seinem Geschmack, und er würde da selbst noch gerne auf Freiersfüßen gehen.

Ein **FISCHE-Schwiegersohn** hat es da nicht ganz so leicht, denn gerade der Skorpion-Vater bezweifelt oft die Lebenstüchtigkeit dieses Sohnes, und er traut auch kaum dessen schauspielerischem Talent. Die Skorpion-Mutter läßt sich da viel leichter von diesem Mann verzaubern, der in ihr einfach den Mutterkomplex anspricht, und sie nimmt ihn – zunächst wenigstens – als Sohn an, natürlich mit dem Hintergedanken, so noch lange etwas von der eigenen Tochter zu haben und an deren Leben teilnehmen zu können.

Ein **WIDDER-Schwiegersohn** hat es da nicht so leicht. Die Skorpion-Mutter spürt da zwar manche Ähnlichkeit, damit aber auch echte Konkurrenz; hier weiß sie schnell, daß sie nun aus dem Leben ihrer Tochter treten muß. Der Skorpion-Vater mißtraut diesem Schwiegersohn auch, der alles – seiner Meinung nach – zu sehr auf die leichte Schulter nimmt. Und diese Siegesgewißheit kann ihm sogar echt auf die Nerven gehen. So freut er sich fast über Niederlagen, die sein Schwiegersohn erleidet, nicht aus Schadenfreude, sondern weil er der Meinung ist, daß man nur aus Schaden klug wird.

Eine **WIDDER-Schwiegertochter** hat es da leichter, ihr Temperament überrennt den Skorpion-Vater, er kommt fast ins Schwärmen, während die Skorpion-Mutter hier zu Beginn sehr kühl reagiert, aber bereit ist dazuzulernen. Sie will sich von dieser Schwiegertochter einfach nicht überfahren lassen, das ist alles.

Eine **STIER-Schwiegertochter** kann dem Skorpion-Vater eigentlich stets gefallen, ihre liebenswürdige aber doch vernünftige Grundeinstellung findet bei ihm ein gutes Echo, er weiß seinen Sohn da liebevoll versorgt. Er schätzt, daß diese Frau – im Gegensatz zu ihm selbst – die Realitäten recht nüchtern, aber doch tatkräftig einzuschätzen weiß. Auch die Skorpion-Mutter findet sich – bei aller Gegensätzlichkeit – mit dieser Schwiegertochter eigentlich recht gut ab.

Wie sie auch einen **STIER-Schwiegersohn** ziemlich schnell akzeptiert. Allerdings mag sie ihn doch als zu simpel einschätzen, oft vermutet sie, daß der wohl von den seelischen Vorgängen eines Menschen wenig zu wissen scheint. Gesunde Realität ist ihr zu wenig, dafür vertraut sie seiner Treue, später seinem Beharrungsvermögen. Ihre beiden Köpfe stoßen zudem recht oft aufeinander und nachzugeben scheint stets nur derjenige, der einfach an der Reihe ist, einzurenken. Auch der Skorpion-Vater hat es mit dem Stier-Schwiegersohn nicht so leicht. Es wäre gut, wenn dieser nicht etwa in das Geschäft seines Schwiegervaters eintreten müßte.

Der **ZWILLINGE-Schwiegersohn** löst beim Skorpion-Vater manchmal doch ein recht zwiespältiges Echo aus. Er erscheint dem dunkleren Skorpion zu oberflächlich, eher wie ein Hansdampf in allen Gassen, und es dauert eine Zeit, bis der Vater zu diesem Eidam Vertrauen faßt. Der Skorpion-Mutter geht es ähnlich. Auch sie hat stets das Gefühl, daß man dieser flinken Zunge nicht so arg viel trauen dürfte. Sicher muß die Mutter hier oft gegen ein tief in ihr sitzendes Vorurteil ankämpfen.

Die **ZWILLINGE-Schwiegertochter** hat es da vielleicht ein wenig leichter, weil sie sich auf die Skorpion-Mutter vom Verstand her recht gut einstellen kann. Und außerdem hilft ihr der angeborene Humor. Dies gilt – von ihr aus gesehen – auch für den Skorpion-Vater, der die Aufgewecktheit dieser Tochter sehr schätzt, wenn sie ihm auch meist zu wechselhaft erscheint.
Eine **KREBS-Schwiegertochter** wird von einem Skorpion-Vater im allgemeinen mit schnell vertrauter Herzlichkeit aufgenommen. Beide verstehen sich ohne viel Worte, oft genügt ein Blick, eine Geste, da ist Vertrautsein von Anfang an, und meist ist der Sohn über dieses verhaltene herzliche Verhältnis sehr froh. Die Skorpion-Mutter ist im allgemeinen auch von dieser Schwiegertochter angetan, sie hofft natürlich, ganz schnell Großmutter zu werden, doch es ist nicht gesagt, daß gerade eine Krebs-Schwiegertochter ihr diesen Wunsch erfüllt, obwohl dies in vielen Astrologiebüchern zu lesen steht.
Die jungen Krebsfrauen gehen durchaus ihre sehr eigenen Wege, wie auch der **KREBS-Schwiegersohn.** Die Skorpion-Mutter schwankt hier ein wenig zwischen Zustimmung und inneren Befürchtungen. Meist erscheint ihr dieser Schwiegersohn nicht energisch genug, sie hält ihn auch für zu empfindlich, zu weich, erst später, wenn sie registriert, wie der Schutz seiner Familie sein ein und alles ist, befreundet sie sich mit ihm. Der Skorpion-Vater zeigt sich abwartend, neutral, es liegt allein am Schwiegersohn, wie sehr er auf diesen Vater zugeht.
Das kann der **LÖWE-Schwiegersohn** so gut wie überhaupt nicht. Er hat seinen Stolz, der sich erst einmal darin offenbart, daß er erwartet, aufgenommen zu werden, daß man ihn freudigst in die Arme schließt. Er bemüht sich weniger um die anderen, erwartet, daß man sich um ihn bemüht. So kommt es oft gleich zu Beginn zu recht großen Spannungen zwischen ihm und dem Skorpion-Vater, aber auch zwischen ihm und der Skorpion-Mutter, die hier instinktsicher sehr schnell schaltet und sich auf Selbstbehauptung einstellt. Da geht es dann manchmal heiß zu.
Auch die **LÖWE-Schwiegertochter** muß bei der Skorpion-Mutter um ihren Sieg kämpfen, was sie sonst nicht so gewöhnt ist. Den Skorpion-Vater fängt sie viel schneller ein, dem ja so eine stolze, junge Löwin immer imponiert hat. Aber Vorsicht! Wenn es hart auf hart geht, kann auch er auf stur schalten und seine Stacheln hervorkehren.
Die **JUNGFRAU-Schwiegertochter** imponiert zwar meist nicht so, wenigstens nicht auf den ersten Blick, aber sie gewinnt beim Skorpion-Vater dann doch langsam, aber sicher immer mehr an Sympathie. Ihre klare, meist positive Lebensart gefällt ihm; er weiß, die wird seinem Sohn zwar nicht den Himmel erschließen, aber versuchen, das Erdenleben paradiesisch zu gestalten. Der Skorpion-Mutter sagt diese Schwiegertochter ebenfalls zu, wenn sie ihr auch etwas zu real, zu nüchtern erscheinen mag, aber gerade diese Mutter sieht ein, das dies auch große Vorteile hat.
Der **JUNGFRAU-Schwiegersohn** hat im allgemeinen auch nicht die Gabe, einer Skorpion-Mutter auf den ersten Blick zu gefallen, aber er mißfällt auch nicht. Nur die erhofften philosophischen Gespräche wird die Skorpion-Mutter mit diesem Schwiegersohn nur sehr selten führen. Ähnlich verhält es sich beim Skorpion-Vater. Als nüchternen jungen Mann mag er diesen Schwiegersohn schätzen, auch eventuell sehr als Gesprächspartner, doch von seinem geheimen Hang zu den Grenzwissenschaften wird er ihm wenig erzählen.
Dies sagt er schon eher dem **WAAGE-Schwiegersohn**, der sich auch alles sehr höflich und verbindlich anhört, ja, der sich Mühe gibt, den Skorpion-Vater zu verstehen. Trotz starker grundlegender Gegensätze gefällt dieser Schwiegersohn. Auch die Skorpion-Mutter kann sich mit ihm anfreunden, obwohl sie ja auf Dauer dessen »Sowohl-als-auch-Standpunkt« kaum ver-

steht. Hier kommt es dann doch schon hin und wieder zu recht heftigen Krächen, was durchaus dazu führen kann, daß sich der Schwiegersohn von dieser Schwiegermutter zu sehr belastet fühlt und sogar damit drohen mag, daß sich die Familien nicht mehr treffen.

Die **WAAGE-Schwiegertochter** zeigt sich selbst in solchen Situationen verbindlicher und balancierter, obwohl ihr der Pessimismus der Skorpion-Mutter manchmal auf die Nerven geht. Das läßt sich aber stets einrenken, denn der Skorpion-Mutter gefällt diese Tochter doch recht gut, wie es auch mit dem Skorpion-Vater da eigentlich kaum größere Probleme geben dürfte, wenn auch das Verhältnis selten sehr eng wird.

ZUSAMMENFASSUNG

Einen **SKORPION** – ob weiblich oder männlich – in seiner Familie zu haben, das heißt häufig auch, daß zur Familie ein schwieriger, suchender Mensch gehört, der die Probleme des Lebens besonders ernst nimmt. Dies bedeutet darüber hinaus, daß dieses Familienmitglied ansprechbar und offen ist, wenn jemand mit seelischen und inneren Entwicklungen nicht zurecht kommt. Skorpione sind sicher eigenwillig; es mag kein Zufall sein, daß gerade die Außenseiter einer Familie überwiegend dem Tierkreisabschnitt Skorpion angehören, das braucht sich nicht einmal nach dem Sonnenstand zu richten. Es genügt, wenn die dominante Skorpionbetonung vorhanden ist.

Dieses Familienmitglied nimmt kaum etwas leicht, eher etwas zu schwer, aber es ist auch zum Opfer bereit, zum starken Einsatz für andere. Das sind die Menschen, die dann über sich hinauswachsen, wenn andere bereits die Flinte ins Korn geworfen haben. Das zeichnet sie aus, und dies erkennen fast immer die anderen Familienmitglieder uneingeschränkt an. Auf Familienfesten sind sie kaum der Mittelpunkt, nicht einmal, wenn sie einen runden Geburtstag oder ein besonderes Betriebsjubiläum feiern, aber sie sind da, wenn man sie ruft.

Doch man rufe sie nie bei Kleinigkeiten, dann reagieren sie höchst unwirsch. Es ist meist gut, wenn sich im Familienverbund auch ein Skorpion-Geborener oder eine Skorpion-Geborene befindet. Allein ihre Lebenshaltung hält die anderen davon ab, zu übermütig zu werden, denn kaum jemand weiß wie die Skorpione, daß einem irgendwann die Rechnung präsentiert wird. Deswegen reagieren sie auch oft so ungestüm, ja leidenschaftlich. Sie lieben das Leben und trauen sich oft nur nicht, das zuzugeben. So stellen sie einen guten Gegenpol in der Familie dar, und sie haben die Gabe, auch ihren Angehörigen Wege in die nachdenkliche Tiefe, Wege zur Suche nach dem Lebenssinn zu weisen, zumal sie das Okkulte oft auch betörend anspricht.

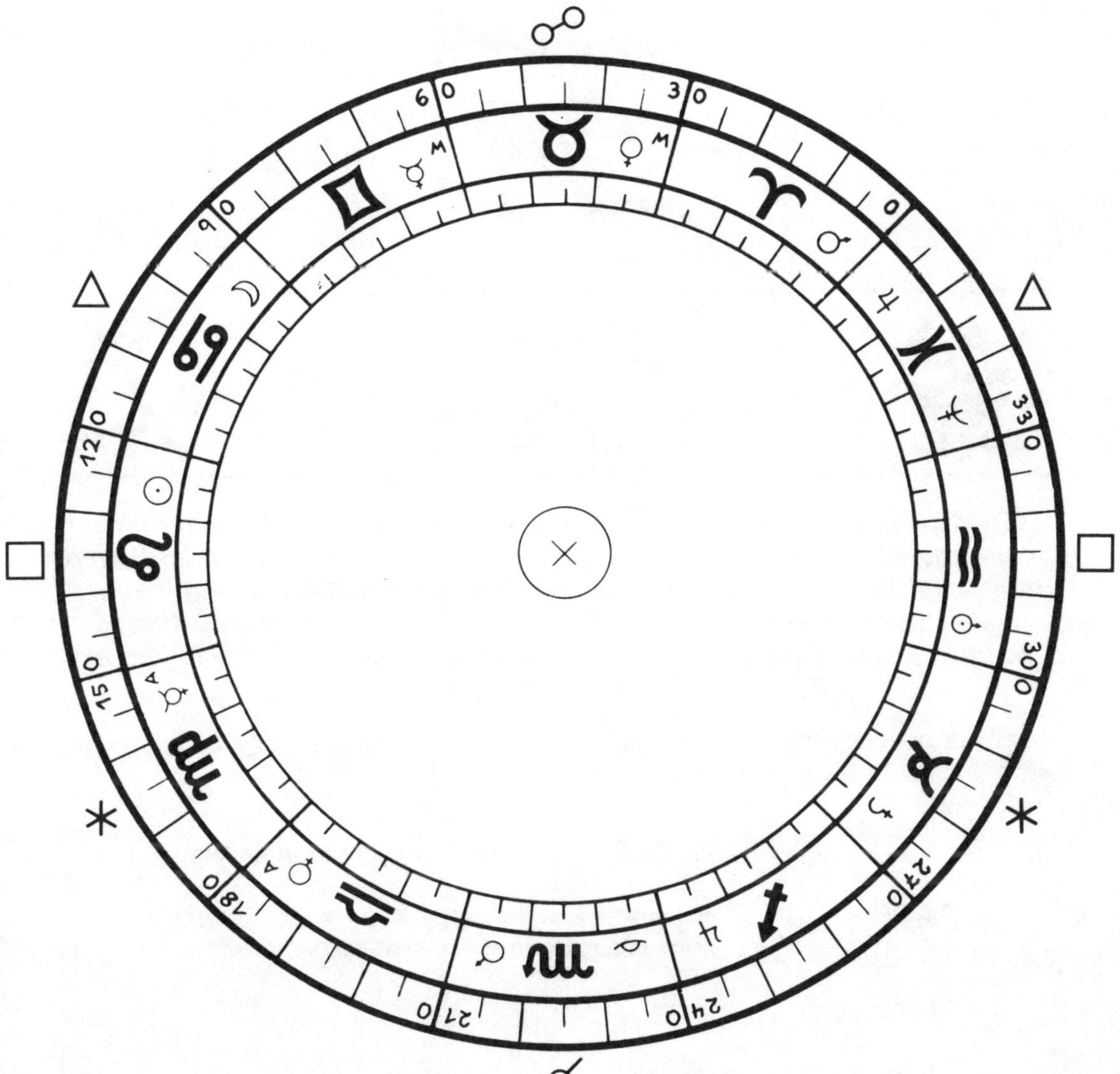

Hier tragen Skorpion-Geborene
ihre Sonne und die ihrer Angehörigen ein

Schütze

23. November bis 21. Dezember
Dritter Herbstabschnitt

»... der Schütz ist das neunte Zeichen, wird gebildet als ein Centaurus, so ein halber Mensch und ein halbes Roß, mit einem gespannten Bogen und darauf liegenden Pfeil, davon die Poeten Gedichte machen, so hierher nicht einzubringen. Der Natur nach ist dies Zeichen so gebildet. Wenn die Sonne darein gehet, es gemeiniglich Schnee wie Pfeile von sich schießt...« heißt es einem alten Planetenbuch.

	Planet, der hier seine verwandte Kraft findet:
Jupiter	symbolisierend die Entfaltung, die Sinnsuche, das Streben nach wahrer Gerechtigkeit.
Element	Feuer
Temperament	cholerisch
Motorik	anpassend
Grundverhalten	männlich, zeugend, ansprechend – aus dem Willen handelnd, nach dem obersten zu streben.

ASPEKTE
einer Schütze-Sonne:

Konjunktion in Schütze
Sextile in Waage und Wassermann
Trigone in Löwe und Widder
Quadrate in Jungfrau und Fische
Opposition in Zwillinge
Mögliche Überschneidungen durch Stellung in Anfangs- und Endgraden wurden nicht berücksichtigt, weil diese Aspekte von den Elementen her nicht einwandfrei wären.

VORZÜGE DES LEBENSKERNS	GEFAHREN DES LEBENSKERNS
Geistigkeit	Eigensinn
Gerechtigkeitssinn	Dünkel
Selbstvertrauen	Unbesonnenheit
Strebsamkeit	Schlemmertrieb
Hingabefähigkeit	Pharisäerhaftigkeit
Güte	Empfindlichkeit
Abenteuerlust	Kritiklust
Humor	Arroganz
Erziehungsgabe	Eitelkeit
Erkenntnistrieb	Unbescheidenheit
Begeisterungsfähigkeit	Voreiligkeit
Opferbereitschaft	Rücksichtslosigkeit
Führungsanspruch	Großtuerei
Idealismus	Kraftvergeudung
Enthusiasmus	
Jovialität	
Machtwille	
Diplomatie	
Bewunderungsfähigkeit	

IHR MOTTO
Das Leben will gelebt und mit Sinn ausgefüllt werden.

ALLGEMEIN

heißt es oft: Schützen sind eitel und stets geht von ihnen ein Führungsanspruch aus. Auch erziehen sie gerne und fühlen sich als Mittelpunktsfiguren erst recht wohl. Ihr joviales Verhalten verdeckt, was sie wollen, zumal ihnen das Unterordnen sehr schwerfällt. Ihre Glaubensüberzeugungen können zu einem festen Anspruch werden, da sie keinen Kompromiß eingehen. Ihr Gerechtigkeitsstreben artet oft in Selbstgerechtigkeit aus, was sie sogar unduldsam machen kann.

Nun – das stimmt so nicht. Sicher lebt in jedem weiblichen wie in jedem männlichen Schützen eine Führungsbegabung, die auch verwirklicht werden will, daher treten alle Schützen (ganz besonders die weiblichen) meist sehr selbstbewußt auf. Aber sie zeigen sich eigentlich in allen Situationen menschenfreundlich, geben gerne Ratschläge, leisten schnell Hilfe, wenn sie auch erwarten, daß diese Hilfe angenommen, die Ratschläge befolgt werden. Sie halten sich nicht lange mit pessimistischen Fragen oder Schilderungen auf, sondern packen optimistisch an und meinen, nur so dem Leben auch die guten Seiten abgewinnen zu können. Sie möchten wirklich am Ende ihres Lebens »gelebt« haben, das heißt, das Leben soll nicht ohne Aufgabe an ihnen vorbeigegangen sein.

Diese Charaktere bemühen sich sehr um Selbstdisziplin, um Beherrschung, sie hassen Ausbrüche, undurchdachte Äußerungen oder ausweichende Antworten. Es geht ihnen stets um den Kern, um das Wahre. Ihr Erziehungswille ist in der Tat stark ausgeprägt, aber sie fangen immer bei sich selbst an, darin sind sie beste Vorbilder, selten verlangen sie von anderen, was sie nicht selbst von sich erwarten. So haben sie selten echte Feinde, wenn auch viele Neider. Ihr Selbstvertrauen ist groß, ja überzeugend, was dazu verführt, daß von ihnen öfter eine gewisse Selbstgefälligkeit ausgeht. Da die Schützen jedoch im entscheidenden Moment herzlich über sich selbst lachen können, fangen sie so oft peinliche Situationen ab, zumal sie die Gabe haben, meist die Mitte anzuvisieren.

Was ihren inneren Stolz angeht, so ist dieser stark ausgeprägt, und es ist nicht ratsam, diese Charaktere in dieser Hinsicht anzugreifen, wie sie es auch überhaupt nicht vertragen, wenn jemand hinter ihrem Rücken redet. Sie lieben das offene Wort, wobei die Wortwohl sehr wesentlich ist. Beschimpfungen sind unter ihrer Würde, Beleidigungen prallen an ihnen ab; und wer sich nicht entschuldigen kann, der hat bei ihnen nichts mehr zu melden. Auch in punkto Undankbarkeit reagieren sie sehr klar und hart. Sie selbst haben die Gabe, eigentlich stets den richtigen Ton zu finden, ob sie mit einem Handwerker oder einem Minister, mit einem Untergebenen oder einem Vorgesetzten sprechen. Sicher wollen so gut wie alle Schützen hoch hinaus, aber sie gehen dabei kaum über Leichen, und wenn sie ihre Ellenbogen gebrauchen, dann werden diese vorher wattiert. Haben sie es geschafft, dann benehmen sie sich oft wie kleine Götter, die huldvoll, aber gerecht ihre Gunst verteilen. Dabei können sie recht gut Schmeichler von Freunden unterscheiden, wenn sie auch für Lob stets anfällig sind.

Diese Charaktere erwarten, daß das Leben sie fördert, dann fördern sie auch gerne andere. Sie entdecken mit Freude Talente, bilden diese aus, managen sie und blicken voller Stolz auf sie, als wären es die eigenen Kinder. Und von diesen erwarten sie unsagbar viel, was Kinder und auch Enkel oft doch sehr stark belastet. Sie vertreten die Ansicht, daß man nicht früh genug den Ernst des Lebens begreifen kann. Soviel sie fordern, so gerne belohnen sie und zeigen sich von der großzügigsten Seite. Sie selbst genießen Essen und Trinken. Sie schwelgen mit Freude, ihr Tisch muß reichlich und köstlich gedeckt sein.

Ihre Grundlebensauffassung ist im wahrsten Sinn sportlich, dies bedeutet auch, daß Fairneß eine äußerst wichtige Rolle spielt. Fouls lehnen sie grundsätzlich ab, lieber

verlieren sie ein Spiel. Aber wehe dem, der meint, diese Charaktere mit steten Fouls austricksen zu können. Der wird sein Wunder erleben.
Im Beruf visieren sie möglichst eine führende Position an. Als Lehrer, die von ihrem Beruf besessen sind, haben sie meist beste Chancen, wenn man diesen Menschen auch eine priesterliche Kraft zuspricht. Das Positive ist die Gabe der Anpassung. Zwar sind sie schwer von ihrer Meinung abzubringen, aber sie können sich doch recht gut angleichen und verbindlich verhalten, so daß sie selten Freunde und Kollegen (auch nicht Vorgesetzte oder Amtspersonen) vor den Kopf stoßen.
In der Liebe zeigen sie sich von verhaltener Feurigkeit, die männlichen Schützen fühlen sich noch als alte Kavaliere und Beschützer, die weiblichen Schützen strahlen in der Liebe eine aktive Selbstsicherheit aus, die gerade etwas weiche, männliche Charaktere sehr in ihren Bann zieht. Stets soll aber die Partnerschaft eine echte Ergänzung darstellen, so wird fast jede Freundschaft bereits wie auf Dauer angelegt. Es braucht oft sehr lange Zeit, ehe einer dieser Charaktere sich auf Verbrüderungsszenen einläßt, aber Freundschaften halten lange, meist doch ein Leben lang.
Ihre Schwäche liegt in ihrer Kritikempfindlichkeit. Was sie kaum vertragen ist, wenn sie vor anderen kritisiert werden oder wenn sie in der Kritik Neid und Gehässigkeit spüren. Am meisten ärgern sie sich, daß sie ihre eigenen Fehler nicht selbst erkannt und abgestellt haben, und ganz besonders erregt zeigen sie sich bei kleinlicher, spießbürgerlicher Kritik. Lektorenmentalität lehnen sie zutiefst ab. Lieber kleine Fehler dulden, wenn dadurch das große Ziel schneller erreicht werden kann.
Fazit: Schützen sind voller Missionsdrang, ideell geprägt, und wahre Gerechtigkeit spielt für sie eine große Rolle. Tun sie jemandem Unrecht, dann tragen sie selbst daran am längsten. All das stimmt im allgemeinen, aber Schützen können auch ganz anders sein. Dann sind es allerdings keine typischen Schützen, sondern Ausnahmen, und die gibt es unter allen Tierkreiszeichen. Doch irgendwo ist jeder Schütze-Charakter erzieherisch, feurig und auch anpassend, eitel, genießerisch und für Lob sehr empfänglich.

MINERALIEN, STEINE UND SCHMUCK DES SCHÜTZEN

Als Mineralien schreibt man dem Schützen das Zink und das Zinn zu, als Stein den Saphir, als Schmuck das Elfenbein und alle ausgefallenen Edelsteine. Eine Schützedame kennt aber keinen besseren Schmuck als eine dunkelrote Rose, und auf einen Ball kommt sie mit einem Strauß dieser Blumen, weil sie sich stündlich eine neue Rose ins Haar oder an den Ausschnitt ihres Abendkleides steckt.
Dann gehört als Schmuck der Lorbeer dem Schützen, in jeder Façon, am liebsten natürlich aus einem Edelmetall. Und der Schmuck der Jäger, das imposante Hirschgeweih in der Wohnung vor der Eingangstür.

BEKANNTERE PERSÖNLICHKEITEN

Manfred Köhnlechner, Christine Brückner, Elisabeth Noelle-Neumann, Carl Carstens, Maria Callas, Winston Churchill, Werner Heisenberg, Friedrich Engels, Edith Piaf, Rainer Maria Rilke, Willi Brandt, Jane Fonda, Frank Sinatra, Jean Marais, Maria Stuart, Mark Twain, Johann Nepomuk Nestroy, Curd Jürgens.

DIE SCHÜTZE-MUTTER

ist voller Ehrgeiz für ihr Kind, wenn sie diesen Ehrgeiz auch den Nachbarn und Freunden gegenüber gut verbergen kann. Aber sie glaubt von Anfang an daran, daß ihr Kind einmal eine bedeutende Rolle in der Welt darstellen wird. Daher wendet sie auch seiner Erziehung besondere Aufmerksamkeit zu. Sie ist streng, aber fördernd, und wenn sie von einer Begabung ihres Kindes Kenntnis nimmt, dann wird sie alles daransetzen, daß sie gefördert wird. Schon muß das Kind eine Privatschule mehr besuchen. Ist die Tochter tanzbegabt, dann meldet die Mutter sie in einer Ballettschule an, hat der Sohn eine gute Stimme, dann muß er bald im Kinderchor der Stadt mitsingen. Während der Schulzeit ihrer Kinder zeigt sich diese Mutter den Lehrern gegenüber besonders aufgeschlossen, sie nimmt an Elternversammlungen teil und versäumt keine Gelegenheit, ihrem Kind zu dienen.

Ja, sie dient ihrem Kind: ihre persönlichen Interessen kann die Schütze-Mutter bewußt zurückstellen, ihr Ehrgeiz wird auf das Kind projiziert. Manches Kind einer Schütze-Mutter empfindet im Nachhinein seine Kinder- und Schulzeit als anstrengend, aber kaum ein Kind wird ihr deswegen böse sein. Diese Kinder versäumen so keine Chancen. Dabei sind diese Mütter nicht einmal streng, sie strafen kaum. Sie peitschen ihr Kind durch gezieltes Lob an, sie machen ihm immer wieder Mut. So verzeihen sie ohne weiteres Flüchtigkeitsfehler, solange sie nur wissen, daß dieses Kind Klassenerster werden und bleiben will.

Daher werden diese Kinder auch oft von ihrer Mutter verwöhnt. Wenn sie ein neues Musikinstrument haben wollen, sie bekommen es, wenn sie ein neues Tonband benötigen, daran soll es nicht fehlen (solange der materielle Rahmen der Familie es erlaubt). Diese Mütter haben außerdem den Vorteil, ihre Kinder schnell sehr ernst zu nehmen. Schon im Kindergartenalter sprechen sie mit ihnen wie mit Erwachsenen. Ja, sie hören sogar auf ihre Kinder, wohl wissend, daß sie ihnen damit auch eine Verantwortung aufbürden. Diese Mütter möchten einfach stolz auf ihre Kinder sein, so werden sie auch stets größten Wert darauf legen, daß diese Kinder immer nett angezogen aussehen, wenn ihre Kleidung noch so leger wirkt.

Was sie kaum entschuldigen, sind Faulheit oder unhöfliches Vor-sich-Hinmuffeln. Dann spüren diese Kinder schnell die auch harte Hand der Mutter.

Ein besonderes Kapitel stellt die ideelle Grundeinstellung dieser Mütter dar. Sie wissen, daß das Leben mehr sein sollte als nur materielle Bewältigung, also werden die Kinder früh in die Literatur eingeführt, werden früh gebildet, schon jedes Spielzeuggeschenk muß einen Sinn haben. Auch richten sie ihre Erziehung meist dahin aus, daß die Kinder früh lernen, eigene Fehler zuzugeben, daß sie die Kraft finden, sich entschuldigen zu können. Wählen die Kinder einen Beruf, dann hat sich eine Schütze-Mutter schon lange vorher erkundigt, welche Berufe Zukunftschancen haben, und zwar auf lange Sicht. Diese Mütter sind auch recht flexibel. Sie nehmen ihre Kinder durchaus aus einer gewählten Berufsausbildung heraus, wenn sich in einem anderen Beruf bessere Möglichkeiten zeigen sollten. Es kommt ihnen ja nur höchst selten darauf an, daß ihre Kinder früh ausgelernt haben. Es geht ihnen immer um die Langfristigkeit von Lebenschancen.

Dies spielt auch bei Partnerschaftsfragen eine große Rolle. Auf einen Nenner gebracht heißt dies: Die Kinder sollen hinauf- und nicht herunterheiraten. Spüren diese Mütter jedoch, daß echte Liebe im Spiel ist, dann halten sie sich zurück, denn das empfinden sie durchaus als Größe. Auch wenn die Kinder wirklich einer inneren Berufung nachzugehen scheinen, die diese Schütze-Mütter nicht verstehen, dann respektieren sie dies. So sehr sie ihre Kinder formen wollen, vergewaltigen oder verbiegen wollen sie sie auf keinen Fall.

DER SCHÜTZE-VATER

wirkt – dies allerdings auch sehr bewußt – durch sein Vorbild. Er weiß, daß alles, was anerzogen werden soll, ein Vorbild benötigt, und so gibt er sich große Mühe, diese Verpflichtung zu erfüllen. Das fällt ihm oft schwer, denn bei aller Selbstbeherrschung muß er sich ja auch mit seinen Schattenseiten herumschlagen.
Eine große Rolle spielt das Menschliche, das Joviale, das er seinen Kindern früh vermitteln will. Auch hier muß er manchmal über seinen Schatten springen und schlechte Laune überspielen.
Diese Väter kümmern sich wenig um die Kleinkinder, sie sind zwar von Anfang an für sie da, aber wer sie genau beobachtet, wird feststellen, daß sie mehr auf die Mutter achten als auf das Kind. Das heißt, sie beobachten stets, wie die Mutter mit den Kindern umgeht, oft so sehr, daß sich hier schon echte Ehekonflikte angebahnt haben, denn diese Väter scheuen sich nicht, ihre Frauen als Mütter und Erzieherinnen der Kinder oder des Kindes auch zu tadeln. Werden die Kinder allerdings älter, versuchen diese Väter ziemlich direkt, die Mütter auszuspielen, nun wollen sie der wesentliche Elternfaktor sein. So erwarten sie etwa, daß die Kinder, selbst die größeren, zu Hause sind, wenn sie nach der Arbeit heimkehren.
Da diese Väter oft eine herrliche Ausstrahlung haben, gelingt es ihnen meist, die Kinder in ihren Bann zu ziehen, besonders eben dadurch, daß sie vermeiden, sich widersprüchlich zu zeigen. Gegen die Kritik ihrer Kinder, die unweigerlich kommt, sind sie recht immun, besonders dadurch, daß sie gemachte Fehler ziemlich offen eingestehen. Ein Schachzug – wenn auch aus Überzeugung –, den andere Väter kaum so vollendet an den Tag legen können. Die Kinder haben auch stets das Gefühl, daß ihr Vater auf ihrer Seite steht, selbst wenn sie sich dem Lehrer oder dem Ausbilder gegenüber schlecht verhalten haben. Wenn sie vom Vater bestraft werden, wissen sie, daß ihm das zutiefst schwerfällt.
Diese Väter versuchen, den Kindern schon früh beizubringen, daß alles im Leben seine ausgleichende Gerechtigkeit findet und daß es gar nicht nötig ist, daß jemand sofort die Rechnung für seine schlechte Tat präsentiert bekommt. Überhaupt versuchen diese Väter, ihre Kinder in größeren Dimensionen zu erziehen, was jedoch oft die Folge hat, daß die Kinder die Alltagspflichten nicht gar so ernst nehmen.
Ein Schütze-Vater will auf sein Kind stolz sein, daher zieht er durchaus die Kinder vor, die seinen Erwartungen entsprechen. Zeigt sich ein Kind dagegen uneinsichtig und schwierig, dann tun diese Väter oft nicht mehr als ihre Pflicht. Aber sowie sie auch von diesem Kind gebraucht werden, sind sie da. Überhaupt vermitteln sie das Gefühl »Auf mich, meine Tochter, mein Junge, kannst du dich immer verlassen«, was den Kindern oft eine ungeheure Lebenssicherung mit auf den Weg gibt.
In punkto Berufswahl zeigen sich diese Väter verhältnismäßig großzügig, solange sie spüren, daß es sich um ein Anliegen handelt, dem die Kinder folgen. Wenn aber das Mädchen oder der Junge nur einen bequemen Lebensweg einschlagen wollen, dann reagieren sie höchst irritiert oder gar böse. Diese Schütze-Väter sind von Natur aus den Kindern gegenüber höchst großzügig, aber sie lassen sich nicht ausnutzen. Wenn sie List spüren, Tricks erkennen, dann werden sie zu harten Gegenspielern ihrer Töchter oder Söhne, gerade weil sie so an ihnen hängen und sie gut auf das Leben vorbereiten wollen.
Sie lassen jedoch ihren Nachwuchs schnell aus dem Haus. Wer gehen will, wird nicht aufgehalten, aber dann heißt es auch, sich alleine durchzubeißen. Rat drängen diese Väter ihren Kindern so gut wie nie auf, so gerne sie Ratschläge erteilen, aber da nehmen sie sich selbst an die Kandare. Daher lassen sie meist ihre Kinder die Lebenspartner allein auswählen. Wenn sie auch deutlich zeigen, ob sie mit der Wahl einverstanden sind oder nicht.

DIE SCHÜTZE-TOCHTER

zeigt sich bald als selbständiges Geschöpf. Früh lernt dieses Kind – im wahrsten Sinn des Wortes – sich »von allen Vieren zu erheben und aufrecht zu gehen«. Die Eltern bejubeln oft diesen Entwicklungsschub, sie erkennen schwer, daß hier mehr dahintersteckt.

Die Schütze-Töchter sind meist nicht nur sehr sportlich und körperlich stets fit, sie wollen wirklich möglichst früh auf ihren eigenen Beinen stehen. Zu ihren Eltern schauen sie anhimmelnd auf, aber wehe, denen unterlaufen mehrere offensichtliche Fehlleistungen. Sie möchten ihre Eltern – meist den Vater – anbeten, und eine väterliche Ungerechtigkeit kann sich in eine gravierende Enttäuschung verwandeln.

Diese Kinder sind früh reif, sie handeln flink und voller Temperament, sie lassen sich schwer einsperren. Die Töchter schließen sich in den ersten Schulklassen eher den Jungen an, aber sie lassen sich so schnell von keinem imponieren. Wenn es gilt, messen sie sich daher mit den Jungen im sportlichen Wettkampf, auch weichen sie keiner Rauferei aus, wenn es sein muß.

Diese Töchter sind oft sehr idealistisch ausgerichtet, sie beten Vorbilder an, haben viele Idole, angefangen von Schlagersängern bis hin zu Dichtern, aber auch zu Lehrern oder Trainern. Immer möchten sie jemandem nacheifern oder es jemandem beweisen. Häufig heißt es dann: »Das ist aber ein ehrgeiziges Mädel!« Und das stimmt auch. Zwar fallen diese Töchter nicht dadurch auf, daß sie sich wie Streber verhalten, aber in der Spitzengruppe einer Klasse oder eines Sportvereins sind sie doch meist zu finden.

Früh wählen sie ihre eigenen Interessen. Es ist oft sinnlos, ihnen irgendwelche üblichen Jugendbücher zu schenken, das lehnen sie ab. Sie wollen sich ihre Literatur selbst auswählen. Es wird darüber hinaus auch schnell deutlich, daß sie nichts mehr hassen als Bevormundung. So sollten die Eltern hier sehr feinfühlig vorgehen, wenn sie ihre Tochter beeinflussen wollen. Das Selbständige ist ihnen äußerst lebenswichtig. In der Schule zeigt sich das schnell in der Wahl ihrer Lieblingsfächer, oder die Eltern spüren es, wenn sie sehen, nach welchen – oft eigenwilligen – Kriterien diese Töchter ihre Freundinnen und Freunde auswählen. Hier allerdings wollen diese Mädchen führen. So gern sie sich unter Erwachsenen Vorbilder auswählen, denen sie nacheifern, unter Gleichaltrigen wollen sie doch lieber die Ersten sein. Das wird oft auch auf die Geschwister übertragen. Der ältere Bruder wird so gut wie nie als natürliche Autorität angesehen, und auch die Eltern müssen lernen, daß sich ihre Tochter nicht einfach herumkommandieren läßt.

Ein früh (oft zu früh) entwickelter Stolz legt diesen Geschöpfen manche unnötigen Stolpersteine in den Weg. Doch die Schütze-Töchter wachsen daran. Den Beruf wählen sie selbst, aber klug wie sie sich meistens zeigen, sprechen sie mit ihren Eltern oder ihren Lieblingslehrerinnen bzw. Lieblingslehrern darüber.

Viele zieht es früh in die Ferne, und die Eltern sollten diesen Mädchen die Chance geben, etwa als Austauschschülerin ins Ausland gehen zu können. Diese Zeit ist oft sehr wichtig für die weitere Entwicklung. Diese Töchter können sich stets gut benehmen, so eigenwillig sie sich oft zeigen; sprachgewandt und lernbereit sind sie auch. Vom Heimweh werden sie wenig geplagt, und selbst wenn sie es mal fern der Heimat nicht so gut getroffen haben, jammern sie nicht gleich, schreiben keine Briefe, sondern beißen sich durch.

Früh überraschen diese Mädchen allerdings die häufig entsetzten Eltern mit Partnerschaften, die schnell intim und eng sind. Auch hier erwarten diese Töchter zuallererst Vertrauen. Abschätzende Kritik kann manches Schütze-Mädchen aus dem Haus treiben. Eltern sollten da sehr vorsichtig sein, ihre Bedenken immer sehr einfühlsam und liebevoll kundtun und nie sagen: »So eine Wahl hätte ich gerade von dir nicht erwartet.« Dies bringt nichts ein.

DER SCHÜTZE-SOHN

ist oft der Stolz der Familie, und das nutzt dieser kleine Schlingel gerne aus. Das heißt: Vorsicht vor zuviel Lob, vor zuviel Schmeichelei! Als Kind entwickelt dieser Bub bereits meist einen umwerfenden Charme. Mit gekonnt frechen Antworten, lachend und lustig vorgetragen, erregt dieses Kind schnell Aufsehen und Beifall. Wenn hier Eltern nicht rechtzeitig gegensteuern, dann könnte das Kind sogar beifallssüchtig werden. Hinzu kommt, daß diese Söhne fast immer begabt sind, auch meist gut aussehen und es so in den ersten entscheidenden Lebensjahren recht leicht haben. Es handelt sich hier oft um Vorzugskinder. Sie verstehen es auch, mit den Eltern, später mit den Lehrern oder ihren Ausbildern und den Chefs gut umzugehen. Nicht, daß sie sich überall einschmeicheln. Genau das tun sie so gut wie nie, aber sie haben eine Art, mit Wissen und Schlagfertigkeit oft genau in eine Lücke zu stoßen, die schon lange bestand. Da diese Jungen sich auch nicht scheuen, sich anzustrengen, da sie ferner sportlich wenigstens begabt, wenn auch manchmal etwas faul sind, kommen sie allgemein gut an. Sie sind sehr vielseitig (dabei auch idealistisch) veranlagt, und manche von ihnen zeigen sogar früh religiöses Interesse oder soziales Engagement.

Sie kümmern sich häufig um Kameraden, die es schwer haben. Sie sind sehr ritterlich, und wenn sich jemand schwer wehren kann oder einfach schwächlich ist, dann geben diese Jungen echten Beistand, ohne davon viel Aufhebens zu machen. Genau damit aber gewinnen sie dann die Herzen ihrer Umwelt, und so liegt es an den Eltern, manche früh aufkommende Eitelkeit etwas zu stoppen oder zu relativieren. Diese Söhne behaupten sich, sie suchen kaum Hilfe, sie wollen allein ihren Mann stehen. So sind sie zwar ihren Eltern gegenüber verhältnismäßig offen, aber wenn sie in eine dunkle Pfütze geraten sind, dann berichten sie zu Hause kein Wort. Viele Eltern meinen dann, die Jungen hätten kein Vertrauen zu ihnen. Das aber wäre ein Trugschluß. Sie wollen sich einfach allein erproben, ganz besonders dann, wenn sie sich auf ihre Eltern verlassen können. Wie die Schütze-Mädchen treibt es auch die Schütze-Jungen früh hinaus. Ihre Lernbegierde ist außergewöhnlich groß. Haben sie ältere Brüder, dann lernen sie bereits mit denen mit, sie möchten einfach immer allen eine Nasenlänge voraus sein. Meist reicht diesen Jungen die Zeit nicht, so daß viele von ihnen die Nacht zum Tage machen, und so kommen sie oft unausgeschlafen in die Schule. Die Schularbeiten machen sie flüchtig, aber sie machen sie, wenn sie auch diese Beschäftigung für völlig überflüssig halten. Häufig sind sie auf dem Sportplatz zu finden, oder sie wandern und zelten mit Vorliebe. Wer in den Bergen aufwächst, interessiert sich früh für das Bergsteigen, wer am Meer wohnt, häufig für Schiffahrt oder Reisen.

Berufe locken sie viele, und wenn sie heute einen Berufswunsch nennen, dann hat das meist noch überhaupt nichts zu sagen. Es dauert, ehe sie sich festlegen.

Dies gilt auch für die Lebenspartnerschaft. Viele dieser Jungen wollen sich erst einmal so richtig austoben (dieses Wort gebrauchen sie selbst). Sie wissen nie, ob dieses oder jenes Mädchen alle ihre Erwartungen erfüllen kann. Sie selbst stellen sich diese Frage nie, und wenn sie ein Mädchen einmal ablehnt, dann ist es eben dumm. Die Schuld dafür bei sich zu suchen, das kommt ihnen einfach nicht in den Sinn, ihr Selbstbewußtsein ist da viel zu ausgeprägt. Und dieses Selbstbewußtsein strahlt derart aus, daß diese Jungen auch immer mehr als genug Auswahl haben. Wenn sie sich aber entscheiden, dann nehmen sie die Führung der Partnerschaft in die Hand - sonst binden sie sich kaum - und wollen die beste Ehe führen, die es überhaupt gibt. So sind sie zumindest in der Jugend voller Glauben an sich und die Welt.

DIE SCHÜTZE-GROSSMUTTER

strahlt stets auf die Enkel eine besondere Würde aus und tritt groß auf. Unbefangene spüren, daß diese Frau sich immer noch gut verkaufen kann. Oft sieht sie um fast ein Jahrzehnt jünger aus als sie ist, und der Typ einer Märchen-Großmutter ist sie wahrlich nicht. Meistens kleidet sie sich flotter und sportlicher als ihre Kinder, und so kommt es oft vor, daß sie zusammen mit den Enkeln die Kleidung der Eltern kritisiert. Und nicht nur das.

Diese Großmutter verbündet sich gerne mit ihren Enkeln gegen die Eltern, allerdings nur, wenn sie der festen Überzeugung ist, daß die im Recht sind. Die Enkel lieben sie dafür, sie bewundern ihren Mut und ihr selbstsicheres Auftreten. Vielen Enkeln macht es ausgesprochenen Spaß, mit so einer Großmutter zu diskutieren, und diese Diskussionen sind lebhaft, manchmal geht es da sogar sehr widersprüchlich zu. Wenn sich Erwachsene heute bei der Jugend Respekt verschaffen, dann die Schütze-Großmütter, was jedoch auch für die Schütze-Großväter gilt. Diese Großmütter wollen auch stolz auf ihre Enkel sein, und sie nehmen sie früh ernst.

Meist sind sie es, die die Enkel bei ihrem vollen Vornamen ansprechen, sie lehnen Kosenamen oder Verniedlichungen ab, was ihnen wiederum manchen Pluspunkt einbringt. Andererseits sind sie es aber gerade, die nicht alles gut finden, was die Enkel machen. Gegen laute Disko-Musik wettern sie, wie sie sich auch überhaupt nicht von den sogenannten »Trends« einschüchtern lassen. Nein, sie erwarten Respekt, und den verschaffen sie sich auch.

Je älter die Enkelin, der Enkel, um so mehr haben sie von dieser Großmutter, die zwar keine weisen Ratschläge für das Leben parat hat, aber nützliche. Und sie drängt sich den Enkeln nicht auf, wenn sie sich auch hochbeglückt zeigt, als Großmutter benötigt zu werden. Daher hat sie für die Enkelkinder oft mehr Zeit als die Eltern, was den Enkeln meist willkommen ist.

DER SCHÜTZE-GROSSVATER

läßt sich am besten so beschreiben: Ihn gibt es nicht. Spaß beiseite, aber ehe sich ein Schütze-Mann als Großvater bezeichnen läßt, muß er am Stock gehen. So übertrieben das klingt, es trifft den Punkt! Natürlich lieben auch diese Großväter ihre Enkel, aber doch mit Distanz.

Erst wenn die Enkel heranwachsen, wenn sie sich um den Großvater bemühen, dann wendet er sich auch ihnen zu. Und er zeigt sich jung und aufgeschlossen, geht plötzlich mit den Enkeln auf den Fußballplatz, begleitet die Enkelin zur Tanzstunde. Ja, er ist so »da«, daß manche Enkelin zuerst ihm ihren »Typ« vorführt und allein auf sein Urteil etwas gibt.

Wenn die Enkel erwachsen werden, dann taucht dieser Großvater auf, dann ist er da, oft sehr zum Leidwesen der Eltern, die meinen, der Großvater verjünge sich in gefährlicher Weise. Aber weise sind diese Großväter kaum, allerdings wissen sie viel vom Leben, und sie sind es, die den Enkeln bei ihren ersten Lebensniederlagen beistehen und ihnen einhämmern, vor allem sich selbst im Kern nicht untreu zu werden. Sie mahnen, das Materielle nicht zu wichtig zu nehmen, sie spornen sie an, ja nicht ihre Ideale aufzugeben oder gar wegen eines Vorteils sich selbst zu verkaufen. Sie lökken also gerne wider den Stachel, und das tut ihnen auch sehr gut.

So bilden diese Großväter mit ihren Enkeln oft eine verschworene Clique innerhalb eines Familienverbandes. Manche Eltern müssen dann sogar eingreifen, aber keine Sorge, diese Großväter respektieren das.

Wenn der Enkel sich einmal zurückzieht, weil der Großvater ihm zu deutlich seine Meinung gesagt hat, läuft ihm kein Großvater nach, der aus richtigem Schützenholz gebaut ist! Doch sowie die Enkelin, der Enkel schüchtern anklopfen, ist der Großvater wieder da, so als wäre nie etwas gewesen, denn nachtragend ist er sowieso nicht, und das ist mit das größte Plus.

VERHÄLTNIS ELTERNTEIL - KIND (und umgekehrt)
durch den Sonnenstand bedingt.

ELTERNTEIL SCHÜTZE - KIND SCHÜTZE
(oft eine Konjunktion)

Elternteil und Kind sind sich vom Grundaufbau des Charakters meist verblüffend ähnlich, was aber nicht dazu verleiten sollte, hier auf eine gänzliche Harmonie zu tippen.
Oft liegen ja gerade diese Familienmitglieder im Clinch miteinander. Zwar spüren beide - das Kind zunächst noch unbewußt - die nahe Ähnlichkeit, aber beide müssen auch begreifen lernen, wie schwer jeder aus seiner Haut herausfindet. Das Kind empfindet den Elternteil als zu erzieherisch, und der Elternteil urteilt über das Kind, daß es selbstgerecht wäre. Bei allen Auseinandersetzungen aber verlieren beide eigentlich nur höchst selten die Achtung voreinander, selbst wenn es sehr hitzig zugeht. Doch meist erinnert sich ja der Elternteil noch sehr genau, wie er selbst in der Jugend empfunden hat, so wird er sein Kind recht gut leiten können. Das Kind findet dagegen den Elternteil so imponierend, daß er diesem nachstreben will.
Am leichtesten gelingt das Zusammenleben, wenn es um eine Sache geht, hier haben beide meist die gleiche Grundauffassung. Oft stören gegenseitig die Eitelkeit oder das Sich-so-wichtig-Nehmen, denn es ist schon so, daß Elternteil wie Kind beim anderen die eigenen Fehler entsetzlich finden. Besonders der Elternteil ist oft verzweifelt, wenn er erleben muß, daß sein Kind die gleichen Fehler macht wie er und daß man Erfahrungen einfach nicht weitergeben kann. Ist das Kind erwachsener, hat es die ersten Niederlagen erlitten, dann wachsen beide Familienmitgleider oft sehr eng zusammen; so eng, daß sich die anderen in der Familie fast darüber lustigmachen. Es ist empfehlenswert, daß das Kind recht früh aus dem Elternhaus geht, um so herzlicher wird sich die gegenseitige Verbindung gestalten.

ELTERNTEIL SCHÜTZE - KIND STEINBOCK
(meist kein Aspekt)

Oft mag sich hier der Elternteil - und dies nicht nur im Scherz - fragen, ob dies wirklich sein Kind ist oder warum es überhaupt nichts von ihm geerbt hat. In der Tat: Auf den ersten Blick sieht es so aus, als würde das Kind völlig aus der Art schlagen.
Es fehlen der Schwung, der Eifer, der Idealismus. Dieses Kind verhält sich zurückhaltend, es macht kleine Schritte. Während der Elternteil in der Jugend immer nur gerannt ist, muß er jetzt ansehen, daß »sein« Kind bedächtig und gründlich, langsam und oft auch stur in seinen Handlungen ist. Was dem Elternteil so schwerfällt, ist die Tatsache, daß er kaum vermag, dieses Kind für irgend etwas zu begeistern. Oft scheint es ihm daher undankbar, aber das ist keinesfalls richtig, das Kind vermag sich oft nur nicht so zu freuen, wie der Elternteil sich heute noch freuen kann. Auch vom eigenen Lebensoptimismus meint der Elternteil, nichts im Kind entdecken zu können, dafür muß er erleben, wie es sich sehr langsam entwickelt, aber durchaus nicht leicht führen und anleiten läßt.
Wird das Kind älter, spürt der Elternteil den stillen, aber unbeugsamen Ehrgeiz, dann kommt eher Stolz bei ihm auf, auch Bewunderung. Aber die echte Herzlichkeit will sich so leicht nicht einstellen. Hinzu kommt, daß der Elternteil sich damit abfinden muß, daß dieses »sein« Kind seine ganz eigenen Wege geht. Überwindet er sich, indem er das respektiert, dann wird sich das Verhältnis, das ja dabei eigentlich nie schlecht war, bessern und auflockern.
Oft führt der Weg zum Kind über die Lebenspartnerin, den Lebenspartner, selbst wenn sich der Elternteil heimlich über die Wahl seines Kindes die Haare rauft. Doch da sich beide ja nie Böses angetan haben, wird das Verhältnis zwar distanziert, aber doch nie ernstlich gestört sein.

ELTERNTEIL SCHÜTZE – KIND WASSERMANN
(meist ein Sextil)

Von Anfang an herrscht zwischen diesen Familienmitgliedern Harmonie, nicht immer ungetrübt, aber doch vorwiegend. Beide verspüren ja in sich den Wunsch, über sich hinauszuwachsen. Beide sind ideell orientiert, wenn es auch dem Elternteil dabei mehr um das Ideal an sich geht, während das Kind eher persönlichen Ehrgeiz befriedigen will.
Aber beide verbindet auch das Lachen. Sie verhalten sich überwiegend optimistisch und glauben an die Zukunft. Das Kind nimmt oft begierig auf, was der Elternteil ihm mitteilt, und der Elternteil zeigt sich jedesmal überrascht von dem Einfallsreichtum seines Kindes. Oft vertreten beide dabei völlig unterschiedliche, ja gegensätzliche Meinungen, aber es kommt selten zu einem heftigen Streit, und wenn, dann ist dieser kurz wie ein klärendes Gewitter. Sicher setzt der Elternteil sehr viel Zukunftshoffnungen auf das Kind, und er bewundert mit welcher Leichtigkeit es sich durch Schule und Lehre laviert. Seine witzige Lebensklugheit gefällt dem Elternteil ebenso wie der Ehrgeiz, sich individuell zu betätigen.
Beide wandern gerne. So sind sie in Urlauben oft besonders eng miteinander verbunden. In beiden lebt eine starke – wenn auch sehr unterschiedliche – Abenteuerlust, und beide nehmen das Leben nicht zu ernst. Allerdings meint der Elternteil wohl doch schon oft, daß dem Kind etwas mehr Ernst gut anstände, aber dies sind nur kleine Bedenken.
Wenn das Kind aus dem Haus geht, so findet die Trennung meist ohne Tränen und ohne dramatischen Abgang statt. Der Elternteil leidet zwar darunter, aber er will seinem Kind keinen Weg verbauen. Großzügigkeit des Herzens, das ist beider Devise, durch die diese enge Bindung sich eigentlich nie löst, auch dann nicht, wenn das Verhältnis zur Schwiegertochter oder zum Schwiegersohn sich vielleicht als schwierig herausstellen sollte. Im Notfall verstehen sich ja beide auch ohne Worte.

ELTERNTEIL SCHÜTZE – KIND FISCHE
(oft ein Quadrat)

Das Verhältnis zwischen beiden Familienmitgliedern ist gar nicht so schlecht, wie es oft in alten Astrologiebüchern geschildert wird. Im Gegenteil, obwohl meist die Sonnen ein Quadrat zueinander bilden, verstehen sie sich oft blind oder stumm. Diese Familienmitglieder gehören einfach zueinander.
Ihr Entfaltungswunsch ist sehr ausgeprägt, und sie haben zwar oft nicht die gleichen, aber doch ähnliche Ideale. Das Kind braucht diesen Elternteil sehr. Es sieht ihn als seine Schutzpatronin, als seinen Schutzpatron an (und das ohne Wenn und Aber). Das zeigt sich oft schon im Kindergartenalter. Unter der Obhut dieses Elternteils meint das Kind, sich am besten entwickeln zu können. Früh führen sie recht tiefe Gespräche, nicht gerade philosophischer Art, aber Mythen, Märchen und Legenden berühren beide, auch Glaubensfragen könnten hier eine große Rolle spielen.
Das Kind ist sicher der zärtlichere Teil von beiden, aber der Elternteil füllt hier seine Beschützerrolle – man möchte sagen – mit Inbrunst aus. Die Gefahr besteht jedoch, daß er oft zu nachsichtig reagiert und dieses Kind wirklich verwöhnt, so daß man bei einem Jungen etwa von einem Muttersöhnchen sprechen könnte. Nahe kommen sich beide sehr über Künste, Ausstellungen und Konzerte, da verstehen sie sich ohne Worte. Der Elternteil meint, hier ein besonderes, interessiertes Echo zu finden, und er muß sich davor in acht nehmen, das Kind zu sehr mit Problemen zu belasten. Er darf die gläubigen Kinderaugen nicht als Zeichen des persönlichen Verstehens ansehen. Problematisch wird diese Bindung dann, wenn Freundin oder Freund auftauchen, denn nun wird die etwas illusionshafte Bindung wirklich auf eine harte Probe gestellt. Da keiner den anderen verlieren will, leiden oft die Lebenspartnerin, der Lebenspartner unter dieser engen Beziehung, oder es gibt eine große Auseinandersetzung, die so eskaliert, daß für immer ein Schnitt vollzogen werden muß.

ELTERNTEIL SCHÜTZE – KIND WIDDER
(oft ein Trigon)

Diese Familienmitglieder verstehen sich grundsätzlich gut, ja prächtig, wenn auch der Elternteil immer wieder Mühe haben wird, den heftigen Willen des Kindes zu bändigen. Der Trotzkopf bereitet manchen Elternteilen oft große Sorgen, aber diese sind immer mit einer gewissen Bewunderung für den Elan, den inneren Schwung des Kindes durchsetzt, und sehr viele Schütze-Elternteile beneiden das Kind gerade wegen der Urkraft, die sich hier offenbart. Sie selbst haben sich kaum so unbedingt durchsetzen können.

Trotzdem wird es schwierig sein, dem Kind die notwendige Reife und Bedachtsamkeit anzuerziehen, und da kracht es dann schon einmal zwischen beiden. Aber das Verbindende sind das Temperament, und die Tatsache, daß beide stets hoch hinaus wollten oder wollen. Das Kind blickt voller Achtung auf diesen Elternteil, soweit ein Widder-Kind überhaupt zu Respekt fähig ist, aber wenn es sich jemand unterordnet, dann diesem Vater, dieser Mutter, denn da spürt es doch mehr Verwandtschaft als nur von der Familienverbindung her. Und so kommt es in manchen Fällen dazu, daß das Kind, nachdem es sich die ersten Narben eingehandelt hat, diesen Elternteil doch um Rat fragt. Es bewundert dann dessen sanfte, aber doch zielbewußte Art, alles wieder geradezurücken. Auch bei der Berufswahl wird dieser Elternteil gefragt. Wenn auch der Rat meist nicht befolgt wird, bleibt er doch im Bewußtsein des Kindes. Das ist überhaupt das Entcheidende: Der Elternteil sollte nie traurig oder enttäuscht sein, wenn seine Warnungen von diesem Kind nicht befolgt werden. Stolpert das Widder-Kind, dann erinnert es sich sehr wohl an die gegebenen Ratschläge, was letztlich sehr zum gegenseitigen Vertrauen beiträgt. Die Elternteile werden bei diesen stürmischen Kindern oft sehr lange warten müssen, ehe sie gefragt werden, aber der Zeitpunkt kommt ganz sicherlich.

ELTERNTEIL SCHÜTZE – KIND STIER
(meist kein Aspekt)

Hier kommt es sehr auf das Geschlecht an. Ist der Elternteil männlich, das Kind weiblich, dann dürfte die Beziehung sehr gut sein, auch von der Schützen-Mutter zum Stier-Sohn ist sie nicht schlecht. Differenzierter jedoch dürfte sich das Verhältnis gestalten, wenn der Elternteil der Vater ist, das Kind der Sohn, beziehungsweise der Elternteil die Mutter, das Kind die Tochter. Hier stehen sich doch manche Fremdheiten des Lebenskerns gegenüber, die durch die gleiche Geschlechtszugehörigkeit kaum ausgeglichen werden können. So werden Elternteil und Kind sehr miteinander ringen müssen.

Dem Elternteil ist das Kind sicher zu real; er meint, seine Tochter, sein Sohn schauten nicht weit genug hinaus in die Ferne, bemühten sich nicht genügend um eine Horizonterweiterung. Die oft penible Ordnung des Kindes, der Hang alles zu bewahren, aufzuheben, gewisse Heimlichkeiten, etwa zunächst beim Taschengeld, später in punkto Vermögensverhältnisse, versteht der betreffende Elternteil schwer, meist gar nicht. Das Kind dagegen steht auf dem Standpunkt, den es später sehr direkt und ohne Scheu vertritt, daß es besonders aus den Fehlern des Elternteils gelernt habe, was jener auch nicht gerade gerne hört.

Dabei gibt es kaum größere Auseinandersetzungen, da sich das Kind sehr geschickt verhalten kann, wenn auch die berühmte und vorhandene Stier-Sturheit dem Elternteil mehr als einmal auf die Nerven geht. So macht dieses Kind sehr bewußt seinen eigenen Weg, findet meist erst spät zum Elternteil, obwohl dieser nie verleugnet wird. Sicher lebt in diesem Kind auch eine gewisse Existenzangst, die zwar kaum spürbar, von vielen sogar für undenkbar gehalten wird, die aber so gut wie stets vorhanden ist. Oft erweisen sich auch hier wieder die Lebenspartnerin, der Lebenspartner als sehr hilfreich für das Verhältnis Elternteil – Kind, wenn der Elternteil die Wahl seines Kindes annimmt.

ELTERNTEIL SCHÜTZE – KIND ZWILLINGE
(oft eine Opposition)

Diese Gegensätze der Polarität des Tierkreises verstehen sich eigentlich grundsätzlich gut. Wenn Gegensätze gute, ja besonders fördernde Ergänzungen sind, dann in dieser Konstellation. Das stets interessierte Kind spornt den Elternteil förmlich an. Die steten Fragen, das ständige »Warum?« gefallen dem Elternteil, und er beginnt mit dem Kind neu zu lernen. Dessen Wißbegier findet ein höchst positives Echo, was schon eine gute Grundlage bildet.
Hinzu kommt die Tatsache, daß beide bestens miteinander – wenn auch manchmal heftig – diskutieren können. Keines dieser Familienmitglieder vertritt einen absoluten Standpunkt, die allgemeine Aufgeschlossenheit eines jeden zeigt sich als fruchtbares Element. So schaut der Elternteil mit Stolz auf den Werdegang des Kindes, während das Kind diesen Elternteil bewundert. Sicher darf es die Diskussionen mit diesem Kind nicht auf die leichte Schulter nehmen, das wäre höchst unklug, könnte sehr leicht zu Distanzierungen führen, da das Kind einfach gierig auf alles Neue ist und sich – findet es kein Echo in einem Elternteil – einen Lehrer, einen älteren Freund oder wen auch immer sucht.
Der Elternteil erkennt bald – je älter sein Kind wird, um so stärker, wie wichtig Vielseitigkeit ist, und daß die Gefahr der Verkrustung tödlich sein kann. Selten kann ein Elternteil auch ein guter Lehrer seines Kindes sein, diese Konstellation mag die Ausnahmen anzeigen. Das Verstehen beschränkt sich dabei nicht nur auf das Geistige (das geht schon tiefer), aber es spielt zunächst eine große Rolle. Und so wird dieser Elternteil auch viel Einfluß auf den Berufsweg seines Kindes nehmen können. Weniger Einfluß jedoch hat er wohl bei dessen Heirat. Da wäre es klug, seine Meinung zurückzuhalten, nach dem Motto: »Mal muß mein Kind sich ja von mir freischwimmen.«

ELTERNTEIL SCHÜTZE – KIND KREBS
(meist kein Aspekt)

Leicht haben es beide miteinander sicher nicht. Das Kind entwickelt sich als schwieriger, ja empfindlicher, als es dieser Elternteil je erwartet hat. Viele Schütze-Elternteile müssen hier erst lernen, mit der Verletzbarkeit dieses Kindes fertig zu werden, aber sie dürfen auch die Zähigkeit nicht unterschätzen, die in ihm ruht. Mancher Elternteil mag sogar zunächst das Kind für nicht gerade sehr lebenstüchtig halten, und mangelnde Courage wirft er ihm auch vor. Dies ist äußerlich gesehen sicher richtig, denn das Kind wächst im Durchschnitt nur langsam in seine lebenstüchtige Rolle hinein. Es wäre ratsam, daß sich der Elternteil mit allen festlegenden Äußerungen über dieses Kind sehr zurückhält, denn es vergißt nichts. Sein Gedächtnis ist ungeheuer, und wenn es auch zunächst alles Unangenehme verdrängt, es bleibt in ihm lebendig. Oft entwickelt sich dieses Kind als typischer Einzelgänger, selbst wenn Geschwister vorhanden sind, und auch dies versteht das Grundnaturell des Schütze-Elternteils nur sehr schwer. Wichtig wäre es, daß der Elternteil hellhörig wird, wenn das Kind sich ihm schüchtern zu nähern versucht. Oft verstehen sich beide stumm sehr gut, und das Zärtlichkeitsbedürfnis des Kindes sollte doch weitgehend erfüllt werden.
Kurz, der Elternteil wird an diesem Kind lernen müssen, wie verschieden die Menschen auf dieser Welt sind und daß niemandem mit Unverständnis zu begegnen ist. Wenn das Kind die ersten Unsicherheiten überstanden hat, mehr Vertrauen zu sich findet (wozu der Elternteil viel beitragen kann), dann wird das Verhältnis dieser beiden Familienmitglieder selbstverständlicher werden. Oft wird dieser Elternteil erschüttert bemerken, daß gerade dieses Kind dann an seiner Seite steht, wenn er selbst der Hilfe bedarf. Die Einfühlungskraft des Kindes wird letztlich für das Verhältnis beider entscheidend sein, während der Elternteil dem Kind Zutrauen geben kann und muß.

ELTERNTEIL SCHÜTZE – KIND LÖWE
(oft ein Trigon)

Vom Grundnaturell her sollten sich Elternteil und Kind bestens verstehen, wenn es nach der Meinung alter Astrologiebücher geht. In der Lebenspraxis zeigt sich jedoch oft, daß trotzdem gerade bei dieser Konstellation recht harte Dispute zwischen beiden stattfinden. Das liegt einmal am feurigen Temperament beider, dann aber doch sehr am angeborenen Selbstbewußtsein des Kindes. Dessen Dickkopf darf hier nicht unterschätzt werden, und der eigentlich einsichtige, sich anpassen könnende Elternteil versteht oft nicht, wie beharrlich und kompromißlos dieses Kind seinen eigenen Weg gehen will. Da sollte der Elternteil nicht nachgeben, selbst wenn er sich – so seltsam das klingen mag – leicht von diesem Kind einschüchtern läßt.

Abgesehen von dieser möglichen Komplikation jedoch kommen beide bestens aus. Sie sind nicht kleinlich, sie verhalten sich großherzig, und sie lehnen meist gemeinsam alles Kleinkarierte ab. Außerdem verbindet sie doch Lebensmut, ja ein praktischer Optimismus, der nicht auf Illusionen aufbaut, sondern auf dem Mut, schwierige Probleme gemeinsam anzupacken. Von dieser Seite her verstehen sich die beiden Familienmitglieder sehr gut, und die anderen müssen aufpassen, daß sie dabei nicht auf der Strecke bleiben.

Auch in der Berufswahl läßt sich das Kind beraten. Eine andere Frage ist, ob diese Ratschläge befolgt werden, aber auch hier rauft man sich zusammen. Selbst bei der Wahl der Lebenspartnerin, des Lebenspartners, dürfte es kaum größere Auseinandersetzungen geben, zumal ja der Elternteil fast immer letztlich doch der Nachgebende ist. Er rettet sich dann meist in lobende Bewunderung seines Kindes, indem er ihm (fast zu dessen Schaden) alles verzeiht und auch für die Fehltaten des Kindes mehr Entschuldigungen findet als das Kind selbst.

ELTERNTEIL SCHÜTZE – KIND JUNGFRAU
(oft ein Quadrat)

Diese Konstellation verrät, wie sehr sich auch in einer Familie verschiedene Grundprägungen in sehr gegensätzlichen Lebensauffassungen ausdrücken können. Zwar wird es nie zu grundsätzlichen, harten Krächen zwischen diesen beiden kommen. Jeder versucht, einfach anständig und gut mit jedem Menschen auszukommen. Aber ziemlich schnell (beziehungsweise wenn das Kind größer, erwachsener wird), läßt sich doch absehen, daß die beiden Grundlebenskerne in zwei sehr verschiedene Richtungen streben. Der Elternteil ist mehr ideell ausgerichtet, so scheint es, während das Kind nüchtern und sehr real erscheint. Das ist aber sicher sehr häufig – wie bei fast allen Jungfraubeschreibungen – ein Vorurteil.

Das Kind wird auch versuchen, seine Ideale zu verwirklichen, daher wählt es kleinere Ziele. Der Elternteil dagegen empfindet, daß sein begabtes Kind (das ist es meist auch) einfach zu wenig anstrebt, daß es einfach nicht genügend wagt. So sind viele Grundüberzeugungen konträr und lassen sich oft nur schwer vereinen. Der Elternteil kann eigentlich – und für sich sieht er dies auch bald ein – viel von seinem Kind lernen, aber er ist meist zu stolz, um dies dem Kind mitzuteilen. Das erfolgt erst sehr viel später.

Das Kind dagegen läuft Gefahr, diesen Elternteil besonders scharf unter die kritische Lupe zu nehmen und Fehler hier überzubewerten. Oft nörgelt es sogar an diesem Elternteil herum, was dann doch zu Entfremdungen führen muß. Hier kommt es also sehr auf das Niveau der Familie an, und es wäre ein Glück, wenn ein anderes Familienmitglied als Mittler auftreten könnte, sonst fällt diese Aufgabe eines Tages dem Schwiegerkind zu. Im Alter finden dann diese beiden Familienmitglieder doch wieder recht nah zueinander, in der Kindheit begangene Fehler werden allerdings schwer verziehen.

ELTERNTEIL SCHÜTZE – KIND WAAGE
(oft ein Sextil)

Hier darf man mit Fug und Recht annehmen, daß sich diese Familienmitglieder gut verstehen. Das Kind hat vom Grundnaturell her alle Chancen, das Lieblingskind dieses Elternteils zu werden.
Es wird nicht nur als sehr naher Verwandter betrachtet, sondern darüber hinaus auch noch als lang ersehnte Ergänzung. Diese Kinder – auch wenn sie männlich sind – strahlen zunächst in der Kindheit eine Anmut, ein ausgleichendes Wesen aus, so daß sich die Harmonie, die Liebenswürdigkeit auf den Elternteil übertragen. Beide werden sich auch sehr schnell gegenseitig anregen. Musisch gibt es da viele Gemeinsamkeiten, besonders auf dem Gebiet der darstellenden Künste. Auch die Naturliebe verbindet beide, denn sie lieben gemeinsam die Blumen, den Garten, die schöne Landschaft. Vielleicht erregt sich der Elternteil manchmal etwas über die leichte Schlampigkeit, die das Kind an sich haben kann, aber allzu ordentlich dürfte ja der Elternteil selbst auch nicht sein. Bei Streitigkeiten finden beide immer recht schnell zueinander, zumal sie auf Harmonie großen Wert legen.
Positiv wirkt sich aus, daß es gerade das Kind ist, das zunächst die Führungsrolle des Elternteiles anerkennt und sie erst so in der Mitte des zweiten Lebensjahrzehnts zunächst noch vorsichtig in Frage stellt. Dann nämlich stellt sich heraus, daß dieses Kind innerlich doch stark motorisch geprägt ist, und nun ist es am Elternteil, das Kind seinen eigenen Weg gehen zu lassen, ja auch von dessen doch viel konsequenterer Art zu lernen. So kann es bei der Berufswahl schon Probleme geben, aber das Kind setzt sich hier fast immer durch. Der Elternteil hat dabei aber so gut wie nie das Gefühl, überspielt worden zu sein. Auf dieser Basis gestaltet sich dann auch das weitere Verhältnis zwischen diesen beiden Familienmitgliedern, und die Verbindung dürfte auch kaum durch die Lebenspartnerin, den Lebenspartner gestört oder gar getrennt werden.

ELTERNTEIL SCHÜTZE – KIND SKORPION
(meist kein Aspekt)

Diese Familienmitglieder zeigen sich oft – trotz starker Familienähnlichkeit – doch sehr unterschiedlich im Grundcharakter. Der Elternteil muß sich mit den Ängsten, dem Grundpessimismus des Kindes auseinandersetzen, aber auch mit dessen ungestümer Art, sein Leben ganz nach dem eigenen Willen zu gestalten. Die Ellenbogenkraft dieses Kindes erscheint dem Elternteil ungemein groß, und es kommt darauf an, daß er diesem, seinem Kind wirklich elastischen Widerstand entgegensetzt, also nie prinzipiell »nein« sagt, aber doch ja nicht alles durchgehen läßt.
Bei diesen Kindern bildet sich der Charakter schon sehr früh heraus, so hat der Elternteil nicht viel Zeit einzugreifen. Dabei darf er nie mit Gewalt arbeiten, das Kind würde sich sehr extrem wehren, und wenn es sich nicht wehren kann, dann speichert es dies als ihm angetane Schande auf. Zwar reagieren diese Kinder nicht überempfindlich (wie etwa Krebs-Kinder), sie nehmen sich mehr zusammen, geben sich härter als sie sind, aber sie können dafür lange bestimmte Rachegedanken in sich tragen. Dabei ist bemerkenswert, wie sehr gerade diese beiden doch sehr gegensätzlichen Charaktere familiär aneinanderhängen.
Das zeigt sich besonders dann, wenn einer von beiden in Gefahr gerät. Unglaublich wie sehr sich das Kind für den Elternteil einsetzen kann, obwohl sich beide vielleicht zu dieser Zeit in einem grundsätzlichen Streit befunden haben. Daß der Elternteil für das Kind stets da ist, scheint bei der Spannung zwischen beiden auch nicht immer selbstverständlich zu sein, aber es ist so.
Hier werden dann auch eventuelle Schwiegerkinder nichts ändern können, zumal der Elternteil sich bei der Wahl seines Kindes kaum einmischen dürfte. Seine möglichen Bedenken sollte er auch erst nach der Scheidung kundtun.

UNKLARHEITEN,
die bei Schütze-Geborenen durch die 12 möglichen Aszendenten für Elternteil und Kind entstehen können.

SONNE in SCHÜTZE mit ASZENDENT SCHÜTZE zeigt sowohl für die Elternteile als auch für die betreffenden Kinder eine sehr starke Schütze-Betonung, aber auch eine egozentrische Grundausrichtung. Immerhin wissen hier Eltern wie Kinder sehr schnell, was sie voneinander zu halten und zu erwarten haben. Das klärt oft die Fronten, denn die doppelte Schütze-Potenz ist ja an und für sich nicht unproblematisch, weil der feurige Durchsetzungswunsch hier sehr stark ausgeprägt ist. Manchen Elternteil mag es ein wenig erschrecken, wie das Kind genau dieselben Fehler begeht, die er selbst mühsam überwunden hat, während die Kinder sich im betreffenden Elternteil gut widergespiegelt sehen.

Bei **SONNE in SCHÜTZE mit ASZENDENT STEINBOCK** sieht es oft völlig anders aus. Mit Verwunderung registrieren oft die Kinder, wie sachlich, praktisch, vorsichtig sich diese Elternteile außerhalb der Familie verhalten, wie schnell sie dann auch ihren idealistischen Kern abzulegen scheinen, um im realen Leben ja keinen Fehler zu machen. Die Eltern bemerken indes auch leicht verblüfft, daß ihre idealistischen, oft gläubigen Kinder mit realer Sachlichkeit an die Schul- und Lebensaufgaben heranzugehen scheinen. Sie sind sogar oft enttäuscht über die klare Nüchternheit und Lagebeurteilung, die diese Kinder abgeben. Erst spät verstehen sie, daß dies im Grunde eine Schutzfunktion darstellt.

Bei **SONNE in SCHÜTZE mit ASZENDENT WASSERMANN** zeigen sich selten derart krasse Gegensätze zwischen Rollenspiel und Lebenskern. Kinder bewundern das blendende Auftreten dieser Elternteile, ganz besonders die Gewandtheit, mit der sie andere an der Nase herumzuführen scheinen. Im umgekehrten Fall registrieren die Eltern meist mit Entzücken, wie gut sich diese, ihre Kinder zurechtfinden, wenn sie auch manchmal meinen, daß etwas mehr Lebensernst sie vor Enttäuschungen bewahren könnte.

SONNE in SCHÜTZE mit ASZENDENT FISCHE zeigt jedoch recht widersprüchliches Verhalten zwischen Rollenspiel und Lebenskern an. Die Sicherheit, die diese Elternteile daheim ausstrahlen, vermissen die Kinder oft, wenn sie anschauen müssen, wie vorsichtig, tastend aber auch schauspielernd sie sich draußen zeigen, so als wollten sie ja keinen Schaden anrichten. Sie erkennen Vater oder Mutter kaum wieder, fragen, warum sie sich so verstellen. Aber auch Eltern könnten sich bei Kindern dieser Konstellation durchaus ähnliche Fragen stellen, ehe sie begreifen, daß diese Kinder einfach ihre Ideale, ihren Glauben in der Umwelt nicht ins Lächerliche ziehen lassen wollen.

Bei **SONNE in SCHÜTZE mit ASZENDENT WIDDER** deckt sich Rollenspiel und Lebenskern vom Grundtemperament her, aber die wissende, ruhige Ausstrahlung, die diese Elternteile zu Haus oft haben, wird von den Kindern draußen meist vermißt, da diese Mutter, dieser Vater scheinbar immer unbedingt ihren Willen durchsetzen wollen. Auch verstehen Kinder nicht, wieso diese Elternteile nicht lieber einem Streit aus dem Wege gehen. Eltern wiederum ängstigen sich bei Kindern dieser Konstellation manchmal, daß die sich (auch die Tochter) außerhalb des Hauses so streitsüchtig und rechthaberisch geben, ehe sie ahnen, daß es den Kindern nur darum geht, nicht als schwach angesehen zu werden.

Bei **SONNE in SCHÜTZE mit ASZENDENT STIER** verhalten sich die Betroffenen auch oft sehr widersprüchlich. Zwar registrieren die Kinder die diplomatische Veranlagung dieser Elternteile, aber erstaunt bemerken sie auch, wie wenig nachgiebig die sich dafür im praktischen Leben zeigen, während zu Haus von ihnen so viel über Toleranz zu hören ist. Was die Kinder dieser Konstellation angeht, muß mancher Elternteil erst lernen, daß sich das zu Hause oft großzügige Kind in der Umwelt nie die Butter vom Brot nehmen läßt.

SONNE in SCHÜTZE mit ASZENDENT ZWILLINGE stellt eine ergänzende Konstellation dar, vielleicht wirkt sich hier das Rollenspiel etwas nüchterner aus als der Lebenskern, aber es handelt sich nur um Nuancen. Auffallend vielleicht, das bemerken Kinder besonders schnell, wie genau diese Elternteile draußen auf die Meinung anderer hören, wieviel ihnen daran liegt, bei den Kollegen und Nachbarn gut anzukommen. Die Kinder geben sich in ihrem Freundes- und Schulkreis sehr viel nüchterner, sachlicher, als sie sind. Es scheint den Eltern oft so, als hätten sie Angst, sich in der Umwelt zu ihren Idealen zu bekennen.

SONNE in SCHÜTZE mit ASZENDENT KREBS allerdings ist oft derart gegensätzlich, daß manche Kinder sich heftig darüber aufregen können, wie empfindlich die betreffenden Elternteile auf die Meinung anderer reagieren, ja wie leicht verletzbar und auch beeinflußbar sie sich zeigen, während sie doch zu Hause meist feste Standpunkte predigen. Kinder dieser Konstellation können Eltern unsicher machen, wenn die erleben, daß ihre Kinder sich scheinbar kaum für den Lebenskampf eignen, daß sie schon aus Angst vor einem Angriff zurückweichen. Die wahre Taktik dieser Kinder, die anderen geschickt ins Leere laufen zu lassen, begreifen die Eltern erst sehr viel später, dann allerdings versagen sie diesen Kindern kaum ihren Respekt.

SONNE in SCHÜTZE mit ASZENDENT LÖWE zeigt dagegen ein strahlendes Auftreten, voller Selbstsicherheit. Kinder erschrecken oft förmlich, wenn sie erleben, wie autoritär diese Elternteile außerhalb des Hauses auftreten, während es sich doch daheim mit ihnen sehr gut reden und diskutieren läßt. Und schon kleine Kinder dieser Konstellation zeigen sehr früh, daß sie eine Neigung zum Delegieren haben und daß sie von ihren Kameraden Unterordnung zu erwarten scheinen. Erst wenn sie sich der Freundschaft anderer sicher sind, haben sie die Kraft auch einmal nachzugeben.

SONNE in SCHÜTZE mit ASZENDENT JUNGFRAU zeigt auch große Veränderungen im Verhalten außerhalb des Hauses an. Diese Elternteile treten sehr viel bescheidener auf, geben sich sehr viel verbindlicher, als sie eigentlich sind. Stellen Kinder diesbezügliche Fragen, dann wird ihnen gesagt, daß es einfach lebensklug sei, sich den anderen scheinbar anzupassen, worauf die Kinder antworten: »Das heißt, wir sollen uns verstellen!« Kinder mit dieser Konstellation vermögen dies ja sehr gut, wenn sie auch von ihren Eltern sehr oft darauf hingewiesen werden, nicht zu sehr in eine opportunistische Rolle zu verfallen.

SONNE in SCHÜTZE mit ASZENDENT WAAGE ergänzt sich dagegen in der Regel sehr harmonisch. Erstaunt fragen sich manche Kinder (haben sie Elternteile mit dieser Konstellation), warum sich diese immer so diplomatisch verhalten, warum sie es nie auf einen Krach ankommen lassen und dafür sogar lieber unrichtige Beschuldigungen einstecken. Kinder dieser Konstellation erwecken bei den Eltern dagegen das Gefühl der frühen Lebensklugheit, was manche ja enorm beruhigt, und sie werden oft ihren Geschwistern als Vorbild hingestellt.

SONNE in SCHÜTZE mit ASZENDENT SKORPION dagegen ist eine sich häufig widersprechende Konstellation. Das in der Umwelt oft ungestüme Verhalten dieser Elternteile wirft bei den Kindern schon bohrende Fragen auf, denn daheim wird viel davon gesprochen, daß man im Leben auch rechtzeitig lernen muß einzulenken, daß ja nicht alles mit Gewalt zu erreichen ist. Aber diese Elternteile geben ja nun draußen in keinem Fall nach, da geht es immer ums Prinzip. Haben sie Kinder dieser Konstellation, müssen Eltern darauf achten, daß die sich nicht verbeißen, daß sie nicht im Zorn Amok laufen und lieber die Schule oder die Stellung wechseln als sich beim Lehrer oder Vorgesetzten auch nur einmal zu entschuldigen. Das wäre ein wirklich selbstschädigendes Verhalten.

DIE SCHWIEGERKINDER IM VERHÄLTNIS ZUM ELTERNTEIL SCHÜTZE

Schützen sind Idealisten und dies auch in der Liebe, daher legen sie meist besonderen Wert darauf, daß ihre Kinder nicht aus Berechnung oder Vernunftgründen heiraten.
Wählt der Sohn daher eine **SCHÜTZE-Schwiegertochter**, dann wird diese vom Schütze-Vater meist mit Vorschußlorbeeren aufgenommen, denn er schließt von sich auf andere. Also meint er, daß diese seinen Sohn wirklich lieben werde. Erkennt er das Gegenteil, tut er alles, damit sich diese Bindung ganz schnell wieder löst. Auch die Schütze-Mutter nimmt diese Schwiegertochter mit weit geöffneten Armen auf, es besteht hier sogar die Gefahr, daß sie diese Tochter zu sehr als ihr Kind betrachtet.
Der **SCHÜTZE-Schwiegersohn** hat es auch nicht schwer, die Schwiegermutter für sich zu gewinnen, obwohl er sich wohl anstrengen muß, die mütterliche Vorherrschaft zu brechen oder gar nicht erst aufkommen zu lassen. Der Schütze-Schwiegervater zeigt sich diesem Schwiegersohn eher etwas skeptischer, denn viele eigene Fehler projiziert er auf ihn, oder er weiß, wie anfällig Schützen für Verführungen sein können.
Wählt seine Tochter aber einen **STEINBOCK-Schwiegersohn**, dann dauert es sicher einige Zeit, ehe der Schütze-Vater dazu Stellung nimmt. Abwartend, wenn nicht ablehnend, ist er zumindest, auch wenn er dessen kühlen und klugen Fleiß und Ehrgeiz anerkennen mag, aber dieser Sohn hat ihm zu wenig Feuer und Temperament. Dieselbe Feststellung macht die Schütze-Mutter, die wohl die Wahl ihrer Tochter schwerlich verstehen dürfte, aber sie zeigt sich bald entgegenkommender, weil sie die berufliche Qualität dieses Schwiegersohnes zu schätzen beginnt.
Auch eine **STEINBOCK-Schwiegertochter** dürfte kaum nach dem Geschmack einer Schütze-Mutter sein, und diese Skepsis ist schwer auszurotten, während für den Schütze-Vater diese Tochter schon sehr viel Energie und auch Sinnlichkeit ausstrahlt, so daß er seinen Sohn von daher versteht und lieber jeden Widerstand gegen dessen Wahl aufgibt.
Eine **WASSERMANN-Schwiegertocher** ist dem Schütze-Vater sicher sehr viel lieber, weil er diese sehr aufgeschlossen findet, nicht so prüde, dazu keck und lustig, ja dazu kann man seinem Sohn nur gratulieren. So werden sich beide bestens verstehen. Der Schütze-Mutter allerdings dürfte die Wassermann-Schwiegertochter oft zu oberflächlich, auch zu extravagant sein, und sie fragt sich, ob ihr Sohn soviel verdienen kann, wie diese ausgibt, ohne zu beachten, daß gerade diese Schwiegertochter nur sehr schwer ihren Beruf aufgeben dürfte, weil sie eben selbständig bleiben will.
Ein **WASSERMANN-Schwiegersohn** ist ihr zwar auch nicht ganz geheuer, aber doch recht willkommen, zumal er stets herrliche Witze für sie bereithält, ja sogar oft mit seiner Schwiegermutter zu flirten scheint, was ihr natürlich mehr als gut gefällt. So gut, daß sie ihre Tochter ein wenig beneidet. Der Schütze-Vater läßt sich nicht ganz so leicht von diesem Schwiegersohn blenden, aber er muß zugeben, daß dieser doch ein guter Kumpel ist und sich durchaus jeder Situation bestens anpassen kann. Also ist er ihm sicher auf Anhieb lieber als ein **FISCHE-Schwiegersohn**, mit dem er zunächst wenig anfangen kann. Dieser Sohn ist ihm im Kern zu weich, kaum zu fassen, zu glatt, wenn er auch beim Blick in dessen träumende Augen verstehen kann, daß sich seine Tochter in ihn verliebt hat. Aber muß sie ihn deswegen gleich heiraten? Dieselbe Frage stellt sich die Schütze-Mutter auch, aber sie versucht, ihre Skepsis besser zu verbergen, wenn ihr auch daran liegt, daß sich die Brautzeit lange hinzieht, damit es sich die Tochter vielleicht doch noch einmal überlegt.
Nicht so ablehnend verhält sie sich gegenüber der **FISCHE-Schwiegertochter**, deren nixenhafte Ausstrahlung sie schnell spürt. Aber sie weiß auch, daß diese bei

ihrem Sohn Halt und Geborgenheit sucht. Der Schütze-Vater hat gegen diese Wahl seines Sohnes auch kaum etwas einzuwenden, zumal ihn diese Schwiegertochter prächtig um den Finger wickeln kann.
Eine **WIDDER-Schwiegertochter** gewinnt das Herz eines Schütze-Vaters im Handumdrehen. So eine Frau hatte er sich immer für seinen Sohn gewünscht, voller Tatkraft und Energie! Mit der kann sein Sohn nicht machen, was er will, denn die Führung in der Ehe wird sie haben. Und auch die Schütze-Mutter weiß dies, darum verhält sie sich zunächst sehr abwartend, obwohl ihr die Schwiegertochter als Mensch im großen und ganzen ausgezeichnet gefällt, aber sie befürchtet auch, nun weitaus weniger Einfluß auf ihren Sohn zu haben.
Einen **WIDDER-Schwiegersohn** empfängt die Schütze-Mutter schon eher mit offenen Armen, denn sie bewundert seine vitale Kraft und den Lebensschwung, der durch ihn in die Familie kommt. Wenn er ihr auch oft zu heftig reagiert, falls man ihm widerspricht – sie erkennt, das ist ein Mann, ein handfester Kerl! Auch der Schütze-Vater wird gegen einen Widder-Schwiegersohn nichts Ernsthaftes einwenden können, wenn er auch hofft, daß seine Tochter die Kraft haben möge, sich nicht völlig unterzuordnen.
Immerhin liegt ihm dieser Schwiegersohn mehr als ein **STIER-Schwiegersohn**! Nicht, daß ihm dieser unsympathisch wäre, ganz im Gegenteil, aber er läßt sich so schwer in seine Karten schauen, er verhält sich selbst den engsten Familienmitgliedern gegenüber mißtrauisch, und seine lebenssichernde Einstellung stößt beim Schütze-Vater oft nicht nur auf Skepsis, sondern sogar auf Widerstand, weil er nichts so haßt, als wenn einer alles zusammenhält oder gar geizig sein könnte. Die Schütze-Mutter läßt sich zunächst von diesem Stier-Schwiegersohn recht gut einfangen, seine Höflichkeit, ja seine anmutige Liebenswürdigkeit schmeicheln ihr, obwohl sie es weniger mag, wenn einer nur stets versucht, aus jedem Vorgang einen Vorteil für sich herauszuholen.
Eine **STIER-Schwiegertochter** hat es bei ihr einfacher, denn ihre freundliche, fleißige, zupackende Art stößt bei ihr auf viel Gegenliebe, und auch der Schütze-Vater erliegt meist sehr schnell dem anziehenden Reiz einer Stier-Schwiegertochter.
Während es eine **ZWILLINGE-Schwiegertochter** bei ihm ganz leicht hat! Die aufgeweckte, humorige, schnell schaltende Art dieses Mädchens weckt in ihm fast Frühlingsgefühle. Auch das wache Aufnahme- und Begriffsvermögen gefällt ihm, da weiß er seinen Sohn in besten Händen, hat aber auch das Gefühl, daß diese Tochter hervorragend in den Familienverbund paßt. Der Schütze-Mutter gefällt diese Tochter ebenfalls, wenn sie sich eigentlich auch eine Schwiegertochter gewünscht hätte, die sich etwas mehr zurückhält. Aber da sie mit ihr meist so gut lachen kann, kommen kaum größere Einwände auf.
Der **ZWILLINGE-Schwiegersohn** findet bei der Schütze-Mutter auch kaum abwartende Skepsis, seine lockere Art, sie einfach spontan in die Arme zu nehmen und ihr mehrere Küsse auf die Wange zu verabreichen, läßt jeden Widerstand dahinschmelzen, und mit dem Schütze-Vater wird dieser Schwiegersohn ja im Vorübergehen fertig, zumal man hier meistens von gegenseitiger Sympathie sprechen kann.
Anders als bei einem **KREBS-Schwiegersohn**. Da schaut sich der Schütze-Vater zweimal staunend um, die Wahl seiner Tochter nicht begreifend! So gar kein Sinn für herzliche, laute Fröhlichkeit, und das Gerede über Psychologie, über seelische Zusammenhänge; das geht ihm von Anfang an auf die Nerven. Da muß mancher Widerstand liebevoll überwunden werden. Eine Schütze-Mutter verhält sich hier kaum anders, auch sie muß wohl erst manches Vorurteil ausräumen, das sogar noch größer wird, wenn sie bemerkt, daß dieser Schwiegersohn kaum Wert darauf legt, bei Fami-

lienfesten anwesend zu sein. Erst wenn die Mutter erkennt, daß er alles tut, damit es ihre Tochter gut hat, rückt sie etwas aus ihrer Reserve heraus.

Auch eine **KREBS-Schwiegertochter** stößt bei einer Schütze-Mutter meist auf erste Ablehnung, aber die legt sich eher, weil diese Tochter ihren Sohn so herrlich verwöhnen kann. Den Schütze-Vater läßt diese Schwiegertochter zunächst ziemlich kalt, erst später erwärmt er sich, nachdem er sieht, wie liebevoll sie seinen Sohn und die Enkel versorgt.

Etwas ganz anderes ist es da, wenn eine **LÖWE-Schwiegertochter** auftaucht, da lacht das Herz des Schütze-Vaters. »Die paßt in unsere Familie«, sagt er immer wieder und gratuliert seinem Sohn von ganzem Herzen. Ja, er gibt zur Aussteuer noch mehr dazu, als er es eigentlich beabsichtigt hatte. Später allerdings kann er sich durchaus am Dickkopf dieser Schwiegertochter seinen nicht so harten Schädel einrennen. Der Schütze-Mutter gefällt so eine junge Löwin als neues Familienmitglied fast immer gut, wenn sie auch sofort weiß, daß diese Tochter jetzt der Mittelpunkt der Familie sein wird.

Ein **LÖWE-Schwiegersohn** paßt jedoch nach Meinung der Schütze-Mutter bestens in die Familie, denn auf ihren Schwiegersohn will sie eines Tages stolz sein, das erwartet sie von ihm, und dies traut sie einem jungen Löwen ganz besonders zu. Zwischen einem Schütze-Vater und einem Löwe-Schwiegersohn kommt es dagegen oft zu wahren Machtkämpfen, die durchaus nicht immer harmlos so nebenbei verlaufen. Oft steht der Familienfrieden auf dem Spiel, obwohl sich beide Männer von Anfang an mochten.

Ein **JUNGFRAU-Schwiegersohn** dagegen muß erst mühsam das Herz eines Schütze-Vaters gewinnen, leichter gewinnt er dessen Verstand und Vernunft. Erst wenn er erkennt, daß der Jungfrau-Schwiegersohn gar nicht so pingelig und eng denkt, wie er es annahm, kommen sich beide näher. Auch die Schütze-Mutter muß sich erst an diesen Schwiegersohn gewöhnen, aber da sie ja schnell seine tatkräftige Zuverlässigkeit erkennt und diese ihr wichtiger für ihre Tochter ist als feurige Liebesschwüre, akzeptiert sie diesen Sohn dann doch recht schnell.

Die **JUNGFRAU-Schwiegertochter** stößt dagegen bei dieser Mutter auf mehr Widerstand, weil sie nicht mag, daß jemand alles besser weiß. Auch der Schütze-Vater muß sich an eine Jungfrau-Schwiegertochter wohl erst gewöhnen, aber ihre saubere, klare und anpassungsfähige Art, sowie die Gabe, stets einen Ausweg aus vertrackten Situationen zu finden, gefallen ihm doch sehr.

Viel positiver – zumindest auf den ersten Blick – verhält er sich jedoch, wenn eine **WAAGE-Schwiegertochter** aufkreuzt. Die Anmut, die weibliche Ausstrahlung, die Kraft der sanften Führung, das imponiert ihm, auch die Bildung und die Sprachgewandtheit. Beide verbünden sich in krisenhaften Situationen fast schnell und unmerklich. Der Schütze-Mutter ist eine Waage-Schwiegertochter fast immer herzlich willkommen, denn das aufgeweckte und doch anziehende Wesen, das bei ihr sofort ankommt, sagt ihr zu, da findet sie auch leicht Kontakt.

Der fällt ihr allerdings zu einem **WAAGE-Schwiegersohn** auch nicht schwer, mit dem sie sich gerne sehen läßt, auf den ist sie wirklich stolz und führt ihn allen Freundinnen vor. Unglaublich, was sich so ein Schwiegersohn meist leisten kann, die Schütze-Mutter scheint ihm alles zu verzeihen. Der Schütze-Vater hat gegen einen Waage-Schwiegersohn auch nichts einzuwenden, wenn er ihn auch im Geheimen sehr häufig für einen Filou hält (das sagt ihm sogar zu), mit dem man aber herzlich lachen kann.

Genau dies ist es aber, was der Schütze-Vater bei einem **SKORPION-Schwiegersohn** nicht so gut kann, meist gar nicht. Der ist ihm sowieso ziemlich fremd, und er

spürt, daß der ganz anders denkt und auch immer irgendwelche Geheimnisse hat, nie ganz offen ist. Die Schütze-Mutter findet diesen Schwiegersohn zwar sehr anziehend, sie versteht da ihre Tochter sehr gut, aber auch sie weiß, daß er kaum zu durchschauen ist. So bleibt sie immer etwas zurückhaltend.
Eine **SKORPION-Schwiegertochter** übt selbst auf die Schütze-Mutter einen anziehenden Reiz aus, dem sie sich kaum entziehen kann, wenn sie auch die Angst nie loswerden dürfte, daß sich ihr Sohn hier hoffnungslos aufgegeben hat. Auch dem Schütze-Vater mißfällt diese Schwiegertochter überhaupt nicht, wenn er hier auch oft seelische Tiefen und Ansprüche wittert, vor denen er persönlich Angst hätte. Daher bewundert er den Mut seines Sohnes und wünscht diesem neben guten Nerven ein beständiges Durchhaltevermögen.

ZUSAMMENFASSUNG

Einen **SCHÜTZEN** – ob weiblich oder männlich – in seiner Familie zu haben, das heißt, daß eine Art von Leitperson vorhanden ist, an die man sich in Notzeiten stets und immer wieder wenden kann. Dieses Familienmitglied ist nicht nur aufgeschlossen, nicht nur bereit zu helfen, sondern es drückt sich auch nicht vor Verantwortung. Auf einen Schützen kann man bauen, wenn einen wirkliche Sorgen erdrücken, aber es muß sich um eine wahrhaft schwierige Situation handeln. Kleinigkeiten, Banalitäten, so empfindet ein Schütze, muß jeder selbst klären und bewältigen können. Handelt es sich aber um echte Probleme, dann sind die Schützin, der Schütze, genau richtig.
Schützen sehen – dies gilt für eine kleine, wie für eine große Familie – den weiten Bogen. Sie lassen sich ihren Blick nicht durch Alltäglichkeiten trüben. Daher sind sie oft auch wirklich neutrale Schiedsrichter, wenn es einmal Streit in der Familie gegeben haben sollte. Es heißt mit Recht, Schützen sähen stets über den Tellerrand hinaus, das macht sie so wertvoll. Sie sind zwar eitel, erwarten Lob und auch Dank, wenn sie geholfen haben, aber sie sind selten neidisch. Sie gönnen jedem in der Familie sein Glück. Und sie machen im allgemeinen einen ausgezeichneten Eindruck.
Wenn es um Repräsentationsaufgaben geht, vertritt ein Schütze die Familie perfekt. Da sie sich sehr um innere Gerechtigkeit bemühen, sehen sie auch eigene Fehler ein, was sich wiederum alle anderen Familienmitglieder als Vorbild nehmen sollten. Weibliche Schützen haben meist eine damenhafte, männliche Schützen eine ritterliche Ausstrahlung und zwar nicht im äußeren, sondern im inneren Sinn. Damit heben sie oft das Niveau bei Diskussionen und tieferen Gesprächen. Je älter die Schützen werden, um so mehr gewinnen sie an Ansehen, was wiederum der ganzen Familie zugute kommt.

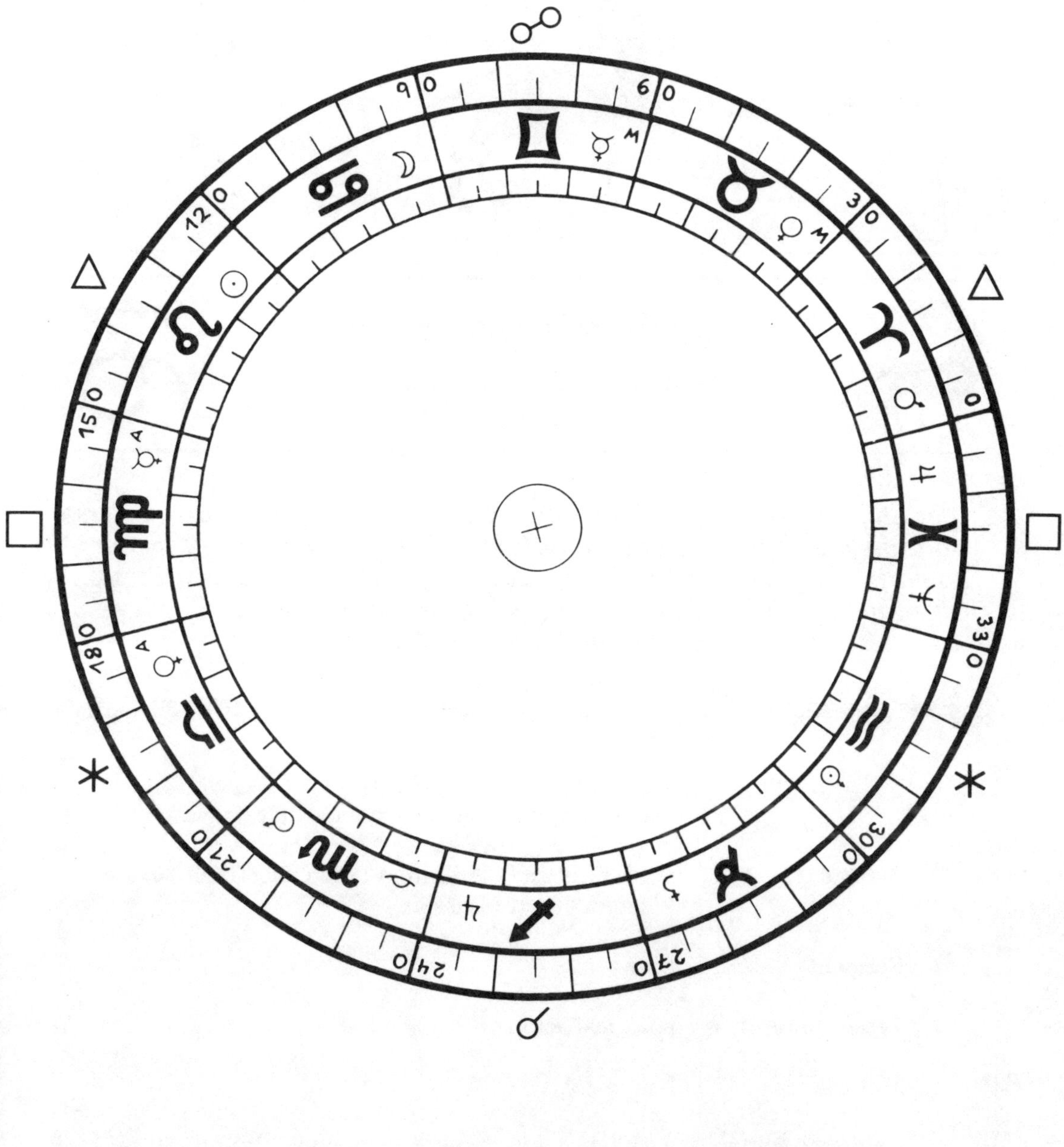

Hier tragen Schütze-Geborene
ihre Sonne und die ihrer Angehörigen ein

Steinbock

♑

22. Dezember bis 20. Januar
Erster Winterabschnitt

»... der Steinbock ist das zehnte Zeichen ... dies Zeichen ist das unterste von uns und nächste bei dem Südpol. Weil die Sonne nicht weiter abwärts steigt, sondern sich zum Aufsteigen wendet, also ist dieses Zeichen vom Aufklettern der Steinbock genannt worden...« heißt es in einem alten Planetenbuch.

	Planet, der hier seine verwandte Kraft findet:
Saturn	symbolisierend die Konzentration, die Tradition, die Wurzeln unseres Daseins.
Element	Erde
Temperament	phlegmatisch
Motorik	bewegend
Grundverhalten	weiblich, empfangend, antwortend – das real Mögliche mit Geduld und Zielsicherheit anvisierend.

ASPEKTE
einer Steinbock-Sonne:

Konjunktion in Steinbock
Sextile in Skorpion und Fische
Trigone in Jungfrau und Stier
Quadrate in Waage und Widder
Opposition in Krebs
Mögliche Überschneidungen durch Stellung in Anfangs- und Endgraden wurden nicht berücksichtigt, weil diese Aspekte von den Elementen her nicht einwandfrei wären.

VORZÜGE DES LEBENSKERNS	GEFAHREN DES LEBENSKERNS
Konzentrationsfähigkeit	Starrsinn
Ausdauer	Unbeugsamkeit
Sachlichkeit	Härte
Zähigkeit	Sprödigkeit
Einfachheit	Mißtrauen
Nachdenklichkeit	Pessimismus
Realitätssinn	Eifersucht
Pflichttreue	Kühle
Geduld	Verstocktheit
Klarheit	Unlenksamkeit
Energie	Geiz
Zielstrebigkeit	Sammlertrieb
Tiefsinn	Hemmungen
Zuverlässigkeit	Schwermut
Selbstkritik	
Vernunft	
Mäßigung	
Ernst	
Logik	
Zurückhaltung	

IHR MOTTO
Das Leben ist eine Aufgabe, die es stets zu bewältigen gilt.

ALLGEMEIN

heißt es oft: Steinböcke sind Pessimisten, fantasielos, dabei unbändig ehrgeizig. Pokerspieler, die nur ihren Vorteil sehen. Sie leben gerne abseits, sind mißtrauisch und neigen auch zu Neid. Jeder Steinbock-Geborene baut sich als erstes einen Tresor in sein Haus ein, nimmt Hilfe anderer nur sehr ungern an, um sich dadurch nicht verpflichtet zu fühlen. Steinböcke sind karg, seelisch arm, und leben so, als müßten sie das Leid der Erde abarbeiten.

Nun – das stimmt so nicht. Sicher lebt in jedem weiblichen oder männlichen Steinbock ein realer Ehrgeiz, aber er gibt auch den Lebensmut, es nun gerade, allen Widerwärtigkeiten zum Trotz, anzupacken und zu schaffen. Dabei räumen sie mit anstrengender Geduld ein Hindernis nach dem anderen beiseite, stets wissend, daß alles, was Wert hat, auch eines langen Weges bedarf. Steinböcke gehen Umwege, wenn es nötig und weniger anstrengend ist. Sie haben Zeit, denn ihre Lebenskraft ist ungewöhnlich stark ausgeprägt. Sie kennen kaum Ungeduld, und ihre Zähigkeit ist beachtlich. Ihre besondere Tugend ist die Konzentrationsfähigkeit, die in ihnen lebt. Selten legen sie Zwischenspurts ein, sie marschieren fast immer im gleichen Schritt auf ihr Ziel los und kommen meist trotzdem als erste an. Triumph kennen sie selten, sie zeigen auch kaum ihre Siegestrophäen vor, da sie wissen, daß alles, was gewonnen wird, auch wieder verloren gehen kann.

Von daher sind sie die Lebenssicherer. Haben sie einmal einen wirklichen Schicksalsschlag erhalten, dann ziehen sie daraus die Konsequenzen, lernen aus ihren Erfahrungen wie kaum andere. Selten machen Steinböcke dieselben Fehler mehr als zweimal, dann haben sie es gelernt. Einsamkeit fürchten sie nicht, obwohl sie nicht gerne allein sind, aber in ihnen sitzt eine tiefe Schicksalsgläubigkeit, ohne daß sie dadurch zu Fatalisten werden. Steinböcke sind wehrhaft, ohne ihre Waffen vorher zu präsentieren. Die werden erst hervorgeholt, wenn ihr Einsatz unvermeidlich ist.

Was die Steinböcke besitzen, wird sorgsam gepflegt, aber auch verborgen. Die meisten von ihnen sind Tiefstapler, ihr Haus und Besitz sieht von außen sehr bescheiden aus, erst innen erkennt man, was diese Charaktere für Werte besitzen. Und es handelt sich wirklich um Werte, denn Tand legen sich diese Menschen kaum zu. Alles muß eine Beständigkeit haben, dann lieben sie es auch. Sie sind auch treu und zuverlässig. Wenn sie »ja« sagen, dann stehen sie auch zu ihrem Wort, allerdings sagen sie es höchst selten. Sparsamkeit wird groß geschrieben – mit einer Ausnahme: Geht es um die Familie, dann sind sie überaus großzügig; zeigen sie sich hier eher geizig, dann meist nur aus Erziehungsgründen.

Lange Diskussionen und jedes unnütze Geschwätz lehnen sie ab, weil ihnen die Zeit dafür zu kostbar ist. Es handelt sich hier wohl um die Menschen, die den Faktor Zeit am meisten schätzen, obwohl ihr Leben manchmal überdurchschnittlich lang ist. Bei aller Nüchternheit können die Steinböcke doch viel Ironie zeigen, dabei nehmen sie sich persönlich nicht von ihrem Spott aus. Freunde haben sie wenige, aber den wenigen sind die ein guter, treuer Begleiter. Die Vernunft ist ihnen häufig alles, von seelischen Vorgängen halten sie nicht viel, der Gang zum Psychologen käme ihnen wie eine Selbstentmündigung vor.

Was sie auszeichnet ist, daß sie Rückschläge, wenn nicht einkalkuliert, doch immer auch in Rechnung stellen. So würden sie auch nie sagen: Jetzt oder nie! Das Wort »nie« ist ihnen sowieso ein Fremdwort, weil sie alles Absolute hassen. Ihr Humor ist etwas schwarz, eher gallig, ja man kann sogar von einem Galgenhumor sprechen. Sie lachen wenig, aber man sieht sie auch nur höchst selten weinen. Doch so hart sie sich geben, so steinern sind sie gar nicht. Sie mögen nur nicht jedermann ihr Herz offen präsentieren. »Wie es da drinnen aussieht, geht keinen etwas an«, sagen sie, wenn auch nicht so lächelnd, wie man es den Chinesen nachsagt.

Mißtrauen beherrscht sie oft grundlos. Neckt sie jemand, treiben Leute mit ihnen Spaß, dann wittern sie dahinter meist Angriffe. Sie mögen es nicht, wenn man sie foppt oder auf den Arm nimmt. Versteckte Angriffe lehnen sie ab, auch Heimlichkeiten. Nein, diese Menschen möchten klar wissen, woran sie sind, dann stellen sie sich darauf ein.
Beruflich stehen sie so gut wie immer ihren Mann, denn sie sind fleißig und zuverlässig, die Pausen sind eher kürzer als angegeben. Sie kommen pünktlich und gehen erst, wenn ihre Arbeit wirklich gemacht ist. So werden sie von ihren Mitmenschen kaum als Lebenskünstler angesehen, obwohl sie das Leben meist bestens meistern. In der Leistungsbeurteilung sind sie sehr gerecht, sie erkennen auch an, wenn andere besser sind, aber sie geben keine Ruhe, bis sie den besseren eingeholt und schließlich überholt haben. Als Vermögensverwalter leisten sie beträchtliches, ihre Werte legen sie, wenn möglich, in langfristige Anlagen an, also in Edelmetalle oder in Grundstücke.
Was die Liebe betrifft, da mögen hier manche etwas schwerfällig handeln, wenn es um die feste Bindung fürs Leben geht, aber diese Bindung hält - zumindest von ihnen aus. Auch sind sie längst nicht so gefühlskalt, wie manche ihnen nachsagen, aber ihre Gefühle gehen nur sie und ihre Partnerin, ihren Partner etwas an.
Was sie auszeichnet, ist die Tatsache, daß das Altern ihnen kaum Schwierigkeiten bereitet, so gerne sie auch ewig jung blieben, aber sie wissen etwas vom Ablauf der Zeit, das Thema beherrschen sie voll und ganz.
Fazit: Steinböcke sind voller realem Zielbewußtsein, zuverlässig und treu. Sie fühlen sich der Tradition verpflichtet und prüfen alle Neuerungen erst, bevor sie sie anerkennen. Mit der Mode gehen sie kaum, was »in« ist, ist ihnen egal. All das stimmt im allgemeinen, aber »Steinböcke« können auch ganz anders sein! Dann sind es allerdings keine typischen Steinböcke, sondern Ausnahmen, und die gibt es unter allen Tierkreiszeichen. Doch irgendwo ist jeder Steinbockcharakter ehrgeizig, real denkend und zielbewußt, aber auch sparsam und etwas traurig.

MINERALIEN, STEINE UND SCHMUCK DES STEINBOCKS

Hier gehören fast alle Steine dazu, alle Mineralien. Aber das Metall des Steinbocks ist das Blei. Und als Schmuck werden besonders schwarze Perlen bevorzugt oder schwarze Korallen. Auch ein Naturstein, ein Blutstein sind einfache aber wirkungsvolle Schmuckstücke. Wer es sich als Saturnfrau leisten kann, kommt mit einem dunklen Edelstein in einer weißen Blüte. Und dieser Schmuck ist an einem schwarzseidenen Kleid befestigt. Die Frisuren sind streng, die Frau schminkt sich unbewußt immer ein wenig auf Dompteuse, und sie ist überselig, wenn sie ihren Dompteur findet - soweit eine Steinbockdame je überselig in der Liebe sein kann.

BEKANNTERE PERSÖNLICHKEITEN

Helmut Schmidt, Joan Baez, Hildegard Knef, Simone de Beauvoir, Mildred Scheel, Caterina Valente, Louis Pasteur, Konrad Adenauer, Martin Luther King, Josef Stalin, Henry Nannen, Gamal Abd el Nasser, Martin Niemöller, Richard Nixon, Heinrich Schliemann, Albert Schweitzer, Edward Teller, Kurt Tucholsky, Carl Zuckmayer.

DIE STEINBOCK-MUTTER

kann man durchaus als aufopfernde Mutter bezeichnen. Was geht, kommt den Kindern zugute. Oft ist es diesen sogar zuviel, was wiederum der Steinbock-Mutter unverständlich ist. Die Kinder sind ihr ein und alles, sie sind das Lebensziel, egal welche Ziele diese Mutter noch »nebenbei« verfolgt. Gerade deswegen versucht sie, die Kinder streng zu erziehen, was ihr oft sehr schwerfällt, aber wenn eine Mutter weiß, daß niemand etwas im Leben geschenkt bekommt, dann diese Mutter. Alle anderen Interessen haben zurückzustehen, wenn ein Kind seine Mutter braucht. Sie setzt dafür sogar die Ehe aufs Spiel, alle Freundinnen müssen darunter leiden, und auch ihre eigenen Lebensansprüche setzt die Mutter stets für die Kinder herab.
Großen Wert legt sie darauf, daß diese sich gut benehmen, einen positiven Eindruck machen und der Mutter für deren Einsatz bis ans Lebensende dankbar sind. Diese möchte sich mit ihren Kindern, wenn möglich, ein eigenes Denkmal setzen. Dabei verwöhnt sie die Kinder kaum, aber wenn sie irgend etwas brauchen, um weiterzukommen, um mehr zu lernen, dann macht diese Mutter sogar Schulden, damit es den Kindern an nichts fehle. Sie erzieht sie in guter, alter Tradition. Von neumodischen Erziehungsmethoden oder Erkenntnissen hält sie nicht allzuviel. Sie erzieht ihre Kinder, wie sie früher von der Mutter erzogen wurde und fährt dabei nicht schlecht.
Geht es in der Schule in einem Fach mal schwer voran, dann wird ein Nachhilfelehrer engagiert, oder die Mutter büffelt selbst mit den Kindern. Auch sollen diese ihre Ordnung haben. Da stellt diese Mutter recht strenge Regeln auf mit zeitigem Zubettgehen oder pünktlichem Frühstück, aber sonst läßt sie ihren Kindern schon viel Freiheit. Was Kinder belasten könnte, ist die Tatsache, daß diese Mutter sie zu gerne vorführt. Ihre Freundinnen, andere Verwandte, auch Kolleginnen sollen diese Kinder bewundern, und wenn sich da ein Kind schlecht benimmt, und sei es nur aus Verlegenheit, wird diese Mutter manchmal ernsthaft böse, und nachtragend kann sie auch sein. Allein durch eine gute Leistung, durch ein Lob vom Lehrer, durch ein gutes Zeugnis kann dies dann schnell wieder ausgeglichen werden.
Solange eine Steinbock-Mutter lebt, macht sie sich Sorgen um die Kinder, auch wenn diese längst aus dem Haus gegangen sind, ja, wenn sie schon eine eigene Familie gegründet haben. Vorwände, die Kinder plötzlich aufzusuchen, um dabei schnell mal nach dem Rechten zu sehen, findet diese Mutter fortwährend, da ist ihr Einfallsreichtum unübertroffen. Und sie steckt ihren Kindern, selbst wenn diese blendend verdienen, auch immer noch einen Geldschein zu oder kommt mit Kuchen oder anderen Überraschungen.
Doch wehe, irgendwo findet ein Familienfest statt, zu dem jemand diese Mutter nicht eingeladen hat! Dann verfinstert sich der Himmel, ein Gewitter zieht auf, das sich aber gar nicht schnell verzieht. Solche Torturen darf man dieser Mutter nicht antun, das verzeiht sie schlechtweg nie! Je mehr aber ihre Kinder erreichen, um so stolzer schwillt dieser Mutter der Kamm. Alle Erfolge der Kinder sind ihre eigenen Erfolge. Als Ausgleich aber zuckt diese Mutter bei Mißerfolgen ihrer Kinder nicht zurück. Im Gegenteil, sie hält zu ihnen, weil ihre Kinder – wenigstens zeigt sie es so nach außen – ja nie Fehler machen, sich irren oder etwas nicht vollbringen konnten. Mit ihren Kindern kommt niemand mit, und es schert sie dann auch wenig, wenn dies denen gar nicht recht ist, weil viele sogar unter dem Erwartungsdruck, der von dieser Mutter ausgeht, leiden können.
Dieser Druck setzt sich dann bei einer möglichen Heirat fort, denn ihre Kinder sollen ja mindestens Akademikerinnen oder Akademiker ehelichen. Besitzt das Schwiegerkind keinen Doktorgrad, dann ist die Enttäuschung oft groß, aber diese Mutter findet sich damit ab, wenn nur ihr Kind glücklich ist.

DER STEINBOCK-VATER

ist zunächst einmal ein lieber, aber ein unauffälliger Vater. Der geht mit Eifer seinem Job nach, denn das ist für ihn die Voraussetzung, daß es die Kinder gut haben; die Erziehung in den ersten Jahren überläßt er seiner Frau. Wenn die Kinder jedoch mit ihm sprechen wollen, dann findet er stets Zeit dafür. Er hört gut zu, unterbricht sie selten, erzieht sie dann aber zu sehr logischem Denken.

Er spricht mit ihnen über alle Themen zunächst einmal sehr vernünftig, ob es sich um Schularbeiten handelt oder um Erlebnisse der ersten Liebe. Die Kinder müssen ordentlich sein, sie sollen nie Lügen gebrauchen, weil ja über alles zu reden ist. Seine Erziehung ist nicht einmal sehr streng, aber in sich konsequent. Gute Noten werden nach einem besonderem Schlüssel mit Geld belohnt. Bringen die Kinder zu viele gute Noten heim, dann setzt dieser Vater auch die Geldbeträge herab, denn es ist ja nie gut, verwöhnt zu werden. Aber er verlangt absolute Klarheit. Wenn die Kinder Geheimnisse haben, dann ist es gut, dann sollen sie eben sagen, darüber möchten wir nicht sprechen, das respektiert dieser Vater, aber keine halben Andeutungen oder Verschleierungen. Machen die Kinder Fehler, dann ist es dieser Vater, der sie sehr schnell, ja zuallererst verzeiht. Grundbedingung: Die Kinder sollen die Fehler wenigstens einsehen, ja sich zu ihnen bekennen.

Werden die Kinder später größer, gerät eines auf die schiefe Bahn, dann sagt sich dieser Vater manchmal zu schnell von diesem Kind los. Märchen und Legenden vom verlorenen Sohn kommen für ihn nicht in Frage, so etwas gibt es im realen Leben nicht. Wenn sein Kind heimlich hinter seinem Rücken raucht, gar Drogen nimmt oder heimliche Liebeserlebnisse hat, so hat das alles mit einem guten Familienleben nichts zu tun, dann soll dieses Kind besser aus dem Haus gehen. Und diese Konsequenz kommt erstaunlicherweise an, das verstehen die Kinder.

Werden sie älter, schiebt sich der Steinbock-Vater noch mehr in den Vordergrund. Kinder sind für ihn von Anfang an selbständig, sie sind erwachsen, wenn sie zur Schule gehen. Gibt es Auseinandersetzungen mit Lehrern oder Ausbildern, dann verlangt dieser Vater häufig, daß die Kinder das allein durchstehen. Natürlich steht er im Hintergrund bereit, aber er will seinen Töchtern und Söhnen frühzeitig das Training für den Lebenskampf vermitteln.

In der Berufswahl läßt er allen volle Freiheit, allerdings führt er vorher mit jedem seiner Kinder eindringliche Gespräche, aber nie um die Kinder auf einen anderen Beruf hinzuweisen, sondern um jede Seite, jede Möglichkeit ins Auge zu fassen.

Ähnlich verhält sich dieser Vater im allgemeinen bei der Wahl der Lebenspartnerin, des Lebenspartners. Auch hier redet er kaum drein, und selbst nach einem gründlichen, ausführlichen Gespräch mit seinem zukünftigen Schwiegerkind überläßt er seinem eigenen die freie Wahl. Aber er verlangt eben auch, daß seine Kinder in jedem Fall frühzeitig für alles, was sie tun, die Verantwortung übernehmen. Liebesprobleme, intime Vorgänge interessieren ihn nicht, er überdenkt nur, welche Wahl wohl am praktischsten wäre.

Wenn eines seiner Kinder versagt, nicht nachkommt, wenn der Schwiegersohn sich als untüchtig erweisen sollte, dann dürfen sie kaum auf die Hilfe eines Steinbock-Vaters rechnen. Sicher verweigert er nie seine Hand, aber er meint schon, daß jeder die Suppe auslöffeln muß, die er sich eingebrockt hat. Wenn die Kinder aus dem Haus gehen, dann läuft dies auch höchst undramatisch ab. Der typische Steinbock-Vater meint sogar, daß dieser Zeitpunkt auf keinen Fall zu spät kommen darf. Für ewige Studenten oder Kinder, die erst sich selbst finden wollen, zeigt er sowieso nur wenig Verständnis. Und sind die Kinder aus dem Haus, dann wird auch das Zimmer der Tochter, des Sohnes ausgeräumt, denn dieser Raum ist nun anders nutzbar.

DIE STEINBOCK-TOCHTER

strahlt meist eine auffallend herbe Anmut aus. Sie gefällt, hat es nicht schwer anzukommen, aber je erwachsener sie wird, um so mehr Hemmungen könnten sich einstellen. Dieses Mädchen gibt sich frühreif und handelt oft schon als Kind erstaunlich vernünftig wie ein Erwachsener. Zunächst unterscheidet sie sich kaum von den anderen, wie ja viele Tierkreismerkmale erst deutlicher werden, wenn die Schule beginnt. Dann fällt aber auf, daß dieses Mädchen sich absondern und allein sein kann. Wenn ihm etwas nicht paßt, dann zieht es sich zurück. Eltern können mit so einer Reaktion oft schwer etwas anfangen, ja dieses Mädchen kann sie durchaus verunsichern.
Diese Tochter ist weiterhin brav, aber zurückhaltend. Besonders wenn sie meint, und das tut sie oft, ihr sei ein Unrecht geschehen. Das läßt sie die Mutter oder den Vater aber spüren, ohne dabei aufsässig zu sein oder zu wirken. In der Schule lernt dieses Mädchen im Grunde leicht, aber Wiederholungen der Lehrer oder sinnlose Fragen der Mitschüler langweilen es, so bereitet es sich in der Deutschstunde heimlich bereits auf die Englischstunde vor oder auf den Mathematikunterricht. Ein Musterkind ist dieses Mädchen meist nicht, richtiger ist, es fällt auch hier nicht auf, weder im Guten noch im Bösen. Die Eltern sind nur oft verwundert, wie viele Jungen zu Hause anrufen, um ihre Tochter zu sprechen, denn diese wirkt sehr früh auf das andere Geschlecht, auch wenn alles noch völlig harmlos ist.
Trotzdem sind die Eltern oft verwirrt, gerade weil dieses Mädchen über gewisse Dinge einfach nicht spricht. Es fällt den Eltern sehr schwer einzusehen, daß sie meist selbst schuld daran sind. Hat zum Beispiel der Vater nur einmal über ein Anliegen seiner Tochter einen dummen Witz gemacht, wird diese Tochter nie wieder darüber sprechen.
Und Vorsicht mit Geldbelohnungen! Erreicht die Mutter für eine Hilfeleistung – etwa Fensterputzen – nur einmal, daß dies ein paar Mark Taschengeldaufwertung bringt, dann wird sich dieses Mädchen immer wieder – gegen Geldgeschenk versteht sich – zum Fensterputzen anbieten.
Erstaunlich auch, wie gut dieses Mädchen seine Zeit einteilen kann. Natürlich hört es wie alle gerne und laut heiße Musik oder was gerade so Mode ist, aber doch nur in beschränktem Rahmen. Diese Tochter träumt kaum bei Musik und Kerzenlicht, hat auch weniger Idole in der Schlagerbranche als die anderen, weil sie dazu häufig doch zu nüchtern ist. Dafür kann sie für einen erfahrenen Lehrer mit grauen Schläfen schwärmen.
Dieses Mädchen – so frühreif es sich häufig gibt – hat einen Hang zu älteren Menschen, auch Männern, von denen es aber in erster Linie etwas lernen will. In der Kleidung legt es früh wert auf wertvolle Stoffe. Zwar trägt es wie alle anderen, dem Modetrend entsprechend, legere Kleidung, aber die Hosen oder die Turnschuhe sind eine Idee teuerer als die ihrer Kameraden und auch eine Spur besser. Auch wird die Kleidung im allgemeinen immer gepflegt und sauber wirken, wie überhaupt adrettes Erscheinen für dieses Mädchen wichtig ist. Ungepflegte Jungen können bei ihr kaum landen. Das Mädchen tanzt gerne, kokettiert verwirrend, und weiß, was sie will.
Diese Tochter unterzieht sich vielen Tests, geht oft von einer Berufsberatung zur anderen, um sich erst dann zu entscheiden. Weiß sie, was sie werden will, dann wird sie es auch. So ähnlich geht dann, genau genommen, die Wahl ihres Lebenspartners vor sich. Sie will keinen Playboy, keinen Millionär – wenn sie einen bekommt, warum nicht –, aber sie wird auch nie jemanden heiraten, wo sie meint, jeden Pfennig dreimal umdrehen zu müssen. All das bespricht sie zwar brav mit ihren Eltern, aber diese haben oft das Gefühl, diese Gespräche seien im Grunde nur eine Formsache, weil es sich so gehört. Das ist ein Irrtum, das Mädchen will sich stets grundsätzlich informieren.

DER STEINBOCK-SOHN

hat es oft gar nicht so einfach. Das größte Problem ist, daß dieses Kind häufig unterschätzt wird. Schon früh zeigt sich, daß der Junge, im Vergleich zu den anderen Kindern, so wenig spontan reagiert, daß er oft – auch von den Eltern – wegen seiner langen Leitung gehänselt wird. Einmal stimmt dies nicht, und zum anderen sollten sich die Eltern hüten, solche Urteile auch nur im Scherz auszusprechen. Diese Jungen vergessen schwer etwas. Sie sind zwar nicht in dem Sinn nachtragend, daß sie erlittene Narben immer wieder vorweisen, aber auf diese Art geht schnell Vertrauen verloren. Entscheidender ist, daß diese Jungen, wenn sie etwa einmal gestolpert sind, sich fragen, warum sie gestolpert sind. Kommen sie zu dem Ergebnis, daß dies daran lag, daß sie die Treppe zu hastig heruntersprangen, dann lernen sie daraus, dann ziehen sie die Konsequenzen.

Sicher sind diese Kinder auch vorlaut, aber wenn sie deswegen mehrmals gemahnt und belehrt werden, dann haben sie ihre Lektion gelernt. Sie sagen zwar so gut wie nie »Ich werd's nie wieder tun«, aber sie tun es einfach nicht. Eltern, die dies nicht genau beobachten, verkennen oft ihren Sohn. Das gilt dann später auch für Lehrer wie für Ausbilder oder Vorgesetzte. Wer sich mit einem dieser Jungen anlegt, muß wissen, daß er dies nur einmal unbeschadet tun kann, das nächste Mal ist er darauf vorbereitet.

Es ist auch erstaunlich, wie gut er über seine Rechte Bescheid weiß, selbst seinen Eltern gegenüber. Von sich aus kommt er nicht darauf zu sprechen, aber wenn einmal Drohungen im Raum stehen, dann weiß dieser Junge darauf zu reagieren. Das sind Jungen, die schnell lernen, nur merkt man es ihnen nicht an, weil sie gerne etwas untertreiben. Sie lernen auch in der Schule bald, daß es meist nicht klug ist, der Erste oder der Letzte zu sein, daß also Auffallen eher schadet als nutzt. Daher werden diese Jungen oft unterschätzt, und man irrt sich hier häufig. Sicher sind diese Buben keine Engel, sicher führen sie auch Streiche aus und toben herum, aber sie vertragen es einfach nicht, wenn man sie etwa für etwas bestraft, was sie nicht getan haben. Daher überdrehen sie auch selten ihre Tollereien. Im Elternhaus sondern sie sich oft ab, um ihren eigenen Interessen nachzugehen. Auch hier wäre es gut, wenn beide Elternteile darauf achten würden, daß sie Interessensrichtungen dieser Knaben nicht verspotten oder belächeln. Oft verbeißen sie sich in handwerkliche Arbeiten, das soll jeder Elternteil sehr ernst nehmen, denn eines Tages spart gerade die Arbeit dieses Kindes große Ausgaben, da nun weder ein Installateur noch ein Elektriker gebraucht wird. Was sie werden wollen, entscheidet sich in der Grundrichtung sehr früh, die Praxis hängt dann von der allgemeinen Lage ab. Viele werden Beamte oder streben andere sichere Stellen an, aber nicht nur, um auf Nummer Sicher zu gehen, sondern um daneben weiterhin ihre Neigungen ausfüllen zu können.

Bei der Wahl ihrer Zukünftigen lassen sie sich Zeit. Zunächst probieren sie recht keck hier und da, lassen sich auf Abenteuer ein, daß manche Eltern verzweifelt die Hände über dem Kopf zusammenschlagen. Aber grundlos, denn diese Jungen verlieren sich selten. In der Ehe sind sie auch nicht von Anfang an die treuesten Ehemänner, aber wenn sie selbst Kinder haben, dann bemühen sie sich, ein gutes Vorbild abzugeben. Die Realität lassen sie selten aus den Augen, so spekulieren die wenigsten von ihnen, und wenn einer wettet oder im Lotto spielt, dann nur bis zu einem bestimmten Einsatz.

Je älter sie werden, um so mehr werden sie von ihren Eltern verstanden, wahrscheinlich auch deswegen, weil sie die Kinder sind, die am wenigsten Sorge bereiten. Ihren Eltern bleiben sie – hat es keine Grundsatzauseinandersetzung gegeben – bis ins hohe Alter treu, ja sie besuchen sie meistens regelmäßig auch im noch so weit entfernten Senioren- oder Altersheim.

DIE STEINBOCK-GROSSMUTTER

scheint so eine richtige Bilderbuchgroßmutter zu sein, vielleicht nicht ganz so betulich, wie Großmütter oft geschildert werden, aber sie ist den Enkeln fast immer eine große Freude. Begehrt sind nicht nur die Leckerbissen, die sie stets mit sich führt - oft zum Erschrecken der Eltern, die an die Zähne der Kinder denken -, sondern auch ihre Ratschläge. Diese sind nämlich nicht von schlechten Eltern, das heißt, von denen könnten die Eltern noch lernen. Jeder spürt sofort die große Lebenserfahrung dieser Großmutter, die bis ins hohe Alter genau weiß, was vor sich geht. Sie schaut mit Interesse die Nachrichtensendungen im Fernsehen an, aber sie studiert auch all die Kleinanzeigen und die Werbezettel, die jeden Tag durch den Briefschlitz geworfen werden.

In der Familie hat diese Großmutter nicht immer einen leichten Stand, denn leider mischt sie sich zu gern in die Erziehungsfragen der Familie ein und reizt so manchmal ihre eigenen Kinder, die Eltern, dann wieder die Enkel. Trotzdem wird sie gebraucht, denn sie ist immer zur Stelle, wenn man sie ruft. Sie ist eine freundliche Babysitterin, und sie kann sich sogar mit ihrem wachen Köpfchen noch glänzend um die Schularbeiten kümmern.

So haben die Eltern bei einer Steinbock-Großmutter verhältnismäßig viel freie Abende, und sie können auch allein in Urlaub fahren. Oft erkennen sie danach ihre Kinder nicht wieder, denn diese Großmutter läßt es sich nicht nehmen, während dieser Zeit die Enkel nach ihren Vorstellungen zu erziehen. Dabei ist sie einmal streng (das tut ihr dann leid), dann verwöhnt sie sie mit Selbstgebackenem, Süßigkeiten und Fernsehen. Doch sie achtet darauf, daß die Enkel in der Schule nicht zurückbleiben. Mancher Enkel verdankt dies seiner tüchtigen Großmutter, die nie die Realität völlig aus dem Auge verliert.

DER STEINBOCK-GROSSVATER

ist als Großvater meist etwas umstritten, weil er verhältnismäßig selten (Ausnahmen bestätigen die Regel) bei den Enkeln auftaucht. Das liegt daran, daß diese Männer versuchen, möglichst lange im Beruf zu bleiben, da ihnen dieser Abschied wirklich schwerfällt. Muß er sein, suchen sie sich meist einen Nebenjob. Oder der Hausgarten fasziniert sie derart, daß sie sich in die Gartenarbeit verbohren. Viele von ihnen haben es dann auch gar nicht so gerne, wenn nun Enkel auftauchen und die Beete in Unordnung bringen.

Natürlich zu den Festtagen, da sind diese Großväter da. Da spielen sie auch mal den Weihnachtsmann, zwar mit Bart, aber nicht mit Maske, denn sie fänden es albern und unrealistisch, ihren Enkeln etwas vormachen zu wollen. Für Überraschungsgeschenke sind sie immer gut, auch wenn diese meist nach praktischen Gesichtspunkten ausgesucht wurden. Um die Zeugnisse, die Abschlüsse ihrer Enkel kümmern sie sich sehr, und wer eine wirkliche Belohnung verdient, der bekommt auch eine.

So sparsam sie einst zu ihren Kindern waren, so großzügig zeigen sie sich jetzt, so als hätten sie etwas gut zu machen. Aber das ist nicht der Grund. Nun, da ihr Leben gesichert ist (und Reserven haben die meisten), geben auch die Steinböcke mit vollen Händen. Sie sind aber bei den Enkeln auch deswegen so beliebt, weil sie wirklich »gute« Ratschläge geben, wie es die Enkel nennen. Da ist wenig von Theorie zu spüren, und alle Ratschläge scheinen nicht nur moralisch zu sein, aber das verstehen die Enkel im Grunde nur nicht richtig. Denn für Moral sind diese Großväter durchaus, sie geben etwas auf Tradition und versuchen, den Enkeln das Gute an überlieferten Werten zu vermitteln (so Heimatliebe und die Achtung vor älteren Menschen). Daneben zeigen sie ihnen, wie man seine Ersparnisse am besten anlegt, und hier könnte jeder etwas von ihnen lernen.

VERHÄLTNIS ELTERNTEIL - KIND (und umgekehrt)
durch den Sonnenstand bedingt.

ELTERNTEIL STEINBOCK - KIND STEINBOCK
(oft eine Konjunktion)

Grundähnlichkeiten bestimmen dieses Verhältnis, das aber so eng deswegen nicht einmal ist. Zwischen beiden Familienmitgliedern herrscht im Gegenteil eine Art von nüchterner Bindung, wobei die Herzlichkeit oft zurückgedrängt scheint. Der Elternteil will sein Kind früh zur Selbständigkeit animieren, und das Kind eifert diesem Ziel nach. Daher gibt man sich - ist das Kind bereits im Schulalter - nicht so zärtlich, wie es oft zwischen Eltern und Kindern erwartet wird. Dafür können beide bestens miteinander sprechen.
Bei Familiendiskussionen stellen sie eine Bastion dar, die kaum von den anderen einzunehmen ist. Vor allem argumentieren Elternteil und Kind so sachlich, logisch und vernünftig, daß alle anderen Einwände abprallen. Doch manchmal wird es der Elternteil bedauern, daß er sein Kind so schnell flügge macht, und er sollte sich überlegen, ob es ihm wirklich so guttut. Vorstellbar, daß viele Steinbock-Kinder im Verhältnis zum Steinbock-Elternteil ein wahres Zärtlichkeitsnachholbedürfnis haben. Auch hat dieses Kind oft gar nicht die Chance, sich richtig als Kind fühlen zu dürfen. Es hat seinen Grund, daß beide sich oft mit dem Vornamen anreden. Sind das Mädchen, der Junge dann älter, hat diese Art von Basis sicher einen Vorteil: Das Verhältnis ist dann weniger familiär als freundschaftlich. Für Außenstehende scheint es oft etwas skurril, wenn hier Vater oder Mutter mit Tochter oder Sohn sprechen, es scheint als würden Verhandlungen zwischen Handelspartnern geführt. Das klingt und ist auch sicher übertrieben, aber Steinbock-Elternteile sollten den Kern dieser Pointe doch ernst nehmen, zuerst könnte dem Kind etwas fehlen, im hohen Alter dann dem Elternteil.

ELTERNTEIL STEINBOCK - KIND WASSERMANN
(meist kein Aspekt)

So unterschiedlich sich dies oft in alten Astrologiebüchern darstellt, so unterschiedlich ist das Verhältnis zwischen Elternteil und Kind meist gar nicht. Hier wurde nämlich in den Beschreibungen vergessen, daß der Planet Saturn in beiden Zeichen ein Wörtchen mitzureden hat.
Grundsätzlich treffen sich hier Elternteil und Kind einmal durch eine Traditionsbindung, dann aber auch im Ehrgeiz. Ohne Zweifel ist der Elternteil in der Ehrgeizgrundrichtung realer, das Wassermann-Kind denkt im Ehrgeiz mehr an den eigenen Glanz, der durchaus außerhalb der Realität liegen kann, aber über sich hinauswachsen wollen beide. Sicher ist, daß dieser Elternteil sich eine Spur mehr um dieses Kind kümmern dürfte als um andere, auch wenn Geschwister da sind. Beim Kind ist der Mutterwitz unverkennbar, und damit befriedigt dieses Kind etwas von dem, was dem Elternteil immer gefehlt hat.
Jedoch wenn es um die reale Berufswahl geht, dann kommt es in 99 von 100 Fällen zu Konflikten, denn die Wunschträume des Kindes kann der Elternteil so gut wie nie mit gutem Gewissen bejahen. Auch bei der Wahl der Lebenspartnerin, des Lebenspartners könnte es Konflikte geben, aber die wären nicht so tragisch, die kommen überall vor. Eher macht sich der Elternteil Sorge, weil er bei diesem seinem Kind einen Hang zum Leichtsinn und zum Leichtnehmen spürt, bis er erkennt, daß meist alles nicht so ernst genommen werden darf, was das Kind von sich gibt. Beide Familienmitglieder ergänzen sich immerhin überraschend gut, und dies zeigt sich besonders oft an freien Tagen oder im gemeinsamen Urlaub. Es ist eine Tatsache, daß das Kind, wenn es schon längst eine eigene Familie hat, diesen Elternteil auffordert, den Urlaub gemeinsam zu verbringen.

ELTERNTEIL STEINBOCK – KIND FISCHE
(oft ein Sextil)

Auch hier zeigt sich das Verhältnis zwischen Elternteil und Kind viel differenzierter als allgemein angenommen wird, da ja zwischen beiden Tierkreisabschnitten ein Sextil besteht. Der Elternteil muß oft erst lernen, wie beeinflußbar ein Fische-Kind ist.
Diese Kinder haben nämlich die Eigenschaft, instinktiv anzunehmen, was ihnen – wie der Volksmund sagt – in den Kram paßt. Sie sind Anpassungskünstler, das ist hier besonders wichtig. Wachsen sie mit einer warmherzigen Mutter auf, dann entwickeln sie sich auch in diese Richtung: Aber jeder weiß, daß Fische-Charaktere sehr kalt und sogar berechnend sein können, meist haben sie dies von einem Elternteil angenommen. Hier ist besonders der Steinbock-Elternteil in die Verantwortung genommen. Er muß aufpassen, daß seine Nüchternheit, sein Realitätssinn nicht etwa als Berechnung erscheinen. So ist es auch nie gemeint, aber Kinder, die nicht differenzieren können, empfinden dies hin und wieder so, und weil sie dazu noch den Elternteil anbeten, eifern sie diesem nach und werden wirklich kalt und berechnend. Der Einfluß gerade eines Steinbock-Elternteils kann auf ein Fische-Kind also ungeheuer sein, dies sollte er nie außer acht lassen. Hinzu kommt, daß das Fische-Kind sich seltsamerweise gerade an diesen Elternteil förmlich anklammert, weil von ihm soviel Lebenssicherheit ausgeht, und das fehlt ja oft dem noch hilflosen Fische-Kind. So gut sich also beide verstehen: In punkto Grundcharakterentwicklung durch Erziehung und Vorbild, die ja nicht im Tierkreis festliegt, muß der Steinbock-Elternteil ganz besonders achtgeben. Tut er dies, weiß er um diese Problematik und geht dann richtig auf das Kind ein, wird man hier von einem ganz ungewöhnlich guten Verhältnis zwischen Elternteil und Kind sprechen können, das durch keine Krisen oder Partnerschaften gestört werden könnte. Oft hängen beide Familienmitglieder wie Kletten zusammen.

ELTERNTEIL STEINBOCK – KIND WIDDER
(oft ein Quadrat)

Meist ein etwas diffiziles Verhältnis schon vom Temperament her, aber auch von der Grundauffassung. Das Kind hat aus der Sicht des Elternteils etwas Revolutionäres an sich, es gebärdet sich wild und auflehnend, während das Kind, besonders wenn es älter wird, diesen Elternteil als stockkonservativ und altmodisch bezeichnet.
Hier könnten sich echte Generationskonflikte abspielen, und zwar besonders auf gleichgeschlechtlicher Ebene. Also zwischen Mutter und Tochter oder Vater und Sohn. Die Auflehnung der Jungen wird hier doch wohl schnell deutlich, gerade weil sich vom Temperament her das Feurige des Kindes, die kindliche Ungeduld gegen den Pragmatismus auflehnen. Sicher brauchen diese Elternteile sehr viel Geduld, ja Liebe. Gerade diese kann hier lange und hart strapaziert werden. Dabei könnten die Auseinandersetzungen durchaus für beide Familienmitglieder einen Lernprozeß beinhalten, aber die Gegensätze sind wohl doch zu groß und im Grunde auch nicht ergänzend. Die Auflehnung, die hier grundsätzlich deutlich wird, ist auch ein Zeichen für das Wesen des Kindes, das einfach nicht so werden kann wie der Elternteil, was von diesem nun überhaupt nicht verstanden wird.
Erschwerend ist die Tatsache, daß kaum eines von diesen beiden Familienmitgliedern nachgeben kann. Sicher setzt sich dank der größeren Macht zuerst der Elternteil durch, aber die Kraft und die Leidenschaft, die liegen beim Kind, und genau das ist der Punkt, den der Elternteil einfach nicht begreift. Wenn hier nicht eine starke grundsätzliche Familienbindung besteht, könnten sich hier Familienfeindschaften entwickeln. Der Elternteil als der Klügere muß lernen, daß auch ungezügeltes Temperament seine Rechte haben muß. Das Kind wird oft erst im Alter – meist wenn der Elternteil nicht von der Bühne des Lebens, aber von der Familienbühne abgetreten ist – einsehen, daß auch Andersdenkende das Recht haben, nach ihrer Überzeugung zu leben.

ELTERNTEIL STEINBOCK – KIND STIER
(oft ein Trigon)

Ein glückliches Verhältnis zwischen beiden Familienmitgliedern. Das gleiche Temperament, wenn sich auch der Elternteil motorischer verhalten wird. Oft wird er an der Sturheit seines Kindes etwas verzweifeln, aber dessen Anmut und Liebenswürdigkeit wird ihn immer wieder versöhnen. Beide bewegt ein recht reales Denken und Handeln, und sie überfordern sich nicht gegenseitig. Der Elternteil wird hier das Gefühl haben, das Kind versteht, daß das, was ich tue, nur zu seinem Besten ist. Und genau dies ist richtig. Das Kind fühlt sich gut aufgehoben, wird sich sicher und geborgen im Elternhaus fühlen, wenn dort dieser Elternteil den Ton angibt.

Besonders herzlich ist meist das gegengeschlechtliche Verhältnis, also zwischen Vater und Tochter, beziehungsweise Mutter und Sohn. Sicher, wenn es bei beiden um Prinzipien geht (oder was sie – besonders von der Kinderseite aus – dafür halten), krachen die Köpfe schon einmal zusammen, aber im Grunde wird doch nichts übersteigert. Die Einsicht in die Notwendigkeit, das vereint dann beide Familienmitglieder. Kaum einer von ihnen hängt einer Illusion nach, sie sehen die Welt wie sie ist, der Elternteil vielleicht etwas pessimistischer als das Kind, daher spornt er dieses immer wieder zu mehr Taten an. Sparsam sind beide, und da sie auch meistens ihre Habe pflegen, stellen sie keine großen Ansprüche. Das Kind wird also nicht fortwährend beim Elternteil betteln, es möchte noch dieses und jenes haben, nur weil es die Klassenkameraden besitzen. Außerdem kann das Kind recht gut abschätzen, was möglich ist und was nicht.

So bildet sich zwischen beiden eine herzliche, reale Vertrauensbasis heraus, die lange anhält, auch noch, wenn das Kind aus dem Haus gegangen ist. Auch Schwiegerkinder werden hieran nicht viel ändern, denn dieses Kind wird nur in extremen Fällen und dann nur kurze Zeit vor Liebe blind sein. Danach findet es (schnell) zur Realität zurück.

ELTERNTEIL STEINBOCK – KIND ZWILLINGE
(meist kein Aspekt)

Die Beziehungen zwischen diesen Familienmitgliedern werden von einem ständigen Auf und Ab begleitet sein. Grundsätzlich werden beide – trotz recht verschiedener Grundveranlagung – eine gute Basis miteinander finden.

Das Kind bringt mit Sicherheit Wirbel in das Leben des Elternteils. Es lockert das Leben auf, bringt es durcheinander, aber in vielen Fällen wird auch der Elternteil durch das Kind lachen oder wenigstens lächeln lernen. Es kann ein großes Glück für ihn sein, denn auf selbstverständliche Art und Weise zeigt es dem Elternteil, daß das Leben voller positiver Seiten ist. Die Neugier, der Wissensdurst des Kindes zwingen auch den Elternteil dazu, sich mit Dingen zu beschäftigen, die ihm eigentlich von Natur aus fremd oder ungewohnt sind. Der Elternteil wiederum regt das Kind zum sachlichen und folgerichtigen Denken und Handeln an. So können sich beide – trotz sehr starker Grundgegensätze – bestens befruchten und ergänzen. Sicher empfindet der Elternteil das Kind als zu flink, wechselhaft, auch zu schnell alles verstehend, und so setzt er hier große Mühe an, um ihm mehr Systematik und Beharrlichkeit beizubringen. Er selbst lockert dabei auf, sieht oft die Kehrseite mancher Medaillen, bekommt auch – für ihn meist unerklärlichen – Lebensmut. Hier kann man wohl davon ausgehen, daß der Elternteil meist zuhört, daß das Kind erzählt, berichtet und das Zuhören am Beispiel der Mutter beziehungsweise des Vaters oft erst lernen muß.

Konflikte, wenn auch nicht tragischer Art, wird es geben, wenn die Berufswahl ansteht, denn das Kind wird sich – in den Augen des Elternteils – hier manche Illusionen machen, wird auch von künstlerischen oder journalistischen Berufen schwärmen, die der Elternteil für unsicher und gefährlich hält. Weniger problematisch geht es dann in der Wahl der Partnerschaft zu, weil das Kind (wegen der guten Ergänzung) sehr häufig unbewußt mit den Augen des Elternteils wählt.

ELTERNTEIL STEINBOCK – KIND KREBS
(oft eine Opposition)

Beide Familienmitglieder besitzen von den Tierkreisabschnitten her eine wahrhaft gegensätzliche Grundveranlagung, aber sie werden sich gerade deswegen bestens ergänzen.
Sicher muß der Elternteil erst einmal sein Kind kennenlernen. Die meisten Steinbock-Elternteile weisen dies ja mit Entrüstung zurück, sie betonen immer wieder: »Ich kenne doch mein Kind!« Und das mag im allgemeinen auch der Fall sein, aber bei einem Krebs-Kind ist dies schwierig. Es ist ja oft – wenn der altmodische Ausdruck erlaubt ist – zunächst ein Seelchen. Empfindlich, empfindsam, realitätsfremd. Alles Dinge, die der in sich doch recht geschlossene und widerstandsfähige Steinbock kaum versteht, da ihm Selbstdisziplin angeboren zu sein scheint. Er versteht so gar nicht die scheuen Reaktionen, das schnelle Beleidigtsein des Krebs-Kindes, aber mit der Zeit spürt auch er, welche Urkraft gerade hier zu finden ist. Bei beiden ist die Motorik nämlich gleich stark ausgebildet, und wenn der Steinbock-Elternteil erkennt, daß sein Krebs-Kind sucht, mit sich ringt, auch etwas bewegen will, verstärkt sich sein Verständnis, was die elterliche Liebe nur noch erhöht.
Ein weiterer Bindungspunkt: Beide besitzen eine große Geduld, wenn sie auch verschieden ist. Das Kind glaubt an eine gute Grundentwicklung, der Elternteil weiß als Steinbock, daß Gut Ding Weile haben will. So entwickelt sich hier aus anfänglichem Unverständnis oft eine starke Bindung, zumal gerade das Krebs-Kind den doch notwendigen Halt und Lebensmut gewinnen kann. Auf 2 völlig verschiedenen Wegen zum Ziel zu kommen, das wird hier immer wieder zu beobachten sein, das muß auch der Elternteil akzeptieren.
In der Berufswahl wird dies noch einmal offenbar, da der Elternteil meist vergeblich versucht, seinem Kind einen soliden Beruf einzureden. In punkto Partnerschaft des Kindes wagt es dieser Elternteil sowieso nicht mehr, sich einzumischen.

ELTERNTEIL STEINBOCK – KIND LÖWE
(meist kein Aspekt)

Zunächst einmal wird der Elternteil dieses Kind meist vergöttern, ja er wird es sogar beneiden. Es hat all das, was der Elternteil sich insgeheim oft ersehnt. Ausstrahlung, Gefallen, Autorität.
Auf dieses Kind ist der Elternteil stolz, es besteht die Gefahr, daß er dadurch die bei ihm sonst konsequente Erziehung schleifen läßt, ja Außenstehende könnten sogar ziemlich oft von einem verwöhnten Kind sprechen. Die Löwe-Kinder haben nun die Gabe (die sie jedoch nicht immer einsetzen müssen), dies auszunützen. Genau dies wäre dann der Punkt, an dem der Elternteil in erzieherische Opposition zum Kind geht und es nun besonders hart anfaßt. Ein Löwe will nun aber einmal grundsätzlich seinen Kopf durchsetzen, läßt sich nicht gerne zügeln. Also wehrt er sich, weil er – schon als Kind – die Logik nicht versteht, daß sich nun der Elternteil um 180 Grad gedreht hat. So findet die Generationsauseinandersetzung meistens nicht in der Heftigkeit statt wie zwischen Widder-Kind und Steinbock-Elternteil, aber auch hier schlagen manche Wogen recht heftig übereinander. Der Elternteil ist dabei fast immer etwas im Nachteil, weil er ja das Kind heimlich anbetet, und diese Kinder spüren mit unheimlicher Sicherheit die Schwäche der Eltern. So kann hier oft nur ein neutraleres Familienmitglied die Grundsatzauseinandersetzung schlichten.
Unter diesen (möglichen) streitigen Disputen leidet der Elternteil ganz besonders, aber er darf hier nicht nachgeben, denn eines Tages könnte das Kind ihm vorwerfen: »Du hast ja nicht darauf bestanden, daß ich etwas Ordentliches lerne!« Es ist für den Elternteil auch nicht leicht einzusehen, daß seinem Kind scheinbar alles das in den Schoß fällt, was er sich erarbeiten mußte – daher bleibt das Verhältnis zwischen beiden immer etwas zwiespältig.

ELTERNTEIL STEINBOCK – KIND JUNGFRAU
(oft ein Trigon)

Ist das Kind ein Mädchen, dann dürfte es der besondere Schatz des väterlichen Elternteils sein, ist es ein Junge, der Liebling des mütterlichen. Aber auch Vater und Sohn (wie Mutter und Tochter) müßten sich eigentlich sehr gut vertragen, sich zusätzlich zu aller Familienliebe sehr verbunden fühlen.
Der Elternteil richtet immer wieder sein wohlwollendes Augenmerk auf dieses Kind, das sich auch große Mühe gibt, sich dem Elternteil anzupassen und dabei dessen Erwartungen zu erfüllen. Vielleicht ist der Umgang zwischen diesen beiden Familienmitgliedern für Außenstehende etwas zu nüchtern, oder zu real, aber das würde nur oberflächlich gesehen zutreffen. Sicher spielt die Lebensbewältigung in der Erziehung eine große Rolle, und der Elternteil hat viel Zutrauen zur Entwicklung des Kindes. Dieses schlägt – aus seiner Sicht – nicht aus der Art, es kann sich einfügen, ohne sich zu unterwerfen, es gibt sich fleißig, ordentlich, alles Vorzüge, die im späteren Leben doch sehr ins Gewicht fallen. Und das Kind bewundert den Elternteil, der stets etwas erreichen will, der nicht abwartet, auf kein Lotterielos hofft, sondern einfach den Alltag meistert. Oft tritt das Kind in die Fußstapfen des Elternteils, es wählt dessen Beruf oder einen ähnlichen, es richtet sein Leben – mehr unbewußt als bewußt – nach dem Vorbild aus, das dieser ihm gibt.
Sicher gibt es auch Konflikte, Entwicklungsschwierigkeiten, aber diese klären sich ohne große dramatische Auseinandersetzungen.
Ernsthafter wird es dann, wenn das Kind aus dem Haus geht, denn da wird schon eine starke Eifersucht des Elternteils deutlich, und dem Kind wird häufig ein schlechtes Gewissen aufoktroyiert. Diese Verstimmung braucht dann manchmal doch längere Zeit, ehe sie aus der Welt geräumt ist. Hier kommt es sehr auf das Verhalten der Lebenspartnerin, des Lebenspartners an, die Wogen zu glätten.

ELTERNTEIL STEINBOCK – KIND WAAGE
(oft ein Quadrat)

Da ein Waage-Kind sich immer zu arrangieren vermag, weil es die Harmonie so schätzt, spielen sich hier eventuelle Konflikte mehr unter der Oberfläche ab. Sicher nimmt das Kind vom Grundnaturell das Leben etwas leichter als der doch eher ernste Elternteil. Auch wird dieses Kind – ist es erst einmal älter geworden – sich mehr dem Geistigen zuwenden als der Vater oder die Mutter. Das begrüßen diese sogar, solange sich das Kind in ihren Augen nicht zu sehr in künstlerische, unrealistische Gedanken und Wunschträume verrennt.
Aber je älter das Kind wird, um so mehr kann in ihm ein geistiger Hochmut wachsen. Es kann fast etwas Snobistisches bekommen, wenn es den Elternteil kritisch betrachtet. Oft fühlt es sich diesem im Grunde haushoch überlegen.
Sicher revoltiert dieses Kind nicht so direkt wie ein Widder-Kind, lehnt sich nicht so auf wie ein junger Löwe es täte, aber auf subtilere Art zeigt es doch oft, daß dieser Elternteil sich etwa hoffnungslos in einen Materialismus verrannt hat, oder daß allein mit Logik auch nicht alles zu erklären ist. In solchen Punkten vermag das Kind den Elternteil sehr schwer zu treffen, ja zu verletzen. Dies geschieht durch kleine spitze Bemerkungen, etwa wenn der Elternteil fragt, welches Buch denn das Kind lese, und die etwas schnippische Antwort lautet: »Das ist nichts für dich, das ist zu hoch.«
So gern Eltern sehen, daß Kinder über sie hinauswachsen, hier fühlt sich mancher Elternteil, der alles für die Ausbildung seines Kindes getan hat, blamiert, in die Ecke geschoben. Da braucht es schon viel Verständnis, aber auch harten Widerspruch. Diese Elternteile sollten sich in dieser Form nicht alles gefallen lassen. Eltern fühlen sich stets gekränkt, wenn Kinder sie für etwas altmodisch und simpel halten. Dies ist hier nur eine mögliche, aber eine oft beobachtete Gefahr, der beide Familienmitglieder früh begegnen sollten.

ELTERNTEIL STEINBOCK – KIND SKORPION
(oft ein Sextil)

Beide Familienmitglieder ergänzen sich recht gut, ja sie fühlen sich eng verbunden. Der Elternteil macht sich oft große Sorgen, weil das Kind häufig eine unbewußte Angst in sich spürt, gegen die es sich zwar ungestüm und leidenschaftlich stemmt, aber die doch nie so ganz zu bewältigen ist. So versucht der Elternteil die Lebensweichen recht klar zu stellen. Oft unterschätzt er dabei vielleicht, daß sein Kind sich nicht einordnen lassen will.

Diese Kinder legen schon sehr früh Wert auf eine sehr persönliche Individualität, sie wollen sich einmal nicht vermassen lassen, zum anderen aber auch nicht ohne weiteres gewissen Lebensregeln beugen. Der Elternteil zeigt jedoch dafür meist großes Verständnis, wenn er auch schwer begreift, wieso man sich eigentlich immer nur auflehnen mag. (Jedenfalls deutet er das Verhalten seines Kindes häufig so.) Dieses Kind aber macht es sich nicht leicht, und dies spürt der Elternteil doch. Daher versteht er es, obwohl er es stets als ein schwieriges Kind empfindet. Aber das sind ja meist die Kinder, die einem ganz besonders ans Herz gewachsen sind.

Dies ist hier sehr oft der Fall. Differenzen gibt es dann sicher auch bei den Berufsmöglichkeiten, die der Elternteil für sein Kind vorschlägt. Hier spürt er, daß es meist doch sehr ungewöhnliche Wege gehen will. Es befindet sich stets auf einer Suche, und die Frage nach dem Lebenssinn kann den Elternteil Nerven kosten. Immer wieder fragen die Skorpion-Kinder: »Ja warum? Warum tust Du dies? Warum handelst Du so? Warum muß ich diesen Weg einschlagen? Warum muß immer gerade ich nachgeben?« Aber auf diese Weise regt das Kind auch den Elternteil zum Nachdenken an, was dieser im Nachhinein sehr begrüßen wird. Beide Familienmitglieder verstehen sich trotz allem und befruchten sich gegenseitig ständig. So bleibt meist bis ins hohe Alter eine intensive Bindung zueinander bestehen.

ELTERNTEIL STEINBOCK – KIND SCHÜTZE
(meist kein Aspekt)

Manchmal mag sich hier der Elternteil fragen: »Von wem ist das Kind? Doch nicht von mir!« Sicher ist dies überpointiert, aber für den Elternteil schießt dieses Kind oft über das Ziel hinaus, dabei will es ja nichts anderes, als seinen Idealen nachleben, und da stößt es oft auf Unverständnis.

Dies beginnt schon bei der Berufswahl. Alle Berufe, denen das Kind gerne nachgehen würde, rufen sehr oft Skepsis, wenn nicht gar Ablehnung des Elternteils hervor. Das Kind muß dann immer wieder hören (und das findet der Elternteil schon entgegenkommend): »Gut, ergreife diesen Beruf, aber vorher lerne etwas Anständiges, etwas von dem du auch leben und deine Familie versorgen kannst.« Erst wenn das Kind nicht nachgibt, – was in der Praxis gar nicht so einfach ist, wie es sich manche Jungen, manche Mädchen vorstellen –, dann wendet sich der Elternteil mehr dem Kind zu. Aber eine Grundsicherheit will er für das Kind wissen, sonst zieht er seine schützenden Hände zurück. Das Grunddenken in der Zielsetzung ist ja bei »Nachbarschaftszeichen im Tierkreis« immer sehr entgegengesetzt. Das muß sich nicht immer gravierend auswirken, hier kann es aber durchaus der Fall sein.

Hinzu kommt, daß oft eine gewisse Empfindlichkeit auf beiden Seiten zu bemerken ist. Das ändert nichts an dem grundsätzlichen Zusammenhalten, aber das Kind will doch seinen eigenen Weg gehen, also boxt es. Wenn der Elternteil bemerkt, daß er keinen Einfluß mehr auf das Kind hat, besteht die Gefahr, daß er sich völlig zurückzieht. Hierzu sollte es aber auf keinen Fall kommen. Im Grunde könnten sich, was ja sehr oft auch der Fall ist, beide Familienmitglieder prächtig ergänzen, und wieder einmal wird die Zeit alles einrenken, denn meist stellen sich die ängstlichen Erwartungen des Elternteils als überflüssig heraus. Diese Kinder gehen eigentlich sehr gut ihren Weg, aber sie müssen in ihrem Leben erst einmal einen tieferen Sinn entdecken.

UNKLARHEITEN,
die bei Steinbock-Geborenen durch die 12 möglichen Aszendenten für Elternteil und Kind entstehen können.

SONNE IN STEINBOCK mit ASZENDENT STEINBOCK ergibt mit Sicherheit eine recht überpotenzierte Steinbock-Charakterisierung, aber auch eine eigenwillige, egozentrische Ausrichtung. Diese Menschen wollen möglichst mit dem Kopf durch die Wand, so daß darunter meist entweder das Kind oder der Elternteil leidet. Da das Kind zunächst das schwächere Familienmitglied ist, unterliegt es, aber es vergißt nicht. Und der Elternteil muß eines Tages erkennen, daß dieses Kind nicht aufgibt und voller Beharrlichkeit sein Ziel weiter verfolgt. So spiegelt sich oft der Elternteil im Kind und umgekehrt.

Bei **SONNE in STEINBOCK mit ASZENDENT WASSERMANN** geben sich die Menschen oft leichter, unterhaltsamer, ansprechbarer als sie sind. Kinder entdecken, daß sich die daheim schweigsamen Eltern außerhalb des Hauses recht kontaktfreudig geben und sogar zu manchem Unsinn aufgelegt sind, während zu Hause sehr der Lebensernst regiert. Eltern stellen sich bei Kindern mit dieser Konstellation dagegen auch häufig die Frage, welche Laus dem Kind daheim immer über die Leber läuft, da es eher sich verbissen und störrisch verhält und schweigsam, während es unter Kameraden und Kollegen doch aufzutauen scheint. Es ist schwer zu begreifen, daß gerade dieses Lockerheit aufgesetzt und meist unnatürlich ist.

SONNE in STEINBOCK mit ASZENDENT FISCHE zeigt auf den ersten Blick nicht einmal so gravierende Unterschiede zwischen Lebenskern und Rollenspiel, denn das Abwartende steht hier im Vordergrund. Immerhin registrieren Kinder schon, wie weich und auf alle Fragen eingehend sich diese Elternteile oft verhalten, nur nicht ihnen gegenüber, und das geht nicht in ihren Kopf hinein. Aber auch die Kinder dieser Konstellation zeigen sich bei Fremden meist viel anschmiegsamer als in der Familie, wo sie oft nur das Notwendigste sprechen und die sparsamsten Gefühle zeigen.

SONNE in STEINBOCK mit ASZENDENT WIDDER ist fast immer für Überraschungen gut. Diese Menschen treten viel lauter und temperamentvoller auf, als sie es in Wirklichkeit sind, wenn auch bei ihnen die Unbedingtheit stets eine entscheidende Rolle spielt. Wenn Kinder jedoch bemerken, wie unbeherrscht diese Elternteile sich oft geben, fragen sie sich empört, warum gerade sie so streng erzogen werden. In der Tat, der Widerspruch im Verhalten dieser Elternteile ist eklatant. Kinder mit dieser Konstellation können aber auch die Eltern das Fürchten lernen, wenn sie bei ihrem »eigentlich so stillen« Kind von einem waghalsigen Streich, einer harten Auseinandersetzung hören.

Bei **SONNE in STEINBOCK mit ASZENDENT STIER** stellt sich dieses Problem dagegen kaum. Hier zeigen sich Elternteile und Kinder fast genauso wie sie sind, vielleicht daheim noch ein wenig ruhiger und beharrlicher, wobei den Kindern schon auffällt, daß die Eltern sich draußen weniger herb geben als zu Hause. Und Eltern sind oft beglückt mitzuerleben, daß sich ihre Kinder in der Umwelt doch zu den notwendigen Freundlichkeiten herablassen, die sie zu Haus nicht nötig zu haben meinen.

SONNE in STEINBOCK mit ASZENDENT ZWILLINGE ist ein Widerspruch in sich. Diese Menschen geben sich aufgeschlossen, gesprächig, munter, neugierig; sie sind ansprechbar, so als sollte nur keiner bemerken, wie philosophisch ernst und auch pessimistisch sie im Kern oft sind. Kinder betteln vielleicht öfters, daß diese Elternteile sich doch einmal so freimütig mit ihnen unterhalten würden wie mit ihren Kollegen. Kinder mit dieser Konstellation scheinen wahre Schauspieler zu sein, aus denen nicht einmal die Eltern recht klug werden. »Ja nicht in sich hineinschauen lassen!« heißt hier offenbar die Devise, die nicht immer sehr leicht zu respektieren ist, weil sich das Kind – geht es außer Haus – eine Maske aufzusetzten scheint.

SONNE in STEINBOCK mit ASZENDENT KREBS: Zwei Seelen wohnen in dieser Brust (und noch mehr!). Gegensätzlicher zwischen Rollenspiel und Kern geht es kaum mehr. Während die Kinder etwa erfahren haben, daß dieser Elternteil recht kompromißlos sein kann, erleben sie mit, daß er sich geradezu schüchtern und weich in der Umwelt bewegt und gar nicht so sehr auf seiner Meinung zu beharren scheint. Das erstaunt, ja verwundert sie sehr. Haben Kinder diese Konstellation, kann es durchaus sein, daß Eltern verblüfft reagieren, wenn sie bemerken, wie stimmungsabhängig sich ihre Kinder draußen zeigen, wie launenhaft und empfindsam, so als fehlte ihnen jede Ellenbogenkraft.

SONNE in STEINBOCK mit ASZENDENT LÖWE ist auch für manche Überraschung gut. Zum Beispiel der Widerspruch zwischen dem manchmal etwas arroganten Auftreten, dem vor sich hingetragenen Optimismus und der Großspurigkeit, während die Kinder doch um die Bescheidenheit der Eltern wissen. Sie spüren diesen Zwiespalt, können aber nicht verstehen, daß das eine nur Rollenspiel, Tarnung ist. Die Eltern erkennen dies bei Kindern mit dieser Konstellation schon leichter, doch sie merken, wie die Kinder dadurch falsche Erwartungen wecken, die über die wahren Werte hinwegtäuschen.

SONNE in STEINBOCK mit ASZENDENT JUNGFRAU dagegen, das ist eine Konstellation, die nicht nur über manche wackelige Brücke hinweghilft, sondern hier ist selten ein Zwiespalt zwischen Auftreten und Sein zu erkennen. Diese Menschen leben wirklich meist nach dem Motto: »Mehr sein als scheinen«, und insofern können Eltern ihren Kindern in dieser Beziehung ein gutes Vorbild sein. Auch Kinder mit dieser Konstellation untertreiben eher als sie angeben, und manche Eltern befürchten sogar, daß sie sich nicht so recht in Szene setzen können. Es handelt sich meist um Langsamstarter, die aber mit den ersten ans Ziel kommen.

SONNE in STEINBOCK mit ASZENDENT WAAGE. Wenn ein Aszendent hilfreich sein kann, dann der Aszendent Waage. Er ermöglicht ein gutes Ankommen, weil diese Menschen sehr liebenswürdig, ja diplomatisch auftreten und nach außen stets ein Lächeln zeigen. Zu Hause ist das oft anders, was Kinder von Elternteilen dieser Konstellation nicht begreifen können. Auch Eltern rätseln oft herum, warum ihr Kind sich draußen so verbindlich und nett gibt, während es zu Hause eher herummuffelt und sich schnell in sich zurückzieht.

SONNE in STEINBOCK mit ASZENDENT SKORPION ist nun auch nicht gerade eine Konstellation, die das Leben erleichtert. Zwar tauchen hier keine gravierenden Widersprüche zwischen Auftreten und wahrem Sein auf, aber diese Menschen wirken immer etwas düster, traurig fast, dabei brennend ehrgeizig. Mit denen ist – das spüren viele schnell – nicht immer gut Kirschen essen, und auch Kinder fürchten sich oft vor Elternteilen mit solcher Konstellation, während sich Eltern um Steinbock/Skorpion-Kinder nicht ganz zu Unrecht einige Sorgen machen. Sie sollten wissen, daß gerade diese Kinder viel unaufdringliche Wärme und Zärtlichkeit brauchen, um lebenssicher zu werden.

SONNE in STEINBOCK mit ASZENDENT SCHÜTZE spiegelt dagegen einen Menschen wider, der sicherer und feuriger auftritt, als er ist. Kinder sehnen sich oft nach der Jovialität, die diese Elternteile in ihrer Umgebung ausstrahlen können, auch zeigen sie sich viel großzügiger, manchmal gar verschwenderischer, als sie in Wirklichkeit sind. Die Tatsache, daß diese Menschen ja nicht wollen, daß man ihre zielbewußte Wahrheit erkennt, können Kinder nicht erfassen. Auch Eltern stehen bei Kindern dieser Konstellation oft vor einem echten Rätsel. Wenn sie daheim jeden Pfennig hüten, keinem Bruder oder keiner Schwester etwas schenken, spielen sie in der Klasse oft den wohltätigen Spender, das scheint widersprüchlich.

DIE SCHWIEGERKINDER IM VERHÄLTNIS ZUM ELTERNTEIL STEINBOCK

Steinböcke sind Realisten und ehrgeizig, dies überträgt sich auch auf den Nachwuchs. Ehrgeiz hat aber nur Erfolg, wenn dann auch die Schwiegerkinder mitziehen, um so kritischer werden sie also angeschaut.

Wählt etwa der Sohn eine **STEINBOCK-Schwiegertochter**, dann wird diese vom Steinbock-Vater sicher nicht mit Widerstand aufgenommen werden, denn er erkennt bei ihr schnell Grundeigenschaften, die er selbst an sich schätzt. Auf diese junge Frau setzt er. Auch eine Steinbock-Mutter findet bei dieser Schwiegertochter, was sie erhofft, eine gewisse gleichartige Vertraulichkeit und Einsatz für das Lebensziel. Da nimmt sie es schon in Kauf, wenn die junge Steinbockfrau sich nicht ohne weiteres von der Familie vereinnahmen lassen will.

Ein **STEINBOCK-Schwiegersohn** ist dieser Mutter sicher auch nicht unsympathisch, vor allem, weil sich beide ohne viel Worte verstehen, beide können sich auf das Wesentliche konzentrieren. Der Steinbock-Vater wird so ähnlich empfinden, obwohl die Erfahrung zeigt, daß sich zu viele Steinböcke in einer Familie gegenseitig blockieren.

Wählt aber die Tochter einen **WASSERMANN-Schwiegersohn**, dann dürfte der Steinbock-Vater schon etwas skeptischer reagieren, denn er bemerkt sehr schnell den nicht nur sachlich orientierten Ehrgeiz. Auch bei der Steinbock-Mutter muß sich dieser Wassermann-Schwiegersohn erst seine Meriten erwerben und seine Zuverlässigkeit unter Beweis stellen, was ihm aus der Sicht einer Steinbock-Mutter sehr häufig gar nicht oder kaum gelingt.

Die **WASSERMANN-Schwiegertochter** hat es da etwas leichter, denn die Steinbock-Mutter setzt alles auf ihren Sohn, dem traut sie alles zu. So nimmt sie sogar eine Wassermann-Schwiegertochter in Kauf, zumal sie sich von ihr gut unterhalten fühlt. Auch der Steinbock-Vater reagiert auf diese Schwiegertochter mit Gelassenheit. Eine Fehlleistung, wie die Erfahrungen zeigen, denn von einer jungen Wassermannfrau geht schon eine vibrierende Faszination aus, die den Sohn der Familie völlig entfremden kann.

Eine **FISCHE-Schwiegertochter** wird vom Steinbock-Vater sicher recht freudig aufgenommen, ihre Anpassungsfähigkeit gefällt ihm, auch ihre betont weibliche Art, denn die Praxis zeigt, daß gerade Steinbock-Männer von der zu weit gehenden Emanzipation nichts halten. Und da die Fische-Frauen dies bestens vertuschen können, obwohl sie sich auch emanzipieren, empfindet dies der Vater als angenehm. Die Steinbock-Mutter mag die Fische-Schwiegertochter eigentlich sofort, sie meint – oft irrtümlich –, daß sie ihre zukünftige Schwiegertochter lenken und leiten können wird. Scheinbar geht die Fische-Frau auch darauf ein, was viel zum Familienfrieden beiträgt.

Ein **FISCHE-Schwiegersohn** hat bei der Steinbock-Mutter auch alle Startchancen, seine Höflichkeit und die gewisse, legere Art gefallen ihr. Die Mutter hat das Gefühl, ihre Tochter hat sich einen einfühlsamen, verständnisvollen Mann gewählt. Der Steinbock-Vater wäre da etwas skeptischer, denn zunächst schaut er immer auf die Lebenstüchtigkeit, und die fällt ja gerade bei den Fische-Charakteren sehr unterschiedlich aus.

Ganz im Gegenteil zum **WIDDER-Schwiegersohn**, der läßt ja keinen Zweifel daran, daß nun alles – oder das meiste – nach seinem Kopf zu gehen hat. Damit stößt er beim Steinbock-Vater fast immer auf härtesten Widerstand, und wenn der Schwiegersohn nicht einlenkt, können sogar Enterbung und Ausschluß aus der Familie drohen. Auch die Steinbock-Mutter hat mit einem Widder-Schwiegersohn ihre Probleme. Zwar gefällt ihr das Feuer, nicht aber seine Ungeduld und die Sucht recht zu haben. Manchmal tut ihr ihre Tochter leid.

Eine **WIDDER-Schwiegertochter** hat es da eine Spur leichter, aber auch nicht wesentlich. Ihre Unbedingtheit, ihr Wille stets neue Wege einzuschlagen, lassen die Steinbock-Mutter skeptisch bleiben, und auch der Steinbock-Vater könnte sich für seinen Sohn eine zur Anpassung fähigere, nicht so stürmisch-energische Lebenspartnerin vorstellen, und er bleibt davon überzeugt, daß sein Sohn ihn noch um Hilfe angehen wird.

Dem Ideal des Steinbock-Vaters entspräche fast eine **STIER-Schwiegertochter**, da spürt er die gleiche Wellenlänge, er schätzt die Vernunft, daneben auch ihren Charme, die Liebenswürdigkeit und natürlich ist ihm auch die Kochkunst dieser jungen Frau nicht gleichgültig. Es imponiert ihm, wie sie das Haus in Ordnung hält. Allein ihre Dickfelligkeit in gewissen Lebensfragen mißfällt ihm, aber damit findet er sich ab; er weiß, daß nichts vollkommen ist. Der Steinbock-Mutter sagt diese Schwiegertochter auch zu, beide werden sich mit Gesten und Blicken gut verstehen, zumal sie wissen, die große Liebe gibt es nur im Roman.

Kommt ein **STIER-Schwiegersohn** ins Haus, dann öffnet ihm die Steinbock-Mutter persönlich die Türen, so sehr gefällt ihr dieser junge Mann vom Grundtyp her. Sicher, auch der hat Haare auf den Zähnen, aber man kann sich immer mit ihm auf einen Kompromiß einigen. Und der Steinbock-Vater findet mit diesem Stier-Schwiegersohn auf Anhieb so viele gleiche Interessen, daß sich beide einfach verstehen. Daher sondern sie sich auch bei Familienfesten oft für Stunden ab.

Etwas diffiziler gestaltet sich das Verhältnis des Steinbock-Vaters zu einem **ZWILLINGE-Schwiegersohn**. Zwar gefällt ihm das praktische Denken dieses jungen Mannes, aber er scheint ihm doch zu unkonzentriert, zu flüchtig, nicht beständig genug. Er zweifelt lange, ob man sich auf diesen Luftikus verlassen kann. Ähnliche Befürchtungen hegt auch die Steinbock-Mutter, wenn sie diesen Schwiegersohn auch ganz lustig findet. Sie ist der Meinung, daß der wenigstens Abwechslung in die Familie bringt.

Das tut mit Sicherheit auch eine **ZWILLINGE-Schwiegertochter**. Ihre gefällige, vorwitzige Art verwirrt zwar die Steinbock-Mutter zunächst, aber da sie selbst ja gute Nerven hat, gewöhnt sie sich an den kleinen Wirbelwind. Der Steinbock-Vater empfindet diese Schwiegertochter nicht gerade als ideal, aber sie zwingt ihn förmlich dazu, sich auch einmal von seinen steten Prinzipien wegzubewegen und es darauf ankommen zu lassen.

Bei einer **KREBS-Schwiegertochter** heißt es nun: entweder – oder. Entweder akzeptiert der Steinbock-Vater diese Frau, so wie sie ist und ohne Wenn und Aber, oder es kommt zur vollständigen Ablehnung. Kompromisse helfen hier nicht, und kein Familienfest liefe ohne Spannungen ab. Die Gegensätzlichkeit beider kann ungemein anziehend, aber auch endgültig ablehnend sein, da kommt es einfach auf die erste Sympathie oder Antipathie an. Ähnlich – nur nicht so kraß – verhält es sich bei der Begegnung dieser Schwiegertochter mit der Steinbock-Mutter. Zunächst kommen beide eigentlich gar nicht zusammen, verstehen sich einfach nicht, zumal bei der Krebs-Schwiegertochter ein Argument so gar nicht verfängt: »Du mußt doch vernünftig sein!« Erst später wachsen beide – oft durch Enkel – halbwegs zusammen.

Der **KREBS-Schwiegersohn** muß bei der Steinbock-Mutter noch mehr Brücken bauen, wenn er es überhaupt tut. Meistens geht er ihr einfach aus dem Weg, und der Schwiegermutter tut ihre Tochter nur noch leid. Der Steinbock-Vater versucht sich hier zu arrangieren, aber das fällt ihm doch sehr schwer. Er hat das Gefühl, hier sitzt nun ein falscher Steuermann im Familienboot, und er muß aufpassen, daß dieses Boot nicht womöglich kentert.

Äußerlich schwierig wird sich das Verhältnis des Steinbock-Vaters zu einem **LÖWE-Schwiegersohn** gestalten. Während der Steinbock-Vater die Untertreibung vorzieht, kann so ein junger Löwe nicht aus seiner Haut heraus, an die manche Orden,

die alle sehen sollen, geheftet sind. So muß er seine Vorzüge immer unter Beweis stellen, was der Steinbock-Mutter oft etwas peinlich ist; andererseits ist sie ja stolz, daß er so strahlend auftreten kann.
Eine **LÖWE-Schwiegertochter** imponiert zunächst grundsätzlich. Doch es verschlägt der Steinbock-Mutter die Sprache, wenn sie das Kommando übernimmt, während sich der Steinbock-Vater in diesem Fall erst einmal sagt: »Abwarten und Ruhe bewahren!« So besteht eine gute Chance, daß sich beide recht bald näherkommen.
Die Voraussetzungen, mit einer **JUNGFRAU-Schwiegertochter** gut auszukommen, sind dagegen für den Steinbock-Vater ungleich besser. Mit der kann man doch über alles reden, die ist einsichtig, zur Anpassung fähig und verläßlich, fleißig dazu. So sprudelt das Lob geradezu aus seinem sonst so kargen Steinbock-Mund. Sicher spielen auch hier grundsätzliche Generationsprobleme oft eine Rolle, aber die Jungfrau-Schwiegertochter pocht ja selten darauf, absolut und allein recht zu haben. Das ist auch eine gute Voraussetzung, daß diese junge Frau erst einmal alle Chancen hat, von der Steinbock-Mutter nett und vertraulich aufgenommen zu werden. Beide Frauen können sich in der Familie meist trefflich arrangieren oder Probleme hinter dem Rücken der Männer lösen.
Auch ein **JUNGFRAU-Schwiegersohn** gefällt der Steinbock-Mutter erst einmal grundsätzlich gut. Manchmal mag er ihr etwas nörgelnd erscheinen, aber seine Kritik findet sie ja zutreffend. Dem stimmt selbst der Steinbock-Vater zu, mit der Einschränkung, daß er sich nicht gerne kritisieren läßt.
Er selbst dürfte jedoch einem **WAAGE-Schwiegersohn** gegenüber recht kritisch eingestellt sein. Der erscheint ihm zu glatt, manchmal wirklich snobistisch und eine Spur zu elegant oder zu schlampig, je nachdem, wie er sich zeigt. Zumindest aber wartet der Steinbock-Vater ab, ob sich der Waage-Schwiegersohn auch wirklich einmal zu einer Arbeit aufraffen wird, bei der er sich auch die Finger schmutzig machen kann. Die Steinbock-Mutter dagegen hat ein Herz für diesen Schwiegersohn, der das Leben leichter nimmt, als sie es von Natur aus kann. Auch schätzt sie seine Höflichkeit und die Art, wie er sie umschmeichelt. Welcher Schwiegersohn bringt seiner Schwiegermutter außer am Muttertag Blumen mit!
Der **WAAGE-Schwiegertochter** gegenüber ist sie skeptischer eingestellt, oft denkt sie insgeheim, daß sie sich ja nur verwöhnen lassen will, und sie nimmt sich vor, da ein wachsames Auge zu haben, während diese Schwiegertochter dem Steinbock-Vater schon gefällt. Ihre Anmut bezaubert ihn immer wieder.
Eine **SKORPION-Schwiegertochter** besitzt die Fähigkeit, einen Steinbock-Vater förmlich zu verzaubern, daher verzeiht er ihr auch oft später ihre sich immer mehr herausschälende Beharrlichkeit im Verfolgen der eigenen Ziele und Pläne. Die Aussichten, auch von einer Steinbock-Mutter gut aufgenommen zu werden, scheinen nicht schlecht. Hier zeigt sich vom Grundnaturell her wenig Ablehnendes. Die seelische Tiefe dieser Schwiegertochter hat für die reale Steinbock-Mutter oft etwas Faszinierendes, und so verspricht sie sich davon durchaus eine Erweiterung des Horizonts, wenn sie auch im vertrauten Freundinnenkreis heimlich die Meinung vertritt, daß ihr Sohn es wegen der oft ungestümen Art dieser Tochter nicht immer leicht hat.
Der **SKORPION-Schwiegersohn** stößt bei der Steinbock-Mutter auf etwas abwartende Skepsis. Beide müssen sich wohl erst langsam aneinander gewöhnen. Der Skorpion-Schwiegersohn sollte sich dem Steinbock-Vater gegenüber recht diplomatisch verhalten, wenn ihm dies auch etwas Mühe macht. Aber es gilt erst einmal, Vertrauen zu schaffen, ehe er seine Standpunkte vertritt, weil er dies ja immer sehr vehement tut.

Und er besitzt ja nicht die sieghafte Ausstrahlung eines **SCHÜTZE-Schwiegersohnes**, der sich einbildet, er könne den Steinbock-Vater einfach überrennen. Vorsicht, er sollte weder den langen Atem dieses Vaters unterschätzen noch die Tatsache, daß einmal aufgekommene Skepsis kaum abzutragen ist. Bei der Steinbock-Mutter hat er es da leichter, aber auch sie wird erst prüfen, ob sich nicht hinter dem strahlenden Auftreten viele Komplexe verbergen. Hier kann sich der junge Schütze oft durchaus wie auf dem Prüfstand vorkommen, und er wird erkennen, daß er diese Schwiegermutter nicht so siegreich überrennen kann wie deren Tochter.
Der **SCHÜTZE-Schwiegertochter** gelingt dies etwas leichter, weil die Steinbock-Mutter schnell bemerkt, daß sie mit deren Ausstrahlung schwerlich mithalten kann. Der Steinbock-Vater schmilzt hier oft einfach dahin, und er wünscht seinem Sohn nur viel Glück, auch wenn er daran im Innersten nicht glaubt.

ZUSAMMENFASSUNG

Einen **STEINBOCK** – ob weiblich oder männlich – in seiner Familie zu wissen, das ist für viele Mitglieder etwas sehr Beruhigendes. Dieser Steinbock stellt meist den Fels dar, die sichere Zufluchtsstätte, den Punkt, an dem man den Boden unter den Füßen wiederfindet.
Und dieser Steinbock ist für alle anderen auch ein Ansporn, stets tätig zu sein, um die Realität des Lebens zu verbessern. Sein Pragmatismus wird zwar oft verlacht und auch etwas verspottet, aber wenn Not am Mann ist, dann erinnert sich fast jedes Familienmitglied an den Steinbock, mit dem es verwandt ist. Sicher geht von diesen Menschen auch noch im hohen Alter eine gewisse Strenge aus, in ihnen stecken viele Vorurteile, die bei der kleinsten Gelegenheit wieder wach werden, aber wenn es um schnelle, zupackende und vor allem nicht nur theoretische, sondern praktische Hilfe geht, dazu ist der Steinbock ohne zu zögern, ohne Wenn und Aber, ohne zu sagen »Ich hab es ja gewußt« zur Stelle.
Sicher, sein Humor ist knapp bemessen, fast kein Steinbock kann über sich selbst lachen. Witze über sie sollte man unterlassen, sie fassen dies eher als versteckte Angriffe auf. Aber sie sind voller Freude, wenn sie gebraucht werden, wenn man auf sie zukommt. Auch können sie – mit Ausnahmen – recht verschwiegen sein, wenn man auch zumindest einer Freundin, einem Kollegen alles erzählen muß. Grundsätzlich mögen sie es nicht, wenn ein Familienmitglied versucht, auf Kosten anderer zu leben. Da entwickeln sich diese Charaktere zu rächenden Engeln, das lassen sie sich zumindest nicht gefallen.
Liebe ist für sie nicht nur Gefühl, sondern Liebe muß sich auch in der Praxis des Lebens äußern, alles andere ist für sie Gerede oder Emotion und im Grunde überflüssig. Ihre Stellung in der Familie ist auch deswegen so unumstritten, weil man bei ihnen ziemlich genau weiß, woran man ist. Das hat einen unschätzbaren Wert.

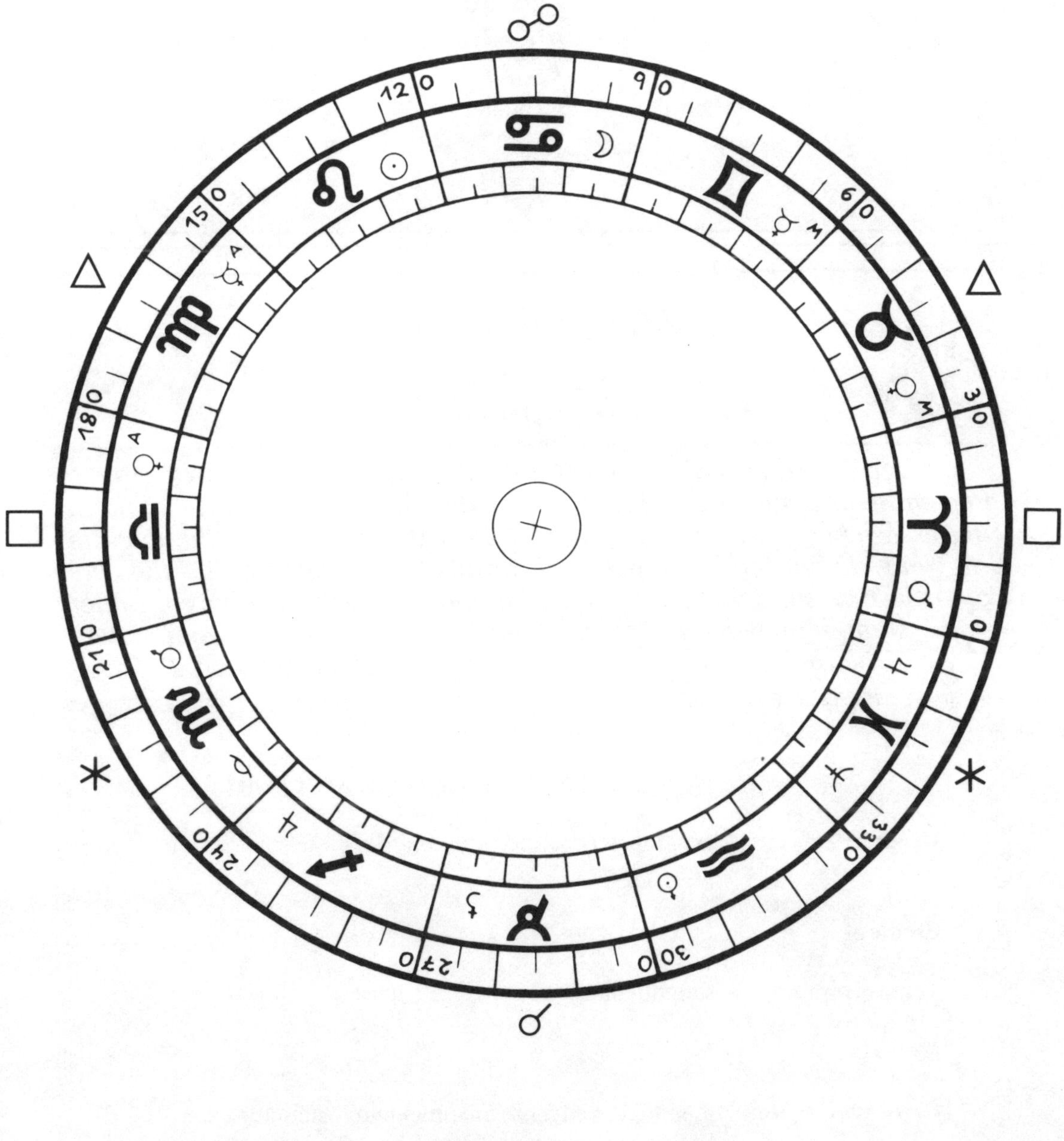

Hier tragen Steinbock-Geborene
ihre Sonne und die ihrer Angehörigen ein

Wassermann ♒

21. Januar bis 19. Februar
Zweiter Winterabschnitt

»... der Wassermann ist das elfte Zeichen, hat seinen Namen (der Poeten heidnische Grillen hintansetzt) daher, weil, wenn die Sonne in dieses Zeichen geht, es viel Schnee, Regen und Gewässer gibt, wie die Erfahrung dieser Zeit bezeuget, und daraus klar erscheint, daß die Alten dem Gestirn, sonderlich dem Zodiako, nicht ungefähre Figuren, Bilder oder Namen angedichtet, sondern deren Natur und Wirkung fleissig betrachtet...« heißt es in einem alten Planetenbuch.

	Planet, der hier seine verwandte Kraft findet:
Uranus	symbolisierend die Intuition, die plötzliche Erkenntnis.
Element	Luft
Temperament	sanguinisch
Motorik	fest
Grundverhalten	männlich, zeugend, ansprechend – sich über das Kleine erhebend, um dem Himmel (den Göttern) nah zu sein.

ASPEKTE
einer Wassermann-Sonne:

Konjunktion in Wassermann
Sextile in Schütze und Widder
Trigone in Waage und Zwillinge
Quadrate in Skorpion und Stier
Opposition in Löwe
Mögliche Überschneidungen durch Stellung in Anfangs- und Endgraden wurden nicht berücksichtigt, weil diese Aspekte von den Elementen her nicht einwandfrei wären.

VORZÜGE DES LEBENSKERNS	GEFAHREN DES LEBENSKERNS
Aufgeschlossenheit	Wandelbarkeit
Weitblick	Flüchtigkeit
Heiterkeit	Neuerungssucht
Intuition	Voreiligkeit
Reformfreude	Redelust
Mutterwitz	Neugier
Gestaltungsdrang	Ungeduld
Fortschrittlichkeit	Leichtfertigkeit
Organisationstalent	Anerkennungstrieb
Verträglichkeit	Necklust
Erfindergabe	Großsprecherei
Streben	Leichtsinn
Beobachtungsgabe	Abwechslungssucht
Schnelligkeit	Ermüdbarkeit
Geselligkeit	
Vielseitigkeit	
Hilfsbereitschaft	
Beurteilungskraft	
Unabhängigkeitsdrang	
Initiative	

IHR MOTTO
Wer nicht über sich hinauswachsen will, lebt vergebens.

ALLGEMEIN

heißt es oft: Wassermänner tanzen immer so ein wenig am Abgrund, sie sind die Narren unserer Tage und oft mehr auf dem Jahrmarkt zu Hause als in der bürgerlichen Welt. Sie wollen stets hoch hinaus, den Himmel und den Weltraum erobern, verlieren aber so oft den Boden unter den Füßen. Kaum einer weiß genau, woran er bei ihnen ist, denn sie flunkern oft philosophisch, oder ihr Philosophieren wird flunkernd vorgetragen. Kurz, sie nehmen es mit der Wahrheit nicht übergenau, zumal sie Kleinigkeiten hassen, und das Kleinkarierte vehement ablehnen.
Nun – das stimmt so nicht. Sicher leben in jedem weiblichen oder männlichen Wassermann der Wunsch nach Erneuerung, der Drang zu neuen Ufern zu gelangen und die Sehnsucht zur Reform. Aber in ihnen lebt ebenso eine konservative Art, die alles erst einmal auch bewahren will. Dies ist der Widerspruch, der oft zu so verschiedenen Reaktionen führt, wodurch es wahrlich nicht leicht ist, die Wassermänner richtig einzuschätzen. Mal sind sie wirkliche Heilsbringer, mal Gaukler, mal sind ihre Ideen verblüffend, mal verblüffen sie bloß. Dabei sind diese Charaktere oft sehr empfindlich, jedes negative Wort über die Wassermänner wird schon grundsätzlich als Verkennung angeprangert. So stehen diese Menschen nicht nur in sich, sondern auch in ihrer Umwelt auf der Kippe, und andere fühlen sich von ihnen getäuscht.
Und genau das wollen sie überhaupt nicht. Sie wollen nur heraus aus einer bürgerlichen Zwangsjacke, ohne das bürgerliche durch die Bank abzulehnen. Ihre Einfälle kommen oft so überraschend, daß Außenstehende vielleicht deswegen meinen, diese Charaktere blendeten. Nein, sie wollen nur nicht geblendet werden, wollen ihren eigenen Weg gehen. So verfechten sie möglichst neue Ideen und Erkenntnisse, sie lassen sich nicht so arg schnell entmutigen, wenn man sie verkennt. Das schlucken sie meist mit viel Ironie, die sogar manchmal eine Spur von Weisheit haben kann.
Ihren Idealismus verbergen sie oft hinter leicht spöttischen Mienen, aber sie sind idealistisch, sie wollen wirklich über sich hinauswachsen, wollen etwas vom Schleier des Geheimnisses lüften. Auch meinen sie, daß eine Veränderung stets aktuell sein muß, und darin sind sie gar nicht revolutionär; sie wollen zwar das Neue, aber nicht um den Preis, daß das Alte stirbt. Sie warten auf das neue Zeitalter, doch sie genießen die Zeit, in der sie leben; sie wünschen sich viel, weil sie wissen, daß nur die wenigsten Wünsche in Erfüllung gehen.
Diese Charaktere sind immer auf dem Sprung, immer unter Spannung, das geht an die Nerven, das strengt an. So sind die meisten zwar sehr sensibel, aber häufig nervlich strapaziert, und ihre Kräfte können sie auch nicht gerade bestens einteilen. Daher lieben sie die Technik, die ihnen echte Erleichterung bringt, sie gebrauchen Rechner, sind meist naturwissenschaftlich orientiert, aber das Okkulte läßt sie doch nicht ganz los. Auch diesen Widerspruch müssen sie in sich verkraften, denn andere spießen sie an diesem Widerspruch unaufhörlich auf. Erfindungen sind ihr Metier, sie programmieren und experimentieren sehr gern; letzteres tun sie sicher oft zuviel. Man wünscht ihnen ein festes, begrenztes Ziel, dann erreichen sie mehr. Sie möchten Ikarus sein und verbrennen sich mitunter wie dieser die Flügel, sie reiten gerne ein Musenroß, spüren aber nicht, wann es sie zu weit hinaufträgt, so daß der Sturz schmerzhaft sein könnte. Sie sind Seiltänzer, aber sie brauchen das Netz, und wahre Wassermänner genieren sich auch nicht, das Netz aufspannen zu lassen.
Eine der bemerkenswertesten Grundveranlagungen ist ihre Toleranz, zumindest die Bemühung darum, sie zwängen niemanden in eine Uniform, sie mögen auch nicht uniformiert werden. Aus alldem geht sicher hervor, daß es hier sehr auf das Grundniveau ankommt, das in keinem Horoskop zu entdecken ist. Es ist also schon Menschenkenntnis nötig, um diesen Charakteren

nahe zu kommen und ihnen Gerechtigkeit anzutun.
Sie selbst haben oft nicht die allerbeste Menschenkenntnis, dafür wissen sie, wo die Götter zu Hause sind. Im Alltag haben sie viele Chancen, denn sie können sehr gut auftreten, oft versprechen sie sogar mehr, als sie halten können. An jedem Arbeitsplatz nehmen sie eine Untersuchung vor mit dem Ziel, diese Arbeit wie jede andere zu rationalisieren, um es für die Arbeitenden so bequem wie möglich zu machen. Wenn es gilt, Neues aufzuspüren, dann setze man sie auf die Spur; gibt es Möglichkeiten für Reformen, diese Charaktere entdecken sie, sonst lasse man lieber alles, wie es war.
Auch in der Liebe gehen sie oft ungewöhnliche Wege. Sie sind eigentlich immer auf der Suche, was Partnerinnen, Partner zur Verzweiflung treiben kann. Diese Charaktere suchen das Besondere, weil sie sich mit dem Alltag nicht zufriedengeben können. Haben sie das Besondere, dann machen sie es zum Alltag. So drehen sie sich stets ein wenig im Kreis, aber das hält sie fit, munter und agil.
Schlagfertig sind sie auch, in der heftigsten Diskussion entscheidet oft ihr Witz, der zwar sehr ironisch, aber kaum beleidigend ist. Ihre Gefahr ist die Tatsache, daß sie meist unbedingt ein Original sein wollen oder sich wengistens um das Originelle bemühen. Das verleitet sie oft dazu, sich etwas exzentrisch zu geben.
Ordentlichkeit ist im großen und ganzen nicht ihr Metier, sie sind leicht vergeßlich, und auf ihre Pünktlichkeit sollte sich keiner allzusehr verlassen.
Fazit: Wassermänner sind voller Erneuerungsstreben, ohne das Bestehende zu zerstören, sie sind aufgeschlossen, wach und auch hilfsbereit. Sie streben zwar oft zu hoch hinaus, aber sie wollen einfach fliegen.
All das stimmt im allgemeinen, aber »Wassermänner« können auch ganz anders sein! Dann sind es allerdings keine typischen Wassermänner, sondern Ausnahmen, und die gibt es unter allen Tierkreiszeichen. Doch irgendwo ist jeder Wassermanncharakter auch ein Lebenskünstler, der im Grunde nicht auf Kosten anderer sein Leben gestalten will.

MINERALIEN, STEINE UND SCHMUCK DES WASSERMANNS

In erster Linie liebt er Steine aus dem Weltall. Um echte Steine vom Mond reißt er sich, um Gletschersteine, seltene Kristalle und das Glas in allen Qualitäten. Als Werkstoff liebt der Wassermann neben dem Edelstahl das Aluminium. Für die letztere Legierung hat er eine ausgeprägte Schwäche. Als Schmuck dient jede Art vom Geschmeide, das an weiteste Fernen erinnert, Ohrenclips etwa wie eine Weltkugel, Broschen in Raketenform, und ein Ring, der alle Metalle enthält. Die Wassermanndame kommt gerne so, wie sie sich vorstellt, daß man im Jahr 2000 zum Ball gehen würde.

BEKANNTERE PERSÖNLICHKEITEN

Bruno Kreisky, Hans-Joachim Vogel, Helmut Zacharias, Königin Beatrix, Sonja Ziemann, Wilhelm Furtwängler, Juliette Greco, Thomas Alva Edison, Ludwig Erhard, Bertolt Brecht, Norman Mailer, James Dean, Jules Verne, Joan Baez, Franklin Roosevelt, Abraham Lincoln, Alfred Brehm, Marlene Dietrich, Friedrich Ebert, Günter Eich.

DIE WASSERMANN-MUTTER

ist ihren Kindern gegenüber stets aufgeschlossen, ja mehr noch, sie geht mit ihnen mit, was deren Anschauungen betrifft. Sie mag neue, besonders jugendliche Ansichten, auch wenn sie ihr manchmal im Innersten etwas radikal erscheinen. Die Kinder haben stets den Eindruck, bei dieser ihrer Mutter finden sie das Verständnis, das sie bei den anderen Erwachsenen meist nicht finden. Je jünger die Kinder, um so jünger diese Mutter, deren Humor darüber hinaus die Kinder anspricht. Es geht wohl kaum todernst zu in diesem Haus, und mancher Fremde wundert sich, wie sich Mutter und Kinder oft alberne Witze erzählen, wie sie blödeln, kurz, wie sie versuchen, das Leben mit Humor zu nehmen.

Dabei achtet diese Mutter durchaus darauf, daß ihre Kinder etwas lernen, denn sie ist ja strebsam, sie meint, daß sich der Mensch stets bemühen müsse. »Wer immer strebend sich bemüht«, das könnte auch das Wort einer typischen Wassermann-Mutter sein. Faulheit kennt sie nicht, das duldet sie auch nicht bei ihren Kindern, aber sie hat die Gabe, ihnen stets einen besonderen Anreiz zum Lernen zu geben. Sie schafft es immer, auch aktuelle Bezüge zum Lehr- und Lernstoff der Schule zu finden. Sie selbst geht mit bestem Beispiel voran, sie weiß, was in der Welt los ist, kennt aber auch die neuesten Hits, sie scheut sich nicht, in der Diskothek wie ein Teenager zu tanzen, um sich am nächsten Abend im Opernhaus ganz der Musik hinzugeben.

In ihren Erziehungsmethoden ist sie oft unberechenbar. Hört sie von einer neuen Richtung, von neuen psychologischen Erkenntnissen oder Forschungen, dann wendet sie diese sofort an. Sie wagt also noch, wo andere sich längst dem Alltag angepaßt haben. So geht sie mit ihren Kindern zum Kinderkarneval, ohne die Kinder nur an der Tür abzugeben. Nein, sie ist dabei. Was den Kindern Spaß macht, das macht ihr Spaß, vielleicht ist das ein Grund, warum diese Mutter innerlich wie äußerlich kaum altert, wenigstens sehr lange jung bleibt.
Schwerer ist es für sie, ihren Kindern länger als 5 Minuten still zuzuhören. Da muß sie sich oft erziehen. Diese Mutter hat die Gabe, daß sie schon ahnt, ja weiß, was der andere sagen will, und um keine Zeit zu verlieren, antwortet sie in den Augen ihrer Kinder (und aller anderen) oft vorschnell, so daß sie stets viel Disziplin üben oder lernen muß. Aber gerade so etwas bewältigt sie hinreißend gut. Sie hat eigentlich überhaupt keine Scheu, eigene Fehler zuzugeben. Ja darin ist sie wirklich ein Vorbild, und das bringt ihr starke Sympathien ein, damit ist sie oft der Engel in der Familie, ohne je ein wahrer Engel zu sein. Da diese Mutter auch für modischen Schnickschnack viel übrig hat, versteht sie sich besonders gut mit den Töchtern, die sie beim Einkauf berät.

Vielleicht läßt es diese Mutter manchmal ein wenig an Abstand fehlen, sie kann schwerlich auf Distanz gehen, und es fällt ihr ausgesprochen schwer, neutral zu sein. Bei Auseinandersetzungen zwischen Geschwistern sollte sich diese Mutter zurückhalten, denn sie ergreift einfach zu spontan Partei, so daß das zu Unrecht getadelte Kind sich beleidigt oder gar tief traurig zurückzieht. Werden die Kinder älter, dann sind es oft gerade diese Mütter, die den Kindern keinen Stein in den Weg legen, wenn sie aus dem Haus gehen wollen. Sie selbst erinnern sich noch sehr intensiv an ihre unruhige Kindheit, und weil sie das noch nicht vergessen haben (wie viele andere Mütter), erobern sie die Herzen ihrer Kinder erneut.

Die Kinder gehen so meist ohne Schuldbelastung aus dem Haus, was später für die Bindung sehr wesentlich ist. So locker diese auch sein mag, was den Zeitpunkt eines Familientreffens oder den Briefverkehr betrifft, die Bindung ist meist ganz intensiv, wenn das Kind plötzlich wieder vor dieser Mutter steht. Es ist dann so, als läge keine Zeit der Abwesenheit dazwischen, denn diese Mütter errichten sich selbst keine Denkmäler.

DER WASSERMANN-VATER

versucht wirklich, seinen Kindern ein guter Freund zu sein. Autorität ist ihm im Grunde fremd, manchmal gar widerwärtig. Seine Kinder können sich zu Hause austoben, er verzeiht ihnen manchen Schabernack. Zwar hat er es dann oft nicht so leicht, im rechten Moment auch mal ein hartes, entscheidendes Wort zu sprechen. Meist scheint es, daß die Kinder ihm auf der Nase herumtanzen, und weil er ihr »guter Kamerad« ist, fällt es ihm manchmal schwer, seine angeschlagene Autorität wiederherzustellen.

Trotzdem ist der Vater bei seinen Kindern sehr beliebt, vor allem weil er immer mit der Zeit geht. Die Zeiten ändern sich, also muß man sich umstellen, das ist sein Zauberwort. Manchmal ändert er sich zu schnell mit den Zeiten, und den Kindern mag dann das stabile Vorbild fehlen. Aber die Wachheit und das Sich-richtig-auf-die-Lage-Einstellen, das imponiert ihnen schon, und sie merken sehr oft, daß sie das abwechslungsreiche, etwas unruhige Leben daheim ihrem Vater verdanken. Auch bei den Schularbeiten gibt er sich stest flexibel. Er ist es, der einen Entschuldigungszettel für seinen Sohn schreibt, in der Art: »Mein Kind konnte wegen eines lustigen Familienfestes diesmal leider seine Schularbeiten nicht machen, außerdem hatte ich es ihm verboten. Sie, Herr Lehrer, mögen das entschuldigen, es wird bestimmt wieder vorkommen.« Wenn Lehrer auch mit Humor hierüber lächeln können, sie spüren, daß der Vater ihre Stellung untergräbt, und so liegen Vater und Lehrer oft im Clinch, was den Kindern gar nicht unlieb ist.

Diese Väter führen ein abwechslungsreiches Leben, sie sind voller Pläne, wechseln häufig ihre Ziele und Ansichten, weil es immer wieder neue Gesichtspunkte gibt. Und sie bleuen ihren Kindern durch häufige Wiederholungen ein, sich nicht festzulegen, nie »nie« zu sagen, weil keiner weiß, wie sich die Welt drehen kann. Auch legen sie Wert darauf, daß die Kinder früh Toleranz entwickeln und vor allem verzeihen lernen, um auch mal als erster dem anderen die Versöhnungshand zu reichen. Ihre Devise lautet ferner: »Die Kinder sollen für das Leben, nicht für die Schule lernen.« Auch dies ist so ein schöner, typischer Wassermannausspruch. Werden die Kinder größer und erwachsener, so wird der Vater jünger, manche meinen auch kindischer. Aber das meinen nur todernste Menschen, denen es schwerfällt, mit ihrem Kind jung zu bleiben. Der Wassermann-Vater kann dies prima, aber es ist durchaus nicht so, daß er alles nur von der leichten Seite nimmt.

Will sein Kind ein Hobby lernen, will es sich weiterbilden, diese Väter reichen dazu die Hand und werden versuchen, alles zu ermöglichen, damit es seinem Ziel ein wenig näher kommt. In der Berufswahl reden sie nicht drein; sie wissen, die Arbeit muß ja auch Freude machen. Insgeheim sind sie zwar dafür, daß ihre Kinder einen sogenannten »sicheren« Beruf lernen, aber das geben sie nicht gerne zu, wie sie auch nicht gerne erkennen lassen, daß in ihnen mehr Konservatismus lebt, als es scheint. Sie versuchen eben, beides zu verbinden, das Gewachsene mit den neuen Entwicklungen.

So drängen sie ihre Kinder auch kaum zu einer Heirat, nicht einmal, wenn ein Baby unterwegs ist. Sie wollten sich einst ja auch nur schwerlich binden, daran denken sie stets. Sie wünschen nur, daß ihre Kinder keine Vernunftehe eingehen. Wenn sie selbst auch nicht an die große Liebe glauben, so doch an das aufregende Abenteuer, und bevor die Kinder dies nicht hinter sich gebracht haben, sollen sie sich nicht festlegen, um als Familienvater oder als fürsorgende Mutter ihr Leben auszufüllen.

Sind die Kinder aus dem Haus, dann läßt sie der Wassermann-Vater im allgemeinen laufen. Sie sollen sich alleine »freischwimmen« und auch ihre Suppe auslöffeln, die sie sich – hoffentlich mit viel Pfeffer! – eingebrockt haben. Aber so locker das Verhältnis zwischen Vater und Kind sein mag, es ist im Notfall stets zu intensivieren.

DIE WASSERMANN-TOCHTER

ist ein kleines verspieltes, oft auch exzentrisches Wesen, das die Herzen aller im Sturm erobert. Etwas vorwitzig erregt es schon als Mädchen im Kindergartenalter Aufsehen. Die kecken Antworten verraten viel Geist und Mutwillen, aber auch Schlagfertigkeit. Dieses Mädchen scheint es mit seinem witzigen Charme mit allen aufnehmen zu wollen, und so bereitet es den Eltern erst einmal viel Freude, weil sie es für unwiderstehlich halten. Oft lassen sie dieser Tochter leider mehr durchgehen, als es erlaubt ist, denn sie ahnen noch nicht, wie sehr dieses Kind das Geschick besitzt, die ganze Hand zu nehmen, wenn man ihm nur den kleinen Finger reicht.

Es handelt ziemlich früh selbständig, interessiert sich für künstlerische Dinge, geht vielen Hobbys nach; das Problem ist oft nur, daß die Konzentration fehlt oder die notwendige Ausdauer, etwas wirklich Solides, etwas Fertiges auf die Beine zu stellen. Hier müssen die Eltern aufpassen, daß dieses noch so reizende Mädchen nicht zu viele Dinge (meistens gleichzeitig) anfängt und kaum eines richtig zu Ende führt.

Auch in der Schule ist es oft die Erste in der Klasse, das hat aber nichts zu sagen, im Handumdrehen, innerhalb weniger Wochen, kann es plötzlich die Schlechteste sein. Viel hängt von der Wirkung der Lehrer, aber auch der Eltern ab, wie sie diesem Mädchen ein Schulfach richtig schmackhaft machen können. Wenn das Mädchen will, lernt es hervorragend, ist bald wieder ganz vorne zu finden, aber es benötigt dazu mehr Antrieb als nur den, für das Leben zu lernen.

Auch ist es für die Wassermann-Tochter wichtig, ob sie sich in Szene setzen kann, darauf legt sie großen Wert. Schauen einige Leutchen zu, dann erbringt sie die besten Leistungen, unbeachtet ist aber meist nicht viel aus ihr herauszuholen. Das erlebt man fast mit allen Wassermannkindern, die einfach das Echo benötigen, weil sie so schwer allein sein können. Sie wollen mitten im Leben stehen.

Bald kommt das Mädchen mit festen, unwiderruflichen Berufsplänen nach Hause, die die Eltern jedoch keinesfalls ernst nehmen sollten. Dieses konsequente Jetzt-weiß-ich-was-ich-will wird so oft widerrufen, wie es gesagt wird. Dazu leben in dieser Tochter wirklich zu viele und auch zu vielseitige Interessen. Wenn soziale Belange mit im Spiel sind oder wenn es sich um etwas geheimnisvolle Berufe handeln mag, dann ist es so langsam Zeit, diese Wünsche intensiver zu beachten. Aber auch diese Pläne werden sich noch mehrmals wandeln. Immerhin legt sich die Tochter auf diese Art nie zu früh fest, was ja sein Gutes hat. Die Gabe, einen Mangelberuf mit aller Intensität anzuvisieren, hat sie nicht, aber sie wird auch nicht auf Modeberufe hereinfallen, wo die Konkurrenz dann Schlange steht. Im Grunde entscheiden sich diese Mädchen dann doch sehr schnell, sie packen mit besonderer Intuition zu, wenn sich ihnen etwas »Einmaliges« bietet, und hierbei ziehen sie in der Tat oft ein Glückslos.

So ähnlich geht es bei der Lebenspartnerschaftswahl vor sich. Erst einmal kokettieren diese Mädchen, daß die Jungen ihrer Umgebung bald durchdrehen, ihr Flirt ist meist intensiv, Neugierde treibt sie häufig zu frühen Erlebnissen. Immer meinen sie es ganz ernst – bis zum Morgen, wenn sie dann plötzlich ernüchtert worden sind; und nichts hassen sie so wie plötzliche Ernüchterung. Sie leben gern in Illusionen, aber sie tun auch etwas dafür, damit sich diese verwirklichen, sie bauen auf die Zukunft, und sie mögen sich nicht zu früh in einer braven Bürgerlichkeit eingefangen sehen. Und ist dies der Fall, dann brechen sie aus, lassen Mann und Kind sitzen, und die Eltern raufen sich die grauen Haare.

Ja, diese Töchter sind zwar nicht wild, aber trotzdem schwer zu bändigen, ihr Wunsch, Außergewöhnliches zu erleben, treibt sie immer wieder an, so finden sie schwer ihre Ruhe, was ihre Eltern bis ins Alter ertragen müssen. Und sie fragen sich oft: »Lernt denn unsere Tochter nie aus?«

DER WASSERMANN-SOHN

Außenstehende meinen, diesem Sohn hätte man den Schalk schon mit in die Wiege gelegt. Nun gut, das mag übertrieben klingen, aber lachen können diese kleinen Kerlchen, daß es eine Freude ist. Und schon als Baby scheinen sie sich außergewöhnlich geschickt zu verhalten.
Früher als andere Kinder gehen sie talentiert mit ihren Händen um, es treibt sie auch bald, auf eigenen Beinen zu stehen. Können sie dies, dann entwickeln sie andere Talente. Viele von ihnen basteln gerne, andere konstruieren Unnützes und Sinnvolles, und irgend etwas Besonderes bringen sie immer zustande. Allein wenn sie mit Knete spielen, dann erschaffen sie sich damit ein Haus, eine kleine Stadt, in der zwar sehr vieles auf dem Kopf steht, aber wen stört das schon! So geht es weiter, munter, zu Streichen aufgelegt, dabei pfiffig und früh auch klug, erregen sie in der Schule Aufsehen, nicht immer zum besten, denn wenn sie sich langweilen, dann hecken sie eben Streiche aus, so daß sich die Eltern nicht wundern dürfen, wenn sie öfters als andere Erziehungsberechtigte zur Schule gebeten werden. Dann wiederum überraschen diese Jungen mit Spitzenleistungen. Besonders auf dem Gebiet der Mathematik oder der Physik zeigen sie sich oft hochbegabt. Sie können gut mit Zahlen jonglieren, das genaue Rechnen liegt ihnen weniger. Seltsam ist, daß bei den mathematischen Schulaufgaben das Ergebnis fast immer stimmt, aber vom Ausgangspunkt der Rechenaufgabe bis zum Ergebnis haben sich lauter Flüchtigkeitsfehler eingeschmuggelt, die sich nur am Ende eben wieder aufheben.
Ja, diese Jungen verblüffen, sie verblüffen auch mit ihrem Wissensdurst. Wo die sich alles herumtreiben – es ist besser, daß die Eltern davon so gut wie nichts erfahren, sie würden sich sehr oft die Haare raufen. Dies bleibt bis ins hohe Alter bestehen, die Wassermann-Buben oder die jungen Wassermann-Männer begeben sich manchmal in Gesellschaft, die andere nicht mit doppelten Handschuhen anfassen würden. Bringen sie dann aus so einem Kreis eine Freundin, eine Gespielin mit, dann wäre es für die Eltern das beste, zu versuchen, dies einfach zu übersehen. Lehnen sie diese Freundin als unpassend ab, machen sie den Wassermann-Sohn nur böse, ja trotzig. Oft ist es sogar das Gescheiteste, diese Freundin irgendwie zu loben, ihr Reize zuzusprechen, die sie gar nicht hat, weil sich dann der Wassermann-Sohn seine Freundin mit kritischeren Augen ansieht.
Die Technik fasziniert diese Jungen enorm. Sie studieren alle Auto- und Flugzeugprospekte, sie kaufen sich technische Bücher, und sie fressen sogenannte Weltraumabenteuer nur so in sich hinein. Auch hat es ihnen oft der nächtliche Himmel angetan, wie überhaupt alles, was hinter dem Horizont liegt, einen extremen Reiz auf sie auszuüben scheint.
Dies gilt auch für das Weibliche schlechthin. Eine frühe Festlegung auf einen Typ ist kaum zu erwarten, diese Jungen suchen und suchen und es macht ihnen dabei nichts aus, eines Tages zur ersten Freundin zurückzukehren, und oft ist die so dumm und läßt sich dies sogar gefallen. Aber ehe sie sich binden, probieren sie, und auch die ersten Bindungen sind im Grunde genommen Proben. Es liegt an den Eltern, diesen Jungen beizubringen, daß die Mitmenschen kein Spielzeug sind, das man nehmen und wieder fortwerfen kann.
Es locken auch viele Berufe, leider nur selten ein einziger, so daß es gar nicht so leicht ist, ehe sie Fuß fassen können. Dazu kommt die Sehnsucht, andere Sprachen – am besten im dazugehörigen Land – zu lernen, so daß die ersten 3 Jahrzehnte vergehen könnten.
Hier Toleranz zu zeigen, ist sicher das Klügste, was sie machen können, aber es ist doch angebracht, diesen Söhnen manchmal die endgültige Grenze aufzuzeigen, auch wenn der Junge dann meutert. Obwohl – so revolutionär er sich gibt, alles riskiert er eigentlich nie.

DIE WASSERMANN-GROSSMUTTER

ist ein Original. Einmal bleibt sie ewig jung, zumindest was ihre Ansichten und Überzeugungen angeht, dann ist sie so gut wie immer auf der Seite der Enkel, mit denen sie sich gegen die konservativen, verkrusteten Eltern verbündet.
Diese Großmutter scheint Realitäten überhaupt nicht ernst zu nehmen. Sie hat die erfreuliche Gabe, jedem Ding wirklich eine zweite, meist positive Seite abzugewinnen. Muß jemand ins Krankenhaus, dann meint sie: »Wie gut, nun wird dieser Mensch verwöhnt und findet mal wieder zu sich!« Kommen Enkel mit schlechten Zeugnissen nach Hause, nickt sie beistimmend: »Nun haben die Kleinen gelernt, daß ihnen keine gebratenen Gänse in den Mund fliegen!«
Sie zitiert viel aus Märchen, ohne Märchen zu erzählen, dafür erfindet sie lieber eigene Geschichten. Herr von Münchhausen muß einmal bei ihr in die Schule gegangen sein. Diese Großmütter berichten von Welten so farbig und bunt, ohne diese zu kennen. Sie erzählt den Enkeln von den Marskanälen, als sei sie selbst darin geschwommen, daß es keine Marskanäle gibt, spielt dabei für sie keine Rolle. Sie weiß von Sternenlegenden zu berichten, die mit denen, die die Enkel in ihren Lesebüchern stehen haben, nicht identisch sind; sie sind nur spannender und auch aktueller. Das ist ihr großes Geheimnis. Sie berichtet alles so, als wäre es gerade gestern oder heute passiert. Das kommt bei der ganz jungen Generation an. Und sie ist es meist, die die Enkel zu ihrem ersten Flug, einem Rundflug über einen Feriensee oder über eine historische Stadt einlädt. Sie ist es häufig, die dem Enkel zum Weihnachtsfest eine Taucherkluft spendiert und der Enkelin Rennrollschuhe.
Sicher bringt sie das Familienleben oft in Unordnung, aber sie tut es lachend und mit viel Witz, vor allem auch mit sehr viel Selbstironie. Das kommt bei den Enkeln ganz besonders großartig an, das verehren sie an ihrer Großmutter, die zwar an Jahren alt geworden, aber innerlich jung geblieben ist.

DER WASSERMANN-GROSSVATER

ist fast nicht auffindbar. Oder anders gesagt, wann hat er jemals für die Familie, für seine Enkel Zeit. Recht häufig fangen nämlich diese Großväter nach der Frührente (nach der sehnen sie sich, weil sie nun endlich machen können, was sie mögen) ein neues Leben an. Da bleibt für die Familie kaum Zeit. Alles, was sie glauben versäumt zu haben, das wollen sie jetzt nachholen. So schauen die Enkel erst einmal in die Röhre. Feste sind dann Familiengeburtstage, denn da zeigt so ein Wassermann-Großvater schon, wie komisch sich etwas in einer Familie abspielen kann. Einmal kann er fast alle herrlich parodieren, und damit (wie mit verrückten Witzen) gewinnt er die Herzen der Enkel, die förmlich an ihrem Großvater hängen. Er aber weiß, so eine Show kann man nicht alle Tage abziehen, also macht er sich rar. So freuen sich die Enkel auf das nächste Familienfest.
Sind die Kinder größer, dann finden sie in diesem Großvater eher eine aktive Unterstützung. Etwa wenn es um technische Konstruktionen geht, wenn die Spielzeugeisenbahn heimlich vom Rechts- auf den Linksverkehr umgerüstet wird, so daß dem Vater, wenn er nach Hause kommt und mit der Bahn des Enkels spielen will, alle Züge entgleisen. Dann ist der Jubel groß. Derart gewinnt dieser Großvater das Vertrauen der Enkel, wenn auch viele Eltern den Einfluß dieses behenden, alten Herrn nicht zu groß sehen möchten. Natürlich ist dieser Großvater im Notfall hilfreich zur Stelle, aber dies darf nie ausgenutzt werden, wie es auch ziemlich zwecklos ist, ihn zu umschmeicheln.
Alles mag er, nur nicht, daß man ihn anbindet, und dies gilt auch – oder sogar im besonderen – für die Enkel. Dieser Großvater läßt sich schwer festlegen, dazu ist er doch zu eigenwillig. So liebt er auch die Individualisten unter seinen Enkeln, auf deren Seite er sich grundsätzlich schlägt, auch wenn diese sich ins Unrecht gesetzt haben.

VERHÄLTNIS ELTERNTEIL – KIND (und umgekehrt)
durch den Sonnenstand bedingt.

ELTERNTEIL WASSERMANN – KIND WASSERMANN
(oft eine Konjunktion)

Da Wassermänner meist – oft jedoch unbewußt – sehr stolz darauf sind, daß ihre Sonne im Tierkreiszeichen Wassermann steht (es gibt kaum jemand anderes, der sich soviel auf seinen Sonnenstand einbildet), wird dieses Kind auch als ein besonderes Geschenk empfunden. Es ist ja erstaunlich, wie viele Eltern sich bewußt Wassermann-Kinder wünschen. Das Verhältnis Elternteil und Kind ist also vertraut, oft ist es so etwas wie eine kleine verschworene Gemeinschaft.
Dies kann sich für das Kind sehr zum Vorteil erweisen, oft aber auch zum Nachteil, denn es fällt dem Kind gar nicht schwer, diesen Elternteil auch zu umgarnen. Und schließlich müssen dann beide doch erkennen, daß jeder von ihnen einen ganz schön harten Schädel hat. Soviel sie auch für das Neue sind, sie müssen sich doch damit identifizieren können, und genau dies ist es, was sich hier kaum einstellt, dazu sind diese Generationen oft zu gegensätzlich.
So geraten sich Elternteil und Kind oft ganz schön in die Haare, das läuft alles äußerlich oft ein wenig dramatisch ab, aber in Wahrheit ist dabei viel Schaum im Spiel, wie es Wassermänner so lieben. Denn da in beiden auch viel Humor lebt, und da jeder auf seine Art auch ein Narr ist, können sie sich urplötzlich in den Armen liegen und sich versöhnen. Wenn nur einer – wenn der andere gerade so schön wütend zu einer Tirade angesetzt hat – etwas grinsend den Mundwinkel verzieht und aus den Winkeln der Augen lacht, dann ist es meist geschehen, dann sind Elternteil und Kind wieder ein Herz und eine Seele. Und dies spielt sich dann in verschiedenen Akten immer wieder ab. Bei der Berufswahl, bei der Wahl der Partnerin, des Partners fürs Leben, so daß man sagen kann, eines ist gewiß: Die beiden einigen sich immer.

ELTERNTEIL WASSERMANN – KIND FISCHE
(meist kein Aspekt)

Vom Tierkreis her bestehen hier deutlich unterschiedliche Grundveranlagungen, die es erforderlich machen, daß beide Familienmitglieder sehr behutsam miteinander umgehen, auch wenn die Grundfamilienliebe ungewöhnlich ist. Das Fische-Kind ist ja meist sehr innerlich veranlagt, kennt Stimmungen, wartet aber lieber erst einmal ab. Es ist auch zärtlichkeitsbedürftig. Der Elternteil ist mehr extravertiert, er will einfach etwas erleben, mag sich nicht so allein auf die Familie beschränken.
So hängt es sehr davon ab, wie das Kind reagiert, weil der Wassermann-Elternteil auf Reaktionen Wert legt. Ist das Kind von Natur aus wenig ansprechbar, verhält es sich eher zurückgezogen, feinfühlig, empfindlich reagierend, dann ist diese Bindung wohl manchmal ziemlich strapaziert, zumindest eine Zeitlang. Hier muß sich also zunächst der Elternteil anpassen, sich um das Kind bemühen. Er darf es nicht nur mit seinen Augen sehen, er muß einfach lernen, daß es auch in einer Familie große, grundsätzliche Unterschiede gibt. Später ist es am Kind, sich nicht immer in eine empfindliche Rolle zu flüchten, sondern es muß auch den Elternteil begreifen, der ein aktives Leben vorzieht, das nicht nur auf die Familie ausgerichtet ist.
Es ist also viel Feingefühl nötig, damit das Kind, das eher vom Instinkt geleitet wird, sich auf die plötzlichen Intuitionen einstellt, und damit der intuitive Elternteil versteht, daß sich dieses Kind (das seiner Meinung nach oft eine lange Leitung hat), nicht einfach schnell und abrupt auf seine plötzlichen Einfälle umstellen kann. Wird dies gegenseitig verstanden, dann werden beide Familienmitglieder im Grunde doch gut und fördernd miteinander auskommen, auch wenn immer eine kleine Distanz zwischen ihnen bestehen bleiben wird.

ELTERNTEIL WASSERMANN – KIND WIDDER
(oft ein Sextil)

Vom Naturell der Tierkreiszeichen verstehen sich beide Familienmitglieder unbewußt als Ergänzung, das ist richtig so. Die Gedanken und Handlungen des Elternteils zünden beim Kind meist zu schnell. Bei diesem macht sich früh der eigene Wille bemerkbar, es kann nicht genug an den Lippen des Elternteils hängen, denn hier erfährt es etwas, hier kann es sich Anregungen holen. Viel von dem, was der Elternteil im Spaß sagt (darauf sollte er achten) setzt dieses Kind oft ernsthaft um. Auch muß der Elternteil bedenken, daß Kinder ja eigentlich keinen Humor haben, er muß also im Gebrauch seiner Schalknatur vorsichtig sein. Was er nur mal so als Scherz hinsagt, kann dieses Kind durchaus ernst nehmen. Dann setzt es das draußen um (etwa in der Schule) und wundert sich, wenn es dafür getadelt oder sogar von seinen Mitschülern verprügelt wird.
Aber die Intuitionen, die plötzlichen Einfälle des Elternteils, die sind wahrer Zündstoff, davon kann das Kind nicht genug bekommen. Oft treibt es dann sogar den Elternteil an, mehr aus sich herauszugehen. Wenn sich schließlich das Kind zu wild und auch etwas zu egozentrisch entwickelt, hat der Elternteil oft die undankbare Aufgabe, es wieder in seine Schranken zu weisen. Wird dies nicht früh genug vorgenommen, ist es bald für alle Zeiten zu spät.
In der Berufswahl wird das Kind dann sowieso seine eigenen Wege gehen, aber der Elternteil kann hier durch seinen Einfallsreichtum besonders geschickt die Weichen für das Leben von Sohn oder Tochter stellen. Nur sollte er dies möglichst unbemerkt tun und sich nie in Gegenwart des Kindes dessen rühmen. Das bringt nur Ärger und lockt den Widerstand des Kindes hervor.
Ähnlich verhält es sich, wenn das Kind heiratet; es muß zumindest in dem Glauben gelassen werden, daß ihm hier kein Älterer, kein Klügerer heimlich dreingeredet hat. Wenn nicht, wäre ein sehr langer, manchmal gar steter Bruch in der Familie unvermeidbar und kaum mehr zu kitten.

ELTERNTEIL WASSERMANN – KIND STIER
(oft ein Quadrat)

Hier krachen wirklich oft harte Köpfe aneinander. Zwar findet der Elternteil das Kind entzückend, niedlich, und er erkennt auch an, daß es eine eigene Meinung hat, doch die hat er ja schließlich auch! Aber wenn es hart auf hart geht, dann muß doch der Elternteil erst einmal lernen, was Sturheit ist. Dieses Kind bringt es ihm bei. Und zwar auch deswegen, weil es in sich viel beharrlicher ist als der Elternteil. Die immer wieder auftretenden Eskapaden von Vater oder Mutter kommen beim Kind überhaupt nicht an. Das Kind liebt seine Umwelt, seine Welt; wenn es sich da wohlfühlt, will es einfach nicht mehr heraus. Wenn der Wassermann-Elternteil manchmal mit dem Aussteigen aus dieser Gesellschaft kokettiert, dann muß er wissen, daß dieses Kind dies nicht mitmacht, (»Warum auch, das ist doch verrückt!«). Schön, auch diesem Kind wird manchmal der Streß zuviel, gelegentlich kann es sich dem Modewort unterwerfen, daß man zu sich selbst finden muß, aber das sind mehr Sprüche als ernstgemeinte Überlegungen oder Schlußfolgerungen. Ein Stier-Kind gibt nicht so schnell seine Sicherheit auf. Und wenn es spürt, ein Elternteil könnte die Sicherheit aufs Spiel setzen, dann reagiert es mit Ablehnung.
Dieser Elternteil muß also dem Kind viel Sicherheit, Ruhe, Frieden und (wenn es geht) recht viel Wohlstand geben, dann entwickelt sich das Kind sehr gut. Es will und muß auch nicht verwöhnt werden, aber die behütete Ordnung, sei sie noch so karg, ist wichtig.
Später, wenn das Kind den Elternteil durchschaut hat, wenn es merkt, der blufft ja gerade, dann können beide auch zusammen lachen, besonders herzlich, wenn der Elternteil sagt: »Man müßte mal wieder etwas Neues ...«
Der Elternteil wird es übrigens früh aufgeben, sich um den Beruf und die Partnerwahl seines Kindes zu kümmern. Er weiß längst: Haben sich dieses Mädchen, dieser Junge, etwas in den Kopf gesetzt, dann ist kein Kraut dagegen gewachsen.

ELTERNTEIL WASSERMANN – KIND ZWILLINGE
(oft ein Trigon)

Dieses Kind ist so ganz nach dem Geschmack des Elternteils, und später wird auch das Kind für sich sehr viele Berührungspunkte beim Elternteil entdecken. Dieses Kind ist so aufgeweckt, wie es sich der Elternteil stets gewünscht hat, und es hat dazu den Vorteil, daß es nicht so sehr auf seiner Meinung beharrt, ja anpassender ist als der Elternteil.

Das ist zunächst ein Vorteil. Später wehrt sich das Kind schon gegen eine gewisse Starrheit des Elternteils, die ja wirklich für das Kind (wie für alle anderen) oft ein Rätsel ist. So aufgeschlossen und wach sich die Wassermann-Elternteile (wie alle Wassermänner ob weiblich oder männlich) geben, sie sind ja gar nicht so beweglich. Und diesen Widerspruch deckt dieses Kind meist sehr direkt auf, vielleicht weil es darunter leidet. So kann es später sogar dem Elternteil in vielen Dingen außerhalb der Familie mit gutem Beispiel vorangehen. Aber grundsätzlich ist das Verhältnis bestens.

Der Wissensdurst dieses Kindes befriedigt den Elternteil ungemein, und er schwingt sich oft geradezu zur Hochform auf, wenn er dem Kind etwas erzählt oder erklärt. Dieser Elternteil kann viel zur Bildung des Kindes beitragen, besonders viel kann man wirklich sagen. Und so wird der Elternteil dem Kind auch reichlich Lesestoff mitbringen, wird mit ihm gern spazierengehen, ihm den nächtlichen Sternenhimmel erklären wie andere Zusammenhänge in der Natur.

So verstehen sich beide auch gut, wenn es um die Frage der Berufswahl geht. Das Kind wird ohne den ernsten Rat des Elternteils keinen Beruf ergreifen, und wenn der Berufswunsch von Anfang an feststand, dann wird gemeinsam um den Weg gerungen, der am besten zum Ziel führen kann. Ähnliches spielt sich ab, wenn es um die zu gründende Familie des Kindes geht. Auch hier will das Kind, daß sich Elternteil und Lebenspartner oder Lebenspartnerin von Anfang an gut verstehen, was auch meist gelingen dürfte.

ELTERNTEIL WASSERMANN – KIND KREBS
(meist kein Aspekt)

Hier treffen wahrlich sehr unterschiedliche Charakteranlagen der Tierkreiszeichen aufeinander, die trotzdem irgendwie zusammenpassen. Zwischen Wassermann und Krebs besteht meist eine recht irrelevante Beziehung, die aber viel fester ist, als es oft den Anschein hat. Der Wassermann-Elternteil weiß zunächst mit dem Grundnaturell dieses Kindes nicht allzuviel anzufangen, aber mit der Zeit bemerkt er das Streben, daß das Kind neue, unausgefahrene Wege benutzen will; dafür ist dieser Elternteil aufgeschlossen.

Eine weitere Bindung ist, daß beide Familienmitglieder im Grunde trotz aller Neuerungspläne in sich konservativ fest veranlagt sind. Diese Diskrepanz, die allen anderen auffällt, bindet beide sehr. Kurz: Diese Familienmitglieder finden besonders dann zueinander, wenn sich irgendeiner von ihnen in Schwierigkeiten befindet, wenn sich einer vergalloppiert hat. Dann hilft einer dem anderen, dann gibt es ein Verstehen zwischen beiden, was die anderen Familienmitglieder nicht begreifen. Ja sie fühlen sich fast etwas außerhalb und meinen nicht zu Unrecht, daß die beiden ja einen kleinen Clan bilden.

Ansonsten scheinen sich die Zwei oft gar nicht so nah zu sein. Das Kind schöpft mehr aus der Tiefe, der Elternteil kommt meist mehr vom Kopf her, so reden sie auch oft aneinander vorbei. Aber wie gesagt: Wenn es brennt, dann sind sie füreinander da, und dann steht auch kein Schwiegerkind im Weg noch jemand anders. Viele erleben diese enge Bindung gar nicht, weil keiner von ihnen je in wirkliche Bedrängnis gerät, weil der Alltag dahingeht, ohne daß einer den anderen wirklich fordert. Es sind ja oft erst – und hier im besonderen – die Krisensituationen, die ans Licht bringen, was sonst im Dunklen bleibt. Oft wird also diese – fast geheime – Bindung zwischen diesen Familienmitgliedern gar nicht deutlich. Beide leben oft nur nebeneinander dahin.

ELTERNTEIL WASSERMANN – KIND LÖWE
(oft eine Opposition)

Elternteil und Kind sind eng aneinander gebunden. Nur ist diese Bindung meist so eng, daß sie den anderen hin und wieder schon auf die Nerven geht. Es ist immer ein »Zuviel« zwischen beiden, was oft zu Mißverständnissen führt. Sicher wird sich dies erst später herauskristallisieren, wenn das Kind erwachsen ist.
Zunächst bewundert der Elternteil das Kind, das meist als wahres Wunschkind empfunden wird. Der Elternteil begeht sogar häufig den Fehler, das Kind nicht nur abgöttisch zu lieben, sondern es diesem auch noch deutlich zu zeigen. Aber ein Löwe-Kind nutzt alle Chancen der Anerkennung, das muß dem Elternteil klar sein, ob ihm dies nun recht ist oder nicht. Früh spürt der Elternteil, daß diesem Kind nicht mit gewöhnlicher, elterlicher Autorität beizukommen ist. Es will in erster Linie von Argumenten überzeugt werden. Nun sind im allgemeinen weder Wassermann-Vater noch Wassermann-Mutter auf den Mund gefallen, aber es geht dem Kind meist nicht um Worte, sondern um Taten. Dadurch fühlt sich der Elternteil ziemlich herausgefordert, was ja sicherlich nicht schlecht ist. Er geht auf die Herausforderung ein, fordert aber nun das Kind seinerseits auch heraus. Meist spielt sich hier wirklich ein Machtkampf ab, das Kind will sich dem Elternteil gegenüber beweisen, aber der fühlt einfach die Verpflichtung in sich, Sohn oder Tochter nicht lauthals nachzugeben. So wachsen beide aneinander.
Daß die Familienbindung meist sehr stark ist, versteht sich hier von selbst, sonst gäbe es sehr ernsthafte Zerwürfnisse, weil das Kind sich dem Elternteil überhaupt nicht fügen will. Und der Elternteil muß aufpassen, daß er nicht durch ein spitzes Wort – meist liegt ihm das ja auf der Zunge – den Stolz des Kindes unwiderruflich verletzt. Geht dann das Kind aus dem Haus, entwickelt sich nicht selten eine erst recht sehr tiefe Bindung – ja Liebe – zwischen beiden Familienmitgliedern, die sich im Grunde gegenseitig stets geschätzt haben.

ELTERNTEIL WASSERMANN – KIND JUNGFRAU
(meist kein Aspekt)

Im Verhältnis dieser Familienmitglieder besteht eine liebende Neutralität. Sicher hängen beide sehr zusammen, aber andererseits geht doch jeder seinen Weg. Nicht selten sind die Ziele, die Lebensvorstellungen völlig verschieden. Während der Elternteil viele Träume (auch Wachträume) hat, will das Kind – und das zeigt sich recht früh – das Leben erst einmal gut und ordentlich meistern. Diese Kinder bekommen ziemlich früh mit, daß ihnen nichts in den Schoß fällt, daß alles verdient werden muß. Ihnen ist der Spatz in der Hand im allgemeinen wirklich mehr wert, als eine Taube auf dem Dach. Mancher Elternteil wird oft sogar etwas traurig sein, daß das Kind die Realität so wichtig nimmt, wird auch versuchen, es anzuregen, für Ideale zu entflammen, aber wenn er dann erleben muß, wie sehr es dem Kind erst einmal immer auf die Bewältigung des Nächstliegenden ankommt, resignieren dieser Vater, diese Mutter recht früh, ohne dem Kind etwa böse zu sein.
Und in der Tat, der Elternteil muß aufpassen, daß er alles hält, was er verspricht, auch wenn er es nur so hinsagt! Diese Kinder merken sich alles. Da sie auch grundsätzlich aus ersten Erfahrungen heraus bereits sehr skeptisch sind, können sie zwar Enttäuschungen äußerlich abfangen, sie also scheinbar unberührt hinnehmen, aber dann wächst die Kritik am Elternteil doch allmählich an. Erstaunlich, wie manche Kinder, wenn sie längst mündig geworden sind, dem Elternteil dann noch Dinge und Erlebnisse vorwerfen, die sich vor 10 oder mehr Jahren abgespielt haben! Der Elternteil, der meist auf die Zukunft ausgerichtet ist, muß wissen, daß das Kind immer mit der Vergangenheit lebt.
Doch meist überbrückt die Familienbindung doch grundsätzliche Konflikte, wenn diese auch auftreten können. Dann aber müssen sie geklärt und ausdiskutiert werden, denn das Kind vermag einfach nicht, in unsicheren oder ungesicherten Verhältnissen zu leben.

ELTERNTEIL WASSERMANN KIND WAAGE
(oft ein Trigon)

Nicht selten ist hier der Elternteil auf das Kind fixiert. Er kann fast ins Schwärmen geraten, wenn er irgend jemanden von diesem seinem Kind berichtet. Das Kind fühlt sich in der Obhut dieses Elternteils äußerst wohl. In seiner Nähe blüht es auf. Sehr früh verstehen sich beide bestens, und die Bindung ist oft zu eng. Bei komplizierten Entwicklungen sind hier der praktischen Erfahrung nach zum Beispiel sehr viele Muttersöhnchen festzustellen. Ist der Elternteil weiblich, das Kind männlich, dann ist diese Bindung fast immer stark, allerdings auch, wenn der Elternteil männlich, das Kind weiblich ist. Das Verstehen drückt sich in vielen Gesprächen aus, in vielen Hobbys, die beide gemeinsam betreiben. Das kann sich in künstlerischen Arbeiten äußern, aber auch in der Liebe zur Natur. Im Urlaub sind diese Familienmitglieder oft unzertrennlich, und wenn eine Lebenspartnerin auftritt oder ein Lebenspartner, dann sind Konflikte in 2 von 3 Fällen fast vorprogrammiert. Es liegt nicht einmal am Elternteil, der die Bindung nicht lösen möchte, nein, diesmal ist es überwiegend das Kind, welches die Sicherheit der alten Familienbindung nicht aufgeben möchte. Denn der Elternteil wird als höchst befruchtend angesehen, und manche Lebenspartnerin, mancher Lebenspartner dieses dann erwachsenen Kindes müssen wohl später öfters hören: »Aber Mutter (oder Vater) haben gesagt, man sollte immer dieses und jenes tun!«
Und bei jedem Partnerstreit liegt es auf der Hand, daß das Kind sich an diesen seinen ihm vertrauten Elternteil wendet. Hiermit wird diesem eine große Verantwortung aufgebürdet, der er nicht ausweichen kann, so schmeichelhaft auch mancher die Bindung des Kindes an sich finden mag. Er muß es frühzeitig auf die notwendige Selbständigkeit vorbereiten, dann wird diese wirklich besondere Familienbindung ohne Schaden für das Kind noch lange gegenseitig fest verankert sein.

ELTERNTEIL WASSERMANN – KIND SKORPION
(oft ein Quadrat)

Die Tierkreiszeichen-Naturelle sind einmal grundsätzlich unterschiedlich, dann aber doch auch wieder sehr ähnlich. Die größte Diskrepanz liegt fast immer in der Art der Lebensbetrachtung dieser Familienmitglieder. Beide suchen zwar, streben, aber der Elternteil eher optimistisch, während das Kind seine Umgebung doch mehr pessimistisch betrachtet.
Der Elternteil ist voller Lebensmut, oft auf waghalsige Art, während das Kind häufig eher das Dunkle sieht, sich auch davon angezogen fühlt. Das Gemeinsame ist, daß sich beide nicht so schnell von ihrer Grundmeinung abbringen lassen. Es fällt jedem schwer, etwa nach einer Auseinandersetzung auf den anderen zuzugehen. Hier geht es bei Versöhnungen oft darum, wer seine Hand als erster ausstreckt. Mag sein, daß die Angst, der andere könnte diese Hand ausschlagen, hierbei eine wichtige Rolle spielt. Der Elternteil hat einfach die Aufgabe, dem Kind Lebensmut zu geben, sein Selbstbewußtsein positiv zu beeinflussen. Es lebt nämlich öfter unter dem Druck, daß alles vergeblich ist. Nicht daß diese Kinder früh aufgeben, nein, sie kämpfen schon sehr zäh um ihr Lebensrecht, sogar oft ungestüm und andere Menschen dabei vor den Kopf stoßend.
Aber das ist es: Diese Vehemenz muß der Elternteil mit abzubauen helfen. Dabei ist es aber mit Sprüchen wie: »Die Zeit klärt alles«, oder »Alles hat seine zwei Seiten«, nicht getan, so wahr die Sprüche für den Elternteil auch sein mögen. Diese Kinder projizieren in sich und auf andere zunächst einmal die Schatten, mit denen sie leben. Für den Elternteil ist dies oft unverständlich, er findet daher leider nur schwer Zugang zum Seelenleben seines Kindes. Das braucht er letztlich auch nicht, aber das Kind muß spüren, daß es geliebt wird. Dabei sagen Gesten und Blicke oft mehr als nahe Zärtlichkeiten. Auf letzteres reagieren gerade diese Kinder oft allergisch, was der Elternteil auch nicht immer versteht.

ELTERNTEIL WASSERMANN – KIND SCHÜTZE
(oft ein Sextil)

Wenn nicht sehr individuelle Schwierigkeiten auftauchen oder widrige Umstände, dann müßten sich diese beiden Familienmitglieder ziemlich problemlos verstehen. Das Kind strahlt früh eine Lebenssicherheit aus, was vom Elternteil sehr beglückt zur Kenntnis genommen wird. Auch hat ja das Kind vom Grundnaturell her die Veranlagung sich anzupassen, diplomatisch seinen Willen durchzusetzen. Dabei ist der Wille meist gar nicht so egozentrisch zu sehen. Diese Kinder haben Ideale, die vom Elternteil sehr unterstützt werden. Manche Gespräche zwischen diesen Familienmitgliedern sind höchst grundsätzlicher Art. Da geht es um Glaubensfragen, die sehr früh auftauchen, die der Elternteil stets ernst nehmen soll, auch wenn manche von ihnen eher atheistisch denken. Das Kind braucht seine Vorbilder, die es sich in Idolen rundherum sucht, also auch in Schlager- oder Fernsehstars, aber auch in der Geschichte. Hier ist das Niveau des einzelnen sehr entscheidend. Es liegt auch am Elternteil, diesem meist begabten Kind Anregungen zu geben, denn es frißt Bildung oft förmlich in sich hinein, allerdings muß es diese vorgesetzt bekommen. Früh kann es sich mit ernster Literatur beschäftigen, auch mit der historischen Entwicklung vieler Zeiterscheinungen. Daneben ist nicht selten auch ein sportliches Interesse festzustellen. Ja, dieses Kind scheint nicht nur ehrgeizig, es ist es, das muß unterstützt werden. Der Wassermann-Elternteil zeigt dieses Kind häufig voller Stolz her, oder er bezieht es (nur nicht zu früh) in gewisse Vertraulichkeiten ein, wählt es als Sprechpartner aus. So weiß dieses Kind oft mehr als die Geschwister oder als der Nicht-Wassermann-Elternteil. Trotz dieser inneren Nähe jedoch läßt der Elternteil dieses Kind später nicht immer leichten Herzens aus dem Haus gehen, obwohl er weiß, daß äußere Entfernung für eine echte Bindung keine Rolle spielt.

ELTERNTEIL WASSERMANN – KIND STEINBOCK
(meist kein Aspekt)

Auf den ersten Blick scheint es so, als gäbe es nichts Gegensätzlicheres in einer Familie. Das Kind wirkt häufig sehr ernst, aber nicht traurig oder pessimistisch, der Ehrgeiz schimmert zunächst kaum durch, aber die Zielstrebigkeit, die das oft nicht einmal schulpflichtige Kind an den Tag legt, fällt doch auf (auch die Gründlichkeit, mit der das Kind fast immer an Arbeiten herangeht). Der Elternteil erscheint dagegen oft sprunghaft, zerstreut, abgelenkt, immer für neue Pläne empfänglich. Es ist durchaus möglich, daß das Kind ihn hin und wieder als Unruheherd empfindet, daher schließt es sich oft ab. Auch könnte es vermissen, daß der Elternteil wirklich zuhört. Der ist ja von dem Gefühl fast besessen, dem Kind viel mit auf den Lebensweg zu geben. Das ist dem Kind oft zuviel.

Auch die Gesprächigkeit des Elternteils liegt dem Kind kaum. Es vermißt später vielleicht bei Vater oder Mutter (nicht zu Unrecht übrigens) das mangelnde Vermögen der Konzentration. So schweigt es noch mehr oder wendet sich an Leute außerhalb des Zuhauses, um ja keinen Unfrieden in die Familie zu bringen. Kurz: Der Elternteil hat sicher Schwierigkeiten, an sein Steinbock-Kind heranzukommen, er vermag es nur ab und zu wirklich aufzuschließen, denn es verarbeitet sehr viel in sich selbst, und auf Ungeduld des Elternteils reagiert es ausgesprochen allergisch, ja dann können durchaus verletzende Reaktionen an der Tagesordnung sein. Es braucht also oft eine Zeit, bis sich Kind und Elternteil zusammenfinden.

Ist aber einmal der Schlüssel für dieses Zusammenfinden gefunden, dann wird das Verhältnis eng, wenn auch selten sehr vertraulich. Das Kind behält seine Geheimnisse, und der Elternteil bemerkt dies am besten scheinbar gar nicht. Er muß lernen, daß dieses Kind zu ihm kommt, muß sich (oft wird dies schwer) in Geduld üben, um im richtigen Moment für sein »schwieriges« Kind dazusein. Das vergißt dieses Kind dann allerdings nie.

UNKLARHEITEN,
die bei Wassermann-Geborenen durch die 12 möglichen Aszendenten für Elternteil und Kind entstehen können.

SONNE in WASSERMANN mit ASZENDENT WASSERMANN ergibt eine starke Betonung des Wassermann-Charakters, die sich in dieser Konstellation manchmal gefährlich steigern kann, was zu sehr exzentrischem Verhalten und zu einer fast antibürgerlichen Grundlebensauffassung führen kann. Kinder bemerken dies zunächst bei ihren betreffenden Elternteilen weniger, aber Eltern können sich über das Verhalten ihres Kindes mit dieser Konstellation schon Sorgen machen, ob dieses die Realität nicht zu oft aus den Augen verliert. Hier haben also die Eltern mit Fingerspitzengefühl eine große Aufgabe zu lösen.
Bei **SONNE in WASSERMANN mit ASZENDENT FISCHE** zeigt sich das Rollenspiel gegenüber dem Lebenskern völlig verändert. Kinder registrieren oft mit Überraschung, wie vorsichtig und feinsinnig sich die Eltern der Außenwelt anpassen, wie wenig sie draußen von ihrer Grundauffassung zeigen, auch die Ironie, die oft doch spitze Zunge wirken wie in Watte eingepackt. Eltern dagegen zeigen sich meist angenehm überrascht, wenn sie feststellen können, daß sich das etwas unberechenbare Kind außerhalb der Familie viel vorsichtiger, ja behutsamer in Szene setzt, so als wolle es seine wahren Gedanken nicht verraten. Diese Kinder (oder Eltern) haben meist ein glänzendes schauspielerisches Talent.
SONNE in WASSERMANN mit ASZENDENT WIDDER, das erschlägt oft die Umwelt. Die Kinder bemerken durchaus (und sie sind stolz darauf), daß jeder Auftritt dieses Elternteils für einen öffentlichen Wirbel sorgt und sich keiner gegen diese Vehemenz richtig wehren kann. Eltern dagegen werden sich – haben sie Kinder mit dieser Konstellation – auf einige Beschwerden aus der Nachbarschaft und der Schule einstellen müssen, denn diese Jungen und Mädchen brauchen wahrlich Eltern, die Kräfte von Dompteuren haben, damit die Kinder sich halbwegs in den Lebenslauf integrieren lassen.

SONNE in WASSERMANN mit ASZENDENT STIER zeigt oft ein sehr differenziertes Verhalten an. So extrem sich die Elternteile etwa zu Hause bewegen, so überrascht sind die Kinder meist immer wieder, wie bürgerlich nett und hilfreich sie sich draußen zeigen, so als wollten sie es sich mit keinem verderben, und keine exzentrischen Ansichten oder Standpunkte werden hier preisgegeben. Aber Kinder mit dieser Konstellation haben häufig wirklich zwei Gesichter. Zu Hause geben sie sich eher revolutionär, während sie draußen zwar ihren Willen durchsetzen, aber auf sehr manierliche Art, das heißt, ohne sich Feinde zu machen.
SONNE in WASSERMANN mit ASZENDENT ZWILLINGE bringt meist Menschen hervor, die mit ihrem Rollenspiel sehr gut fertigwerden. Kinder bewundern fast die Gabe dieser Elternteile, sich überall bestens zurechtzufinden. Stets wissen diese Väter und Mütter in noch so verzwickten Situationen das richtige Wort zu finden. Daher kommen sie auch sehr gut an und sind auf diese natürliche Art ein gutes Vorbild für ihre Kinder. Leben Kinder mit dieser Konstellation in einer Familie, dann sind es auch meist diejenigen, die sich jeder Situation (daheim wie außerhalb) glänzend anpassen können.
SONNE in WASSERMANN mit ASZENDENT KREBS ist dagegen für jede Überraschung gut. Kinder erkennen ihre Elternteile nicht wieder, wenn diese neue Bekanntschaften machen. So vorsichtig wie sie sich äußern, jeden mit warmem Handschlag begrüßend, während sie sich in der Familie ganz schön keß und vorwitzig zeigen. Dagegen äußern sich die Eltern recht zufrieden, wenn sich diese ihre Kinder außerhalb der Familie doch sehr einfühlsam benehmen. Sorge bereitet ihnen mitunter jedoch die große Empfindsamkeit.
SONNE in WASSERMANN mit ASZENDENT LÖWE gibt eigentlich in den meisten Fällen ein sicheres, selbstverständliches Auftreten. Kinder sind oft sehr stolz,

wie ihre betreffenden Elternteile geachtet werden und daß die Menschen um sie herum einen großen Respekt haben. Weniger gefällt ihnen die autoritäre Art, mit der diese Elternteile anderen gegenüber ihre Ansichten durchsetzen. Daheim sind sie viel lustiger! Haben Kinder diese Konstellation, dann tanzen sie ihren Eltern wenn's geht auf der Nase herum, und diese müssen lernen, daß es diesen Kindern sehr häufig um das Prestige geht. Hier besteht oft wirklich die Gefahr, daß der Schein das Sein übertrumpft, daher sind diese Kinder doch recht streng anzufassen, sie vertragen auch einiges.

SONNE in WASSERMANN mit ASZENDENT JUNGFRAU bringt meist Kinder hervor, die ihre innere Unrast durch äußere Genauigkeit, aber auch durch Pflichtbewußtsein überdecken. Betrachten Kinder diese Elternteile kritisch, dann wundern sie sich des öfteren, wie akkurat nach außen alle Arbeiten korrekt erledigt werden, wie bescheiden diese Väter oder Mütter auftreten, welche Zuverlässigkeit andere Menschen ihnen nachsagen, obwohl daheim vieles drunter und drüber geht und diese Elternteile sich durchaus nicht immer als zuverlässig erweisen, wenn sie zum Beispiel schnell etwas dahinsagen, was sie dann genauso schnell wieder vergessen.

SONNE in WASSERMANN mit ASZENDENT WAAGE dagegen ist eine Konstellation, die überwiegend harmonische Menschen hervorbringt, die geistig sehr interessiert und aufgeschlossen sind. Kinder hängen meist mit Bewunderung an diesen Elternteilen, die ihren Kindern immer wieder neues Gedankengut mitteilen, die sich aber auch aller Welt gegenüber sehr offenherzig zeigen und für jeden ein Ohr und gute Worte haben. Kinder mit dieser Konstellation sind fast überall auch sehr beliebt, so daß sie sich oft schon in der Kindheit und Jugend vor Einladungen kaum retten können.

SONNE in WASSERMANN mit ASZENDENT SKORPION kann sich auch im Verhalten sehr widersprüchlich äußern. Innerlich sind diese Menschen eigentlich eher optimistisch, ja lebensfroh, voller Pläne und Ideen, aber es scheint, daß sie Angst haben, dies nach außen zu zeigen. Kinder fragen oft erstaunt, wieso diese Elternteile häufig so düster (aus dem Gesichtspunkt der Kinder) schauen, und sie registrieren auch die ungestüme Art, mit der sie sich unangenehmer Dinge entledigen. Eltern beängstigt dagegen wie rechthaberisch diese Kinder oft außerhalb der Familie reagieren und daß sie kaum nachgeben können. Sie müssen aber wissen, daß dieses Verhalten so gut wie immer einer Schutzfunktion zuzuschreiben ist, sie müssen ihre Kinder vorsichtig zur Toleranz hinführen.

SONNE in WASSERMANN mit ASZENDENT SCHÜTZE ergänzt sich vom Tierkreiszeichennaturell her ideal. Sicher und überlegen treten diese Elternteile auf, die Kinder fühlen sich in ihrer Gegenwart behütet, und sie freuen sich, wenn diese Elternteile andere Menschen einfühlsam beraten und führen können. Kinder mit dieser Konstellation sind manchmal wirklich kleine Gaukler, die ihre Ideen gekonnt und sicher an den Mann bringen. Sie benehmen sich oft wie kleine Gurus. Die Eltern sollen nur darüber wachen, daß dies für die Kinder selbst nicht zu verführerisch wird, denn mit das Schlimmste ist, über seine eigene Selbstsicherheit zu stolpern.

SONNE in WASSERMANN mit ASZENDENT STEINBOCK vereint nun zwei Grundnaturelle, die oft wenig harmonieren. Diese Menschen werden als abwägende Charaktere eingeschätzt, und selbst Kinder bemerken, daß Elternteile mit dieser Konstellation einen völlig anderen Eindruck erwecken, der im Gegensatz zu ihrem Grundwesen steht und immer wieder Verblüffung hervorruft. Kinder mit dieser Konstellation boxen sich recht unauffällig durch die Kindheit und Jugend, was ihnen im Grunde gut bekommt, später überraschen sie ihre Umwelt immer wieder mit neuen Plänen und Gedanken, die sie dann oft mit großem Ernst verwirklichen.

DIE SCHWIEGERKINDER IM VERHÄLTNIS ZUM ELTERTNTEIL WASSERMANN

Wassermänner - ob weiblich oder männlich - lieben das Neue. So sind sie auch sehr aufgeschlossen, wenn neues Blut in die Familie kommt. Sie hassen alle Inzucht, das Braten im eigenen Saft. Wenn also ein Kind eine Lebenspartnerin, einen Lebenspartner gefunden hat, dann haben diese grundsätzlich - egal in welchem Tierkreisabschnitt seine Sonne steht - Chancen, willig und interessiert aufgenommen zu werden.
Handelt es sich dabei um eine **WASSERMANN-Schwiegertochter** dann wird sie der Wassermann-Vater höchst vergnüglich in die Arme nehmen und schnell als seine Tochter betrachten. Die Wassermann-Mutter ist vielleicht nicht so ganz entzückt, aber auch hier wird es eigentlich keine Probleme geben.
Der **WASSERMANN-Schwiegersohn** wird von der Wassermann-Mutter fast immer als Geschenk für ihre Tochter (und für sich) betrachtet, denn der Kontakt ist schnell hergestellt und herzlich. Auch der Wassermann-Vater wird sich mit diesem Schwiegersohn eigentlich immer arrangieren können.
Wenn ihm dagegen seine Tochter einen **FISCHE-Schwiegersohn** vorstellt, dann wird er doch einige Bedenken vorbringen; diese Art von Mann scheint ihm vielfach zu romantisch, er befürchtet sogar, daß seine Tochter in dieser Ehe bald die Hosen anhaben dürfte. Die Wassermann-Mutter ist auch nur höchst selten von diesem Schwiegersohn beglückt, obwohl sie seine liebenswürdige Art schätzt, ihn aber doch häufig für zu labil und gefährdet hält.
Anders verhält es sich bei einer **FISCHE-Schwiegertochter**, die ja oft eine sehr anziehende Ausstrahlung besitzt, da versteht diese Mutter schon, daß ihr Sohn ihr erlegen ist. Und der Wassermann-Vater war ja für diese nixenhaften Wesen stetst empfänglich, selbst wenn er eine Fische-Frau nur höchst selten heiratet. So ist er auch eigentlich nie sicher, ob diese Ehe gutgeht, selbst wenn sie schon ein oder zwei Jahrzehnte gehalten hat. Daher wünscht er seinem Sohn immer von neuem Glück und ist auf eine Trennung vorbereitet.
Eine **WIDDER-Schwiegertochter** bricht oft wie ein Sturmwind, ja wie ein Orkan in eine Familie herein. Der Wassermann-Vater hat gegen stürmische Neubelebung kaum etwas einzuwenden; so zeigt er sich von dem Temperament dieser Schwiegertochter sehr angeregt, auch wenn sich beide stets gegenseitig necken, ja sogar in Streit geraten können. Der Wassermann-Mutter ist diese Schwiegertochter vielleicht zu selbstbewußt, zu viel soll nach ihrem Kopf gehen. Zwar läuft ihr Leben ja auch nicht ruhig ab, aber jetzt könnte die Unruhe doch überhand nehmen.
Dasselbe befürchtet sie von einem **WIDDER-Schwiegersohn**, der ihr oft nur solange gefällt, wie er sich aus Höflichkeit zurückhält, sowie er aber klarmacht, daß die Mutter nun in punkto Tochter kaum mehr etwas zu sagen hat (und das kommt), schwindet die Sympathie der Wassermann-Mutter. Der Wassermann-Vater ist da lebensklüger. Er weiß, er gewinnt keinen großen Blumentopf, wenn er sich auf ernste Auseinandersetzungen mit dem Widder-Schwiegersohn einläßt.
Ein **STIER-Schwiegersohn** stößt sicher beim Wassermann-Vater auf spontanen Zuspruch. Er verhält sich jedoch höflich, aber doch bestimmt recht abwartend, was wiederum dem Wassermann-Vater gar nicht gefällt, zumal er bald feststellt: So umgänglich sich dieser Schwiegersohn auch zu geben scheint, weiß er doch genau, was für ihn gut ist! Die Wassermann-Mutter kann dieser Schwiegersohn recht geschickt mit Freundlichkeit und Diplomatie einwickeln, er zeigt hier viel Humor und damit löst er das Schwiegermutterproblem auf sehr charmante Art und Weise.
Die **STIER-Schwiegertochter** kann es auch ganz gut mit der Wassermann-Mutter, wenn diese sich nur auf das beständige Wesen dieser jungen Frau einstellt und versucht, sich aus der Ehe der jungen Leute herauszuhalten. Dem Wassermann-Vater

ist so eine Schwiegertochter sicher nicht unlieb, denn ihre angeborene, meist auch erotische Weiblichkeit kommt ja bei ihm immer an. Außerdem hat er erfahren, daß praktisches Denken auch sein Gutes hat.
Eine **ZWILLINGE-Schwiegertochter** läßt das Herz des Wassermann-Vaters aber schneller schlagen. Mit der kann er sich so gut aussprechen, bei ihr fühlt er sich verstanden, mit ihr heckt er sogar manche Dummheiten – wie man sagt – aus. Oft treiben beide ganz schönen Unfug auf Kosten der anderen Familienmitglieder! Die Wassermann-Mutter ist diesem Typ Schwiegertochter grundsätzlich zugeneigt, da sie sich wach und lebhaft zeigt und als verbindendes Familienmitglied bewährt.
Der **ZWILLINGE-Schwiegersohn** sagt ihr auch zu, seine kecke, hellwache Art gefällt ihr, sie hat das Gefühl, daß mit ihm an der Seite ihrer Tochter so schnell nichts passieren kann. Nicht gerade ein Herz und eine Seele wird der Wassermann-Vater mit diesem Schwiegersohn sein, dazu sind sie sich irgendwo doch zu ähnlich. Aber die flexible Art, der leichtere Humor des Schwiegersohnes gefallen ihm gut.
Genau den vermißt er – zunächst wenigstens – beim **KREBS-Schwiegersohn**, der sich oft sehr empfindlich zeigt. Zunächst drückt er sich darum, die Familie seiner Zukünftigen kennenzulernen, dann hält er sich zurück, reagiert auf Witze so allergisch, daß der Wassermann-Vater hier sofort mit innerer Skepsis antwortet. Es dauert sicher einige Zeit, ehe beide Männer langsam zueinander finden; ein Herz und eine Seele werden sie wohl kaum. Auch die Wassermann-Mutter zeigt sich nicht gerade begeistert von diesem Schwiegersohn, und seine Art von Humor versteht sie überhaupt nicht, obwohl sie sonst sehr viel Spaß versteht.
Eine **KREBS-Schwiegertochter** könnte ihr auch zunächst etwas fremd, wenn nicht undurchsichtig sein, aber deren häusliche Art, die Hoffnung, bald Großmutter zu werden, lassen sie dann doch immer wieder einrenken, wenn es Auseinandersetzungen gegeben hat. Ist der Enkel da, dann ist die Krebs-Schwiegertochter sowieso die Königin. Der Wassermann-Vater ist meist nicht so scharf darauf, Großvater zu werden, so hat es die Krebs-Schwiegertochter bei ihm etwas schwerer. Da sie aber weiß, daß Sympathie durch den Magen geht und sie gut kochen kann, fängt sie ihren Schwiegervater schon ein.
Eine **LÖWE-Schwiegertochter** schlägt beim Wassermann-Vater meist wie eine Bombe ein. Abwehr wegen ihrer Art, die Dinge möglichst schnell selbst in die Hand zu nehmen, daneben aber Bewunderung für ihr Temperament, ihre Lebenssicherheit und den guten Eindruck, den sie rundum in der Verwandtschaft wie bei Freunden macht. Diese Schwiegertochter wird schnell der Mittelpunkt im Leben der Familie. Die Wassermann-Mutter dagegen reagiert doch zurückhaltender, denn sie spürt sofort, nun muß sie bald zurücktreten, da diese Schwiegertochter spielend und ohne viel zu fragen der bestimmende Pol werden kann.
Der **LÖWE-Schwiegersohn** dagegen kümmert sich sehr selten und meist nie intensiv um seine Schwiegereltern, was einer Wassermann-Mutter nun aber gar nicht gefällt. So sucht sie oft sogar Streit, nur um diesem Schwiegersohn klarzumachen, daß sie auch noch vorhanden ist. Der Wassermann-Vater dagegen geht sehr häufig diesem Schwiegersohn aus dem Weg, denn hier sind die Grundgegensätzlichkeiten doch zu groß. Er vermißt bei ihm hauptsächlich die Anpassung, die er als Voraussetzung zur Lebensbewältigung ansieht.
Diese Anpassung brächte dagegen ein **JUNGFRAU-Schwiegersohn** mit, daher kommen auch diese beiden Familienmitglieder schnell zusammen. Sicher, manchmal erscheint dem Wassermann-Vater dieser Schwiegersohn zu real, auch vielleicht zu penibel, ja direkt nörgelnd, besonders wenn dieser sehr skeptisch auf die stets neuen Pläne des Schwiegervaters reagiert.

Die Wassermann-Mutter dagegen findet, daß dieser Sohn ein guter, zuverlässiger Lebenspartner für ihre Tochter sein kann, was sie sehr beruhigt, da sie weiß, was innere Unruhe und Unsicherheit bedeutet.
Daher sagt ihr auch meistens eine **JUNGFRAU-Schwiegertochter** zu, da sieht sie ihren geliebten Sohn gut versorgt. Ähnlich denkt der Wassermann-Vater, wenn er auch oft bei dieser Schwiegertochter den rechten Pfiff und das Extravagante vermißt, so anregend er sie grundsätzlich finden mag.
Eine **WAAGE-Schwiegertochter** hat es wahrlich nicht schwer, bei einem Wassermann-Vater gut anzukommen. Der Charme, der Chic, die Anmut und die geistige Aufgeschlossenheit entzücken ihn, und er versteht sich fast immer auf Anhieb mit ihr. Auch sie findet schnell Zutrauen zu ihm, und wenn es in der Ehe mal Streitigkeiten gibt, würde sie ihn – obwohl er »Partei« ist – als Schiedsrichter anerkennen.
Fast ähnlich gut ist das Verhältnis zur Wassermann-Mutter, wenn natürlich auch kein Vergleich zum **WAAGE-Schwiegersohn**, der die Wassermann-Mutter förmlich verzaubern kann! Es mag allerdings der Fall eintreten, daß er in ihren Augen etwas zu snobistisch auftritt, und sie sich sogar durch seine glatte Art gelegentlich frustriert fühlt. Dem Wassermann-Vater gefällt ein Waage-Schwiegersohn, meistens verbindet sie das geistige wie musische Interesse, das ja oft bei beiden stark ausgeprägt ist. Vielleicht bringen hier allein modische Wandlungen und Ansichten manchmal gewisse Spannungen, die aber meist nicht sehr ernst zu nehmen sind. Im Grunde liegen beide doch auf der gleichen Wellenlänge.
Dies wird der Wassermann-Vater bei einem **SKORPION-Schwiegersohn** nicht so schnell empfinden. Dessen Grundart liegt ihm eigentlich nicht, er wirkt auf ihn zu egozentrisch, ja zu grüblerisch, und seine Art Fragen zu stellen empfindet dieser Vater oft wie ein Verhör. Die Wassermann-Mutter vermag sich da schneller an den Skorpion-Schwiegersohn anzupassen, da sie sich stets von einer Tiefe oder Melancholie angezogen fühlt. So wird dieser Schwiegersohn sich recht gut auf die kapriziöse Schwiegermutter einstellen und sie manchmal sogar unfreiwillig ganz komisch finden.
Eine **SKORPION-Schwiegertochter** stößt eher auf Widerspruch. Nicht auf echten Widerstand, aber auf Gegenmeinung der Wassermann-Mutter, die sich vor allem an der Eigenwilligkeit dieser jungen Frau reibt. Der Wassermann-Vater findet deren Art dagegen recht anziehend, und er erkennt an, daß diese Schwiegertochter ihre Originalität nicht wegen eines Familienanhangs aufs Spiel setzen will. Dieses Verständnis wird ihm gedankt.
Eine **SCHÜTZE-Schwiegertochter** kann sich dagegen im Grunde verhalten wie sie will, sie eckt bei einem Wassermann-Vater so gut wie gar nicht an. Ihr bestimmendes, aber zurückhaltendes Feuer imponiert ihm, ihre idealistische Grundhaltung findet er echowürdig, denn er hat das Gefühl, mit dieser Frau könnte nicht nur sein Sohn, sondern auch er selbst Pferde stehlen. Dabei empfindet er diese Frau durchaus nicht als Kumpeltyp, sondern als Dame. Die Wassermann-Mutter ist ebenfalls von einer Schütze-Schwiegertochter angetan. Sie spürt ihre Kraft und ist gewiß, daß dies ihren Sohn positiv beeinflussen wird.
Ein **SCHÜTZE-Schwiegersohn** muß sich auch nicht groß um die Gunst der Wassermann-Mutter bemühen, zumal wenn er gelegentlich als junger »Herr« kommt, mit Blumen und anderen Höflichkeitsgesten nicht geizig ist. Der Wassermann-Vater verspricht sich dagegen von diesem Schwiegersohn – wenn er zum Beispiel selbst ein Geschäft hat – eine echte Hilfe, hier ist eine Zusammenarbeit oft die Grundlage für gutes Verstehen.
Dies wird bei einem **STEINBOCK-Schwiegersohn** schon etwas schwieriger. Zwar imponieren dem Wassermann-Vater

durchaus dessen Fleiß und Lebensernst, aber er versteht nicht die Energie, mit der dieser junge Mann sich in seine Arbeit stürzt, zumal er selbst sehr gerne Feste feiert. Der Wassermann-Mutter imponiert natürlich der stille aber konsequente Ehrgeiz dieses Schwiegersohnes, sie paßt nur auf – gefühlsmäßig liegt sie damit völlig richtig –, daß er ihre Tochter nicht zu knapp hält; jeden Ansatz von Geiz, der sich bei ihm zeigt, verfolgt sie mit allergrößtem Mißtrauen. Und dann kann sie durchaus einmal laut werden, denn sie selbst ist ja voller Großzügigkeit.

Auch mit einer **STEINBOCK-Schwiegertochter** muß sich die Wassermann-Mutter erst zusammenraufen, wobei ihr das gekonnte Schweigen dieser Schwiegertochter sehr gegen den Strich gehen könnte. Sie fragt öfters, warum man sich nicht aussprechen kann! Da würde ihr ein Wassermann-Vater beistimmen, denn auch er will reden und haßt längeres Schweigen. So tut er sich mit dieser Schwiegertochter auch nicht gerade leicht.

ZUSAMMENFASSUNG

Einen **WASSERMANN** – ob weiblich oder männlich – in einer Familie zu haben, das ist zumindest amüsant. Darüber hinaus aber meist sehr anregend, wenn auch dieser Wassermann gelegentlich eine Ausnahmestellung einnimmt. Seine Ideen entzükken zwar oft die ganze Familie, die aber zu seinen Plänen im Grunde nie Zutrauen hat. Bei Familienfesten sind Wassermänner gerne der bewußte, aber auch der unfreiwillige Mittelpunkt. Sie beleben wirklich die Familie und haben für verrückte Ideen anderer immer ein offenes Ohr. Vor allem haben sie viel Verständnis für Marotten, doch auch für gewagte Handlungen. Sie lieben (oder liebten einst) selbst sehr das Risiko, und wenn jemand dadurch etwas ins Rutschen kommt, dann sind sie zur Stelle. Wer wagt, gewinnt nicht immer, das wissen sie; daher reichen sie dann ihre hilfreiche Hand.

Sonst sind sie nicht gerade sehr zuverlässig. Wenn sie etwas versprechen, muß man nicht glauben, daß sie das auch halten. Dabei meinen sie es im Augenblick des Versprechens todernst. So verheißen sie etwas zur Konfirmation, zu Geburtstagen, zu Jubiläen, die anderen in der Familie freuen sich darauf, aber nicht nur einmal werden sie sich dann doch recht enttäuscht fühlen. Was heute gilt, gilt morgen für einen typischen Wassermann durchaus nicht mehr, dies muß man erst lernen.

Aber sie sind auch die Familienmitglieder, die nie Langeweile aufkommen lassen, die immer für einen amüsanten Wirbel gut sind. Daher sind sie meist sehr beliebt, und bei größeren Familienfesten sogar unentbehrlich. Sie haben stets Ideen für originelle Spiele oder bieten andere Unterhaltungsmöglichkeiten, aber sie haben auch Ideen, um ungewöhnliche Berufs- oder Lebenswünsche Wirklichkeit werden zu lassen. In diesem Punkt sind sie so gut wie unbezahlbar, ja eigentlich unersetzbar. Und deswegen wird auch ein Wassermann in jeder Familie seine Ausstrahlung und Anziehungskraft haben, ganz besonders auf die jüngeren Familienmitglieder.

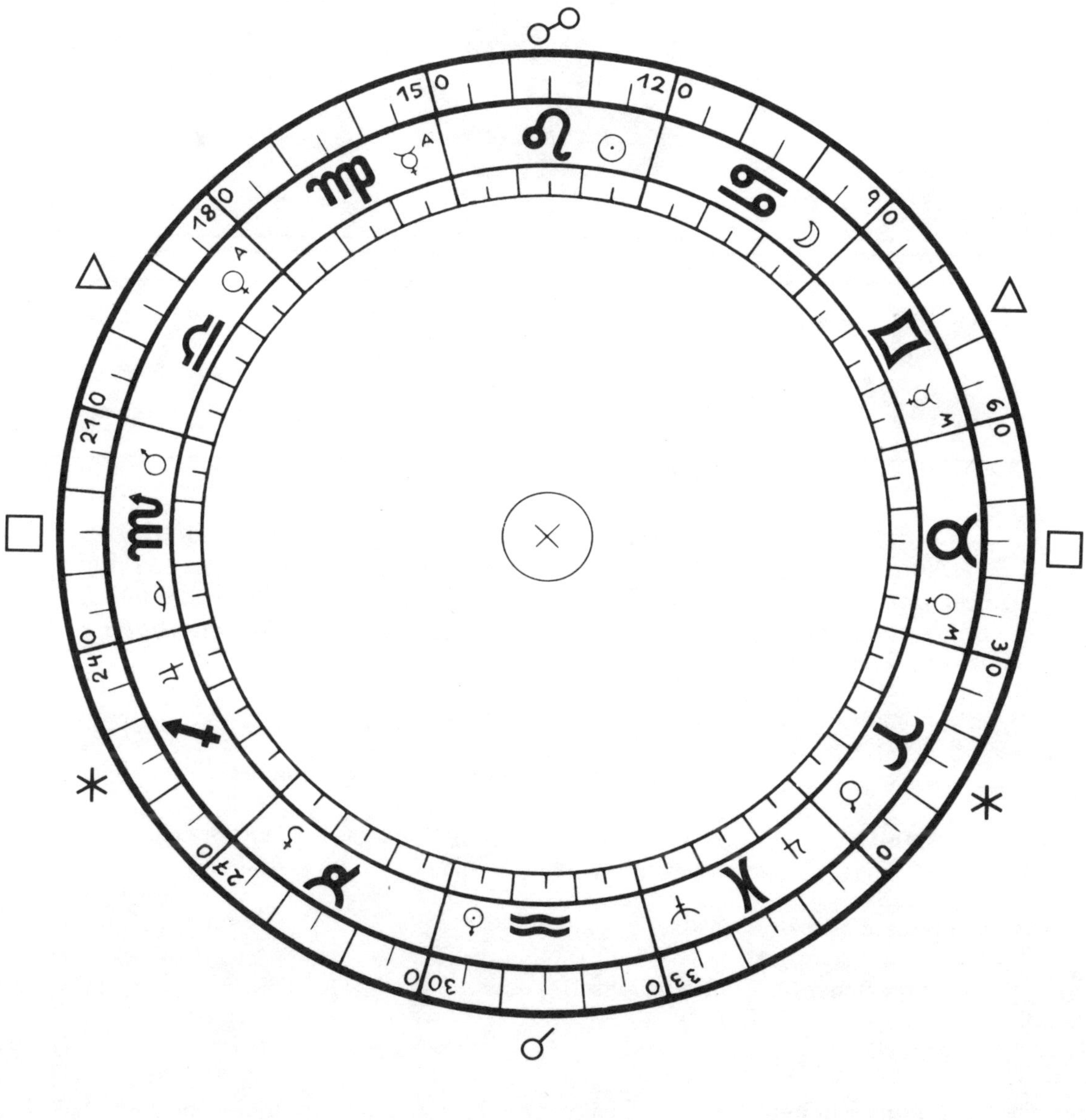

Hier tragen Wassermann-Geborene
ihre Sonne und die ihrer Angehörigen ein

Fische

20. Februar bis 20. März
Dritter Winterabschnitt

»... Die Fische sind das zwölfte und letzte Zeichen an dem Thierzirkel. Ihre Natur nach wird davon gehalten, daß dieses Gestirn den Namen daher habe, weil, so die Sonne darin ist, die Luft auch kalt und feucht nach der Art der Fische ist«, heißt es in einem alten Planetenbuch.

	Planet, der hier seine verwandte Kraft findet:
Neptun	symbolisierend die Inspiration, das erkenntnisreiche Schauen und den Instinkt.
Element	Wasser
Temperament	melancholisch
Motorik	anpassend
Grundverhalten	weiblich, empfangend, antwortend – sich hingeben wollend, um eine Aufgabe an anderen Menschen liebevoll zu erfüllen, was aber nie so ganz uneigennützig vollzogen wird, da man »höheren« Dank erwartet.

ASPEKTE
einer Fische-Sonne:

Konjunktion in Fische
Sextile in Steinbock und Stier
Trigone in Skorpion und Krebs
Quadrate in Schütze und Zwillinge
Opposition in Jungfrau
Mögliche Überschneidungen durch Stellung in Anfangs- und Endgraden wurden nicht berücksichtigt, weil diese Aspekte von den Elementen her nicht einwandfrei wären.

VORZÜGE DES LEBENSKERNS	GEFAHREN DES LEBENSKERNS
Hingebungsdrang	Unentschiedenheit
Demut	Beifallsliebe
Phantasie	Sinnlichkeit
Missionssinn	Nachlässigkeit
Sensibilität	Umständlichkeit
Vorstellungsvermögen	Vertuschungskraft
Liebessehnsucht	Hörigkeit
Langmut	Gleichgültigkeit
Barmherzigkeit	Furchtsamkeit
Wohlwollen	Leichtsinn
Gutmütigkeit	Beeinflußbarkeit
Fügsamkeit	Zersplitterung
Glaubenskraft	Minderwertigkeitsgefühle
Einfühlungsvermögen	Ängstlichkeit
Humor	
Verwandlungskraft	
Geduld	
Mitleid	
Gerechtigkeitsliebe	
Aufopferungsfähigkeit	

IHR MOTTO
Wenn das Leben lebenswert wird, dann durch die Liebe und den Glauben.

ALLGEMEIN

heißt es oft: Fische sind von einer Liebessehnsucht besessen, sie suchen die Zärtlichkeitseinheiten wie andere Brot und Wein. Darüber hinaus sind sie auch für eine höhere Liebe stets bereit und in ihnen lebt ein starkes missionarisches Prinzip. Ihre Hingabe ist absolut, was sie oft etwas lebensuntüchtig macht. Die Fische kommen als die letzten Charaktere der Tierkreisentwicklung im allgemeinen von allen 12 Charakterbeschreibungen am besten weg, weil man sie einfach – egal was sie anstellen – in die Arme nehmen sollte.

Nun – das stimmt so nicht. Fische können sogar kalt und berechnend sein, wenn sie sich auch überwiegend stets warmherzig geben. Sicher sind viele Charaktere bereit, sich völlig zu verlieren, aber auch in Rollen, die sie spielen. Nicht ohne Grund findet man gerade unter diesen Charakteren sehr viele ungewöhnliche schauspielerische Begabungen. Menschen aber, die diese Begabung nicht im Spiel auf der Bühne oder vor der Kamera umsetzen können, werden dazu verleitet, im Leben zu schauspielern, was nicht selten eine gewisse Verwirrung in ihrer Umgebung hervorruft.

Fische genießen – wie andere – gerne die realen Genüsse dieser Welt, aber ihr Drang, sich zu erheben, führt auch häufig zu einer Flucht aus der Realität, angefangen von alkoholischen Getränken bis hin zu stärkeren Drogen. Auch jagen sie häufig mehr ihren Wachträumen nach als sich konsequent und folgerichtig mit dem Alltag auseinanderzusetzen. Daher wirken viele dieser Menschen oft etwas gefährdet, und um sich selbst davor zu schützen, legen sich manche von ihnen eine kalte, glatte Haut zu. Das heißt, sie geben sich zwar warm, aber es ist doch schwer, an sie heranzukommen. Richtig ist, was wir in alten Büchern finden: daß sich diese Charaktere sehr für Künste interessieren, aber auch Glaubensfragen und okkulte oder übersinnliche Richtungen ziehen sie stark an. Dabei entwickeln sie eine immense Fantasie und Empfänglichkeit.

Oft wirken sie hilflos, zumindest hilfloser als sie sind. Diese Wirkung ist nicht selten ein Trick, wie auch viele über »magische« Kräfte verfügen. Nicht im wahrsten Sinn des Wortes magisch, aber es geht von ihnen schon eine unerklärliche Wirkung aus, die sie meist ziemlich bewußt einsetzen. Ihre Seele zeigt sich sensibel, oft sind ihnen die Tränen wirklich näher als das Lachen, denn jeder Fisch – ob weiblich oder männlich – ist in der hintersten Ecke doch von einer tiefen melancholischen Traurigkeit erfüllt. Der eine Fisch mehr als der andere, aber kaum einer kann längere Zeit richtig froh und munter einfach nur so dahinleben.

Fische sehnen sich nach Veränderungen, sie glauben an den steten Wandel, meinen auch, ihr Charakter würde sich stets entwickeln, merken dabei gar nicht, daß bei keinem Tierkreischarakter die Gefahr, sich stets im Kreise um sich selbst zu drehen, so groß ist wie hier. Sie brauchen Freunde, denen gegenüber sie sich auch stets dankbar und aufgeschlossen zeigen, und jeder Freund kann sich in dieser Beziehung auf den anderen verlassen. Ihr künstlerisches Interesse führt sie oft dazu, einen entsprechenden Beruf zu ergreifen; hier sind sie auch meist sehr gut untergebracht. Doktrinär sind sie nicht, sie bemühen sich um Toleranz und zeigen sich nicht selten viel einsichtiger, als sie in Wahrheit sind.

Ein Grundcharakterzug ist ihre Labilität. Ihr Einsatz ist daher meist sehr wechselartig. Sie können sich schon mal verausgaben, ja auspumpen, aber hinterher sind sie völlig erschöpft. Oft retten sie sich aber in eine Krankheit. Sie spielen gerne die Rolle eines Hilflosen oder Hilfsbedürftigen. Das kann sich zu einer echten Gefahr steigern, da sie wirklich für Krankheiten empfänglich sind, ja oft von sich aus auf die Krankheiten zuzulaufen scheinen, wenn sie dies auch heftig abstreiten. Hiervor müssen sie sich selbst behüten. Richtig ist, daß sie eine gewisse Sicherheit benötigen, eine innere Ruhe als Oase in ihrer oft aufgeschreckten Wachheit, die überall lauernde Gefahren

sieht. Daher fühlen sie sich häufig in einem Glauben geborgen, ja sie sind sogar anfällig dafür, falschen Propheten nachzujagen.
Am besten ist oft ihr Instinkt entwickelt, meinen sie; aber der Erfahrung nach ist gerade dies nicht der Fall. Wenn eine Fischgeborene zum Chef sagt »Mein Instinkt rät mir...«, dann sollte der Chef hellhörig werden und sich gewarnt fühlen. Am besten, er weist diesem weiblichen Fisch schnell eine neue Arbeit zu, wo sie keine Zeit hat, ihren Instinkt zu entwickeln. Verläßlicher sind die Folgerungen, die viele Fische aus gemachten Erfahrungen ziehen; zwar wollen sie immer wieder jemandem vertrauen, aber mit der Zeit lernen sie gerade auf diesem Gebiet doch dazu und geben sich vorsichtiger.
In der Liebe sind sie Künstler. Frauen und Männer haben meist eine unerklärliche Anziehungskraft, die der Frauen ist nixenhaft, die der Männer eher – nun, wirklich magisch. Alle Fische treten so auf, als wüßten sie um die Geheimnisse der Liebe wie kein anderer, und die anderen Frauen oder Männer fallen darauf auch immer wieder herein. Dennoch hält die Liebe der Fische meistens was sie verspricht; denn ihre Sehnsucht nach liebender Geborgenheit ist doch sehr intensiv. Was an diesen Fischen etwas gefährlich erscheint, sind die vielen Selbstentschuldigungen, die sie für ihr Verhalten finden. Hier müssen sie sich wirklich oft an die eigene Kandare nehmen. Sie suchen außerdem Treue, auch zu Freunden, und sind bereit, diese Treue doppelt und dreifach zurückzugeben. Aber sie möchten meist doch, daß der andere den ersten Schritt tut – das ist bedingt durch ihre innere Unsicherheit.
Fazit: Fische sind voller Liebe und Gläubigkeit, sehr anpassungsfähig und haben meist mehrere Gesichter. Ihre Feinfühligkeit ist sehr ausgebildet, viele haben sogar ein ausgesprochenes Ahnungsvermögen. All das stimmt im allgemeinen, aber »Fische« können auch ganz anders sein. Dann sind es allerdings keine typischen Fische, sondern Ausnahmen, und die gibt es unter allen Tierkreiszeichen. Doch irgendwo ist jeder Fisch liebessüchtig, labil, gläubig und nicht frei von Angst.

MINERALIEN, STEINE UND SCHMUCK DES FISCHES

Alles beim Fisch muß etwas Neptunisches haben, auch der Stein. Da sind bemooste Steine, als Schmuck der Smaragd, und alle Mineralien, die im Wasser stecken. So trinkt der Fisch auch gerne die Quellen, die aus der tiefen Erde kommen. Da kann er mineralsüchtig sein. Schmuck ist beliebt, wenn er nur geheimnisvoll und verführerisch ist. Eine Fischedame läßt gerne raten, so auch, was ihr Schmuck bedeutet. Oft fertigt sie ihn sich selbst an, und dunkelglühende Steine sind immer dabei. Dann liebt die Fischefrau auch das Gold als Ausdruck ihrer Sehnsucht nach Sonnenwärme.

BEKANNTERE PERSÖNLICHKEITEN

John Foster Dulles, Heinz Rühmann, Liza Minelli, Gert Fröbe, Christa Ludwig, Jürgen von Manger, Wolfgang Kieling, Frédéric Chopin, Otto Hahn, Pierre Auguste Renoir, Karl May, Arthur Honegger, Karl Jaspers, Erich Kästner, Walter Jens, Franz Mehring, Papst Pius II., Carl Raddatz, Karl Friedrich Schinkel, Johann Strauß (Vater).

DIE FISCHE-MUTTER

versucht, ihren Kindern alles zu bieten, was sie nur vermag. Sie selbst überschüttet sie mit Liebe und Zärtlichkeit, was die Kinder auch fast immer als herrlich empfinden. Nur wenn es sich um direkte körperliche Zärtlichkeit handelt, sollte die Mutter doch etwas achtgeben, denn manche Kinder reagieren darauf oft spröde, einige sogar allergisch. Sie zucken zurück, und das könnte eine Fische-Mutter so gut wie überhaupt nicht verstehen. Dieses Eingehen auf das Kind ist mit Sicherheit nicht so ganz uneigennützig, denn diese Mutter erwartet – auch wenn sie es nicht ausspricht – von ihnen die Erwiderung der Liebe. Sie möchte durchaus, daß ihr die Zärtlichkeit gedankt wird, und zwar für »ewige Zeiten«. So kann sie das Mutter-Kind-Verhältnis recht stark bedrücken, weil das Kind eines Tages diese Mutter durchaus auch als Belastung ansehen könnte, so daß sie ihm wie eine Klette vorkommt.

Das Zerwürfnis bleibt nicht aus, und das geht tief. Eine Versöhnung ist fast nur möglich, wenn das Kind dann wahre Abbitte tut. Aber diese Mutter ist wirklich sehr an das Kind gebunden. Sie weiß eigentlich wie kaum eine andere Mutter, wann das Kind sie braucht. Wenn sie im Theater ist, dann springt sie im dritten Akt auf, weil sie einfach fühlt, dem Kind könnte gerade in dieser Minute ein Schaden zugefügt werden. Ist das Kind einige hunderte Kilometer weiter weg in einem Ferienlager, dann ahnt diese Mutter, wann das Kind Hilfe braucht. Sie stellt sich – und das ist ihre Leistung – völlig auf die Wellenlänge des Kindes ein. Sie tut ferner alles, damit sich das Kind geschützt und geborgen fühlt. Selbst oft für sich schüchtern und auch sehr fein, sensibel reagierend, sogar scheu, für das Kind wird sie fast zur Löwin. Sie spricht mit Lehrern und Vorgesetzten, mit allen, die Einfluß auf das Kind haben oder von denen das Kind abhängig sein könnte. Und immer weist ihr der Instinkt einen guten Weg.

Auch bemüht sich diese Mutter sehr, dem Kind neben viel Liebe, Bildung zukommen zu lassen. Sie führt es zur Religion, zum Glauben, denn sie bittet ja auch stets die höheren Mächte um Schutz und Beistand für das Kind. Das klingt etwas versponnen, aber bei einer Fische-Mutter zeigt sich dies ganz natürlich. Ihr Kind ist ihr alles, und es besteht sogar die Gefahr, daß die Ehe darunter leidet.

Besonderen Wert legt sie neben einer guten Allgemeinbildung auf musische Ausrichtungen. Scheint das Kind auf irgend einem Gebiet eine Begabung zu entwickeln, dann setzt sich diese Mutter dafür ein, daß es sein Talent entwickeln kann. Dies führt oft schon in der Schule zu Konflikten, wenn die Lehrer das Können in Mathematik höher bewerten als im Schulfach Musik.

Später wirkt diese Mutter aktiv bei der Berufswahl mit. Mit viel List versucht sie dem Kind in punkto Berufswahl eine Sicherheit zu geben, aber so, daß es dabei seine Träume erfüllen kann. Unglaublich, was so eine Fische-Mutter alles erfindet und unternimmt, wie sie Beziehungen aufwärmt oder neu knüpft, damit das Kind nur das Allerbeste bekommt.

Erkrankt das Kind, dann setzt sie unverzüglich Himmel und Hölle in Bewegung, um den besten Arzt in der ganzen Umgebung zu seiner Behandlung zu gewinnen.

Da das Kind diese Fürsorge spürt, läßt es auf seine Mutter so gut wie nie etwas kommen und ist auch bei der Partnerwahl sehr von ihr abhängig. Und hier zeigen sich die ersten echten Schwierigkeiten. Denn dieser Mutter ist häufig keine andere Frau, kein anderer junger Mann gut genug. Zwar sagt sie nicht sofort nein, aber instinktiv bewirkt sie meist, daß sich die Freundinnen oder Freunde irgendwann einmal einfach daneben benehmen. Das Kind muß sich wirklich zur eigenen Selbständigkeit erziehen, will es aus dem Haus gehen. Ohne Tragödien geht dies kaum ab. Aber wenn das Kind geht, findet der Instinkt immer noch einen Weg, ihren Einfluß weiter wirken zu lassen; dann überschüttet sie eben Schwiegersohn oder Schwiegertochter mit ihrer Liebe.

DER FISCHE-VATER

ist zunächst einmal äußerst rührig um sein Kind bemüht. Er wird es immer als ein etwas hilfloses Wesen betrachten, auch wenn das Kind längst erwachsen geworden ist und sich als erfolgreich im Lebenskampf erwiesen hat. Nein, für den Fische-Vater bleibt sein Kind immer schutzbedürftig, und so ist er stets bereit, diesem Lebewesen zur Verfügung zu stehen. Diese rührende ständige Hilfsbereitschaft - stets ehrlich gemeint - verwöhnt das Kind, kann aber auch dazu führen, daß es einen gewissen Zorn auf seinen Vater bekommt. Der lebt vielleicht schon unter nicht sehr guten Vermögensverhältnissen im Altersheim, lehnt jede materielle Unterstützung seines eventuell wohlhabenden Kindes ab und spart sich immer noch etwas vom Munde ab, damit das Kind sich ja im Notfall auf den Vater verlassen kann!

Von Anfang an wird meist ein Sparbuch für das Kind angelegt, das wächst und wächst, und selbst in Notzeiten geht der Vater für sich an dieses Buch eigentlich nicht heran. Oft ist diese Fürsorge noch aus einem anderen Grund unerklärlich, ja unverständlich: Das Kind ist sowieso der (oder die) Größte, der (oder die) Beste! Der Fische-Vater ist davon überzeugt, daß sein Kind Erfolg hat, er sieht die Mißerfolge einfach nicht. Bleibt das Kind in der Schule zurück, ist der Lehrer schuld, wird es arbeitslos, sind es die Umstände, wird es eines Tages entlassen, ist der Chef ein Ausbeuter, und so geht es weiter. Wenn das Kind gammelt, dann muß es zu sich finden, wenn das Kind einer Sucht verfallen ist, dann ist es verführt worden. Es ist rührend und gefährlich, wie der Vater das Kind und nicht nur nach außen hin, sondern ehrlich vor sich selbst stets entschuldigt.

Natürlich befinden sich auch einige Väter darunter, die das Kind durchschauen, aber sie können dann kaum mit ihm zusammenleben. Sie müssen das Kind aus dem Haus gehen lassen, weil sie erst so Distanz zu Sohn oder Tochter gewinnen können. Es besteht aber auch noch eine 3. Möglichkeit, die typisch für den Fische-Vater ist: Er sieht bei seinem Kind zwar all die Nachteile, die dunklen Seiten, aber er entdeckt dann auch, daß es genau die dunklen Seiten, ja die verführerischen Anlagen sind, denen er einst (und bis heute) erlegen ist. Dann zeigt sich sogar ein gewisser Stolz auf »sein« Kind, aber er gibt auf, denn er weiß aus eigener Erfahrung, daß da kaum zu helfen ist. So könnte hier sehr häufig von einer resignierenden Liebe gesprochen werden. In dieser Phase verstehen sich Vater und Kind meist prächtig.

Diese Fische-Väter sind dann auch so instinktsicher und klug, daß sie einsehen, dieses Kind muß sich eine Partnerin (einen Partner) suchen. Die Gefahr, zu lange von der Familie abhängig zu sein, erkennt dieser Vater durchaus.

So willigt er oft in eine Partnerwahl ein, obwohl er selbst dagegen ist. Er hofft nur, sein Kind möge in eine gute Familienatmosphäre hineinheiraten. Dann richtet er sogar die Hochzeit des Jahres aus, so als meine er, das Glück müsse man doch wenigstens für sein Kind kaufen können. Selbst das Schwiegerkind wird danach sehr lieb aufgenommen, auch ihm soll es an nichts fehlen. Diesem Vater fällt es sehr schwer, Undank ernten zu müssen, er könnte glatt daran zerbrechen, wenn sein Kind ihn einmal in der Not im Stich ließe. Auch wenn er diese Tatsache nie nach außen zugeben würde, es ist so. Hier müßte sich dann das Kind wirklich selbst am Schopf packen, um ihm hilfreich beizustehen. Es ist nur tragisch, wie wenig gerade die Fische-Väter dieses späte Glück erfahren. Fühlen sie sich von ihrem Kind (ihren Kindern) im Stich gelassen, dann trennen sie sich ganz von der Familie, selbst auf die Gefahr hin, nun alles Glück zu verlieren.

Fische-Eltern (also Mutter und Vater) erleben leider manchmal große Enttäuschungen an ihrem Kind, was sie in ihrer Liebessehnsucht als unverdiente Tragödie ihres Lebens ansehen, und die wenigsten können dies jemals wirklich überwinden.

besitzt eine starke Anziehungskraft. Es geht von ihr ein gewisser Appeal aus, der mit Worten kaum zu beschreiben ist. Auch die weniger hübschen Töchter verfügen über eine Ausstrahlung, die bemerkenswert ist. Den Eltern gefällt diese Tochter natürlich vom ersten Tag an. Auch das einschmeichelnde Wesen, die Schutzbedürftigkeit, das Einkuscheln, was diesen Mädchen so angeboren erscheint, all dies weckt allgemein Beschützerinstinkte. Dabei verfügt gerade diese Tochter über einen bemerkenswerten Instinkt. Je weniger sie den Verstand gebraucht, um so besser vermag sie sich auf die Personen um sich herum einzustellen.

Sie versteht es, Mutter wie Vater um den Finger zu wickeln, sie findet im richtigen Moment den richtigen Ton, sie weiß, welches Lächeln ankommt. Letzteres beherrscht sie besonders. Es sind die Mädchen, die schon in der Schule einen jungen Mann wirklich mit einem Lächeln verzaubern können. Lächeln sie nur einmal, meist etwas verschmitzt, doch schon schuldlos erotisch aus den Augenwinkeln heraus, dann ist der Mitschüler oft für immer gebannt. Er träumt von diesem Lächeln. Auch bewegen sich diese Töchter natürlich und raffiniert zugleich, so daß sie überhaupt keine Schwierigkeiten haben, andere für sich einzunehmen.

Es sind wirklich Nixen, kleine Zauberinnen. In der Kindheit haben sie es häufig nicht schwer, weil sie allen harten Anforderungen doch geschickt aus dem Wege gehen können. Oft werden sie sogar erst zu spät gefordert. Sie haben etwas von den verwöhnten Töchtern an sich, die erst über Nacht erwachsen werden. Immer ist ein Elternteil da, der im Notfall die Kastanien für diese Tochter aus dem Feuer holt. Auch scharen sich Mädchen und Jungen um diese Geschöpfe, so daß sie Hilfe in Hülle und Fülle finden können. Anziehend ist auch ihre Fantasie. Ihnen fällt immer etwas ein. Sie träumen gerne, lieben Märchen und erhoffen sich von der Welt viel Glück und manche andere Herrlichkeit, die sie nicht beschreiben können.

In der Schule sind sie meist in den musischen Fächern ausgezeichnet, weil sie sich hier engagieren. Geschichte interessiert sie auch, aber wenn es um Musik, um Malerei oder um Schultheateraufführungen geht, dann fühlen sie sich doch viel mehr in ihrem Element. Sie hängen sehr an den Eltern, häuslicher Frieden ist ihnen wichtig. Der Vater soll in ihren Augen immer eine Leitfigur darstellen, die Mutter sollte den Frieden des Heimes beschützen. Von ihren Eltern schwärmen diese Frauen noch lange, eigentlich solange sie leben, und sie messen alle anderen an diesen Vorbildern. Das zeigt sich oft schädigend in der Partnerwahl. Nicht nur, daß der Lebenspartner dem Vater gefallen muß (sonst wird kaum etwas aus dieser Bindung), der Ehemann wird auch an der Leitfigur des Vaters gemessen, womit er oft überfordert ist, weil der Vater gerade im nachhinein immer auch idealisiert wird. Es kommt also besonders darauf an, daß die Väter rechtzeitig diese Gefahr erkennen, und so schmeichelhaft es auch für einen Vater sein mag, quasi fehlerlos dazustehen, genau diesen Eindruck dürfen sie nicht aufkommen lassen. Gerade sie haben die Verpflichtung, sich auch zu ihren Schattenseiten zu bekennen, damit ihre Tochter nicht eines Tages einer lebensfremden Illusion erliegt, was den Partner und vor allem den späteren Vater ihrer Kinder betrifft.

Der Fische-Vater hat also viel Einfluß, das muß er wissen. Dies gilt auch für die Berufswahl, aber da funktioniert der Instinkt der Fische-Töchter im allgemeinen doch recht gut, wenn sie sich auch – weil sie so wandelbar sind – erst spät für einen Beruf entscheiden. Entweder locken zu viele Berufe, oder die Tochter ist von einem Beruf – dann meist einem künstlerischen – besessen. Die Fische-Tochter braucht für ihr Wohlergehen eine gute, intakte Familie, um so besser kann sie sich entfalten, um so reicher ist ihr Leben.

Mixen mit und ohne Alkohol
(5017) Von Holger Hofmann, 64 S., 35 Farbfotos, Pappband.
DM 12,80/S 99.–

Cocktails und Mixereien
(0075) Von Jonny Walker, 104 S., , 25 Zeichnungen, kartoniert.
DM 6,80/S 59.–

Die besten Punsche, Grogs und Bowlen
(0575) Von Friedel Dingden, 64 S., 2 Farbtafeln, kartoniert.
DM 6,80/S 59.–

Weinlexikon
Wissenswertes über die Weine der Welt. (4149) Von Urban Keller, 228 S., 6 Farbtafeln, 395 s/w-Fotos, 2 Zeichnungen, Pappband.
DM 29,80/S 239.–

Köstliches Lebenselixier
Wein
(2204) Von Heinz Steffan, 80 S., 73 Farbfotos, Pappband.
DM 9,80/S 85.–

Kaffee für Genießer
(0492) Von Christiane Barthel, 88 S., 8 Farbtafeln, kartoniert.
DM 6,80/S 59.–

Heißgeliebter Tee
Sorten, Rezepte und Geschichte. (4114) Von Curt Maronde, 153 S., 16 Farbtafeln, 93 Zeichnungen, gebunden.
DM 24,80/S 198.–

Tee für Genießer.
Sorten · Riten · Rezepte. (0356) Von Marianne Nicolin, 64 S., 4 Farbtafeln, kartoniert.
DM 5,80/S 49.–

Tee
Herkunft · Mischungen · Rezepte. (0515) Von Sonja Ruske, 96 S., 4 Farbtafeln, viele Abbildungen, Pappband.
DM 9,80/S 79.–

Vom höchsten Genuß des Teetrinkens
(2201) Von Inge Ubenauf, 80 S., 57 Farbfotos, Pappband.
DM 9,80/S 85.–

Mitbringsel aus meiner Küche
(0668) Von Christine Schönherr, 32 S., 30 Farbfotos, Spiralbindung, kartoniert.
DM 7,80/S 69.–

Kinder lernen spielend backen
(5110) Von Margrit Gutta, 64 S., 50 Farbfotos, Pappband.
DM 12,80/S 99.–

Kinder lernen spielend kochen
(5096) Von Margrit Gutta, 64 S., 45 Farbfotos, Pappband.
DM 12,80/S 99.–

Hobby

Aquarellmalerei
als Kunst und Hobby. (4147) Von Horst Haack und Brigitte Wersche, 136 S., 62 Farbfotos, 119 Zeichnungen, gebunden
DM 39,–/S 319,–

Aquarellmalerei
leicht gemacht. (5099) Von Thomas Hinz, 64 S., 79 Farbfotos, Pappband.
DM 12,80/S 99,–

Naive Malerei
leicht gemacht. (5083) Von Felizitas Krettek, 64 S., 76 Farbfotos, Pappband.
DM 12,80/S 99,–

Zeichnen Sie mal – malen Sie mal.
(5095) Von Ferry Ahrlé und Volker Kühn, 112 S., 16 Farbtafeln, viele Zeichnungen, kartoniert.
DM 14,80/S 119,–

Bauernmalerei
als Kunst und Hobby. (4057) Von Arbo Gast und Hannie Stegmüller, 128 S., 239 Farbfotos, 26 Riß-Zeichnungen, gebunden.
DM 36,–/S 298,–

Hobby-Bauernmalerei
(0436) Von Senta Ramos und Jo Roszak, 80 S., 116 Farbfotos und 28 Motivvorlagen, kartoniert.
DM 19,80/S 159,–

Bauernmalerei
– leicht gemacht. (5039) Von Senta Ramos, 64 S., 78 Farbfotos, Pappband.
DM 12,80/S 99,–

Glasmalerei
als Kunst und Hobby. (4088) Von Felizitas Krettek und Suzanne Beeh-Lustenberger, 132 S., 182 Farbfotos, 36 Motivvorlagen, gebunden.
DM 39,–/S 319,–

Glasritzen
– ein neues Hobby. (5109) Von Gerlind Mégroz, 64 S., 110 Farbfotos, 15 Zeichnungen, Pappband.
DM 14,80/S 119,–

Brandmalerei
leicht gemacht. (5106) Von Klaus Reinhardt, 64 S., 68 Farbfotos, 23 Zeichnungen, Pappband.
DM 12,80/S 99,–

Zauberhafte Seidenmalerei
Materialien · Techniken · Gestaltungsvorschläge. (0664) Von Erika Dorn, 32 S., 62 Farbfotos, Spiralbindung.
DM 6,80/S 55,–

Hobby Seidenmalerei
(0611) Von Renate Henge, 88 S., 106 Farbfotos, 28 Zeichnungen, kartoniert.
DM 19,80/S 159,–

Hobby Stoffdruck und Stoffmalerei
(0555) Von Anneliese Ursin, 80 S., 68 Farbfotos, 68 Zeichnungen, kartoniert.
DM 19,80/S 159,–

Stoffmalerei und Stoffdruck
leicht gemacht. (5074) Von Heide Gehring, 64 S., 110 Farbfotos, Pappband.
DM 12,80/S 99,–

Batik
leicht gemacht. (5112) Von Arbo Gast, 64 S., 105 Farbfotos, Pappband.
DM 12,80/S 99,–

Schöne Geschenke selbermachen
(4128) Von Marlene Kühnle, 128 S., 278 Farbfotos, 85 farbige Zeichnungen, gebunden.
DM 39,–/S 319,–

Schöne Sachen selbermachen
88 Ideen zum Modellieren und Verschenken. (5117) Von Evelyn Guder-Thelen, 64 S., 73 Farbfotos, Pappband.
DM 12,80/S 99,–

Flechten
mit Bast, Stroh und Peddigrohr. (5098) Von Hanne Hangleiter, 64 S., 47 Farbfotos, 76 Zeichnungen, Pappband.
DM 12,80/S 99,–

Makramee
als Kunst und Hobby. (4085) Von Eva Andersen, 128 S., 114 Farbfotos, 157 s/w-Fotos, gebunden.
DM 34,–/S 272,–

Makramee
Knüpfarbeiten leicht gemacht. (5075) Von Birte Pröttel, 64 S., 95 Farbfotos, Pappband.
DM 12,80/S 99,–

Häkeln
Schritt für Schritt für Rechts- und Linkshänder. (5134) Von Hella Klaus, 64 S., 120 Farbfotos, 144 Zeichnungen, Pappband.
DM 14,80/S 119,–

Häkeln und Makramee
Techniken · Geräte · Arbeitsmuster. (0320) Von Dr. Marianne Stradal, 104 S., 191 Abbildungen und Schemata, kartoniert.
DM 6,80/S 59,–

Sticken
Schritt für Schritt für Rechts- und Linkshänder. (5135) Von Ute Werner, 64 S., 196 Farbfotos, 96 Zeichnungen, Pappband.
DM 14,80/S 119,–

Falken-Handbuch **Stricken**
ABC der Stricktechniken und Strickmuster in ausführlichen Schritt-für-Schritt-Bildfolgen. (4137) Von Maria Natter, 320 S., 32 Farbtafeln, über 800 Fotos und Zeichnungen, Pappband.
DM 29,80/S 239,–

FALKEN VERLAG

Selbstgestrickte Puppen
Materialien und Arbeitsanleitungen. (0638) Von Bertl Wehrle, 32 S., 20 Farbfotos, 24 Zeichnungen, Spiralbindung.
DM 6,80/S 59,–

Strick mit!
Ein Kurs für Anfänger. (5094) Von Birte Pröttel, 120 S., 72 Farbfotos, 188 s/w-Abbildungen, kartoniert.
DM 14,80/S 119,–

Stoff- und Kuscheltiere
stricken, häkeln, nähen. (5090) Von Birte Pröttel, 64 S., 50 Farbfotos, Pappband.
DM 12,80/S 99,–

Textiles Gestalten
Spinnen · Weben · Stoffdruck · Batik · Makramee · Sticken. (5123) Von Johann Fricke, 136 S., 67 Farb- und 189 s/w-Fotos, 15 Zeichnungen, kartoniert.
DM 16,80/S 139,–

Gestalten mit Glasperlen
Fädeln · Sticken · Weben (0640) Von Angelika Köhler, 32 S., 55 Farbfotos, Spiralbindung.
DM 6,80/S 59,–

Marionetten
entwerfen · gestalten · führen (5118) Von Axel Krause und Alfred Bayer, 64 S., 83 Farbfotos, 2 s/w-Fotos, 40 Zeichnungen, Pappband.
DM 14,80/S 119,–

Arbeiten mit Ton
(5048) Von Johann Fricke, 128 S., 15 Farbtafeln, 166 s/w-Fotos, kartoniert.
DM 14,80/S 119,–

Töpfern
als Kunst und Hobby. (4073) Von Johann Fricke, 132 S., 37 Farbfotos, 222 s/w-Fotos, gebunden.
DM 29,80/S 239,–

Modellieren
mit selbsthärtendem Material. (5085) Von Klaus Reinhardt, 64 S., 93 Farbfotos, Pappband.
DM 12,80/S 99,–

Formen mit Backton
trocknen · backen · bemalen. Neu: Töpfern ohne Brennofen. (0612) Von Angelika Köhler, 32 S., 51 Farbfotos, Spiralbindung.
DM 7,80/S 69,–

Keramik kreativ gestalten
(5072) Von Ewald Stark, 64 S., 117 Farbfotos, 2 Zeichnungen, Pappband.
DM 12,80/S 99,–

Formen gießen und bemalen
(0639) Von Heidemarie Berger, 32 S., 46 Farbfotos, Spiralbindung.
DM 6,80/S 59,–

Hobby Salzteig
(0662) Von Isolde Kiskalt, 80 S., 150 Farbfotos, 5 Zeichnungen und Schablonen, kartoniert.
DM 19,80/S 159,–

Gestalten mit Salzteig
Formen · Bemalen · Lackieren. (0613) Von Wolf-Ulrich Cropp, 32 S., 56 Farbfotos, 17 Zeichnungen, Spiralbindung.
DM 6,80/S 59,–

Tiffany-Lampen selbermachen
(0684) Von Ingeborg Spliethoff, 32 S., 60 Farbfotos, Spiralbindung.
DM 7,80/S 69,–

Kerzen und Wachsbilder
gießen · modellieren · bemalen. (5108) Von Christa Riess, 64 S., 110 Farbfotos, Pappband.
DM 12,80/S 99,–

Zinngießen
leicht gemacht. (5076) Von Käthi Knauth, 64 S., 85 Farbfotos, Pappband.
DM 12,80/S 99,–

Schmuck und Objekte aus Metall und Email
(5078) Von Johann Fricke, 120 S., 183 Abbildungen, kartoniert.
DM 16,80/S 139,–

Leder
schneiden · prägen · besticken. (5125) Von Karl-Heinz Bühler, 64 S., 54 Farbfotos, 32 Zeichnungen, Pappband.
DM 14,80/S 119,–

Hobby Holzschnitzen
Von der Astholzfigur zur Vollplastik. (5101) Von Heinz-D. Wilden, 112 S., 16 Farbtafeln, 135 s/w-Fotos, kartoniert.
DM 16,80/S 139,–

Graphische Drucktechniken
Holzschnitt · Radierung · Linolschnitt Lithographie · Siebdruck. (5126) Von Johann Fricke, ca. 128 S., ca. 120 Fotos, Pappband.
ca. DM 14,80/S 119,–

Papiermachen
ein neues Hobby. (5105) Von Ralf Weidenmüller, 64 S., 84 Farbfotos, 9 s/w-Fotos, 14 Zeichnungen, Pappband.
DM 14,80/S 119,–

Falken-Handbuch **Heimwerken**
Reparieren und selbermachen in Haus und Wohnung – über 1100 Farbfotos. Sonderteil: Praktisches Energiesparen. (4117) Von Thomas Pochert, 440 S., 1103 Farbfotos. 100 ein- und zweifarbige Abbildungen, gebunden.
DM 49,–/S 398,–

Restaurieren von Möbeln Stilkunde, Materialien, Techniken, Arbeitsanleitungen. (4120) Von Ellinor Schnaus-Lorey, 152 S., 418 Zeichnungen, s/w-und Farbfotos, gebunden, mit vierfarbigem Schutzumschlag.
DM 39,–/S 319,–

Möbel aufarbeiten, reparieren, pflegen
(0386) Von Ellinor Schnaus-Lorey, 96 S., 28 Fotos und 101 Zeichnungen, kartoniert.
DM 6,80/S 59,–

Gestalten mit Naturmaterialien
Zweige, Kerne, Federn, Muscheln und anderes. (5128) Von Ilse Krohn, 64 S., 101 Farbfotos, 11 farbige Zeichnungen, Pappband.
DM 14,80/S 119,–

Dauergestecke
mit Zweigen, Trocken- und Schnittblumen. (5121) Von Gabriele Vocke, 64 S., 57 Farbfotos, Pappband.
DM 14,80/S 119,–

Blumengestecke im Ikebanastil
(5041) Von Gabriele Vocke, 64 S., 37 Farbfotos, viele Zeichnungen, kartoniert.
DM 14,80/S 119,–

Trockenblumen und Gewürzsträuße
(5084) Von Gabriele Vocke, 64 S., 63 Farbfotos, Pappband.
DM 12,80/S 99,–

Hobby Trockenblumen
Gewürzsträuße, Gestecke, Kränze, Buketts. (0643) Von Rosemie Strobel-Schulze, 88 S., 170 Farbfotos, kartoniert.
DM 19,80/S 159,–

Das Herbarium
Pflanzen sammeln, bestimmen und pressen. Gestalten mit Blüten, Blättern und Gräsern. (5113) Von Ingrid Gabriel, 96 S., 140 Farbtafeln, 6 farbige Zeichnungen, Pappband.
DM 16,80/S 139,–

Ikebana
Einführung in die japanische Kunst des Blumensteckens. (0548) Von Gabriele Vocke, 152 S., 47 Farbfotos, kartoniert.
DM 19,80/S 159,–

Origami –
die Kunst des Papierfaltens. (0280) Von Robert Harbin, 160 S., über 600 Zeichnungen, kartoniert.
DM 9,80/S 79,–

Advent und Weihnachten
Basteln – Backen – Schmücken – Feuern. (4067) Von Margrit Gutta, Hanne Hangleiter, Felicitas Buttig, Ingeborg Rathmann, Gabriele Vocke, 152 S., 15 Farbtafeln, zahlreiche Abbildungen, kartoniert.
DM 12,80/S 99,–

Weihnachtsbasteleien
(0667) Von Marlene Kühnle und Sven Beck, 32 S., 56 Farbfotos, 6 Zeichnungen, Spiralbindung, kartoniert.
DM 6,80/S 59,–

FALKEN VERLAG

Die Preise entsprechen dem Status beim Druck dieses

Freizeit

Fotografie – Das Schöne als Ziel
Zur Ästhetik und Psychologie der visuellen Wahrnehmung. (4122) Von Ewald Stark, 208 S., 252 Farbfotos, 63 Zeichnungen, Ganzleinen, mit vierfarbigem Schutzumschlag.
DM 78,–/S 624,–

Freude am Fotografieren
Die neue praktische Fotoschule mit über 500 Farbfotos. (4127) Von der Fachredaktion Kodak, 312 S., über 500 Farbfotos, Pappband.
DM 48,–/S 389,–

Moderne Fotopraxis
Bildgestaltung · Aufnahmepraxis · Kameratechnik · Fotolexikon. (4030) Von Wolfgang Freihen, 304 S., davon 50 vierfarbig, gebunden
DM 36,–/S 298,–

So macht man bessere Fotos
Das meistverkaufte Fotobuch der Welt. (0614) Von Martin L. Taylor, 192 S., 457 Farbfotos, 15 Abbildungen, kartoniert.
DM 14,80/S 119,–

Falken-Handbuch
Dunkelkammerpraxis
Laboreinrichtung · Arbeitsabläufe Fehlerkatalog. Mit den neuesten Farbentwicklungsverfahren. (4140) Von Eugen Pauli, 200 S., 54 Farbfotos, 239 s/w-Fotos, 171 Zeichnungen, Pappband.
DM 29,80/S 239,–

Falken-Handbuch **Trickfilmen**
Flach-, Sach- und Zeichentrickfilme – von der Idee zur Ausführung. (4131) Von Heinz-D. Wilden, 144 S., über 430 überwiegend farbige Abbildungen, gebunden.
DM 39,–/S 319,–

Moderne Schmalfilmpraxis
Ausrüstungen · Drehbuch · Aufnahme Schnitt · Vertonung. (4043) Von Uwe Ney, 328 S., über 200 Abbildungen, gebunden.
DM 29,80/S 239,–

Schmalfilmen
Ausrüstung · Aufnahmepraxis · Schnitt Ton. (0342) Von Uwe Ney, 108 S., 4 Farbtafeln, 25 s/w-Fotos, kartoniert.
DM 6,80/S 59,–

Schmalfilme selbst vertonen
(0593) Von Uwe Ney, 96 S., 57 s/w-Fotos, 14 Zeichnungen, kartoniert.
DM 9,80/S 79,–

Falken-Handbuch **Videofilmen**
Systeme, Kameras, Aufnahme, Ton und Schnitt. (4093) Von Peter Lanzendorf, 288 S., 8 Farbtafeln, 165 s/w-Fotos, 25 Zeichnungen, gebunden.
DM 36,–/S 298,–

Ferngelenkte Motorflugmodelle
bauen und fliegen. (0400) Von Werner Thies, 184 S., mit Zeichnungen und Detailplänen, kartoniert.
DM 12,80/S 99,–

Modellflug-Lexikon
(0549) Von Werner Thies, 280 S., 98 s/w-Fotos, 234 Zeichnungen, Pappband.
DM 36,–/S 298,–

Flugmodelle
bauen und einfliegen. (0361) Von Werner Thies und Willi Rolf, 160 S., 63 Abbildungen und 7 Faltpläne, kartoniert.
DM 12,80/S 99,–

Ferngelenkte Segelflugmodelle
bauen und fliegen. (0446) Von Werner Thies, 176 S., 22 s/w-Fotos, 115 Zeichnungen, kartoniert.
DM 14,80/S 119,–

Schiffsmodelle
selber bauen. (0500) Von Dietmar und Reinhard Lochner, 200 S., 93 Zeichnungen, 2 Faltpläne, kartoniert.
DM 14,80/S 119,–

Dampflokomotiven
(4204) Von Werner Jopp, 96 S., 134 großformatige Farbfotos, Pappband.
DM 24,80/S 198,–

Zivilflugzeuge
Vom Kleinflugzeug zum Überschall-Jet. (4218) Von Richard J. Höhn und Hans G. Isenberg, 96 S., 115 großformatige Farbfotos, Pappband.
DM 24,80/S 198,–

Die tollsten Motorflugzeuge aller Zeiten
(4208) Von Richard J. Höhn und Hans G. Isenberg, 96 S., 86 großformatige Farbfotos, Pappband.
DM 24,80/S 198,–

Die schnellsten Motorräder der Welt
(4206) Von Hans G. Isenberg und Dirk Maxeiner, 96 S., 100 großformatige Farbfotos, Pappband.
DM 24,80/S 198,–

Motorrad-Hits
Chopper, Tribikes, Heiße Öfen (4221) Von Hans G. Isenberg, 96 S., 119 Farbfotos, Pappband.
DM 24,80/S 198,–

Raketen auf Rädern
Autos und Motorräder an der Schallgrenze. (4220) Von Hans G. Isenberg, 96 S., 112 großformatige Farbfotos, 21 s/w-Fotos, Pappband.
DM 24,80/S 198,–

Die rasantesten Rallyes der Welt
(4213) Von Hans G. Isenberg und Dirk Maxeiner, 96 S., 116 großformatige Farbfotos, Pappband.
DM 24,80/S 198,–

Auto-Rallyes für jedermann
Planen – ausrichten – mitfahren. (0457) Von Rüdiger Hagelberg, 104 S., kartoniert.
DM 9,80/S 79,–

Die schnellsten Autos der Welt
(4201) Von Hans G. Isenberg und Dirk Maxeiner, 96 S., 110 meist vierfarbige Abbildungen, Pappband.
DM 24,80/S 198,–

Trucks
Giganten der Landstraßen in aller Welt. (4222) Von Hans G. Isenberg, 96 S., 131 Farbfotos, Pappband.
DM 24,80/S 198,–

CB-Code
Wörterbuch und Technik. (0435) Von Richard Kerler, 120 S., mit technischen Abbildungen, kartoniert.
DM 7,80/S 69,–

Findet den ersten Stein! Mineralien, Steine und Fossilien
Grundkenntnisse für Hobbysammler. (0437) Von Dieter Stobbe, 96 S., 16 Farbtafeln, 14 s/w-Fotos, 10 Zeichnungen, kartoniert.
DM 9,80/S 79,–

Freizeit mit dem Mikroskop
(0291) Von Martin Deckart, 132 S., 69 s/w-Fotos, 4 Zeichnungen, kartoniert.
DM 9,80/S 79,–

Mineralien und Steine
erkennen und benennen. Farben · Formen · Fundorte. (0409) Von Rudolf Graubner, 136 S., 100 Farbfotos, kartoniert.
DM 14,80/S 119,–

Briefmarken
sammeln für Anfänger. (0481) Von Dieter Stein, 120 S., 4 Farbtafeln, 98 s/w-Abbildungen, kartoniert.
DM 7,80/S 69,–

Münzen
Ein Brevier für Sammler. (0353) Von Erhard Dehnke, 128 S., 4 Farbtafeln, 17 s/w-Abbildungen, kartoniert.
DM 9,80/S 79,–

Astronomie als Hobby
Sternbilder und Planeten erkennen und benennen. (0572) Von Detlev Block, 176 S., 16 Farbtafeln, 49 s/w-Fotos, 93 Zeichnungen, kartoniert.
DM 14,80/S 119,–

Gitarre spielen
Ein Grundkurs für den Selbstunterricht. (0534) Von Atti Roßmann, 96 S., 1 Schallfolie, 150 Zeichnungen, durchgehend zweifarbig, kartoniert.
DM 24,80/S 198,–

Falken-Handbuch
Zaubern
Über 400 verblüffende Tricks. (4063) Von Friedrich Stutz, 368 S., über 1200 Zeichnungen, gebunden.
DM 29,80/S 239,–

Zaubern
einfach – aber verblüffend. (2018) Von Dieter Buoch, 84 S., mit Zeichnungen, kartoniert.
DM 6,80/S 59,–

Zaubertricks
Das große Buch der Magie. (0282) Von Jochen Zmeck, 244 S., 113 Abbildungen, kartoniert.
DM 14,80/S 119,–

Magische Zaubereien
(0672) Von Wilhelm Widenmann, 64 S., 31 Zeichnungen, kartoniert.
DM 7,80/S 69,–

Pfeife rauchen
Die hohe Kunst, Tabak zu genießen (2203) Von Walter Hufnagel, 80 S., 77 Farbfotos, 4 s/w-Fotos, 11 Zeichnungen, Pappband.
DM 9,80/S 85,–

Sport

Judo
Grundlagen des Stand- und Bodenkampfes. (4013) Von Wolfgang Hofmann, 244 S., 589 Fotos, gebunden
DM 29,80/S 239.–

Neue Lehrmethoden der Judo-Praxis
(0424) Von Pierre Herrmann, 223 S., 475 Abbildungen, kartoniert.
DM 16,80/S 139.–

Judo
Grundlagen – Methodik. (0305) Von Mahito Ohgo, 208 S., 1025 Fotos, kartoniert.
DM 14,80/S 119.–

Wir machen Judo
(5069) Von Riccardo Bonfranchi und Ulrich Klocke, 92 S., mit Bewegungsabläufen in cartoonartigen zweifarbigen Zeichnungen, kartoniert.
DM 12,80/S 99.–

Fußwürfe
für Judo, Karate und Selbstverteidigung. (0439) Von Hayward Nishioka, übersetzt von Hans-Jürgen Hesse, 96 S., 260 Abbildungen, kartoniert.
DM 9,80/S 79.–

Karate für alle
Karate Selbstverteidigung in Bildern. (0314) Von Albrecht Pflüger, 112 S., 356 s/w-Fotos, kartoniert.
DM 8,80/S 74.–

Karate für Frauen und Mädchen
Sport und Selbstverteidigung. (0425) Von Albrecht Pflüger, 168 S., 259 s/w-Fotos, kartoniert.
DM 9,80/S 79.–

Das Karate-Buch Ereignis seit Jahren! Alles Wissen über KARATE – die hohe Kunst der Selbstverteidigung – in einer 8bändigen Buchserie.

Nakayamas Karate perfekt 1
Einführung. (0487) Von Masatoshi Nakayama, 136 S., 605 s/w-Fotos, kartoniert.
DM 19,80/S 159.–

Nakayamas Karate perfekt 2
Grundtechniken. (0512) Von Masatoshi Nakayama, 136 S., 354 s/w-Fotos, 53 Zeichnungen, kartoniert.
DM 19,80/S 159.–

Nakayamas Karate perfekt 3
Kumite 1: Kampfübungen. (0538) Von Masatoshi Nakayama, 128 S., 424 s/w-Fotos, kartoniert.
DM 19,80/S 159.–

Nakayamas Karate perfekt 4
Kumite 2: Kampfübungen. (0547) Von Masatoshi Nakayama, 128 S., 394 s/w-Fotos, kartoniert.
DM 19,80/S 159.–

Nakayamas Karate perfekt 5
Kata 1: Heian, Tekki. (0571) Von Masatoshi Nakayama, 144 S., 1229 s/w-Fotos, kartoniert.
DM 19,80/S 159.–

Nakayamas Karate perfekt 6
Kata 2: Bassai-Dai, Kanku-Dai, (0600) Von Masatoshi Nakayama, 144 S., 1300 s/w-Fotos, 107 Zeichnungen, kartoniert.
DM 19,80/S 159.–

Nakayamas Karate perfekt 7
Kata 3: Jitte, Hangetsu, Empi. (0618) Von Masatoshi Nakayama, 144 S., 1988 s/w-Fotos, 105 Zeichnungen, kartoniert.
DM 19,80/S 159.–

Nakayamas Karate perfekt 8
Gankaku, Jion. (0650) Von Masatoshi Nakayama, 144 S., 1174 s/w-Fotos, kartoniert.
DM 19,80/S 159.–

Kontakt-Karate
Ausrüstung · Technik · Training. (0396) Von Albrecht Pflüger, 112 S., 238 s/w-Fotos, kartoniert.
DM 14,80/S 119.–

Karate-Do
Das Handbuch des modernen Karate. (4028) Von Albrecht Pflüger, 360 S., 1159 Abbildungen, gebunden.
DM 29,80/S 239.–

Bo-Karate
Kukishin-Ryu – die Techniken des Stockkampfes. ((0447) Von Georg Stiebler, 176 S., 424 s/w-Fotos, 38 Zeichnungen, kartoniert.
DM 16,80/S 139.–

Karate I
Einführung · Grundtechniken. (0227) Von Albrecht Pflüger, 148 S., 195 s/w-Fotos und Zeichnungen, kartoniert.
DM 9,80/S 79.–

Karate II
Kombinationstechniken · Katas. (0239) Von Albrecht Pflüger, 176 S., 452 s/w-Fotos und Zeichnungen, kartoniert.
DM 9,80/S 79.–

Karate Kata I
(0683) Von Wolf-Dieter Wichmann, ca. 144 S., ca. 350 Fotos, kartoniert.
ca. DM 16,80/S 139.–

Der König des Kung-Fu
Bruce Lee
Sein Leben und Kampf. (0392) Von seiner Frau Linda. Deutsch von W. Nottrodt, 136 S., 104 s/w-Fotos, mit großem Bruce-Lee-Poster, kartoniert.
DM 19,80/S 159.–

Bruce Lees Kampfstil 1
Grundtechniken. (0473) Von Bruce Lee und M. Uyehara, 109 S., 220 Abbildungen, kartoniert.
DM 9,80/S 79.–

Bruce Lees Kampfstil 2
Selbstverteidigungstechniken. (0486) Von Bruce Lee und M. Uyehara, 128 S., 310 Abbildungen, kartoniert.
DM 9,80/S 79.–

Bruce Lees Kampfstil 3
Trainingslehre. (0503) Von Bruce Lee und M. Uyehara, 112 S., 246 Abbildungen, kartoniert.
DM 9,80/S 79.–

Bruce Lees Kampfstil 4
Kampftechniken. (0523) Von Bruce Lee und M. Uyehara, 104 S., 211 Abbildungen, kartoniert.
DM 9,80/S 79.–

Bruce Lees Jeet Kune Do
(0440) Von Bruce Lee, übersetzt von Hans-Jürgen Hesse, 192 S., mit 105 eigenhändigen Zeichnungen von Bruce Lee, kartoniert.
DM 19,80/S 159.–

Kung-Fu und Tai-Chi
Grundlagen und Bewegungsabläufe. (0367) Von Bruce Tegner, 182 S., 370 s/ w-Fotos, kartoniert.
DM 14,80/S 119.–

Kung-Fu II
Theorie und Praxis klassischer und moderner Stile. (0376) Von Manfred Pabst, 160 S., 330 Abbildungen, kartoniert.
DM 12,80/S 99.–

Shaolin-Kempo – Kung-Fu
Chinesisches Karate im Drachenstil. (0395) Von Ronald Czerni und Klaus Konrad. 236 S., 723 Abbildungen, kartoniert.
DM 19,80/S 159.–

Ju-Jutsu
Grundtechniken – Moderne Selbstverteidigung. (0276) Von Werner Heim und Franz J. Gresch, 214 S., über 600 s/w-Fotos, kartoniert.
DM 9,80/S 79.–

Ju-Jutsu 2
für Fortgeschrittene und Meister. (0378) Von Werner Heim und Franz J. Gresch, 164 S., 798 s/w-Fotos, kartoniert.
DM 19,80/S 159.–

Ju-Jutsu 3
Spezial-, Gegen- und Weiterführungstechniken. (0485) Von Werner Heim und Franz J. Gresch, 214 S., über 600 s/w-Fotos, kartoniert.
DM 19,80/S 159.–

Nunchaku
Waffe · Sport · Selbstverteidigung. (0373) Von Albrecht Pflüger, 144 S., 247 Abbildungen, kartoniert.
DM 16,80/S 139.–

Shuriken · Tonfa · Sai
Stockfechten und andere bewaffnete Kampfsportarten aus Fernost. (0397) Von Andreas Schulz, 96 S., 253 s/w-Fotos, kartoniert.
DM 12,80/S 99.–

Illustriertes Handbuch des Taekwon-Do
Koreanische Kampfkunst und Selbstverteidigung. (4053) Von Konstantin Gil, 248 S., 1026 Abbildungen, gebunden.
DM 29,80/S 239.–

Taekwon-Do
Koreanischer Kampfsport. (0347) Von Konstantin Gil, 152 S., 408 Abbildungen, kartoniert.
DM 12,80/S 99.–

Aikido
Lehren und Techniken des harmonischen Weges. (0537) Von Rolf Brand, 280 S., 697 Abbildungen, kartoniert.
DM 19,80/S 159.–

FALKEN VERLAG

Die Preise entsprechen dem Status beim Druck dieses

Hap Ki Do
Grundlagen und Techniken koreanischer Selbstverteidigung. (0379) Von Kim Sou Bong, 112 S., 153 Abbildungen, kartoniert.
DM 14,80/S 119.–

Dynamische Tritte
Grundlagen für den Zweikampf. (0438) Von Chong Lee, übersetzt von Manfred Pabst, 96 S., 398 s/w-Fotos, 10 Zeichnungen, kartoniert.
DM 9,80/S 79.–

Muskeltraining mit Hanteln
Leistungssteigerung für Sport und Fitness. (0676) Von Hans Schulz, 108 S., 92 s/w-Fotos, 2 Zeichnungen, kartoniert.
DM 9,80/S 79.–

Leistungsfähiger durch Krafttraining
Eine Anleitung für Fitness-Sportler, Trainer und Athleten (0617) Von Werner Kieser, 100 S., 20 s/w-Fotos, 62 Zeichnungen, kartoniert.
DM 9,80/S 79.–

Bodybuilding
Anleitung zum Muskel- und Konditionstraining für sie und ihn. (0604) Von Reinhard Smolana. 160 S., 172 Fotos, kartoniert.
DM 9,80/S 79.–

Bodybuilding für Frauen
Wege zu Ihrer Idealfigur (0661) Von Hans Schulz, 108 S., 84 s/w-Fotos, großes farbiges Übungsposter, kartoniert.
DM 14,80/S 119.–

Isometrisches Training
Übungen für Muskelkraft und Entspannung. (0529) Von Lothar M. Kirsch, 140 S., 164 s/w-Fotos, kartoniert.
DM 9,80/S 79.–

Radsport
Radtouristik und Rennen, Technik, Typen. (0550) Von Karl Ziegler und Rolf Lehmann, 120 S., 55 Abbildungen, kartoniert.
DM 9,80/S 79.–

Walking
Fit, schlank und gesund durch Sportgehen. (0602) Von Gary D. Yanker, 104 S., 47 s/w-Fotos, kartoniert.
DM 12,80/S 99.–

Spaß am Laufen
Jogging für die Gesundheit. (0470) Von Werner Sonntag, 140 S., 41 s/w-Fotos, 1 Zeichnung, kartoniert.
DM 9,80/S 79.–

Mein bester Freund, der Fußball
(5107) Von Detlev Brüggemann und Dirk Albrecht, 144 S., 171 Abbildungen, kartoniert.
DM 16,80/S 139.–

Fußball
Training und Wettkampf. (0448) Von Holger Obermann und Peter Walz, 166 S., 93 s/w-Fotos, 56 Zeichnungen, kartoniert.
DM 9,80/S 79.–

Handball
Technik – Taktik – Regeln. (0426) Von Fritz und Peter Hattig, 128 S., 91 s/w-Fotos, 121 Zeichnungen, kartoniert.
DM 9,80/S 79.–

Volleyball
Technik – Taktik – Regeln. (0351) Von Henner Huhle, 102 S., 330 Abbildungen, kartoniert.
DM 9,80/S 79.–

Basketball
Technik und Übungen für Schule und Verein. (0279) Von Chris Kyriasoglou, 116 S., mit 252 Übungen zur Basketballtechnik, 186 s/w-Fotos und 164 Zeichnungen, kartoniert.
DM 12,80/S 99.–

Hockey
Technische und taktische Grundlagen. (0398) Von Horst Wein, 152 S., mit vielen Zeichnungen und Fotos, kartoniert.
DM 16,80/S 139.–

Eishockey
Lauf- und Stocktechnik, Körperspiel, Taktik, Ausrüstung und Regeln. (0414) Von Josef Čapla, 264 S., 567 s/w-Fotos, 163 Zeichnungen, kartoniert.
DM 19,80/S 159.–

Golf
Ausrüstung – Technik – Regeln. (0343) Von J. C. Jessop, übersetzt von Heinz Biemer, mit einem Vorwort von H. Krings, Präsident des Deutschen Golf-Verbandes, 160 S., 65 Abbildungen, Anhang Golfregeln des DGV, kartoniert.
DM 16,80/S 139.–

Pool-Billard
(0484) Herausgegeben vom Deutschen Pool-Billard-Bund, von Manfred Bach und Karl-Werner Kühn, 88 S., mit über 80 Abbildungen, kartoniert.
DM 7,80/S 69.–

Sportschießen
für jedermann. (0502) Von Anton Kovacic, 124 S., 116 s/w-Fotos, kartoniert.
DM 14,80/S 119.–

Fechten
Florett · Degen · Säbel. (0449) Von Emil Beck, 88 S., 219 Fotos und Zeichnungen, kartoniert.
DM 11,80/S 94.–

Reiten
Dressur · Springen · Gelände. (0415) Von Ute Richter, 168 S., 235 Abbildungen, kartoniert.
DM 12,80/S 99.–

Reiten
Vom ersten Schritt zum Reiterglück (5033) Von Herta F. Kraupa-Tuskany, 64 S., 34 Farbfotos, 2 Zeichnungen, Pappband.
DM 12,80/S 99.–

Voltigieren.
Pflicht · Kür · Wettkampf. (0455) Von Josephine Bach, 120 S., 4 Farbtafeln, 88 s/w-Fotos, kartoniert.
DM 12,80/S 99.–

Fibel für Kegelfreunde
Sport- und Freizeitkegeln · Bowling. (0191) Von Georg Bocsai, 72 S., mit über 60 Abbildungen, kartoniert.
DM 5,80/S 49.–

Beliebte und neue Kegelspiele
(0271) Von Georg Bocsai, 92 S., 62 Abbildungen, kartoniert.
DM 5,80/S 49.–

Ski-Gymnastik
Fit für Piste und Loipe. (0450) Von Hannelore Pilss-Samek, 104 S., 67 s/w-Fotos, 20 Zeichnungen, kartoniert.
DM 6,80/S 59.–

Skischule
Ausrüstung · Technik · Gymnastik. (0369) Von Richard Kerler, 128 S., 100 Abbildungen, kartoniert.
DM 7,80/S 69.–

Skilanglauf, Skiwandern
Ausrüstung und Techniken (5129) Von Toni Reiter und Richard Kerler, 80 S., 8 Farbtafeln, 85 Zeichnungen und s/w-Fotos, kartoniert.
DM 12,80/S 99.–

Alpiner Skisport
Ausrüstung · Techniken · Skigymnastik (5130) Von Kuno Meßmann, 128 S., 8 Farbfotos, 93 s/w-Fotos, 45 Zeichnungen, kartoniert.
DM 12,80/S 99.–

Frust und Freud beim Tennis
Psychologische Studien der Spielertypen und Verhaltensweisen. (4079) Von H. Cath, A. Kahn und N. Cobb, 176 S., gebunden.
DM 19,80/S 159.–

Die neue Tennis-Praxis
Der individuelle Weg zu erfolgreichem Spiel. (4079) Von Richard Schönborn, 240 S., 202 Farbzeichnungen, gebunden.
DM 39,–/S 319.–

Erfolgreiche Tennis-Taktik
(4086) Von Robert Ford Greene, übersetzt von Michael Rolf Fischer, 181 S., 87 Abbildungen, kartoniert.
DM 19,80/S 159.–

Tennis kompakt
Der erfolgreiche Weg zu Spiel, Satz und Sieg. (5116) Von Wilfried Taferner, 128 S., 82 s/w-Fotos, 67 Zeichnungen, kartoniert.
DM 12,80/S 99.–

Tennis
Technik – Taktik – Regeln. (0375) Von Harald Elschenbroich, 112 S., 81 Abbildungen, kartoniert.
DM 6,80/S 59.–

Squash
Ausrüstung – Technik – Regeln. (0539) Von Dietrich von Horn und Hein-Dirk Stünitz, 96 S., 55 s/w-Fotos, 25 Zeichnungen, kartoniert.
DM 8,80/S 74.–

Tischtennis
modern gespielt mit TT-Quiz 17 : 21. (0363) Von Ossi Brucker und Tibor Harangozo, 120 S., 65 Abbildungen, kartoniert.
DM 9,80/S 79.–

Sporttauchen
Theorie und Praxis des Gerätetauchens.
(0647) Von Siegfried Müßig, 144 S., 8 Farbtafeln, 35 s/w-Fotos, 89 Zeichnungen, kartoniert.
DM 12,80/S 99.–

Falken-Handbuch **Tauchsport**
Theorie · Geräte · Technik · Training.
(4062) Von Wolfgang Freihen, 264 S., 252 Farbfotos, gebunden.
DM 39,–/S 319.–

Segeln
(4207) Von Claus Hehner, 96 S., 106 großformatige Farbfotos, Pappband.
DM 24,80/S 198.–

Windsurfing
Lehrbuch für Grundschein und Praxis.
(5028) Von Calle Schmidt, 64 S., 60 Farbfotos, Pappband.
DM 12,80/S 99.–

Sportfischen
Fische – Geräte – Technik.
(0324) Von Helmut Oppel, 144 S., 49 s/w-Fotos, 8 Farbtafeln, kartoniert.
DM 9,80/S 79.–

Falken-Handbuch **Angeln**
in Binnengewässern und im Meer.
(4090) Von Helmut Oppel, 344 S., 24 Farbtafeln, 66 s/w-Fotos, 151 Zeichnungen, gebunden.
DM 39,–/S 319.–

Angeln
Kleine Fibel für den Sportfischer.
(0198) Von Eberhard Bondick, 96 S., 116 Abbildungen, kartoniert.
DM 8,80/S 74.–

Die Erben Lilienthals
Sportfliegen heute
(4054) Von Günter Brinkmann, 240 S., 32 Farbtafeln, 176 s/w-Fotos, 33 Zeichnungen, gebunden.
DM 39,–/S 319.–

Einführung in das Schachspiel
(0104) Von Walter Wollenschläger und Karl Colditz, 92 S., 65 Diagramme, kartoniert.
DM 6,80/S 59.–

Schach-WM '81
Karpow – Kortschnoi. Mit ausführlichem Kommentar zu allen Partien.
(0583) Von Großmeister Helmut Pfleger und Otto Borik, 179 S., zahlreiche Diagramme und Fotos, kartoniert.
DM 16,80/S 139.–

Spielend Schach lernen
(2002) Von Theo Schuster, 128 S., kartoniert.
DM 6,80/S 59.–

Kinder- und Jugendschach
Offizielles Lehrbuch zur Erringung der Bauern-, Turm- und Königsdiplome des Deutschen Schachbundes.
(0561) Von Berend J. Withuis und Helmut Pfleger, 144 S., 11 s/w-Fotos, 223 Abbildungen, kartoniert.
DM 12,80/S 99.–

Neue Schacheröffnungen
(0478) Von Theo Schuster, 108 S., 100 Diagramme, kartoniert.
DM 8,80/S 74.–

Schach für Fortgeschrittene
Taktik und Probleme des Schachspiels.
(0219) Von Rudolf Teschner, 96 S., 85 Schachdiagramme, kartoniert.
DM 5,80/S 59.–

Schach TV-Worldcup '82
Turnier der Schachgroßmeister.
(4133) Von Helmut Pfleger und Eugen Kurz, 208 S., 41 s/w-Fotos, 3 Zeichnungen, gebunden.
DM 26,80/S 218.–

Schachstrategie
Ein Intensivkurs mit Übungen und ausführlichen Lösungen.
(0584) Von Alexander Koblenz, dt. Bearb. von Karl Colditz, 212 S., 240 Diagramme, kartoniert.
DM 16,80/S 139.–

Falken-Handbuch **Schach**
Das Handbuch für Anfänger und Könner.
(4051) Von Theo Schuster, 360 S., über 340 Diagramme, gebunden.
DM 29,80/S 239.–

Die besten Partien der deutschen Schachgroßmeister
(4121) Von Helmut Pfleger, 192 S., 29 s/w-Fotos, 89 Diagramme, Pappband.
DM 29,80/S 239.–

Turnier der Schachgroßmeister '83
Karpow · Hort · Browne · Miles · Chandler · Garcia · Rogers · Kindermann.
(0718) Von Helmut Pfleger · Eugen Kurz, 176 S., 28 s/w-Fotos, 69 Diagramme, kartoniert.
DM 16,80/S 139.–

Lehr-, Übungs- und Testbuch der Schachkombinationen
(0649) Von Karl Colditz, 184 S., über 200 Diagramme, kartoniert.
DM 14,80/S 119.–

Zug um Zug
Schach für jedermann 1
Offizielles Lehrbuch des Deutschen Schachbundes zur Erringung des Bauerndiploms.
(0648) Von Helmut Pfleger und Eugen Kurz, 80 S., 24 s/w-Fotos, 8 Zeichnungen, 60 Diagramme, kartoniert.
DM 6,80/S 59.–

Zug um Zug
Schach für jedermann 2
(0659) Von Helmut Pfleger und Eugen Kurz, 132 S., 8 s/w-Fotos, 14 Zeichnungen, 78 Diagramme, kartoniert.
DM 9,80/S 79.–

Schachtraining mit den Großmeistern
(0670) Von Hans Bouwmeester, 128 S., 90 Diagramme, kartoniert.
DM 14,80/S 119.–

Spiele, Denksport, Unterhaltung

Kartenspiele
(2001) Von Claus D. Grupp, 144 S., kartoniert.
DM 7,80/S 69.–

Neues Buch der siebzehn und vier Kartenspiele
(0095) Von Karl Lichtwitz, 96 S., kartoniert.
DM 6,80/S 59.–

Alles über Pokern
Regeln und Tricks.
(2024) Von Claus D. Grupp, 120 S., 29 Kartenbilder, kartoniert.
DM 8,80/S 74.–

Rommé und Canasta
in allen Variationen.
(2025) Von Claus D. Grupp, 124 S., 24 Zeichnungen, kartoniert.
DM 9,80/S 79.–

Schafkopf, Doppelkopf, Binokel, Cego, Gaigel, Jaß, Tarock und andere „Lokalspiele".
(2015) Von Claus D. Grupp, 152 S., kartoniert.
DM 9,80/S 79.–

Das Skatspiel
Eine Fibel für Anfänger.
(0206) Von Karl Lehnhoff, überarbeitet von P. A. Höfges, 96 S., kartoniert.
DM 5,80/S 49.–

Falken-Handbuch **Patiencen**
(4151) Von U. v. Lyncker, ca. 192 S., ca. 120 Abbildungen, Pappband.
DM 16,80/S 139.–

Patiencen
in Wort und Bild.
(2003) Von Irmgard Wolter, 136 S., kartoniert.
DM 7,80/S 69.–

Kartentricks
(2010) Von Theodor A. Rosee, 80 S., 13 Zeichnungen, kartoniert.
DM 6,80/S 59.–

Neue Kartentricks
(2027) Von Klaus Pankow, 104 S., 20 Abbildungen, kartoniert.
DM 7,80/S 69.–

Falken-Handbuch **Bridge**
Von den Grundregeln zum Turniersport.
(4092) Von Wolfgang Voigt und Karl Ritz, 276 S., 792 Zeichnungen, gebunden.
DM 39,-/S 319.–

Spielend Bridge lernen
(2012) Von Josef Weiss, 108 S., kartoniert
DM 7,80/S 69.–

Spieltechnik im Bridge
(2004) Von Victor Mollo und Nico Gardener, deutsche Adaption von Dirk Schröder, 216 S., kartoniert.
DM 16,80/S 139.–

Besser Bridge spielen
Reiztechnik, Spielverlauf und Gegenspiel. (2026) Von Josef Weiss, 143 S., mit vielen Diagrammen, kartoniert.
DM 14,80/S 119.–

Die Preise entsprechen dem Status beim Druck dieses

Roulette richtig gespielt
Systemspiele, die Vermögen brachten.
(0121) Von Martin Jung, 96 S., zahlreiche Tabellen, kartoniert.
DM 6,80/S 59.–

Backgammon
für Anfänger und Könner.
(2008) Von Georg W. Fink und Guido Fuchs, 116 S., 41 Abbildungen, kartoniert.
DM 9,80/S 79.–

Würfelspiele
für jung und alt.
(2007) Von Friedrich Pruss, 112 S., kartoniert.
DM 7,80/S 69.–

Gesellschaftsspiele
für drinnen und draußen.
(2006) Von Heinz Görz, 128 S., kartoniert.
DM 6,80/S 59.–

Spiele für Party und Familie
(2014) Von Rudi Carell, 160 S., 50 Abbildungen, gebunden.
DM 9,80/S 79.–

Dame
Das Brettspiel in allen Variationen.
(2028) Von Claus D. Grupp, 104 S., viele Diagramme, kartoniert.
DM 9,80/S 79.–

Das japanische Brettspiel GO
(2020) Von Winfried Dörholt, 104 S., 182 Diagramme, kartoniert.
DM 9,80/S 79.–

Mah-Jongg
Das chinesische Glücks-, Kombinations- und Gesellschaftsspiel.
(2030) Von Ursula Eschenbach, 80 S., 30 s/w-Fotos, 5 Zeichnungen, kartoniert.
DM 9,80/S 79.–

So gewinnt man gegen Video- und Computerspiele
(0644) Von Christine Kerler, 160 S., 25 Zeichnungen, 21 s/w-Fotos, kartoniert.
DM 6,80/S 59.–

Denksport und Schnickschnack
für Tüftler und fixe Köpfe.
(0362) Von Jürgen Barto, 100 S., 45 Abbildungen, kartoniert.
DM 6,80/S 59.–

Rätselspiele, Quiz-und Scherzfragen
für gesellige Stunden.
(0577) Von Karl-Hermann Schneider, 168 S., über 100 Zeichnungen, Pappband.
DM 16,80/S 139.–

Knobeleien und Denksport
(2019) Von Klas Rechberger, 142 S., mit vielen Zeichnungen, kartoniert.
DM 7,80/S 69.–

Quiz
Mehr als 1500 ernste und heitere Fragen aus allen Gebieten. (0129) Von Reinhold Sautter und Waltraud Pröve, 92 S., 9 Zeichnungen, kartoniert.
DM 6,80/S 59.–

Der große Rätselknacker
Über 100.000 Rätselfragen.
(4022) Zusammengestellt von Hans-Jürgen Winkler, 544 S., kartoniert.
19,80/S 159.–

Rätsel lösen – ein Vergnügen
Ein Lexikon für Rätselfreunde.
(0182) Von Erich Maier, 240 S., kartoniert.
DM 12,80/S 99.–

500 Rätsel selberraten
(0681) Von Eberhard Krüger, 272 S., kartoniert.
DM 9,95/S 79.–

Das Super-Kreuzwort-Rätsel-Lexikon
Über 150.000 Begriffe.
(4126) Von Hans Schiefelbein, 688 S., Pappband.
DM 19,80/S 159.–

Punkt, Punkt, Komma, Strich
Zeichenstunden für Kinder.
(0564) Von Hans Witzig, 144 S., über 250 Zeichnungen, kartoniert.
DM 6,80/S 59.–

Einmal grad und einmal krumm
Zeichenstunden für Kinder.
(0599) Von Hans Witzig, 144 S., 363 Abbildungen, kartoniert.
DM 6,80/S 59.–

Kartenspiele für Kinder
(0533) Von Claus D. Grupp, 136 S., 24 Abbildungen, kartoniert.
DM 6,80/S 59.–

Kinderspiele
die Spaß machen.
(2009) Von Helen Müller-Stein, 112 S., 28 Abbildungen, kartoniert.
DM 6,80/S 59.–

Spiele für Kleinkinder
(2011) Von Dieter Kellermann, 80 S., kartoniert.
DM 5,80/S 49.–

Kasperletheater
Spieltexte und Spielanleitungen · Basteltips für Theater und Puppen.
(0641) Von Ursula Lietz, 136 S., 4 Farbtafeln, 12 s/w-Fotos, 39 Zeichnungen, kartoniert.
DM 8,80/S 74.–

Kindergeburtstag
Vorbereitung, Spiel und Spaß.
(0287) Von Dr. Ilse Obrig, 104 S., 40 Abbildungen, 11 Zeichnungen, 9 Lieder mit Noten, kartoniert.
DM 5,80/S 49.–

Kinderfeste
daheim und in Gruppen.
(4033) Gerda Blechner, 240 S., 320 Abbildungen, gebunden.
DM 19,80/S 159.–

Scherzfragen, Drudel und Blödeleien
gesammelt von Kindern. (0506) Herausgegeben von Waltraud Pröve, 112 S., 57 Zeichnungen, kartoniert.
DM 5,80/S 49.–

Die Schlümpfe und ihre Freunde
(0686) Von Peyo, 80 S., viele Zeichnungen, kartoniert.
DM 2,95/S 24.–

Die Schlümpfe und der Zauberer Gargamel
(0687) Von Peyo, 80 S., viele Zeichnungen, kartoniert.
DM 2,95/S 24.–

Die Schlümpfe und Schlumpfinchen
(0688) Von Peyo, 80 S., viele Zeichnungen, kartoniert.
DM 2,95/S 24.–

Die Schlümpfe in Schlumpfhausen
(0689) Von Peyo, 80 S., viele Zeichnungen, kartoniert.
DM 2,95/S 24.–

Kein schöner Land . . .
Das große Buch unserer beliebtesten Volkslieder. (4150) Das Buch zur Aktion „Dalli-Dalli hilft", 208 S., 108 Farbzeichnungen, Pappband.
16,80/S 139.–

Die schönsten Wander- und Fahrtenlieder
(0462) Herausgegeben von Franz R. Miller, empfohlen vom Deutschen Sängerbund, 80 S., mit Noten und Zeichnungen, kartoniert.
DM 5,80/S 49.–

Die schönsten Volkslieder
(0432) Herausgegeben von Dietmar Walther, 128 S., mit Noten und Zeichnungen, kartoniert.
DM 4,80/S 39.–

Die schönsten Berg- und Hüttenlieder
(0514) Herausgegeben von Franz R. Miller, empfohlen vom Deutschen Sängerbund, 104 S., mit Noten und Zeichnungen, kartoniert.
DM 5,80/S 49.–

Wir lernen tanzen
Standard- und lateinamerikanische Tänze.
(0200) Von Ernst Fern, 168 S., 118 s/w-Fotos, 47 Zeichnungen, kartoniert.
DM 9,80/S 79.–

Tanzstunde
(5018) Von Gerd Hädrich, 176 S., 442 s/w-Fotos, 140 Zeichnungen, Pappband.
DM 19,80/S 159.–

Disco-Tänze
(0491) Von Barbara und Felicitas Weber, 104 S., 104 Abbildungen, kartoniert.
DM 6,80/S 59.–

So tanzt man Rock'n'Roll
Grundschritte · Figuren · Akrobatik.
(0573) Von Wolfgang Steuer und Gerhard Marz, 224 S., 303 Abbildungen, kartoniert.
DM 16,80/S 139.–

Wir geben eine Party
(0192) Von Elisabeth Ruge, 88 S., 8 Farbtafeln, 23 Zeichnungen, kartoniert.
DM 6,80/S 59.–

Neue Spiele für Ihre Party
(2022) Von Gerda Blechner, 120 S., 54 Zeichnungen, kartoniert.
DM 7,80/S 69.–

Lustige Tanzspiele und Scherztänze
für Parties und Feste.
(0165) Von Ewald Bäulke, 80 S., 53 Abbildungen, kartoniert.
DM 6,80/S 59.–

Straßenfeste, Flohmärkte und Basare
Praktische Tips für Organisation und Durchführung.
(0592) Von Hugo Schuster, 96 S., 52 Fotos, 17 Zeichnungen, kartoniert.
DM 12,80/S 99.–

FALKEN VERLAG

Humor

Wilhelm-Busch-Album
Jubiläumsausgabe mit 1700 farbigen Bildern. (3028) 408 S., Großformat, gebunden.
DM 39,–/S 319.–

Lachen, Witz und gute Laune
Lustige Texte für Ansagen und Vorträge. (0149) Von Erich Müller, 104 S., 44 Abbildungen, kartoniert.
DM 6,80/S 59.–

Tolle Sketche
mit zündenden Pointen – zum Nachspielen. (0656) Von Eberhard Cohrs, 112 S., kartoniert.
DM 9,80/S 79.–

Vergnügliche Sketche
(0476) Von Horst Pillau, 96 S., mit lustigen Zeichnungen, kartoniert.
DM 6,80/S 59.–

Heitere Vorträge
(0528) Von Erich Müller, 182 S., 14 Zeichnungen, kartoniert.
DM 9,80/S 79.–

Die große Lachparade
Neue Texte für heitere Vorträge und Ansagen. (0188) Von Erich Müller, 108 S., kartoniert.
DM 6,80/S 59.–

So feiert man Feste fröhlicher
Heitere Vorträge und Gedicht. (0098) Von Dr. Allos, 96 S., 15 Abbildungen, kartoniert.
DM 5,80/S 49.–

Lustige Vorträge für fröhliche Feiern
Sketche, Vorträge und Conferencen für Karneval und fröhliche Feste. (0284) Von Karl Lehnhoff, 96 S., kartoniert.
DM 6,80/S 59.–

Vergnügliches Vortragsbuch
(0091) Von Joseph Plaut, 192 S., kartoniert.
DM 7,80/S 69.–

Tolle Sachen zum Schmunzeln und Lachen
Lustige Ansagen und Vorträge. (0163) Von Erich Müller, 92 S., kartoniert.
DM 6,80/S 59.–

Humor für jedes Ohr
Fidele Sketche und Ansagen. (0157) Von Heinz Ehnle, 96 S., kartoniert.
DM 6,80/S 59.–

Sketche und spielbare Witze
für bunte Abende und andere Feste. (0445) Von Hartmut Friedrich, 120 s., 7 Zeichnungen, kartoniert.
DM 6,80/S 59.–

Sketsche
Kurzspiele zu amüsanter Unterhaltung. (0247) Von Margarete Gering, 132 S., 16 Abbildungen, kartoniert.
DM 6,80/S 59.–

Dalli-Dalli-Sketche
aus dem heiteren Ratespiel von und mit Hans Rosenthal. (0527) Von Horst Pillau, 144 S., 18 Zeichnungen, kartoniert.
DM 9,80/S 79.–

Non Stop Nonsens
Sketche und Witze mit Spielanleitungen. (0511) Von Dieter Hallervorden, 160 S., gebunden.
DM 14,80/S 119.–

Lustige Sketche für Jungen und Mädchen
(0669) Von Ursula Lietz und Ulrike Lange, 104 S., kartoniert.
DM 7,80/S 69.–

Gereimte Vorträge
für Bühne und Bütt. (0567) Von Günter Wagner, 96 S., kartoniert.
DM 7,80/S 69.–

Damen in der Bütt
Scherze, Büttenreden, Sketche. (0354) Von Traudi Müller, 136 S., kartoniert.
DM 6,80/S 59.–

Narren in der Bütt
Leckerbissen aus dem rheinischen Karneval. (0216) Zusammengestellt von Theo Lücker, 112 S., kartoniert.
DM 6,80/S 59.–

Rings um den Karneval
Karnevalsscherze und Büttenreden. (0130) Von Dr. Allos, 136 S., kartoniert.
DM 9,80/S 79.–

Helau und Alaaf 1
Närrisches aus der Bütt. (0304) Von Erich Müller, 112 S., kartoniert.
DM 6,80/S 59.–

Helau und Alaaf 2
Neue Büttenreden. (0477) Von Edmund Luft, 104 S., kartoniert.
DM 7,80/S 69.–

Humor und Stimmung
Ein heiteres Vortragsbuch. (0460) Von Günter Wagner, 112 S., kartoniert.
DM 6,80/S 59.–

Humor und gute Laune
Ein heiteres Vortragsbuch. (0635) Von Günter Wagner, 112 S., kartoniert.
DM 8,80/S 74.–

Das große Buch der Witze
(0384) Von E. Holz, 320 S., 36 Zeichnungen, gebunden.
DM 16,80/S 139.–

Die besten Witze und Cartoons des Jahres 1
(0454) Herausgegeben von Karl Hartmann, 288 S., 125 Zeichnungen, gebunden.
DM 16,80/S 139.–

Die besten Witze und Cartoons des Jahres 2
(0488) Herausgegeben von Karl Hartmann, 288 S., 148 Zeichnungen, gebunden.
DM 16,80/S 139.–

Die besten Witze und Cartoons des Jahres 3
(0524) Herausgegeben von Karl Hartmann, 288 S., 105 Zeichnungen, Pappband.
DM 16,80/S 139.–

Die besten Witze und Cartoons des Jahres 4
(0579) Herausgegeben von Karl Hartmann, 288 S., 140 Zeichnungen, Pappband.
DM 16,80/S 139.–

Die besten Witze und Cartoons des Jahres 5
(0642) Herausgegeben von Karl Hartmann, 288 S., 88 Zeichnungen, Pappband..
DM 16,80/S 139.–

Das Superbuch der Witze
(4146) Von B. Bornheim, 504 S., 54 Cartoons, Pappband.
DM 15,–/S 120.–

Die besten Beamtenwitze
(0574) Herausgegeben von Waltraud Pröve, 112 S., 61 Cartoons, kartoniert.
DM 5,80/S 49.–

Die besten Ärztewitze
(0399) Zusammengestellt von Britta Zorn, 272 S., mit 42 Karrikaturen von Ulrich Fleischhauer, gebunden.
DM 14,80/S 119.–

Robert Lembkes Witzauslese
(0325) Von Robert Lembke, 160 S., mit 10 Zeichnungen von E. Köhler, gebunden.
DM 14,80/S 119.–

Fred Metzlers Witze mit Pfiff
(0368) Von Fred Metzler, 120 S., kartoniert.
DM 5,80/S 49.–

O frivol ist mir am Abend
Pikante Witze von Fred Metzler. (0388) Von Fred Metzler, 128 S., mit Karikaturen, kartoniert.
DM 5,80/S 49.–

Herrenwitze
(0589) Von Georg Wilhelm, 112 S., 30 Zeichnungen, kartoniert.
DM 5,80/S 49.–

Witze am laufenden Band
(0461) Von Fips Asmussen, 118 S., kartoniert.
DM 5,80/S 49.–

Horror zum Totlachen
Gruselwitze
(0536) Von Franz Lautenschläger, 96 S., 44 Zeichnungen, kartoniert.
DM 5,80/S 49.–

Die besten Ostfriesenwitze
(0495) Herausgegeben von Onno Freese, 112 S., 17 Zeichnungen, kartoniert.
DM 5,80/S 49.–

Olympische Witze
Sportlerwitze in Wort und Bild. (0505) Von Wolfgang Willnat, 112 S., 126 Zeichnungen, kartoniert.
DM 5,80/S 49.–

Ich lach mit kaputt! Die besten Kinderwitze
(0545) Von Erwin Hannemann, 128 S., 15 Zeichnungen, kartoniert.
DM 5,80/S 49.–

Lach mit!
Witze für Kinder, gesammelt von Kindern. (0468) Herausgegeben von Waltraud Pröve, 128 S., 17 Zeichnungen, kartoniert.
DM 5,80/S 49.–

Witzig, witzig
(0507) Von Erich Müller, 128 S., 16 Zeichnungen, kartoniert.
DM 5,80/S 49.–

Lach mit den Schlümpfen
(0610) Von Peyo, 64 S., viele Abbildungen, kartoniert.
DM 6,80/S 59.–

Die Preise entsprechen dem Status beim Druck dieses

Natur

Faszination Berg
zwischen Alpen und Himalaya.
(4214) Von Toni Hiebeler, 96 S.,
100 großformatige Farbfotos, Pappband.
DM 24,80/S 198.–

Gefährdete und geschützte Pflanzen
erkennen und benennen.
(0596) Von Wieland Schnedler und
Karl Wolfstetter. 160 S., 140 Farbfotos,
4 Zeichnungen, kartoniert.
DM 19,80/S 159,–

Beeren und Waldfrüchte
erkennen und benennen, eßbar oder
giftig? (0401) Von Jörg Raithelhuber,
120 S., 94 Farbfotos, kartoniert.
DM 16,80/S 139.–

Bäume und Sträucher
erkennen und benennen.
(0509) Von Jörg Raithelhuber, 116 S.,
108 Farbfotos, kartoniert.
DM 16,80/S 139.–

Falken-Handbuch **Pilze**
Mit über 250 Farbfotos und Rezepten.
(4061) Von Martin Knoop, 276 S.,
250 Farbfotos, 28 Zeichnungen,
gebunden.
DM 39,–/S 319.–

Pilze
erkennen und benennen.
(0380) Von Jörg Raithelhuber, 136 S.,
110 Farbfotos, kartoniert.
DM 14,80/S 119.–

Falken-Handbuch
Der Garten
Das moderne illustrierte Standardwerk.
(4044) Von Gerhard Bambach, unter
Mitarbeit von Ulrich Kaiser, Wolfgang
Velte und Joachim Zech, 808 S., 40 Farbtafeln, 77 Farbfotos, 787 s/w-Fotos,
147 Zeichnungen, gebunden.
DM 49,–/S 398.–

Das Gartenjahr
Arbeitsplan für draußen und drinnen.
(4075) Von Gerhard Bambach, 152 S.,
16 Farbtafeln, viele Abbildungen,
kartoniert.
DM 12,80/S 99.–

Gartenteiche und Wasserspiele
planen, anlegen und pflegen.
(4083) Von Horst R. Sikora, 160 S.,
16 Farbtafeln, über 100 Skizzen und
Abbildungen, Pappband.
DM 29,80/S 239.–

Gärtnern
(5004) Von Inge Manz, 64 S.,
38 Farbfotos, Pappband.
DM 12,80/S 99.–

Leben im Naturgarten
So wird man erfolgreicher Bio-Gärtner.
(4124) Von Norbert Jorek, 136 S.,
68s/w-Fotos, kartoniert.
DM 12,80/S 99.–

Gemüse und Kräuter
frisch und gesund aus eigenem Anbau.
(5024) Von Mechthild Hahn, 64 S.,
71 Farbfotos, Pappband.
DM 12,80/S 99.–

Mischkultur im Nutzgarten
Mit Jahreskalender und Anbauplänen.
(0651) Von Helmut Oppel, 112 S.,
8 Farbtafeln, 23s/w-Fotos,
29 Zeichnungen, kartoniert.
DM 9,80/S 79.–

Frühbeet und Kleingewächshaus
(5055) Von Gustav Schoser, 64 S.,
43 Farbfotos, Pappband.
DM 12,80/S 99.–

Erfolgstips für den Gemüsegarten
Mit naturgemäßem Anbau
zu höherem Ertrag.
(0674) Von Franz Mühl, 80 S.,
30 s/w-Fotos, 4 Zeichnungen,
kartoniert.
DM 7,80/S 69.–

Der Obstgarten
Pflanzung · Pflege · Baumschnitt ·
Neuheiten.
(5100) Von Joachim Zech, 64 S.,
54 Farbfotos, Pappband.
DM 12,80/S 99.–

Der richtige Schnitt von Obst- und Ziergehölzen, Rosen und Hecken
(0619) Von Erich Zettl, 88 S.,
8 Farbtafeln, 39 Zeichnungen,
21 s/w-Fotos, kartoniert.
DM 7,80/S 69.–

Unkraut im Garten
erkennen und erfolgreich bekämpfen.
(0637) Von Friedrich und Heidrun
Jantzen, 144 S., 190 Farbfotos,
kartoniert.
DM 16,80/S 139.–

Das Blumenjahr
Arbeitsplan für drinnen und draußen.
(4142) Von Gabriele Vocke, 136 S.,
15 Farbtafeln, kartoniert.
DM 12,80/S 99.–

Blumenpracht im Garten
(5014) Von Inge Manz, 64 S.,
93 Farbfotos, Pappband.
DM 12,80/S 99.–

Rosen
Arten – Pflanzung – Pflege.
(5065) Von Inge Manz, 64 S.,
60 Farbfotos, Pappband.
DM 12,80/S 99.–

Ziersträucher und -bäume im Garten
(5071) Von Inge Manz, 64 S.,
91 Farbfotos, Pappband.
DM 12,80/S 99.–

Steingärten
Anlage – Pflanzen – Pflege.
(5092) Von Martin Haberer, 64 S.,
90 Farbfotos, Pappband.
DM 12,80/S 99.–

Balkons in Blütenpracht
zu allen Jahreszeiten.
(5047) Von Nikolaus Uhl, 64 S.,
82 Farbfotos, Pappband.
DM 12,80/S 99.–

Kübelpflanzen
für Balkon, Terrasse und Dachgarten.
(5132) Von Martin Haberer, 64 S.,
70 Farbfotos, Pappband.
DM 14,80/S 119.–

Grabgestaltung
Bepflanzung und Pflege zu jeder
Jahreszeit. (5120) Von Nikolaus Uhl,
64 S., 77 Farbfotos, 2 Zeichnungen,
Pappband.
DM 14,80/S 119.–

Blütenpracht in Haus und Garten
Der große praktische Ratgeber mit über
1000 farbigen Abbildungen.
(4145) Von Martin Haberer, Friedrich
Jantzen, Gernot Lysek, Peter Möhring
und Nikolaus Uhl, 352 S., 1012 Farbfotos, 3 Zeichnungen, Pappband.
DM 29,80/S 239.–

Sag's mit Blumen
Pflege und Arrangieren von
Schnittblumen.
(5103) Von Peter Möhring, 64 S.,
68 Farbfotos, 2 s/w-Fotos, Pappband.
DM 12,80/S 99.–

Blühende Zimmerpflanzen
(5010) Von Rolf Blaich, 64 S.,
107 Farbfotos, Pappband.
DM 12,80/S 99.–

Falken-Handbuch
Zimmerpflanzen
1600 Pflanzenporträts.
(4082) Von Rolf Blaich, 432 S.,
480 Farbfotos, 84 Zeichnungen,
1600 Pflanzenbeschreibungen, gebunden.
DM 39,–/S 319.–

Blütenpracht in Grolit 2000
Der neue, mühelose Weg zu
farbenprächtigen Zimmerpflanzen.
(5127) Von Gabriele Vocke, 64 S.,
50 Farbfotos, Pappband.
DM 12,80/S 99.–

Zimmerbäume, Palmen und andere Blattpflanzen
(5111) Von Gustav Schoser, 96 S.,
98 Farbfotos, 7 Zeichnungen, Pappband.
DM 16,80/S 139.–

Biologisch zimmergärtner
Zier- und Nutzpflanzen natürlich pflegen.
(4144) Von Norbert Jorek, 152 S.,
15 Farbtafeln, 120 s/w-Fotos, Pappband.
DM 19,80/S 159.–

Hydrokultur
Pflanzen ohne Erde –
mühelos gepflegt.
(4080) Von Hans-August Rotter, 120 S.,
67 farbige und s/w-Abbildungen sowie
Zeichnungen, gebunden.
DM 19,80/S 159.–

Zimmerpflanzen in Hydrokultur
Leitfaden für problemlose Blumenpflege.
(0660) Von Hans-August Rotter, 32 S.,
76 Farbfotos, 8 farbige Zeichnungen,
Spiralbindung, kartoniert.
DM 6,80/S 59.–

Sukkulenten
Mittagsblumen, Lebende Steine,
Wolfsmilchgewächs u. a.
(5070) Von Werner Hoffmann, 64 S.,
82 Farbfotos, Pappband.
DM 12,80/S 99.–

Kakteen und andere Sukkulenten
300 Arten mit über 500 Farbfotos.
(4116) Von Günter Andersohn, 316 S.,
520 Farbtafeln, 193 Zeichnungen,
gebunden.
DM 49,–/S 398.–

Fibel für Kakteenfreunde
(0199) Von H. Herold, 102 S.,
8 Farbtafeln, kartoniert.
DM 7,80/S 69.–

Kakteen
Herkunft, Anzucht, Pflege,
Klimabedingungen.
(5021) Von Werner Hoffmann, 64 S.,
70 Farbfotos, Pappband.
DM 12,80/S 99.–

Faszinierende Formen und Farben
Kakteen
(4211) Von Katharina und Franz Schild,
96 S., 127 großformatige Farbfotos,
Pappband.
DM 24,80/S 198.–

Bonsai
Japanische Miniaturbäume und Miniaturlandschaften. Anzucht, Gestaltung und Pflege. (4091) Von Benedikt Lesniewicz, 160 S., 106 Farbfotos, 46 s/w-Fotos, 115 Zeichnungen, gebunden.
DM 68,–/S 549.–

Orchideen
(4215) Von Gustav Schoser, 96 S., 143 großformatige Farbfotos, Pappband.
DM 24,80/S 198.–

Orchideen
Eigenart – Schnittblumen – Topfkultur –Pflege. (5038) Von Gustav Schoser, 64 S., 75 Farbfotos, Pappband.
DM 14,80/S 119.–

Keime, Sprossen, Küchenkräuter
am Fenster ziehen – rund ums Jahr. (0658) Von Friedrich und Heidrun Jantzen, 32 S., 55 Farbfotos, Spiralbindung, kartoniert.
DM 6,80/S 59.–

Falken-Handbuch **Hunde**
(4118) Von Horst Bielfeld, 176 S., 222 Farbfotos und Farbzeichnungen, 73 s/w-Abbildungen, gebunden.
DM 39,–/S 319.–

Hunde
Rassen · Erziehung · Haltung. (4209) Von Horst Bielfeld, 96 S., 101 großformatige Farbfotos, Pappband.
DM 24,80/S 198.–

Das neue Hundebuch
Rassen · Aufzucht · Pflege. (0009) Von Walter Busack, überarbeitet von Dr. med. vet. A. H. Hacker, 104 S., 8 Farbtafeln, kartoniert.
DM 8,80/S 74.–

Falken-Handbuch
Der Deutsche Schäferhund
(4077) Von Ursula Förster, 228 S., 160 farbige und s/w-Abbildungen sowie Zeichnungen, gebunden.
DM 29,80/S 239.–

Der Deutsche Schäferhund
(0073) Von Alfred Hacker, 104 S., 24 Abbildungen, kartoniert.
DM 7,80/S 69.–

Dackel, Teckel, Dachshund
Aufzucht · Pflege · Ausbildung. (0508) Von Marianne Wein-Gysae, 112 S., 4 Farbtafeln, 43 s/w-Fotos, 2 Zeichnungen, kartoniert.
DM 9,80/S 79.–

Hunde-Ausbildung
Verhalten – Gehorsam – Abrichtung. (0346) Von Prof. Dr. Rudolphine Menzel, 96 S., 18 Fotos, kartoniert.
DM 7,80/S 69.–

Hundekrankheiten
Erkennung und Behandlung, Steuerung des Sexualverhaltens. (0570) Von Dr. med. vet. Rolf Spangenberg, 128 S., 68 s/w-Fotos, 10 Zeichnungen, kartoniert.
DM 9,80/S 79.–

Das neue Katzenbuch
Rassen – Aufzucht – Pflege. (0427) Von Brigitte Eilert-Overbeck, 136 S., 14 Farbfotos, 26 s/w-Fotos, kartoniert.
DM 8,80/S 74.–

Katzen
Rassen · Haltung · Pflege. (4216) Von Brigitte Eilert-Overbeck, 96 S., 82 großformatige Farbfotos, Pappband.
DM 24,80/S 198.–

Lieblinge auf Samtpfötchen
Katzen
(2202) Von Brigitte Eilert-Overbeck, 80 S., 53 Farbfotos, 5 s/w-Fotos, 1 Zeichnung, Pappband.
DM 9,80/S 85.–

Katzenkrankheiten
Erkennung und Behandlung. (0652) Von Dr. med. vet. Rolf Spangenberg, 176 S., 64 s/w-Fotos, 4 Zeichnungen, kartoniert.
DM 9,80/S 79.–

Ponys
Rassen, Haltung, Reiten. (4205) Von Stefan Braun, 96 S., 84 großformatige Farbfotos, Pappband.
DM 24,80/S 198.–

Vögel
Die wichtigsten Arten Mitteleuropas erkennen und benennen. (0554) Von Joachim Zech, 152 S., 135 Farbfotos, 4 s/w-Fotos, 5 Zeichnungen, kartoniert.
DM 16,80/S 139.–

Wellensittiche
Arten · Haltung · Pflege · Sprechunterricht · Zucht. (5136) Von Horst Bielfeld, 64 S., 59 Farbfotos, Pappband.
DM 12,80/S 99.–

Papageien und Sittiche
Arten · Pflege · Sprechunterricht. (0591) Von Horst Bielfeld, 112 S., 8 Farbtafeln, kartoniert.
DM 9,80/S 79.–

Insekten Mitteleuropas
erkennen und benennen. (0588) Von Helmut Bechtel, 144 S., 129 Farbfotos, 18 Zeichnungen, kartoniert.
DM 16,80/S 139.–

Schmetterlinge
Tagfalter Mitteleuropas erkennen und benennen. (0510) Von Thomas Ruckstuhl, 156 S., 136 Farbfotos, kartoniert.
DM 16,80/S 139.–

Falken-Handbuch
Das Terrarium
(4069) Von Burkhard Kahl, Paul Gaupp, Dr. Günter Schmidt, 336 S., 215 Farbfotos, gebunden.
DM 58,–/S 460.–

Falken-Handbuch
Das Aquarium
Einrichtung, Pflege und Fische für Süß- und Meerwasser. (4029) Von Hans J. Mayland, 334 S., über 415 Farbfotos und Farbtafeln, 150 Zeichnungen, gebunden.
DM 39,–/S 319.–

Aquarienfische
des tropischen Süßwassers. (5003) Von Hans J. Mayland, 64 S., 98 Farbfotos, Pappband.
DM 12,80/S 99.–

Süßwasser-Aquarienfische
(4212) Von Burkhard Kahl, 96 S., 108 großformatige Farbfotos, Pappband. kartoniert.
DM 24,80/S 198.–

Das Süßwasser-Aquarium
Einrichtung – Pflege – Fische – Pflanzen. (0153) Von Hans J. Mayland, 132 S., 163 Zeichnungen, 8 Farbtafeln, kartoniert.
DM 8,80/S 74.–

Das Meerwasser-Aquarium
Einrichtung – Pflege – Fische und niedere Tiere. (0281) Von Hans J. Mayland, 146 S., 30 farbige und 228 s/w-Abbildungen, kartoniert.
DM 14,80/S 119.–

Gesundheit

Die Frau als Hausärztin
(4072) Von Dr. med. Anna Fischer-Dückelmann, 808 S., 16 Farbtafeln, 174 s/w-Fotos, 238 Zeichnungen, gebunden.
DM 58,–/S 460.–

Der praktische Hausarzt
(4100) Von Dr. med. Rosemarie Jäkel, 608 S., 201 s/w-Fotos, 118 Zeichnungen, Pappband.
DM 29,80/S 239.–

Heiltees und Kräuter für die Gesundheit
(4123) Von Gerhard Leibold, 136 S., 15 Farbtafeln, 16 Zeichnungen, kartoniert.
DM 12,80/S 99.–

Falken-Handbuch
Heilkräuter
Modernes Lexikon der Pflanzen und Anwendungen (4076) Von Gerhard Leibold, 392 S., 183 Farbfotos, gebunden.
DM 39,–/S 319.–

Die farbige Kräuterfibel
(0245) Von Ingrid Gabriel, 196 S., 49 farbige und 97 s/w-Abbildungen, Pappband.
DM 14,80/S 119.–

Arzneikräuter und Wildgemüse
erkennen und benennen. (0459) Von Jörg Raithelhuber, 144 S., 108 Farbfotos, kartoniert.
DM 16,80/S 139.–

Gesund leben – schlank werden mit der **Biokur**
(0657) Von Sylvia Winter, 144 S., 4 Farbtafeln, kartoniert.
DM 9,80/S 79.–

Falken-Handbuch
Bio-Medizin
Alles über die moderne Naturheilpraxis. (4136) Von Gerhard Leibold, 552 S., 16 Farbtafeln, Pappband.
DM 39,–/S 319.–

Gesund bleiben – gesund werden durch Enzyme
(0677) Von Gerhard Leibold, 96 S., kartoniert.
DM 9,80/S 79.–

So lebt man länger nach Dr. Le Comptes Erfolgsmethode!
Vital und gesund bis ins hohe Alter. (4129) Von Dr. Herman Le Compte, Pia Pervenche, 224 S., gebunden.
DM 24,80/S 198.–

Die Preise entsprechen dem Status beim Druck dieses

DER FISCHE-SOHN

schwimmt in der Seligkeit des Glücks, wenn eine große Harmonie zwischen ihm und seinen Eltern besteht. Dies ist für ihn lebenswichtig. Im tiefsten fühlen sich diese Jungen (aber auch schon als Kinder) immer etwas hilflos. Zwar zeigen sie sich vielseitig, sie schwimmen gerne mal dahin, mal dorthin, sie sind recht beliebt, sie kommen gut an, aber so ganz trauen sie dem Frieden nicht. Eine gewisse Angst sitzt einfach in ihnen. Sie wissen ja, wie sehr der Einzelne von anderen abhängig ist.
Sie haben Furcht vor dem Alleinsein, was sie sogar oft so gründlich überbrücken oder verdrängen, daß sie allein für sich leben; manche gingen früher, so ist es in alten Astrologiebüchern nachzulesen, ins Kloster. Sie brauchen eine Mutter oder eine Vaterfigur. Sie haben auch große Angst, sich einem Menschen allein auszuliefern. Fische-Söhne sind mit Sicherheit in der Liebe wohl kaum die treuesten Männer, wenn sich ihnen die Gelegenheit bietet, hin und wieder Kirschen aus Nachbars Garten zu naschen. Auch dem liegt eine Angst zugrunde. Sie lieben sehr, haben aber Angst, sie könnten verlieren, wen sie lieben; da wollen sie sich vorher absichern und einfach erproben, ob sie auch woanders ankommen. Die Literatur sagt ihnen meist größere Mutterkomplexe nach. Und daran scheint etwas Wahres zu sein. Ein Fische-Sohn wird durch seine Mutter geprägt. Versteht er sich gut mit ihr, dann ist alles bestens, sein Lebensweg bekommt eine recht feste Grundlage. Liegt aber dieser Sohn mit seiner Mutter in einem ewigen Streit, dann wandelt sich die Liebe oft in Abneigung, und der Fische-Sohn empfindet keine Trauer, wenn er aus dem Haus geht.
Fühlt der Sohn einen Zärtlichkeitsentzug, dann wird ihm kalt, dann friert er innerlich, seine Seele wird zu Eis. So stark er sonst seelisch interessiert ist, ja so aufgeschlossen er sich für das Innere, das Unfaßbare zeigt, das nutzt alles nichts, seine Seele scheint erfroren, und selbst seine Frau wird die eines Tages schwer auftauen können.
Vieles hängt also von der Mutter ab. Seine Mutter soll ein anbetungswürdiges Lebewesen mit fast übersinnlichen Kräften sein. Dies mag übertrieben klingen, aber es ist so. Sie muß diesem Jungen ein wahres Vorbild sein. Mütter etwa, die eine unglückliche Ehe führen, sich dafür einmal rächen, verletzten damit ihren eigenen Sohn am meisten. So ungerecht kann das Schicksal sein. Und für diese Söhne besteht die Gefahr, daraufhin kalt und selbstgerecht zu werden. Stimmt aber das Verhältnis zur Mutter, ist sie ihm stets ein gutes Vorbild, stärkt sie seinen Lebensmut, dann bekommt dieser Sohn gewaltige Startchancen. Die Sicherheit, die eine Mutter gerade einem Fische-Sohn mit auf den Weg geben kann, ist ungewöhnlich, was ihr natürlich eine große Verantwortung auflädt. Was die Berufswahl angeht, so wissen diese Söhne recht gut, welche Grundrichtung sie einschlagen. Das Künstlerische ist eine Begabung, von der fast jeder Fische-Geborene etwas geschenkt bekommen hat. Nur müssen die Eltern aufpassen, daß diese Söhne nicht aus Lebensangst, weil sie eine gewisse gesicherte Position anstreben, etwa einen Beruf wählen, in dem Individualität nicht gefragt ist, da es allein auf Pünktlichkeit und Ordentlichkeit ankommt!
Der Fische-Sohn kann sich schnell auf einzelne Menschen einstellen. Er versteht etwas von der Psychologie, sein Einfühlungsvermögen ist sehr beachtlich, hier liegen seine größten Chancen. Was die Lebenspartnerschaft betrifft, hat es keinen Zweck, daß die Eltern hier sehr aktiv werden. Dieser Sohn macht erst seine vielfältigen Erfahrungen, wobei er sich meist an feurigen Frauen verbrennt. All das Aktive im anderen Geschlecht lockt ihn an, so daß er sich hier leider oft völlig und viel zu früh verausgaben kann. Auch hier ist die Rolle, die seine Mutter in der Kinder- und Schulzeit gespielt hat, meist ungemein wichtig. Sie entscheidet, ob dieser Sohn ein guter Familienvater wird oder versucht, von einer Blume zur anderen zu flattern.

DIE FISCHE-GROSSMUTTER

ist so eine wahrhaftige Märchen-Großmutter. Nicht, daß sie so alt wirkt, diese Frauen bleiben äußerlich und innerlich oft erstaunlich lange jung. Sie kleiden sich meist einfach, aber immer chic, und sie gehen – von ihrer Warte aus – immer mit der Mode. Nein, diese Großmütter können ihre Enkel verzaubern – und dies im wahrsten Sinn. Ihre Fantasie ist unergründlich, ja unschlagbar. Ein Märchen nach dem anderen erzählen sie, das ist die eine Seite, dann aber erfinden sie Geschichten vom Weltall, von fernen Zeiten, sie führen ihre Enkel tief unter die Erde, die modernen und älteren Weltraum-Autoren könnten sich hier manches Beispiel nehmen. Und in all diesen modernen Märchen spielen ihre Enkel die Hauptrolle. Was diese Großmütter da für Abenteuer erfinden, das ist sagenhaft. Oft geht die Fantasie mit ihnen durch, und sie legen auch kaum Wert darauf, daß diese Legenden einen Sinn ergeben. Nein, sie sollen unterhaltend sein, das ist alles. Und so ist es auch; die Enkel hängen am Mund ihrer Fische-Großmutter, ja, sie vergessen sogar, das Kinderprogramm im Fernsehen einzuschalten. Auch in ihren Geschenken entwickeln diese Großmütter eine große Überraschungskunst.

Oft wissen Kinder oder Enkel ja sehr genau, was sie zum Geburtstag, zum Weihnachtsfest bekommen, aber packen sie die Pakete ihrer Fische-Großmutter aus, dann finden sie da doch immer eine nichterahnte Überraschung. Diese Großmutter hat außerdem die Gabe, ihren Enkeln etwas von einer heilen Welt zu vermitteln, und sie scheut sich eigentlich auch nicht, sie häufig in Museen, ja in Kirchen zu führen, um so auch den Sinn für andere als nur die realen Welten zu schärfen und zu öffnen. So setzt eine Fische-Großmutter oft einen besonderen Kontrapunkt in der Familie, an den die Enkel noch sehr lange denken werden, und sie wünschen sich für ihre eigenen Kinder dann so eine Fische-Großmutter mit echtem Seltenheitswert.

DER FISCHE-GROSSVATER

ist etwas schwerer zu beschreiben, denn er zeigt sich oft ein wenig indifferent. Um einen nachhaltigen Eindruck auf die Enkel zu machen, muß er sehr alt sein oder wenigstens uralt wirken. Fische-Männer haben nämlich das Problem, daß ihnen das Altern so schwerfällt. Sicher, jeder Mann möchte wohl recht lange ein Mann in den besten Jahren bleiben, aber der so sehr von Zärtlichkeiten abhängige Fische-Mann findet oft sehr schwer die Kurve in eine innere, ältere Gelassenheit. Daher möchte er auch keinen typischen Großvater abgeben. So tritt er in der Familie oft mit einem jugendlichen Elan auf, der gar nichts von Abgeklärtheit, von Weisheit an sich hat, so daß die Enkel diesen Mann kaum als typischen Großvater annehmen, er gibt sich eher wie ein Onkel.

Der Fische-Großvater spürt auch, daß er die Rolle des gütigen alten Herrn sehr ungern (daher auch schlecht) spielt, so hält er sich meist bei den Enkeln zurück. So wichtig ihm die Familie grundsätzlich ist, hier fühlt er sich oft fehl am Platze. Das ist schade für die Enkel, die sich ja irgendwo in einer geheimen Seelenecke einen Großvater wünschen. Oft schlägt der Fische-Großvater deshalb einen falschen, heiter-aufgesetzten Ton an, wenn er seinen Enkeln begegnet, so daß diese mit ihm wenig anzufangen wissen. Hat er allerdings eines Tages den Übergang in ein gelassenes Alter geschafft, dann strahlt er auf seine Enkel eine wirklich starke Anziehungskraft aus, denn er weiß aus aller Welt zu berichten, und er kann mit feinem Humor seine Lebenserfahrungen oft beispielhaft an die Enkel weitergeben.

Dann ist er derjenige, der in der Familie als letzter seinen Ratschlag erteilt, derjenige, an dem sich die Enkel weiterbilden können, weil er nun auch zu seinem sehr persönlichen Leben Abstand gefunden hat. Diesen Großvater umschwärmen die Enkel manchmal so, daß er förmlich aufzublühen scheint.

VERHÄLTNIS ELTERNTEIL – KIND (und umgekehrt)
durch den Sonnenstand bedingt.

ELTERNTEIL FISCHE – KIND FISCHE
(oft eine Konjunktion)

Elternteil und Kind fühlen sich oft als eine Einheit. Von außen wirken sie fast klettenhaft verbunden. In der Tat besteht die Gefahr, daß sich Elternteil und Kind zu sehr aufeinander einspielen. Humorvoll könnte man sagen: Wir – gegen den Rest der Welt. Leider wird hier auch oft eine Schattenseite sichtbar, weil sich beide gerade dann aneinanderklammern, wenn ein Teil meint, daß ihm Unrecht geschehen sei.
Recht sucht dann das Kind bei diesem Elternteil, später der Elternteil beim erwachsenen Kind. Und da beide nicht gerade die starke Gabe haben, Fehler auch bei sich selbst zu suchen, verdammen sie die Umwelt, fühlen sich verkannt, oft gar als Märtyrer. Es ist erstaunlich, wie gut sich in diesem Fall doch zwei Familienmitglieder verstehen, die nicht nur vom Tierkreisnaturell, sondern auch von der Familie her Ähnlichkeiten aufweisen. Zueinander sind beide wirklich lieb, vergeben sich gegenseitig einen Fehler nach dem anderen, während sie sonst ziemlich nachtragend sein können, wenn irgend jemand sie gekränkt hat. Da das Kind sich ganz besonders schutzbedürftig zeigt, will ihm dieser Elternteil diesen Schutz mehrfach vermitteln; auch hier droht sich alles zu einer Spirale ohne Ende zu entwickeln. Es bedarf der Einsicht des Elternteils, sich nicht zu sehr auf dieses Kind zu fixieren und nicht gerade in dieses Kind alle eigenen Sehnsüchte und Erwartungen zu projizieren. Denn geht das Kind aus dem Haus – was meist sowieso zu spät stattfindet –, dann hinterläßt es bei diesem Elternteil mit ziemlicher Sicherheit doch eine große Leere, die nicht so leicht auszufüllen ist, was sich dann als belastend für die Familie des Kindes auswirken kann, denn der Elternteil wird stets versuchen, auch da ein Zuhause zu finden.

ELTERNTEIL FISCHE – KIND WIDDER
(meist kein Aspekt)

Und wenn das Familienerbe noch so groß, noch so gemeinsam ist, beide Familienmitglieder werden sich grundsätzlich sehr extrem zueinander verhalten, was selbstverständlich der Liebe keinen Abbruch tun muß. Aber das Kind ist voller Aktivität, voller Elan und von einem Lebensmut erfüllt, von dem der Elternteil seiner eigenen Meinung nach nur lernen kann. Der Elternteil bewundert das Kind, das ihm aber doch recht schnell und oft laut über den Mund fährt und ungebärdig ist, denn die Vitalität dieses Kindes scheint für den Elternteil kaum zu bremsen. Vergeblich sucht er beim Kind seine Sensibilität, seine Feinfühligkeit. Sicher, später wird sich diese auch einstellen, aber zunächst ist sie völlig von der Lebenskraft des Kindes (wenn das Kind gesund ist) überdeckt. Dieses Kind braucht auch meist viel Zeit, um den Elternteil zu verstehen, der ihm oft ängstlich erscheint. Später lacht es, wenn sich der Elternteil entsetzt zeigt, weil es vielleicht mit blutigen Schrammen und zerrissener Kleidung nach Hause kommt. Dann aber erlebt das Kind, wie sehr es gerade von diesem Elternteil bewundert wird, obwohl er um dieses Kind stets Ängste haben wird. Gibt es Streit zwischen diesen beiden Familienmitgliedern, wird der Elternteil stets versucht sein, nachzugeben. Hier aber lauert dann eine Gefahr: daß nämlich das Kind kaum mehr auf den Elternteil hört. Mit dem werde ich doch fertig, meint es zu seinen Freunden. Oft hat der Elternteil gar nicht die Kraft, sich gegen dieses Kind zu wehren. Und je später er dem Kind die Schranken zeigt, um so größer und fester müssen diese dann sein. Der Elternteil muß sich also selbst überwinden, will er dieses Kind auf die richtigen Lebensbahnen führen, damit es früh genug erfährt, daß jeder auch lernen muß, Niederlagen einzustecken.

ELTERNTEIL FISCHE – KIND STIER
(oft ein Sextil)

Diese Familienmitglieder ergänzen sich recht gut, obwohl auch hier vom Tierkreisgrundnaturell her starke Gegensätzlichkeiten zu beobachten sein werden. Das Kind zeigt sich anmutig, wenn auch mit festem Willen (oft mit eisernem Schädel), aber es wird diesen Elternteil selten überfahren (wie etwa ein Widder-Kind).

Es hängt sehr an diesem Elternteil, es hat auch sein Leben lang wohl stets das Gefühl, daß es von ihm viel lernen kann. Sicher wird eines Tages gerade dieses Kind erkennen, daß der Elternteil oft voller Illusionen lebt, daß er kaum vermag, die Realitäten richtig einzuschätzen. Diese Aufgabe aber übernimmt nun – mit Begeisterung kann man sagen – das Kind. Handelt es sich um eine Tochter, wird der Haushalt reformiert, ein richtiger Haushaltsplan wird aufgestellt, und auf einmal reicht auch das Wirtschaftsgeld. Handelt es sich um einen Sohn, dann wird er sich sehr um das Heim kümmern, Ausbesserungen vornehmen, die Installationen erneuern, ja er bekommt es fertig, jedem einen neuen Raum zuzuweisen. Kurz: Diese Kinder haben das Vermögen, das Reale zu erkennen und das Wichtige herauszusortieren. Der Elternteil wird dann zwar immer davon schwärmen, wie vernünftig sein Kind ist, vor allem wie praktisch veranlagt, aber irgendwie bleibt es ihm fremd.

Das wird häufig bei der Berufswahl deutlich. Gerade Fische-Elternteile projizieren ja gerne ihre einstigen Wünsche in ihre Kinder, sie wünschen sich, sie würden den Beruf ergreifen, den sie eigentlich einst ergreifen wollten oder hatten. Aber hier folgt dann die Enttäuschung. Diese Kinder schätzen den Lebensablauf durchaus realistisch ein, auch wenn sie sich – zur Freude des Elternteils – einen musischen Beruf auswählen. Sie jagen meistens keinen Träumen nach. Stierkinder entwickeln sich früh zu Realisten, was oft sogar in der Partnerwahl deutlich wird, und gerade hier haben die Fische-Elternteile manchmal ganz andere Vorstellungen gehegt.

ELTERNTEIL FISCHE – KIND ZWILLINGE
(oft ein Quadrat)

So schlecht wie Quadrate meistens in den älteren Astrologiebüchern im Vergleich von Partnern oder Familienmitgliedern wegkommen, so schlecht ist das Verhältnis dieser Familienmitglieder meist gar nicht. Im Gegenteil. Dieses wache und aufgeschlossene Kind, das sich so gut wie immer auch freundlich und lustig zeigt, das vermag allerbestens auf diesen Elternteil einzugehen. Beide können sehr gut miteinander sprechen, und das Zwillinge-Kind zeigt für alle Regungen dieses Elternteils großes Verständnis.

Sicher braucht das Kind nicht viele Jahre, um diesem Elternteil gegenüber seine Selbständigkeit durchzusetzen, aber es wird sich kaum leicht von Vater oder Mutter lösen können. Das Kind wird fasziniert durch den Elternteil, der so gut zuhören kann, der fühlt, was kommt, der ahnt, was in dem Kind vorgeht. Da kann der kleine Zwilling (oder die kleine Zwillinge-Tochter) sich noch so verstellen, dieser Elternteil durchschaut es. Auf Schwindeleien, auf Notlügen des Kindes fällt dieser Elternteil sogar häufig herein, aber er spürt einfach, was in dem Kind vorgeht.

Dies wiederum löst im Kind einen starken, liebenden Respekt aus, immer wieder wird es verkünden: Meiner Mutter (meinem Vater) macht man nichts vor. Und so hört gerade dieses Kind sehr zu, wenn der Elternteil etwa Einwände gegen die Partnerwahl hat. Es weiß, dieser Elternteil besitzt einfach ein Gespür, was ihm guttut, was nicht, und so fragt es stets um Rat. Vielleicht sogar zuviel, aber wenn es um tiefere Vorgänge geht, um seelische Belastungen, um innere Ängste, dann findet dieses Kind nirgends besseren Halt als an diesem Elternteil. Und das werden dann auch die Lebenspartner akzeptieren müssen.

So stehen sich beide Familienmitglieder sehr nahe, ohne daß sie dies nach außen etwa sehr betonen müssen. Und ein gewisses Beschützergefühl, das das erwachsene Kind bekommt, kann ein Leben lang dauern.

ELTERNTEIL FISCHE – KIND KREBS
(oft ein Trigon)

Wenn es das in der realen Wirklichkeit gibt, daß 2 Familienmitglieder über Jahrzehnte hinweg ein Herz und eine Seele sein können, dann mag dies auf den Elternteil Fische und ein krebsgeborenes Kind zutreffen. Der Elternteil – egal ob Vater oder Mutter – sieht in diesem Kind fast eine Fortentwicklung seiner Person (so übertrieben dies klingen mag). Das Kind reift ziemlich langsam, es ist allgemein auf die Eltern fixiert, in diesem Fall auf den Fische-Elternteil. Das Einvernehmen ist oft stumm, weil es einfach da ist und keiner Worte bedarf. Das heißt aber nicht, daß beide unzertrennlich wären. Überhaupt nicht! Ja, Elternteil und Kind sind gar nicht durch eine Nähe miteinander verbunden, sondern sich so nahe, daß es der Begegnung fast nicht bedarf.
Natürlich verstehen sie sich prächtig, wenn sie sich sehen, sie finden innerhalb von Sekunden einen ganz nahen, wirklich inneren, intimen Kontakt. Einer liest dem anderen von den Lippen ab, was ihn bewegt. Oft ist es nur eine Geste, ein Augenzwinkern. Beide Familienmitglieder denken über diese Zugehörigkeit auch gar nicht besonders nach. Daher kann es dem Elternteil durchaus gelingen, dieses Kind streng zu halten, es nicht zu verwöhnen, ja, er hat die Kraft, dieses Kind sogar zu strafen.
All das ändert an der inneren Beziehung beider nichts. Es spielt nicht einmal eine Rolle, ob das Kind etwa aus Trotz aus dem Haus geht, ob die Wahl des Kindes seine Partnerschaft betreffend dem Elternteil paßt oder nicht. Die innere Bindung hält dies aus, wie auch gegenseitige Enttäuschungen geschluckt werden. Allerdings wird das Kind sicher sehr schnell und ohne Debatten die Führung dieser Bindung übernehmen, und der Elternteil wird sich nicht dagegen wehren, ja sich dankbar dafür zeigen. Das Verflixte ist vielleicht nur, daß Außenstehende die Enge dieser Bindung oft nicht erkennen, weil sie so selbstverständlich ist, wie sie eigentlich zwischen Familienmitgliedern sein sollte.

ELTERNTEIL FISCHE – KIND LÖWE
(meist kein Aspekt)

Hier wird es nicht ganz ohne Problematik abgehen; man kann sagen, wenn Feuer und Wasser zusammentrifft, dann zischt es auch schon manchmal ganz gehörig. Und dieses dämpfende Wasser wird oft nötig sein, denn das Kind ist oft ungebärdig, voller Feuer und Überzeugungskraft. Es ist sehr häufig der ganze Stolz des Elternteils und verkörpert sogar meist ein Idealbild, dem der Elternteil irgendwie immer nachstrebte. Und je besser sich das Kind entwickelt, um so mehr fühlt sich dieser Elternteil wirklich wie im Himmel.
Das Kind wächst – von sich aus gesehen – oft über den Elternteil hinaus, was dieser als natürlich ansieht, und er stemmt sich auch nicht dagegen. Aber dann bemerkt er, wie das Kind nicht nur über ihn hinauswächst, sondern auch sonst wächst, ohne auf Widerstand zu stoßen. Jetzt entwickelt – wie Erfahrungen immer wieder bestätigen – dieser Elternteil wahrlich einen Löwenmut, den er gegen einen »Löwen«, der sein Kind ist, auch benötigt. Das hat seine Zeit gebraucht. Es wird dem Elternteil einfach klar, daß sein Lieblingskind eine kalte Dusche benötigt, damit es nicht zu übermütig wird. Und diese Einsicht offenbart sich im Widerstand gegen das Kind. Und der schlägt ein! Das Kind reibt sich 3mal die Augen, aber es fragt sich auch, warum gerade dieser Elternteil, lieb und sanft, feinfühlig und verständnisvoll, auf einmal auf die Barrikaden geht! Und es wird sich herausstellen, daß es höchste Zeit war, dem Kind klarzumachen, daß kein Baum in den Himmel wächst.
Allerdings riskiert der Elternteil einen endgültigen Bruch mit diesem seinem Lieblingskind, denn es bedarf großer Reife, ehe das Kind dieses Handeln versteht. Ja, meist vergehen darüber einige Jahre, wenn nicht ein Jahrzehnt, ehe das Kind dem Elternteil gerade für diesen selbstlosen Widerstand danken wird. Die Kraft, die der Elternteil dabei aufwendet, reibt ihn bisweilen auf.

ELTERNTEIL FISCHE – KIND JUNGFRAU
(oft eine Opposition)

Obwohl sich diese beiden Tierkreisabschnitte gegenüberliegen, also eine Opposition bilden, was ja oft Aufeinanderprall bedeutet, kommen diese Familienmitglieder vom Tierkreisnaturell her sehr gut aus, ja sie ergänzen sich bestens.

Zunächst paßt sich jeder von ihnen an, keiner will unbedingt seinen Kopf durchsetzen. Das Kind entwickelt früh eine Ordnungsliebe, die es fast mit Sicherheit nicht von diesem Elternteil geerbt hat. Beiden gemeinsam ist aber ein Sammlertrieb, der sich in der täglichen Lebenspraxis sogar als »Hamstersyndrom« bezeichnen läßt. Die Vorratswirtschaft beider spricht für sich, aber auch die Gabe, sich darüber lustig zu machen.

Überhaupt lachen Kind und Elternteil recht gern, was viel zur Harmonie beiträgt. Das Kind hilft diesem Elternteil, wo es kann, und dieser sollte dem Kind recht früh eine gewisse Selbstsicherheit zuweisen. Das Kind fühlt sich geehrt, und es wird dem Elternteil früh zur Hand gehen; die Tochter hilft im Haushalt, der Sohn erledigt manche Dinge außerhalb des Hauses.

Das Kind ist ferner meist wissensdurstig, will aber auch viel von sich erzählen. Da der Elternteil gut zuhören kann, treffen sich beide auch auf diesem Gebiet. Sicher ist das Kind dem Elternteil nicht selten etwas zu real eingestellt, aber das bewahrheitet sich nur auf den ersten, oberflächlichen Blick. Es hat sehr wohl die Neigung und die Gabe, über die Dinge intensiver nachzudenken. Allerdings spielen die Logik, das Durchdenken hier eine bedeutende Rolle. Dem Elternteil reicht oft nur der Glaube an eine Entwicklung, das Kind will wissen: »Warum?« Bei der Berufswahl mag es gewisse Differenzen geben, das Kind benötigt einen überschaubaren Weg; es jagt keinen Phantomen nach, wie es Ansichten des Elternteils manchmal belächelt. Aber auch hier dürften sich keine grundsätzlichen Konflikte ergeben, genauso wenig wie bei der Partnerwahl, da beide ja über Toleranz und gegenseitiges Verständnis verfügen.

ELTERNTEIL FISCHE – KIND WAAGE
(meist kein Aspekt)

Hier schlagen die Wellen schon mehrmals recht hoch, trotzdem muß von einem guten Einverständnis beider Familienmitglieder gesprochen werden. Zunächst zeigt sich das Kind nur niedlich, ja anmutig. Das Lächeln ist offen und frei, nicht ironisch. Später entpuppt sich das anmutige Kind als Motor. Besonders auf geistigem Gebiet braucht es Ansporn, den es von seinem Elternteil erwartet. Damit treibt dieses Kind oft eine gewisse Trägheit aus dem Elternteil heraus, der ja gerne mal abschaltet und nur so vor sich hinträumt.

Aber dieses Kind liest viel, hört viel, und das will es mit diesem Elternteil auch besprechen. So werden der Vater, die Mutter fast gezwungen, die Bücher des Kindes – wenn auch meist nur quer – zu lesen. Der gute Instinkt des Elternteils vermag den ungeheuren Lesestoff des Kindes auch zu relativieren. Und gerade bei den vielseitigen musischen und künstlerischen Interessen des Kindes kann der Elternteil mit seinem Grundgespür instinktiv die Wege in eine klarere Richtung weisen.

Vor allem auf dem Gebiet der Hintergrundinformation leistet der Elternteil produktiv Hilfe, so wird das Kind in seinem Weiterbildungsanspruch gut vorankommen. Das Leben des Elternteils verändert sich durch jedes Kind, das ist richtig. Aber dieses Kind verlangt besondere Aufmerksamkeit, besonderes Interesse, so muß – bildlich gesprochen – dieser Elternteil noch einmal auf die Schulbank, um dabei mitzuhalten. Sicher kommt es auch oft zum Streit, dem Elternteil fehlt manchmal die beschauliche Ruhe, das Kind will Anregungen.

Auch der Ehrgeiz des Kindes wird vom Elternteil oft skeptisch beurteilt, während das Kind – stößt es auf Abwehr von Vater oder Mutter – dann sogar hochmütig reagieren kann. Der Tag, an dem es sich dem Elternteil überlegen fühlt, kommt sicher viel zu früh, so daß sich die meisten Schwierigkeiten wohl in der Pubertätszeit bemerkbar machen. Danach herrscht häufig wieder bestes Einverständnis.

ELTERNTEIL FISCHE – KIND SKORPION
(oft ein Trigon)

Elternteil und Kind liegen wahrlich auf der gleichen Wellenlänge, aber es ist eine Wellenlänge, die teilweise ins Melancholische, ins Dunkle führt. Beide kommen gut miteinander aus, ohne daß Außenstehende erklären können warum. Oft sagt man, beiden sind Tränen keine Unbekannten.
Daran ist nach astrologischer Erfahrung viel Wahres, denn lebenswillig sind beide, lebenstraurig aber auch. So recht können sie sich des Lebens selten freuen, weil sie auch auf den Stufen des höchsten Glücks immer dunklen Gedanken nachgehen, da der Augenblick doch so flüchtig ist. Das bedeutet, sie trauen keinem sonnigen Morgen, sondern befürchten das Unwetter. Und wenn das Unwetter erst nach Tagen kommt, dann haben sie es eben tagelang gefürchtet. Das Kind stemmt sich zwar ungestüm gegen das Dunkle, oft hat es jahrelang tiefe Angst vor dem Einschlafen, und der Elternteil muß hier viel seelische Kraft aufwenden, um ihm diese Ur-Bedrohungen zu nehmen. Sicher wird dies nicht immer so deutlich, aber sonnig, froh und strahlend zeigen sich Kinder und Elternteil eigentlich kaum. Das ist eine große Bindung, denn beide spüren mit innerer Vehemenz, daß sie sich brauchen. Es ist durchaus möglich, daß diese beiden Familienmitglieder später, wenn das Kind groß, erwachsen geworden ist, ja vielleicht schon selbst Kinder hat, mindestens täglich telefonieren müssen. Der Vorwand kann eine Banalität sein, aber jeder muß einfach den anderen hören, muß seinen Rat einholen. Beide Familienmitglieder hören sehr auf ihr Unbewußtes, psychologische Vorgänge sind ihnen nicht fremd, sie versuchen, wirklich zu ergründen. Meistens ist das Kind in dieser Hinsicht besonders suchend.
Der Drang, hinter die geheimnisvollen Kulissen des Lebens zu schauen, steckt dann den Elternteil an. Es wird überhaupt deutlich, wie sehr die Fische-Elternteile durch die Kinder einen erneuten Antrieb bekommen.

ELTERNTEIL FISCHE – KIND SCHÜTZE
(oft ein Quadrat)

Um es vorweg zu sagen, so ganz einfach gestaltet sich dieses Verhältnis nicht, der Elternteil wird sich gerade durch dieses Kind sehr herausgefordert fühlen. Dieses Kind könnte ihn schaffen. Zunächst ist es der Liebling. Es entwickelt sich prächtig, ja es wird ein richtiges Aushängeschild der Familie; der ganze Stolz des Elternteils überträgt sich auf dieses Kind, und auch die ideellen Vorstellungen, die es bald entwickelt, finden beim Elternteil ein gutes Echo.
Die Glaubensvorstellungen des Elternteils spiegeln sich in dessen inneren Anschauungen wider, so daß der Elternteil überzeugt ist, großen Einfluß auf das Kind zu haben. Diese Gewißheit wird aber bald zur Unsicherheit, denn das Kind geht plötzlich – fast immer kurz nach der Pubertät – ganz eigene Wege. Im Kind lebt ein Führungsanspruch. Wie weit der sich durchsetzen kann, das ist eine andere Frage, aber dieser Führungswille erstreckt sich unbewußt erst einmal auf den Elternteil. Das Kind will zum Beispiel nicht resignieren. Der Elternteil neigt dazu, so daß das Kind immer wieder bemüht ist, den Elternteil anzuspornen, sich weiterzubilden, mit der Zeit zu gehen. Es fällt aber in den meisten Fällen dem Elternteil nicht so leicht, allen modischen Richtungen nachzugehen.
Hier trennt sich also sehr häufig das Kind früh vom Elternteil, aber auch grundsätzlich von der Familie. Die Legende vom verlorenen Sohn, der erst spät wieder nach Hause findet, könnte hier typisch sein. Überhaupt wird den Elternteil gelegentlich stören, daß das Kind zu hoch hinaus will, er weiß ja, man darf nicht maßlos sein. Aber er bremst das Kind wirklich oft zu früh, so daß es sich einfach durch Weggehen jeder Kritik entzieht. Oft sind es dann wiederum die Schwiegerkinder, die das Kind »nach Hause« zurückführen. Diese Heimkehr ist meist problemlos, weil Elternteil und Kind in ihren Auseinandersetzungen ja immer Haltung bewahrt haben, so daß keine Brücken endgültig eingerissen wurden.

ELTERNTEIL FISCHE – KIND STEINBOCK
(oft ein Sextil)

Auf der Gefühlsebene besteht hier tatsächlich eine höchst positive Verbindung, obwohl die Grundrichtung alles andere als in eine Richtung weist. Sicher wird dies erst so richtig deutlich, wenn die Schulzeit ernst wird, also nach den ersten Grundklassen. Von dem träumenden Idealismus in sich findet der Elternteil beim Kind so gut wie nichts wieder.
Dagegen entdeckt er einen gewissen auch ehrgeizigen Realismus, ein kluges Abschätzen der Möglichkeiten. Einwände des Elternteils werden sehr häufig vom Kind als lebensfremd, ja oft als »spinnert« abgetan. In den Augen des strebenden Kindes träumt der Elternteil zuviel, weil er auch am Tage seinen inneren Bildern nachhängt. Auch Sätze des Elternteils wie: »Das kann man doch nicht machen«, werden vom Kind ziemlich früh und trocken mit einem »Warum?« gekontert.
Sicher ist der Elternteil sehr stolz auf das Kind, das verhältnismäßig früh selbstsicher auftritt. Vielleicht liegt das daran, daß das Kind sich kaum vergibt, es hält sich immer zurück, es spielt nie den letzten Trumpf aus. Das bereitet dem Elternteil oft große Sorgen. Er fragt sich immer wieder, wieso kann sich mein Kind – es ist doch meines? – nicht ausgeben, nicht hingeben, warum verliert es sich nicht. Und oft tut dem Elternteil dann die Lebenspartnerin (der Lebenspartner) leid. Gibt es dann später hier Streitigkeiten, dann ist der Elternteil gefühlsmäßig häufig auf der Seite des Schwiegerkindes.
Auch das Steinbock-Kind ist voller Gefühl, aber es handelt sich immer um ein beherrschtes Gefühl, immer wird eine Spur zurückgehalten. Das mag sich im Alter ändern, aber zunächst erscheint das Kind eher sachlich als emotionsgeladen. Und der Elternteil will ja ganz Hingabe sein. Doch wenn diese Hingabe nicht angenommen wird, dann wird er unsicher, und ein unsicheres Auftreten einem Kind gegenüber schwächt immer die Position des Elternteils. Darin liegt häufig das Problem.

ELTERNTEIL FISCHE – KIND WASSERMANN
(meist kein Aspekt)

Im Verhältnis dieser beiden Familienmitglieder wird es turbulent hergehen. Man kann sich kaum Gegensätzlicheres vorstellen, oft sprechen beide nicht nur aneinander vorbei, sondern sie leben nebeneinander her. Sicher binden das Familienerbe, die Familienliebe, aber dem Elternteil wird es oft sehr schwerfallen, sein Kind zu verstehen. Dieses Kind ist aufgeweckt, es hat den Wunsch, über sich hinauszuwachsen, damit auch über das Elternhaus, also über seine Herkunft, und dies wird durch seine Handlungen ganz deutlich. Dieses Kind träumt oft davon, daß es in Wahrheit ja ganz andere Eltern hätte.
Sicher wagt es dies nicht laut zu äußern, aber die Eltern empfinden gerade dieses Kind als unbescheiden, weniger im materiellen als im geistigen Sinn. Es produziert laufend Ideen, es interessiert sich für Technik, das Moderne im Leben zieht das Kind an, es gibt wenig auf Herkunft und Tradition; so sind die Konflikte einfach vorprogrammiert. Der Elternteil will natürlich nicht, daß das Kind wiederholt über die Ziele hinausschießt, er weiß auch, daß man nicht in unendliche Höhen fliegen kann. Aber das Kind ist ja nicht zu bremsen. Es stellt scheinbar alles auf den Kopf, kein neuer, noch so revolutionärer Gedanke ist ihm fremd, dem Elternteil aber oft unheimlich. Er ängstigt sich um das Kind, während das Kind Vater oder Mutter einfach für Angsthasen hält.
Die Grundauffassungen sind also konträr, was aber oft der inneren Bindung nichts anhaben kann. Geht es um die Berufswahl, wird der Elternteil kaum Einfluß nehmen können. Und wenn etwa dieses Kind im eigenen Geschäft bleibt, werden Laden oder Fabrik bald nicht mehr wiederzuerkennen sein, so sehr würde das Kind (meist zum Entsetzen des Elternteils) alles umgestalten. Das kann grundsätzlich befruchtend sein, aber es bedarf eines klugen Fingerspitzengefühls, das überhaupt für das Verhältnis dieser beiden Familienmitglieder äußerst wichtig ist.

UNKLARHEITEN,
die bei Fische-Geborenen durch die 12 möglichen Aszendenten für Elternteil und Kind entstehen können.

SONNE in FISCHE mit ASZENDENT FISCHE zeigt höchst selten eine ungebrochene Vitalität an. Im Gegenteil, diese Menschen haben es im Leben nicht so leicht. Das liegt an ihrer etwas sehr einseitigen Gefühls- und Instinktausrichtung. Sie schaffen es meist schwer, die Realität in ihr Traumleben einzubauen. Kinder bemerken dies erst sehr spät, wenn ein Elternteil mit dieser Konstellation lebt, sicher erkennen sie dabei, daß er nicht so arg lebenstüchtig zu sein scheint, dafür hat er andere Vorzüge. Eltern machen sich jedoch um Kinder mit dieser Konstellation sehr früh Sorgen, denn es hängt mehr seinen Träumen und Ideen nach, als es sich um die Aufgaben des Lebens kümmert.

SONNE in FISCHE mit ASZENDENT WIDDER gibt diesen weichen Menschen oft eine umheimliche Kraft und einen Durchsetzungswillen par excellence. Immer wieder schütteln Kinder verblüfft den Kopf, wenn sie mit ansehen, wie der so gütige, empfindsame Elternteil sich draußen überhaupt nichts gefallen läßt, als wolle er alle Weichheit verbergen und alle Schwierigkeiten auch mit Feuertemperament meistern. Eltern registrieren, daß dieses Kind – zu Hause oft ruhig und verspielt – in der Schule, unter Freunden mit einem Elan auftritt, daß dagegen kein Kraut gewachsen zu sein scheint. So gern die Eltern dies sehen, so fragen sich viele doch, warum ihr Kind so ein Streithansel ist! Sie müssen lernen, nicht von Anfang an klein beizugeben, wenn dieses Kind immer – auch ungefragt – zum Angriff übergeht.

SONNE in FISCHE mit ASZENDENT STIER gibt den Erwachsenen ein sehr gutes Rollenspiel. Die Diplomatie dieses Elternteils fällt den Kindern sehr auf, ja sie bewundern die Gabe, mit Geschick und Anmut stets den eigenen Kopf durchsetzen zu können. Eltern stellen ähnliches bei Kindern dieser Konstellation fest, und es scheint sie zu beruhigen, daß sie sich durchaus ihrer Haut wehren können und wissen, was sie wollen.

SONNE in FISCHE mit ASZENDENT ZWILLINGE ist eine Konstellation, die außerhalb der Familie den wahren Lebenskern kaum erkennen läßt. Diese Charaktere scheinen sehr beweglich, ja sie sind auch im Kern anpassend, aber ihre schnellen Handlungen verbergen doch den Tiefsinn, der in ihnen lebt. Die Geschäftigkeit der betreffenden Elternteile überrascht die Kinder immer wieder, wenn sie miterleben, wie Vater oder Mutter außerhalb der Familie jede phlegmatische Reaktion von sich abzustreifen scheinen. Eltern nehmen oft mit Befriedigung zur Kenntnis, daß Kinder mit dieser Konstellation sich in der Schule oder am Arbeitsplatz recht munter schlagen, ja Anerkennung finden.

SONNE in FISCHE mit ASZENDENT KREBS allerdings bringt kaum einen sehr merklichen Unterschied von Lebenskern und Rollenspiel. Oft scheint es den Kindern, als würden sich diese Elternteile am liebsten zu Hause verbergen, als hätten sie einfach Scheu, sich außerhalb ihrer 4 Wände zu stellen. Verblüffend dann jedoch die Sicherheit, mit der sie zu Hause auftreten. Kinder mit dieser Konstellation scheinen sich auch daheim am wohlsten zu fühlen. Da gehen sie aus sich heraus, während sie – zum Leidwesen vieler Eltern – ohne den Schutz ihrer 4 Wände einfach empfindlich reagieren und leicht eingeschnappt sind.

SONNE in FISCHE mit ASZENDENT LÖWE dagegen wirkt doch in sich recht widersprüchlich. Kaum haben Elternteile dieser Konstellation die Haustür hinter sich zugeschlagen, verwandeln sie sich, wenn sie in die Umwelt streben. Kinder bemerken dann deutlich, wie ihre oft passiven und verträumten Elternteile sich zu wappnen scheinen und scheinbar zielstrebig auf alle anderen zugehen, während sie daheim tasten, suchen und sich kaum zu einem absoluten Urteil durchringen können. Kinder mit dieser Konstellation spielen außerhalb der Familie oft auch eine zu aufgesetzte Rolle, und sie tun gut daran, weil sie sonst doch sehr schnell untergebuttert werden.

SONNE in FISCHE mit ASZENDENT JUNGFRAU. Diese Konstellation ist mit das beste, was einem Fische-Geborenen passieren kann. Das Jungfrau-Rollenspiel bewahrt den Lebenskern, ja schützt ihn sehr. Kinder erleben erstaunt, wie durch diese Elternteile ein Ruck geht, wenn sie sich in der Umwelt bewähren müssen, wie sie sich wirklich aufraffen und zusammenreißen. Oft sind sie daheim so apathisch, aber sowie sie die Pflicht ruft, sind sie da und entwickeln Kräfte, die ihnen keiner zugetraut hat. Auch die Eltern sind recht beruhigt, wenn sie feststellen können, daß ihr von Emotionen erfülltes Kind sich in Schule, Freundeskreis und auf der Arbeitsstelle nicht gehenläßt, sondern anpackt, alles bewältigt.

SONNE in FISCHE mit ASZENDENT WAAGE ist dagegen nicht ganz so leicht zu verstehen. Das Auftreten dieser Elternteile ist gewandt, diplomatisch, dabei sehr geistreich, durchaus lebenssicher, und die Kinder fragen sich oft, wo das Gefühl bleibt, von dem diese Elternteile sich daheim immer lenken lassen. Auch wundern sie sich, wie von oben herab diese Elternteile manchmal mit Menschen umgehen, wo sie doch zu Hause für fast alles eine Entschuldigung finden. Kinder dieser Konstellation können sich – oft sehr zur Verwunderung ihrer eigenen Eltern – mit einer glatten Gewandtheit durch schwierige Situationen lavieren, die alle Anerkennung verdient.

SONNE in FISCHE mit ASZENDENT SKORPION zeigt kaum eine Problematik zwischen Sein und Schein, oder deutlicher, zwischen Lebenskern und Rollenspiel an. Diese Menschen wirken immer sehr emotionell, für die Kinder zeigen sich die Elternteile außerhalb der Familie vielleicht ungeduldiger, ja ungestümer, oft sogar unbeherrschter, als sie doch eigentlich sind. Kinder mit dieser Konstellation sind recht schwer zu ergründen, weil sie sich gerne mit einem geheimnisvollen Verhalten wappnen, damit ja keiner erkennt, wie es drinnen bei ihnen aussieht.

SONNE in FISCHE mit ASZENDENT SCHÜTZE ist eine Konstellation, hinter der man den Lebenskern Fische äußerst schwer erkennt. Das selbstsichere Auftreten dieser Elternteile läßt sogar die Kinder oft vergessen, wie sehr diese zu Hause in ihren Emotionen leben. Kaum einer ahnt die Empfindlichkeit, die diese Elternteile daheim an den Tag legen, ja daß es sich um Menschen handelt, die vorwiegend deswegen gefährdet sind, weil manche sie überschätzen. Oft sieht es so aus, als verbrauchten diese Elternteile die Kraft, um das Leben zu meistern, und zu Hause sind sie ausgepumpt. Auch Kinder mit dieser Konstellation sind längst nicht so stark, wie sie sich in der Schule, im Beruf zeigen.

Auch **SONNE in FISCHE mit ASZENDENT STEINBOCK** ergibt Menschen, die längst nicht so stabil sind, wie sie sich nach draußen zeigen. Zwar untertreiben diese Elternteile immer, spielen alles herunter, mimen eher die Tiefstapler, und Kinder fragen sich oft, warum sie bloß ihr Licht unter den Scheffel stellen! Erst später verstehen sie, daß die Elternteile damit nicht alle Trümpfe zu früh ausspielen wollen. Doch auch Kinder beherrschen das »Understatement« so gut, daß es selbst den Eltern immer wieder manche Rätsel aufgibt.

Völlig verwirrend gestaltet sich häufig das Verhältnis zwischen Auftritt und Sein bei **SONNE in FISCHE mit ASZENDENT WASSERMANN**! Elternteile mit dieser Konstellation verwirren zwar ihre Umwelt in einem fort, sie geben sich so revolutionär, legen einen Wagemut an den Tag, den sie in Wahrheit gar nicht haben, weswegen Kinder diese Elternteile manchmal glatt als Schauspieler betrachten, denen nicht immer zu trauen ist. Kinder dieser Konstellation vermögen aber auch von einer Rolle in die andere zu schlüpfen, wohl um ja nicht irgend jemandem ihr wahres Gesicht, ihr wahres Anliegen zeigen zu müssen. Denn im Innern sind gerade diese Kinder immer auf der Suche, und sie sind sich dabei nie ihrer Sache sicher.

DIE SCHWIEGERKINDER IM VERHÄLTNIS ZUM ELTERNTEIL FISCHE.

Alle Fische - ob weiblich oder männlich - brauchen Liebe, ja sie können nie genug Liebe bekommen. Bei den Schwiegerkindern ist es hier also nicht einmal so entscheidend, wo deren Sonne im Tierkreisabschnitt steht, sondern ob sie lieb und nett und nicht hart und abweisend sind. Im Grunde käme es also mehr auf die Stellung der Venus an, was hier nicht erläutert werden kann. Und wichtig ist natürlich auch, ob die Fische-Elternteile das Gefühl haben, diese »neuen« Kinder sind gut zu ihren eigenen.

Befreundet sich der Sohn mit einer **FISCHE-Schwiegertocher**, dann wird diese keine großen Anstrengungen brauchen, um den Fische-Vater für sich einzunehmen, weil sie sich hier sehr natürlich benehmen kann und verstanden wird. Auch die Fische-Mutter findet schnell Kontakt zu dieser Schwiegertochter, man versteht sich, ohne viel zu reden, die gleichen Gefühle bestimmen das Verhalten.

Der **FISCHE-Schwiegersohn** sollte - geht es nach der Fische-Mutter - vielleicht etwas selbständiger auftreten, aber sie begrüßt diesen Sohn doch sehr, da sie mit Recht hofft, daß er gut zu ihrer Tochter sein wird. Der Fische-Vater jedoch würde es lieber sehen, wenn dieser Schwiegersohn ihm selbst nicht zu ähnlich wäre, denn er wird ja die Zweifel an sich nicht los.

Anders dagegen der **WIDDER-Schwiegersohn**, der kommt ja meist wie ein Feuerwerk in eine fremde Familie, um erst gar keinen Widerstand gegen sich aufkommen zu lassen. Sicher erschreckt er den Fische-Vater nicht schlecht, der zuerst so glücklich nicht sein dürfte, aber er wartet ab. Die Fische-Mutter dagegen zeigt sich doch aufgeschlossener. Dieser Typ Mann lebt ja als Sehnsucht stets in ihr.

Gegen eine **WIDDER-Schwiegertochter** wehrt sie sich eher. Einmal ist ihr diese zu selbstbewußt, dann hat sie auch Befürchtungen, daß ihr Sohn da die 2. Geige spielen müßte. Leichter hat es diese Schwiegertochter dann beim Fische-Vater, da sie vom Tierkreis-Naturell genau seinem Typ entspricht, also offene Türen einrennt.

Eine **STIER-Schwiegertochter** hat es nicht gerade schwer, in einer Familie Fuß zu fassen, in der ein Fische-Vater Einfluß hat. Der Vater spürt eine gute Ausstrahlung, aber auch die Kraft, das harte Leben zu meistern. So kommt es ihm meist nur noch darauf an, ob diese Tochter aus einer guten Familie stammt. So überholt dies klingen mag, auch die Fische-Mutter legt auf die Herkunft ihrer Schwiegertochter einigen Wert. Sie will ja unbedingt, daß ihr Sohn hinauf- und nicht herunterheiratet. Aber diese Schwiegertochter nimmt das gelassen hin.

Der **STIER-Schwiegersohn** würde sich gegen solche Wunschbilder und Vorurteile ganz kräftig zur Wehr setzen; er hat seine festen Vorstellungen, wie eine Ehe zu führen, wie eine Familie zu leiten ist, und da hat dann die Fische-Mutter nicht allzuviel zu sagen. Aber siehe, sie findet sich schnell ab, sie gibt nach, da sie zu klug ist, um sich mit einem Sturkopf zu streiten. Der Fische-Vater scheint oft auch recht schnell zu kapitulieren, aber letztlich ist er ja der Klügere. Und er erinnert sich noch genau daran, daß gegen echte Gefühle kein Kraut gewachsen ist.

Sicher wäre ihm ein **ZWILLINGE-Schwiegersohn** tausendmal lieber, denn mit dem kann er sich nicht nur gut unterhalten, sondern auch Pläne entwerfen. Endlich hat er jemanden, der seine Ansichten umsetzen, ja manchmal auch verkaufen kann. Dieser Schwiegersohn wird von ihm freudigst begrüßt. Der Fische-Mutter mag dieser Schwiegersohn etwas zu gut reden können, er ist ihr sicher oft zu fix, zu nervös auch, vielleicht nicht einmal stabil genug. Aber der meist feine Humor dieses Schwiegersohns gefällt ihr doch, zumal sie ja recht gerne lacht.

Eine **ZWILLINGE-Schwiegertochter** käme ihr auch nicht ungelegen ins Haus, da sie hier für sich persönlich ein gutes Echo finden dürfte. Diese Schwiegertochter lockert sie auf, ohne zu aufdringlich zu sein, und bald verstehen sich beide gut. Einem Fische-Vater dürfte diese Schwiegertochter kaum schlecht gefallen, da sie ja wirklich versteht, das Leben zu meistern, ohne zu viel Problematik in jeden Vorgang zu legen.

Bei einer **KREBS-Schwiegertochter** sollte man meinen, daß das Herz des Fische-Vaters höher schlägt; das braucht aber durchaus nicht der Fall zu sein. Diese junge Frau liegt ihm zwar, aber sie ist ihm oft zu bestimmt. Zwar nicht in der lauten Art, doch ihre sanfte Zähigkeit, ihren Willen stets doch irgendwie durchzusetzen, ängstigt ihn. Er spürt auch die große Kraft, die in einer jungen Krebs-Frau stecken kann, und macht sich Sorgen, wie sich da sein Sohn behaupten wird. Die Fische-Mutter ist da großzügiger. Sie weiß natürlich, daß das mütterliche Regiment jetzt auf diese Schwiegertochter übergeht, andererseits aber lobt sie deren Gefühl, deren seelische Kraft und auch die Standhaftigkeit in heiklen oder gar gefährlichen Situationen.

Auch hätte sie gegen einen **KREBS-Schwiegersohn** zunächst einmal nichts einzuwenden, bis sie merkt, daß er gerade in Familienangelegenheiten sehr allergisch reagieren kann, was sie nicht versteht. Der Fische-Vater dürfte sich in der Regel mit diesem Schwiegersohn gut verstehen, es entwickelt sich hier eher ein neutrales Verhältnis, in dem keiner dem anderen zu nahe tritt.

Gegen einen **LÖWE-Schwiegersohn** dürfte ein Fische-Vater doch erst einmal Vorurteile haben. Dessen Mittelpunktsautorität stößt insgeheim auf Widerstand, den allerdings der Fische-Vater kaum direkt äußert, aber es dauert, ehe der Schwiegersohn diese Bedenken abgebaut hat. Die Fische-Mutter läßt sich ja eher vom Glanz eines jungen Löwen blenden, denn sie wähnt dahinter doch eine volle Lebenskraft. Gut, solange es sich um den Schwiegersohn handelt!

Bei einer **LÖWE-Schwiegertochter** verhält sich die Fische-Mutter schon distanzierter, denn meist tritt ihr diese nicht bescheiden genug auf, sondern drängt sich zu sehr in den Vordergrund. Ein Fische-Vater empfindet ähnlich. Die junge Löwin sollte hier wirklich zunächst ihre Krallen einziehen und allein ihre Leistungen sprechen lassen. Zu leicht verletzt sie, ohne daß sie es will, durch ihre Direktheit empfindliche Fische-Elternteile.

Hingegen erfüllt eine **JUNGFRAU-Schwiegertochter** fast die Idealvorstellung des Fische-Vaters für seinen Sohn. Diese Schwiegertochter erscheint ihm patent, fleißig, ordentlich wie zuverlässig. Mit der kann sein Sohn Pferde stehlen, und sie hat genau das, was er seinem Sohn am wenigsten vermitteln konnte: die Realitätsbezogenheit. Sicher, so richtige tiefe Gespräche sind mit ihr kaum zu führen, aber sie hört zu und gibt sich nicht autoritär oder besserwisserisch. Die Fische-Mutter verhält sich da skeptischer; zwar findet sie diese Tochter auch ganz nett, aber sie hat doch echte Angst vor ihrer Kritik, die sie oft als Nörgelei empfindet.

Der **JUNGFRAU-Schwiegersohn** hat es da bei ihr doch leichter. Aber nur aus einem Grund: Er ist fast immer sehr fleißig, hat also kaum Zeit für das Familienleben. Er kümmert sich lieber um sein Geschäft, um seine Arbeit und um seine Hobbys. Das Briefmarkensammeln allerdings versteht eine Fische-Mutter gar nicht. Der Fische-Vater hat dafür auch keine Neigung, aber er hat schon gelernt, daß man so zu Werten kommt, daß man es so zu etwas bringt.

Der **WAAGE-Schwiegersohn** gefällt durch seine höfliche Art. Sein Witz ist zwar für den Fische-Vater eigentlich eine Spur zu intellektuell, aber für geistreiche Menschen hat er ja etwas übrig. Nur so richtig warm wird er mit diesem Schwiegersohn wohl kaum werden. Dasselbe gilt für die Fische-Mutter, die gegen diesen Schwiegersohn keine Argumente vorbringen kann, bestenfalls Gefühlsbedenken, aber die be-

sagen ja nichts. Ist der Sohn allerdings arrogant, dann hat er nichts bei dieser Schwiegermutter zu gewinnen.
Das gilt auch für die **WAAGE-Schwiegertochter**, die sich hüten sollte, einer Fische-Mutter gegenüber die Überlegene, die Gebildete zu spielen. Das wäre so gut wie nie gutzumachen, so sympathisch sie auch sonst wirken würde. Sicher gefällt sie dem Fische-Vater, aber auch hier sollte sie es nie wagen, sich über dessen emotionales Verhalten lustig zu machen, was zu schweren Kränkungen führen würde.
Eine **SKORPION-Schwiegertochter** liegt dem Fische-Vater vom Tierkreis-Naturell im Grunde sicher sehr gut. Wenn es ihm trotzdem schwerfällt, mit ihr vertraut zu werden, dann ist es ihr ungestümer Wille, auch ihr recht sturer Kopf. Er spürt, auf diese Frau hat er wohl wenig Einfluß, und er getraut sich da kaum, aus sich herauszugehen. Die Fische-Mutter kann eine Skorpion-Schwiegertochter schon besser nehmen, sie spürt, daß diese junge Frau innerlich voller Leidenschaften ist, die sich nur schwer bändigen lassen, zumal sie sich ja nicht gehenlassen will.
Ein **SKORPION-Schwiegersohn** hat es da etwas leichter, was die Beherrschung angeht, aber auch hier ahnt die Fische-Mutter die Kraft, die er verbraucht, um gut mit dem Leben fertig zu werden. Das gefällt ihr, so besteht zwischen Fische-Mutter und Skorpion-Schwiegersohn oft ein Beistandspakt, der nie unterzeichnet oder abgesprochen wurde. Ein Fische-Vater wartet bei einem Skorpion-Schwiegersohn erst einmal ab. Auch der Sohn nähert sich sehr vorsichtig. Zwischen beiden besteht ein gegenseitiger Respekt, der sich später in echte Achtung wandeln kann.
Dagegen hat es ein **SCHÜTZE-Schwiegersohn** gar nicht so leicht, beim Fische-Vater zu landen. Zwar ist er es gewohnt, einen guten Eindruck zu machen, aber ein Fisch läßt sich ja nicht gerne herumkommandieren, und diese Ausstrahlung geht oft von einem Schütze-Schwiegersohn aus, auch wenn er eigentlich nie kommandiert. Besser kommt er bei einer Fische-Mutter an, die ihn insgeheim bewundert und manchmal gar meint: »Damit hat meine Tochter eigentlich ein zu gutes Los getroffen!« Allerdings wird sie lernen müssen, daß sie als Mutter nun nicht mehr viel zu sagen hat.
Auch eine **SCHÜTZE-Schwiegertochter** ergreift schnell das Regiment, überspielt die Fische-Mutter, die sich hier oft beleidigt zurückzieht, während sich der Fische-Vater mit einer Schütze-Schwiegertochter recht gerne präsentieren würde. Er merkt, wie sie ankommt, das schmeichelt ihm; und was so ein richtiger Fische-Vater ist, der braucht dies hin und wieder.
Bei einer **STEINBOCK-Schwiegertochter** muß der Fische-Vater hingegen recht lange warten, ehe sie ihn umschmeichelt. Diese junge Frau geht nicht so schnell aus sich heraus. Sie wartet ab, sie prüft die neue Familie sehr genau und reagiert auf den Fische-Vater oft nicht gerade allzu positiv, weil der ihr etwas zu emotional, verträumt oder zu empfindsam ist. Mit all diesen Dingen ist heute ja kein Blumentopf zu gewinnen. Ähnlich betrachtet diese Schwiegertochter auch die Fische-Mutter. Diese selbst empfindet die Schwiegertochter zwar als sehr tüchtig, aber sie wünscht sich doch mehr ausstrahlende Wärme. Die allerdings wird sie bei ihr kennenlernen, wenn irgendwer in der Familie Hilfe benötigt.
Dann ist auch ein **STEINBOCK-Schwiegersohn** für die Familie da. Vorher hat er es oft nicht leicht mit der Fische-Mutter, die immer nur umhegt werden möchte und einfach nicht versteht, warum der Schwiegersohn sich so selten sehen läßt und warum er, wenn er kommt, kaum etwas von sich gibt. Der Fische-Vater dagegen weiß bei einem Steinbock-Schwiegersohn seine Tochter real zwar in guten Händen, aber er befürchtet doch stets, daß ihr einiges fehlen wird, etwa das ausführliche Gespräch, welches sich auch um seelische Vorgänge dreht.

Ein **WASSERMANN-Schwiegersohn** zeigt sich da sicher aufgeschlossener, wenn er dem Fische-Vater auch oft nicht genügend hintergründig argumentiert. Aber seine Pläne und Ideen, die findet der Fische-Vater schon recht lustig. Da auch eine Fische-Mutter hin und wieder gerne lacht, freut sie sich über diesen Schwiegersohn, der mal für Stimmung sorgt und die Familie über neue, moderne Techniken und Entwicklungen diskutieren läßt.

Eine **WASSERMANN-Schwiegertochter** dagegen könnte der Fische-Mutter zu schillernd sein, zu exzentrisch, der traut sie so recht keine Durchhaltekraft zu. Sie muß also erst erfahren, was gerade diese Tochter erreichen kann. Dem Fische-Vater dagegen gefällt das Flimmern und Schillern, das von dieser Schwiegertochter ausgeht, so gratuliert er meist seinem Sohn von ganzem Herzen zu seiner Wahl.

ZUSAMMENFASSUNG

Einen **FISCH** – ob weiblich oder männlich – in einer Familie zu haben, das ist sicher nicht immer leicht, aber wichtig. Wichtig, weil diese Charaktere doch andere Dimensionen in die Familie bringen, weil ihre seelische Kraft, das Gefühl, das Liebesbedürfnis Verständnis für menschliche Schwächen und Leidenschaften bringen. Die Fische wollen die Menschen begreifen, und sie flüchten gleichzeitig vor ihnen, wenn sie sich wirklich offenbaren wollen. Damit zeigen sie eine Spannweite der Empfindungen, die gerade in einer realen Welt so wichtig ist. Wenn jemand wirklich Liebeskummer hat, dann ist es der Fisch, der hier allergrößtes Verstehen aufbringt; wenn jemand sich mit Glaubensfragen herumschlägt oder gar quält, der Fisch ahnt, worum es geht. Und auch psychosomatische Dinge finden bei einem Fische-Charakter Anklang.

Sicher scheinen diese Charaktere ein Talent gepachtet zu haben: Das ist die Schauspielerei. Es ist gar nicht so einfach, hier hinter die verschiedenen Rollenspiele zu schauen, aber sie öffnen auch die inneren Augen, um tiefer zu sehen, um nicht an der Oberflächlichkeit hängenzubleiben. Fische können sich wahrlich für ein Familienmitglied aufopfern, sie sind hilfsbereit, ja sie freuen sich, wenn man sie ruft. Braucht jemand Beistand, dann fragen sie nicht, ob sie sich das leisten können, daß eine andere Begegnung ausfällt, daß materielle Verluste in Kauf genommen werden, sie sind da.

Und sie regen die Familie in musischer Hinsicht an. Sie bereiten zu Hause eine anheimelnde Gemütlichkeit, die einfach eine gute Stimmung schafft. Da wird nichts bei grellem Licht besprochen, dazu sind diese Familienmitglieder viel zu feinfühlig. Ihnen muß man nur die Wahrheit andeuten, nicht völlig offenbaren. Sie verlangen nicht, daß sich jemand ganz öffnet und all seine Empfindungen bloßlegt. Damit sind sie einfach geschaffen, in heiklen Situationen einem anderen Familienmitglied beizustehen, und so einen Menschen wünscht man doch jeder Familie.